RÜYALARIN YORUMU

Sigmund Freud
d. 6 Mayıs 1856, Freiberg, Avusturya-Macaristan İmp. (bugün Pribor, Çek Cumhuriyeti sınırları içinde) – ö. 23 Eylül 1939, Londra.

Avusturyalı nörolog ve psikanaliz ekolünün kurucusu. Orta halli bir Yahudi yün tüccarının, kırk yaşlarındayken, kendisinden yirmi yaş küçük bir kadınla yaptığı ikinci evliliğinden dünyaya geldi.

Lise yıllarında Latince, Fransızca ve İngilizce eğitimi gördü ve kendi çabasıyla İbranice, İtalyanca ve İspanyolca öğrendi. Liseden üstün başarı derecesiyle mezun oldu. Lise sonrasında Goethe'nin bir yapıtından etkilenerek tıp alanını seçti ve 1873'te Viyana Üniversitesi'ne girdi; buradan mezun olduktan sonra aynı üniversite bünyesindeki Brückle Enstitüsü'nde çalıştı.

1883'te dönemin en ünlü beyin anatomisi ve nöropatoloji uzmanı Dr. Theodor Meynert'in yönetimindeki psikiyatri kliniğinde asistan olarak çalışmaya başladı ve Meynert'ten etkilenerek nöropatolog olmaya karar verdi. 1885'te nöropatoloji doçenti oldu. Aynı yıl kokain üzerinde çalışmaya başladı ve kokainin ağrı kesici, uyuşturucu ve bağımlılık yapıcı etkilerini bulgulayan ilk kişi oldu.

Freud'un psikanaliz tekniğini geliştirmesindeki en önemli rolü, Anna O. ismindeki bir kadın hastasının tedavisi oynadı. Çeşitli bedensel engelleri olan Anna O'nun tedavi sürecinde "hastayı konuşturarak tedavi" yöntemini geliştirdi ve psikanaliz yönteminin temelini attı.

Prof. J. M. Charcot ile Paris'te isteri üzerinde yürüttüğü çalışmaların ardından, 1890'ların sonunda nörolojiden uzaklaşarak klinik psikolojiye yöneldi.

1896'da babasının ölümünün ardından girdiği derin bunalım sonucunda, sistemli biçimde kendini analiz etmeye başladı. Çocuk cinselliği üzerine yürüttüğü araştırmalar sonucunda, ünlü "Oedipus Kompleksi" kavramını geliştirdi.

1900'de yaklaşık yedi yıldır üzerinde çalıştığı iki ciltlik *Düş Yorumu* adlı kitabı yayımlandı.

1905'te yayımlanan *Cinsellik Kuramı Üzerine Üç Deneme* adlı yapıtında, cinselliğin ve üremenin aynı kavramlar olduğunu ele alarak, insanlardaki cinsel dürtülerin bebeklik çağında başladığını ortaya koydu. Cinsellik üzerine görüşlerinden ötürü dönemin tıp çevrelerince ağır eleştirilere uğradı.

1913'te, psikanalizi antropolojiye uyguladığı, *Totem ve Tabu* adlı yapıtı yayımlandı. Bu çalışmada, ilkel toplumlarda Oedipus Kompleksiyle bağlantılı suçluluk duygusunun bastırılmasının tüm insan kültürünün, dinlerin ve sanatın kaynağı olduğunu öne sürdü.

1923'te kendisine üstçene ve damak kanseri tanısı konuldu, daha sonraki yıllarda 33 kez ameliyat geçirdi. Sürekli protez takması gerektiği için, uzun yıllar konuşurken ve yemek yerken güçlük çekti.

1938'de Nazilerin Viyana'ya girmesiyle, en küçük çocuğu Anna Freud ile birlikte Avusturya'yı terk etmek zorunda kaldı ve Londra'ya yerleşti. 23 Eylül 1939'da kanserden yaşamını yitirdi.

Mektuplarını ve anı defterlerini yakan, ardında hiçbir özel belge bırakmamaya çalışan Freud'un özel yaşamına ilişkin ilk ve en kapsamlı bilgiler, aynı zamanda yakın dostu olan İngiliz psikiyatr Ernest Jones'in 1953'te yayımlanan üç ciltlik *Sigmund Freud'un Yaşamı ve Yapıtları* adlı kitabıyla ortaya çıkabilmiştir.

Yapıtları:
Die Traumdeutung (1900, Düşlerin Yorumu); *Zur Psychopathologie des Alltagslebens* (1901, Gündelik Yaşamın Psikopatolojisi); *Drei Abhandlungen zur Sexualtheorie* (1905, Cinsellik Kuramı Üzerine Üç Deneme); *Der Witz und seine Beziehung zum Unbewussten* (1905, Espri ve Bilinçdışıyla İlişkisi); *Totem und Tabu* (1913, Totem ve Tabu); *Zur Geschichte der Psychoanalytischen Bewegung* (1914, Psikanaliz Akımının Tarihçesi Üzerine); *Vorlesungen zur Einführung in die Psychoanalyse* (1917, Psikanalize Giriş Dersler); *Jenseits des Lustprinzips* (1920, Haz İlkesinin Ötesinde); *Das Ich und das Es* (1923, Ben ve O); *Selbstdarstellung* (1925, Hayatım ve Psikanaliz); *Hemmung, Symptom und Angst* (1926, Ketvurma, Belirti ve Bunaltı); *Die Zukunft einer Illusion* (1927, Bir Yanılsamanın Geleceği); *Das Unbehagen in der Kultur* (1930, Kültürde Huzursuzluk); *Der Mann Moses und die monotheistische Religion* (1939, Musa ve Tektanrıcılık)

Sigmund Freud'un Say Yayınları'ndaki öteki yapıtları:
Cinsiyet Üzerine
Psikanaliz Üzerine
Psikanaliz ve Uygulama
Yaşamım ve Psikanaliz
Çocukta Fobinin Analizi (Küçük Hans Vakası)
Kültürdeki Huzursuzluk
Bir Çocukluk Nevrozu Hikâyesi (Kurt Adam Vakası)
Musa ve Tektanrılı Din
Yanılgılar ve Düşler Üzerine
Totem ve Tabu

RÜYALARIN YORUMU

Sigmund Freud

Almancadan çeviren:
Dilman Muradoğlu

SAY

Say Yayınları
Psikoloji Dizisi

Rüyaların Yorumu / Sigmund Freud
Özgün adı: *Die Traumdeutung*

ISBN 978-605-02-0312-7
Sertifika no: 10962

Almancadan çeviren: Dilman Muradoğlu
Sayfa düzeni: Tülay Malkoç

Baskı: Kurtiş Matbaası
Topkapı / İstanbul
Tel.: (0212) 613 68 94
Matbaa sertifika no: 12992

1. baskı: Say Yayınları, 2014

Say Yayınları
Ankara Cad. 22/12 • TR-34110 Sirkeci-İstanbul
Telefon: (0212) 512 21 58 • Faks: (0212) 512 50 80
www.sayyayincilik.com • e-posta: say@sayyayincilik.com
www.facebook.com / sayyayinlari • www.twitter.com / sayyayinlari

Genel Dağıtım: Say Dağıtım Ltd. Şti.
Ankara Cad. 22/4 • TR-34110 Sirkeci-İstanbul
Telefon: (0212) 528 17 54 • Faks: (0212) 512 50 80
internet satış: www.saykitap.com • e-posta: dagitim@saykitap.com

İÇİNDEKİLER

*Flectere si nequeo superos, acheronta movebo**

---

* "Gökyüzü tanrılarını ikna edemesem de yeraltı tanrılarını harekete geçireceğim" (Virgilio). –çev. n.

EDİTÖRÜN NOTU

Sigmund Freud *Rüyaların Yorumu*'nu 1897-1899 yıllarında yazdı. Ancak kitapla ilgili ilk düşünceler, araştırmalar ve rüya malzemesinin toplanması çok daha gerilere gider. Mektuplarda 1882 yılına kadar iz sürebiliyoruz. Rüya olgusunun yayınlamış bir çalışmada ilk tartışıldığı yer, *Histeri Üzerine Araştırmalar*'da (1895) Bayan Emmy v. N'nin hastalık hikâyesiyle ilgili bir nottur. Freud bu notta kendi rüyalarıyla ilgili gözlemlerinden ve rüyanın oluşum yasaları üzerine eski varsayımlardan söz eder.[1]

Freud hastalarının anlattıklarında sık sık rüya öğeleriyle karşılaşıyordu. Bir süre sonra nevroz ve psikozlardaki psikolojik mekanizmaların "normal" ruhsal yaşamda da varolduklarını ve rüyalarda üstleri örtülmeden ortaya çıktıklarını kavramaya başladı. Freud, ömrü boyunca bol bol rüya gören biri olarak kendini analiz etti ve rüyalarını bilimsel araştırmalarının konusu yaptı. 1900 tarihli *Rüyaların Yorumu* işte bu sürecin ürünüdür. Kitabın yayınlandığı asıl tarih ise, 1899 yılı Kasım ayıdır.

Daha 1909 yılında Amerika'da verdiği derslerde rüya yorumunu "psikanalizin en güvenilir dayanağı"[2] olarak adlandıran

---

1 Fischer Yayınevi Cep Kitaplığı, Frankfurt am Main (c. 6001) 1-1970, 5-1975, s. 57.

2 Yayınlandığı yer: Sigmund Freud, "Psikanalizin Başlangıç Tarihi; Wilhelm Fliess'e Mektuplar", 1887-1902 tarihli incelemeler ve notlar, yay. haz. Marie Bonaparte, Anna Freud ve Ernst Kris, S. Fischer Yayınevi, Frankfurt am Main, Paperback baskısı, 1-1962, 2- 1975.

Freud bir mektubunda şunları yazıyor: "Ama asıl, *inzivaya çekildiğim,* psikanalizin henüz emeklemeye başladığı 1891-1902 yıllarında, güvensizliğimin ve düşmanlıkların doruğa ulaştığı dönemlerde, *Rüyaların Yorumu*'na dalgaların çarptığı bir kaya gibi sarılıp, tutundum." Yaşamı boyunca, rüya öğelerini inceleyerek araştırmalarının en mühim verilerine ulaştığını düşünen Freud, adının da en çok bu çalışmasıyla anılacağına inanıyordu. *Rüyaların Yorumu* gerçekten de uzun yıllardır bilimsel yazının klasikleri arasında yer alıyor. Freud'un rüyaların işlevi ve yapısı ve bilinçdışının tuhaf mantığı üzerine devrim mahiyetindeki düşünceleri o gün bugündür geçerliliğini yitirmediği gibi, çağdaş rüya ve uyku araştırmaları tarafından deneysel olarak kısmen doğrulandı.

Freud 1925 tarihli 'Otoportre'sinde rüya araştırmalarının özel önemini bir kez daha özetler ve genel psikolojiye açılan kapının anahtarının rüyalar olduğunu vurgular: "Psikanaliz şimdiye kadar sadece patolojik olguların çözümlenmesiyle ilgileniyordu [...]. Ama daha sonra el attığı rüyalar, bir hastalık semptomu değildi, normal ruhsal yaşamın bir olgusuydu ve sağlıklı insanlarda da karşımıza çıkıyordu. Eğer rüyanın yapısı semptomların yapısına benziyorsa, rüyanın açıklaması da bildiğimiz kabulleri gerektiriyorsa [...], o halde psikanaliz de psikopatolojinin bir alt öğretisi değil, daha çok sağlıklı insanları anlamak için de vazgeçilmez olan yeni ve daha kapsamlı bir ruh bilimidir."[3]

Rüyaların Yorumu Freud'un her baskısını yeniden elden geçirdiği nadir eserlerinden biridir. Ama tabii yaptığı kısmen köklü bütün değişiklikleri mutlaka belirtmiştir. Bu kitaptaki metin *Toplu Eserler*'in[4] 2. ve 3. cildinden değiştirilmeden aktarılmıştır.

---

3 "Oto-Portre" Psikanalizin Tarihi Üzerine Anlatılar, yay. haz. ve sunan: Ilse Grubrich-Simitis, Fischer Yayınları Cep Kitaplığı, Frankfurt am Main (no: 6096) 1-1971, 4-1976, s. 75.

4 S. Fischer Yayınevi, Frankfurt am Main 1-1942 (Londra), 4-1968.

Değişimlerin ne olduğunu ve nasıl yapıldığını adım adım takip etmek isteyen okurlara *Eğitim Baskısı*'nı[5] incelemesini salık veriyoruz. Bu baskının ayrıntılı editoryal açıklamalarından, Freud'un derinleşen psikolojik görüşlerine paralel olarak başyapıtını yeni bir bakış açısıyla yeniden yorumladığı anlaşılıyor. Öte yandan okur *Rüyaların Yorumu*'nun kısaltılmış versiyonuna "Rüya Üzerine" başlığıyla, Fischer Cep Kitapları Yayınevi tarafından yayınlanan, rüya araştırmalarıyla ilgili başka küçük çalışmaların da yer aldığı kitapta ulaşabilir.

5 Yay. haz. Alexander Mitscherlich, Angela Richards ve James Strachey, 2. cilt, Fischer Yayınevi, Frankfurt am Main 1-1972, 3-1973.

ÖNSÖZ

Bu kitapta rüyaların yorumunu açıklamaya çalışırken nöropatolojinin sınırlarını aşmadığımı umuyorum. Çünkü rüyanın, histerik fobi, saplantı ve hezeyan gibi anormal psikolojik olgular zincirinin ilk halkası olduğu biliniyor. Rüya, ileride göreceğimiz gibi, pratikte benzer bir önemi haiz olduğu iddiasında olamaz. Ama tam da bu yüzden bir paradigma olarak kuramsal değeri daha da büyük ve rüya imgelerinin nasıl oluştuğunu bilmeyenler, fobileri, saplantıları ve hezeyanları anlamak ve onları terapi yoluyla etkileyebilmek için boşuna uğraşıyorlar.

Ancak elinizdeki çalışmanın taşıdığı önem, aynı zamanda eksiklerinin de sorumlusudur. Bu çalışmada bulacağınız kopukluklar bir taraftan da rüya oluşumunun psikopatolojinin daha kapsamlı meseleleriyle kesişme noktalarıdır. Bu sorunlara burada değinmeyecek, zamanımız, gücümüz yettiğinde ve elimizde yeni malzeme olduğunda başka çalışmalarda ele alacağız.

Rüyaların yorumunu açıklamak için kullandığım materyalin özgünlüğü kitabın yayınlanmasını güçleştiren bir sorundu. Literatürde adı geçen ve kaynağı bilinmeyen kimi rüyaların benim amaçlarıma neden uygun olmadığını çalışmanın kendisi ortaya koyacak. Bu durumda kendi rüyalarım ve psikanaliz yaptığım hastalarımın rüyaları tek seçeneğimdi. Hastalarımın rüyalarını da, rüya süreçlerine nevrotik oluşumların karışmasının yarattığı istenmeyen yan etkiler yüzünden kullanamadım. Ancak kendi rüyalarımı anlatmam da ruhsal dünyamı yabancılara kabul edebileceğimden –ve şairler değil belki ama doğa bilimcileri görevleri gereği inceleyeceklerinden– daha fazla açmam anlamına geliyordu. Utanıyordum bu durumdan, ama bir taraftan da kaçınılmazdı bunu yapmam. Yani çalışmalarımın psikolojik sonuçlarını kanıtlamak adına bizzat kendimi işin içine kattım. Tabii bazı şeylere değinmeyerek ya da eklemeler yaparak kimi boşboğazlıklarımı törpülemekten de geri kalmadım; ama bu kez de ele aldığım örneğin değeri büyük ölçüde kayboldu. Tek umudum, bu kitabın okurlarının kendilerini benim yerime koyarak içinde bulunduğum zor durumu anlamaları, bu rüyalarda bir şekilde kendilerini bulan herkesin de en azından rüya yaşamının elinden düşünce özgürlüğü hakkını almamaları.

İKİNCİ BASKIYA ÖNSÖZ

Okunması zor olan bu kitabın on yıl içinde ikinci kez basılabilmesini birinci baskının önsözünde hitap ettiğim uzmanlara borçlu değilim. Psikiyatr meslektaşlarım yeni rüya teorimle ilgili olarak başlangıçtaki şaşkınlıklarının ötesine geçecek bir çaba göstermediler. Rüya yaşamını bilinçle ilgili tali bir konu olarak görmeye ve çoğunlukla birbirinin benzeri birkaç cümleyle geçiştirmeye alışkın olan düşünürler ise, psikolojik öğretinin ciddi bir dönüşüm yaşayabilmesi için tam da bu "tali" konunun ele alınması gerektiğini anlamamış görünüyorlar. Bilimsel eleştiriyse, kitabı tek kelimeyle bile değinilmemeye mahkûm etti. Benim yöntemimle rüyaları yorumlayan, bu yorumlardan nevroz hastalarında faydalanan ve psikanalizin tedavide kullanılması konusunda beni takip eden küçük ama cesur taraftar grubum da kitabın tükenmesinin nedeni olamaz. Bu durumda kendimi kültürlü ve bilgiye aç geniş çevrelere borçlu hissediyorum; dokuz yıl sonra bu zorlu ama önemli çalışmayı yeniden ele almamın nedeni onlardır.

Kitapta değiştirmem gereken çok az şey olduğunu söyleyebildiğim için mutluyum. Kimi yerlere yeni materyal, çoğalan deneyimimin sonucu tek tük yeni görüşler ekledim, dar kapsamlı kimi bölümleri yeniden elden geçirmeyi denedim. Ama rüyanın ve yorumunun özüne dair söylediklerim ve bunlardan türetilen psikolojik teoremler aynı şekilde kaldı. Kitap, en azından benim için, zamana karşı başarılı bir sınav verdi. Psikonevrozların etiyolojisi ve mekanizması üzerine diğer çalışmalarımı bilenler bitmemiş bir şeyi asla bitmiş gibi göstermeyeceğimi, söylediklerimi yeni düşüncelerim ışığında değiştirmekten hiç bıkmadığımı bilirler. Rüya yaşamı konusunda ilk söylediklerimin arkasında durabildim. Nevroz üzerine çalıştığım uzun yıllar boyunca sık sık tereddütler yaşadım ve yanlış yollara saptım. Tekrar sağlam adımlarla ilerlememi sağlayan her zaman *Rüyaların Yorumu* oldu. Demek ki özellikle rüya araştırmalarım konusunda beni takip etmeyen bilim dünyasındaki sayısız muhalifim doğru bir dürtüyle hareket ediyor.

Bu kitabın –rüya yorumunun kurallarını açıkladığım, daha sonra yaşananlarla değerini yitiren ve aşılan kendi rüyalarımdan oluşan– malzemesi de yeni bir düzeltmede yapılacak değişikliklere inatla direnç gösterme gücüne sahipti. Çünkü kitabın, benim için ancak bitirdikten sonra anlayabildiğim öznel bir anlamı daha vardı. Kitabın bir tür öz-analiz, babamın ölümüne, yani hayatımdaki en önemli olaya, bir erkeğin yaşamındaki en ağır kayba bir tepki olduğunu anladım. Bunu kavradıktan sonra bu etkinin izlerini silmeye gücüm yetmedi. Ama okur açısından, rüyaların değerini hangi malzemeyi kullanarak anlayacağı, hangi malzemeyle yorumlayacağı çok da önemli olmamalı.

Yeni bir önemli notun metnin ilk haliyle bağdaşmadığını düşündüğüm yerlerde bu notları köşeli parantez içine aldım.[1]

Berchtesgaden, 1908 Yazı

1 Daha sonraki basımlarda parantezlere yer verilmemiştir.

ÜÇÜNCÜ BASKIYA ÖNSÖZ

Kitabın birinci ve ikinci baskıları arasında dokuz yıl gibi bir süre olmasına rağmen, ikinci baskının üzerinden henüz bir yıl geçmeden üçüncü baskının yapılması gereği doğdu. Bu gelişmeye sevinme hakkım var tabii. Ama daha önce okurun ilgisizliğini nasıl kitabın değersizliğinin kanıtı olarak anlamadıysam, bugünlerde gördüğü ilgiyi de onun mükemmel olduğu şeklinde yorumlamamam lazım.

Bilimsel bilginin gösterdiği gelişmeden *Rüyaların Yorumu* da nasibini aldı. Kitabı kaleme aldığım 1899 yılında *Cinsellik Teorisi* adlı çalışmam henüz yazılmamıştı. Psikonevrozların karmaşık tezahürlerinin analizleri daha yeni başlamıştı. Rüya yorumu, nevrozların psikolojik analizini yaparken yardımcı olan bir araçtı sadece. O günden bu yana nevrozları daha ayrıntılı şekilde tanıyor olmamız rüyayla ilgili görüşlerimizi de etkiledi. Rüya yorumu öğretisinin kendisi de birinci baskıda yeteri kadar vurgulanmayan bir yönde ilerledi ve gelişti. Kendi çalışmalarım ve Stekel ile diğerlerinin çalışmaları sayesinde, rüyada (daha doğrusu bilinçdışı düşüncede) sembolizmin kapsamını ve anlamını daha doğru değerlendirebilir hale geldim. Böylece bu yıllar boyunca dikkate alınmayı bekleyen çok malzeme toplandı. Bu yenilikleri doğrudan metnin içine ya da dipnot olarak ekleyerek hakkını vermeye çalıştım. Şayet bu ekler metnin sınırlarını aştıysa ya da kimi yerlerde eski metni bugünkü bilgilerimizin düzeyine getirmeyi başaramadıysam, bu zaaflara anlayış gösterilmesini umuyorum çünkü bu durum, bilgimizin büyük bir hızla artmasından kaynaklanmaktadır. *Rüyaların Yorumu*'nun (şayet ihtiyaç duyulursa) bundan sonraki baskılarının bu baskıdan hangi noktalarda farklı olacağını şimdiden öngörebiliyorum. Yeni baskılarda bir taraftan edebiyat, mitler, dilin kullanımı ve folklorla daha yakın temasa geçilmesi, diğer taraftan da rüyanın nevrozla ve ruhsal bozukluklarla şimdiye kadar mümkün olandan daha ayrıntılı bir ilişki kurması gerekecek.

Sayın Otto Rank yeni eklemelerin seçiminde yardımını esirgemedi ve baskı formalarının tashihini bizzat üstlendi. Kendisine ve daha birçok başka kişiye düzeltmeleri ve katkıları için teşekkür borçluyum.

Viyana, 1911 İlkbaharı

DÖRDÜNCÜ BASKIYA ÖNSÖZ

Dr. A. A. Brill geçen yıl (1913) New York'ta bu kitabı İngilizceye çevirdi [*The interpretation of dreams*, G. Allen & Cy., Londra].

Sayın Otto Rank bu kez tashihleri yapmakla kalmayıp, sonuna eklediği iki makaleyle kitabı daha da zenginleştirdi (VI. bölümün son eki).

Viyana, Haziran 1914

BEŞİNCİ BASKIYA ÖNSÖZ

Rüya Yorumları'na ilgi Dünya Savaşı boyunca da azalmadı ve savaş bitmeden yeni bir baskının yapılması gerekliliği doğdu. Ancak yeni baskıda 1914'ten sonraki yeni yayınları dikkate almak mümkün olmadı. Hatta başka dillerde kaleme alınanlardan ne benim, ne de Dr. Rank'ın haberi oldu.

Rüya Yorumları'nın Dr. Hollés ve Dr. Ferenczi tarafından yapılan Macarca çevirisi yakında çıkacak. 1916/17'de yayınlanan *Psikanalize Giriş Dersleri* (yayıncı: H. Heller/Viyana) adlı çalışmamın 11 dersi kapsayan temel bölümünde rüya olgusu daha kapsamlı olarak ele alındı ve nevroz teorisiyle daha derin bir ilişki kuruldu. Kitap, kimi konular daha ayrıntılı ele alınmışsa da, aslen *Rüya Yorumları*'nın bir özetidir.

Kitabı günümüzdeki psikanalitik yaklaşımların seviyesine ulaştıracak ama bir taraftan da tarihsel özgünlüğünü bozacak bir değişime tabi tutmak konusunda kararsızım. Ama yazıldığından bu yana geçen 20 yılın sonunda kitabın görevini tamamladığını düşünüyorum.

Budapeşte-Steinbruch, Temmuz 1918

ALTINCI BASKIYA ÖNSÖZ

Bu baskı günümüzde yayıncılığın içinde bulunduğu zor koşullar nedeniyle ihtiyaç hasıl olduktan çok sonra ve –ilk kez– bir önceki baskının aynısı olarak yapıldı. Tek değişiklik Dr. O. Rank'ın kaynakçaya yaptığı düzeltmeler ve eklemelerdir. Yani kitabın yazıldıktan 20 yıl sonra görevini tamamladığı yönündeki tahminim doğrulanmadı. Kitabın önünde yeni bir görevi olduğunu söylemem daha doğru olacak. İlk görevi, rüyanın özü hakkında kimi açıklamalar yapmaktıysa, şimdiki, bu açıklamaların inatla maruz kaldığı yanlış anlaşılmalara direnmektir.

Viyana, Nisan 1921

SEKİZİNCİ BASKIYA ÖNSÖZ

Kitabın yedinci ve son baskısıyla bugünkü baskısı arasında Viyana Uluslararası Psikanaliz Yayınları tarafından *Toplu Eserler* adlı çalışmam yayınlandı. Bu yayının ikinci cildinde bu kitabın ilk basımı, 3. cildinde ise diğer bütün eklemeler yer alıyor. Aynı zaman zarfında çıkan çevirilerde kitap yine eklemeler olmadan yer alıyor: Fransızca çeviri: I. Meyerson, *La Science de Rêves*, Bibliothéque de Philosophie contemporaine, 1926; İsveççe çeviri: John Landquist, [*Drömtydnind*] 1927, İspanyolca çeviri: Luis Lopez Ballesteros y de Torres; *Toplu Eserler*, VI. ve VII. Cilt. 1918'de yakında çıkacağını düşündüğüm Macarca çevirisi daha hâlâ yayınlanmadı.

Rüyaların Yorumu'nun elinizdeki gözden geçirilmiş baskısı da aslen tarihi bir belge gibi ele alınmış, sadece düşüncelerimin daha kolay ve derinlemesine anlaşılmasını sağlayacak değişiklikler yapılmıştır. Bu kararımla birlikte *Rüyaların Yorumu*'ndan sonra rüya üzerine yayımlanan kaynakları eklemek fikrinden vazgeçtim ve daha önceki baskılarda eklediklerimi de çıkarttım. Otto Rank'ın daha önceki baskılara eklediği "Rüya ve Edebiyat" ve "Rüya ve Mitler" adlı iki yazıya da bu baskıda yer vermedim.

Viyana, Aralık 1929

I. RÜYA SORUNLARIYLA İLGİLİ BİLİMSEL KAYNAKLAR (1900'E KADAR)

İleriki sayfalarda rüyaları yorumlamayı mümkün kılan bir psikoloji yöntemi olduğunu, bu yöntem uygulandığında her düşün anlamlı bir psikolojik yapısı olduğunun anlaşılabileceğini ve bu yapının uyanıklık halinin ruhsal etkinliklerinden biri sayılabileceğini kanıtlayacağım. Bunun dışında rüyaları tuhaf ve müphem yapan süreçleri açığa çıkaracak, bu süreçlerden ve onların ortak ve karşıt etkileşimlerinden rüyaların doğduğu psikolojik güçlerin doğasını çıkarsayacağım. Bunları yaptıktan sonra, konuya devam etmeyeceğim. Çünkü rüyaların çok daha kapsamlı sorunlar içerdiği, bu sorunların çözümünün çok daha farklı malzemeler gerektirdiği bir noktaya ulaşmış olacağım.

Önce benden önceki yazarların çalışmalarına ve rüyaların yorumunun günümüz biliminde ulaştığı yere değineceğim çünkü incelemem boyunca bu konulara geri dönme fırsatım pek olmayacak. Rüyalar binlerce yıldır süre giden çabalara rağmen çok az anlaşılmış bir alan. Bu konuda bütün yazarlar hemfikir olduğu için, burada tek tek isimlerini saymak gereksiz. Çalışmamın sonuna listesini eklediğim makalelerde konumuza ilham veren pek çok düşünce ve bolca ilginç malzeme mevcut gerçi ama bunların arasında rüyaların özüne inen ve gizlerinden birini bütünüyle çözen biri yok; varsa da şayet, bunlar çok az sayıda. Eğitimli ama konunun uzmanı olamayanların bilgileri ise çok daha az doğal olarak.

Tarih öncesi çağlarda ilkel insan kavimlerinin rüyalar hakkında neler düşündükleri, bu rüyaların dünyayla ve ruhla ilgili görüşlerinin oluşumunu nasıl etkilediği öylesine ilginç konulardır ki bütün bunları bu bağlamda ele almaktan istemeyerek vazgeçiyor, Sör J. Lubbock, H. Spencer, E. B. Tylor vb. yazarların ünlü yapıtlarına başvurulmasını öneriyorum. Eklemek istediğim bir başka şey de bu sorunların ve spekülasyonların değerini ve etkisini ancak öncelikli görevimiz olan "rüyaların yorumu"nu bitirdikten sonra kavrayabilecek olmamız.

Kuşkusuz rüyaların tarih öncesi çağlarda algılanışının izlerini bir ölçüde Antikçağ toplumlarında sürebiliriz.[1] Bu insanlar, rüyaların, tapındıkları insanüstü varlıkların dünyasıyla alakalı olduğunu ve tanrıların ve şeytanların kelamını bize taşıdıklarını varsayarlardı: Bir yandan da, rüyanın, rüyayı gören açısından önemli bir amacı olduğu için, bu amacın çoğunlukla gelecekten haber vermek olduğundan kuşkuları yoktu. Ancak rüyalar içerikleri ve etkileri itibariyle öylesine çeşitliydiler ki bunları homojen bir bütün olarak ele almak imkânsızdı ve onları taşıdıkları öneme ve güvenilirliklerine göre ayırt etmek ve gruplara ayırmak gerekiyordu. Ve elbette Antikçağın kimi filozoflarında rüyalar hakkındaki yargılar, o çağa ait kehanetlerden bağımsız değildi.

Aristoteles'in rüya üzerine kaleme aldığı her iki çalışmasının konusu da psikolojidir. Aristoteles bu yazılarında, rüyaların tanrılar tarafından gönderilmediğini, tanrısal değil ama şeytani bir doğaları olduğunu, çünkü doğanın da tanrısal değil şeytani olduğunu, yani rüyaların kaynağının doğaüstü bir vahiy olmadığını, aksine onların tanrılarla yakınlığı olan insan tininin yasalarına uyduğunu söyler. Rüyalar, bu yazılarda, uyuyan insanın tinsel bir etkinliği olarak tanımlanır.

Aristoteles rüyaların kimi özelliklerinin farkındadır. Örneğin rüyaların uyku esnasındaki küçük uyarıları büyüttüğünü söy-

---

1 Aşağıdaki bilgiler Büchenschütz'ün titiz çalışmasından alıntılanmıştır (*İlk Çağda Rüya ve Rüya Yorumu,* Berlin 1868).

ler ("herhangi bir uzuv hafifçe ısındığında, insan ateşin içinden geçtiğini ve yandığını düşünür") ve buradan, gün içinde kendini belli etmeyen bedendeki kimi değişimler hakkında doktorlara ipucu verebilecekleri sonucuna varır.[2]

Aristoteles'ten öncekilerin rüyaları, rüya gören zihnin bir ürünü olarak değil tanrısal bir vahiy olarak kabul ettiklerini biliyoruz. Rüya yaşamının ne olduğu sorusuna tarihin her döneminde zıt yanıtlar veren bu iki karşıt görüş o çağlarda da geçerliydi. Rüyalar ikiye ayrılıyordu. Bir kısmı hakiki ve değerli rüyalardı, uyarmak ve geleceğe dair kehanette bulunmak üzere uyuyan kişiye gönderiliyorlardı. Diğerleri ise, batıl, aldatıcı ve değersiz rüyalardı ve amaçları, rüyayı göreni yanlış yönlendirmek ve kötülüğe sürüklemekti.

Gruppe (*Yunan Mitolojisi ve Dinler Tarihi*, s. 390), Makrobius ve Artemidoros'a ait bu tür bir rüya sınıflandırmasından söz eder: "Rüyalar iki sınıfa ayrılırdı. Bir bölümü sadece bugünün (ya da geçmişin) etkisindeydi, gelecek zaman bu rüyalar için önemsizdi. Bunlar, örneğin açlık ya da açlığın giderilmesi gibi belli bir düşünceyi ya da karşıtını anlatan uykusuzluk (insomnia, ἐνύπνια) rüyaları ya da var olan bir duruma belirsizlik katan karabasan (ephialtes, φαντάσματα) türü rüyalardı. Diğer grubun ise geleceği belirlediği düşünülüyordu. Bu gruba şunlar dahildi: 1. Rüyada karşımıza çıkan dolaysız kehanet (oraculum, χρηματισμός); 2. Gelecekteki bir olayı öngörme (visio, ὅραμα); 3. Yorum gerektiren, sembolik rüya (Yunanca, somnium, ὄνειρος). Bu teori yüzyıllarca varlığını sürdürdü.

Rüyaları yorumlama etkinliği de işte rüyanın bu farklı değerlendirmeleriyle bağlantılıydı. İnsanlar rüyalardan önemli bilgiler elde etmeyi umuyor ama rüyaların hepsini bütünüyle anlayamı-

2 Yunanlı doktor Hipokrat'ın ünlü eserinde rüyaların hastalıklarla ilişkisi üzerine bir bölüm vardır.

yor, belli bir rüyanın her şeye rağmen anlamlı bir şeyler ima edip etmediğini bilemiyorlardı. Bu yüzden rüyanın anlaşılmaz içeriğinin yerine açık ve anlamlı bir içerik katma çabası vardı. Antik çağda rüya yorumunun en büyük ustası kabul edilen Daldisli Artemidorus'un kapsamlı eseri, bu noktada yıllar içinde kaybolan konuyla ilgili yazıları bizim için telafi edecek nitelikte.[3]

Eski çağların bilimsel olmayan rüya anlayışı, o çağ insanlarının dünyaya bakışlarıyla tamamen örtüşüyordu kuşkusuz. Bu insanların rüyalara yaklaşımı, ruh dünyalarındaki gerçekliğin dış dünyaya yansımasından ibaretti. Bu yaklaşım ayrıca, sabah uyandığımızda rüyadan aklımızda kalanların uyanık yaşamı etkilediğini söylüyordu çünkü aklımızda kaldığı kadarıyla rüya, başka dünyalara aitti ve insanın var olan ruhsal haline aykırıydı. Öte yandan günümüzde rüyanın doğaüstü kökenine inananların olmadığını söylemek yanlış olur. Günümüzde, bilimsel bir açıklaması olmadığı sürece, geçmişteki geniş doğaüstü dünyadan arta kalanlarla uğraşmaya devam eden dindar ve mistik yazarların yanı sıra, böyle maceralara girişmeyen ama dini inançlarını, insanüstü ruhların rüyanın açıklanamaz karakterini belirlediği tezine dayandırmaya çalışan akıllı insanlar da var (Hafner, 1887). Schellingçiler gibi kimi felsefi akımların rüya yaşamıyla ilgili görüşlerinin Antikçağın etkilerini taşıdığı kesin. Rüyaların gelecekten haber veren kehanetvari özellikleriyle ilgili tartışmalar da henüz bitmiş değil. Çünkü bilimsel düşünceyi önemseyenler yadsımaya ne kadar meyilli olsalar da gerçek şu ki, eldeki bilimsel malzeme konuyu açıklığa kavuşturacak düzeyde değil henüz.

---

3 Rüya yorumuyla ilgili Ortaçağ'daki diğer gelişmeler için *bkz.* Diepgen ve M. Förster ve Gotthard'ın vb. özel araştırmaları. Yahudilerde rüya yorumu Almoli, Amran, Löwinger ve son olarak psikanalitik bakış açısını da dikkate alan Lauer'de tartışılmıştır. Arap dünyasında rüya yorumu konusunu Drexl, F. Schwarz ve misyoner Tfinkdji, Japonları Miura ve Iwaya, Çinlileri Secker, Hintlileri Negelein incelemiştir.

Rüya sorunlarıyla ilgili bilimsel bilginin tarihini yazmak gerçekten zor bir iş, çünkü bu yöndeki çalışmalar kısmen çok değerli olsa da belli bir yönde bir ilerleme kaydedildiğini söylemek mümkün değil. Bu çalışmalar sonucu, gelecekteki araştırmacıların inşaya devam edebileceği, sağlam veriler üzerine kurulu bir altyapı oluşturulamadığı gibi, her yeni araştırmacı söz konusu sorunları yeniden ve en baştan ele alıyor. Bu yazarları kronolojik sırayla ele alıp, her birinin rüya sorunlarıyla ilgili görüşlerinin kısa bir özetini vermeye kalksam, rüya hakkında bugün bildiklerimiz üzerine genel ve bütünlüklü bir bilgi vermekten vazgeçmek zorunda kalacaktım. Bu nedenle yazacaklarımda araştırmacıları değil konuları baz almayı ve böylece rüyayla ilgili her bir sorun için, bu sorunun çözümüyle ilgili kaynakları ele almayı tercih ettim.

Çoğu yazar kısa bir süre öncesine kadar, uykuyu ve rüyayı tek bir konu olarak ele almak, bunun ötesinde psikopatolojiye giren benzer durumları, halüsinasyon gibi, hayal gibi rüya benzeri olguları da konuya dahil etmek gerektiğini düşünüyordu. Oysa son çalışmalarda, konuyu sınırlama ve rüya yaşamıyla ilgili tek bir soruna odaklanma çabalarını gözlemliyoruz. Araştırmacıların bu değişimin nedeni olarak, bu kadar çok karanlık noktayı aydınlatmak ve uzlaşmak için tek yolun, ayrıntılara inen bir dizi araştırma olduğuna ikna olduklarına inanmak istiyorum. Benim burada sunacağım da ayrıntılı bir psikolojik araştırmadan başka bir şey değil. Şimdiye kadar uyku sorunuyla ilgilenmem gerekmedi. Çünkü –ruhsal aygıtın işleyişinde değişiklik yaratmak uykunun bir özelliği olmakla beraber– uyku, özünde fizyolojik bir olgu. Bu yüzden uykuyla ilgili yazınsal kaynakları burada dikkate almayacağız.

Rüya olgusuna yönelik bilimsel ilgi, kısmen birbiriyle örtüşen aşağıdaki sorunsallara götürüyor bizi:

A. RÜYANIN UYANIK YAŞAMLA İLİŞKİSİ

Uykudan uyanan insan naif bir düşünceyle, rüyaların başka bir dünyadan gelmeseler de kendisini alıp başka bir dünyaya götürdüğünü varsayar. Rüyadaki olguların titiz ve ayrıntılı bir analizini borçlu olduğumuz yaşlı fizyolog Burdach, (s. 474), bu varsayımı çok sık alıntılanan şu sözleriyle açıklar: "Çabaları, keyifleri, sevinçleri ve acılarıyla gündelik hayat rüyalarda asla tekrarlanmaz; aksine rüyanın yaptığı, bizi bunlardan kurtarmaktır. Ruhumuz gündelik hayatla dolup taştığında, derin bir acı içimize işlediğinde ya da zihnimiz bütünüyle bir işe odaklandığında bile, rüyalar bize ya tamamen ilgisiz bir şey anlatır, ya gerçek hayattan kimi öğeleri alarak birleştirir ya da sadece bizim ruh halimize bürünür ve gerçekleri sembollerle temsil eder." - J. H. Fichte (I, 541) aynı bağlamda "tamamlayıcı rüyalar"dan söz eder ve bu tür rüyaları ruhun kendini sağaltan doğasının gizli meziyetlerinden biri olarak adlandırır. L. Strümpell ise haklı olarak göklere çıkartılan eserinde, rüyanın doğası ve oluşumu üzerine şunları söyler (s. 16): "Rüya gören insan, uyanık bilinç dünyasına sırtını dönmüştür..." (s. 17): "Uyanık bilincin düzenli içeriğine ve bu içeriğin normal davranışına ait hafızamız rüyada yok olur..." (s. 19) : "Rüya görürken uyanık hayatın düzenli içeriklerinden ve akışından tek bir şey bile hatırlamayacak şekilde kopmuş olmamız..."

Öte yandan yazarların büyük çoğunluğu rüyaların uyanık yaşamla ilişkisi konusunda yukarıdaki yaklaşımın tam tersini düşünür. Haffner (s. 19) şöyle der: "Rüya, uyanık hayatın bir devamıdır. Rüyalarımız, bilinçte en son yer alan görüntülere, düşüncelere eklemlenir. Dikkatli bir gözlem, rüyaların bir önceki gün olanlarla neredeyse her zaman bir bağlantısı olduğunu ortaya koyacaktır." Weygandt (s. 6) ise yukarıda Burdach'tan yaptığımız alıntıdaki görüşü reddeder: "Çünkü görünen o ki, rüyaların büyük bir çoğunluğu bizi günlük hayattan kurtarmadığı gibi aksine, bu hayata geri götürür. Maury (*Le sommeil et les rêves*, s. 56) kısaca şöyle der: "*nous rêvons de ce que nous avons vu, dit, desire ou fait.*"[4] Jessen ise 1855'te yayınlanan *Psikoloji*'sinde konuyu biraz daha ayrıntılı ele alır: "Rüyaların içeriği bir ölçüde rüyayı görenin kişiliğine, yaşına, cinsiyetine, toplumsal konumuna, eğitimine, yaşam biçimine ve şimdiye kadar yaşadıklarına ve edindiği deneyimlere bağlıdır."

Bu soruna en kesin yanıtı veren filozof I. G. E. Maass'tır (*Tutkular Üzerine*, 1805): "Deneyimlerimiz kanıtlamıştı ki, en sık gördüğümüz rüyalar en yoğun tutkularımızı ele alan rüyalardır. Buradan, tutkularımızın rüyalarımızın oluşumunu etkilediğini görüyoruz. Hırslı insan rüyasında elde ettiği (ya da sadece elde ettiğini zannettiğini) ve elde edeceği başarıları görürken, âşık insan tatlı umutlarının nesnesiyle meşguldür... İçimizde uyuyan tensel arzular ve nefretler herhangi bir nedenle harekete geçerlerse, kendileriyle bağlantılı bir rüyanın oluşmasına neden olabilirler ya da varolan başka bir rüyanın içine girebilirler" (Alıntı: Winterstein; *Psikanaliz Dergisi*).

Antikçağda rüya ve uyanık yaşam arasındaki ilişki üzerine düşünceler de farklı değildi. Radestock (s 139), Xerxes'in Yunanistan seferine çıkmadan önce kararından cayması için öğütler aldığını ama rüyalarının onu sefere çıkmaya teşvik ettiğini, bunun üzerine, İranlı yaşlı ve bilge rüya yorumcusu Artabanos'un kendisine haklı olarak insanın rüyasında çoğunlukla uyanıkken düşündüklerini gördüğünü söylediğini anlatır.

Lucretius'un didaktik şiiri "De rerum natura"da (IV, v. 959) şu dizeler yer alır:

> *"Et quo quisque fere studio devinctus adhaeret,*
> *aut quibus in rebus multum sumus ante morati*

4 "Rüyada, gördüğümüz, söylediğimiz ve arzu ettiğimiz şeyleri görürüz."

atque in ea ratione fuit contenta magis mens,
in somnis eadem plerumque videmur obire;
causidici causas agere et componere leges,
induperatores pugnare ac proelia obire"[5]

Cicero da (*De Divinatione* II), Maury'nin çok daha sonra söyleyeceklerini söylemiş: "*Maximeque reliquiae earum rerum moventur in animis et agitantur, de quibus vigilantes aut cogitavimus aut egimus.*"[6]

Rüyalar ve uyanık yaşamın bağlantısıyla ilgili bu iki görüş arasındaki çelişki gerçekten de çözümsüz görünüyor. Bu nedenle burada F. W. Hildebrandt'ın (1875) açıklamasını hatırlamakta fayda var. Hildebrandt, rüyanın özelliklerini "çelişkiye dönüşen bir dizi karşıtlık olmadan betimlemenin mümkün olmadığını" (s. 8) söyler: "Bu karşıtlıkların ilki, bir taraftan rüyanın gerçek ve hakiki hayattan tamamen *soyutlanması ve tecrit edilmesi,* diğer taraftan sürekli birinin öbürüne *müdahale etmesi* ve karşılıklı bağımlılık içinde olmalarıdır. –Rüyalar uyanık hayattaki gerçeklikten tamamen soyutlanmış, deyim yerindeyse mühürlenmiş gibi tecrit edilmiş, gerçek hayattan aşılmaz bir uçurumla ayrılmış bir varlık sürdürürler. Rüya bizi gerçeklikten ayırır, gerçeklik hakkındaki olağan anılarımızı siler, bizi başka bir dünyaya, gerçek hayatımızla alakası olmayan bir hayatın içine yerleştirir..." Hildebrandt devamen, uykuya daldığımızda varlığımızın bütün varoluş halleriyle, adeta "kapatılan bir perdenin" ardında kaybolduğunu söyler. Bundan sonra insan St. Helen Adası'na

5 "Ve insanın tutkuyla sarıldığı hevesler her ne ise, geçmişte çok uğraştığımız şeyler her ne ise, akıl bu hevesle daha özenli olduğundan, düşlerde de aynı şeye rastlar: nasıl avukatlar davalarını açmak için yasaları incelemek zorundaysalar, başarılı olmak için generallerin de savaşla ilgilenmeleri gerekmektedir." (Lucretius- *Evrenin Yapısı;* Norgunk Yayıncılık 2011)

6 "İşte tam da o zaman uyanık yaşamdaki düşüncelerimizin ve davranışlarımızın kalıntıları uyanır ve harekete geçer."

bir deniz yolculuğu yapıp, adada tutuklu bulunan Napolyon'a mükemmel bir Mosella şarabı bile ikram edebilir. Eski imparator tarafından son derece dostça kabul edilen insan, uyandığında bu ilginç hayalin bittiğine neredeyse üzülür. Ama şimdi rüyadaki durumu gerçeklerle karşılaştıralım. Rüyayı gören kişi hayatının hiçbir döneminde şarapçılık yapmamıştır, yapmak da istememiştir. Hayatında hiç deniz yolculuğuna çıkmamıştır ve çıkacak olsa da gideceği en son yer St. Helen Adası'dır. Napolyon'a karşı en ufak bir sempati hissetmediği gibi, aksine vahşi, vatanperest bir nefret duymaktadır. Üstelik rüyayı gören kişi Napolyon adada öldüğünde henüz doğmamıştır bile. Yani onunla karşılaşmış olması fiilen mümkün değildir. Bu durumda rüya yaşamı birbirine tam uyumlu ve birbirini takip eden iki yaşam kesiti arasına yabancı bir unsur eklemiştir.

Hildebrant, "Buna rağmen" diye devam eder, "bunun *karşıtı* da gerçek ve doğrudur. Yani bu soyutlanma ve tecridin yanı sıra, çok derin bir ilişki ve bağlantının da var olduğunu kastediyorum. Şunu iddia edebiliriz: Rüyalar, malzemelerini gerçeklerden ve bu gerçekler boyunca oluşan zihinsel dünyadan sağlar... İçerikleri ne kadar tuhaf ve garip olursa olsun, rüyalar gerçek hayattan asla tam olarak ayrılmazlar ve malzemelerini gerçeğin en yüce, ya da en abes oluşumlarından edinirler. Bu oluşumlar da ya duyularımızla algıladığımız dünyada karşımıza çıkmıştır ya da uyanık haldeyken bir şekilde aklımızdan geçmiştir, başka bir deyişle, iç ya da dış dünyamızda yaşadığımız şeylerdir.

B. RÜYA MALZEMESİ-RÜYADA BELLEK

En azından rüyaların içeriğini oluşturan malzemenin bir şekilde yaşanmış şeylerden oluştuğunu yani rüyada yeniden üretildiğini, *hatırlandığını* tartışmasız bir bilgi olarak kabul edebiliriz. Ancak rüyanın içeriği ve uyanık yaşam arasındaki bağlantı üzerine bir karşılaştırma yapmaya kalktık diyelim; bu durumda sonuçların son derece açık ve gözle görülür olduğunu, bu sonuçlara sorunsuzca ulaşacağımızı düşünmek yanlış olur. Aksine, çoğu kez kendini uzun zaman gizlemeyi bilen bu bağlantıyı dikkatle aramak gerekir. Bunun nedeni, dile getirilmesine rağmen hâlâ tam olarak açıklanamayan rüyaların hatırlama yeteneği gibi özelliklerdir. Bu özellikler ayrıntılı bir şekilde incelenmeyi hak ediyor.

Rüyalarımızın içeriğinde uyanıkken bilgimiz dahilinde olmayan ya da daha önce yaşamadığımız bir malzemenin yer alması sıkça rastlanan bir durum. Rüyalarımızda gördüklerimizi hatırlar ama aynı şeyi ne zaman yaşadığımızı ya da yaşayıp yaşamadığımızı hatırlayamayız. Rüyanın nereden kaynaklandığını anlayamayız ve onun kendi kendini ürettiğine inanmaya başlarız, ta ki uzun zaman sonra yaşanan yeni bir olay eskiden yaşanan bir olayı bize hatırlatana ve böylece rüyanın kaynağı ortaya çıkana dek. Bu durumda uyanık belleğimizin hatırlayamadığı bir şeyi, rüyada bildiğimizi ya da hatırladığımızı kabul etmek zorunda kalırız.[7]

Delboeuf kendi gördüğü bir rüyayla ilgili buna benzer çarpıcı bir örnek verir. Rüyasında evinin avlusu karla kaplıdır. Avluda karın altında yarı donmuş vaziyette bulduğu iki kertenkeleyi bir hayvan dostu olarak evine götürür, ısıtır ve onları yuvaları olan duvardaki küçük deliğe geri koyar. Duvarda biten ve hayvanların sevdiklerini bildiği eğrelti otundan birkaç yaprağı da yuvaya yerleştirir. Delboeuf rüyada bitkinin adını da bilmektedir: *Asplenium ruta muralis.* – Rüya devam eder, bir süre sonra tekrar kertenkelelere dönülür. Delboeuf şaşkınlıkla eğrelti otundan geriye kalanları yiyen iki yeni kertenkele daha görür. Tarlaya baktığın-

7 Vaschide, rüyada yabancı dillerin daha akıcı ve daha kolay konuşulduğunun ifade edildiğini de iddia ediyor.

da duvardaki deliğe doğru ilerleyen beşinci, altıncı kertenkeleyi görür. Sonunda cadde hepsi aynı yöne ilerleyen bir kertenkele sürüsüyle kaplanmıştır vs.

Delboeuf uyanık yaşantısında çok az sayıda bitkinin Latince adını bilmekteydi ve *asplenium* bunlardan biri değildi. Daha sonra aynı adda bir eğrelti otunun gerçekten var olduğunu şaşırarak öğrendi. Bu otun gerçek adı *asplenium ruta muraria*'ydı ve rüya da biraz çarpıtılmıştı. Bunun bir tesadüf olması mümkün değildi ve ama rüyada *asplenium* adını nereden bildiği Delboeuf için bir sır olarak kaldı.

Delboeuf bu rüyayı 1862 yılında görmüştü. Filozof, on altı yıl sonra ziyaretine gittiği bir arkadaşının evinde, İsviçre'nin kimi bölgelerinde hatıra olarak yabancılara satılanlara benzeyen, küçük bir kurutulmuş çiçek albümü gördü. Bir şeyler hatırlamaya başlayan Delbeouf herbaryumu[8] açmış, rüyasındaki *asplenium*u bulmuş ve altında bitkinin Latince adının kendi elyazısıyla yazılmış olduğunu görmüştü. Artık bağlantı ortadaydı. Arkadaşının kız kardeşlerinden biri 1860 yılında –rüyadan iki yıl önce– balayında Delboeuf'u ziyaret etmiş, yanında hediye olarak bir albüm getirmişti. Delboeuf da büyük bir emekle bir botanikçinin dikte ettiği Latince isimleri albümdeki kurutulmuş bitkilerin altına yazmıştı.

Bu örneği anlatmaya değer kılan aynı mutlu tesadüf, Delboeuf'a rüyasının bir başka bölümünü daha bu unutulan kaynağa kadar izleyebilme imkânı vermişti. 1877 yılında bir gün Delboeuf'un eline eski bir resimli mecmuanın ciltlenmiş sayıları geçer. Burada 1862'de gördüğü rüyadaki aynı kertenkele sürüsünün bir resmini görür. Mecmua cildinin tarihi 1861'dir. Delboeuf dergiye çıktığı tarihten itibaren abone olduğunu hatırlar.

8 Kurutulmuş bitki örneklerinin belli bir sistemle düzenlenerek saklandığı yer. –çev. n.

Rüyaların, insanın uyanıkken bilmediği hatıralara vakıf olması öylesine önemli, teorik açıdan öylesine anlamlıdır ki başka hipermnezik[9] rüyalarla bu olguya daha fazla dikkat çekmek istiyorum. Maury, bir süre gündüzleri sık sık *Mussidan* kelimesinin aklına geldiğini anlatır. Kelimeyle ilgili tek bildiği, onun Fransa'da bir şehrin adı olduğudur. Bir gece rüyasında sohbet ettiği biri Mussidanlı olduğunu, Maury şehrin nerede olduğunu sorduğunda ise, Mussidan'ın Département de la Dordogne'de bir kasaba olduğunu söyler. Maury uyandığında rüyadaki bu bilgiye inanmaz ama baktığı bir coğrafya ansiklopedisinde doğru olduğunu görür. Bu örnekte rüyaların gerçekten daha çok bilgiye sahip olduğu kanıtlanmış ama unutulan bilgi kaynağının ne olduğu açığa çıkarılamamıştır.

Jessen daha eskilere ait benzer bir rüyadan söz eder (s. 55): "Bu rüyalardan biri, yaşlı Scaliger'in (Hellinger, c. 1, s. 300) gördüğü bir rüyadır. Verona'da yaşayan ünlü bir adamı öven bir şiir yazan Scaliger'in gördüğü rüyada Brugnolus adlı biri unutulduğundan şikâyet eder. Scaliger bu adam hakkında hiçbir şey bilmediğini düşünse de aslında onun hakkında birkaç mısra yazmış ve daha sonra Verona'da oğlundan bir zamanlar Brugnolus adında ünlü bir eleştirmenin yaşadığını öğrenmişti."

Marquis d'Hervey de St. Denis (alıntı: Vaschide, s. 232) ise, daha önce rüyada görülüp anımsanamayan bir olayın bir sonraki rüyada açıklığa kavuştuğu tuhaf bir hipermnezik rüyadan söz eder: "Bir kez kız sarışın genç bir kadın gördüm rüyamda. Kadın kız kardeşimle sohbet ediyor, bir taraftan da ona bir elişi gösteriyordu. Rüyamda onu bir yerlerden tanıdığımı, hatta birkaç kez gördüğümü düşündüm. Uyandıktan sonra kadının yüzü hâlâ

9 Hipermnezi: Üzerinden uzun yıllar geçmiş ya da bebeklik dönemine ait olayları hatırlama yeteneğinin çok güçlü olması. –çev. n.

gözümün önündeydi ama bir türlü kim olduğunu hatırlayamıyordum. Tekrar uyuyakaldığımda, rüya devam etti. Yeni rüyada sarışın hanımefendiyle konuştum ve ona daha önce kendisiyle tanışma lütfuna erişip erişmediğimi sordum. "Elbette", diye cevap verdi kadın, "Pornic'teki plajı hatırlamanız yeterli." Hemen uyandım ve artık rüyamda gördüğüm bu zarif yüzle ilgili bütün ayrıntıları biliyordum."

Aynı yazardan (alıntı: Vaschide, s. 233) başka bir olay:

Yazarın tanıdığı bir müzisyen bir gün kulağına tamamen yabancı gelen bir melodi duymuştu. Aynı melodiye ancak yıllar sonra müzik parçalarının kaydedildiği eski bir derlemede rastlamış, ama bu derlemeyi daha önce görüp görmediğini hatırlayamamıştı.

Myers'in maalesef ele geçiremediğim Psikolojik Araştırmalar Birliği tutanaklarında bu türden bir dizi hipermnezik rüyayı yayınladığını biliyorum. Demek istediğim, rüyalar üzerine çalışan herkesin, uyanık insanın sahip olmadığı bilgilere ve anılara rüyaların sahip olduğunu sıradan bir olgu olarak kabul etmek zorunda olduğu. Nevrozlu hastalarla ilgili daha sonra ele alacağım psikanaliz çalışmalarımda, her hafta birçok kez hastalarıma uyanık hayatta hatırlamadıkları deyişleri, kaba ve müstehcen sözleri vb. rüyalarında kullandıklarını kendi rüyaları üzerinden kanıtlıyorum. Burada rüya hipermnezisiyle ilgili basit bir olaya daha yer vereceğim. Çünkü bu olayda sadece rüyada bilinen bir olayın kaynağını bulmak çok kolay olmuştu.

Hastalarımdan biri gördüğü oldukça uzun bir rüyada bir kafede kendine bir "*kontuszówka*" ısmarladığını görmüş, rüyasını anlattıktan sonra hayatında duymadığı bu kelimenin ne anlama geldiğini sormuştu. Ona *kontuszówka*'nın sert bir Polonya likörü olduğunu, rüyada bunu uydurmuş olmasının mümkün olmadığını çünkü bu likörün afişlerini uzun zamandır benim de gördüğümü söyledim. Hastam önce inanmak istemedi. Ancak kafedeki rüyası birkaç gün sonra gerçekleştiğinde, likörün adını bir afişte, hem de aylardır günde iki kez geçtiği bir sokağın köşesinde görmüştü.

Kendi rüyalarımdan da biliyorum ki rüyalarda yer alan her malzemenin kaynağını açıklayabilmek çoğu kez büyük oranda tesadüflere bağlı. Bu kitabı yazmadan önce yıllarca nerede gördüğümü hatırlayamadığım basit bir kilise kulesi peşimi bırakmadı. Bir gün aniden bu kuleyi Salzburg'la Reichenhall arasında küçük bir istasyonda gördüm. Aynı kule olduğundan emindim. Doksanlı yılların ikinci yarısıydı. O hatta ise, ilk kez 1886 yılında seyahat etmiştim. Yine rüya çalışmalarıma yoğunlaştığım ileriki yıllarda sık sık rüyama giren tuhaf bir yerin görüntüsü başıma bela olmuştu. Benimle *mekân*sal bir ilişkisi vardı bu yerin, sol tarafımda bulunuyordu her zaman. İçinde kum taşından parıldayan grotesk figürlerin bulunduğu karanlık bir *mekân*dı. Tam da inanmak istemediğim silik bir anı bana buranın bir bira mahzeninin girişi olduğunu söylüyordu. Ama ne bu rüya görüntüsünü, ne de kaynağını aydınlığa kavuşturabildim. 1907 yılında, 1985'ten beri ziyaret edemediğim için hayıflandığım Padua'ya gittim. Bu güzel üniversite kentini ilk ziyaretimde Giotto'nun Madonna dell'Arena'daki fresklerini göremediğim için üzülmüştüm. Küçük kilisenin o gün kapalı olduğunu öğrenmiş ve yarı yoldan geri dönmüştüm. 12 yıl sonraki ikinci ziyaretimde bunu telafi etmeyi düşündüm ve ilk işim Madonna dell'Arena'ya gitmek oldu. Kiliseye giden caddenin benim yürüyüş yönümde sol tarafında, muhtemelen 1895'te geri döndüğüm yerde, kumtaşı figürleriyle rüyama giren yeri gördüm. Burası gerçekten de bir restoranın bahçesinin girişiydi.

Rüyalarda yeniden üretilen, bir kısmını uyanık halde düşünce etkinliğimizle hatırlayamadığımız ve kullanmadığımız malzeme, çocukluk yaşamına aittir. Bu noktada bunu ifade eden ve vurgulayan birkaç yazara değineceğim.

Hildebrandt (1875, 23): "Şu kesin olarak kabul edilmiştir ki rüyalar zaman zaman o olağanüstü yeniden üretme güçleriyle artık çok gerilerde kalmış ve hatta çoktan unutulmuş olayları gerçeğine en sadık şekilde zihnimizin önüne seriverirler."

Strümpell (1877, 40): "Rüyalar, daha sonraki yılların gençlik döneminin üstüne yığdığı yoğun blokajların derinliklerinden tek tek *mekân*ları, nesneleri, insanları hiç zarar görmemiş olarak, ilk tazelikleriyle ortaya çıkardığında, durum daha da ciddileşiyor. Üstelik bu durum, oluştukları sırada bilince iyice yerleşmiş ya da rüyayı gören için güçlü bir psikolojik önemi haiz olan ve daha sonra rüyalarla anımsanan olaylarla sınırlı değil sadece. Rüya belleğinin derinliklerinde çoğunlukla, bilinç için çok önemli olmayan ya da psikolojik değeri açısından cüzi bir önemi haiz, ya da önemli olsa bile, bu önemini çoktan yitirmiş ve bu nedenle –kökeni bulununcaya kadar– rüya sırasında da, uyandıktan sonra da bize yabancı ve bilinmez görünen insan, nesne ve mekân görüntüleri yer alır."

Volkelt (1875, 119): "Özellikle ilginç olan ise, çocukluk ve gençlik hatıralarının rüyalara girmesi. Rüyalar, uzun zamandır üzerinde düşünmediğimiz, bizim için önemini yitirmiş konularda uyarır bizi."

Rüyaların, büyük bir kısmını bilinçli olarak hatırlayamadığımız çocukluk malzemesi üzerindeki hükümdarlığı, ilginç hiperminezik rüyaların oluşmasına neden olur. Şimdi bu rüyalara birkaç örnek vereceğim.

Maury (1878, 92), çocukken sık sık memleketi Meaux'dan babasının bir köprünün yapımını üstlendiği komşu Trilport'a gitmiştir. Bir gece rüyasında Trilport sokaklarında oynarken, üniformalı bir adam yanına yaklaşır. Maury adama adını sorar, adam kendini C. olarak tanıtır ve köprünün bekçisi olduğunu söyler. Uyandıktan sonra doğru hatırlayıp hatırlamadığından emin olamayan Maury, çocukluğundan beri yanlarında çalışan yaşlı hizmetkâra bu isimde birini hatırlayıp hatırlamadığını sorar. "Tabii ki hatırlıyorum", der kadın, "Babanızın yaptığı köprünün bekçisiydi."

Maury, rüyalarımıza giren çocukluk hatıralarının gerçekliğini kanıtlayan bir başka örnek daha veriyor. Çocukluğunu Montbrison'da geçirmiş olan Bay F., 25 yıl sonra eski memleketini, o zamandan beri görmediği aile dostlarını ziyaret etmeye karar verir. Yola çıkmadan önceki gece rüyasında oraya gittiğini, Montbrison yakınlarında kendine hiç yabancı gelmeyen bir beye rastladığını görür. Adam adının Bay T. olduğunu ve babasının arkadaşı olduğunu söyler. Rüyayı gören, çocukluğunda bu isimde birini tanıdığını hatırlar ama dış görünüşünü bir türlü gözünün önüne getiremez. Birkaç gün sonra gerçekten Montbrison'a vardığında, rüyasında gördüğü yeri bulur, bir adamla karşılaşır ve o anda adamın rüyasında gördüğü Bay T. olduğunu anımsar. Gerçek kişi rüyada gördüğünden oldukça yaşlıdır sadece.

Bu noktada size hatırlanan izlenimin yerini bir bağlantının aldığı, benim gördüğüm bir rüyadan söz etmek istiyorum. Rüyamda memleketimde doktor olduğunu düşündüğüm bir adam görüyorum. Adamın yüzü tam belirgin değil ve hâlâ zaman zaman buluştuğum bir lise öğretmenimin yüzüyle karışıyor. Bu iki kişinin arasındaki bağlantının ne olabileceğini uyandıktan sonra bulamadım. Anneme çocukluğumun ilk yıllarına ait bu doktoru sordum ve adamın tek gözlü olduğunu öğrendim. Rüyada doktorun yüzünü gizleyen lise öğretmenim de tek gözlüydü. Doktoru en son otuz sekiz yıl önce görmüştüm ve bildiğim kadarıyla bu arada onu hiç düşünmemiştim. Oysa çenemdeki yara izinden bana yardım ettiğini hatırlamam mümkündü.

Birçok yazarın, çoğu rüya malzemesinin rüyadan önceki birkaç güne ait olduğunu söylemesi, çocukluk hatıralarına büyük değer verilmesini dengelemeye yönelik bir çaba gibi görünür gözümüze. Robert de (s. 46) bu konuyu dile getirmiştir: Sıradan bir rüya genelde son birkaç günde yaşananlarla ilgilidir. Ancak biz ilerde Robert'in rüya teorisinin zorunlu olarak yakın geçmişte yaşananları ele almayı ve eskileri bastırmayı gerektirdiğini göreceğiz. Oysa Amerikalı yazar Nelson, rüyada gördüklerimizin rüyadan iki veya üç gün önce yaşadıklarımızla ilgili olduğunu, çünkü rüyadan bir gün önce yaşananların yeteri kadar uzak ve bulanık olmadığını söyler.

Rüyaların içeriğiyle uyanık yaşam arasındaki yakın ilişkiden kuşku duymayan birçok yazar farkına varmıştır ki uyanıkken düşüncemizi meşgul eden olaylar, ancak günlük düşüncelerimizden kısmen uzaklaştıkları zaman rüyalarımıza giriyor. Örneğin bir yakınını kaybeden insan genelde bu kaybın yasını tuttuğu ilk zamanlar ölüyü görmez rüyasında (Delage). Öte yandan son rüya gözlemcilerinden Bayan Hallam bunun aksini gösteren örnekler toplayarak, psikolojinin bireysel özgünlüğünün hakkını teslim etmiştir (Hallam und Weed, 1896).

Rüyadaki belleğin üçüncü ve en tuhaf ve anlaşılmaz özelliği, yeniden üretilen malzemenin seçimidir. Rüya için sadece uyanıkken önemli olan olaylar değil en sıradan, en önemsiz görünenler de önemlidir. Burada sözü bu gerçek karşısındaki şaşkınlıklarını en yoğun biçimde dile getiren yazarlara bırakıyorum:

Hildebrandt (1875, s. 11): "Çünkü en tuhafı, rüyaların, malzemelerini, en büyük, en kapsamlı, bir önceki gün için en önemli, en belirleyici olaylardan değil de en taze geçmişle ilgili değersiz, bölük pörçük kırıntılardan ve çok daha eskiden olmuş olaylardan seçmeleri. Ailemizi sarsan ve bu yüzden oldukça geç yatmamıza neden olan bir ölüm vakası hafızalarımızdan silinmiş gibi görünürken, rastladığımız bir yabancının, ayrıldıktan sonra bir an bile düşünmediğimiz yüzündeki endişeli ifade rüyalarımızda çok önemli olabiliyor..."

Strümpell (1877, s. 39): "... kimi rüyalar incelendiğinde görüyoruz ki rüyalar kısmen bir önceki ve ondan önceki gün yaşananlarla alakalı olmalarına rağmen, uyanık bilinç açısından önemsiz oldukları için kısa bir süre sonra unutulurlar. Bunlar, tesadüfen duyulmuş kimi sözler, başkalarının yüzeysel algılanan eylemleri, nesneleri ve insanları kısa süreli algılamalar, okunan bir şeyden kısa parçalar vb. şeylerdir."

Havelock Ellis (1899, s. 727): "Uyanık yaşamdaki derin duygular, zihinsel enerjimizin büyük kısmını harcadığımız soru ve sorunlar, rüya bilincinde hemen çıkmazlar ortaya. Yakın geçmiş söz konusu olduğunda rüyada gördüklerimiz genellikle küçük, önemsiz ve "unutulmuş" izlenimlerdir. En yoğun psikolojik etkinlikler, en derin uykuya dalanlardır."

Binz (s. 45) rüya bilincinin bu özellikleri üzerinden kendisinin de desteklediği açıklamalardan duyduğu hoşnutsuzluğu dile getirir: "Doğal rüyalar, bize benzer sorular sorar. Neden son yaşadığımız günden hafızamızda kalanları görmüyoruz da rüyada, çok gerilerde kalmış şeylere, neredeyse hafızamızdan silinmiş geçmişe, hem de üstelik hiçbir belirgin bir sebep olmadan dalıyoruz? Yaşanan olaylarla ilgili en kışkırtıcı kayıtları içinde taşıyan beyin hücreleri (uyanmadan kısa bir önce ani bir tazelenme söz konusu olmadığı sürece) sessiz ve hareketsiz kalırken, bilinç rüyada neden *ilgisiz* hatıralara ev sahipliği yapıyor?"

Burada açıkça görüyoruz ki rüya belleğinin, günlük olayların önemsiz ve bu yüzden dikkate alınmayan bölümlerini tercih etmesi, çoğu zaman rüyanın gerçek hayatla bağlantısını görmemizi engelliyor ya da en azından bu ilişkiyi kanıtlamamızı zorlaştırıyor. Bayan Whiton Calkins (1893) kendisinin (ve erkek arkadaşının) rüyalarının istatistiki bir değerlendirmesini yapmış, toplam rüyaların % 11'inde günlük hayatla bir irtibat bulamamıştı. Rüyaların kökeninin izini sürmeye uzun zaman ayırdığımız ya da çok sayıda rüyayı incelediğimiz takdirde bütün rüya görüntülerinin soyağacını açıklayabileceğimizi söyleyen Hildebrandt (1875) haklıdır. Bu tür bir çalışmanın "son derece zor ve nankör" bir iş olduğunu söyler Hildebrandt, "çünkü ancak böylece, belleğimizin en ücra köşelerindeki psikolojik açıdan en gereksiz şeyler köşelerinden, uzun zaman önce yaşanmış en bulanık anılar toprağının altından gün ışığına çıkacaktır." Keskin görüşlü yazarımız çıktığı bu müphem yolu izlemekten vazgeçmiştir ne yazık ki; oysa devam etseydi, bu yol onu rüyaların açıklandığı ana merkeze götürecekti.

Rüya belleğinin davranışının her bellek teorisi için çok önemli olduğuna kuşku yok. Bu davranış bize "zihinsel olarak bir kez sahip olduğumuz bir şeyin, asla tamamen kaybolmayacağını" söyler. (Scholz, s. 34). Ya da Delboeuf'un sözleriyle, "en önemsiz izlenimler bile her zaman hatırlanabilen, sabit bir etki bırakır." Ruhsal hayatla ilgili birçok patolojik durum da bizi aynı sonuca götürüyor. İleride değineceğimiz kimi rüya teorileri için, rüyaların saçma ve tutarsız olmasının açıklaması, bu rüyaları gündüz kısmen unutuyor olmamız. Bunun çelişkili bir açıklama olduğunu görebilmek için, yukarıda değindiğimiz rüya belleğinin inanılmaz gücünü aklımızın bir köşesinde tutalım.

Rüya olgusunu sadece hatırlama yetisine, belleğe indirgeme, belli bir amacı olmadan geceleri dur durak bilmeyen bir yeniden üretim faaliyeti olarak görme düşüncesine kapılabilir insan. Pilcz gibi, rüyaların zamanı ve içeriği arasında kanıtlanabilir kesin bir ilişki olduğunu (derin uykudayken rüyada çok eski olayları, sabaha karşı ise, daha yakın zamana ait olayları gördüğümüzü) söyleyenler tarafından kabul görecektir bu düşünce. Ama rüyanın, hatırlanan içeriği nasıl bir işlemden geçirdiği göz önünde tutulduğunda, böyle bir yaklaşımın hiç de gerçekçi olmadığı çıkar ortaya. Strümpell haklı olarak rüyalarda, yaşananların tekrarının söz konusu olmadığına dikkat çeker. Rüyada tekrara doğru bir adım atılır gerçi ama bir sonraki bölüm yoktur, bu bölüm değişmiş olarak ortaya çıkar ya da onun yerine tamamen yabancı bir bölüm girmiştir devreye. Rüyalar yeniden ürettiklerinin sadece fragmanlarını içerirler ve bu, teorik bir değerlendirmeye imkân verecek ağırlıkta bir kuraldır. Öte yandan rüyaların bir olayı uyanık belleğimizin algıladığı biçimiyle bir bütün olarak tekrarladığı istisnalar da mevcuttur. Delboeuf, üniversiteden bir arkadaşının tehlikeli bir araba yolculuğu sırasında şans eseri kurtulduğu bir araba kazasını birebir rüyasında gördüğünü anlatır. Bayan Calkins ise, bir önceki gün olan olayları birebir yeniden üreten iki rüyadan söz eder. Ben de daha sonra bir çocukluk anısının hiç değişmeden rüyaya girdiğini bildiğim bir örneği paylaşacağım sizinle.[10]

C. RÜYA UYARANLARI VE KAYNAKLARI

Rüyanın uyaranlarını ve kaynaklarını halk dilindeki "rüyaların nedeni hazımsızlıktır" deyişiyle açıklayabiliriz. Bu sözlerin ardında rüyaların uyku bozukluklarının bir sonucu olduğunu söyleyen bir teori vardır: Uyurken bir şey tarafından rahatsız edilmiyorsak, rüya da görmeyiz. Rüya, rahatsızlık veren bir duruma tepkidir.

Rüyaya neden olan uyarıcıların açıklanması rüya üzerine yazılanların büyük bir bölümünü oluşturuyor. Konunun ancak

10 Daha sonra edindiğim deneyimlere dayanarak söyleyebilirim ki valiz toplamak, mutfakta yemek hazırlamak vb. sıradan günlük işlerin rüyaya girmeleri hiç de nadir rastlanan bir durum değil. Ama bu tür rüyalarda rüyayı gören için önemli olan neyin hatırlandığı değil hatırlanan şeyin gerçek olduğunu vurgulamaktır: "Gündüz bunu gerçekten yapmıştım."

rüyalar biyolojik araştırmalara konu olduktan sonra bir sorun olarak ortaya konması son derece doğal. Rüyaları tanrılardan birer mesaj olarak gören ilk insanlar, bir uyarım kaynağı aramak zorunda değillerdi. Onlar için rüyalar tanrısal ve şeytani bir iradenin gücüyle ortaya çıkıyor ve bu güçler rüyanın içeriğini ve amacını belirliyordu. Bir süre sonra bilim insanları şu soruyu ortaya attılar: Acaba rüyanın uyaranları sadece bunlar mıydı, yoksa başka uyaranlar da var mıydı? Rüyaların gerçek kaynağı acaba psikoloji miydi, yoksa fizyoloji mi? Araştırmacıların çoğu artık, uyku bozukluklarının sebeplerinin yani rüyaların kaynaklarının çok çeşitli olabileceğini ve bedensel uyarımların da tıpkı ruhsal uyarımlar gibi rüya görmemize neden olduklarını kabul etmiş görünüyorlar. Ama hangi rüya kaynağına öncelik verdikleri ve rüyaların oluşmasındaki önemleri itibariyle yapılan sıralamalarla ilgili aralarında hâlâ görüş ayrılıkları mevcut.

Sonuç itibariyle rüya kaynaklarının eksiksiz yer aldığı bir sıralamada rüyaları gruplandırmak için de kullanılan dört ana kaynak türüne rastlıyoruz:

1) *Dış (objektif) duyusal uyarımlar.*
2) *İç (sübjektif) duyusal uyarımlar.*
3) *İç (organsal) bedensel uyarımlar*
4) *Salt psikolojik uyarım kaynakları.*

1) *Dış Duyusal Uyarımlar*

Yazdığı kitapla rüya sorunlarında bize kılavuzluk yapan filozof Strümpell'in oğlu genç Strümpell'in, cildinde genel bir hissizlik sorunu yaşayan, önemli duyu organları felç olmuş bir hastasıyla ilgili gözlemlerini biliyoruz. Hasta, dış dünyaya açık az sayıda duyusal kapısı da kapatıldığında uykuya dalıyordu. Bizler de uyumak istediğimizde, Strümpell'in deneyindekine benzer bir ortam yaratmaya çabalarız. En önemli duyu organımız olan gözlerimizi kaparız ve diğer duyu organlarının ve bu organları etkileyen uyarımlardaki her türlü değişimin önünü almaya çalışırız. Bu çabamızla istediğimiz hedefe asla bütünüyle ulaşamasak da sonunda uykuya dalarız. Ne uyarımları duyu organlarımızdan bütünüyle uzak tutabiliriz, ne de duyu organlarımızın uyarılma yeteneklerini tamamen bertaraf edebiliriz. Güçlü bir uyarımla her an uyanabilecek olmamız, "ruhun uykuda bile beden dışı dünyayla sürekli bir bağlantı içinde olduğunun" kanıtıdır ve uyku sırasında aldığımız duyusal uyarımların rüyalarımıza kaynak teşkil etmesi pekâlâ mümkündür.

Uyku halinin gerekliliği olan ya da uyku sırasında zaman zaman ortaya çıkan uyarımlardan uykuyu sonlandıran tesadüfi uyarımlara uzanan bir dizi uyarım çeşidi mevcuttur. Örneğin, gözlere güçlü bir ışık vurabilir, bir gürültü duyulabilir veya kokulu bir madde burun mukozasını uyarabilir. Ya da uyku sırasında istemsiz hareketlerle üstümüz açılabilir ve üşüyebiliriz; ya da pozisyonumuzu değiştirip bir baskıya ya da dokunma algısına neden olabiliriz. Bir sivrisinek ısırığı ya da küçük bir kaza birçok duyumuzu aynı anda harekete geçirebilir. Gözlemci araştırmacıların dikkati sayesinde, uyanırken algıladığımız uyarımla rüya içeriğinin bir kısmının örtüştüğünü ve böylece uyarımın rüyanın kaynağı olduğunu söyleyebildiğimiz bir dizi rüya kaydedilmiştir.

Bu noktada Jessen'in (s. 527) kaydettiği, nesnel –ve az çok tesadüfi– duyusal uyarımların neden olduğu bir dizi rüyaya değineceğim: "Belli belirsiz algılanan her gürültü, bu gürültüyle ilgili rüya görüntüleri yaratır. Gök gürültüsü bizi muharebe meydanlarına götürür; bir horozun ötmesi, korkuyla atılan bir insan çığlığına dönüşebilir; gıcırdayan bir kapı, haydutların saldırısını içeren bir rüya görmemize neden olabilir."

"Gece üzerimizdeki örtü açıldığında çıplak dolaştığımızı ya da suya düştüğümüzü görebiliriz rüyada. Yatakta çapraz yatıyorsak ve ayaklarımız yatağın kenarından dışarı sarkıyorsa, rüyamızda korkunç bir uçurumun kenarında durduğumuzu, ya da dik bir yükseltiden aşağıya düştüğümüzü görebiliriz. Başımız tesadüfen yastığın altına girmişse, üzerimizde dev bir kayanın salındığını ve ağırlığıyla bizi gömeceğini düşleyebiliriz. Sperma birikimi cinsel arzu uyandıran rüyalar üretirken, bir yerimizin ağrıması, rüyada, kötü bir muamele, düşmanca saldırı ve yaralanma olarak çıkabilir karşımıza...". "Meier (*Uyurgezerliğin Açıklaması Üzerine*, Halle– 1758, 33) bir kez birkaç kişinin saldırısına uğradığını, sırtüstü yere yatırıldığını, birinci ve ikinci ayak parmaklarının arasından geçirilen bir kazığın yere çakıldığını görür rüyasında. Rüyadan uyandıktan sonra ayak parmaklarının arasında bir saman çubuğu olduğunu fark eder. Meier, Henning'de yer alan bir başka örnekte (*Uyurgezerlerde Rüyalar Üzerine*, Weimar– 1784, 258) gömleğinin yakasını sıkıca düğmelediğinde rüyada asıldığını görür. Hoffbauer ise gençken gördüğü bir rüyada yüksek bir duvardan düşer ve uyandığında yatağın kenarlarının yerinden çıktığını ve gerçekten yere düştüğünü görür... Gregory, bir gün yatarken ayaklarının altına sıcak su torbası koymuş, rüyasında Etna Dağı'nın zirvesine bir yolculuk yaptığını ve toprağın sıcaklığını dayanılmaz bulduğunu görmüştü. Başına yara bandı takan bir başkası, rüyada Kızılderililer tarafından derisinin yüzüldüğünü görür. Nemli pijamayla yatan üçüncü bir kişi ise, akıntıya kapıldığını görür rüyasında. Uykuda gut krizi geçiren bir hasta ise, rüyasında engizisyon mahkemesinde yargılanmakta ve işkence görmektedir (Macnish)."

Uyuyan kişiyi düzenli olarak duyusal uyarıma tabi tuttuğumuzda uyaranla örtüşen rüyalar gördüğünü kanıtlayabilirsek, uyaran ve rüya içeriği arasında benzerlik olduğu iddiası güçlenmiş olur. Macnish, Girou de Buzareingues'un bu türden deneyler yaptığını söyler: "Dizlerini açıkta bırakarak uyumuş ve rüyasında bir posta arabasında gittiğini görmüştü. Buzareingues gece posta arabasında seyahat eden insanın dizlerinin üşüdüğünü bildiğini de ekliyor bu arada. Bir başka sefer başının arkasını örtmeden uyumuş ve rüyasında, dini bir törende açık havada oturduğunu görmüş. Yaşadığı ülkede insanlar bu tür törenler dışında mutlaka başlarını örterlermiş çünkü."

Maury (1878) gözlemlediği kendi rüyalarından da örnekler veriyor (Bir dizi başka deney başarısız olmuş):

1) Dudaklarına ve burnunun ucuna bir tüyle dokunulur. – Rüyasında korkunç bir işkenceye maruz kaldığını görür; yüzüne katranlı bir maske yapıştırılmış ve sonra derisiyle birlikte çekilmiştir.
2) Bir makas, bir penseye sürtülerek bilenir. – Çanlar, daha sonra alarm zilleri duyar ve 1948 yılının Haziran ayına gider.
3) Kolonya koklatılır. – Kahire'de Johann Maria Farina'nın dükkânındadır. Bunu izleyen harika maceraları hatırlayamaz.
4) Ensesine hafif bir tokat atılır. – Rüyasında bir yara bandı yapıştırıldığını görür ve çocukken kendini muayene eden bir doktoru düşünür.
5) Yüzüne sıcak bir demir ütü yaklaştırılır. – Rüyasında, "Isıtıcılar"[11] bir eve girmiş ve paralarını ödemeleri için ev halkının ayaklarını mangala sokmuştur. Daha sonra rüyada sekreteri olduğu Abrantès Düşesi'ni görünür.

---

11 Buradaki işkence yöntemini kullanan La Vandée'deki haydut çetelerinden biri.

8) Alnına bir damla su dökülür. – İtalya'dadır, terlemekte ve beyaz Orvieto şarabı içmektedir.
9) Kırmızı bir kâğıtla mum ışığı yüzüne yansıtılır. – Rüyasında hava durumuyla, havanın sıcak olmasıyla ilgili şeyler yer alır. Bir kez Manş Denizi'nde yaşadığı deniz fırtınasının içindedir.

Deneysel rüyalar üreten isimler arasında d'Hervey ve Weygandt da yer alıyor (1893).

Bu örneklerde görüyoruz ki, "rüyalar çok açık olarak, algı dünyamızda maruz kalınan ani etkileri içselleştirerek, önceden hazırlanmış ve yavaş yavaş gelişen bir felaket oluşturma becerisine sahiptirler" (Hildebrandt, 1875). "Geçtiğimiz yıllarda" diye devam eder aynı yazar, "sabahları düzenli olarak aynı saatte kalkmak için çalar saat kullanıyordum. Saatin sesi belki yüzlerce kez, bu sesle bağlantılı uzunca bir rüyanın içine öylesine girdi ki sanki rüyanın tek konusu, en önemli ve kaçınılmaz noktası, doğal ana hedefi bu sesti."

Şimdi farklı bir bağlamda üç başka çalar saat rüyasına değineceğim.

Volkelt (s. 68) şöyle diyor: "Bir kez bir bestecinin rüyasında ders verdiğini ve öğrencilerine bir şey izah ettiğini görmüş. Besteci işini bitirdikten sonra öğrencilerinden birine 'Anladın mı ?' diye sormuş. Çocuk avaz avaz 'Evet, tabii!' diye bağırmış. Adam öfkeyle bağıran çocuğu azarlamaya başlayınca bütün sınıf önce 'yabii', sonra 'yangii' ve son olarak 'yangiin' diye bağırmaya başlamış. Ve adam gerçekten de 'yangın!' diye bağıranların sesleriyle uyanmış."

Garnier (Radestock-Traité des facultés de l'âme, 1865), I. Napolyon'un bir kez arabada uyurken patlayan bir top sesiyle uyandığını, rüyasında Avusturya İmparatorluğu'nun topçu ateşi altında Taglimento'dan geçtiğini ve "Mayına bastık" çığlığıyla dehşete düştüğünü anlatır.

Yine Maury'nin gördüğü oldukça bilinen bir rüya (Le sommeil, s. 161): Maury hasta yatağında yatmaktadır, annesi yanına oturmuştur. Rüyasında devrim yıllarından korkunç sahneler görür, vahşi cinayetlere karışır ve sonunda mahkemeye çıkarılır. Mahkemede Robespierre'i, Marat'ı, Fouquier-Tinville'yi ve o korkunç dönemin bütün diğer kederli kahramanlarını görür, onlarla konuşur, aklında kalmayan birçok olaydan sonra hüküm giyer ve büyük bir kalabalığın arasından darağacına götürülür. Sehpaya çıkar, cellat Maury'i kalasa bağlar, tahta kapak kapanır, giyotin bıçağı boynuna iner. Bedeninin başından ayrıldığını hisseder, dehşet içinde uyanır ve yatak başının tıpkı giyotin bıçağı gibi ense köküne düştüğünü görür.

Bu rüya üzerine Le Lorrain ve Egger arasındaki tartışma *Revue philosophique*'de yer aldı. Tartışmanın temel sorusu, insanı uykusundan uyandıran uyaranın algılanmasıyla uyanma anı arasındaki kısa süreye, ayrıntılı bir rüyanın sığıp sığmayacağı, sığıyorsa nasıl sığdığı.

Bu tür örnekler, rüyaların kaynağı olduğu kesinlik kazanan uyarımların objektif duyusal uyarımlar olduğu izlenimi yaratıyor. Konuya vakıf olmayanların da tek açıklaması budur. Rüya literatürüne yabancı, eğitimli bir insana sorduğunuzda da bu kişi, kendisinin bildiği bir olaya atıfta bulunarak, rüyanın kaynağının uyandıktan sonra farkına varılan objektif bir duyusal uyarım olduğunu söyleyecektir. Oysa bilimsel gözlem bu noktada durmaya devam edemez; rüya görürken algıladığımız duyusal uyarımın rüyada hakiki haliyle ortaya çıkmayıp bu uyarımla bir şekilde bağlantılı başka bir imgeyle temsil edilmesini gerekçe göstererek başka sorular sorar. Ama Maury'e göre, rüya uyaranı ve rüya arasındaki bağlantı, "Bir tür ilişkidir ama biricik ve her şeyi dışlayan bir ilişki değildir." (*Analogie*, s. 72). Hildebrandt'ın üç çalar saat rüyasına baktığımızda da aynı uyaranın neden farklı rüyalar ürettiği sorusuna yanıt vermek zorunda kalırız:

"Bir bahar sabahı yürüyüş yapıyorum, yeşil tarlaların üzerinden komşu köye kadar yavaş yavaş yürüyorum. Köye vardığımda kollarının altında ilahi kitapları, üzerlerinde tören kıyafetleriyle kiliseye giden köylüleri görüyorum. Bildiniz! Günlerden Pazar ve Pazar ayini az sonra başlayacak. Ayine katılmaya karar veriyorum ama sıcaktan bunaldığım için önce kiliseyi çevreleyen mezarlıkta biraz serinleyeyim diye düşünüyorum. Mezarlıkta kimi mezar taşlarının üzerindeki yazıları okurken, zangoçun kilisenin kulesine çıktığını ve kulenin tepesinde biraz sonra ayinin başlangıç işaretini verecek olan küçük çanı görüyorum. Çan bir süre daha hareketsiz duruyor, sonra salınmaya başlıyor ve birden çanın sesi öylesine tiz ve keskin yankılanmaya başlıyor ki uyanıyorum. Çan sesinin çalar saatimin zili olduğunu anlıyorum."

"Bir başka bağlantı örneği daha: Aydınlık bir kış günü; caddeler karla kaplı. Bir kızak gezisine katılacağımı bildirmişim. Ama kızağın kapıda olduğu haberini alana kadar uzun uzun bekliyorum. Ve kızağa binme hazırlıkları başlıyor. Kürkler yerleştiriliyor, ayak tulumları çıkartılıyor ve nihayet yerime oturuyorum. Hareket gecikiyor ve ama sonunda dizginler bekleyen atlara hareket sinyalini veriyor. Atlar kızağı çekmeye başlıyor, hızla sarsılan ziller bildiğimiz mehter marşını öyle büyük bir gürültüyle çalmaya başlıyor ki rüya örgüsü anında paramparça oluyor. Gerçek ise yine çalar saatin tiz sesinden başka bir şey değil."

"Ve üçüncü örnek! Bir dizi üst üste dizilmiş tabakla koridor boyunca yemek odasına doğru ilerleyen bir mutfak hizmetlisi görüyorum. Kollarının arasındaki porselen sütun dengesini kaybedecek diye düşünüyorum. "Dikkatli ol, elindekiler düşecek" diye ikaz ediyorum kızı. Bilinen itiraz geliyor hemen: Alışıkmış bunu yapmaya vs. Ben hâlâ endişe içinde yürüyen kıza bakıyorum. Evet, doğru tahmin ettiniz. Kız kapının eşiğine takılıp tökezliyor, tabaklar yere düşüyor ve şangırtılar arasında paramparça oluyor. Ama devam eden sesin tabakların şangırtısı değil, bir zil sesi olduğunu anlıyorum ve uyandığımda çalar saatin görevini yerine getirdiğini görüyorum."

Zihnin rüyada objektif duyusal uyarıların doğası hakkında neden yanıldığı sorusunu Strümpell de, Wundt da aynı şekilde yanıtlamıştır: Ruhsal dünyamız, uykuda saldıran uyarıların karşısına yanılsamaların oluşabileceği koşullarda çıkar. Bir duyu izlenimini, şayet izlenim yeteri kadar güçlü, net ve sürekli ise ve bunları düşünecek zamanımız varsa *tanırız* ve *doğru yorumlarız,* yani deneyimlerimiz gereği olması gereken anımsama grubunun içine katarız. Bu koşullar oluşmamışsa, söz konusu izlenimi uyandıran nesneyi tanımayız, bu nesneyle ilgili bir yanılsama oluştururuz. "Boş arazide yürüyen bir insan uzaktaki bir nesneyi belli belirsiz fark ettiğinde, bu nesnenin önce bir at olduğunu zannedebilir." Daha yakından baktığında onun, olduğu yerde duran bir inek olduğunu düşünebilir ve nihayet gördüğünün oturan bir insan olduğuna karar verir. Ruhsal dünyanın uyku halinde maruz kaldığı dış uyarımlar aynı şekilde belirsizdir ve yine aynı şekilde az ya da çok sayıda hatırlanan görüntü devreye girer. Böylece yanılsamalar oluşur ve edindiğimiz izlenim de bu sayede psikolojik bir anlam kazanır. Çeşitli anı gruplarından hangisinin canlanacağı ve hangi olası çağrışımların devreye gireceği, Strümpell'e göre belirsizdir ve ruhsal yaşamın keyfiyetine kalmıştır.

Bu noktada bir seçim yapmamız gerekiyor: Rüya oluşumu yasalarını daha fazla izlemenin imkânsız olduğunu kabul edip duyusal izlenimlerin neden olduğu yanılsamaların oluşmasında başka koşulların geçerli olduğunu sormaktan vazgeçeceğiz. Ya da uyku sırasında rüyaların kaynağı olarak saldırıya geçen objektif duyusal uyarımların sadece mütevazı bir rol oynadığını kabul edip aklımıza gelen anıların seçiminde başka faktörlerin belirleyici olduğunu varsayacağız. Gerçekten de Maury'nin (yukarıda bu nedenle ayrıntılarıyla değindiğim) deneysel rüyalarını incelediğimizde, bu deneylerin aslında rüyanın bileşenlerinden sadece birinin kökenini ortaya koyduğunu söyleyebiliriz. Rüyanın kalan kısmı ise öylesine bağımsız ve kendine özgüdür ki, deneysel olarak devreye sokulan bir unsurla ilişkisini ölçerek açıklanması imkânsızdır. Hatta objektif izlenimlerin rüyalarda bazen en tuhaf ve en ilişkisiz şekilde ortaya çıktığını gördüğümüzde, bu yanılsama teorisinden ve objektif izlenimlerin rüyaları biçimlendirme gücünden de kuşku duymaya başlarız. Örneğin Simon'un aktardığı bir rüyada, dev gibi insanlar bir masada oturmaktadırlar. Rüyayı gören kişi onların çenelerinin çiğnerken çıkarttıkları korkunç sesleri duyar. Uyandığında ise, duyduğu pencerenin önünden dörtnala koşan bir atın nal sesleridir. Burada nal sesleri *Güllivar'in Maceraları*'ndan bir şeyleri, Gülliver'in devler ülkesinde devlerle ve saygın atlarla yaşamasını hatırlatıyorsa, –ki bunu yazarın yardımı olmadan böyle yorumluyorum ben– bu tuhaf hatıraların seçiminde başka motiflerin de devrede olduğunu düşünemez miyiz?[12]

2) *İç (Sübjektif) Duyusal Uyarımlar*

Bütün itirazlara rağmen şunu kabul etmek zorundayız: Objektif duyusal uyarımların uyku sırasında rüya ürettiği tartışmasız

12 Rüyadaki dev insanlar, bir sahneye rüyayı görenin çocukluğunun karıştığının işareti olabilir. Öte yandan, *Gülliver'in Maceraları*'nın anımsandığı yukarıdaki yorum, bir yorumun nasıl olmaması gerektiğine iyi bir örnek. Yorumcunun kendi mizahi yaklaşımını devreye sokup, rüya görenin aklına gelenleri geri plana atmaması gerekir.

bir gerçek ama bu uyarımlar doğaları ve ortaya çıkma sıklıkları itibariyle bütün rüyaları açıklamaya yetmiyorlarsa, o zaman bunlara benzer şekilde rüya üreten başka kaynaklar aramak zorundayız. Dış duyusal uyarımların yanı sıra, duyu organlarımızdaki iç (sübjektif) uyarımların da devrede olduğu düşüncesinin ilk kez nerede ortaya çıktığını bilmiyorum; ancak rüyaların etiyolojisiyle (nedenbilim) ilgili yeni çalışmalarda az çok yapılan budur. Wund şöyle diyor (s. 363): "... Öte yandan, uyanıkken karanlıkta gördüğümüz ışık kaosu, kulaklarımızın çınlaması ve uğuldaması gibi sübjektif görme ve işitme duyumları rüyadaki yanılsamalarda önemli bir rol oynar. Bunların arasında en çok bilinenlerden biri, sübjektif retina uyarımlarıdır. Rüyaların çok sayıda benzer ya da birbirinin aynı nesneyi gözümüzün önüne getirmeye olan tuhaf eğilimini açıklar bu. Rüyada sayısız kuş, kelebek, balık, rengârenk inciler, çiçekler vb. görürüz. Burada karanlıktaki ışık tozu fantastik şekiller alır ve tozu oluşturan sayısız ışık zerresini de rüyada ışık kaosu hareketli olduğu için, hareketli tek tek nesneler olarak görürüz. – Rüyaların çeşitli hayvan figürlerine eğilimi de buradan kaynaklanır; bu figürlerin biçimsel çeşitliliği sübjektif ışık görüntülerinin özel biçimlerine kolayca uyum sağlar."

Rüya imgelerinin kaynağı olan sübjektif duyusal uyarıların, objektif uyarılar gibi tesadüflere bağlı olmama ayrıcalıkları vardır. Yani ihtiyaç hasıl olduğunda bir açıklamaya hazır oldukları söylenebilir. Ama rüya kaynağı olarak oynadıkları rol söz konusu olduğunda nesnel uyaranlarla yarışamazlar çünkü gözlemlere ve deneylere hiç uygun değildirler ya da çok az uygundurlar. Sübjektif duyusal uyarımların en önemli kanıtı hipnagojik[13] halüsinasyonlardır. Joh. Müller "hayali görsel olgular" olarak tanımladığı bu halüsinasyonlar, uykuya dalarken ortaya çıkan

13 Uykuya dalmadan önce görülen. –çev. n.

canlı, değişken imgelerdir. Çoğu insana düzenli olarak görünürler ve gözler açıldıktan sonra da bir süre var olmaya devam ederler. Maury kendisinin de çok sık gördüğü bu imgelere büyük önem atfeder ve rüya imgeleriyle bağlantılı hatta (tıpkı Joh. Müller gibi) aslında birebir aynı şeyler olduklarını iddia eder. Bu halüsinasyonların oluşması için, der Maury, belli bir ruhsal edilgenlik, dikkatin yarattığı gerginlikte bir çözülme, azalma gerekir (s. 59 ve devamı). Aslında hipnagojik bir halüsinasyon görmemiz için, (buna alışıksak şayet) bir saniyelik bir letarji[14] bile yeterli olur. Sonra uyanırız; aynı şey uykuya dalana kadar birkaç kez tekrarlayabilir. Maury'e göre, kısa bir süre sonra tekrar uyanırsak, uyumadan önce gördüğümüz hipnagojik halüsinasyonların aynısını rüyada gördüğümüze sık sık şahit oluruz (s. 134). Maury bir kez uykuya dalarken deforme olmuş ifadeleri ve tuhaf saç modelleriyle onu huzursuz eden bir dizi grotesk figürü, uyandıktan sonra rüyasında gördüğünü hatırlar. Bir başka sefer ağır bir diyet yaptığı için aç olarak yatağa girer ve uykuya dalarken bir kâse ve bir çatalı silah gibi parmaklarının arasında tutan bir elin kâseden yiyecek aldığını görür. Uykuya daldıktan sonra gördüğü rüyada zengin bir sofrada yemek yiyenlerin çatal seslerini duyar.

Yine bir kez gözleri tahriş olmuş, yanmaktadır. Gördüğü hipnagojik halüsinasyonda mikroskobik işaretleri gözleri tahriş olduğu için bin bir zorlukla okumak zorundadır. Bir saat sonra uyandığında ise, rüyasında önünde açık duran çok küçük harflerle yazılmış bir kitabı bin bir zorlukla okumaya çalıştığını gördüğünü hatırlar.

Kelimeler, isimler vb. işitme halüsinasyonları da tıpkı bu imgeler gibi hipnagojik olarak ortaya çıkabilir ve tıpkı başlayan bir opera eserini haber veren uvertür gibi rüyada tekrarlayabilirler.

---

14 Uyuklama. –çev. n.

Joh. Müller ve Maury gibi hipnagojik halüsinasyonların peşinden giden daha yeni bir araştırmacı da G. Trumbull Ladd'dır. Uykuya daldıktan birkaç dakika sonra gözlerini açmadan kendini uyandırmaya çalışan Ladd, böylece retinanın algıladığı silinmeye başlayan duyumları, hatırladığı rüya görüntüleriyle karşılaştırabilmiştir. Ladd bu ikisi arasında derin bir ilişki olduğunu iddia eder: Retinanın parlayan noktalardan ve çizgilerden oluşan kendi ışığı, rüyada psikolojik olarak algıladığı biçimlerin konturunu oluşturmaktadır. Örneğin bir kez rüyasında net olarak gördüğü, okuduğu, incelediği bir satır yazı, retinadaki parlak ışık noktalarından oluşan paralel çizgilere tekabül ediyordu. Ladd'in cümleleriyle devam edelim: "Rüyamda okuduğum matbu bir sayfa, bir başka nesneye dönüşmüştü. Bu nesne, uyandıktan sonra, çok uzaklarda, bir parça kağıdın üzerindeki delikten gördüğüm gerçek matbu bir sayfa gibi gelmişti bana." Ladd gördüğümüz nesnenin önemini küçümsemeden, retinanın iç uyarımları olmadan görsel bir rüya oluşamayacağını söyler. Maury için bu durum özellikle, uykuya daldıktan sonra karanlık odada gördüğümüz rüyalar için geçerlidir; oysa sabah uyanmadan kısa bir süre önce gördüğümüz rüyaların kaynağı, aydınlanan odada gözlerimize sızan nesnel gün ışığıdır. Retínanın ışığının değişken ve sonsuz bir değiştirme yeteneği olan uyarımları, rüyalarımızın bize sunduğu kıpır kıpır kayıp giden imgelere tekabül eder. Ladd'in gözlemlerini kayda değer bulan biri, rüyalar açısından son derece bereketli olan bu sübjektif uyarı kaynağını küçümseyemez çünkü görsel imgelerin rüyalarımızın temel unsuru olduğunu biliyoruz . İşitme duyusu dışındaki diğer duyuların etkisi daha az ve sabittir.

3) *İç (Organsal) Bedensel Uyarımlar*

Rüya kaynaklarını dışarıda değil de organizmanın içinde aramaya karar verdiğimize göre şunu unutmamalıyız: Neredeyse bütün iç organlarımız sağlıklı oldukları sürece varlıklarını hissettirmezler. Ama uyarı dediğimiz bir etken ya da bir hastalık söz konusu olduğunda bizi rahatsız eden bir kaynak haline gelirler ve bu kaynak, acı ve algı uyarımları yaratan dışsal kaynaklara eşdeğerdir. Örneğin Strümpell'in aşağıdaki sözleri çok eski deneyimlere dayanıyor (s. 107): "Ruhsal dünyamız uyku sırasında bedenimiz hakkında uyanık halimizden çok daha derin ve geniş bir bilince ulaşır ve bedenin kimi bölümlerinin veya bedendeki değişimlerin neden olduğu –uyanıkken haberdar olmadığımız– uyarıları almak ve bunlardan etkilenmek durumundadır." Aristoteles bile, uyanıkken fark etmediğimiz hastalık belirtilerinin farkına ancak, rüyaların abartma yetileri sayesinde uyku halinde vardığımızı söyler (*bkz.* s. 26) ve rüyaların bir kehanet olduğuna inanmaları zor olan tıp yazarları bile, en azından hastalık habercisi olabileceklerini kabul ederler (*krş.* M. Simon ve diğer birçok daha eski yazar).[15]

Rüyaların hastalıkları teşhis etme özelliklerini ortaya koyan yakın tarihli örnekler de eksik değil. Örneğin Tissié, Artigues'ten alıntılayarak, görünürde tamamen sağlıklı kırk üç yaşında bir

15 Rüyaların (Hipokrat'ta olduğu gibi) hastalıkların teşhisinde kullanılmalarının dışında Antikçağ'daki tedavi edici özelliklerine de değinmek gerekiyor. Yunanlılarda iyileşmek isteyen hastaların ziyaret ettiği rüya kâhinleri vardı. Hastalar Apollo'nun ya da tıp tanrısı Askleipos'un tapınağına gider, burada çeşitli törenlere katılır, yıkanır, ovulur, tütsülenir ve bu şekilde kutsandıktan sonra, kurban edilen bir koçun postuna sarılırdı. Bu halde uyuyan hasta rüyasında doğal hallerinde ya da papazların yorumlayacağı semboller ve imgeler aracılığıyla hastalığını tedavi edecek ilaçları görürdü. Yunanlılardaki tedavi edici rüyalar başka rüyalar için, *bkz.* Lehmann (1908, cilt 1, s. 74), Bouché-Leclerq (1879-1882), Hermann (1858, § 41, s. 262 ve devamı ve 1882, § 38, s. 356), Böttinger (1795, s. 163 ve devamı), Lloyd (1877), Döllinger (1857, s. 130).

kadının kâbuslar gördüğünü, doktor muayenesinde kısa süre sonra yakalanacağı bir kalp hastalığının ilk evresinde olduğunun ortaya çıktığını anlatır.

İç organlardaki belirgin rahatsızlıkların birçok kişide bir rüyanın başlamasına neden olduğu kesin. Kalp ve akciğer hastalarının daha çok korku rüyaları gördükleri söylenir. Rüya yaşantısındaki bu ilişki o kadar çok araştırmacı tarafından öne çıkarılmıştır ki, burada bu araştırmacıların yazılarına atıfta bulunmakla yetineceğim (Radestock, Spitta, Maury, M. Simon 1888, Tissié). Tissié, hasta organların rüyanın içeriğini belirlediğini bile söylemiştir. Kalp hastalarının rüyalarının genellikle çok kısa olduğunu ifade eden Tissié, bu hastaların rüyadan dehşet içinde uyandıklarını anlatır. Bu rüyalarda neredeyse her zaman korkunç koşullarda gelen bir ölüm rol oynar. Akciğer hastaları ise boğulma, sıkışma, kaçma rüyaları ve Börner'den bildiğimiz türden kâbuslar görürler. Bu arada Berner yüzükoyun yatıp, soluk alma kanallarını kapatarak bu tür kâbusları görmeyi deneysel olarak gerçekleştirebilmiştir. Sindirim sistemi hastalıklarında rüyadaki baskın algılar haz ve tiksintidir. Ve nihayet cinsel uyarımın rüya üzerindeki etkileri herkesin kendi deneyimlerinden bildiği bir gerçektir ve organsal uyarımla rüyaların başladığı düşüncesinin en önemli dayanağını oluştururlar.

Rüya literatürüne baktığımızda birçok yazarın (Maury, Weygandt) kendi hastalıkları üzerinden rüyaların içerikleriyle ilgilenmeye başladıkları gözden kaçmıyor.

Ancak rüya kaynağı olarak tespit edilen bu kuşkusuz gerçek vakaların önemi sanıldığı kadar büyük değil. Çünkü rüya belki her gece her sağlıklı insanın gördüğü bir olgu ve rüya görmek için bir organın hastalanması da gerekmiyor. Ama zaten bizim amacımız da özel rüyaların kaynaklarını değil normal insanların sıradan rüyalarının uyaranlarının ne olduğu bulmak.

Bu noktada diğerlerinden çok daha gür akan ve asla suyu bitmeyecek bir kaynağa ulaşmak için sadece bir adım daha atmamız gerekiyor. İç organlarımızın hastayken bir rüya uyarımı kaynağı olabildiği kanıtlanabilirse ve uyurken dış dünyaya sırtını dönen ruhsal dünya iç organlara daha çok önem veriyorsa şayet, o zaman iç organlarımızın rüya imgelerine dönüşen uyarımları ruhsal dünyamıza gönderebilmeleri için hastalanmalarına gerek olmadığını düşünebiliriz. Uyanıkken sadece donuk bir genel duygu olarak algıladığımız ve doktorların bütün bedenimizin de katkıda bulunduğunu söylediği şey, geceleri güçlü bir etkiye ulaşır, bütün bileşenleriyle işbaşı yapar ve rüya düşüncelerini yaratan en güçlü ve en olağan kaynak haline gelir. Bundan sonra yapılması gereken tek şey, organ uyarımlarının rüya imgelerine hangi yasalara göre dönüştüğünü araştırmaktır.

Bu arada bütün tıp yazarlarının en çok tercih ettiği rüya oluşum teorisine de değinmiş oluyoruz. Varlığımızın özünü oluşturan ve bilgilerimizi içinde saklayan karanlıkla (Tissié'nin deyimiyle "moi splanchnique") rüyaların oluştuğu karanlık öylesine örtüşürler ki birbirleriyle, aralarında bir ilişki kurmaya çalışmak anlamsızlaşır. İstem dışı organ uyarımlarını rüya imgelerine dönüştüren düşünce çizgisinin doktorlar için başka bir cazip tarafı daha var: Görünüşleri itibariyle birbirlerine çok benzeyen rüya ve akıl hastalıkları etiyolojileri (ortaya çıkış nedenleri) itibariyle de benzerdirler. Çünkü iç organlardan kaynaklanan genel duygu ve uyarılar geniş bir çerçeveden bakıldığında psikozların oluşumundan da sorumlu tutuluyorlar. Bu yüzden bedensel uyarı teorisinin, adından anlaşılan kökeninden daha fazla kökenleri, kaynakları olmasına şaşırmamak gerekir.

Schopenhauer'in 1851'de geliştirdiği düşünce silsilesi bir dizi yazar için belirleyici olmuştur. Filozofa göre, içimizdeki evren algısı, aklımızın dışarıdan kendine ulaşan etkileri zamana, *mekâna* ve nedenselliğe göre biçimlendirmesiyle oluşur. Organizmanın içinden, yani sempatik sinir sisteminden gelen uyarımlar, gündüzleri ruh halimizi en fazla bilinçsiz olarak etkiler. Ama gündüzün bizi neredeyse felç eden uyarımları gece sona erdiğinde, içimizden gelen uyarımlara daha çok dikkat ederiz. Bu durum tıpkı gündüzün gürültüsünün duymamızı engellediği kaynak suyunun şırıltısını gece duymamıza benzer. Aklın bu uyarımlara tepkisi normal işlevini yürütmekten başka ne olabilir bu durumda? Demek ki aklın yapacağı, dönüştürmektir ve bu işlemin sonucu olarak rüya dediğimiz şey ortaya çıkar. Organ uyarıları ve rüya imgeleri arasındaki yakın ilişkiyi anlamaya çalışan Scherner'e ve onu takip eden Volkelt'e çalışmalarından ötürü duyduğum takdire rüya teorileri bölümünde yer vereceğim.

Psikiyatr Krauss son derece tutarlı bir araştırmayla rüyaların ve hezeyanların kaynağını aynı unsurdan, yani organsal uyarılardan türetir. Krauss'a göre organizmada tek bir yer yoktur ki, bir rüyanın ya da hezeyanın çıkış noktası olamasın. Krauss organ kökenli uyarımları iki gruba ayırır: 1. Genel ruh halinin neden olduğu uyarımlar ve 2. vejetatif organizmanın ana sistemlerinin özündeki duyular ki bunlar da kendi içinde beşe ayrılır: a) kas, b) solunum, c) sindirim d) cinsel ve e) harici duyumlar."

Krauss bedensel duyumlar sonucu rüya imgelerinin oluşma sürecini şöyle anlatır: Hissedilen duyum belli bir çağrışım yasası uyarınca bu duyuma benzer özellikte bir imge yaratır ve bu imgeyle organik bir bütün oluşturur. Bilinç ise bu bütüne normalden farklı bir tepki verir. Çünkü bilinç için önemli olan uyarının kendisi değil sonuçlarıdır yani imgelerdir. Bu yüzden de bu konu uzun süre yanlış anlaşılmış ve hafife alınmıştır. Krauss bu süreç için duyumların rüya imgelerine transsubstansiyonu[16] terimini kullanır.

---

16 Dönüşümü. –çev. n.

Bedensel uyarımların rüyanın oluşumuna etkisi bugün artık genel kabul gören bir olgu. Ancak aralarındaki ilişkinin hangi yasalara göre belirlendiğine verilen yanıtlar farklı, çoğu zamanda müphem. Böylece bedensel uyarı teorisi bağlamında rüya yorumunun görevi, rüyanın içeriğini bu içeriğe neden olan organ kökenli uyarımlara dayandırmak oluyor. Ve şayet Scherner'in bulduğu yorum kurallarını kabul etmezsek, bedensel uyarı kaynaklarını sadece rüyaların içeriğinden yola çıkarak açıklayabilmek gibi tuhaf ve zahmetli bir durumla karşı karşıya kalıyoruz.

Öte yandan bir dizi "tipik" olarak adlandırılan farklı rüyanın yorumunda görüş birliği mevcut çünkü bu rüyalar birçok kişide benzer içeriklerle ortaya çıkıyor. Bu rüyalar bilinen yüksek bir yerden düşme, bir dişin düşmesi, uçmak, çıplak olduğu ya da kötü giyindiği için utanma gibi rüyalar. Çıplaklık rüyalarının uyurken üzerimizdeki örtüyü attığımız ve çıplak yattığımız anlarda görüldüğü söyleniyor. Dişlerin düşmesi ise "diş uyarımlarına" bağlanıyor, ama burada bir diş hastalığı olması zorunluluğu yok.

Strümpell'e göre uçma rüyaları, göğüs kafesindeki deri duyumlarının algılayamayacağımız kadar azaldığı durumlarda, akciğer loblarının inip çıkma hareketinin yarattığı uyarımı anlatmak için ruhumuzun uygun bulduğu bir imge. Bu durum bizde havada salınma duyumunu uyandırıyor. Yüksekten düşme ise, derimizin bir basıncı algılamadığı bir anda, bir kolun yana düşmesi ya da bükülmüş bir dizin birden uzatılmasıyla deri üzerindeki basınç duygusunun tekrar hissedilmesi. Bilinçli hale geçiş ise rüyada fiziksel bir düşme anı olarak cisimleşiyor (Strümpell, s. 118). Akla yakın görünen bu açıklamaların zaafı, açıklamayı destekleyen bir durum oluşana dek, başka hiçbir kanıta gerek duymadan şu ya da bu türden organsal duyumu ruhsal algımıza dahil etmeleri ya da algımızdan çıkarmalarıdır. Yeri gelmişken söyleyeyim, organsal uyarımların tipik rüyalar ve oluşumları üzerindeki etkisine ileriki sayfalarda geri döneceğim.

Bir dizi benzer rüyayı karşılaştırarak rüyaların oluşmasını organsal uyarımlarla açıklamaya çalışan M. Simon şöyle der (s. 34): Bir duygunun ifade edilmesini sağlayan organlar, uyku sırasında, uyanıkken alışık oldukları bir uyarıma maruz kaldıklarında, rüyada görülen imgeler bu duygu durumuyla örtüşür.

Simon'da bulduğumuz bir başka kural da şudur (s. 35): Uykuda faaliyet gösteren, uyarılan ya da rahatsızlık duyan organlar, rüyada söz konusu organsal işlevin gerçekleştiğini içeren imgeler üretir.

J. Mourly Vold (1896) rüyaları oluşumunda bedensel uyarım teorisinin iddia ettiği etkiyi deneysel olarak kanıtlamaya çalışmış ve uyuyan kişinin uzuvlarının pozisyonunu değiştirerek, rüyaların oluşumunda çıkan farklılıkları karşılaştırmıştır. Vold elde ettiği sonuçları şu cümlelerle açıklar:

1) Bir uzvun rüyadaki konumu enikonu gerçekteki konumuyla örtüşür yani uzvun rüyadaki konumu, gerçekteki sabit konumuyla aynıdır.

2) Rüyada bir uzvun hareket ettiğini görüyorsak, bu hareket sırasındaki konumlarından biri gerçekteki konumuyla örtüşür.

3) Bir uzvun gerçekteki konumunu, rüyada yabancı bir kişiye mal edebiliriz.

4) Söz konusu hareket engellendiğinde de rüya görebiliriz.

5) Söz konusu pozisyondaki uzuv bize bir hayvan ya da bir canavar gibi görünebilir. Burada uzvun pozisyonu ve rüya imgesi arasında belli bir benzerlik bulunur.

6) Uzvun pozisyonu, rüyada, uzuvla ilgili şeyler düşünülmesine neden olabilir; örneğin parmaklarımızla meşgulsek, rüyamızda sayı saymakla ilgili bir şeyler görebiliriz.[17]

17 Bu araştırmacının rüya tutanaklarını yayınladığı iki ciltlik eserine ilerde değineceğiz.

4) ***Psikolojik Uyarı Kaynakları***

Rüya ve uyanık yaşam arasındaki ilişkiyi ve rüya malzemesinin kaynaklarını araştırırken öğrenmiştik ki ister eski ister yeni bütün rüya araştırmacıları, insanların rüyalarında, gündüz yaptıklarını ve uyanıkken ilgilerini çeken şeyleri gördüklerine inanmaktalar. Bu doğru olsaydı, uyanık yaşamdan başlayarak uykuda devam eden bu ilgi, sadece rüyayı yaşama psikolojik olarak bağlamakla kalmaz, aynı zamanda elimize hiç de küçümsenmeyecek bir rüya kaynağı vermiş olur, bu kaynak da bize rüyada ilgimizi çeken şeylerin –uykuda etkin olan uyarıların– yanı sıra bütün rüya imgelerinin kaynağını açıklardı. Ama bu iddiaya itirazlar olduğunu biliyoruz; bu itirazlar, rüyanın, uyuyan insanı günlük hayattaki ilgilerinden uzaklaştırdığını ve –çoğu zaman– günlük hayatta yaptığımız bir şeyi ancak uyanıkken güncelliğini kaybettiğinde rüyamızda gördüğümüzü söylüyor. Hal böyle olunca rüya analiziyle ilgili genel geçerliliği olan kurallar koymanın meşru olmadığı hissine kapılıyoruz her adımda. "Sık sık", "genelde", "çoğunlukla" sözcükleriyle söylediklerimize kısıtlama getirmemiz ve istisnaların da geçerli olduğuna inanmamız gerektiğini düşünüyoruz.

Uyanık hayattaki ilgilerimiz, iç ve dış uyaranlarla birlikte rüya görmemizin nedenlerini açıklayabilseydi şayet, biz de rüyaların kaynaklarının bütününü tatmin edici biçimde açıklayabiliyor olurduk. Böylece rüya kaynaklarının ne olduğu bilmecesi çözülmüş olur, bize de sadece rüyalardaki psikolojik ve somatik uyarıları birbirinden ayrıştırmak kalırdı. Oysa gerçekte rüyaları bütünüyle çözümleyebilen hiç kimse olmadı şimdiye kadar ve bunu yapmaya çalışanların –sayıları da çok fazla üstelik– elinde, kaynağı hakkında hiçbir şey söyleyemedikleri rüya öğeleri vardı.

Günlük hayattaki ilgilerin psikolojik bir rüya kaynağı olduğunu söylemek, herkesin rüyada işini görmeye devam ettiği gibi zaten bilinen savlardan ileriye götüremiyor bizi. İlgilerimiz dışında başka bir psikolojik kaynak da bilinmiyor zaten. O halde –ileride değineceğimiz Scherner'i hariç tutarsak– literatürde yer alan bütün rüya açıklamalarına rağmen, rüyalar için en karakteristik olan düşünsel imgeler konusunda büyük bir boşluk vardır. Araştırmacıların çoğunda bu boşluğun mahcubiyetiyle rüya uyarıları arasında reddetmelerinin imkânsız olduğu psikolojik uyarıların oranını mümkün mertebe azaltma eğilimi var. Gerçi sinirsel uyarımlı rüyalar ve (kaynağın yeniden üretimi olarak gördükleri, Wundt, s. 365) çağrışım kaynaklı rüyalar diye genel bir ayrım yapıyorlar yapmasına ama bu "çağrışımların, kendilerini harekete geçiren bedensel uyarılar olmadan var olup olamayacakları" (Volkelt, s. 127) kuşkusundan da kurtulamıyorlar bir türlü. Hatta salt çağrışım rüyalarının tam bir tanımını da yapmakta başarı sağlanamıyor: "Gerçek çağrışım rüyalarında değişmez, sabit bir özden söz etmek mümkün değil; bu tür rüyalarda daha çok birbiriyle bağlantısız çağrışımlar rüyanın merkezine yerleşir. Zaten akıl ve mantıktan azade olan bu düşünceleri, ayakları daha yere basan nedensel ve ruhsal uyarımların bir arada tutması mümkün değildir; bu yüzden canlı bir itiş kakış, düzensiz bir karmaşa içinde var olmaya devam ederler" (Volkelt, s. 118). Daha sonra Wundt rüya uyaranları içinde psikolojik olanların oranını azaltma girişiminde bulunur. Bunu yaparken "rüyadaki hayallere haksız olarak salt halüsinasyon gözüyle bakıldığını" söyler: "Belki de çoğu rüya imgesi, rüyada varlığını sürdüren en hafif duyusal algıların neden olduğu hayallerdir" (s. 359 ve daha ileriki sayfalar). Wundt'un bu görüşünü kabul edip genelleştiren Weygandt'a göre, rüya imgelerinin "en olası kaynağı duyusal uyarılardır; ancak bunlardan sonra yeniden üretilen çağrışımlar gelir". Psikolojik uyarı kaynaklarının bastırılmasında daha da ileri giden Tissié (s. 183), "Les rêves d'origine absolument psychique n'existent pas" ve bir başka yerde (s. 6): "Les pensées de nos rêves nous viennent du dehors..."[18] der.

Ünlü düşünür Wundt gibi, bu iki görüşün ortasında yer alan yazarlar ise çoğu rüyada somatik uyarıların ve gündelik ilgiler olarak görülen, bilinmeyen psikolojik uyarıların birlikte etkin olduklarını söylemekten geri durmaz.

Rüyaların oluşumundaki bilmecenin, ileride hiç tahmin edemeyeceğimiz bir uyaranın ortaya çıkmasıyla çözüleceğini göreceğiz. O zamana kadar, kaynağı ruhsal dünyada olmayan rüya uyaranlarına şaşırmamaya çalışacağız. Ve üstelik bunun tek nedeni çok kolay keşfedilmeleri ve deneylerle kanıtlanmaları değil bir taraftan da somatik yaklaşımın günümüz psikiyatrisindeki egemen düşünceyle örtüşmesi. Bu düşünce beynin beden üzerindeki iktidarını ısrarla vurgular vurgulanmasına ama ruhsal yaşamın kanıtlanabilir bedensel değişimlerden bağımsız olduğu söylendiğinde ya da ruhsal yaşamın tezahüründeki doğallık dile getirildiğinde, günümüz psikiyatrları öylesine dehşete kapılırlar ki sanki ruhsal yaşamın kabul görmesi, doğa felsefesini ya da metafizik ruhsal yaşamı geri getirecektir. Psikiyatrların bu kuşkusu insan psikolojisini vesayet altına aldı ve şimdi de en ufak bir psikolojik uyarımın dahi neler içerebileceğinin ortaya çıkmasını istemiyorlar. Ama bu yaklaşımın tek nedeni, beden ve ruh arasındaki nedensel bağın sağlamlığına güvenin az olması. Bir olguyu araştırırken, ilk aşamada neden olarak ruhsallıkla karşılaşsak da konuya derinlemesine girdiğimizde bu ruhsallığın bedensel gerekçesiyle de karşılaşacağımızı biliriz. Ama şu andaki bilgilerimiz ışığında son noktanın ruhsal yaşam olduğunu düşünüyor olmamız, onu inkâr etmemizi gerektirmemeli.

---

18 "Salt psikolojik kaynaklı rüya yoktur." – " Rüyalarımızda yer alan düşüncelerin kaynağı dışarıdadır."

D. RÜYALAR UYANDIKTAN SONRA NEDEN UNUTULUR?

Rüyaların sabah olduğunda "silinip gittiği", atasözü gibi bir deyiştir. Ama rüyayı anımsamak da mümkündür tabii. Çünkü rüya gördüğümüzü zaten sadece uyandıktan sonra hatırladıklarımızdan biliriz. Ama çoğu zaman rüyamızda daha çok şey görmüşken, sabah rüyayı yarım yamalak hatırladığımızı düşünürüz. Sabah gözümüzde canlandırabildiğimiz bir rüyanın gün içinde nasıl yavaş yavaş silinip gittiğini biliyoruz. Çoğu kez de rüya gördüğümüzü hatırlarız ama ne gördüğümüzü hatırlayamayız. Rüyaların unutuluyor olmasına tamamen alışığız, bu nedenle gece rüyada gördüklerimizi unutmamız hatta rüya gördüğümüzü bile hatırlamıyor olmamız tuhaf gelmez bize. Ama öte yandan rüyaların hafızamızda çok net olarak kaldıkları da rastlanan bir durum. Hastalarımın 25 yıl önce, hatta daha çok daha önce gördükleri rüyalarını incelediğim olmuştur. Benim de en az 37 yıl önce gördüğüm bir rüya hâlâ hafızamda canlılığından bir şey kaybetmedi. Bütün bunlar oldukça tuhaf ve şimdilik anlaşılmaz geliyor bize.

Rüyaların unutulması konusunu en ayrıntılı inceleyen Strümpell'dir. Rüyaları unutmak belli ki karmaşık bir fenomen çünkü Strümpell unutmayı tek bir nedene değil bir dizi nedene bağlıyor.

Her şeyden önce, uyanık yaşamda unutuyor olmamızın nedenleri, rüyalar için de geçerli. Uyanık yaşamda algıladığımız sayısız şeyi unutmak sıradan bir durum. Çünkü bu algılar zayıf, bu algıların neden olduğu ruhsal uyarımların şiddeti ise düşük. Aynı şey rüya imgeleri için de geçerli: Çoğu imgeyi zayıf olduğu için unuturuz ama bu zayıf imgelerle birlikte ortaya çıkan güçlü imgeleri hatırlarız. Ayrıca bir rüyanın yoğunluğu tek başına imgelerini hatırlamamız için belirleyici bir özellik değildir; Strümpell de kimi bazı yazarlar (Calkins) gibi, canlı rüyaları sık sık daha çabuk unutabildiğimizi ama bulanık ve duyusal olarak zayıf rüyaların hafızamızda yer edebildiğini kabul eder. Öte yandan uyanıkken bir kez olan şeyleri daha kolay unutuyor, tekrarlayan şeyleri ise daha kolay aklımızda tutabiliyoruz. Rüya imgeleri ise bir kereye mahsus görülürler[19] ve bu özellikleri rüyaların düzenli olarak unutulmasına yol açar. Üçüncü bir unutma nedeni ilk ikisinden daha önemli. Düşüncelerimizin, algılarımızın, tahayyüllerimizin belli bir ölçüde hatırlanabilmeleri için, yalıtılmış olarak değil belli bir bağlam, uygun bir kolektif içinde karşımıza çıkmaları gerekir. Kısa bir şiiri ezberlemek, onu sözcüklerine ayırıp karıştırdığımızda zorlaşır. "Anlamlı bir sıralama içinde bir sözcük öbürüne yardım eder, bir bütün olarak hatıralarımızda daha kolay ve daha uzun kalırlar. Oysa bir düzen ve anlam bütünlüğü olmadığında durum tam tersidir." Rüyalarda da eksik olan çoğunlukla bu anlaşılırlık ve düzen. Rüya kompozisyonlarının kendilerine ait bir belleği yok ve çok kısa sürede parçalandıkları için hemen unutulurlar. Öte yandan Radestock (s. 108), en tuhaf rüyaları unutmadığımızı söyler ki, bu da yukarıdaki açıklamalarla çelişiyor.

Strümpell için ise, rüya ve uyanık yaşamın ilişkisi üzerinden ulaşabileceğimiz başka olgular, rüyanın unutulmasından çok daha önemlidir. Uyanık bilincin rüyaları unutması, rüyaların uyanık hayattan hatıraları düzenli bir sıralama içinde değil, bölük pörçük olarak ele almaları, onları uyanık yaşamda hatırladığımız ruhsal bağlamlarından koparmaktan başka bir şey değildir zaten. Bu durumda ruhumuzun dolup taştığı psikolojik dünyada rüya kompozisyonlarına yer yok. Çünkü bu kompozisyonu oluşturmamız için gerekli olan hatırlama işlemi mevcut değil. "Bu nedenle rüya teşekkülü ruhsal yaşamımızdan kopar, yeni

19 Düzenli olarak görülen rüyalara da sık sık değinilmiştir (*krş.* Chabaneix'in kaydettiği rüyalar).

bir soluğun üfürdüğü gökteki bir bulut gibi, psikolojik ortamda salınmaya başlar" (s. 87). Uyandığımızda devreye giren duyusal dünya da aynı işlevi görür, dikkatimiz bulanır ve devreye giren bu yeni güce rüya imgelerinin çok azı dayanabilir. İmgeler yeni başlayan günün izlenimleriyse şayet, yıldızların güneşin ışınları karşısında yaptıkları gibi, geri çekilirler.

Son olarak rüyaların unutulmasının gerekçesi olarak, çoğu insanın rüyalarıyla fazla ilgilenmiyor olmalarını söyleyebiliriz. Örneğin bir araştırmacı olarak bir süre rüyalarıyla ilgilenen kişi, normalde gördüğünden daha fazla rüya görmeye başlar. Bu da muhtemelen rüyalarını daha sık ve daha kolay hatırladığı anlamına gelir.

Strümpell'in rüyaları unutma nedenleri, Bonatelli'nin (alıntı: Benini) eklediği iki yeni nedeni zaten içermektedir: 1) Uyku ve uyanıklık durumlarında genel ruh halinin değişik olması ve birbirlerini karşılıklı olarak yeniden üretememeleri ve 2) rüyadaki düşünce malzemesinin uyanık bilince deyim yerindeyse tercüme edilememesi.

Strümpell'in de vurguladığı gibi asıl tuhaf olan, rüyaları unutmamız için bu kadar neden varken onları yine de hatırlayabiliyor olmamız. Araştırmacılar, rüyaların hatırlanmasının kurallarını bulma yönündeki devam eden çabaları sonucunda, burada da kimi tuhaflıklar ve bilinmeyen yönler olduğunu kabul etmişlerdir. Son zamanlarda rüyayı hatırlamanın kimi özellikleri haklı olarak özellikle vurgulanmaya başlandı. Örneğin, sabah unuttuğumuzu söylediğimiz bir rüyayı, gün içinde tesadüfen rüyanın içeriğiyle ilgili bir şey algıladığımızda yeniden hatırlarız (Radestock, Tissié). Ancak rüyaları hatırlamayla ilgili bir itiraz noktası var ki bu nokta eleştirel kafalarda konuya ağır bir darbe indirecek güce sahip: Rüyanın birçok kısmını unutan belleğimizin, hatırladıklarını tahrif edip etmediğinden emin olamayız.

Rüyaları anlatırken gösterdiğimiz titizlik karşısında duyulan şüpheyi Strümpell de dile getirir: "Uyanık bilincin istemsiz olarak rüyadan hatırladıklarımıza bir şeyler eklemesi kolaydır. Böylece insan rüyanın aslında içermediklerini de gördüğünü düşünür."

Jessen'in anlattıkları ise son derece kesin (s. 547): "Tutarlı rüyalar üzerine yapılan araştırmalar ve yorumlarda bugüne kadar üzerinde pek durulmayan ve ama aslında çok önemli bir nokta, rüyanın her zaman gerçekle biraz iç içe geçmesidir. Çünkü gördüğümüz bir rüyayı hatırlamaya çalışırken, farkında olmadan rüya imgeleri arasındaki boşlukları doldururuz.Hiçbir rüya hatıramızda canlandığı kadar tutarlı değildir ya da çok azı tutarlıdır. Gerçekleri seven bir insan dahi, bir rüyayı, eklentiler, süslemeler yapmadan anlatamaz. İnsan zihninin her şeyi anlamlı bir bütün içinde görme çabası öylesine büyüktür ki, kısmen tutarsız olan bir rüyanın eksiklerini farkında olmadan tamamlamak ister."

Jessen'in sözleri, V. Egger'in mutlaka özgün olan düşüncelerinin tercümesi gibidir adeta (1895, s. 41): "*... l'observation des rêves a ses difficultés spéciales et le seul moyen d'éviter toute erreur en pareille matière est de confier au papier sans le moindre retard ce que l'on vient d'éprouver et de remarquer; sinon, l'oubli vient vite ou total ou partiel; l'oubli total est sans gravité; mais l'oubli partiel est perfide; car si l'on se met ensuite à raconter ce que l'on n'a pas oublié, on est exposé à compléter par imagination les fragments incohérents et disjoints fourni par la mémoire...; on devient artiste à son insu, et le récit periodiquement répété s'impose à la créance de son auteur, qui, de bonne foi, le présente comme un fait authentique, dûment établi selon les bonnes méthodes...*"[20]

20 "Düşleri gözlemlemenin kendine has zorlukları vardır. Yanlışlardan tamamen sakınmanın yolu, gözlemimizi ya da yaşadığımız şeyi bir an önce kâğıda geçirmektir. Yoksa bunları kısmen ya da tamamen unuturuz. Tamamen unutulma önemli değildir ama kısmen unutmak güvensiz bir durumdur. Çünkü

Spitta da (s. 338) aynı şekilde, ancak rüyayı yeniden üretirken, aralarında çağrışımsal bağlantılar olan tek tek rüya öğelerini bir düzene sokmaya çalışır: "Yan yana duran şeyleri bir zaman ve nedensellik sıralamasına sokarız, yani rüyaya kendinde eksik olan mantıklı bağlantılar yaratma sürecini ekleriz."

Hafızamızın bize oyun oynamadığına ancak nesnel bir kontrol imkânı olduğunda karar verebildiğimize, rüyalarımız da öznel yaşantının bir parçası olduğuna ve onları sadece kendi hatırladıklarımızdan bildiğimize göre, rüyaları hatırlamamızın ne gibi bir değeri olabilir?

E. RÜYALARIN PSİKOLOJİK ÖZELLİKLERİ

Bilimsel açıdan yaklaştığımızda, rüyanın kendi ruh etkinliğimizin bir sonucu olduğunu varsayarız. Ancak bitmiş bir rüya bize yabancı bir şey gibi görünür, onun yaratıcısı olduğumuzu kabullenmekte zorlanırız ve "Rüya gördüm" (Ich habe geträumt) dediğimiz kadar sık "Rüya bana göründü" (Mir hat geträumt) de deriz. Rüyalara ruhsal anlamda yabancı oluşumuzun kaynağı nedir peki acaba?

Rüya kaynakları hakkındaki açıklamalarımız bağlamında düşünecek olursak bunun rüyanın içeriğine giren malzemenin yabancılığı olduğunu söyleriz. Bu durum rüyada ve uyanık yaşantıda büyük ölçüde aynıdır. Ama şöyle bir soru yönelterek, rüyanın psikolojik bir özelliğine de değinebiliriz: "Yabancılık etkisini yaratan, rüyanın psikolojik süreçlerindeki değişiklikler olamaz mı?"

---

unutmadıklarımızı özetlemeye kalktığımızda, hafızamızdaki tutarsız parçaları birleştirmeye çalışırız. İstemsiz olarak yaratıcı sanatçılar haline geliriz. Ve şayet tekrarlayan bir rüya söz konusuysa, kendi yarattıklarımızı rüyaya kabul ettirir, sonra yazar olarak buna kendimiz de inanır ve bu şekilde de başkalarına aktarırız."

Bugüne değin hiç kimse rüyanın ve uyanık yaşamın özleri arasındaki farklılıkları G. Th. Fechner kadar (*Elemente der Psychophysik* 2, 520, II. Bölüm) kadar güçlü vurgulamamış ve onun kadar kapsamlı ve öngörülü sonuçlara ulaşmamıştır: "Ne bilinçli ruhsal yaşantının ana eşiğin altına inecek şekilde baskılanması", ne de dikkatimizi dış dünyanın etkilerine kapamak, rüya yaşamının uyanık yaşamdan farklılıklarını açıklamaya yeter. Fechner'in dediği daha çok, rüyaların oluştuğu sahnenin uyanık yaşamdakinden farklı olduğudur. "Şayet rüyadaki ve uyanık yaşamdaki psiko-fiziksel etkinlikler aynı olsaydı, o zaman rüya için, uyanık yaşamın daha az yoğunluklu bir devamı diyebilirdik; dahası, rüyanın malzemesi ve biçimi de uyanık hayatınkiyle aynı olurdu. Oysa gerçekte durum tamamen farklı."

Fechner'in ruhsal etkinliği farklı bir yere oturturken ne demek istediği tam anlaşılmıyor. Ayrıca bildiğim kadarıyla başka hiç kimse de Fechner'in bu sözleriyle açtığı yolun izini sürmemiş. Fechner'in beynin fizyolojik konumu ya da hatta korteksin histolojik katmanları bağlamında anatomik bir yorum yapmış olma ihtimalini de sanırım bir kenara bırakmak gerekiyor. Ama Fechner'in düşüncelerini ardı ardına devreye giren birçok bölümden oluşan ruhsal bir makineyle ilişkilendirirsek, bu düşünceler anlamlı ve verimli olabilir belki.

Kimi diğer yazarlar rüya yaşamının elle tutabilir tek bir psikolojik özelliğini ön plana çıkarmış ve açıklamaya çalıştıkların konunun çıkış noktası yapmışlardır.

Rüya yaşamının en önemli özelliklerinden birinin uykuya dalma sırasında ortaya çıktığı ve uykuyu başlatan fenomen olduğunu söyleyenler haklıdır. Schleiermacher'e göre (s. 351) uyanıklığın en belirgin özelliği, düşünme etkinliğinin imgeler değil, kavramlarla gerçekleştiğidir. Oysa rüyalar temelde imgelerle düşünür. Uykuya dalma ânı yaklaştıkça, isteyerek düşündüğümüz şeylerin yerini istemsiz düşündüğümüz şeyler alır ki, bunlar da imge sınıfına girerler. Rüyaların içinde yer alan ve bizim rüya analizinde rüya yaşamının en önemli özellikleri olarak kabul etmek zorunda olduğumuz iki özellik şunlardır: Rüyaların istençli bir düşünme etkinliği kabiliyetlerinin olmaması ve buna bağlı olarak rüyada düzenli bir şekilde imgelerin ortaya çıkması. İmgelerin –hipnagojik halüsinasyonların– içerik olarak rüya imgeleriyle aynı olduğuna daha önce değinmiştik.[21]

Demek ki rüya görsel imgelerle düşünür ama tamamen değil. Rüyalar işitsel imgelerle ve az bir miktarda da diğer duyusal imgelerle çalışır. Rüyada çoğu şey uyanıklıktaki gibi düşünülür (ve bu düşünce herhalde sözcük kalıntıları tarafından temsil edilmektedir). Rüya için karakteristik olan bir başka şey de içeriğinin tıpkı uyanıklıktaki gibi, imgelere, yani hatıralardan çok algılara benzemesidir. Halüsinasyonun özüne dair bir psikiyatrın çok iyi bildiği tartışmaları bir kenara bırakırsak, bu konudaki uzmanlarla hep bir ağızdan rüyanın halüsinasyon gördüğünü, düşüncelerin yerine halüsinasyonları koyduğunu söyleyebiliriz. Bu bağlamda görsel ve işitsel ifadeler arasında hiçbir fark yoktur. Daha önce değinmiştik: Uykuya dalma sırasında hatırladığımız bir melodinin notaları, derin uykuya dalarken aynı melodinin eşlik ettiği bir halüsinasyona dönüşür ve uyanırken daha sessiz, daha nitelikli ve farklı olan hatıramıza tekrar yer açar; bu döngü kaç kez başımız öne düşüp uyukladıysak ve tekrar uyandıysak o kadar tekrar eder.

Bir düşüncenin halüsinasyona dönüşmesi, rüya ve ona tekabül eden uyanık düşünce arasındaki tek fark değildir. Spitta (s. 145), rüyanın bu imgelerden bir durum yarattığını, fiilen

21 H. Silberer uygun örneklerle soyut düşüncelerin dahi uyku halinde aynı şeyi ifade eden görsel-plastik imgelere dönüştüğünü göstermiştir (*Bleuer-Freud Yıllığı*, 1. cilt, 1909). Bu bulgulara başka bir bağlamda geri döneceğim.

bir şeyi temsil ettiğini, bir düşünceyi ortaya koyduğunu söyler. İnsan rüyada genelde –istisnaları özel olarak açıklamak gerekecek– bir şeyi düşündüğünü değil, yaşadığını zanneder, yani halüsinasyonun gerçek bir şey olduğuna inanır ve onu kabul eder. Bu durumu da işin içine kattığımızda rüya yaşamının yukarıda sözünü ettiğimiz özelliği tamamlanmış olur. Aslında hiçbir şey yaşamadığımız, sadece özel bir şekilde düşündüğümüz –rüya gördüğümüz– yorumunu ancak uyandıktan sonra yaparız. Bu özellik, uykuda gördüğümüz gerçek rüyayı, asla gerçekle karıştırmadığımız "gündüz rüyalarından" (hayallerden) ayırır.

Burdach, rüya yaşantısının şimdiye kadar ele aldığımız özelliklerini aşağıdaki cümlelerde özetler (s. 476): "Rüyanın en önemli özellikleri şunlardır: a) Ruhumuzdaki (Seele) sübjektif etkinlikler bize objektifmiş gibi görünür çünkü algılama yetimiz sayesinde hayali ürünleri duyusal izlenimlerimizmiş gibi algılarız; b) Uykuda, uyuyan insanın otoritesi ortadan kalkar. Bu nedenle uykuya dalmak bir nevi edilgenliktir... Uykuya dalarken imgelerin ortaya çıkması, ancak otoritenin zayıflamasıyla mümkündür."

Şimdi yapmamız gereken, ruhun (Seele), kendi otoritesi bir ölçüde ortadan kalktıktan sonra ortaya çıkan rüya halüsinasyonlarına inanmasını açıklamaya çalışmak. Strümpell ruhun (Seele) bunu yaparken doğru ve kendi mekanizmalarına uygun olarak yaptığını söyler. Rüyanın öğeleri kesinlikle sadece düşünceden ibaret değil, bir taraftan da, tıpkı uyanık yaşamda duyularımızla algıladıklarımız *gibi hakiki ve gerçek yaşantılardır* (s. 34). Zihin uyanıkken düşünceleri sözsel imgeler ve dil aracılığıyla üretirken, rüya gerçek algı imgeleriyle düşünür (s. 35). Rüyada buna bir de bir *mekân* bilinci eklenir ve tıpkı uyanık yaşamda olduğu gibi bu *mekân*daki algılar ve imgeler de bir dış *mekân*a aktarılır (s. 36). O halde zihnin rüyada imgeler ve algılarla tıpkı uyanık yaşamdaki gibi bir ilişki içinde olduğunu kabul etmemiz gerekir (s. 43). Zihin bunu yaparken yolunu şaşırırsa, bunun nedeni uyku halindeyken iç ve dış duyusal uyarımları ayırt edememesidir. Zihin rüyada imgelerinin nesnel gerçekliklerini açığa çıkarmak üzere onları bir denemeye tabi tutamaz. *Ayrıca* zihin *keyfi* olarak değiştirilebilen imgelerle bu keyfiyetin söz konusu olmadığı durumları ayırt etmez. Zihin yanılır, çünkü nedensellik yasasını rüyanın içeriğine uygulayamaz (s. 58). Kısaca söylemek gerekirse, zihnin rüyada dış dünyaya sırtını dönmesinin nedeni, aynı zamanda sübjektif rüya dünyasına inanmasının da nedenidir.

Delboeuf da kimi farklı psikolojik gelişmelerden sonra da olsa, aynı sonuca ulaşmıştır (1885, s. 84). Ona göre, rüyadaki imgelere inanırız, çünkü uykudayken elimizde karşılaştırabileceğimiz başka izlenimler yoktur, çünkü uykuda dış dünyadan kopmuş oluruz. Ama halüsinasyonlarımızın gerçek olduğuna inanmamızın sebebi, uykuda onları denemeye tabi tutamamamız değildir. Rüya bizi bunu denediğimize inandırabilir. Örneğin rüya görmeye devam ettiğimiz halde, gördüğümüz bir güle dokunabiliriz. Delboeuf bir şeyin rüya mı yoksa hakikat mi olduğunu anlayabileceğimiz geçerli bir ölçütün olmadığını söyler. Bunun tek istisnası, uykudan uyanmadır. Ancak uyanıp, kendimi soyunmuş olarak yatağımda görünce (s. 84), uykuya daldığım ve uyandığım zaman aralığında yaşadıklarımın yanılsama olduğunu anlarım. Uyku sırasında, uyumayan ve kendimden ayırdığım bir dış dünyayı algılamamı sağlayan düşünce alışkanlığım sayesinde, rüya imgelerinin gerçek olduğunu düşünürüm.[22]

22 Delboeuf'unkine benzer bir deneyi Haffner de yapmış, normal çalışan ruhsal aygıta normal olmayan bir değişiklik eklemiş, ama bunu başka sözlerle ifade etmiştir. Haffner'e göre rüyanın en önemli özelliği zamandan ve mekândan, yani düşüncelerin kişinin bulunduğu zamandan ve mekândan bağımsız olmasıdır. Haffner bu özelliğe bağlı olarak rüyanın ikinci temel özelliğinden, halüsinasyonları, hayalleri ve fantezi kombinasyonlarını dış dünyadan algıladıklarıyla karıştırmasından söz eder. "Bir taraftan kavramsallaştırma, yar-

Madem ki dış dünyadan kopmanın rüya yaşamının en önemli özelliklerinin belirleyici unsuru olduğu söyleniyor, o halde yaşlı Burdach'ın uyuyan zihnin dış dünyayla ilişkisi üzerine ettiği –ve yukarıda ele aldığımız açıklamaları gereğinden fazla önemsememememiz gerektiğini vurgulayan– derinlikli sözlerine göz atmakta fayda var: "Uyku ancak zihnimiz duyusal uyarımlar tarafından uyarılmıyorsa gerçekleşebilir" diyor Burdach, "... Ama uykunun gerçekleşmesi için gerekli olan, duyusal uyarıların mahrumiyetinden ziyade, bu uyarılara ilginin olmamasıdır.[23] Zihnin dinlenebilmesi için, kimi duyusal izlenimlere ihtiyacı vardır. Örneğin değirmenci ancak değirmenin döndüğünü duyduğu zaman uyuyabilir. Ya da önlem olarak yatarken ışığı açık bırakanlar, karanlıkta uyuyamazlar" (s. 457).

"Zihin uykuda kendini dış dünyadan soyutlar ve çevreden... geri çekilir... Ama dış dünyayla bağlantı yine de tamamen kopmaz. Şayet böyle olsaydı, yani şayet uykuda değil sadece uyandıktan sonra duyabilseydik ve hissedebilseydik, o zaman uyandırılmamız söz konusu olamazdı. Uykuda duyumsamanın

---

gı ve çıkarsama gibi yüksek zihinsel faaliyetler, diğer taraftan da özgür karar verme yetisi duyusal fantezi imgelerine eklemlendiği ve bunları her zaman malzeme olarak kullanabildiği için, bu tür faaliyetler rüya düşüncelerinin kural tanımazlığı içinde yer alabilir. Evet, sadece 'yer alabilir' diyelim, çünkü yargı gücümüz de, irade gücümüz de aslen uykuda kesinlikle değişmez. İnsan, söz konusu faaliyetlerle bağlantılı olarak tıpkı uyanık yaşamda olduğu gibi uykuda da dirayetli ve özgürdür. Rüyada düşünce kurallarına karşı koyamaz, yani düşüncenin karşıtıyla özdeşleşemez vb. Rüyada da sadece uyanık yaşamda iyi bulduğu bir şeyi arzulayabilir (*sub ratione boni*). Ancak insan zihni bu düşünce ve irade yasalarının uygulanması sırasında düşünceleri karıştırarak yanılabilir. Böylece, normal hayatta dirayetle yargılara varıp, en tutarlı çıkarsamaları yapıp, en erdemli ve kutsal kararları alırken, rüyada çok büyük çelişkilere neden olabiliriz. Bu durumun sırrı, rüyada fantezilerimizin oryantasyondan yoksun olarak hareket etmesidir. Rüyadaki yargılarımızın, umutlarımızın ve arzularımızın ölçüsüz mantıksızlığının ana kaynağı, eleştirel düşüncenin ve diğer insanlarla iletişimin olmamasıdır" (s. 18).

23 *Krş.* Claparéde'nin (1905) uykuya dalış mekanizmasını açıkladığı "désintérét" (ilgisizlik). kavramı.

sürdüğünün daha önemli bir kanıtı ise uykudan uyandığımız sırada, her zaman bir izlenimin duyusal gücünün değil bu izlenimin psikolojik özelliklerinin de etkili olduğu: Uyuyan birine herhangi bir şey söylediğimizde uyanmaz ama adıyla seslendiğimizde uyanır. Demek ki uyuyan kişi uykuda duyumsadıkları arasında bir ayrım yapıyor. Bu yüzden bir duyusal uyarımın yokluğu da, –şayet söz konusu izlenim için önemliyse–, kişiyi uyandırabilir. Örneğin ışık söndüğünde, ya da değirmen durduğunda yani duyusal uyarım sona erdiğinde de uyanırız. Bu da zihnin bu uyarıları algıladığının ama ilgisizlik içinde algıladığının ya da daha çok doyurucu olarak ve rahatsız olmadan algıladığının bir kanıtıdır" (s. 460 ve devamı).

Şimdi şayet –kesinlikle göz ardı edemeyeceğimiz– bu itirazları bir kenara bırakacak olursak, şimdiye kadar kabul gören ve dış dünyadan uzaklaşmayla açıklanan rüya yaşamı özellikleriyle rüyanın yabancılığını, tuhaflığını tamamen açıklayamayacağımızı itiraf etmek zorundayız. Çünkü aksi takdirde rüyadaki halüsinasyonları izlenimlere, olayları düşüncelere dönüştürerek rüyayı yorumlamak mümkün olurdu. Oysa bizim tek yaptığımız, uyandıktan sonra hatırladıklarımızla rüyayı yeniden üretmek. Ve bu "tercüme" işlemi ister tamamen, ister kısmen yapılmış olsun, rüyanın gizemi, bilinmezleri hiç eksilmeden devam eder.

Araştırmacıların hepsi hiç kuşku duymadan uyanık yaşamdaki izlenimlerin rüyada başka ve daha derin bir değişime uğradıklarını söylüyorlar. Strümpell aşağıdaki açıklamada böyle bir duruma dikkat çekiyor (s. 17): "Gündüze ait duyusal uyarımlar ve normal yaşam bilinci sona erdiğinde, zihin duyguların, arzuların, ilgilerin ve edimlerin kök saldığı kendi temelini de kaybetmiş oluyor. Uyanık yaşamda hatıralarımızdaki imgelerde yer alan tinsel olgular, duygular, ilgiler ve değerler, rüyada her şeyin üstünü örten bir baskıya... maruz kalıyor. Böylece zihnin bütün bu imgelerle bağlantısı kopuyor. Uyanık yaşamdaki şeyler, insanlar, yerler, olaylar ve edimler sayısız kez yeniden üretiliyor, ama bunların hiçbiri yeniden üretildiklerinde psikolojik değerini muhafaza edemiyor. Bütün bunlar zihinde kopuyor ve zihnin içinde kendi istedikleri gibi salınıyor..." Strümpell'e göre, imgelerin bu şekilde psikolojik değerlerini yitirmesi (ki bu yitirişin de nedeni aslında dış dünyadan kopuştur), aklımızda kalan rüyaların yaşamla karşılaştırıldığında tuhaf ve yabancı olmasının en önemli nedenidir.

Uykuya daldığımızda zihinsel etkinliklerimizin, yani düşüncelerimizi istediğimiz sırayla, istediğimiz gibi yönlendirmemizin sona erdiğini daha önce görmüştük. Burada zaten akla yakın olan bir görüş, uyku halinin zihnin bütün becerilerine sirayet ettiğini söyler. Bu becerilerin bir kısmı tamamen ortadan kalkıyor olabilir. Peki acaba ortadan kalkmayanlar rahatça var olmaya devam ediyor mu? Ya da bu koşullar altında normal işlevlerini yerine getirebiliyorlar mı acaba? Burada uykuda psikolojik etkinliğin azalması üzerinden, rüyaların özelliklerini açıklayabileceğimiz gibi bir izlenim doğuyor ve bu izlenimi rüyalar hakkında uyanıkken düşündüklerimiz de destekliyor. Gerçekten de rüyalar birbirinden kopuk parçalardan oluşuyor, en çelişkili şeyleri bir araya getirmeleri bizleri şaşırtmıyor, imkânsızlıkları mümkün kılıyor, uyanık yaşamımızdaki önemli bilgileri bir kenara atıyor, bizi etik ve ahlaki açıdan duyarsızmışız gibi gösteriyor. Uyanık hayatta, rüyada davrandığımız gibi davransak, herhalde insanlar deli olduğumuzu düşünür. Rüyada konuştuğumuz gibi konuşsak, rüyada anlattıklarımızı anlatsak, uyanık yaşamda şaşkın ya da salak intibaı bırakırız. Böyle düşünerek, rüyada psikolojik etkinliğin çok azaldığını, özellikle de yüksek zihinsel yeteneklerin askıya alındığını ya da en azından ağır bir darbe aldığını dillendirmiş oluruz.

İşte araştırmacılar inanılmaz ağız birliğiyle –istisnaları daha sonra ele alacağız– rüya hakkında, rüya yaşamını açıklayan bir teori oluşturmaya çalışırlarken bu türden yargılara vardılar. Ama şimdi, vardığım bu sonucu bir kenara bırakıp, çeşitli yazarların –düşünürlerin ve doktorların– rüyaların psikolojik özellikleri üzerine söylediklerine geçmem gerekiyor:

Lemoine, rüya imgelerinin birbiriyle bağlantısız olmasının, rüyanın en önemli özelliği olduğunu söyler.

Maury Lemoine'e katılır ve şöyle der (Le sommeil, s. 163) *"Il n'y a pas de rêves absolument raisonnables et qui ne contiennent quelque incohérence, quelque anachronisme, quelque absurdité."*[24]

Hegel'e (alıntı: Spina) göre, rüyalarda nesnel tutarlılığın zerresi yoktur.

Dugas ise şöyle der: *"Le rêve c'est l'anarchie psychique affective et mentale, c'est le jeu des fonctions livrées à elles-mêmes et s'exercant sans contrôle et sans but; dans le rêve l'esprit est un automate spirituel."*[25]

Uykudaki ruhsal etkinliğin amaçsız olmadığını teorisiyle kanıtlayan Volkelt rüya için şunları söylüyor: "Uyanıkken merkezi egonun mantığın gücüyle bir arada tuttuğu düşünsel yaşamın çözülmesi ve birbirine girmesi" (s. 14).

Rüyadaki düşünsel bağlantıların *saçmalığını* hiç kimse Cicero (*De divin,* II) kadar net ve kesin ortaya koyamaz: *"Nihil tam praepostere, tam incondite, tam monstruose cogitari potest, quod non possimus somniare."*[26]

Fechner şöyle diyor (s. 522): "Rüya, psikolojik etkinliğin normal bir insanın beyninden bir delinin beynine geçmesi gibi bir şey."

---

24 "Mantıklı olan ya da biraz da olsa tutarsızlık, zamansal kargaşa ve saçmalık içermeyen tek bir rüya yoktur." –çev. n.

25 "Rüyalar ruhsal duygusal ve zihinsel bir kargaşadır; başıboş, amaçsız ve kontrolsüz rollerin, işlevlerin bir oyunudur. Ruh rüyada manevi bir robota dönüşür." –çev. n.

26 "Hayal gücümüz, rüyalar kadar saçma, karmaşık ve anormal başka bir şey yaratamamıştır." –çev. n.

Radestock (145): "Bu harika karmaşa içinde kesin yasalar bulmak mümkün değil. Rüyalar, uyanık haldeki mantıklı düşünceleri yöneten iradenin ve dikkatin sert polisinden kurtulup, her şeyi harika bir oyunla kaleydoskopik bir girdabın içine savuruyor."

Hildebrandt (s. 45): "Düş görenler, mesela mantık yürütürken öyle güzel zihinsel sıçrayışlar yaparlar ki! Hayatın en önemli kurallarını baş aşağı ederken ne kadar da rahattırlar! Her şey fazla karmaşıklaşıp, saçmalıkların iyice abartıya dönüşmesiyle uyanmadan önce, gülünç çelişkileri doğanın ve toplumun makul yasalarına göre nasıl da düzenler rüyalar! Çok normal bir çarpma yaparız rüyada: Üç kere üç eşittir yirmi. Hiçbir şey şaşırtmaz bizi; ne bir köpeğin şiir okuması, ne bir ölünün kendi ayaklarıyla mezarına gitmesi, ne de bir kaya parçasının suyun üzerinde yüzmesi. Bernburg Dükalığı'nın ya da Liechteinstein Prensliği'nin yüksek emirleriyle ülkenin donanmasına teftişe giderken son derece ciddiyizdir ya da Pultawa Muharebesi'nden kısa süre önce XII. Karl'a birliklerine gönüllü olarak katılmak istediğimizi bildiririz."

Bu izlenimlerden ortaya çıkan teoriye de dikkati çeken Binz (s. 33) şunları söylüyor: "On rüyadan en azından dokuzunun konusu saçma. Bu rüyalarda normal hayatta en küçük bir ilişkileri olmayan kişileri ve olayları bir araya getiriyoruz. Tıpkı bir kaleydoskoptaki gibi gruplar bir anda başka bir şeye dönüşebiliyor; üstelik eskisinden mümkün olduğunca daha anlamsız ve daha çılgınca bir şekilde. Tam uyumayan beynin oyunu böylece devam ediyor, ta ki uyanıp, elimizi alnımıza koyup, acaba hâlâ mantıklı bir şekilde düşünebiliyor muyum diye kendimize sorana kadar."

Maury (*Le sommeil*, s. 50) rüya imgeleri ve uyanık yaşamdaki düşünceler arasındaki ilişkinin bir doktor için son derece etkileyici bir kıyaslama imkânı verdiğini söylüyor: "*La production de ces images que chez l'homme éveillé fait le plus souvent naître la volonté, correspond, pour l'intelligence, à ce que sont pour la motilité certains mouvements que nous offrent la chorée et les affections paralytiques...*"[27] Maury için rüya "*oute une série de degradations de la faculté pensante et raisonnante*"[28] (s. 27).

Çeşitli yüksek zihinsel üretimlerle ilgili olarak Maury'nin sözlerini tekrarlayan yazarları burada yeniden ele almaya gerek görmüyorum.

Strümpell'e göre rüyada –ve tabii görünürde bir saçmalık olmayanlarda da– zihnin karşılaştırmalara, bağlantılara dayanan mantıklı işlemleri geri planda kalır (s. 26). Spitta ise, (s. 148) rüyada nedensellik ilkesinin işlemediğini söyler. Radestock ve diğer başka araştırmacılar rüyanın karar verme ve bir sonuca varma yetilerinin az olduğunu vurgular. Rüyada algılarımızı eleştiren ve düzelten genel bir bilincin olmadığını ileri süren Jodl (s. 123) ise şöyle der: "Rüyada bütün bilinç etkinliklerine rastlarız, ama eksik, bastırılmış ve birbirinden yalıtılmış olarak." Sticker (ve başka pek çok kişi) için rüyanın uyanık bilincimizde yarattığı çelişkilerin nedeni, rüyada gerçeklerin unutulması ve düşünceler arasındaki mantıklı bağlantıların yok olmasıdır (s. 98) vesaire, vesaire.

Bu arada rüyaların psikolojik etkinliğine dair son derece olumsuz görüşleri olan yazarlar da, rüyada az da olsa bir ruhsal etkinlik olduğunu itiraf ediyorlar. Çalışmalarını birçok başka rüya araştırmacısının ölçüt kabul ettiği Wundt, bunu açık biçimde kabul eder. Ona göre, sorulması gereken, rüyada var olan bu kısıtlı zihinsel (Seele) etkinliğin özellikleri. Genel bir kabul, rü-

27 Uyanık yaşamda üretilen bu iradi imgeler, kore ve paralitik hastalıklardaki hareketlerin hareket alanına denk düşer.

28 Maury için rüya, düşünme ve akıl yürtümedeki bir dizi azalma demektir.

yada yeniden üretme yeteneğinin, yani hafızanın en az yok olan etkinlik olduğu, hatta uyanık haldeki işlevleriyle karşılaştırıldığında belli bir üstünlüğü de olduğu yönünde (*krş.* bu kitap s. 42) ve bu, rüyadaki saçmalıkların bir kısmının rüya yaşamında bazı şeyleri unutuyor olmamızdan kaynaklanıyor olmasına rağmen böyle. Spitta'ya göre ise, uykuya dalmayan ve rüyayı yöneten ruh halidir bu. "Ruh" olarak belirttiği ise, "insanın en içteki öznel özü olan duyguların değişmez toplamıdır." (s. 84).

Scholz (s. 37), rüyadaki zihinsel etkinliklerden (Seele) biri olarak, rüya malzemesinin "imalı bir şekilde yeniden yorumlanmasını" sayar. Siebeck ise, rüyalarda zihnin bütün algılara ve düşüncelere uyguladığı "tamamlayıcı bir yorumlama" (s. 11) yeteneği olduğunu ve ama rüyanın yorumlamada zorluk çektiği tek şeyin en yüksek psikolojik işlev sayılan bilinç olduğunu söyler. Siebecke'e göre, rüya gördüğümüzü sadece bilincimiz sayesinde bildiğimiz için, bilincin rüyada varlığını sürdürdüğü kuşku götürmez bir gerçektir; oysa Spitta, rüyada öz-bilincin değil sadece bilincin varlığını sürdürdüğünü ifade eder. Delboeuf ise Spitta'nın bu ayrımını kavrayamadığını ifade eder.

Düşünceleri birbirine bağlayan çağrışım yasaları rüya imgeleri için de geçerlidir; hatta rüyada daha açık ve güçlü biçimde egemendirler. Strümpell (s. 70): "Rüyalar ya çıplak düşüncelerin, ya da bu düşünceleri içeren organsal uyarımların yasaları uyarınca işliyor gibiler. Yani yansıtmaya ve akla, estetik zevke ve ahlâki hükümlere rüyalarda yer yoktur."

Burada görüşlerine yer verdiğim yazarlar, rüyaların oluşmasını aşağı yukarı şöyle canlandırıyorlar gözlerinde: Uyku sırasında etkin olan ve (başka bir yerde değindiğim) çeşitli kaynaklardan gelen duyusal uyarıların toplamı, zihinde önce halüsinasyon (Wundt'ta dış ve iç uyaranlardan kaynaklandıkları için yanılsama) olarak çıkıyor karşımıza. Bu düşünceler bildiğimiz çağrışım yasaları uyarınca birbirleriyle birleşiyor ve yine bu yasalar uyarınca bir dizi yeni düşünce (imge) yaratıyorlar.

Bütün bu malzeme daha sonra zihnin hâlâ daha etkin olan bölümünün düzenleme ve düşünme yeteneğiyle –olabildiğince– işlemden geçiriliyor (*krş.* Wundt ve Weygandt). Burada henüz bilinmeyen bir nokta, dış dünyadan gelmeyen imgelerin hangi çağrışım yasası uyarınca devreye girdiğini belirleyen motifler.

Şimdiye kadar sık sık rüyadaki düşünceleri birbiriyle bağlantılandıran çağrışımların uyanık halde düşünürken faaliyette olan özgün çağrışımlardan farklı olduğunu söyledik. Volkelt (s. 15): "Rüyadaki düşünceler, tesadüfi benzerliklerin ve güçlükle algılanabilen bağlantıların peşinden koşup onları ele geçirmeye çalışır. Bütün rüyalar böyle keyfi ve tesadüfi çağrışımlarla doludur." Maury için de en önemli konu bu düşünsel bağlantıların özellikleridir çünkü onların üstünden rüya yaşantısı ve kimi akıl hastalıkları arasında yakın bir benzerlik kurar ve bu tür "*délire*"lerin[29] iki ana özelliğini vurgular: 1) *une action spontanée et comme automatique de l'esprit;* 2) *une association vicieuse et irrégulière des idées* (Le sommeil, s. 126).[30] Yine Maury, kelimelerinin tınısının rüyadaki düşünceleri birbirine bağladığı benzersiz iki rüya örnek verir. Bir kez rüyasında Mekke'ye ya da Kudüs'e hacca (*pélerinage*) gittiğini görür. Sonra birçok maceranın ardından kimyacı *Pelletier'in* yanındadır. *Pelletier* ona bir kürek (*pelle*) çinko verir ve bu çinko rüyanın bir sonraki bölümünde büyük bir savaş kılıcına dönüşür (s. 137). Bir başka rüyada şehirlerarası bir yolda yürümekte ve *kilo*metre levhalarını okumaktadır. Bunu takiben kendini bir aktarda görür. Bir adam Maury'i tartmak için terazinin kefesine ağırlıkları koyar. Sonra aktar kendisine şöyle

29 Sayıklama, saçmalık. –çev. n.

30 1. Kendiliğinden, neredeyse otomatik bir etkinlik; 2. Düşünceler arasında geçersiz ve düzensiz bir çağrışım.

der: "Paris'te değil, *Gilolo* Adası'ndasınız. Bunları *lobelya* çiçeği ve bir süre önce öldüğünü okuduğu General *Lopez*'in görüntüleri izler. Ve sonunda bir kolon *loto* oynarken uyanır.[31]

Rüyada psikolojik etkinliğin böylesine azımsanmasına –pek kolay olmasa da– itirazlar olduğunu ilerde göreceğiz. Ruhsal yaşamı küçümseyenlerden biri (Spitta, s. 118), uyanık yaşamda hüküm süren yasaların aynısının rüyalara da hükmettiğini söylüyor; bir başkası ise (Dugas), "le rêve n'est pas déraison ni même irraison pure"[32] diyor. Bu yazarlar, bu sözlerini rüyada anarşi ve bütün işlevlerin sona ermesine ilişkin kendi tezleriyle bağdaştırmadıkları sürece söylediklerinin hiçbir anlamı olmayacaktır.

Ancak bazı yazarlar da rüyaların çılgınlığının belki bir yasası olabileceğinin, belki de, –çılgınlığıyla ilgili akılcı hükmün burada alıntılandığı şu Danimarkalı prenste olduğu gibi– sadece bir aldatmaca olduğunun ayırdına vardıklarını söylerler. Bu yazarlar gördüklerini baz alarak hüküm vermemiş olmalılar; ya da rüyalarında başka bir şeyler görmüş olmalılar.

Havelock Ellis ise, rüyaların görünürdeki saçmalığının üzerinde pek durmaz. Onun için rüya "an archaic world of vast emotions and imperfect thoughts"dır[33] ve bu dünyayı araştırmak, bize ruhsal yaşamın en ilkel evreleri hakkında bilgi edinme şansını verebilir.

Aynı görüşü paylaşan J. Sully (s. 362) konuya daha derinlikli bir açıdan yaklaşır. Rüyadaki duyusal algıların gizli (latan) bir anlamı olabileceğine bütün diğer psikologlardan daha çok inanan Sully'nin sözlerine bu nedenle hak ettiği itibarı vermek gerekir: "*Now our dreams are a means of conserving these successive per-*

31 İleride aynı harfle başlayan ya da ilk hecesi benzeşen sözcüklerin yer aldığı rüyaların anlamını kavrayacağız.

32 "Rüyalar ne mantığa aykırı, ne de tamamen mantıktan yoksundurlar."

33 "Sonsuz çeşitlikte duyguların ve tamamlanmamış düşüncelerin yer aldığı arkaik bir dünya."

sonalities. When asleep we go back to the old ways of looking at things and of feeling about them, to impulses and activities which long ago dominated us."[34] Delboeuf gibi bir düşün insanı ise –tabii çelişen malzemeye karşı delil gösteremediği için– haksız olarak şunları söyler: *"Dans le sommeil, hormis la perception, toutes les facultés de l'esprit, intelligence, imagination, mémoire, volonté, moralité, restent intactes dans leur essence; seulement, elles s'appliquent à des objets imaginaires et mobiles. Le songeur est un acteur qui joue à volonté les fous et les sages, les bourreaux et les victimes, les nains et les géants, les démons et les anges"*[35] (s. 222). Rüyadaki ruhsal etkinliğin azımsanmasına en şiddetli karşı çıkan ise Marquis d'Hervey olmuştur. Maury'nin yazılarında canlı bir tartışmaya girdiği d'Hervey'in bu yazısına ne yazık ki ulaşamadım. Maury d'Hervey hakkında şunları yazmış (*Le sommeil*, s. 19): *"M. le Marquis d'Hervey prête à l'intelligence durant le sommeil, toute sa liberté d'action et d'attention et il ne semble faire consister le sommeil que dans l'occlusion des sens, dans leur fermeture au monde exterieur; en sorte que l'homme qui dort ne se distingue guère, selon sa manière de voir, de l'homme qui laisse vaguer sa pensée en se bouchant les sens; toute la différence qui sépare alors la pensée ordinaire de celle du dormeur c'est que, chez celui-ci, l'idée prend une forme visible, objective et ressemble, à s'y méprendre, à la sensation déterminée par les objets extérieurs; le souvenir revêt l'apparence du fait présent."*[36]

---

34 Rüyalarımız bu ardışık kişilikleri korumanın bir yoludur. Uykudayken şeylere eskiden baktığımız gibi bakar, eskiden hissettiğimiz gibi hissederiz, eskiden bize hükmeden dürtülere ve faaliyetlere geri döneriz.

35 Uyurken algı dışındaki (zihin, zekâ, düşünme gücü, bellek ve ahlâk gibi) bütün ruhsal meziyetlerimiz aynı kalır. Tek fark bütün bunların hayali ve hareketli nesnelere uygulanmasıdır. Rüyayı gören, deliyi ve bilgeyi, cellatı ve kurbanı, cüceyi ve devi ve şeytanı ve meleği oynayan bir oyuncudur.

36 "Marquis d'Hervey zihinsel yetilerin uykuda özgür ve uyanık olduklarını, sadece duyuların engellendiğini ve dış dünyaya kapatıldığını söylüyor. D'Hervey'e göre uyuyan kişi düşüncelerinin özgürce salınmasına izin veren ve ama duyularını kapatan birinden farklı değildir. Uyuyan bir kişinin dü-

Maury'nin eklediği kendi görüşü ise şöyle: "*qu'il y a une différence de plus et capitale à savoir que les facultés intellectuelles de l'homme endormi n'offrent pas l'équilibre qu'elles gardent chez l'homme éveillé.*"[37]

D'Hervey'in kitabını daha iyi tanıdığı anlaşılan Vaschide'den yazarın rüyaların sözde tutarsızlığı hakkında şunları yazdığını öğreniriz: "*L'image du rêve est la copie de l'idée. Le principal est l'idée; la vision n'est qu'accessoire. Ceci établi, il faut savoir suivre la marche des idées, il faut savoir analyser le tissu des rêves; l'incohérence devient alors compréhensible, les conceptions les plus fantasques deviennent des faits simples et parfaitement logiques.*"[38] (s. 146). Ve (s. 147): "*Les rêves les plus bizarres trouvent même une explication des plus logiques quand on sait les analyser.*"[39]

1799'da Wolf Davidson adında eski bir yazarın da rüyanın tutarsızlığını benzer bir şekilde açıkladığını bilgisine J. Stärcke'de ulaştım (s. 136): "Rüyalardaki tuhaf düşünce sıçramalarının nedeni, çağrışım yasalarıdır. Bu nedensel ilişki ruhumuzda o kadar belirsiz bir şekilde çıkar ki ortaya, gerçekte olmamasına rağmen bir sıçrama olduğunu düşünürüz."

Ruhsal bir ürün olarak rüyalarla ilgili literatürdeki yorumlar, daha önce değindiğimiz en yoğun küçümsemeden başlayarak, rüyanın değerinin henüz keşfedilmediğini söyleyenler üzerin-

---

şünceleriyle uyanık düşünceler arasındaki tek fark, uykudaki düşüncelerin nesnel şeyler gibi görsel olarak algılanması, dış dünyadaki nesnelerden ayırt edilememesi ve hatıraların şimdiki zamana aitmiş gibi algılanmasıdır."

37 Çok önemli bir başka nokta da uyuyan kişinin düşüncelerinin uyanık kişininki gibi dengeli olmamasıdır.

38 "Rüyadaki imgeler düşüncelerin birer kopyasıdır. Aslolan düşüncedir, imgeler düşüncelerin sadece aksesuvarıdır. Bundan sonraki aşama, düşünceler dizisini nasıl izleyeceğimiz, nasıl analiz edeceğimizdir. Böylece rüyalardaki tutarsızlıklar anlaşılır olur, en fantastik oluşumlar bile basit ve tamamen mantıklı hale gelir."

39 "Gerektiği gibi analiz edildiği takdirde en tuhaf rüyalar bile mantıklı bir şekilde açıklanabilir."

den, rüyanın başarılarını uyanık yaşamınkinden daha önemli bulan abartılı bir yüceltmeye uzanan geniş bir skala oluşturuyor. Rüya yaşamının psikolojik özelliklerini üç ana paradoks üzerinden izah ettiğine daha önce değindiğimiz Hildebrandt, üçüncü paradoksta bu skalanın iki ucunu ele alır (s. 19): "Bu paradoks, ruhsal yaşamın, zaman zaman virtüözlüğe kadar yüceltilmesinden, insanlık dışı seviyeye indirgendiği bir aşağılamaya, bir basitliğe kadar uzanır."

"Virtüözlük konusuna değinecek olursak: Hangimiz rüyanın yaradılışında ve dokusunda, uyanık hayatta ruhun derinlik ve içtenliğini, duyguların zarafetini, görüşlerin keskinliğini, gözlemlerin kusursuzluğunu, mizahın hazırcevaplığını bulmayız ki? Bu özelliklere uyanık hayatın sabit değerleri olarak sahip olmayı ancak sahte bir mütevazılıkla reddedebiliriz. Rüya olağanüstü bir şiir, tam yerini bulan bir alegori, benzersiz bir mizah ve nefis bir ironidir. Rüya, dünyaya özgün ve idealleştiren bir ışığın içinden bakar, özlerini derinlemesine kavrayarak burada gördüklerimizin etkisini artırır. Dünyevi güzelliği, tanrısal bir görkemle, yüceliği en heybetli haliyle, deneyimlediğimizin dehşetini en korkunç haliyle, gülünç olanı inanılmaz bir mizahla gözümüzün önüne serer. Ve uyandığımızda bu izlenimlerin bazılarıyla öylesine dolup taşarız ki gerçek dünyanın buna benzer bir şeyi bize asla sunmadığını düşünürüz."

İnsanın böylesine aşağılanan ve böylesine büyüleyici övgülere mazhar olan olgunun aynı şey olduğuna inanası gelmiyor. Büyülenenler o saçma rüyaları, aşağılayanlar ise, o derinlikli ve duyarlı rüyaları gözden mi kaçırdılar acaba?

Ve madem rüyalar ya öyle, ya böyle değerlendiriliyor, rüyaların psikolojik özelliklerini aramak beyhude bir iş olmaz mı bu durumda? Rüyada, ruhsal yaşamın en ağır şekilde aşağılanmasından, en alışılagelmedik şekilde yüceltilmesine kadar her şey mümkündür, demek yeterli değil mi? Böylesi bir çözüm ne kadar kolay görünürse görünsün, bu çözümün karşısına, bütün rüya araştırmacıların, rüyaların genel çerçevesiyle evrensel özellikleri olduğuna dair ortak görüşleri çıkar. Ve bu çelişkili durumu çözecek olanın da bu özellikler olması gerekir.

Şurası bir gerçek ki rüyanın psikolojik etkinlikleri geride bıraktığımız entelektüel dönemde daha kolay kabul görüyordu çünkü bu döneme damgasını vuran, somut doğa bilimleri değil felsefeydi. Schubert'e ait, rüyanın, aklın doğanın şiddetinden, ruhun duyuların zincirlerinden kurtulması demek olduğunu iddia eden sözlerini ya da genç Fichte[40] vb.'nin rüyayı ruhsal yaşamın daha üst bir basamağa taşıdığına dair ifadeleri bugün anlamakta zorlanıyoruz. Bu tür sözler bugün mistikler ve dindarlar tarafından tekrarlanıyor sadece.[41]

Doğa bilimlerine özgü düşünce tarzının devreye girmesiyle, rüyalara verilen payeye karşı da bir tepki gelişti. Tıp doktoru araştırmacılar rüyadaki ruhsal etkinliği az ve değersiz görmeye meyilliyken, düşünürler ve konuya katkılarını asla göz ardı edemeyeceğimiz gerçek gözlemciler –amatör psikologlar– halkın sezgileriyle uyum içinde rüyaların psikolojik önemine inanmaya devam ettiler. Rüyadaki ruhsal etkinliği önemsememeye meyilli olanlar, doğal olarak rüyaların nedeni olarak somatik uyarım kaynaklarını gösteriyorlar; rüya gören zihnin (Seele) ruhun, uyanık haldeki bütün becerilerine sahip olduğunu düşünenler ise, zihnin (Seele) kendinin rüya görmeye yetkin olduğuna inanmakta hiçbir engel görmüyorlar.

40 *Krş.* Haffner ve Spitta.

41 Daha önceki baskılarda ihmal ettiğim nadir yazarlardan biri olarak beni affetmesini rica edeceğim Du Prel, insanlarla bağlantılı olduğu sürece, metafiziğe giriş kapısının uyku değil, rüya olduğunu söyler (*Mistisizmin Felsefesi*, s. 59).

Rüya yaşamının üstünlüklerini mütevazı bir kıyaslamaya tabi tuttuğumuzda bile en dikkat çeken özelliğinin bellek olduğu ortaya çıkar. Bu iddiamızı destekleyen ve hiç de nadir rastlanmayan kanıtları ayrıntılarıyla ele almıştık. Eski yazarların sık sık övgüyle ele aldığı bir başka özelliği olan zaman ve *mekân*dan bağımsızlığının temelsiz olduğu ortaya çıkmıştır. Hildebrandt'ın da vurguladığı gibi, rüya yaşamına atfedilen bu ayrıcalık aldatıcıdır, çünkü zaman ve *mekân* rüyada uyanık haldeki düşüncelerimizden farklı bir şekilde aşılmaz. Bunun nedeni, rüyanın da sadece bir düşünce biçimi olmasıdır. Ancak rüyanın zamanla bağlantılı olarak uyanık yaşamla kıyaslandığında başka bir ayrıcalığı olması, başka bir şekilde zamandan bağımsız olması gerekiyor. Maury'nin giyotinle idam edildiğini gördüğü 52. sayfa ve devamında ele aldığımız rüya, bir rüyanın belli bir düşünsel malzemeyi uyanık yaşamdan çok daha kısa sürede ele alabileceğini gösteriyor. Ama bu çıkarsamaya bugüne kadar çeşitli argümanlarla karşı çıkıldı. Le Lorrain ve Egger'in kaleme aldıkları "Rüyaların Görünürdeki Süreleri" başlıklı makalenin ardından başlayan ilginç tartışma da bu nazik ve derinlikli soruna son noktayı koyamayacak gibi görünüyor.[42]

Öte yandan çok sayıda çalışma ve Chabaneix'in yaptığı derleme gösteriyor ki rüyalar, uyanık yaşamdaki entelektüel etkinlikleri devralıp, onları gündüz ulaşamadıkları bir sonuca götürebiliyor, kuşkulu ve sorunlu konuları çözebiliyor, yazarlar ve besteciler için yeni bir duygulanım kaynağı olabiliyorlar. Ancak bu durumun kendisi değilse bile ele alınış şekli, meselenin aslına dair kuşkulara neden oluyor.[43]

42 Bu sorunla ilgili detaylı kaynakça ve açıklamalar için *bkz.* Tobowolska'nın Paris'te kaleme aldığı doktora çalışması (1900).

43 *Krş.* H. Ellis'in eleştirisi; *World of Dreams*, s. 268.

Ve nihayet bir başka tartışma konusu da rüyaların gelecekten haber verme gücü. Bu konuda bertaraf edilmesi güç kuşkular ve ısrarla tekrar edilen iddia ve kanıtlar mevcut. Bir taraftan da –haklı olarak– konuyla ilgili gerçeklerin reddedilmesinden kaçınılıyor çünkü bir dizi örnek olayla ilgi yakın gelecekte doğal bir psikolojik açıklama yapılma olanağı da artık ufukta belirmiş durumda.

F. RÜYADA AHLÂK DUYGUSU

Benim araştırmalarımı bilenlerin anlayabileceği nedenlerle, uyanık yaşamdaki ahlâki eğilim ve izlenimlerin rüya yaşamına uzanıp uzanmadıklarını ya da ne ölçüde uzandıklarını rüyanın psikolojisi konusundan ayrı olarak ele alacağım. Tuhaftır, araştırmacıların ruhun diğer bütün işlevleriyle ilgili çelişkili görüşlerine burada da rastlıyoruz. Bir kısmı ısrarla rüyanın ahlaki beklentilerle hiç alakası olmadığını söylerken diğerleri, insanın ahlâki yapısının rüya yaşantısında da geçerli olduğunu iddia ediyor.

Her gece yaşadığımız rüya deneyimi, birinci görüşün kuşkuya mahal vermeyecek şekilde doğru olduğu izlenimini yaratıyor. Jessen şöyle diyor: (s. 553): "Rüyada daha iyi, ya da daha erdemli olmayız. Başkalarına acımak nedir bilmeyen, hırsızlık ve cinayet gibi en ağır suçlar karşısında lakayt kalan ve pişman olmayan vicdanımız adeta bir suskunluğa bürünüyor."

Radestock (s. 146): "Dikkate alınması gereken bir nokta, rüyada düşünce ve sağduyu, estetik zevk ve ahlâki yargılar hiç dikkate alınmadan çağrışımlar oluşur ve düşünceler birbirine bağlanır."

Volkelt (s. 23): "Herkesin bildiği gibi, rüyada özellikle cinsel ilişkiler dizginsiz, kontrolsüz yaşanır. Rüyayı bizzat gören kişi son derece edepsiz ve her türlü ahlâki duygu ve değer yargısından azade olabileceği gibi, diğer insanları, hatta en saygıdeğer olanları bile, uyanık yaşamda aklına getirmeye dahi cesaret edemeyeceği pozisyonlarda görebilir."

Bu yaklaşıma en zıt görüşleri dile getiren Schopenhauer, rüyada herkesin bütünüyle kendi karakterine uyumlu davranıp konuştuğunu söyler. K. Ph. Fischer,[44] öznel heyecanların ve çabaların ya da duygu ve tutkuların rüya yaşamının özgür ortamında ortaya çıktığını, kişilerin ahlâki yapısının rüyalarına yansıdığını iddia eder.

Haffner (s. 251): "İstisnalar göz ardı edilecek olursa..., erdemli bir insan rüyada da erdemli kalacaktır. Şeytana direnecek, nefret, kıskançlık, öfke ve bütün kötülüklere kapısını kapatacaktır. Oysa günahkâr insan genelde, rüyasında da uyanık yaşamda gördüğü imgeleri karşısında bulur."

Scholz (s. 36): "Rüyalar, gerçekle örtüşür. Bütün yüceltici ve aşağılayıcı maskelere rağmen rüyada kendimizi yeniden tanırız... Dürüst bir insan rüyada da onursuz bir suç işleyemez, işlese bile doğasına aykırı bir şey yaptığını düşünerek dehşete kapılır. Rüyasında imparatorun kellesini uçurtturduğunu gören kulunu idam ettiren Roma imparatoru, yaptığını savunurken, rüyada bunu görenin aynı şeyi düşünmüş olacağını söylemekte haklıdır. İçimizde olmayan bir şeyi anlatırken bu yüzden 'Rüyamda görsem inanmam' deriz."

Bunun aksini savunan Platon ise, kimilerinin uyanık yaşamda yaptıklarını sadece rüyada yapanlar, en iyi insanlardır, der.

Pfaff,[45] bilinen bir deyişi biraz değiştirerek ifade etmiştir: "Bana bir süre rüyalarını anlat, sana kim olduğunu söyleyeyim."

Rüya sorunlarını araştıran literatürde rastladığım, biçim olarak en kusursuz ve en zengin çalışma olan ve benim de birçok

44 *Antropolojinin Temelleri*, Erlangen 1850. (Spitta'dan alıntı.)
45 *Rüya Yaşantısı ve Yorumu*, 1868 (Spitta'dan alıntı, s. 192).

kez alıntı yaptığım Hildebrandt'ın kısa yazısı, rüyada ahlâk konusunu merkezine alır. Hildebrandt için de kural kesindir: Hayat ne kadar saf ve temizse rüya da o kadar saf ve temizdir; hayat ne kadar kirliyse rüya da o denli kirlidir.

Yazara göre insanın ahlâki doğası rüyada da sürdürür kendini: "En bariz matematiksel hata, bilime sırt çevirmenin romantizmi ya da en tuhaf tarihi yanılgı bizi yaralamayabilir, kuşku duymamıza neden olmayabilir ama sahip olduğumuz, iyi ile kötü, adalet ile adaletsizlik, erdem ile kötülük arasında ayrım yapma yetimizi asla unutmayız. Uyanık yaşamda bizi meşgul eden birçok şeyi bir kenara bırakabiliyorsak da – Kant'ın vazgeçilmez eşlikçimiz olan "kategorik imperatifi" bizi öylesine bağlar ki kendisine, rüyada bile ondan kurtulamayız... Bu gerçeğin tek dayanağı, insan doğasının temeli olan ahlâki özün çok sağlam olması ve bu nedenle fantezi, sağduyu, bellek ve benzer değerde olguların rüyanın kaleydoskopik karmaşasına katılmasının mümkün olmadığıdır." (s. 45 ve devamı)

Konuyla ilgili tartışmanın devamında bu iki kutup arasında kaymalar ve tutarsızlıklar görülüyor. Ayrıntılara girmeden düşünecek olursak, rüyanın insanın ahlâki kişiliğini ortadan kaldırdığını savunanlar için, ahlâksız rüyalarla ilgilenilmesine gerek kalmaması gerekirdi. Bu kişiler, rüya göreni rüyalarından sorumlu tutmaktan, rüyalarının kötülüğünün kökenini rüya görenin kişiliğindeki kötülükte aramaktan rahatlıkla vazgeçebilir, aynı rahatlıkla, rüyaların saçmalığıyla rüya gören kişinin uyanık yaşamdaki entelektüel yetersizliğini açıklama çabalarını reddederlerdi. "Kategorik imperatif"i rüyalara uygulayan diğer grup ise, ahlâki olmayan rüyalarının sorumluluğunu bütünüyle üstlenirdi. Onlar için yapabileceğimiz tek şey, ahlâki değer yargılarından kendilerini böylesine saptıran rüyalarının peşine takılıp hata yapmamalarını dilemekten ibaret.

Ancak görünen o ki hiç kimse kendinin ne kadar iyi, ne kadar kötü olduğunu bilmiyor ve yine hiç kimse ahlâki olmayan kendi rüyalarını inkâr edemiyor. Çünkü rüyayı ahlâki açıdan yargılamanın ötesinde her iki grupta da ahlâki olmayan rüyaların kaynağını açıklama çabası var. Burada da, rüyanın kaynağını ruhsal yaşamın işlevlerinde ve somatik nedenlerde arayanlar arasında yeni bir görüş ayrılığı çıkıyor ortaya. Ve sonunda hem rüya yaşamının sorumlu olduğunu hem de sorumlu olmadığını savunanlar, zorunlu olarak rüyadaki ahlâksızlık için ruhsal bir kaynağa işaret etmek zorunda kalıyorlar.

Rüyada ahlâkın devam ettiğini savunanlar, rüyaları için tam bir sorumluluk almaktan kaçınıyorlar. Haffner şöyle diyor (s. 250): "Rüyalarımızdan sorumlu değiliz çünkü rüya, yaşamı var eden gerçekleri, hakikatleri barındıran düşüncelerimizden ve irademizden yoksundur. ... Bu nedenle rüyadaki irade ve rüyada yaptıklarımız, bir erdem ya da bir günah olamaz." Oysa insan dolaylı da olsa yarattığı günahkâr rüyasından sorumludur, Haffner için. Ve bu nedenle insanın görevi, uyanık yaşamda olduğu gibi, uykuya dalmadan önce de ruhunu ahlâki olarak temizlemektir.

Rüya içeriklerinin ahlâklı olması sorumluluğunun reddedildiği ya da kabul edildiği bu kargaşayı çok daha derinlemesine inceleyen, Hildebrandt olmuştur. Hildebrandt önce rüyaların dramatik yapısının, en karmaşık düşünce süreçlerinin en kısa sürelere sıkıştırılıyor olmasının ve kendinin de kabul ettiği gibi, rüyadaki düşünce unsurlarının birbirine karıştırılmasının ve içeriksizleştirilmesinin hesaba katılması gerektiğini söyler. Ve peşi sıra, rüyadaki günah ve suçlarla ilgili sorumluluğun kesinkes reddedilmesiyle ilgili endişelerini itiraf eder.

(s. 49): "Özellikle kendi niyet ve görüşlerimizle ilgili haksız bir suçlamayla karşı karşıya kalıp, bu suçlamayı kararlılıkla reddederken şöyle deriz: Rüyamda görsem inanmazdım... Böylece rüyada olanları gerçekleşme olasılığı en uzak, en düşük şeyler olarak gördüğümüzü dile getirmiş oluruz. Ve bir taraftan rüyadaki düşüncelerden sorumlu tutulamayacağımızı, çünkü rüyadaki düşüncelerin gerçekle çok gevşek bir bağlantısı olduğunu ve onları artık *bizim* düşüncelerimiz olarak göremeyeceğimizi söylerken, diğer taraftan da rüyalarda bu düşüncelerin varlığını tamamen reddetmemiz gerekir diye düşündüğümüz anda, iddiamızın rüyaya kadar genişletilmediği sürece tamamlanmamış olacağını itiraf etmiş oluruz. Bence burada, bilinçsiz de olsa konuştuğumuz dil, hakikatin dilidir."

(s. 51): "Rüyada geçen hiçbir olay yoktur ki, ilk nüvesi bir istek, bir arzu ya da bir uyarım olarak uyanık hayatta atılmamış olsun." Bu ilk uyarım için şunu söylemek gerekir: Rüya yaratmamıştır bu uyarımı, -sadece kopya etmiş ve dillendirmiş, bizde var olan geçmişe dair küçücük bir malzemeyi, dramatize eden bir işlemden geçirmiş, havarinin şu sözlerini gerçekleştirmiştir: Kardeşinden nefret eden, katildir. Uyanıp da ahlâki bilincimize tekrar ulaştığımızda, bu günahkâr rüyanın ayrıntılarına gülüp geçebilsek de rüyaya kaynaklık eden ilk malzeme gülüp geçilemeyecek kadar ciddidir. İnsan rüya görenin hatalarından -tamamından değil ama en azından bir kısmından- sorumlu tutar kendini. "Kısaca, İsa'nın tartışma götürmez sözünü ('En kötü düşünceler kalbimizden gelir.') bu bağlamda anlayacak olursak, rüyada işlenen suçların minimum düzeyde de olsa bir suçluluk duygusunu içinde barındırdığını inkâr edemeyiz."

Demek ki Hildebrandt'a göre, ahlâka aykırı bir rüyada, gündüzleri ruhumuzu kışkırtan kötülük tohumları ve kötücül imalar da kendilerine yer buluyor ve kişinin ne kadar ahlâklı olduğu ifade edilirken rüyadaki ahlâksızlığı da hesaba katılıyor. Hepimizin bildiği gibi, bütün dindarlar ve azizler her çağda kendilerini günahkâr görürlerdi; Hildebrandt'ın düşünceleri ve yargıları da işte bu düşünce biçimiyle aynıdır.[46]

Literatürde bu tür karşıt görüşler –çoğu insanda ahlâk dışındaki konularda da– her zaman mevcuttur ve ahlâkla ilgili olmayanlar daha az ciddiye alınmıştır. Bu bağlamda Spitta A. Zeller'den şu alıntıya yapar (*Özgür Bilimler Ansiklopedisi*; Ersch-Gruber: "Deli" maddesi) (s. 142): "Zihnin, sadece önemsiz değil, parça parça ve tutarsız düşüncelerin kendi düzenli işleyişini sekteye uğratmasını engelleyecek kadar iyi işlediği nadirdir. En büyük düşünce insanları bile, en derin, en ciddi ve en kutsal düşüncelerinin, bu rüya benzeri, alay eden ve utandıran düşünceler güruhu tarafından sekteye uğratıldığından şikâyet eder."

Hildebrandt bu karşıtlığın psikolojik anlamına çok boyutlu bir açıklık getirirken şöyle der: "Rüyalar bizi, özümüzün, uyanıkken çoğu zaman farkında olmadığımız derinliklerine, dehlizlerine götürürler." (s. 55). Kant'ın Antropolojisi'nde de aynı görüşe rastlarız. Düşünür burada, rüyaların görevi, gizli doğamızı keşfetmemizi sağlamak ve ne olduğumuzu değil bir eğitim görseydik ne olabileceğimizi göstermektir, der. Radestock (s. 84): Rüyalar çoğu zaman, kendimize itiraf edemediklerimizi açığa çıkarır; bu nedenle de rüyalarımıza haksızlık eder, onları yalancı, sahtekâr olarak damgalarız. J. E. Erdmann ise şunları söylüyor: "Bugüne dek hiçbir rüya bana bir insan hakkında ne düşünmem gerektiği konusunda bilgi vermedi. Zaman zaman şaşırarak şahit oldum ki rüyada daha çok o kişi hakkında *benim* ne düşündüğümü görüyorum." Benzer düşüncelere I. H. Fichte'de rastlıyoruz: "Uyanık yaşamdaki kendi gözlemlerimizle kıyasla-

46 Kutsal engizisyonun bu soruna yaklaşımını bilmek de ilginç olacak. Thomas Carena'nın *Tractatus de Officio sanctissimae Inquisitionis* başlıklı kitabının 1659 Lyon baskısında şu sözler yer alıyor: "Engizisyoncuların rüyasında kâfirce konuşan birinin hayatını incelemesi gerekir çünkü gündüzün bizi meşgul eden şeyleri uykuda tekrar görürüz" (Dr. Ehninger, S. Urban, İsviçre).

dığımızda, rüyalar genel ruh halimizi daha doğru yansıtılırlar." Benini gibi yazarlarda, ahlâki bilincimize aykırı güdülerin, daha önce değindiğimiz gibi, tıpkı uyanık yaşamda olmayan, olsa da çok önemli bir rol oynamayan düşünsel malzemenin rüyada görülmesi gibi ortaya çıktığını görüyoruz: "Certe nostre inclinazioni che si credevano soffocate e spente da un pezzo, si ridestano; passioni vecchie e sepolte rivivono; cose e persone a cui non pensiamo mai, ci vengono dinanzi"[47] (s. 149). Volkelt de benzer şeyler söyler: "Uyanık bilincimize neredeyse fark edilmeden giren ve bilincimiz tarafından bir daha belki asla hatırlanmayacak olan düşünceler, ruhumuzdaki varlıklarını çoğu kez rüyada bize bildirirler" (s. 105). Ve nihayet bu noktada, Schleiermacher'in sözleriyle, salt uykuya dalmanın bile istem dışı düşüncelerin (imgelerin) ortaya çıkmasına neden olduğunu ifade etmemiz gerekiyor.

Bu durumda, ahlâki ve saçma rüyalarda ortaya çıkmaları bize tuhaf görünen düşünceleri "istem dışı düşünceler" adı altında sınıflandırabiliriz. Ahlâki ve saçma rüyalar arasındaki tek fark, ahlâki rüyalardaki "istem dışı düşüncelerin" bizim genel ruh durumumuza aykırı olmaları, saçma rüyaların ise bize sadece tuhaf gelmeleridir. Bu farkı ortadan kaldıracak daha fazla bilgiye ulaşmak için henüz atılmış bir adım yok.

Geldiğimiz bu noktada sormamız gereken sorular şunlar: İstem dışı düşüncelerin rüyada ortaya çıkmasının anlamı nedir? Bu ahlâka aykırı dürtülerin rüyalarımıza girmesi, uyanık ve rüya gören ruhun psikolojisi açısından ne ifade etmektedir? Bu konuda da yine yeni bir fikir ayrılığıyla ve farklı görüşleri savunan uzmanların oluşturduğu gruplarla karşı karşıyayız.

---

47 "İçimizde bastırılmış ve bitmiş gibi duran arzular bir süre sonra yeniden uyanır; eski ve gerilerde kalmış tutkularımız yeniden canlanır, hiç düşünmediğimiz şeyler ve kişiler önümüze çıkar."

Hildebrandt'ın ve onun görüşlerini savunanların dediği, tahmin edeceğimiz gibi, ahlâki olmayan dürtülerin uyanık yaşamda da belli bir güce sahip oldukları ama ketlendikleri için ortaya çıkmadıkları ancak uykuda bizi ketleyen bu şeyin ortadan kalktığı ve dürtünün bu şekilde farkına vardığımızdır. Dolayısıyla rüyalar insanın bütününü olmasa bile, gerçek özünü ele verir, ruhunun derinliklerinde gizli kalanlara ulaşmamızı sağlar. Hildebrandt bu düşüncelerden yola çıkarak rüyaların bizi ikaz ettiğini söyler. Ona göre rüyalar, tıp doktorlarının da kabul ettiği gibi, nasıl farkında olmadığımız bedensel rahatsızlıkları bilincimize bildiriyorlarsa, ruhun gizli kalmış rahatsızlıklarını haber verirler. Spitta da dürtü kaynaklarına, örneğin ergenlik çağında ruhsal dünyaya sızan dürtülere işaret ederken farklı düşüncelerden yola çıkmış olamaz. Rüya göreni teselli eden Spitta, uyanıkken erdemli bir hayat sürüp, rüyadaki günahkâr düşünceleri bastırdığında, onlara olgunlaşma ve gerçekleşme imkânı vermediğinde, elinden geleni yapmış olduğunu söyler. Bu görüşe göre, "istem dışı" düşünceleri gündüz "bastırılan" düşünceler olarak tanımlamamız ve ortaya çıkmalarını da gerçek psikolojik bir olgu olarak değerlendirmemiz gerekir.

Oysa kimi başka yazarlar böyle bir çıkarsama yapmaya hakkımız olmadığını söylüyor. Jessen'e göre istem dışı düşünceler, tıpkı ateşimiz yükseldiğinde olduğu gibi ya da başka durumlardaki sayıklamalar gibi, "iradenin durduğu ya da bir ölçüde iç dürtülerin harekete geçirdiği imgelerin ve düşüncelerin yer aldığı mekanik bir süreçtir" (s. 360). Jessen için, ahlâk dışı bir rüyanın, rüyayı görenin ruhsal yaşantısına dair kanıtladığı tek şey, kişinin rüyanın içerdiği düşünceden bir şekilde haberi olduğu ve bu düşüncenin kesinlikle kendine ait ruhsal bir dürtü olmadığı bilgisidir. Maury için ise, rüyaya ruhsal etkinliği gelişigüzel bozmak değil de, bileşenlerine ayırma yetisini atfettiğini düşünebiliriz belki. Yazar ahlâkın sınırlarını aşan rüyalar hakkında şunları söylemiş: "Ce sont nos penchants qui parlent et qui nous font agir, sans que la conscience nous retienne, bien que parfois elle nous avertisse. J'ai mes défauts et mes penchants vicieux; à l'état de veille, je tâche de lutter contre eux, et il m'arrive assez souvent de n'y pas succomber. Mais dans mes songes j'y succombe toujours ou pour mieux dire j'agis par leur impulsion, sans crainte et sans remords. ... Evidemment les visions qui se déroulent devant ma pensée et qui constituent le rêve, me sont suggérées par les incitations que je ressens et que ma volonté absente ne cherche pas à refouler"[48] (*Le sommeil*, s. 113.)

Rüyaların, var olan ama baskılanmış ve gizlenmiş ahlâk dışı eğilimleri ortaya çıkardığına inananlar arasında hiç kimse bu görüşünü Maury kadar kesin bir dille ifade edememiştir (s. 115): "En rêve l'homme se révèle donc tout entier à soi-même dans sa nudité et sa misère natives. Dès qu'il suspend l'exercice de sa volonté, il devient le jouet de toutes les passions contre lesquelles, à l'état de veille, la conscience, le sentiment de l'honneur, la crainte nous déjendent."[49] Başka bir yerde şu doğru saptamaya rastlıyoruz (s. 462): "Dans le songe, c'est surtout l'homme instinetif qui se révèle. ... L'homme revient pour ainsi dire à l'état de nature quand il rêve; mais moins les idées acquises ont pénétré dans son esprit, plus les penchants en désaccord avec elles con-

48 Konuşan ve davranışlarımızı etkileyen dürtülerimizdir. Vicdanımız ise bazen bizi uyarsa da davranışlarımızı engellemez. Herkesin hataları ve kötü eğilimleri vardır, uyanıkken bunlara karşı savaşırız ve çok nadiren bu mücadeleyi kaybederiz. Oysa rüyalarımızda her zaman yeniliyoruz, daha doğrusu korkmadan ve pişman olmadan dürtülerimizin istediği gibi davranıyoruz. Düşüncelerimizde ve rüyalarımızda karşımıza çıkan görüntüler, uyarımların önerdikleridir ve bu görüntüler iş başında olmayan irademizin bastıramadığı dürtüler tarafından önerilirler.

49 İnsan bu yüzden rüyada kendini en doğal çıplaklığı ve en yetersiz haliyle görür ve iradesini devre dışı bıraktığında, uyanık yaşamda vicdanıyla, duyarlılıklarıyla, onuruyla, korkularıyla savunmaya geçtiği tutkuların esiri olur.

servent encore sur lui l'influence dans le rêve."[50] Maury daha sonra verdiği örnekte, rüyalarında, yazılarında şiddetle mücadele ettiği batıl inançların kurbanı olduğunu anlatıyor.

Ancak Maury gözlemlediği olguları rüya yaşamına hükmeden psikolojik bir özdevinimin ("automatisme psychologique") kanıtları olarak yorumlar ve böylece rüyadaki ruhsal etkinlik üzerine söylediği o derinlikli ve hatasız sözler değerini yitirir. Maury bu özdevinimin, ruhsal etkinliğin tam karşıtı olduğunu söyler.

Stricker ise, bilinç üzerine yaptığı bir araştırmada şöyle diyor: "Rüyalar salt yanılsamalardan ibaret değildir; örneğin haydutlardan korktuğumuz bir rüyada, haydutlar hayalidir, ama korkumuz gerçektir." Bu cümleden anlamamız gereken, rüyadaki duyguların oluşumuna, rüyaların geri kalanını yorumladığımız şekilde yaklaşamayız. Ve burada sormamız gereken soru, rüyadaki ruhsal süreçlerde neyin gerçek olduğu yani nelerin uyanık yaşamdaki ruhsal süreçler sınıfına girmeye hak kazandığıdır.

G. RÜYA TEORİLERİ VE RÜYANIN İŞLEVİ

Rüyaların gözlemlenen mümkün olduğunca çok özelliğini belli bir bakış açısından açıklamaya çalışan, bir taraftan da rüyanın kapsamlı bir olgular evrenindeki yerini tanımlayan ifadeye rüya teorisi diyebiliriz. Tek tek rüya teorilerinin aralarındaki farklar, ele aldıkları ve en önemli buldukları değişik rüya özellikleri ve bu özelliklerle ilgili açıklamalar ve bağlantılardan ibarettir. Bir işlevi yani bir faydayı ya da rüyanın başka bir ürününü teoriden çıkarsamak şart değildir ama biz alışkanlık olarak erekbilim (te-

50 Rüyada, en temel dürtülerin etkisindeki insan ortaya çıkar. Rüyada doğadaki en yalın halimize döndüğümüzü söyleyebiliriz. Düşünceler aklımıza ne kadar az girmişse, rüyada bu düşüncelerin tersi dürtülerin aklı o oranda çok etkilediği söylenebilir.

leoloji) gereği rüyanın bir amacı olduğu beklentisiyle, bu amaca da yer veren teorileri kabul etmeye daha meyilliyiz.

Şimdiye kadar rüya üzerine şu veya bu şekilde rüya teorisi olarak adlandırılmayı hak eden birçok görüşü ele aldık. Antikçağ'da rüyaları insanların faaliyetlerini yönlendirmek için tanrıların gönderdiğine inanılırdı ve bu inanış rüyayla ilgili bilinmesi gereken her şeyi içeren eksiksiz bir teoriydi. Rüyalar biyoloji araştırmalarına konu alınmaya başladıktan sonra, ortaya birçok, çoğu da bütüncül olmayan teori çıktı. Var olan teorilerin tamamını içermek gibi bir iddiamız yoksa şayet, rüyada psikolojik etkinliği baz alma ölçüsü ve biçimi itibariyle rüya teorilerini kabaca aşağıdaki gibi sınıflandırabiliriz:

1) Delboeuf'unki gibi, uyanık yaşamdaki psikolojik etkinliğin tamamının rüyada devam ettiğini savunan teoriler. Bu teoriler ruhun uyumadığını, ruh aygıtının işlediğini ama uyanık yaşamdan farklı olan uyku haline uygun şekilde işlediğini ve normal işlevi sırasında uyanık yaşamdakinden farklı sonuçlar doğurduğunu söyler. Bu teorilere yöneltilmesi gereken soru, rüyadaki ve uyanık yaşamdaki düşünce işlevi arasındaki farkların tamamını nasıl olup da uyku koşullarından çıkarsayabildikleri. Bir başka konu da bu tür teorilerin rüyanın işlevleri hakkında söyleyecek bir şeyleri olmamaları yani bize neden rüya gördüğümüzü, karmaşık ruhsal aygıt mekanizmasının kendisine uygun olmayan koşullarda da neden hâlâ çalıştığını açıklayamamaları. Bu teorisyenler için amaç, rüya görmek gibi üçüncü bir alternatif değil de rüyasız bir uyku ya da uykuya son veren uyarıcılar oluyor bu durumda.

2) Birinci grubun aksine, rüya görürken ruhsal etkinliğin azaldığını, bağlantıların gevşediğini, elde edilebilecek malzemenin fakirleştiğini kabul eden teoriler. Bu teoriler uykuya Delboeuf'unkinden farklı ruhsal özellikler atfeder ve uykunun zihni içerdiğini ama dış dünyayla da tamamen ilişkisini kesme-

diğini, sadece zihnin mekanizmasının içine girdiğini ve bu mekanizmayı bir süreliğine işlevsizleştirdiğini söyler. Bu teorileri psikiyatrinin kavramlarıyla açıklayacak olsam, birinci gruptakilerin rüyayı bir tür paranoya, ikincidekilerin ise bir tür zekâ geriliği ya da zihin bulanıklığı olarak gördüğünü söylerdim.

Uyku sırasında sekteye uğrayan zihinsel etkinliğin sadece bir kısmının rüyada yer aldığını iddia eden teori, daha çok tıp doktorları arasında ve bilim dünyasında kabul görür. Rüyaları açıklamaya yönelik genel bir ilgi olduğunu varsayacak olursak, bu teoriyi egemen rüya teorisi olarak adlandırabiliriz. Oysa rüyaları açıklarken karşımıza çıkan en zor engelden, yani rüyadaki çelişkileri açıklamaktan büyük bir keyfiyetle kaçınan da bu teoridir. Bu teoriye göre rüya, kısmen uyanıkken ortaya çıkar; Herbart'ın rüya psikolojisinde "yavaş yavaş, kısmi ve aynı zamanda anormal bir uyanıştır" bu. Böylece bu teori kısmi uyanıklıktan tam uyanıklığa uzanan bir çizgi üzerinden, anlamsız ve saçma rüyalardan başlayarak zihnin tam kapasiteyle çalıştığı rüyalara ulaşan zinciri açıklar.

Fizyolojik yaklaşımı daha bilimsel ve kaçınılmaz olarak görenler ise, aradıklarını Binz'in rüya teorisinde bulacaklardır (s. 43): "Bu hissizleşme, donma hali sabah saatlerinde yavaş yavaş sona erer. Beynin albümininde birikmiş olan yorgunluk veren maddeler giderek azalır, durmaksızın akan kanla birlikte dışarı atılır. Henüz her şey hareketsizken, yer yer küçük hücre kümeleri parıldamaya başlar. Bulanık bilincimizin önünde bu *kümelerin birbirinden bağımsız çalışmaları* başlar. Bu çalışma beynin çağrışımları yöneten bölümünü kontrol edemez. Bu yüzden yakın geçmişin nesnel izlenimlerine ait imgeler kuralsız ve düzensiz bir şekilde sıralanırlar. Giderek daha çok beyin hücresi serbest kalır ve buna bağlı olarak rüyanın anlamsızlığı da giderek azalır."

Rüyayı tamamlanmamış, kısmi bir uyanıklık hali olarak tanımlayan bu görüşe ya da bu görüşün izlerine çağdaş fizyologlarda ve filozoflarda da kesinlikle rastlarız. Bu görüşü en ayrıntılı biçimde ele alan yine Maury'dir. Maury'nin bu çalışmada uyanıklık ve uyku halinin anatomik bölgelerin birinden öbürüne kaydırılabildiğini, bu arada her anatomik bölgenin belli bir ruhsal işlevle bağlantılı olduğunu söylemeye çalıştığını düşünebiliriz. Buna benim eklemek istediğim tek şey şu: Kısmi uyanıklık teorisi doğrulansa bile ayrıntılarının üzerinde daha uzun tartışmak gerekecektir.

Doğaldır ki bu tür bir teoride rüyanın işlevlerinden söz etmek mümkün değil. Bu nedenle Binz'in açıklamalarından daha çok rüyanın yeri ve anlamı hakkında bir yargıya ulaşabiliriz (s. 35): "Elde ettiğimiz bütün gerçekler, rüyayı her durumda faydasız, çoğu zaman da hastalıklı *bedensel* bir süreç olarak tanımlamaya zorlar bizi..."

Binz tarafından özellikle vurgulanmış olan *"bedensel"* kavramının rüyayla ilişkisinin birden çok anlamı vardır. Bu kavram, öncelikle zehirli maddelerle deneysel rüyalar üreten Binz'in çok değer verdiği rüya etiyolojisiyle alaklıdır. Çünkü bu tür rüya teorilerinde rüyaları tamamen somatik nedenlere bağlama eğilimi vardır. En uç haliyle bu teoriyi şöyle betimleyebiliriz: Uyarının uzaklaşmasıyla uykuya daldıktan sonra, sabaha kadar rüya görmemizi gerektirecek hiçbir neden yoktur aslında. Oysa sabah yeni uyarımlarla yavaş yavaş uyanırken rüya olgusu ortaya çıkabilir. Ancak uykuyu uyarımsız olarak düşünmek mümkün değildir; çünkü tıpkı Mefisto'nun şikâyet ettiği yaşam tohumları gibi, uykuda her yerden, içeriden ve dışarıdan hatta bedenin uyanıkken farkına varmadığımız bölgelerinden bile sürekli uyarımlar alırız. Uyku böylece bölünür, zihnin bölümleri birbiri ardına uyanmaya başlar, bu uyanan bölümlerde mutlu mesut işlevini yürüten zihin bir süre sonra tekrar uykuya dalar. Rüya işte uyarımla ortaya çıkan bu uyku bölünmesine bir tepkidir, hem de oldukça beyhude, anlamsız bir tepki.

Ancak, her durumda zihinsel bir işlev olan rüyayı bedensel bir süreç olarak tanımlamanın başka bir anlamı daha var: Rüyaların ruhsal bir süreç olarak değerlendirmeye layık olmadıkları. "Müzikten anlamayan birinin on parmağının piyanonun tuşları üzerinde gezinmesi" gibi kinayeli bir eski söyleyişi rüyalara benzetmek, rüyaların deneysel bilimler nezdindeki değerini çok net olarak ortaya koyuyor. Bu görüşe göre rüyalar son derece önemsizdir; müzikten anlamayan birinin on parmağı nasıl bir müzik eseri besteleyebilir ki?

Kısmi uyanıklık teorisini eskiden de eleştirenler olmuş. Burdach 1830 yılında şöyle diyor: "Rüya kısmı bir uyanıklık halidir dediğimizde, birincisi, ne uyanıklığı ne de uykuyu tanımlamış oluyoruz ve ikincisi, rüyada kimi zihinsel güçlerin uyuduğunu, kimilerinin ise çalıştığını söylemiş oluyoruz. Oysa bu fark zaten bütün yaşamımız boyunca var olan bir durum..." (s. 483).

Rüyayı "bedensel" bir süreç olarak gören bu egemen rüya teorisine dayanan çok ilginç bir açıklamayı 1886 yılında Robert dile getirmiş. Robert'in açıklaması rüyaya bir işlev, faydalı bir işlev yüklediği için özellikle dikkat çekiyor. Robert teorisini rüya malzemesini incelerken daha önce değindiğimiz (*krş.* s. 12) iki gözleme dayandırıyor. Bu gözlemler, rüyada çoğu zaman gündüz yaşanan en önemsiz şeyleri ve çok nadiren önemli olayları gördüğümüzü söylüyor. Buradan yola çıkan Robert haklı olarak şu yargıya varıyor: Rüya uyaranları, uzun uzadıya düşündüğümüz şeyler değil sadece yarım yamalak düşündüklerimiz, aklımızdan öylesine geçip giden şeylerdir (s. 10). "Bu yüzden rüyalarımızı anlayamayız çünkü rüyada, *rüya görenin biten gün içindeki duyusal algılarına yer yoktur.*" Robert'e göre, yaşanan bir izlenimin rüyaya girebilmesi için, bu izlenimin işlenişi sırasında kesintiye uğraması ya da zaten kesintiye uğramayacak kadar önemsiz olması gerekir.

Rüyayı, "Zihinsel tepkileri sayesinde ayırdına vardığımız bedensel bir boşaltım süreci, doğmadan ölen düşüncelerin boşaltımı" olarak tanımlayan Robert şöyle devam ediyor: "Rüya görme yetisi elinden alınan bir insan, zaman içinde delirebilir. Çünkü beyni, henüz tam oluşmamış, tam düşünülmemiş bir düşünceler yığınıyla dolacak ve belleğinde tamamlanmış olarak kalan düşünceler de bu yığının altında kalıp boğulacaktır." Robert'e göre rüyalar bu yük altında ezilen beyin için bir emniyet supabıdır ve sağaltıcı ve rahatlatıcı bir etkileri vardır (s. 32).

Robert'e rüyadaki düşüncelerin ruhsal yapıyı nasıl rahatlattığını sormak, onu yanlış anlamak olacaktır. Robert'in bu sonuca rüya malzemesinin iki özelliği üzerinden ulaştığını tahmin ediyoruz. 1. Uyku sırasında gereksiz izlenimlerin şu veya bu şekilde boşaltılması somatik bir süreçtir; 2. rüya özel bir ruhsal süreç değil söz konusu boşaltımdan haberdar olmamızdan ibaret bir şeydir. Hem zaten bu boşaltım zihinde gece olan tek şey değildir. Robert'e göre zihin, boşaltımın yanı sıra gündüz uyarımlarını işleme tabi tutar ve sindirilmeden zihinde kalan düşüncelerden boşaltılamayanları *fantezilerden ödünç aldığı düşünce silsileleri aracılığıyla birleştirir* ve böylece onların bellekte zarar görmemiş bir imge gibi yerlerini almalarını sağlar (s. 23).

Robert'in yaklaşımının egemen teoriyle en uzlaşmaz olduğu nokta ise, rüya kaynaklarıdır. Egemen teoriye göre, dış ve iç duyusal uyarımlar olmadan rüya görmek imkânsızdır. Robert'in geliştirdiği teoride ise rüya görmemizin nedeni, ruhsal yapının kendisidir yani aşırı yüklenmiş ruhun rahatlama isteğidir. Bu bağlamda Robert'in vardığı sonuç son derece tutarlı: Ona göre, bedensel uyarıların rüya kaynağı olarak rolü son derece kısıtlıdır ve uyanık bilinçten rüya oluşturacak bir malzeme almayan ruhsal yapı kesinlikle kendiliğinden bir rüya oluşturamaz. Robert'in kabul ettiği tek şey, ruhun derinliklerinde oluşan hayali imgelerin sinirsel uyarımlardan etkilenebilirliğidir (s. 48). Demek ki Robert için rüya tamamen somatik uyarımlara bağlı olarak oluşmaz, psikolojik bir süreç de değildir, uyanık yaşamdaki psikolojik süreçler arasında yer almaz; rüya, ruhsal etkinlik aygıtında her gece gözlenen somatik süreçlerdir; yerine getirmek zorunda oldukları bir işlevleri vardır ve bu işlev, ruhsal aygıtı aşırı gerilimlerden korumaktır. Başka bir benzetmeyle söyleyecek olursak: Rüyanın işlevi ruhsal yapıyı temizlemek, derleyip toparlamaktır.

Yves Delage de teorisini rüya malzemesi seçiminde ortaya çıkan bu rüya özelliklerine dayandırır ve Delage'de yaklaşımdaki küçücük bir değişikliğin bizi nasıl farklı ve önemli sonuçlara ulaştırabileceğini görürüz.

Delage, kendine çok yakın birinin ölümü sayesinde şu gözlemi yapma imkânını bulmuştu: Rüyada, bizi gündüzleri yoğun olarak meşgul eden şeyleri görmüyor ya da en azından ilgimiz başka bir şeye yöneldikten sonra görüyorduk. Delage'nin başka insanlar üzerinde yaptığı araştırmalar da onu aynı sonuca götürmüştür. Genel geçerliliği kanıtlanabilirse, yeni evli çiftlerin rüyalarıyla ilgili yaptığı bir tespit son derece ilginçtir: "S'ils ont été fortement épris, presque jamais ils n'ont rêvé l'un de l'autre avant le mariage ou pendant la lune de miel; et s'ils ont rêvé d'amour c'est pour être infidèles avec quelque personne indifférente ou odieuse."[51] Peki rüyada neyi görürüz o halde? Delage, rüyada gördüğümüz malzemenin son günlerde ya da

51 Çiftler şayet birbirlerine âşıksa, evlenmeden önce ya da balayı sırasında rüyalarında birbirlerini hemen hiç görmezler. Şayet erotik bir rüya söz konu olursa, bu rüyada da partnerlerini alakasız ya da nefret edilen biriyle aldatırlar.

çok eskiden yaşadıklarımızın parçaları ve kalıntıları olduğunu söyler. Rüyada ortaya çıkan ve ilk bakışta rüya yaşamının kendi eseri zannettiğimiz her şeyin, derinlemesine incelendiğinde yabancı bir yeniden üretim, bir tür "souvenir inconscient" (bilinçsiz bellek –çev. n.) olduğunu görürüz. Öte yandan rüyada gördüğümüz her şeyin ortak bir özelliği vardır: Rüya, zihnimizden çok duyularımızı etkilemiş olan izlenimlerden ya da ortaya çıktıktan hemen sonra ilgimizi kaybettiğimiz izlenimlerden oluşur. Bir izlenim ne kadar güçlüyse ve biz onun ne kadar az bilincindeysek, o izlenimin bir sonraki rüyamızda etkili olma ihtimali o kadar yüksektir.

Burada da Robert'in izlenimlerle ilgili sınıflandırmasına uygun olarak önemsiz ve halledilmemiş rüyalar arasındaki ayrım geçerli; ama Delage'de bu izlenimlerle rüyalar arasındaki ilişki farklı: İzlenimler önemsiz oldukları için değil, halledilmedikleri için rüyalarımıza girerler. Önemsiz izlenimler de bir ölçüde tamamen halledilmemiştir, onlar da doğaları gereği yeni izlenimlerdir, uyku sırasında gevşeyen "autant de ressorts tendus"tur (gergin yay). Güçlü ama işleme tabi olduğu sırada tesadüfen sekteye uğrayan ya da bilinçli olarak bastırılan izlenimlerin rüyada yer alma şansı ise, zayıf ve önemsiz izlenimlerinkinden daha yüksektir. Gündüzün ketlemeyle ve baskılamayla depolanan ruhsal enerji, gece rüyaların itkisini oluşturur. Rüyada ruhsal olarak baskılanan izlenimler su yüzüne çıkar.[52]

Delage bu noktada maalesef düşüncelerini ilerletmeye son veriyor. Rüyanın her şeyden bağımsız bir ruhsal etkinliği olabileceği Delage için küçük bir ihtimal. Ve bu yüzden kendi rüya teorisini, beynin kısmen uykuda olduğunu söyleyen egemen

52 Yazar Anatole France (*Le Iys rouge*) benzer şeyler söylüyor: "Gece gördüklerimiz gündüzün ihmal ettiklerimizin zavallı kalıntılarından ibarettir. Rüyalar çoğunlukla küçümsediğimiz bir şeyin intikamı, terk ettiğimiz bir şeyin intizarı gibidir."

teoriye bağlıyor: "En somme le rêve est le produit de la pensée errante, sans but et sans direction, se fixant successivement sur les souvenirs, qui ont gardé assez d'intensité pour se placer sur sa route et l'arrêter au passage, établissant entre eux un lieu tantôt faible et indécis, tantôt plus fort et plus serré, selon que l'activité actuelle du cerveau est plus ou moins abolie par le sommeil."[53]

3) Üçüncü bir grup olarak sınıflandırabileceğimiz rüya teorileri, rüya gören zihne, uyanık yaşamda imkânsız ya da büyük ölçüde imkânsız olan özel ruhsal etkinlikleri gerçekleştirme yeteneği ya da eğilimi atfederler. Bu yeteneklerini kullanan rüya çoğu zaman faydacı bir işlev yüklenir. Eski psikoloji uzmanlarının rüyalar hakkındaki değerlendirmeleri çoğunlukla bu gruba girer. Ben burada, rüyayı, ruhsal yapının, –kişinin gücüyle sınırlı olmayan, özbilincin sekteye uğratamadığı, kişinin kendi iradesiyle yön veremediği, sadece duyu merkezlerinin özgür etkileşimlerinin yarattığı canlılıktan ibaret– doğal bir etkinliği olarak nitelendiren Burdach'ı ele almakla yetineceğim (s. 486).

Burdach ve diğer başka yazarlar, ruhsal yapının kendine özel güçlerinin böyle serbest ve zengin bir hayat sürmesini, ruhsal yapıyı tazeleyen, günlük işler için güç toplamasını sağlayan bir tür tatil gibi düşünürler. Burdach bu yüzden şair Novalis'in rüyaların saltanatı üzerine ettiği güzel sözleri kabul eder, överek alıntılar: "Rüyalar yaşamın tekdüzeliğinden ve sıradanlığından korur bizleri. Yaşama dair bütün imgeleri karıştırır, yetişkin insan dünyasının ciddiyetini neşeli bir çocuk oyunuyla keser. Zincirlenmiş fantezimiz için özgür bir rehabilitasyondur rüyalar. Rüyalar olmasaydı mutlaka daha erken yaşlanırdık. Bu yüzden rüyaları, doğrudan

53 Kısacası rüya, yoluna çıkıp yönünü değiştirmeye çalışan anılara eklemlenen amaçsız ve yönsüz gezgin bir düşüncenin ürünüdür. Bu ürün beynin çalışma yoğunluğunun uykuda az ya da çok olmasına bağlı olarak bazen zayıf ve kararsız, bazen daha güçlü ve sıkı bir şekilde anıları birbirine bağlar.

dışarıdan dikte edilmiş olmamakla birlikte yine de çok keyifli bir görev, ölüm yolunda neşeli bir refakatçi olarak görebiliriz."

Purkinje rüya etkinliğinin tazeleyen, sağaltan etkisi üzerinde daha da ısrarla durur (s. 456): "Özellikle üretken rüyalar bu işlevleri yerine getirir. Bunlar gündelik hayatla ilgisi olmayan hafif hayal oyunlarıdır. Ruhsal yapı uyanık hayatın gerilimlerinin devam etmesini istemez, onları sonlandırmak ve rahatlamak, dinlenmek ister. Bu yüzden önce uyanık hayata karşıt koşullar yaratır. Üzüntüyü sevinçle iyileştirir, tasaları umutlarla ve mutlu, dağınık imgelerle, nefreti sevgi ve dostlukla, korkuyu cesaret ve güvenle tedavi eder; kuşkuyu inanç ve itikatla giderir, boş görünen umutları gerçekleştirir. Uyku gündüzün açık tuttuğu ruhsal dünyanın yaralarını örterek ve yeni heyecanlardan koruyarak sağlatır. Bu, tıpkı zamanın acılara merhem olması gibi bir şeydir." Hepimiz uykunun ruhsal yaşama iyi geldiğini biliriz ve toplumsal hafıza da rüyanın uyku yaşamına huzur ve rahatlık vermenin bir yolu olduğu düşüncesinden vazgeçmez.

Rüyaların ancak uyku sırasında ortaya çıkan ruhsal bir etkinlik olduğunu söyleyen en ayrıntılı ve en ilginç çalışma, Scherner'in 1861 tarihli çalışmasıdır. Scherner'in tuhaf, boğucu bir tonda kaleme aldığı kitabı, etkileyemediği insanları neredeyse tiksindirecek bir şekilde kaleme alınmış. Ve kitap bu haliyle analiz edilmeye öylesine direnç gösteriyor ki, ben burada düşünür Volkelt'in Scherner'in öğretisini daha kısa ve anlaşılır olarak ele aldığı yazısına değinmekle yetineceğim: "Mistik oluşumlardan fışkıran şimşekler ve ışıltılar, bütün bu görkem ve parlaklık anlam huzmeleri saçıyor etrafa. Ama bu ışık, düşünürün yolunu aydınlatacak bir ışık değildir." İşte bir öğrencisi bile, Scherner'in tasvirlerini böyle yorumluyor.

Scherner ruhsal yapının yeteneklerinin tamamını rüya yaşamına aktarabildiğini söyleyen yazarlardan biri değil. Rüyada egonun merkezi konumunun ve spontane enerjisinin azaldığını iddia eden Scherner, bunun sonucunda algı, duygu, irade ve düşüncenin nasıl değiştiğini ve bu ruhsal güçlerin kalıntılarının ruhsal bir yapıdan çok bir mekanizmaya benzediğini söyler. Ama öte yandan, fantezi olarak adlandırabileceğimiz ruhsal etkinlik, rüyada mantığın hükmünden kurtulmuş ve tamamen özgür olarak sınırsız bir egemenliğe kavuşmuştur. Rüya gören ruhsal yapı uyanık yaşamdaki hafızanın son yapıtaşlarını da almıştır yanına gerçi, ama bu yapıtaşlarıyla inşa ettiği binanın uyanık yaşamdakiyle alakası yoktur. Ruhsal yapı, rüyada sadece var olanı yeniden üreten değil aynı zamanda sıfırdan bir şeyler üreten bir yapıdır. Ruhsal yapının özellikleri rüya yaşamını belirler. Ruhsal yapı *ölçüsüzlüğe, abartıya, olağandışılığa* meyillidir. Ama bir taraftan da kategoriler içinde düşünme engelinden kurtulduğu için daha esnek, daha ataktır, değişime daha açıktır. Duygu halimizin ince uyarımlarına, karmaşık duygu durumlarına son derece duyarlıdır; dış görüntünün içinde hemen bir iç dünya oluşturur. Fanteziler rüyalarda kavramlarla dile gelmez, anlatmak istediklerini açıkça resmederler ve burada kavramların yarattığı anlamsal bir azalma olmadığı için, her şeyi bütünüyle, bütün gücüyle ve büyüklüğüyle resmederler. Dil burada ne kadar açık ve net olursa olsun, dağınıktır, hantaldır ve yetersizdir. Fantezilerin dilinin yetersizliği özellikle şu noktada ortaya çıkar: Fantezi, bir olguyu o olguya ait imgeyle anlatmayı sevmez, bu yüzden bu iş için yabancı bir imge, söz konusu olgunun özelliklerinden sadece tercih ettiği bir özelliği temsil edebilecek bir imge seçmeyi tercih eder. İşte fantezinin *sembolleştirme faaliyeti* dediğimiz budur... Bir başka önemli konu da, fantezinin nesneleri, olguları sıfırdan yaratmaması, onların kaba bir taslağının içini özgürce doldurmasıdır. Bu nedenle fantezinin resmettiği tablolar adeta birer yaratıcılık şaheseri gibidir.

Rüya fantezileri nesnelerini bu şekilde ortaya koymakla kalmaz; fantezi doğası gereği rüya egosunu bir şekilde nesnesiyle ilişkilendirir ve ortaya bir edim çıkartır. Örneğin rüya görenin yüzünün uyarılmasıyla ortaya çıkan bir rüyada, fantezi sokağın ortasına altın sikkeler yerleştirir, rüya gören sevinç içinde altınları alıp götürür.

Scherner'e göre rüya fantezisinin sanatsal faaliyetlerinde kullandığı malzeme bedensel uyaranlardır (*krş.* s. 36). Demek ki şunu iddia edebiliriz: Scherner'in bu fantastik teorisinin tam karşıtı olan Wundt'un ve diğer fizyologların fazla gerçekçi teorileri, rüya kaynakları ve uyaranları konusunda tamamen örtüşürler. Ancak fizyolojik teori uyarınca, iç bedensel uyaranlara verilen ruhsal tepki bu uyaranlara uygun bir düşünce oluştuğunda sona erer. Bu düşünceler çağrışım oluşturmak için başka düşünceleri yardıma çağırırlar ve bu aşamayla rüyadaki ruhsal süreç sona erer. Oysa Scherner'e göre, bedensel uyaranlar ruhsal yapıya fantastik niyetleri için kullanacağı bir malzeme sunarlar. Scherner için rüyanın oluşumu, başka yazarlar için rüyanın bittiği yerde başlar.

Kuşkusuz rüya fantezilerinin bedensel uyaranlarla yaptıklarının belli bir amaca hizmet ettiği söylenemez. Fanteziler uyaranlarla alaycı bir oyun başlatır, söz konusu rüyanın oluşmasına neden olan organsal kaynağı bir tür plastik sembol gibi kullanır. Hatta Scherner –Volkelt ve diğerlerinden farklı olarak– rüya fantezilerinin organizma için çok sevdikleri bir imge olduğunu, bunun "ev" imgesi olduğunu söyler. Ancak neyse ki imgelemler için kullandığı tek sembol bu değildir. Örneğin tek bir organı betimlemek için bir dizi evi kullanabilir; örneğin iki yanında evler yer alan bir cadde, bağırsakta bir uyarımı simgeleyebilir. Başka bir rüyada evin bölümleri tek tek organları simgeleyebilir. Örneğin bir baş ağrısı rüyasında odanın kurbağaya benzeyen tiksindirici örümceklerle kaplı tavanı, rüya görenin başını temsil edebilir.

Ev sembolünün yanı sıra başka nesneler de rüya uyaranının kaynağı olan uzvu temsil edebilir: "Örneğin nefes alan bir akciğerin sembolü, soluk alır gibi sesler çıkararak yanan alev dolu bir soba olabilir. Kalbi boş kutu ve sepetler, idrar kesesini yuvarlak, torba biçiminde ya da boş nesneler temsil edebilir. Eril cinsel uyarımlar, rüyada sokakta bir klarnetin üst parçasını, bir piponun üst kısmını ve yanı başında bir kürkü görmeye neden olabilir. Bu rüyada klarnet ve pipo erkek cinsel organını, kürk ise kasık tüylerini temsil eder. Dişil cinsel rüyalarda ise baldırların birleştiği dar alanı evlerin sarmaladığı dar bir avlu temsil eder, kadın cinsel organının sembolü, avludan çıkan kaygan, yumuşak ve çok dar bir patika olabilir. Rüyayı gören kadın, bir beyefendiye bir mektup ulaştırmak için bu yoldan geçmek sorunda kalabilir" (Volkelt, s. 34).

Burada en önemli nokta, bedensel uyarımla oluşan bir rüyanın sonunda rüya fantezisinin, uyarılan organı ya da bu organın işlevini ifşa ederek kendini ele vermesidir. "Diş rüyaları" da aynı şekilde rüya görenin ağzından bir dişi çıkarmasıyla son bulur.

Ancak rüya fantezileri dikkatini salt uyaran organının biçimine yöneltmez; bu organın özünü de sembol nesnesi haline getirebilir. Örneğin bağırsakların uyarımıyla oluşan bir düşte üzerinde dışkılar bulunan bir sokak ya da idrar yolları uyarımıyla köpüklü sular görebiliriz. Ya da uyarımın kendisi, uyarımın yarattığı tahrik ya da tahrikin yöneldiği nesne sembolize edilir; rüya gören kişi de bu sembollerle ilişkiye girebilir: Örneğin ağrı hissettiğimizde rüyamızda azgın köpeklerle ya da boğalarla umutsuzca boğuşuruz ya da bir kadın rüyasında kendini takip eden çıplak bir erkek görebilir. Bütün bu zengin ve çeşitli malzeme bir yana, sembolleştirme işlevi olan bu fantezi etkinliği her rüyanın merkezi gücünü oluşturur. Volkelt'in, fantezinin özelliklerini daha yakından tanıyabilmek ve bu şekilde kavrayacağımız ruhsal etkinliği felsefi bir sisteme oturtabilmek için yazdığı güzel ve duyarlı kitabının, felsefi kavramsallaştırma konusunda eğitimli olmayanlar tarafından anlaşılması maalesef çok zordur.

Scherner'in sembolleştiren fantezisinin rüyada harekete geçmesinin hiçbir faydacı özelliği yoktur. Ruh rüyada kendisine ikram edilen uyarımlarla oynar sadece. Hatta haylaz bir çocuk gibi oynadığı da söylenebilir. Ama aynı şekilde birileri de bize, Scherner'in araştırmaların ortaya koyduğu kuralları kale almayan keyfi teorisini böylesine ayrıntılı olarak incelemenin ne faydası olacağını sorabilir. Bu noktada söyleyeceğim, Scherner'in öğretisinin ukala bir tavırla bir kenara atılmasını asla kabul etmeyeceğimdir. Bu öğretinin temelinde, bir insanın dikkatle incelediği kendi rüyalarından edindiği izlenimler ve büyük bir yetenekle izini sürdüğü karanlık ruhsal süreçler yer alır. Dahası bu öğretinin konusu, insanoğlunun bin yıllardır çözemediği, içeriği ve bağlantıları itibariyle son derece zengin bir konudur. Otoriter bilim, popüler yaklaşımların aksine, konunun içeriğini ve anlamını reddetmekten başka hiçbir katkıda bulunmamıştır ve bunu yaptığını kendisi de kabul etmiştir.

Son olarak rüyaları açıklamaya çalışırken fantezilerden kolayca kurtulamayacağımızı dürüstçe söylemekte fayda var. Öte yandan sinir boğumu hücrelerinin fantazması diye bir şey olduğunu da biliyoruz. Sayfa 74'te alıntıladığım Binz gibi tutarlı ve titiz bir araştırmacı bize, uyanmanın ışıltılarının beyin kabuğundaki hücre yığınları üzerinden süzüldüğünü söylerken, Scherner'in yorum girişimlerinden daha az fantastik ve daha az belirsiz değildir. Scherner'in anlattıklarında gerçekçi bir şeyler olduğunu ama bu gerçeğin belirsizlikler taşıdığını ve bir rüya teorisi oluşturacak kadar genel ve evrensel olmadığını gösterebilmiş olduğumu umuyorum. Scherner'i rüya teorisi bize şimdilik, tıbbi teorinin karşıtı olarak, rüya yaşamının bugün hangi uç açıklamalar arasında hâlâ belirsizce salındığını gösteriyor.

H. RÜYA VE AKIL HASTALIKLARI ARASINDAKİ İLİŞKİLER

Rüyanın akıl hastalıklarıyla ilişkisinden bahseden bir kişi, üç şey kastediyor olabilir:

1) Etiyolojik ve klinik ilişki; yani mesela bir rüyanın psikotik bir durumu temsil etmesi, psikotik bir durumun bir rüyayla başlaması ya da sona ermesi; 2) bir akıl hastalığı sonucu rüya yaşamında ortaya çıkan değişiklikler; 3) rüyalarla psikozlar arasındaki bağlantılar, özlerinde akraba olduklarını ortaya koyan benzerlikler. Bu iki olgu arasındaki zengin ilişki, eskiden olduğu gibi bugün de tekrar yeniden tıp bilimcilerin en sevdiği konular arasında yer alıyor. *Spitta, Radestock, Maury ve Tissié* 'nin derlediği literatürde de bunu görüyoruz. Son olarak *Sante de Sanctis* bu konuya değinmiştir.[54] Bizim yaklaşımımız açısından ise konuya sadece kısaca değinmek yeterli olacaktır.

Rüya ve psikozların etiyolojik ve klinik ilişkisiyle ilgili şu örneği vereceğim. Hohnbaum (Krauss'tan alıntı), deliliğin başlangıcının çoğunlukla korku ve dehşet içeren bir rüya olduğunu ve egemen hastalıklı düşüncenin bu rüyayla bağlantılı olduğunu söyler. Sante de Sanctis paranoya ile ilgili benzer örnekler verir ve bu örneklerde rüyanın, "deliliği belirleyen gerçek neden" ("vraie cause déterminante de la folie") olduğunu ileri sürer. Psikoz, etkili bir rüyanın hezeyanlı içeriği nedeniyle aniden ortaya çıkabilir ya da bir dizi şüpheyle boğuşmak zorunda olan başka rüyalarla yavaş yavaş gelişebilir.

---

54 Bu meseleyi daha sonra ele alan yazarlar: Féré, Ideler, Lasègue, Pichon, Régis, Vespa, Giessler, Kazodowsky, Pachantoni vb.

Sanctis, elindeki bir olguda, rüyayı, önce hafif histerik krizlerin, daha sonra da korkulu-melankolik bir ruh halinin takip ettiğini söyler. Féré (Tissié'den alıntı) histerik bir felce neden olan bir rüyadan söz eder. Rüya burada bize akıl hastalığının nedeni olarak sunuluyor gerçi, ama akıl hastalığının kendini ilk kez rüya yaşamında ifşa ettiğini, rüya yaşamında başladığını söylersek de bu örneğe hak ettiği değeri vermiş oluruz. Yine başka örnekler var ki bunlarda rüya yaşamı hastalık belirtileri içerir ya da psikoz rüya yaşamıyla sınırlı kalır: Thomayer epilepsi krizi olarak tanımlamamız gereken korku rüyalarından örnekler verir. Allison (Radestock'tan alıntı) ise, gece baş gösteren akıl hastalıklarından (nocturnal insanity) söz eder. Bu örneklerde kişiler gündüz son derece sağlıklıyken, gece düzenli olarak halüsinasyonlar, kudurma belirtileri vb. ortaya çıkar. Benzer gözlemler Sanctis (bir alkoliğin paranoya benzeri bir rüyada karısının kendisini aldattığını söyleyen sesler işitmesi) ve Tissié'de de mevcut. Tissié'de patolojik karakterini (delilik belirtileri, saplantı dürtüleri) bir rüyadan alan bir dizi olayla ilgili yeni gözlemler buluyoruz. Guislain'in anlattığı olguda ise, uykunun yerini aralıklarla ortaya çıkan cinnet alıyor.

Hiç kuşkum yok ki bir gün gelecek doktorlar, rüyanın psikolojisi yerine rüyanın psikopatolojisiyle uğraşacaklar.

Akıl hastalıkların iyileşmesiyle ilgili pek çok olguda görüyoruz ki gündüz her şey normalken, rüya yaşamında psikozlar devam edebiliyor. Krauss, bu konuya ilk değinen kişinin Gregory olduğunu söylüyor. Macario (Tissié'den alıntı), manik bir hastanın tamamen iyileştikten bir hafta sonra, rüyasında yine hastalığının belirtileri olan fikir uçuşmasına ve şiddetli dürtülere maruz kaldığını söylüyor.

Psikozlar sonucu rüya yaşamında ortaya çıkan değişiklikler üzerine bugüne değin çok az araştırma yapıldı. Oysa rüya ve akıl hastalıklarının özde benzerliği konusunda, bu ikisinin büyük ölçüde örtüştüğünü dile getiren, çok eski araştırmalar mevcut.

Maury konuya önce Cabanis'in "Rapports du physique et du moral"de değindiğini, onu Lélut, J. Moreau ve özellikle de filozof Maine de Biran'ın takip ettiğini belirtiyor. Ama bu karşılaştırmanın çok daha eskilere dayandığından eminiz. Radestock konuya, rüya ve deliliğin benzerlikleri üzerine bir dizi alıntıyla başlanmış: Kant "Deli, uyanıkken rüya gören kişidir." Krauss: "Delilik, duyularımız uyanıkken gördüğümüz rüyadır." Schopenhauer, rüyayı kısa bir delilik, deliliği ise, uzun bir rüya olarak tanımlar. Hagen için deliryum, uykunun değil bir hastalığın neden olduğu bir rüya yaşamıdır. Wundt *Fizyolojik Psikoloji*'de şöyle der: "Aslında rüyada bir tımarhanede rastlayacağımız her türlü görüntüye rastlayabiliriz."

Spitta (Maury'nin de benzer biçimde yaptığı gibi) rüya ve delilik arasındaki benzeşen noktaları şöyle sıralıyor: "1) Özbilincin ortadan kaldırılması ya da ertelenmesi, böylece hastalığın ya da rüya görüyor olmanın farkına varmama, yani şaşırmama, ahlâki bilinç yoksunluğu; 2) duyu organlarının algılama yetisinde değişiklik: algılama, rüyada azalır, delilikte çoğalır; 3) düşünceler arasında sadece yeniden üretimle ve çağrışımla bağlantı kurulması, bu yüzden düşünceler arasında orantısızlık (abartmalar, yanılsamalar) ve tüm bunların sonucu olarak 4) kişilik ve zaman zaman karakter özelliklerinde değişiklikler ve tersine dönüşler (sapkınlıklar)."

Radestock rüya ve delilik arasındaki benzerliklere bazı eklemeler yapmış: "Halüsinasyonlar ve yanılsamalar en çok görme, işitme ve dokunma duyularımızda gerçekleşiyor. Ateşli bir hastanın sayıklamaları gibi rüya gören kişide de uyanık ve sağlıklı kişinin unuttuğunu zannettiği geçmişten anılar canlanır." – Radestock için rüya ve psikoz arasındaki benzerlik, tıpkı aile fertlerinin birbirine benzemesi gibi, ince mimiklere ve yüz ifadelerine kadar uzandığında çok önemli bir bilgi teşkil eder.

"Rüya, bedensel ve ruhsal acılar içinde kıvranan insana, gerçek yaşamın veremediği sağlık ve mutluluğu verir. Demek ki akıl hastalarına da mutluluk, yücelik ve zenginliğe dair parlak imgeler görünür. Delilik kişinin kendini zengin zannetmesi, ya da arzularının gerçekleştiğini düşünmesi şeklinde ortaya çıkabilir, ki gerçek hayatta bunlardan mahrum olmak da aslında deliliğe bir temel oluşturabilir. Çocuğunu kaybeden bir anne, anne olmanın mutluluğuyla çıldırabilir; servetini kaybedenler kendilerini çok zengin zannedebilir; aldatılan kadın, çok sevildiğini düşünebilir."

[Bu bölüm Griesinger'in (s. 111) ayrıntılı açıklanmasının Radestock tarafından kısaltılmış halidir ve çok net bir şekilde arzuların giderilmesinin rüyaların ve psikozların ortak bir özelliği olduğunu ortaya koyar. Benim araştırmalarım da bu noktanın psikolojik rüya teorisinin anahtarı olduğunu gösteriyor.]

"Rüyanın ve deliliğin en önemli özelliği, tuhaf düşünce silsileleri ve yargılama zaafıdır." Kişinin zihinsel üretimine, uyanık zihne saçma gelecek şekilde aşırı bir önem atfetmesi, hem rüyada, hem de psikozda çıkar karşımıza. Rüyadaki hızla akan düşüncelere, psikozun konudan konuya atlayan fikir uçuşmaları tekabül eder. Rüyadaki –örneğin kendi bilgisini iki farklı kişiye bölüştürüp, yabancının egoyu düzeltmesi şeklinde ortaya çıkan– kişilik bölünmesi, halüsinasyonlu paranoyadan bildiğimiz kişilik bölünmesiyle aynı şeydir; rüyayı gören de kendi düşüncelerini başka bir sesin aracılığıyla duyar. Hatta hastalıklı sabit fikirler bile, sürekli tekrarlayan klişeleşmiş patolojik rüyalara (rêve obsédant) benzer. – Hastaların yaşanan bir hezeyan sonrası iyileştiklerinde, hastalıkları boyunca tatsız bir rüya görmüş gibi hissettiklerini söylediklerine sık sık rastlarız. Bu hastalar bize, hastalık sürerken tıpkı uykuda gördükleri gibi bir rüyanın içinde olduklarını zannettiklerini anlatıyorlar.

Bütün bu açıklamaların ardından Radenstock'un görüşünü şu sözlerle açıklaması bizi şaşırtmamalı: "Delilik, anormal, hastalıklı bir olgu, sürekli yinelenen normal bir rüyanın daha şiddetli bir şeklidir" (s. 228).

Krauss, rüya ve delilik arasındaki akrabalığı, belki de yukarıdaki paralellikten daha derinlikli bir boyutta rüya etiyolojisinde (daha çok da uyarım kaynaklarında) bulmaya çalışır. Onun için, rüya ve deliliğin ortak noktası, organik uyarımlar, bedensel uyaranların neden olduğu duyular, bütün organların yardımıyla ortaya çıkan genel duygu durumlarıdır (*krş.* Maury'deki Peisse alıntısı, s. 52).

Rüyalar ve akıl hastalıkları arasındaki bu en ince ayrıntılara ulaşan tartışmasız benzerlik, tıbbi rüya kuramının en güçlü destekleyicilerinden biridir. Bu teoriye göre rüya gereksiz ve rahatsızlık veren bir süreçtir ve rüyada ruhsal etkinlik iyice azalır. Gerçi hakkındaki bilgilerimizin çok kısıtlı olduğu herkesçe bilinen ruhsal rahatsızlıkları anlayarak rüya hakkında nihai bir açıklamaya ulaşmak beklenemez ama yine de rüyalar hakkında farklı bir görüşün akıl hastalıklarının iç mekanizması hakkındaki fikirlerimizi değiştirmesi olasıdır. Yani rüyanın gizemini aydınlatmaya çalışırken, bir taraftan psikozları açıkladığımızı söyleyebiliriz.

1909 Tarihli Ek:

Bu kitabın ilk ve ikinci baskıları arasındaki sürede rüya sorunlarıyla ilgili literatürü araştırmaya devam etmemiş olmamın gerekçelerini açıklamam gerektiğini düşünüyorum. Gerekçelerim okura fazla doyurucu gelmeyebilir ama benim için geçerli gerekçeler bunlar. Rüyalarla ilgili literatürü incelememin gerekçelerini giriş bölümünde ayrıntılı olarak aktarmıştım. Bu çalışmaya devam etmek benim açımdan büyük bir çaba anlamına gelecek ve ama çok az yararlı olacak, çok az yeni bilgi sağlayacaktı. Çünkü söz konusu dokuz yılda, ne konuyla ilgili görüşlerde bir değişiklik oldu, ne de yeni ve değerli bilgiler ortaya çıktı. O zamandan bu yana çıkan yayınlarda benim çalışmama hiç değinilmedi; en az ilgiyi de "rüya araştırmacıları"ndan gördü; bu kişiler bilim insanları için karakteristik olan yeni bir şey öğrenmeme isteğine parlak birer örnek oluşturdular. Anatole France'nin ironik sözleriyle devam edecek olursak: "Les savants ne sont pas curieux."[55] Şayet bilim dünyasında rövanş almak diye bir şey varsa, bu kitap çıktıktan sonra yayınlanan yazıları önemsememek gibi bir hakkım var benim de. Bilimsel dergilerde yayınlanan az sayıda haber, öylesine hatalarla ve yanlış anlamalarla dolu ki eleştirmenlere diyeceğim tek şey, bu kitabı bir kez daha okumaları. Bu arada psikanalizi tedavi yöntemi olarak uygulamaya karar veren doktorların çalışmalarının yanı sıra, başka çalışmalarda da sayısız rüya örneği yayınlanmış ve benim uyarılarım doğrultusunda yorumlanmış bulunuyor.

Bu çalışmalar arasında, benim görüşlerimle uyuşmayanların ulaştıkları sonuçları özet bölümüne ekledim. Kitabın sonundaki ikinci kaynakçada, kitabın ilk baskısından bu yana yayınlanan eserlere yer veriliyor.[56] Sante de Sanctis'in yayınlandıktan hemen sonra Almancaya çevrilen kapsamlı kitabı, *Rüyaların Yorumu*'yla aynı anda piyasaya çıktı. Böylece ne benim bu İtalyan yazardan, ne de onun benden haberi oldu. Daha sonra bu özenli kitabın ele aldığı düşünceler açısından çok zayıf olduğunu tespit etmek zorunda kaldım ne yazık ki. Öylesine zayıftı ki bu çalışma, benim değindiğim sorunların varlığını bile tahmin etmekten yoksundu.

Burada benim rüya sorunları yaklaşımıma yaklaşan sadece iki yayına değinmek istiyorum. Genç bir filozof olan H. Swobo-

55 "Bilginler meraklı değildir." –çev. n.
56 Bu baskıda yer verilmemiştir (1930).

da, Wilhelm Fliess'in (23 ve 28 günlük) biyolojik dönemsellik çalışmasını ruhsal olaylara uygulamış ve kaleme aldığı olağanüstü yazısında[57] bu anahtarı da kullanarak rüyaların gizemini çizmeye çalışmış. Swoboda'nın çalışmasında rüyaların önemi azınsanmış gibi görünüyor. Filozof için, rüyanın malzemesi, görüldüğü geceye ait biyolojik dönemlerden herhangi birini tamamlayan hatıraların bütünü demek. Yazarın bir açıklamasından, önce kendinin de bu açıklamayı ciddiye almadığı izlenimini edindim. Ama yanılmışım. İleride Swoboda'nın bu çalışmasına, beni ikna eden sonuçlara ulaşamamış olmasına rağmen geri döneceğim. Öte yandan hiç beklemediğim bir anda benin temel görüşlerimle örtüşen başka bir rüya teorisiyle karşılaşmam büyük bir sürpriz oldu. Zamansal olarak bu çalışmanın benimkinden esinlenmiş olması mümkün değil. Demek ki bu çalışmayı, benim kuramımla özü itibariyle örtüşen, bağımsız bir araştırmacının elinden çıkmış literatürdeki tek örnek olarak selamlamam gerekiyor. Rüyayla ilgili bölümü ilgimi çeken kitap, 1900 yılında *Bir Realistin Fantezileri* adıyla Lynkeus tarafından yayınlandı.[58]

1914 Tarihli Ek:

Bir önceki savunma yazısı 1909 yılında kalem alınmıştı. O günden bu yana çok şey değişti. "Rüya yorumu" konusuna benim katkım artık literatürde göz ardı edilmiyor. Bu nedenle, literatür incelememi devam ettirmemin anlamı kalmadı. *Rüya Yorumları*'nın ortaya attığı yeni iddia ve sorunlar, yazarlar tarafından çok çeşitli biçimlerde ele alındı. Ancak burada kendi görüşlerimi geliştirmeden bu görüşlerime atıfta bulunan çalışmaları ele almanın anlamı yok. Bu yüzden bu çalışmalardan önemli bulduklarıma ileriki sayfalarda yer verdim.

---

57 H. Swoboda, *İnsan Organizmasının Dönemleri*, 1904.
58 *Krş.* "Josef Popper-Lynkeus ve Rüya Teorisi" (1923); *Toplu Eserler*, XI. Cilt.

II. RÜYA YORUMLAMA YÖNTEMİ
ÖRNEK BİR RÜYANIN ANALİZİ

Çalışmama verdiğim başlık, rüya sorunlarıyla ilgili hangi geleneğe yakın olduğumu ortaya koyuyor. Burada asıl hedefim rüyaların yorumlanabileceğini göstermek olacak. Önceki bölümde ele alınan rüya sorunlarının çözümüne bir katkıda bulunabilirsem şayet, bu, asıl amacımın yanı sıra elde edilecek bir yan kazanım olacaktır sadece. Rüyaların yorumlanabileceği önkoşuluyla ortaya çıktığım anda, Scherner'inki dışında bugüne kadar egemen olan rüya teorilerinin tamamıyla çelişiyorum, çünkü "bir rüyayı yorumlamak", ona bir "anlam" vermek, ruhsal eylemlerimizin bütünü içindeki bütün düşünceler gibi önemli, eşit derecede geçerli bir parçayı onun yerine koymak demek. Bilimsel rüya teorilerinin rüya yorumuna olanak tanımadıklarını daha önce gördük. Çünkü bu teoriler rüyayı ruhsal değil, varlığını ruhsal aygıta bildiren somatik (bedensel) bir süreç olarak görüyor. Oysa rüyalar hakkında uzman olmayan görüşler bunun tam tersini söyler. Bu görüşlerin doğaları gereği tutarlı olma zorunlulukları yoktur ve rüyanın anlaşılmaz ve saçma olduğunu kabul etmekle birlikte, bir anlamı olmadığını da söylemezler. Uzman olmayan sıradan insanın görüşleri, belli belirsiz bir duyguyla, rüyanın bir anlamı olduğunu, bu anlam gizli de olsa, başka bir düşüncenin yerini de tutsa, kabul eder. Ve yapılması gerekenin, bu temsili düşüncenin sırrını çözmek ve böylece rüyanın gizli (latan) anlamına ulaşmak olduğunu söyler.

Uzman olmayan bu dünyanın sıradan insanları her zaman rüyaları "yorumlamaya" çalışmış ve bunun için iki farklı yönteme başvurmuştur. Bu yöntemlerin ilki, rüyayı bir bütün olarak ele alır ve bu bütünün yerine belli açılardan rüyaya benzeyen, anlaşılır başka bir içerik koyar. Bu, *sembolik* rüya yorumudur. Tabii bu yöntem, sadece anlamsız değil aynı zamanda karmaşık olan rüyalarda hemen iflas eder.

Tevrat'ta firavunun rüyasına Yusuf'un getirdiği yorum bu yönteme bir örnektir. Yedi besili ineği takip eden yedi sıska ineğin besili olanları yemesi, Mısır'da yedi yıl sürecek bolluğu takip eden yedi yıllık yokluğun bolluk yıllarının bereketini yiyip bitireceği kehanetini sembolize eder. Yazarların ürünü olan çoğu uydurma rüyanın görevi de sembolik bir yorumdan ibarettir çünkü yazarın düşüncelerini rüyanın bildiğimiz özelliklerine uygun bir kılıf içinde sunarlar bize.[1] Rüyalar, ağırlıklı olarak gelecekle alakalı oldukları, geleceği belirledikleri düşüncesiyle –ki rüyaların bir kehanet olduğu inancının kalıntısıdır bu düşünce–, sembolik bir yorumlamaya tabi tutulur ve ortaya çıkarılan anlamın ardına "... olacak" sözcüğü eklenerek geleceğe transfer edilir.

Sembolik bir yorumun nasıl yapılacağını öğrenmek kuşkusuz mümkün değil. Başarılı bir yorumun önkoşulu, insanın aklına gelen güzel bir fikir ya da o anda gelişen bir sezgi olabilir. Bu nedenle sembollerle rüyayı yorumlamak, özel bir yetenek isteyen bir sanat olarak kabul edilir.[2] İkinci popüler rüya yorumu yönteminin ise böyle bir iddiası yok kesinlikle. Rüyayı, sabit bir

---

1 Şair W. Jensen'in "Gradiva" adlı öyküsünde tesadüfen kurgu olmayan, uydurma değil de, gerçek kişiler tarafından görülmüş gibi yorumlanabilen rüyalara rastlamıştım. Yazar sorum üzerine benim rüya teorimden haberdar olmadığını söyledi. Araştırmalarım ve yazarın yarattıkları arasındaki örtüşmeyi rüya analizi teorimin doğrulanması olarak kabul ettim ("Hezeyan ve W. Jensen'in 'Gradiva'sındaki Rüyalar", *Uygulamalı Ruh Bilimi Üzerine Yazılar* adlı eserimin 1. cildi, 1906, 3. baskı 1924 (*Toplu Eserler*, XI. cilt).

2 Aristoteles bu konuda şöyle demiştir: "En iyi rüya yorumcuları, benzerlikleri en iyi kavrayanlardır. Çünkü rüyadaki görüntüler tıpkı su üzerindeki görüntüler gibi kolayca deforme olur ve en iyi yorumcu, deforme olmuş görüntülerde gerçeği görebilendir." (Büchenschütz, s. 65)

kod anahtarıyla her işaretin anlamının belirlendiği bir tür şifreli yazı olarak olarak gören bu yöntemi "şifre yöntemi" olarak adlandırabiliriz. Diyelim ki rüyamda bir mektup ve bir cenaze töreni gördüm. Bir rüya tabirleri kitabına bakıyorum: "Mektup" "can sıkıntısı", "cenaze töreni" ise, "nişanlanma" olarak tercüme edilmiş. Bu şifreleri nasıl bir bağlama oturtacağım ve bunu geleceğe nasıl yansıtacağım, bana kalmış bir şey.

Daldisli Artemidoros,[3] rüya yorumları üzerine kaleme aldığı bir yazıda, şifre yönteminin bu mekanik aktarma özelliğini az da olsa iyileştirerek ilginç bir şekilde değiştirmiştir. Bu yazıya göre, sadece rüyanın içeriği değil rüyayı gören kişi ve yaşam koşulları da belirleyicidir. Böylece aynı rüya malzemesi zengin biri için, evli biri için ya da bir hatip için, yoksul, bekâr ya da bir tüccar

3 Bizim takvimimize göre muhtemelen 2. yüzyılda dünyaya gelen Daltisli Artemidoros Greko-Romen dünyasında rüya yorumuyla ilgili en titiz ve en bütünlüklü çalışmanın sahibidir. Th. Gomperz, Artemidoros'un rüya yorumlarını gözlemlere ve deneyimlere dayandırmayı önemsediğini ve kendi sanatını diğer sahte sanatlardan ayrı tuttuğunu söyler. Yine Gomperz'den biliyoruz ki Artemidoros'un yorum sanatının en önemli ilkesi büyüyle, çağrışım ilkesiyle örtüşmektedir. Onun için, bir rüya nesnesi, neyi hatırlatıyorsa odur. Ama dikkat edelim, rüya yorumcusuna ne hatırlatıyorsa odur! Bu açıklamayı keyfiyet ve belirsizliğe mahkûm eden sorun, bir rüya nesnesinin yorumcuya farklı şeyler hatırlatabilecek, aynı şeyin farklı kişilere farklı şeyler hatırlatabilecek olmasıdır. İleride ele alacağım teknikle Antik dünyaya ait yaklaşım arasındaki fark, benim tekniğimin rüya yorumu görevini rüyayı görene vermesidir. Bu teknikte rüya, yorumcusunun değil rüyayı görenin söz konusu nesneyle bağlantılı olarak hatırladıklarıdır. – Ancak Misyoner Tfinkdjit'ten gelen (Anthropos 1913) son haberlerden biliyoruz ki Doğu'nun modern rüya yorumcuları rüya görenin katkılarından yoğun bir şekilde faydalanıyorlar. Bilgi kaynağımız Mezopotamya'daki Arap rüya yorumcuları hakkında şunları anlatıyor: "Bir rüyayı en iyi şekilde yorumlayabilmek için, rüya kâhinleri rüyayı görenden yorum için gerekli bütün durumları anlatmalarını isterler... Kısaca yorumcular kendilerine anlatılmayan tek bir noktanın dahi kalmamasını isterler ve ancak bu cevaplar ellerinde olduğu takdirde yorum yapabilirler." Bu soruların arasında düzenli olarak en yakın aile fertleri (anne baba, eş, çocuklar) hakkında ayrıntılı bilgilerin yanı sıra şöyle tipik ifadeler de yer alır: "Rüyayı görmeden önce veya sonra eşinle yattın mı?"– "Rüya yorumlarken en önemli konu, o rüyayı karşıtıyla açıklamaktır."

için yorumlandığından farklı yorumlanır. Bu yöntemin özelliği, rüyayı bir bütün olarak değil de her bölümünü, her bir taşının ayrı bir anlama sahip olduğu bir taş yığını gibi yorumlamasıdır. Kuşkusuz, şifre yönteminin bulunmasını teşvik eden de anlamsız ve karmaşık rüyalardır.[4]

Bu iki popüler rüya yorumu yönteminin bilimsel bir çalışma için hiçbir anlam taşımadığını söylemeye bile gerek görmüyorum. Sembol yönteminin kullanım alanı dar ve genel bir geçerliliği yok. Şifre yönteminde ise, kod anahtarının yani rüya tabiri kitabının güvenilir olması gerekiyor ve bunu kimse garanti edemez bize. Bu durumda insan, felsefecilerin ve psikiyatrların yolunu izleyerek, rüya yorumunu fantastik bir çalışma olarak görmeye de başlayabilir.[5]

Ama ben daha iyi bir bilgi kaynağına sahibim, çünkü burada eski ve ısrarla inanılan ve vazgeçilmeyen halk inançlarından

---

4 Dr. Alfred Robitsek, Doğu'daki rüya kitaplarında (ki karşılaştırdığımızda bizimkiler bu kitapların kötü bir kopyası olmaktan ileri gidemezler) kelimelerin eş ya da benzer sesliliği üzerinden rüya yorumu yapıldığına dikkatimi çekti. Bizim popüler "rüya kitapları"ndaki anlaşılmayan bölümler, bu ses benzerliklerinin tercümede ifade edilememesinden kaynaklanıyor olabilir. Doğu kültüründe bu türden kelime oyunlarının ne kadar sevildiğini Hugo Winckler'in yazılarından öğreniyoruz. Artemidoros şöyle anlatıyor (s. 255): "Bence de Artemidoros Büyük İskender Tyros'u kuşattığında ve kuşatma uzun sürdüğü için mutsuz olarak isteğini kaybettiğinde mutlu bir yorum yapmıştı. İskender rüyada kalkanının üzerinde bir Satyros'un dans ettiğini görmüştü; Aristandros Suriye'yle savaşan krala eşlik ediyordu ve tesadüfen Tyros yakınlarındaydı. Satyros sözcüğünü "σά" ve "Τῦρος" parçalarına ayırarak, kralın kuşatmanın peşini bırakmamasını ve kentin efendisi olmasını sağladı." (Σά-Τῦρος = Tyros senindir.) – Öte yandan rüya dilin ifade biçimini öylesine içselleştirmiştir ki Ferenczi haklı olarak, her dilin kendine özgü bir rüya dili olduğunu söyler. Aslında rüyaları başka bir dile çevirmek imkânsızdır, dolayısıyla elinizdeki kitap da çevrilemez. New Yorklu Dr. A. A. Brill buna rağmen Rüya Yorumları'nı (Londra 1913, George Allen & Co. Ltd.) İngilizceye çevirmeyi başarmıştır.

5 Kitabın taslağını tamamladıktan sonra, Stumpf'un, rüyaların anlamlı ve yorumlanabilir olduğu konusunda benim çatışmamla örtüşen bir yazısı elime geçti. Ancak Stumpf söz sanatının sembolleriyle yapılan bir yorumdan söz ediyor ki bu yöntemi genelleştirmek mümkün değildir.

birinin, gerçeğe, bugün geçerli olan bilimsel yargılardan daha yakın olduğunu kabul etmek zorunda kaldım. Bu noktada rüyaların gerçekten bir anlamı olduğunu ve bilimsel bir yöntemle rüya yorumlamanın mümkün olduğunu iddia ediyorum. Bu iddiamın kaynağı şudur:

Uzun yıllardır tedavi amacıyla, histerik fobiler, saplantılı düşünceler vb. psikopatolojik yapıları çözmekle uğraşıyorum. Breuer'le yaptığım değerli bir konuşmadan biliyorum ki hastalık semptomu olduğu düşünülen olguların çözülmesiyle hastalığın ortadan kalkması aynı anda oluyor.[6] Bu tür patolojik düşünceler, hastanın ruhsal yaşamındaki kaynağı bulunduğunda, kendiliğinden yok oluyor ve hasta kurtuluyor.

Bugüne kadar uyguladığımız tedavilerin sonuçsuz kalması ve hastalığın zaten karmaşık olması, sorun çözülene kadar Breuer'in izlediği yoldan gitmeye itti beni (Uygulama tekniğinin nasıl geliştirildiğine ve çabalarımızın sonuçlarına ayrıntılı olarak başka bir yerde değineceğim). Bu psiko-analitik araştırmalar sonucunda rüya yorumuna ulaştım. Belli bir konuda akıllarına gelen her şeyi, her düşünceyi anlatmalarını istediğim hastalarım bana rüyalarını anlatıyordu. Böylece onlardan, patolojik bir düşünceden geriye doğru giderek izlememiz gereken anılara rüyaların da karışmış olabileceğini öğrendim. Artık rüyanın kendisini de bir semptom olarak ele alıp, diğer semptomların yorum yöntemlerini rüyalara da uygulamak akla yakın geliyordu.

Böyle bir uygulama için önce hastanın psikolojik olarak biraz hazırlanması gerekir. Burada ulaşılmak istenen iki şey var: Hastanın ruhsal algılarına yoğunlaşmasını sağlamak ve ortaya çıkan düşüncelerine normalde uyguladığı sansür uygulamasını engellemek. Hastanın dikkatle kendine yoğunlaşabilmesi için

6 Breuer ve Freud, *Histeri Üzerine Çalışmalar*, Viyana 1895. 4. baskı, 1922 (*Toplu Eserler*, I. cilt).

rahat bir pozisyonda olması ve gözlerini kapaması gerekir. Hastaya psikanalizin başarılı olması için, her şeye dikkat etmesi, aklına gelen her şeyi anlatması, kimi düşünceleri kendine önemsiz, yersiz ve anlamsız geldiği için anlatmamazlık etmemesi, düşünceleri karşısında tamamen tarafsız olması, düşüncelerine eleştiri uyguladığı takdirde, rüyalarını, saplantılı düşüncelerini vb. çözemeyeceği söylenir.

Psikanaliz çalışmalarım sırasında, düşünen bir insanla, kendi ruhsal süreçlerini gözlemleyen bir insanın ruhsal durumunun apayrı olduğunu fark ettim. Düşünürken en dikkatli özgözlemden bile daha yoğun bir ruhsal etkinlik söz konusu oluyor ki, bunun kanıtı düşünen insanın mimiklerinin gergin, alnının kırışık olması karşısında, kendini gözlemleyen insanın mimiklerinin durağan olmasıdır. Her iki durumda da dikkat yoğunlaşmaktadır mutlaka ama düşünen insan bir taraftan da düşüncelerine eleştiri uygular ve bu eleştiri sonucu aklına gelen kimi düşünceleri reddeder, kimilerini açığa çıkacak bir süreç başlamadan yarıda keser ve böylece bilinçsiz olarak algılarını ketler.

Oysa kendini gözlemleyen insan bu özeleştiriyi baskılamaya çalışır. Bunu başarırsa başka türlü farkına varamayacağı sayısız düşüncenin bilincine varır. Kendi algıladığı bu yeni malzemeyle patolojik düşüncelerini ve rüyalarını yorumlamak mümkün olur. Gördüğümüz gibi burada yapılmak istenen, psikolojik enerji (devingen dikkat) itibariyle uykuya dalmadan öncekine benzer (ve tabii hipnoz benzeri) bir ruhsal durum yaratmak. Düşüncelerimize uyanıkken uyguladığımız kontrolsüz (ve tabii biraz da eleştirel) baskı uykuya dalarken azaldığı için "istenmeyen düşünceler" de ortaya çıkar. Bu azalmanın nedeninin "yorgunluk" olduğunu söyleriz. Ortaya çıkan istenmeyen düşünceler görsel ve işitsel imgelere dönüşür (*krş.* Schleiermacher ve diğerlerinden s. 51 ve devamında yapılan alıntılar).[7] Rüyaları ve patolojik düşünceleri yorumlayan kişi, bu dönüştürme işleminden isteyerek ve keyfi olarak vazgeçer ve ortaya çıkan ruhsal enerjinin tamamını (ya da bir kısmını) "istenmeyen düşünceleri" dikkatle izlemek için kullanır. Bu düşünceler, *düşünce* özelliklerini korumaktadırlar ve işte, uykuya dalma haliyle, analiz arasındaki asıl fark da budur. *Böylece "istenmeyen (irade dışı)" düşünceler "istenen (iradi)" düşüncelere dönüştürülür.*

Düşüncelerin normalde tabi tuttuğumuz eleştiriye maruz kalmadan "özgürce" ortaya çıkmalarını sağlamak kimi insan için zor görünmektedir. Çünkü "istenmeyen düşünceler" ortaya çıkmalarını engellemeye çalışan en sert direnci dahi yıkmaya çalışırlar. Ama büyük şairimiz Friedrich Schiller'e inanacak olursak, yaratıcı şairlik de buna benzer koşullarda oluşur. Schiller Körner'e yazdığı (ortaya çıkmasını Otto Rank'a borçlu olduğumuz) bir mektupta, dostunun verimli çalışamadığı sızlanmalarına verdiği yanıt şöyledir: "Bence sızlanmalarının nedeni, aklının, hayal gücünü kısıtlaması. Ne demek istediğimi bir benzetmeyle açıklamam gerekiyor: Mantığın akla gelen düşünceleri daha kapıda büyük bir dikkatle kontrol etmesi, ruhun yaratıcı etkinliğine iyi gelmez ve zarar verir. Tek başına ele alındığında bir düşünce çok anlamsız ya da çok tuhaf görünebilir: ama bu düşünce belki de onu takip eden bir başka düşünceyle, belki yine sıradan ve basit bir düşünceyle bir anlam kazanacaktır: Mantık düşünceleri başka düşüncelerle bağlantı kurana kadar elinde tutmadığı sürece, hakkında bir fikir oluşturamaz. Oysa yaratıcı bir kafada, mantık kapıların önünde tuttuğu nöbetten vazgeçmiş gibi görünür; düşünceler karmakarışık bir halde içeri akın eder, mantık ancak

7 H. Silberer düşüncelerin imgelere dönüşümünü birebir gözlemleyerek rüya yorumuna büyük bir katkıda bulunmuştur (*Psikanaliz Araştırmaları Yıllığı I* ve *II*, 1909 ve devamı).

bundan sonra bu yığını görür ve inceler. Siz eleştirmenler, (ya da kendinize ne ad veriyorsanız işte), bütün yaratıcı sanatçılarda var olan ve süresinin düşünen sanatçıyı rüya görenden ayırdığı anlık ve geçici tuhaflıklardan, saçmalıklardan utanıyor ve korkuyorsunuz. Bu nedenle de verimsizlikten yakınıyorsunuz çünkü çok çabuk vazgeçiyor, çok katı bir ayrım yapıyorsunuz." (1 Aralık 1788 tarihli mektuptan alıntı).

Bununla birlikte Schiller'in dediği gibi, "mantığın, kapıların önünde tuttuğu nöbetten vazgeçmesi", yani hiçbir eleştiride bulunmadan kendini gözlemlemek asla zor bir şey değil.

Hastalarımın çoğu bir kez yönlendirildikten sonra yapabiliyorlar bunu; bense, aklıma gelenleri hemen not aldığım için çok rahatlıkla yapıyorum. Eleştirel etkinliği azaltan ve kişinin kendini gözlemleme yoğunluğunu artıran ruhsal enerji miktarı, kişinin dikkatini verdiği konuya göre değişir.

Bu yöntemin ilk adımı bize, dikkatimizi bir rüyanın bütününe değil parçalarına yöneltmemiz gerektiğini söyler. Zaten deneyimsiz hastalarıma, rüyayla ilgili neler var aklınızda diye genel bir soru yöneltsem, genelde aklına hiçbir şey gelmez. Bu yüzden rüyasını önüne parça parça koymam gerekir; hasta ancak o zaman her parçayla ilgili "arka plan düşünceleri" diyebileceğimiz çağrışımlarını anlatabilir. Bu ilk koşul da zaten benim kullandığım rüya yorumlama yöntemini, sembollere anlamlar yükleyerek rüyaları yorumlayan çok önemli ve çok yaygın popüler yöntemlerden ayırıyor ve ikinci yöntem olan "şifre çözme" yöntemine yakınlaştırıyor. Benim yöntemim de şifre çözme yöntemi gibi ve rüyayı baştan itibaren bir bileşik yapı, bir ruhsal oluşumlar kümesi olarak ele alıyor.

Nevrotiklere uyguladığım psikanaliz seansları sırasında binden fazla rüyanın yorumunu yaptım gerçi ama bu malzemeyi rüya yorumu öğretisine ve tekniklerine giriş yaptığım bu noktada ele almayacağım. Bunun tek nedeni, nevrozlu hastaların rüyaları olduğu ve bu yüzden bu rüyalardan sağlıklı insanlar için çıkarım yapamayacağım eleştirilerine maruz kalmaktan çekinmem değil. Hastalarımın rüyalarının konuları doğal olarak her zaman nevrozlarının altında yatan hastalık hikâyeleridir. Bu yüzden her bir rüya için çok uzun bir ön bilgi vermek ve psikonevrozun özü ve etiyolojik koşullarına girmek gerekir. Bütün bunlar yeni ve son derece karmaşık konular olduğu için, benim rüya sorunlarına yoğunlaşmamı engelleyecekler. Oysa benim amacım daha çok, rüya çözümlemesi yoluyla nevroz psikolojisinin karmaşık meseleleri hakkında bir önçalışma yapmak. Ama öte yandan ana malzemem olan nevrozlu hasta rüyalarından vazgeçersem, geriye kalan rüyalarda seçim yapma şansım daralacak. Çünkü bunlar ya çevremdeki sağlıklı insanların bana zaman zaman anlattığı rüyalardan ya da rüya yaşantısını ele alan literatürde örnek olarak verilen rüyalardan ibaret olacak. Bu rüyaları analiz etmem mümkün olmadığı için de anlamlarını bulmam imkânsız. Benim yöntemim, rüyanın içeriğini verili bir anahtarla tercüme eden şifre çözme yöntemi kadar rahat bir yöntem değil. Daha çok, aynı rüya içeriğinin farklı insanlarda, farklı bağlamlarda, farklı bir anlamı olabileceğini düşünüyorum. Bu yüzden, normal bir insanın her gün gördüğü ve günlük yaşamındaki çeşitliliği içeren rüyalar oldukları için elimde bol miktarda bulunan kendi rüyalarımı yorumlamaktan başka çarem yok. Şimdi mutlaka insanın kendini analiz etmesinin ne kadar güvenilir olduğu eleştirileri gelecek, böyle bir durumda keyfi sonuçlar çıkmasının engellenemeyeceği söylenecektir. Oysa bence insanın kendini gözlemlemesi başka birini gözlemlemekten çok daha kolay; bu yüzden insanın kendini inceleyerek rüya yorumu konusunda nereye varılabileceğine bakmak denemeye değer. Bu noktada kendi içimdeki kimi sorunları aşmam gerekiyor. İnsan kendi ruhsal yaşamı hakkında bu kadar özel ve mahrem şeyleri ortaya koymaya çekiniyor, hele bir de bunların yabancılar tarafından yanlış anlaşılmayacağından emin değilseniz. Ama bununla baş etmek zorundayım. Delbouf şöyle diyor: "*Tout psychologiste, est obligé de faire l'aveu même de ses faiblesses s'il croît par là jeter du jour sur quelque problème obscur.*"[8] Okuyucularımda da, yapmak zorunda olduğum boşboğazlıklara olan merakın yerini, bir süre sonra burada sözünü edeceğim psikolojik sorunların alacağını düşünüyorum.[9]

O halde şimdi kendi rüyalarımdan birini seçip, onu yorumlamaya çalışacağım. Her rüya bir ön bilgi gerektirir. Şimdi okurlarımdan bir süreliğine benim yaptıklarımı ve düşündüklerimi kendisininmiş gibi görmelerini ve yaşantımın en küçük ayrıntılarına girmelerini rica edeceğim. Çünkü rüyaların gizli anlamlarına ulaşabilmek, ancak kendini rüya görenin yerine koyabilmekle mümkündür.

Ön bilgi

1895 yılı yazında benim ve ailemin yakın dostu olan genç bir hanımefendiye psikanaliz uygulamıştım. Böyle karışık bir ilişkinin bir doktorda, hele hele bir psikoterapistte çeşitli duygulara yol açacağı anlaşılır bir durum. Böyle bir durumda doktorun kişisel merakı büyük ama otoritesi az olur. Ve tedavide başarısız olmanız, hastanın yakınlarıyla eski dostluğunuzu kaybetmenize neden olabilir. Benim tedavim kısmen başarılı oldu, hastam histerik korkularından kurtuldu ama korkunun somatik belirtileri yok olmadı. O dönemde bir histerinin bütünüyle iyileştiğini gösteren kriterlerin neler olduğu konusunda tam bir bilgim de

8 Her ruhbilimci, eğer kimi karanlık noktalara ışık tutacağına inanıyorsa, kendi zaaflarını da itiraf etmek zorundadır." –çev. n.

9 Ancak herhangi bir rüyayı neredeyse hiçbir zaman yukarıda belirttiğim anlamda tam anlamıyla yorumlamadığımı da söylemeden edemeyeceğim. Okurların ağzı sıkılığına pek güvenmemekte haklıyım belki de.

yoktu. Hastamdan, kabul etmekte isteksiz göründüğü bir çözümü kabul etmesini istedim. Yaz sezonu başladığı için bu görüş ayrılığımız devam ederken terapiyi bitirdik. – Bir gün aynı zamanda çok yakın bir arkadaşım da olan genç bir meslektaşım ziyaretime geldi. Hastamı (*Irma*) ve ailesini köy evlerinde ziyaret etmişti. İrma'yı nasıl bulduğunu sorduğumda, bana şu yanıtı verdi: Daha iyi ama tamamen iyileşmemiş. Dostum Otto'nun sözlerinin ve ses tonunun beni sinirlendirdiğini hatırlıyorum. Hastama çok şey vaat ettiğim yönünde bir suçlama hissetmiştim söylediklerinde. Haksızlık mı ettim bilmiyorum ama Otto'nun bana karşı olmasını, hastanın tedavimi hiç desteklemeyen ailesinin etkisinde kalmış olmasına bağladım. Bu arada kendim de tam anlam veremediğim için, duyduğum rahatsızlığı dile getirmedim. Aynı günün akşamı kendimi savunmak için, arkadaş çevremizde ağırlığı olan dostum Doktor M.'ye vermek üzere İrma'nın hastalık hikâyesini kaleme aldım. O gece (büyük bir ihtimalle o sabah) uyandıktan sonra hemen not aldığım aşağıdaki rüyayı gördüm.[10]

23/24 Temmuz 1895 tarihli rüya

Büyük bir salon –çok sayıda misafir ağırlıyoruz.– Aralarında İrma da var. Onu hemen mektubunda sorduklarına yanıt vermek ve "çözümü" kabul etmediği için suçlamak üzere kenara çekiyorum ve diyorum ki: Hâlâ ağrılarının olması senin suçun. – İrma şöyle diyor: Boğazım, midem ve bütün vücudum nasıl ağrıyor bir bilsen. Ağrılar elimi kolumu bağlıyor. –Birden irkiliyorum ve İrma'nın yüzüne bakıyorum. Solgun ve şiş görünüyor. Bedensel bir sorununu atlamış olabilir miyim acaba, diye düşünüyorum. Pencerenin yanına ışığa götürüyorum ve boğazına bakıyorum. İrma, takma dişli kadınlar gibi biraz karşı koyuyor buna. Buna gerek yok ki, diye düşünüyorum.– Sonra ağzını kocaman

10 Bu rüya, ayrıntılı olarak analiz ettiğim ilk rüyadır.

açıyor, sağ tarafta büyük beyaz bir leke görüyorum; başka bir yerde burun boşluğu gibi kıvrımlı tuhaf, gri-beyaz kabarık kabuklu bir oluşum var.– Hemen Dr. M'yi çağırıyorum, o da hastayı muayene ediyor ve bulgumu onaylıyor... Doktor M. her zamankinden farklı bir dış görünüşe sahip; solgun yüzü sakalsız ve topallıyor... Şimdi dostum Otto da İrma'nın yanında; dostum Leopold hastamı muayene ediyor: Sol altta bir duyarsızlık var, derken, bir taraftan da sol omuzdaki enfiltrasyonlu deriye işaret ediyor (Ben de hastam giyinik olmasına rağmen hissediyorum bunu)... M. şöyle diyor: Kesinlikle bir iltihap; ama önemli değil; daha sonra dizanteri eklenecek buna ve zehir akıp gidecek... Hepimiz enfeksiyonun kaynağını biliyoruz. Otto hasta kendini iyi hissetmediği için bir iğne yapmış ona; bir propil preparatı, propilen...probilen asit... trimetilamin (bunun formülünü kalın bir yazıyla görüyorum)... Bu iğneler bu kadar kolay... Hem zaten şırınga da temiz değil galiba.

Bu rüyanın diğer rüyalara oranla bir üstünlüğü var. Son gün yaşanan hangi olaylarla bağlantılı olduğu, hangi konulara değindiği hemen anlaşılıyor. Bu konuda "ön bilgi" bölümü bilgilendiriyor bizleri. Otto'dan İrma'nın sağlığı hakkında aldığım bilgiler, gece geç vakte kadar yazdığım hastalık hikâyesi, uyku halinde de ruhsal etkinliğimi meşgul etmiş. Ama yine de "ön bilgi"yi okuyan ve rüyanın içeriğini bilen birinin rüyanın ne anlama geldiğini anlamasına imkân yok. İrma'nın rüyada şikâyetçi olduğu hastalık belirtilerinin gerçek hayattakilerle örtüşmemesi şaşırtıyor beni. Propilen asit enjekte etme ve Doktor M.'nin teselli eden sözlerine gülümsüyorum. Rüyanın sonu başından daha karanlık ve daha sıkıştırılmış geliyor bana. Bütün bunları öğrenebilmek için, ayrıntılı bir analize karar vermek zorunda kalıyorum.

Analiz

Büyük bir salon- çok sayıda misafir ağırlıyoruz. O yazı Bellevue'de, Kahlenberg yakınlarında bir tepedeki tek evde geçiriyorduk. Bir zamanlar bir eğlence merkezi olarak düşünülen evin çok yüksek tavanlı salonları vardı. Rüyayı Bellevue'de karımın doğum günü için vereceğimiz davetten birkaç gün önce görmüştüm. O gün karım doğum gününe pek çok dostumuzun geleceğini düşündüğünü, bunların arasında İrma'nın da olduğunu söylemişti. Yani rüyam bu durumu öngörüyordu: Karımın doğum günü. Birçok insan geliyor, aralarında İrma da var. Konuklar Bellevue'deki büyük salonda ağırlanıyor.

İrma'yı "çözümü" kabul etmediği için suçluyorum ve diyorum ki: Hâlâ ağrılarının olması senin suçun. Bunu İrma'ya uyanıkken de söyleyebilirdim, hatta belki de söylemişimdir. O zaman görevimin hastaya semptomlarının gizli anlamını söylemek olduğunu düşünüyorum (daha sonra bunun yanlış olduğunu anladım). Bu çözümü kabul edip etmemekten -ki hastanın iyileşmesi kabul etmesine bağlıydı- kendimi sorumlu tutmuyordum. Başarıyla savuşturduğum bu hataya, o dönemde bütün cahilliğime rağmen başarılı tedaviler gerçekleştirmemi sağladığı için minnettarım. Ama bir taraftan da rüyada İrma'ya söylediğim cümleden şunu anlıyorum: Hâlâ devam eden ağrılarının sebebi ben olmak istemiyorum. Eğer İrma'nın suçuysa bu, benim olamaz. Rüyanın amacını bu yönde mi aramak lazım acaba?

İrma'nın şikâyetleri: Boğazındaki, midesindeki ve bütün vücudundaki ağrılar elini kolunu bağlıyor. Mide ağrıları hastamın hastalık semptomlarının arasında yer alıyordu ama çok önemli değildi; hastam daha çok mide bulantısı ve iğrenme duygusundan şikâyetçiydi. Ama boğaz ağrıları, vücut ağrıları ya da gırtlaktaki düğümler asla söz konusu değildi. Rüyada bu semptomlara nasıl karar verdiğime şaşırıyorum ve bunun sebebini hâlâ daha anlamış değilim.

Soluk ve şiş görünüyor. Hastamın teni her zaman pespembeydi. Burada başka bir kişinin onun yerine geçtiğini tahmin ediyorum.

Bedensel bir sorunu atlamış olma ihtimaliyle endişeleniyorum. Sadece nevrotikleri tedavi eden, başka doktorların bedensel diyeceği birçok belirtiyi histeriyle açıklama alışkanlığı olan bir uzmanın bu tür korkularına eminim herkes inanacaktır. Öte yandan korkumun samimi olup olmadığı konusunda –kaynağını bilmediğim– hafif bir kuşku da hissediyorum. İrma'nın ağrıları somatikse şayet, onları tedavi etmek benim görevim değil. Benim tedavim sadece histerik ağrılara iyi geliyor. Teşhiste bir hatayı arzular gibiyim adeta; o zaman başarısız olduğum suçlaması da bertaraf edilmiş olur.

Pencerenin yanına ışığa götürüyorum ve boğazına bakıyorum. İrma, takma dişli kadınlar gibi biraz karşı koyuyor buna. Buna gerek yok ki, diye düşünüyorum. İrma'nın ağzının içini muayene etmem hiç gerekmemişti. Rüyada gördüğüm bu sahne bana bir süre önce muayene ettiğim bir çocuk bakıcısını hatırlattı. Kadın önce genç ve güzel görünmüştü gözüme ama ağzını açtığında dişlerini gizlemeye çalıştı. Bu da bana yaptığım tıbbi muayeneleri ve bu muayeneler sırasında her iki tarafından açığa çıkmasından hoşlanmayacağı küçük sırları hatırlattı. Buna gerek yoktu, sözü, öncelikle bir iltifat İrma için. Ama bir başka anlamı daha olduğu düşünüyorum. Dikkatli bir analiz, belli bir rüya parçasının arkasında yatması muhtemel bütün düşüncelerin ele alınıp alınmadığını ortaya koyar. İrma'nın pencerede duruşu bana aniden başka bir olayı hatırlatıyor. İrma'nın benim çok değer verdiğim yakın bir arkadaşı var. Bir akşam ziyaretine gittiğimde, kadını tıpkı rüyamdaki pozisyonda pencerenin yanında bulmuştum. Kadının doktoru olan bizim Doktor M., boğazında bir difteri zarı oluştuğunu söylemişti. Doktor M. ve boğazdaki zar rüyanın devamında ortaya çıkıyor zaten. Şimdi bu hanım hakkında son aylarda histerik de olabileceğini düşündüğümü hatırlıyorum. Evet, hatta İrma anlatmıştı bunu bana. Peki, bu hanımın sorunu hakkında neler biliyordum? Aslında bildiğim tek şey var, o da rüyada İrma'nın geçirdiğine benzer histerik boğulma krizleri yaşadığı. Demek ki rüyamda, hastamın yerine arkadaşını geçirmiştim. Şimdi hatırlıyorum, sık sık bu hanımın da bir gün hastalık semptomlarından kurtulmak için bana müracaat edebileceğini düşünmüştüm. Ama sonra bunun imkânsız olduğunu anladım çünkü kadın oldukça çekingen biriydi. Rüyadaki gibi direnirdi buna; bunu, *gerek olmadığı* için şeklinde açıklayabiliriz. Gerçekten de o güne değin sorunlarıyla tek başına başa çıkacak kadar güçlü olduğunu göstermişti.

Geriye ne İrma'yla, ne de arkadaşıyla ilişkilendirebildiğim birkaç nokta kaldı: *Soluk, şiş, takma dişler*. Takma dişler beni daha önce sözünü ettiğim dadıya götürdü; şimdi *kötü* dişlerle de yetinebileceğimi düşünüyorum. Sonra bu özelliklere sahip olabilecek başka biri geldi aklıma. Bu kişi de benim hastam fakat ben istemiyorum onu hasta olarak, çünkü benden utanıyor ve bence doktorunun sözünü dinleyen bir hasta da değil. Bu hastam genelde solgun ve bir ara kendini iyi hissettiği bir dönemde biraz şişti.[11] Yani İrma'yı tedaviye direnç gösteren iki kişiyle karşılaştırmışım. İrma'yı arkadaşıyla değiştirmemin anlamı ne olabilir? Belki de onları gerçekten değiştirmek istiyorum; arkadaşına daha fazla sempati duyuyorum ve aklını daha çok beğeniyorum. İrma'yı ise akıllı bulmuyorum çünkü benim çözümümü kabul etmiyor. Arkadaşı ise daha akıllı olduğu için, bana boyun eğerdi. *Ağzı daha iyi açılır*, İrma'dan daha fazla şey anlatırdı bana.[12]

11 Açıklayamadığım "vücut ağrılardan yakınma" bu üçüncü kişiyle alakalı olabilir. Söz konusu kişi benim karım tabii. Bir kez vücudunda ağrılar hissettiğinde benden utandığını fark etmiştim. İtiraf etmeliyim ki, rüyada İrma'ya ve karıma pek de iyi davranmıyorum. Ama affedilmem için, her ikisini de uslu ve itaatkâr hastamla karşılaştırdığımı söyleyeyim.

12 Gizli anlamının ortaya çıkmasına yetecek kadar yoruma devam etmediğimi anlıyorum. Üç kadının karşılaştırılmasına devam etseydim, konudan çok uzaklaşmış olacaktım. – Her rüyanın en az anlaşılmaz bir yeri, deyim yerindeyse açıklanmayan bölümle göbekten bağlı bir bölümü vardır.

Boğazında gördüklerim: beyaz bir leke ve kıvrımlı burun boşluğu. Beyaz leke bir taraftan difteriyi, yani İrma'nın arkadaşını, bir taraftan da en büyük kızımın iki yıl önceki hastalığını ve o korkunç dönemin dehşet duygusunu hatırlatıyor. Burun boşluğundaki kabuk kendi sağlığımla ilgili endişelerimi dile getiriyor. O dönemde burnumdaki şişlikleri önlemek için sık sık kokain kullanıyordum ve birkaç gün önce kokain kullanan bir hastamın burun mukozasında yaygın bir nekroz oluştuğunu duymuştum. Bu hastama 1885 yılında ben önermiştim kokain kullanmasını ve sonra bu konuda çok eleştirilmiştim. 1895 yılında ölen çok iyi bir dostum kokain kullandığı için ölümünü hızlandırmıştı.

Hemen Doktor M.'yi çağırıyorum ve o yeniden muayene ediyor. Bu durum, Doktor M.'nin aramızdaki konumuyla örtüşüyor. Ama "*hemen*" sözcüğü özel bir açıklama gerektiğini fazlasıyla gösteriyor. Doktor olarak yaşadığım üzücü bir olayı hatırlıyorum. Bir kez bir hastama, o zamanlar zararsız olduğu zannedilen bir ilacı (Sulfonal) düzenli olarak vermiş, hastada ağır bir entoksikasyona neden olmuş, yardım etmesi için hemen yaşlı ve deneyimli dostuma koşmuştum. Bu olayın aklımda yer ettiğinin bir kanıtı da, entoksikasyon yaşayan hastanın adıyla en büyük kızımın adının aynı olmasıydı. Bu olaya kadar bunu hiç düşünmemiştim. Şimdi ise bunu neredeyse kaderin bir misillemesi olarak görüyorum. Başka bir anlamda bir kişinin bir başkasının yerine geçmesi devam ediyordu sanki. Yani Mathilde'ye karşılık Mathilde, göze göz dişe diş. Sanki bir doktor olarak vicdanımın yetersiz kaldığını düşündüğüm her şeyi bir araya topluyordum.

Doktor M. solgun, sakalı yok ve topallıyor. Bütün bunlar, Doktor M.'nin sağlıksız görüntüsüyle arkadaşlarını endişelendirdiği için doğruydu. Diğer iki özellik başka birine ait olmalı. Aklıma yurt dışında yaşayan, sakal bırakmayan ağabeyim geliyor. Rüyamdaki Doktor M.'nin ona benzediğini hatırlıyorum hayal meyal. Birkaç gün önce kalçasındaki bir artrit yüzünden topalladığı haberi gelmişti. Bu iki kişiyi rüyada birleştirmemin bir anlamı olmalı. Her ikisi de bir süre önce yaptığım bir öneriyi reddetmişlerdi.

Dostum Otto şimdi hastanın yanında duruyor, dostum Leopold hastamı muayene ediyor ve sol altta bir duyarsızlık tespit ediyor. Leopold da doktor ve Otto'nun akrabası. İkisi de uzman doktor olduğu için, kader onları sürekli birbiriyle karşılaştırılan birer rakip yaptı. Her ikisi de ruhsal hastalığı olan çocukların tedavi gördüğü bir devlet polikliniğinin başında bulunduğum yıllarda bana asistanlık yapmıştı. Rüyada yeniden ürettiğim türden sahneler o dönemde günlük olaylardı. Bir gün bir çocuğa koyulan teşhis üzerine Otto'yla tartışırken, Leopold çocuğu bir kez daha muayene etmiş ve vereceğimiz karara büyük ölçüde katkıda bulunmuştu. Asistanlarım, tıpkı müfettiş Bräsig ve arkadaşı Karl gibi çok farklı karakterlerdeki insanlardı. Birinin eli çabuktu, diğeri ise yavaş, sakin ve titiz bir insandı. Rüyamda Otto'yla titiz ve dikkatli Leopold'u karşılaştırdıysam şayet, bunu Leopold'un değerini vurgulamak için yapmışımdır mutlaka.

Yukarıda beni dinlemeyen İrma ve daha akıllı olduğunu düşündüğüm arkadaşı arasında yaptığım karşılaştırmanın bir benzeri. Şimdi rüyada çeşitli düşüncelerin birbirine bağlandığı hatlardan birine bakalım: Hasta çocuktan, çocuk polikliniğine.- *Sol aşağıdaki duyarsızlık* Leopold'un titizliği ve dikkatiyle beni şaşırttığı o hastayla ilgili ayrıntılarmış gibi geliyor bana. Ayrıca sanki bir duygudan öbürüne geçiş gibi bir şeyler de hatırlıyorum, ama bu İrma'nın yerine sahip olmak istediğim öbür hastayla bağlantılı da olabilir. Çünkü anlayabildiğim kadarıyla bu hanım tüberküloza yakalanmış taklidi yapıyor.

Sol omuzda enfiltrasyonlu deri. Bunun gece geç vakte kadar yatmadığımda omzumda hissettiğim romatizma olduğunu hemen anlıyorum. Öte yandan rüyadaki sözlerde iki anlam var gibi: ki ben de...onun hissettiğini hissettim. Yani kendi bedenimde hissettim. Ayrıca "enfiltrasyonlu deri" kavramının kulağa ne kadar tuhaf geldiği dikkatimi çekiyor. Normalde "sol arkada yukarıda bir infiltrasyon" deriz; bu da akciğerler ve dolayısıyla tüberkülozla ilgili.

Giyinik olmasına rağmen. Bu mutlaka araya sıkışmış bir konu. Klinikte çocukları soyarak muayene ediyoruz tabii. Yetişkin kadın hastaları böyle muayene edemeyeceğimiz ortada. Harika bir doktorun hastalarını giyinikken muayene ettiğini duymuştum. Devamına bir anlam veremedim. Ama zaten bu noktaya ayrıntılı olarak girmek niyetinde değilim.

M. şöyle diyor: Kesinlikle bir iltihap; ama önemli değil; daha sonra dizanteri eklenecek buna ve zehir akıp gidecek. Önce çok saçma geliyor bu bana ama yine de diğer bölümler gibi incelenmek zorunda. Daha yakından inceleyince bir şekilde bir anlamı var gibi geliyor. Hastadaki bulgum bölgesel bir difteritisdi. Kızımın hastalandığı dönemden difteritis ve difteri üzerine bir tartışmayı hatırlıyorum. Difteri bölgesel difteritisle başlayan genel bir enfeksiyondur. Leopold metastaz yapmış bir bölge olarak değerlendirilebilecek duyarsızlıktan yola çıkarak genel bir enfeksiyona işaret ediyor. Ama ben difteride bu türden metastazlar olmadığını düşünüyorum. Metastaz daha çok kana iltihap bulaşmasını hatırlatıyor bana.

Önemli değil, bir tür teselli. Konuyla alakası şu: Rüyanın son bölümü hastanın ağrılarının organik bir hastalıktan kaynaklandığını gösteriyor. Böylece sadece suçu üzerimden atmaya çalıştığımı hatırlıyorum. Çünkü difterinin neden olduğu şikâyetlerin sorumlusu ruhsal bir terapi olamazdı.

Şimdi sadece kendimi temize çıkarmak için İrma'ya böyle bir hastalık atfetmiş olmaktan utanıyorum. Gerçekten çok ürkütücü bu. Demek ki daha sonra da her şeyin iyi biteceğine dair bir güvenceye ihtiyaç duyuyorum ve bunu Doktor M.'ye söyletmekte de hiçbir beis görmüyorum. Burada ben rüyaya tepeden bakıyorum ki, bunun da açıklanması gerekiyor. Peki ama bu teselli neden bu kadar anlamsız?

Dizanteri: Hastalığa neden olan maddelerin bağırsaklardan atılabileceğine dair belli belirsiz teorik bir düşünce. Acaba bu şekilde Doktor M.'nin bol bol zorlama açıklamalar yapması ve tuhaf patolojik bağlantılar kurmasıyla alay ediyor olabilir miyim? Dizanteriyle ilgili bir şey daha geliyor aklıma. Birkaç ay önce tuhaf bir dışarı çıkma sorunu olan genç bir adamı tedavi etmeye başladım. Meslektaşlarım hastama "beslenme yetersizliğine bağlı anemi" teşhisi koymuşlardı. Hastanın sorununun histeri olduğunu anlamış ama psikoterapi yapmamaya karar verip onu bir deniz yolculuğuna göndermiştim. Birkaç gün önce Mısır'daki hastamdan çaresizliğini dile getiren bir mektup aldım. Hasta orada da bir kriz geçirdiğini ve gittiği doktorun dizanteri teşhisi koyduğunu yazıyordu. Gerçi bu teşhisin histerinin yanılttığı bilgisiz bir meslektaşımın hatası olduğunu tahmin edebiliyorum ama hastamın benim yüzümden histerik bir bağırsak hastalığının yanı sıra, bir de gerçekten bağırsak enfeksiyonu kaptığı için suçlamaktan da alıkoyamıyordum kendimi. Öte yandan "dizanteri" sözcüğü *rüyada sözü geçmeyen* "difteriyi" çağrıştırıyor.

Evet, teselli bulduğum teşhisin anlamı bu olmalı: "Dizanteri eklenecek" diyen Doktor M.'yle alay ediyorum çünkü yıllar önce kendisinin benzer bir şeyi bir meslektaşı hakkında alay ederek anlattığını hatırlıyorum. Dr. M. bu meslektaşıyla birlikte ağır bir hastaya konsültasyon yapmak üzere görevlendirilmiş ve meslektaşının hastayla ilgili çok umutlu görünmesi üzerine, idrarda albümin bulduğunu söylemiş. Meslektaşı ise hiç umursamadan onu sakinleştirmiş: *Önemli değil*, dostum, albümini atacaktır vücut! – Yani rüyanın bu bölümünde histeri konusundan habersiz meslektaşımla alay ettiğimden kuşkum yok artık. Bunu destekleyen bir şey daha geliyor aklıma: Dr. M. (İrma'nın arkadaşı olan) hastasındaki tüberküloz belirtilerinin kaynağında bir histeri olduğunu anladı mı acaba? Histeriyi teşhis etti mi, yoksa histeri "yanılttı mı" onu?

Peki, beni bir arkadaşıma bu kadar kötü davranmaya iten neydi acaba? Yanıtı çok basit: Dr. M.'de İrma gibi, onun için düşündüğüm "çözümü" benimsemiyordu. Yani bu rüyayla aynı anda iki kişiden öç alıyordum; İrma'dan şu sözlerle: *Hâlâ ağrıların olması, senin suçun;* Doktor M.'den ise ona söylettiğim saçma teselli sözleriyle.

Hepimiz enfeksiyonun kaynağını biliyoruz. Rüyada böyle kesin bir bilgi olması son derece tuhaf. Çünkü daha önce sahip değildik bu bilgiye, enfeksiyon olduğunu Leopold ortaya çıkarmıştı.

Otto, hasta kendini iyi hissetmediği için bir iğne yapmış. Otto gerçekten de İrma'nın ailesinin evindeyken yandaki otelden çağrıldığını ve orada kendini aniden kötü hisseden birine iğne yaptığını anlatmıştı. İğneler ise, kendini kokainle zehirleyen talihsiz arkadaşımı hatırlatıyor bana. Ona morfin ihtiyacı duyduğunda ilacı sadece ağızdan almasını söylemiştim, o ise hemen kendine kokain enjekte etmişti.

Bir propil preparatıyla... propilen...probilen asit. Bunlar nereden aklıma gelmiş olabilir? Hastalığın seyrini kaleme aldığım ve rüyayı gördüğüm gecenin akşamında karım Otto'nun bize hediye ettiği, üzerinde "ananas"[13] yazan bir şişe likör açmıştı. Otto her durumda bir şeyler hediye ederdi. Umarım bir gün bir kadın onu bu alışkanlığından kurtarır. Likör tıpkı ucuz içkiler gibi öylesine kötü kokuyordu ki tatmayı reddetmiştim. Karım likörü hizmetkârlara verelim demiş, ben ise, insani bir yaklaşımla, on-

13 Öte yandan "ananas" kelimesiyle hastam İrma'nın soyadı arasında tuhaf bir tını benzerliği var.

lar da zehirlenmesin, demiştim. Anlaşılan bu kötü koku (amil...) sırayla propilen, metil vb. çağrışımlar yapmıştı ve rüyadaki propilen preperatını ortaya çıkarmıştı. Burada bir şeyin yerine başka bir şeyi geçirmiştim. Amil kokladıktan sonra rüyamda propilen görmüştüm. Organik kimyada bu tür yer değiştirmeler mümkündür belki de.

Trimetilamin. Rüyada bu maddenin formülünü görüyorum. Ama hafızam bayağı zorlanıyor formülü aklımda tutarken. Formül kalın bir yazıyla yazılmış, özel olarak vurgulanmak istenmiş gibi. Peki, bu şekilde dikkatimi çekmesi sağlanan trimetilamin beni nereye götürecek? En önemli çalışmalarımı bilen, benim de kendisininkileri bildiğim bir dostumla yaptığım bir konuşmaya. Dostum bu konuşmada bana cinselliğin kimyası konusundaki düşüncelerini aktarmış, cinsel metabolizmanın ürünlerinden birinin de trimetilamin olduğunu düşündüğünü söylemişti. Tedavimin başarısızlığına bir kulp bulacaksam şayet, İrma'nın arkadaşlarının da sona ermesini istediği dulluktu bu. Bu arada, bir rüyanın nasıl böylesine tuhaf bir biçimde oluşuyor olmasından şaşkınım! Rüyada İrma'nın yerine hastam olan kadın da genç bir duldu.

Şimdi artık trimetilaminin rüyada neden bu kadar geniş yer aldığını anlayabiliyorum. Burada tek bir sözcükte birçok şey bir araya gelmiş: Trimetilamin sadece cinselliğin güçlü bir etmen olmasına işaret etmekle kalmayıp, bir taraftan da, düşüncelerim hususunda da ne zaman kendimi yalnız hissetsem, beni onaylayarak rahatlatan bir arkadaşımı hatırlatıyor bana. Hayatımda bu kadar önemli bir yeri olan arkadaşımın bu bağlamda yeri yok mu dersiniz? Var tabii ki! Bu dostum burun ve sinüslerle ilgili hastalıklarda uzmandır ve burundaki spiral kemikler ve dişi cinsel organı arasındaki ilişkiye giden bilimsel yolu açmıştır (İrma'nın boğazındaki üç boğumlu oluşum). Karın ağrılarının nedeni burun ve genizle alakalı olabilir mi diye, İrma'yı bu dostuma muayene ettirmiştim. Ama dostumun kendisi de burun iltihaplarından mustarip. Rüyamda metastazla ilişkili olarak belli belirsiz aklıma gelen kanda iltihaplanma dostum için kaygılanmamla bağlantılı olmalı.

Bu iğneler bu kadar kolay yapılmamalı. Burada Otto kolaycılıkla, düşüncesizlikle suçlanıyor. Galiba öğleden sonra, sözleri ve bakışlarıyla karşımda yer aldığını belli ettiğinde buna benzer bir şey düşünmüştüm. Şu minvalde şeylerdi düşündüklerim: Ne kadar kolay bir yargıya varabiliyor.- Bu cümlede bir taraftan da, hızla karar vererek kokain iğnesine başvuran, ölmüş bir arkadaşıma bir gönderme var. Daha önce de değindiğim gibi, ben asla maddenin iğneyle zerk edilmesini tavsiye etmemiştim. Otto'yu kimyasalların bu kadar kolayca kullanılması hususunda suçlarken, aynı suçlamayı bana yönelten zavallı Mathilde'nin hikâyesine de bir gönderme yaptığımı fark ediyorum. Anlaşılan burada kendim vicdanlı davrandığıma ama bunun tersine de dair örnekler topluyorum.

Hem zaten şırınga da temiz değil galiba. Bu da başka bir nedenle Otto'ya bir suçlama. Dün, her gün iki kez morfin yaptığım seksen iki yaşında bir hanımın oğluna rastladım.

Hastam şu anda köyde yaşıyor. Kan damarlarında iltihaplanma olduğunu öğrendiğimde, steril olmayan bir enjektörün bu iltihaplanmanın nedeni olabileceğini düşündüm. İki yıl boyunca bir iltihaplanmaya neden olmadığım için gurur duydum. Enjektörün steril olması benim için de çok önemliydi. Damarlarda iltihaplanmadan karımın hamilelikte yaşadığı ve bu bağlamda karım, İrma ve ölen Mathilde'yle ilgili üç olayı hatırlıyorum. Bu da bana rüyada bu üç kadını birbirinin yerine geçirme hakkı veriyor.

Rüya yorumum burada sona eriyor.[14] Yorum sırasında rüyanın içeriği ve arkasında yatan gizli rüya düşüncesini karşılaştırmaktan kaçındım. Bu arada ben de rüyanın "anlamına" vakıf oldum. Rüyanın gerçekleştirdiği bir niyeti olduğunu fark ettim. Rüya görme nedeni de bu olmalı. Rüya son geceki (Otto'dan aldığım haber, hastalık öyküsünü kâğıda dökmem gibi) kimi olayların içimde uyandırdığı birkaç isteği gerçekleştirmişti. Rüyanın sonucu, İrma'nın rahatsızlıklarının suçlusu benim değil, Otto'nun olması. Otto, İrma'nın tamamen iyileşmediğini söyleyerek kızdırıyor beni, rüya da, aynı suçlamayı ona yaparak intikamımı alıyor. Rüya İrma'nın sağlık sorunlarını başka gerekçelere bağlayarak, beni bu sorumluluktan kurtarıyor, konuyu benim isteyeceğim şekilde sunuyor. Demek ki *rüya, bir arzunun gerçekleşmesi, rüyanın güdüsü de bu arzu.*

Bunlar ilk göze çarpanlar. Öte yandan arzuların gerçekleşmesi açısından bakıldığında kimi ayrıntılar da anlam kazanıyor. Otto'nun düşüncesizce ve aceleyle bana karşı çıkmasının acısını, sadece aceleyle verilmiş bir tedavi kararından (enjeksiyon) ötürü onu suçlayarak değil, ucuz içki gibi kötü kokan likörle de çıkarıyorum. Ve rüyada bu iki suçlamayı birleştirecek bir ifade buluyorum: propilen preparatının enjekte edilmesi. Henüz tatmin olmuş değilim, intikam almaya devam ediyorum. Ondan daha güvenilir olan rakibini karşısına çıkarıyorum.

Söylemek istediğim şu: Onu sana tercih ederim Ama öfkemin oklarını hissetmesi gereken tek kişi Otto değil. Sözümü dinlemeyen hastamdan da, onun yerine daha akıllı, daha itaatkâr bir hasta koyarak öcümü alıyorum. Doktor M. de bana karşı çıkışının sonuçlarından kaçamıyor ve açık bir imayla, onun konunun cahili olduğunu söylüyorum ("*Buna bir de dizanteri eklenecek vs.*"). Sanki

14 Tahmin edileceği gibi, rüya çalışmasıyla ilgili aklıma gelenlerin tamamını henüz açıklamamış olmama rağmen...

ondan vazgeçip daha bilgili birine (Bana trimetilamini anlatan dostuma) yöneliyorum; tıpkı İrma'dan vazgeçip arkadaşına, Otto'dan vazgeçip Leopold'a yönelmem gibi. Götürün bu insanları, onların yerine benim seçtiğim üç kişiyi koyun, böylece hak etmediğim suçlamalardan kurtulmuş olacağım! Bu suçlamaların yersiz olduğu rüyada ayrıntılı biçimde kanıtlanıyor. İrma'nın ağrılarının suçlusu ben değilim, suçlu çözümümü reddettiği için kendisi. İrma'nın ağrıları beni ilgilendirmez çünkü fiziksel sebepleri var ve psikolojik bir tedaviyle geçmeleri mümkün değil. İrma'nın çektiği ıstırapların nedeninin dulluğu olduğu çok açık (trimetilamin!), benim yapabileceğim bir şey yok. İrma'nın ağrıları, Otto'nun uygun olmayan bir ilacı dikkatsizce enjekte etmesinden kaynaklanıyor; ben böyle bir şeyi asla yapmazdım. İrma'nın ağrılarının nedeni, tıpkı damarları iltihaplanan benim yaşlı hastamda olduğu gibi, steril olmayan bir iğne kullanılmış olması. Ben böyle bir şeyi asla yapmam. Gerçi ortak noktaları beni temize çıkarmak olan bu açıklamalar örtüşmedikleri gibi, birbirlerini dışlıyorlar da. Kendimi savunmam (bir savunmadan ibaret bu rüya) ödünç aldığı tabağı kırılmış olarak geri getirdiği için komşusu tarafından dava edilen adamın savunmasını hatırlatıyor: Birincisi, tabağı aldığım gibi geri getirdim; ikincisi, tabak aldığımda zaten delikti; üçüncüsü, asla komşumdan bir tabak ödünç almadım. Hiç fena değil. Bu savunmalardan herhangi biri kabul edilse bile, adam suçsuz sayılacak.

Rüyada benim İrma'nın hastalığıyla ilgili temize çıkmamla alakası çok net olmayan başka konular da yer alıyor: Kızımın ve adı kızımla aynı olan bir hastanın hastalıkları, kokainin zararları, Mısır'a giden hastamın rahatsızlıkları, karımın, erkek kardeşimin ve Doktor M.'nin sağlığı ile ilgili endişelerim, benim kendi fiziksel rahatsızlıklarım, burun iltihabı olan, rüyada yer almayan arkadaşımla ilgili endişelerim. Bütün bunları alt alta koyup topladığımızda, ortaya tek bir düşünce çıkıyor aslında:

Başkalarınınkine ve kendi sağlığına dikkat et. Mesleki vicdan. Otto'nun İrma'nın sağlığıyla ilgili bilgileri aktardığında hissettiğim belirsiz ve utandırıcı duyguyu hatırlayabiliyorum. Rüyada yer alan düşüncelerin içinde yer alan bu belli belirsiz algıyı ele almak istiyorum. Bu algı şöyle bir şey diyor bana sanki: Bir doktor olarak sorumluluklarını yeterince yerine getirmiyorsun. Vicdanlı değilsin, vaatlerini tutmuyorsun. Bunun üzerine diğer düşünceler, ne kadar vicdanlı olduğumu, akrabalarımın, dostlarımın ve hastalarımın sağlığının benim için ne kadar önemli olduğunu kanıtlayabilmem için destek oluyor. İlginçtir, bu düşünceler arasında, benim özrümden çok Otto'yu suçlayan utandırıcı bölümler de var. Malzeme bir yandan da tarafsız tarafsız olmasına ama rüyaya kaynak olan, rüyanın konusuyla yakından ilgili malzemenin tamamını bir bütün olarak elde aldığımızda, İrma'nın hastalanmasının sorumlusu olmama arzusu açıkça ortaya çıkıyor.

Bu rüyanın anlamını bütünüyle ortaya çıkardığımı, yorumun eksiksiz olduğunu iddia etmiyorum.

Rüyayla daha uzun uzun uğraşabilir, yeni anlamlar çıkarabilir, ortaya attığı yeni soruları çözebilirdim. Rüyadaki hangi düşüncelerin daha ayrıntılı olarak takip edebileceğini bizzat biliyorum. Ama insanın kendi rüyalarına bile göstermesi gereken saygı, yorumlamaya devam etmekten alıkoyuyor beni. Beni ketumlukla suçlayanlar, kendileri denesin bakalım ne kadar dürüst olabileceklerini. Ben şimdilik yeni elde ettiğimiz bilgilerden biriyle yetiniyorum: Burada gösterilen yöntemle rüyaları yorumlayanlar, rüyanın gerçekten bir anlamı olduğunu, asla kimi yazarların iddia ettiği gibi beynin dağınık etkinliklerinin ifadesi olmadığını anlayacaktır. *Yorum çalışmasının sonunda rüyanın bir isteğin, bir arzunun gerçekleştirilmesi olduğu ortaya çıkmıştır.*

III. RÜYA BİR ARZUNUN GERÇEKLEŞMESİDİR

Dar bir geçitten geçip, yolun ikiye ayrıldığını fark ettiğimiz ve bu yolları en net biçimde görebileceğimiz bir yüksekliğe ulaştığımızda, bir an durup önce hangi yoldan ilerleyeceğimizi düşünmeye hakkımız vardır. İlk rüya yorumunun ardından bizim de hissettiğimiz buna benzer bir duygu. Karşımıza aniden çıkan bir bilginin berraklığını yaşıyoruz. Rüya bir müzisyenin elinden çıkmış gibi değil de, dışsal bir gücün etkisiyle düzensiz sesler çıkaran bir müzik aletiyle karşılaştırılamaz. Rüyalar anlamsız değildir, saçma değildir; rüya görmek için hayal gücümüzün bir kısmı uyanmaya başlarken, diğer kısmının uykuda olması gerekmez. Rüyalar geçerli ruhsal olgulardır, yani bir isteğin, arzunun gerçekleşmesidir. Uyanma anındaki ruhsal etkinliklerden kavrayabildiğimiz bir tanesidir. Rüyalar son derece karmaşık bir zihinsel etkinliğin eseridir. Ama henüz elde ettiğimiz bilgilere sevinmeye başladığımız anda, bir soru yağmuruna tutuluyoruz. Rüya yorumunun verilerine göre rüya, bir arzunun gerçekleşmesidir, dedik; peki ama bu arzu gerçekleşmesi neden böylesine ilginç ve tuhaf bir biçimde ifade buluyor? Rüyadaki düşünceler nasıl bir değişimden geçip, uyandıktan sonra hatırladığımız görünür (manifest) rüyalara dönüşüyor? Bu değişim hangi yollardan gerçekleşiyor? Rüyada işlemden geçirilen malzemenin kaynağı ne? Rüyadaki düşüncelerde gözlemlediğimiz (örneğin birbirleriyle çelişmeleri gibi) özellikler nereden kaynaklanıyor? (sayfa 144'teki tabak benzetmesi) Rüya bize psikolojik süreçlerimiz hakkında bir şey söyleyebilir mi? Rüyanın içeriği, gündüz inandığımız düşüncelerimizde düzeltmeler yapabilir mi? Şimdilik bütün bu soruları bir kenara bırakıp, tek bir yoldan ilerlemeyi öneriyorum. Rüyada bir arzunun gerçekleşmiş olarak karşımıza çıktığını gördük. Bir sonraki sorumuz şu olmalı: Bu özellik bütün rüyalar için geçerli mi? Yoksa sadece analizimize başladığımız rüyanın ("İrma'nın enjeksiyonu") içeriğiyle bağlantılı tesadüfi bir özellik mi bu? Çünkü her rüyanın bir anlamı ve ruhsal bir değeri olduğuna inansak bile, her rüyanın anlamının bir arzunun gerçekleşmesi olup olmadığı sorusunu açık bırakmak zorundayız. İlk rüyamız bir arzunun gerçekleşmesiydi.

Bir başka rüya belki bir korkuyu gerçekleştirecektir; bir üçüncüsünün konusu bir düşünce olabilir, dördüncü bir rüya sadece bir hatırayı yeniden üretmekten ibaret olabilir.

Bir rüyanın açıkça bir arzunun gerçekleşmesini içerdiğini kanıtlamak çok kolay. Hal böyleyken rüyaların dilinin hâlâ neden anlaşılır olmaması şaşırtıyor bizleri. Örneğin benim, istediğim sıklıkta, deneysel olarak üretebileceğim bir rüya var. Akşamları sardalye, zeytin ya da çok tuzlu başka bir şey yediğimde, gece susayarak uyanırım. Ama uyanmadan önce, düzenli olarak gördüğüm bir rüyada su içerim. Kana kana su içerim. İnsan susuzluktan ölürken içtiği soğuk bir su kadar lezzetli gelir bu su bana. Sonra uyanır ve gerçekten su içerim. Bu basit rüyanın görülmesinin nedeni, uyanırken hissettiğim susuzluktur. Hissettiğim susuzluk bende bir şeyler içme arzusu uyandırır ve rüyamda bu arzunun gerçekleştiğini görürüm. Bu rüyaların bir de şu işlevi vardır: Derin derin uyuyabilen biriyim; fiziksel ihtiyaçlarla uyanmak gibi bir alışkanlığım yoktur. Rüyada susuzluğumu giderebilirsem uyanmama gerek kalmaz. Yani bu rüya bir *rahatlama* rüyasıdır. Rüya burada uyanık yaşamdaki eylemin yerini alır. Ne yazık ki rüyada susuzluğumu gidermek, dostlarım Otto ve Doktor M.'ye duyduğum intikama susamışlığımı gidermek kadar kolay değil; ama bu rüyaların ortak noktası niyetleri ve motivasyonları. Bu rüyam çok geçmeden biraz değişti. Bunun nedeni uykuya dalmadan önce susamam ve komodinimde duran bir bardak suyu bitirmemdi. Birkaç saat sonra uykuda tekrar susadım ve bunun verdiği rahatsızlığı hissediyordum. Susuzluğumu gidermek için kalkıp, karımın komodininde duran su bardağını almam gerekiyordu. Böylece amacıma uygun olarak rüyamda karımın bana bir kaptan su verdiğini gördüm; bu kap bir İtalya gezisinde alıp, sonra bir başkasına hediye ettiğim ölülerin küllerinin saklandığı bir Etrüks kâsesiydi. Ama kâsenin içindeki su (külden olsa gerek) o kadar tuzluydu ki uyanmak zorunda kaldım. Rüyaların ne kadar kolay düzenlendiğini görüyoruz burada; tek amacı arzunun giderilmesi olan rüyalar, bu konuda tamamen bencil olabilirler. Rahatı sevmek, başkalarına saygıyla bağdaşmayan bir özellik. Kül kâsesinin rüyama girmesi bir arzunun gerçekleşmesi olabilir. Maalesef kâse artık bende değildi, üstelik karımın yanı başındaki suya ulaşmam da mümkün değildi. Kül kâsesi de bir süre sonra beni uyandıracak olan ağzımdaki tuz tadına uyum sağlamıştı.[1]

Gençliğimde bu türden rahatlama rüyalarını çok sık görürdüm. Geç vakitlere kadar çalışma alışkanlığım yüzünden sabahları erken kalmakta zorlanırdım her zaman. O zaman rüyamda

1 Weygandt da susuzluk rüyalarının farkındaydı ve yapıtının 41. sayfasında şöyle diyordu: "Özellikle de susuzluk algısı en net hissedilen algıdır ve her zaman susuzluğun giderilmesi düşüncesini uyandırır. Rüyada susuzluğun giderilmesi çok çeşitli düşüncelerde vücut bulabilir ve en yakındaki anıyı seçer. Her zaman görülen bir başka durum da, sözde susuzluğun giderilmesinin hayal kırıklığı yaratmasıdır." Weygandt burada rüyanın bir uyarıma tepki vermesi gibi genel geçerliliği olan bir olguyu görememiştir. – Kimi insanların gece susayarak ama rüya görmeden uyanmaları benim deneyimlerime karşıt bir görüş oluşturmaz, sadece bu kişilerin diğerlerinden daha kötü uyuduğunu gösterir. – *Krş.* Jesaisas, 28, 8: "Tıpkı aç bir insanın rüyada yemek yedikten sonra uyandığında ruhunun hâlâ aç olması gibi, susayıp da rüyada su içen biri de uyandıktan sonra hâlâ yorgun ve susamıştır"...

yataktan çıktığımı ve lavabonun önünde durduğumu görürdüm. Bir süre sonra aslında henüz kalkmadığımı kendimden gizleyemez ama bu arada biraz daha uyurdum. Benim gibi uykuya düşkün bir dostumun da benimkilere benzer komik tembellik rüyaları gördüğünü biliyorum. Dostum, hastanenin yakınlarında yaşadığı pansiyonun sahibi kadından her sabah onu vaktinde uyandırmasını istiyormuş, ama görevini yerine getirmeye çalışan kadının işi hiç de kolay değilmiş. Bir sabah tatlı tatlı uyurken kadın seslenmiş:

"Uyanın Bay Pepi, hastaneye gitmeniz lazım." Bunun üzerine bizim uykucu rüyasında hastanede bir yatakta yattığını görmüş. Yatağın üzerindeki bir tabelada, "Pepi H. tıp öğrencisi, 22 yaşında" yazıyormuş. Rüyada, "Madem hastanedeyim, hastaneye gitmem gerekmiyor", diye düşünmüş ve öte yana dönüp uyumaya devam etmiş. Yani böylece rüyasının motivasyonunu da açıkça dile getirmiş.

Rüya uyaranının etkisini uyku sırasında gösterdiği bir başka rüya daha: Talihsiz bir çene ameliyatı olmak zorunda kalan bir hastama, doktoru gece gündüz yanağına soğuk kompres yapmasını söylemişti. Ama hasta uykuya dalar dalmaz kompresi fırlatıp atıyordu. Bir gün benden, o gece kompresi yine fırlattığı için kendisini ikaz etmemi istediler.

Hastam şöyle cevap verdi: "Bu sefer benim yapabileceğim hiçbir şey yoktu. Gece gördüğüm bir rüya yüzünden oldu bu sefer. Rüyamda bir operada locada oturuyor, dikkatle gösteriyi izliyordum. Bay *Karl Meyer* ise, sanatoryumdaydı ve şiddetli çene ağrısıyla kıvranıyordu. Benim çenem ağrımıyor, demek ki ihtiyacım yok, diye düşündüm ve kompresi fırlattım." Sabır taşı kadının söylediği bu sözler, zor durumda ağzımızdan dökülüveren bir deyişi anımsatıyor: "Daha keyifli bir şey olamaz mıydı bu yani?!" İşte rüya, kadının acılarını, tanıdığı en duygusuz, en ilgisiz delikanlı olan Karl Meyer'e aktararak, ona bu keyfi vermiş.

Sağlıklı hastalarıma ait topladığım birkaç rüyada da arzu gerçekleşmesini ortaya çıkarmak zor olmadı. Rüya teorimi bilen ve karısına da bahsetmiş olan bir dostum bir gün şunları anlattı: "Karım rüyasında âdet görmüş; bunu sana anlatmamı istedi. Anlamını senin bileceğini düşünüyor." Tabii ki biliyorum. Kadın rüyada âdet gördüyse şayet, gerçek hayatta görmemiştir. Anne olmanın sıkıntıları başlamadan önce bir süre daha özgürlüğünün tadını çıkarmak istediğinden eminim. Hamile olduğunu söylemenin oldukça akıllıca bir yolu. Bir başka dostum karısının rüyasında gömleğinin göğüs hizasında süt lekeleri gördüğünü anlattı. Bu da bir hamilelik işaretiydi ama ilk hamilelik değil. Genç anne ikinci çocuğuna birinciden daha fazla süt verebilmek istiyordu.

Enfeksiyonlu bir hastalık geçiren çocuğuna bakan genç kadın, haftalarca sosyal yaşamdan uzak kalmıştı. Hastalık tedavi edildikten sonra bir gün rüyasında A. Daudet, Bourget, M. Prévost vb. yazarların bulunduğu bir toplantıda olduğunu gördü. Herkes kadına karşı son derece nazikti ve onu eğlendiriyorlardı. Yazarlar kadının önceden gördüğü resimlerine tıpatıp benziyorlardı; hiç resmini görmediği M. Prevost hariç. O da bir gün önce hasta odasına uzun zamandır giren ilk kişi olan ve bir gün önce odayı dezenfekte etmek için gelen temizleyici adama benziyordu. Bu rüyayı eksiksiz tercüme etmek mümkün: Artık hasta bakmaktan daha eğlenceli bir şeyler yapmanın zamanı geldi.

Çok sık ve çok değişik koşullarda, bir arzunun gerçekleşmesi olarak rüyalar gördüğümüzü ve bu rüyaların kendi içeriklerini açıkça ortaya koyduğunu kanıtlamak için verdiğim örnekler yeterlidir umarım. Bu rüyalar daha çok, kısa ve basittir ve uzmanların ilgisini daha fazla çeken karmaşık ve çok zengin rüya kompozisyonlarıyla tezat oluşturmaları doğaldır. Ama yine de bir süre daha bu basit rüyalarla ilgilenmekte fayda var. En basit rüyaları, ruhsal etkinlikleri yetişkinlerinkinden mutlaka daha az karmaşık olan çocukların gördüğünü düşünebiliriz. Nasıl en üst gelişme aşamasındaki hayvanların yapısını anlamak için, alt aşamalardaki hayvanların yapısı ve gelişmesi inceleniyorsa, yetişkinlerin psikolojisini anlamak içinde çocuk psikolojisini incelemek gerekir bence. Çocuk psikolojisini bu amaçla kullanmak üzere atılan bilinçli adımlar henüz çok yetersiz.

Küçük çocukların rüyaları çoğunlukla basit arzu giderme rüyalarıdır ve yetişkin rüyaları kadar da ilginç değildir. Çocuk rüyalarında çözülecek bir şey de yoktur ama yine de rüyaların özleri itibariyle arzu gidermeye yaradığını kanıtlamak açısından çok değerliler. Topladığım malzemede kendi çocuklarıma ait rüyalar da yer alıyor.

Biri sekiz buçuk yaşındaki kızıma, diğeri beş yaş üç aylık oğluma ait olan iki rüyayı 1896 yılı yazında güzel Hallstatt'a yaptığımız bir geziye borçluyum. Ön bilgi olarak o yaz Aussee yakınlarında, hava güzel olduğunda muhteşem bir Dachstein manzarasına sahip bir tepede oturduğumuzu söyleyeyim. Buradan dürbünle bakıldığında Simony Kulübesi rahatlıkla görülüyordu. Ufaklıklar ısrarla dürbünle bu kulübeyi görmeye çalışıyorlardı. Ne kadar görebildiklerini bilemiyorum. Geziye çıkmadan önce çocuklara Hallstatt'ın Dachstein'ın eteklerinde yer aldığını söylemiştim. Hallstatt'tan sonra, değişken manzarasıyla çocukları büyüleyen Escherntal'e gittik. Sadece beş yaşındaki oğlum yavaş yavaş huysuzlanmaya başladı. Ufukta görünen her yeni tepede, bu Dachstein mı, diye soruyor, ben de ona her seferinde, hayır, bir önceki tepe, diyordum. Aynı soruyu birkaç kez sorduktan sonra, bir daha ağzını açmadı. Şelaleye giden basamaklı yoldan yürümeyi reddetti. Yorulduğunu düşündüm. Ertesi sabah neşe içinde yanıma gelip bana şunları anlattı: Dün gece rüyamda Simony Kulübesi'ndeydik. Şimdi onu anlıyordum: Dachstein'dan söz ettiğimde, Hallstatt'tan sonra bir tepeyi aşacağımızı ve ancak ondan sonra dürbünle gördükleri kulübeye ulaşabileceğimizi zannetmişti. Ama sonra ön tepeler ve şelalelerde kandırıldığını düşünerek hayal kırıklığı yaşamış ve huysuzlanmıştı. Rüyası bu hayal kırıklığının giderilmesiydi sadece. Rüyanın ayrıntılarını öğrenmeye çalıştım ama çok az şey söyleyebildi. "Altı saat basamakları tırmanmak gerekiyor" demişti biri.

Bu gezi sekiz buçuk yaşındaki kızımda ise, bir rüyayla giderilmesi gereken arzulara neden olmuştu. Komşumuzun on iki yaşındaki oğlu da bizimle Hallstatt'a gelmişti. Gerçek bir şövalye olan çocuğun bizim küçük hanımefendinin kalbini çaldığını hemen fark etmiştim. Kızım ertesi sabah gördüğü rüyayı anlattı: Düşünebiliyor musunuz, rüyamda Emil bizim aileden biriydi, size "anne", "baba" diyordu ve büyük odada bizim oğlanlarla birlikte yatıyordu. Sonra annem odaya girdi, yataklarımızın altına bir avuç dolusu mavi ve yeşil kâğıtlı çubuk çikolata attı. Rüyaları yorumlama konusunda kalıtsal bir yetenekleri olmayan erkek kardeşleri, kimi uzmanlar gibi rüyanın "saçmalık" olduğunu söylediler. Kızım ise rüyanın en azından bir bölümünü savunmaya başladı. Bunun hangi bölüm olduğu nevroz teorileri açısından çok değerli bir bulgu: Emil'in bizim aileden biri olması saçmaydı belki ama çubuk çikolatalar saçma değildi. Bu konudan benim hiç haberim yoktu. Anneleri olayı bana anlattı: İstasyondan eve doğru ilerlerken çocuklar bir otomatın önünde durmuş, buradan alabileceklerini bildikleri parlak metal renkli kâğıtlara sarılı çubuk çikolatalardan istemişlerdi. Anne haklı olarak, o gün istedikleri bir sürü şeyi zaten yaptıklarını söyleyerek, bu isteği rüyaya devretmişti. Bu sahneye ben tanık olmadım. Ama kızımın rüyada yasakladığı bölümün anlamını hemen kavradım. Kibar konuğumuzun yolda çocuklara, anne ve baba gelene kadar bekleyelim, dediğini duymuştum. Küçük kız rüyada bu süreli aidiyeti, kalıcı bir evlatlığa dönüştürmüştü. Kızımın duyguları, erkek kardeşleriyle –rüyasına da giren– ilişkisinden başka bir biçim tanımıyordu henüz. Çocuğu iyice sorgulamadan çubuk çikolataların neden yatağın altına atıldığını anlamak mümkün değildi.

Oğlumun rüyasına çok benzer bir rüyayı bir dostumdan duydum. Sekiz yaşında bir kız çocuğunun rüyasıydı bu. Babası birçok çocukla beraber Rohrer Kulübesi'ni ziyaret etmek için Dornbach'a bir yürüyüşe karar vermişti. Ama hava karardığı için yoldan geri dönülmüş, baba çocuklara bir başka sefer bunu telafi edeceklerini söylemişti. Dönüş yolunda Hameau'ya giden yolu gösteren bir tabela görmüşlerdi.

Çocuklar bu sefer Hameau'ya gitmek istemiş, aynı nedenle bir başka gün gidecekleri söylenerek ikna edilmişlerdi. Sekiz yaşındaki kız ertesi sabah babasına mutlu mesut bir halde gördüğü rüyayı anlatmıştı: Baba, dün gece rüyamda bizimle birlikte Rohrer Kulübesi'nde ve Hameau'daydın. Küçük kız sabırsızlık etmiş, babasının verdiği sözlerin gerçekleştiğini önceden görmüştü.

Aussee'nin muhteşem manzarasının üç yaş üç aylık olan kızımın görmesine vesile olduğu bir başka rüya da aynı şekilde içten ve gerçeğe uygun. Kızım ilk kez gölde bir gezintiye çıkmış ve teknenin üzerinde geçirdiğimiz zamanın çok az bir zaman olduğunu söylemişti. Kıyıya yanaştığımızda tekneden inmek istemeyerek hırçınlaşmış ve ağlamıştı. Ertesi gün şunları anlattı: Bu gece göle gittim. Umarım rüyadaki bu gezi daha uzun sürer.

Sekiz yaşındaki en büyük oğlum şimdiden fantezilerinin gerçekleştiğini görmeye başladı. Rüyasında Diomede'nin kullandığı bir arabada Akhilleus'la gidiyordu. Tahmin edileceği gibi bir gün önce ablasına hediye edilen Yunan efsaneleri üzerine bir kitaptan etkilenmişti.

Şayet çocukların uykuda konuşmasını rüya başlığı altında ele alabileceğim kabul edilirse, rüya dağarcığımdaki en yeni rüyayı anlatabilirim: En küçük kızım henüz on dokuz aylıkken bir gün kusmuş, bu yüzden kendisine bütün gün yemek verilmemişti. Aç geçirdiği günün gecesi uykuda heyecanlı bir sesle şunları söylüyordu: *Anna F(r)eud, çi(l)ek, yabani çilek, oml(e)t, muhallebi.* O dönemde ona ait olmasını istediği bir şeyi gösterirken kendi adını söylerdi. Görülen o ki, mönüye sevdiği bütün yemekleri dahil etmişti. Çileklerin iki çeşit olarak sahneye çıkmasının nedeni evdeki sağlık polisi olabilirdi. Dadı, çok çilek yediği için de hastalanmış olabileceğini söylemişti ve Anna belli ki, hoşuna gitmeyen bu karardan intikamını alıyordu.[2]

Cinsel arzuyu henüz tanımadığı için çocukluğun mutlu olmak anlamına geldiğini düşünsek de, unutmamalıyız ki en önemli iki yaşam dürtüsünün diğeri[3] de bol bol hayal kırıklığı ve terk edilme anlamına gelir ve böylece rüyalara kaynaklık eder.[4] Buna ikinci bir örnek: Yirmi iki aylık yeğenime doğum günümde beni tebrik etmek ve henüz turfanda olan kiraz dolu bir sepeti hediye olarak takdim etme görevi verilmişti. Bu görev ona zor gelmiş olmalı ki, aralıksız "sepetin içinde kiraz var", deyip duru-

2 Aynı şeyi küçük torunuyla toplam yaşı 70 olan büyükanne de rüyasında görmüştü. Böbrek rahatsızlığı nedeniyle bir bütün gün açlığa mahkûm olan büyükanne, rüyasında genç kızlığının mutlu günlerine dönmüş, hem öğle hem de akşam yemeğine davet edilmiş ve her iki öğünde de önüne nefis yemekler konmuştu.

3 Hayatta kalma dürtüsü –çev. n.

4 Çocukların ruhsal yaşamına daha yakından baktığımızda, çocuksu cinsel dürtülerim çocuğun ruhsal etkinliklerinde önemli bir rol oynadığını görürüz ve yetişkinlerin sonradan anlattığı mutlu çocukluktan kuşkuya düşeriz (*Krş.* yazarı olduğum *Cinsellik Üzerine Üç Deneme* 1905 ve 6. baskı 1926. *Toplu Eserler*, V. cilt).

yor ama bir türlü sepeti vermeye yanaşmıyordu. Bunu nasıl telafi edeceğini öğrenmiş olmalı ki, o güne kadar annesine her sabah rüyasında "beyaz bir asker", yani bir gün sokakta görüp hayran olduğu paltolu bir muhafız subayını gördüğünü anlatıyordu. Doğum günü sabahı ise, uyanmış ve ancak bir rüyaya ait olması mümkün bir cümle söylemişti: *He(r)man bütün kirazları yedi!*[5]

---

5 Küçük çocukların çok geçmeden karmaşık ve daha az şeffaf rüyalar görmeye başladığını ve yetişkinlerin de benzer basit çocuksu rüyalar görebileceğini söylemeden geçmemek lazım. 4-5 yaşındaki çocukların asla tahmin edemeyeceğimiz ölçüde rahatsızlık veren rüyalar gördüğünü *Çocukta Fobinin Analizi* (*Bleuler-Freud Yıllığı* 1. cilt, 1909) kitabında verdiğim örnekler ve Jung'un *Çocuk Ruhunun Çatışmaları Üzerine* (*age*, 2. cilt, 1909) gösteriyor. Ayrıca analiz edilerek yorumlanmış rüyalar için *bkz.* V. Hug-Hellmuth, Putnam, Raalte, Spielrein, Tausk; ayrıca Banchieri, Busemann, Doglia ve özellikle rüyaların arzu giderme eğilimini vurgulayan Wigam. Öte yandan yetişkinlerde çocuksu rüyalara, bu kişiler olağandışı bir şeyler yaşadıklarında rastlanıyor. Otto Nordenskjöld 1904 basımı *Antarktika* adlı kitabında birlikte kışı geçirdiği ekip hakkında şunları yazmış (1. cilt, s. 336): "En derindeki düşüncelerimizi ele veren rüyalarımız hiç olmadığı kadar çok ve canlıydı. Normalde çok nadir rüya gören arkadaşlarımız bile, bu hayaller dünyasında son yaşadıklarımızı birbirimize aktardığımız sabah saatlerinde uzun hikâyeler anlatırdı. Hikâyelerin hepsi o anda bizden çok uzak olan dış dünyayla ilgiliydi ama içinde bulunduğumuz şartlara uyarlanmıştı. Bir arkadaşımız gördüğü çok özel bir rüyada okul sıralarına geri dönmüş, ders için özel yapılmış minyatür ayıbalıklarının derisini yüzmekle görevlendirilmişti. Çoğunluk rüyamızın merkezinde yemek içmek yer alıyordu. Geceleri büyük öğle yemeklerine katılmakla ünlü bir arkadaşımız akşam üç çeşit yemek yemişse sabah bunu bize neşeyle anlatırdı. Bir başkası rüyasında tütün, tepeleme tütün, diğeri de yelkenlerini fora etmiş gelen gemiler görürdü. Değinmeye değer bir rüya daha: Postacı mektupla geliyor ve uzun uzun mektubun niye geciktiğini açıklıyor. Mektubu yanlış yere teslim etmiş ve sonra uzun çabalar sonucu durumu düzeltmiş. Tabii rüyalarda en imkânsız şeyleri görüyoruz. Ama kendi rüyalarımdan ve anlatılanlardan biliyorum ki, rüyalar aslında fanteziden yoksundur. Bütün bu rüyaları kaydedebilmek psikolojik açıdan çok değerli bir iş olurdu ama bize çok istediğimiz şeyleri sunan uykuya nasıl özlem duyduğumuzu tahmin etmek zor olmayacaktır. Du Prel'den (s. 231) alıntı: "Mungo Park Afrika'ya yolunda susuzluktan ölmek üzereyken rüyasında sürekli memleketindeki sulak vadileri, çayırları görürmüş. Açlıktan ölmek üzere olan Trenck de Magdeburg Kalesi'nde etrafının yemeklerle dolu olduğunu görmüş. Franklin'in ilk keşif gezisine katılan George Beck ise, yoksunluk ve açlıktan ölmek üzereyken rüyasında sürekli aynı zengin sofraları görürmüş."

Hayvanların rüyalarında ne gördüğünü bilmiyorum. Bir öğrencimden duyduğum bir atasözü, bunu bildiğini iddia edip şöyle bir soru soruyor: "*Bir kaz rüyasında ne görür?*" ve yanıtı da veriyor: "*Mısır.*"[6]

Rüyanın bir arzunun gerçekleşmesi olduğu teorisi, işte bu iki cümlede ifadesini buluyor.[7]

Artık rüyaların gizli anlamlarıyla ilgili teorimize giden en kısa yolun gündelik konuşma dilinden geçtiğini anlamış bulunuyoruz. Dil hâlâ rüyalar hakkında bol bol aşağılayıcı deyimlerle dolu gerçi ("Rüyalar köpük gibidir" söyleyişi bilimin söylediklerini destekler) ama rüya konuşma dilinde sevimli bir arzu gidericidir. Gerçek hayatta beklentilerimizin üzerinde bir durum söz konusu olduğunda şaşkınlığımızı "Rüyamda görsem inanmazdım" cümlesiyle ifade ederiz.

---

6 Ferenczi'nin yer verdiği bir Macar atasözü daha da ileri gidip, "domuzların rüyada meşe palamutu, tavukların ise mısır taneleri" gördüğünü söylüyor. Bir de Yahudi atasözü: "Tavuk rüyasında ne görür? Darı." (*Yahudi Atasözleri ve Deyişleri*, yay. v. Bernstein, 2. baskı, s. 116.)

7 Rüyaların arzulardan doğduğunu iddia eden ilk kişi olduğumu söyleyecek değilim (*Krş.* bir sonraki bölümün ilk cümleleri). Bu tür imalara değer verenlere, ilk çağda kral 1. Ptoleme döneminde yaşayan doktor Herefilos'a bakmalarını öneririm. Büchenschütz'ün (s. 33) aktardığına göre Herefilos üç farklı rüyadan söz ediyor: Tanrının gönderdiği rüyalar, ruhun faydalı bulduğu ve gelecekte olacakların imgelerini gördüğümüz doğal rüyalar ve arzu ettiğimiz şeyleri gördüğümüz imgelerin ortaya çıktığı melez rüyalar. J. Staerke Scherner'in topladığı örnek rüyalardan, yazarın kendisinin bir arzu giderme olduğunu söylediği bir rüyayı özellikle ele alır (s. 239). Scherner şöyle diyor: "Rüyayı gören kadının fantezisi, uyanık yaşamdaki arzusunu hemen gerçekleştirmişti çünkü bu arzu kadının duygu dünyasında henüz çok canlıydı. Bu rüya "ruhsal durum" rüyaları sınıfına girer. "Kadın ve erkekte cinsel ilişki özlemi" ve "kasvetli ruh hali rüyaları" da bu rüyalara benzer. Görüldüğü gibi Scherner rüyadaki arzulara, uyanık yaşamdaki herhangi bir ruh halinden farklı bir anlam yüklemez. Hele hele arzuyu rüyanın özüyle ilişkilendirmesi kesinlikle söz konusu değildir.

IV. RÜYADA ÇARPITMA

Şimdi her rüyanın anlamının bir arzunun gerçekleşmesi olduğunu, arzu giderilmesi dışında başka hiçbir rüya türü olmadığını iddia edecek olsam, en şiddetli eleştirilere maruz kalacağımdan eminim. Böyle bir iddia karşısında şunlar söylenecektir: "Rüyaların bir arzunun gerçekleşmesi olduğu yeni bir şey değil, birçok uzman uzun zaman önce tespit etti bunu." (*Krş.* Radestock, 137-138, Volkelt, 110-111, Purkinje, 456, Tissié, 70; Baron Trenck'in hücrede tekrarlayan açlık rüyaları: M. Simon, 42 ve Griesinger'indeki bölüm, 89).[1] Ancak arzu giderilmesi rüyalarının dışında başka tür bir rüya olmadığı iddiası da haksız bir genelleme ve neyse ki bu genellemeyi çürütmek son derece basit. Pek çok rüya biliyoruz ki, arzu giderilmesiyle ilgili en ufak bir ipucu vermedikleri gibi, son derece yoğun bir şekilde acı ve üzüntü içerirler. Arzu giderme teorisine en aykırı kişi gibi görünen kötümser düşünür Eduard v. Hartmann *Bilinçdışının Felsefesi* (II. cilt, s. 344) adlı çalışmasında şöyle der: "Rüyalar uyanık yaşamın bütün dert ve sıkıntılarını uykuya taşırlar. Bunun tek istisnası, kültürlü insanı bir ölçüde hayata bağlayan bilimden ve sanattan alınan hazdır..." Ancak Hartmann kadar şikâyetçi olmayan Scholz (33), Volkelt (80) vb. gibi gözlemciler de, rüyada hazdan çok acı ve hoşnutsuzluk olduğunu iddia ederler. Hatta Sarah Weed ve Florence Hallam adlı hanımlar rüyada mutsuzluğun daha fazla olduğunu sayılarla ifade etmişler, rüyaların

1 Yeni Platoncu Plotinos dahi şöyle demiştir: "Şehvet bir kez uyandığında, peşinden fantezi gelir ve bize bu şehvetin nesnesini sunar." (Du Prel, s. 276).

% 57.2'sinin acı verdiğini ve sadece % 28.6'sının güzel rüyalar olduğunu saptamışlardır. Hayatın çeşitli acılarını uykuda sürdüren rüyaların dışında, bir de bu kötü rüyaların en korkuncu olarak insanı uykudan uyandıran korku rüyaları vardır. Bu rüyaları daha çok –sizlerin gizlenmemiş arzu giderici rüyalar gördüklerini söylediğiniz– çocuklar görür (*krş.* Debacker'in "Pavor nocturnus" üzerine yazdıkları).

Gerçekten de korku rüyaları, bir önceki bölümdeki örneklere dayanarak yaptığımız, rüyaların arzuları gerçekleştirdiği genellemesini çürütüyor ve adeta bir saçmalık olmaya mahkûm ediyor.

Buna rağmen bu güçlü görünen itirazları savuşturmak hiç de zor değil. Bunun için, teorimizin görünür rüya içeriğine değil, rüyayı yorumlayarak ortaya çıkardığımız düşüncelere dayandığını söylemek yeterli olacaktır. Şimdi rüyanın görünür ve gizli içeriklerini karşılaştıralım. Görünür içeriklerinin son derece rahatsız edici ve üzücü olduğu rüyalar olduğu doğrudur. Peki, ama rüyaları yorumlamayı ve gizli içeriğini ortaya çıkarmayı deneyen oldu mu hiç? Şayet denenmediyse, bu iki itiraz da bizim için geçerli değil ve hâlâ üzücü rüyalar ve korku rüyalarının yorum sonrası arzu gerçekleştiren rüyalar olduğunun ortaya çıkması mümkün.[2]

---

2 Okurların ve eleştirmenlerin inatla bu düşünceleri ve rüyanın bir görünür, bir de gizli içeriği olduğunu görmezden gelmeleri gerçekten şaşırtıcı. – Benim düşüncelerime literatürdeki başka hiçbir düşünce J. Sully'nin "Bir Açığa Çıkma Olarak Rüya" başlıklı makalesindeki düşünceleri kadar yaklaşmamıştır ve bu makaleyi burada ele alıyor olmam asla ona hak ettiği değeri vermediğim anlamına gelmez: "O halde rüyaların, Chaucer, Shakespeare ve Milton gibi otoritelerin dediği gibi saçma olmadıkları anlaşılacaktır. Gece fantezilerimizin kaotik birleşiminin bir anlamı vardır ve yeni bilgiler içerir. Düş yazısı da kimi şifreli mektuplar gibi ilk bakıştaki saçma sapanlığını yitirir ve ciddi, anlaşılır bir mesaja dönüşür. Ya da rüyanın, biçimi biraz değiştirmek için, üst üste yeniden yazılan parşömenler gibi (palimpsest) yüzeydeki değersiz yazıların altındaki eski ve değerli mesajı ortaya çıkardığını söyleyebiliriz.

Bilimsel çalışmalarda bir sorunun çözümünde zorluklar çıktığında ikinci bir sorunu daha ele almak işimizi kolaylaştırır; tıpkı iki cevizi tek bir cevizden daha kolay kırabilmemiz gibi. Şu halde yanıtlamamız gereken tek soru, üzücü rüyaların ve korku rüyalarının nasıl olup da arzu gideren rüyalar olduğu değil. Rüya hakkındaki şimdiye kadar yaptığımız açıklamalardan yola çıkarak ikinci bir soru daha atabiliriz ortaya: Arzu giderici olduğunu söylediğimiz rüyaların içeriği neden ilgisiz gibi görünür, rüyalar içeriklerini neden açıkça göstermezler bize? Uzun uzadıya incelediğimiz İrma'nın enjeksiyonu rüyasına bakalım yeniden: Bu rüyanın asla üzücü bir yapısı yoktu; ancak yorumlandıktan sonra çarpıcı bir arzu giderme rüyası olduğu ortaya çıktı. Peki ama neden zaten bir yoruma ihtiyaç var? Rüya neden söylemek istediklerini dolaysız olarak söylemiyor? Gerçekten de İrma'nın rüyası ilk bakışta arzu giderici bir rüya izlenimi uyandırmıyor insanda. Eminim, okurlarımda da uyanmamıştır bu izlenim. Ama zaten bende de analizi yapana kadar böyle bir izlenim uyandırmamıştı. Rüyanın bu açıklamaya muhtaç tutumuna rüyada çarpıtma diyelim. O zaman karşımıza hemen ikinci bir soru çıkıyor: Rüyada çarpıtmanın kaynağı nedir?

Bu soruya yanıt olarak ilk aklımıza gelenler bizi çeşitli çözümlere götürebilir: Uykunun rüyadaki düşüncelere uygun bir ifade tarzı bulmakta yetersiz olduğu söylenebilir mesela. Ancak belli rüyaların analizi bizi başka açıklamalar bulmaya mecbur ediyor. Bunu yine bana ait bir rüyada göstermek istiyorum. Bu iş doğal olarak kendimle ilgili bir sürü boşboğazlık etmemi gerektirecek ama sorunun ayrıntılarıyla açıklığa kavuşması da, kendimi feda etmemin telafisi olacak.

Ön bilgi: 1897 yılının baharında, üniversiteden iki profesörün beni doçentlik için önerdiklerini öğrendim. Hiç beklemediğim bu habere, iki muhteşem insanın kişisel ilişkilerden bağımsız olarak beni onurlandırmış olmalarından ötürü çok sevinmiştim. Ancak kendime hemen bu gelişmeden ötürü çok da umutlanmamam gerektiğini söyledim. Bakanlık son yıllarda birçok kez bu türden önerileri dikkate almamıştı. Yaşça benden büyük ve başarılı çalışmalar açısından en az benim kadar iyi pek çok meslektaşım o zamandan beri boş bir kadroya atanmayı bekliyordu. Benim daha şanslı olmamı gerektirecek hiçbir neden yoktu ve bu yüzden sükûnetimi korumaya karar verdim. Hırslı bir insan olmadığımı düşünüyorum. Doktorluk görevimi herhangi bir unvanın sağladığı imkânlar olmadan da başarıyla sürdürüyorum. Zaten mesele de, ulaşamayacağım üzümlerin ekşi mi yoksa tatlı mı olduğunu saptamak değildi.

Bir akşam dostum da olan bir meslektaşım ziyaretime geldi. Onun yaşadıklarından ders almıştım. Dostum uzun zamandır, toplumumuzda bir doktoru yarı tanrı yapan profesörlük unvanını almaya adaydı. Ama benim gibi kaderine boyun eğmemişti ve zaman zaman atamasının yapılması için bakanlık koridorlarında görünürdü. Böyle bir ziyaret sonrası bana geldiğinde, bu kez üst düzey bir bakanlık görevlisini köşeye sıkıştırdığını ve ona, atamasının gecikmesinde dini aidiyetinin bir rol oynayıp oynamadığını sorduğunu anlattı. Ekselanslarının yanıtı, –halihazırdaki koşullarda– bunun mümkün olmadığı vb.'di. "En azından durumun ne olduğunu biliyorum artık" diye sözlerini bitirdi dostum. Yeni bir şey değildi bu benim için, ama anlattıkları yine de tevekkülle beklemem gerektiği yönündeki hissiyatımı güçlendirdi. Çünkü aynı dini aidiyet konusu benim için de geçerliydi.

Bu ziyareti takip eden günün sabahı, biçimi itibariyle de dikkate değer şu rüyayı gördüm: Rüya iki düşünce ve iki görüntüden oluşuyordu ve her düşünceyi bir görüntü takip ediyordu. Ancak burada rüyanın sadece ilk kısmını ele alacağım çünkü ikinci bölümün benim burada rüyamla ilgili anlatmak istediklerimle hiçbir ilgisi yok.

I. Dostum R,. benim amcammış. – Ona karşı büyük bir sevgi duyuyorum.
II. Yüzü biraz değişmiş görünüyor. Biraz uzamış gibi, yüzünü çevreleyen sarı sakalı özellikle belirgin.

Bunları yine biri bir düşünce, diğeri bir görüntü olmak üzere iki parça halinde takip ediyorum. Bu bölümü ele almayacağım.

Rüyanın yorumu şöyle: Rüyam öğleden önce aklıma geldiğinde gülümsedim ve saçmalık olduğunu düşündüm. Ama o buna razı gelmedi ve bütün gün peşimi bırakmadı. Sonunda akşam kendi kendime şöyle bir serzenişte bulundum: "Eğer bir hastam rüyanın yorumlanması sırasında, saçma bir rüyaydı, cümlesinden başka söyleyecek bir şey bulamasa, onu ihtar eder, rüyanın arkasında bilmek istemediği tatsız bir hikâye olduğunu düşünürdüm. Kendine aynı şeyi yap şimdi. Rüyanın saçma olduğunu düşünmen, rüyanın yorumuna içsel bir direnç göstermenden kaynaklanıyor. Buna izin verme."

Böylece rüyamı yorumlamaya koyuldum.

"*Dostum R., benim amcam.*" Bu ne anlama gelebilir? Sadece bir amcam vardı, Josef Amca.[3] Josef Amca'nın acıklı bir hikâyesi vardı. 30 yıl önce para kazanma hırsıyla suç teşkil eden işlere bulamış, sonunda da cezalandırılmıştı. Üzüntüden birkaç gün içinde saçlarına ak düşen babam, sürekli Josef Amca'nın asla kötü bir insan olmadığını ama biraz saftorik olduğunu söylüyordu. O halde dostum R., Josef Amca olduğuna göre, o da saftoriğin tekiydi. Bu imkânsız ve son derece nahoş bir durum! Ama uzun suratı ve sarı sakallarıyla oydu rüyamdaki. Gerçekten de am-

---

3 Uyanık belleğimin bu noktada kendini analiz amacıyla nasıl daralttığını görmek gerçekten şaşırtıcı. Beş tane amcam olduğunu biliyordum ama sadece birini çok sever ve sayardım. Ama rüya yorumuna direnç göstermeyi bıraktığım anda kendime şöyle diyorum: "Benim gerçekte tek bir amcam var, o da rüyada sözü edilen amcam."

camın uzun bir yüzü ve yüzünü çevreleyen güzel sarı sakalları vardı. Dostum R. ise simsiyahtı ama biliyoruz ki siyah saç ve sakalı olanlar gençlik yıllarındaki görkemli görünüşlerinin kefaretini saçları beyazlarken öderler. Siyah sakalları yavaş yavaş tatsız bir renk değişimine uğrar, önce kırmızı-kahverengi, sonra sarı-kahverengi ve nihayet tam gri bir renk alır.

İşte dostum R.'nin sakalları şu anda bu safhada. Ayrıca, üzülerek fark ediyorum ki, benim sakallarım da aynı durumda. Rüyada gördüğüm yüz, hem dostum R.'nin, hem de amcamın yüzüydü. Tıpkı aile fertlerinin benzerliklerini ortaya çıkarmak için birçok suratı aynı levha üzerine basan Galton'un melez fotoğrafları gibiydi. Demek ki arkadaşım R.'nin de tıpkı Josef Amca gibi saftorik olduğunu düşündüğüm kesindi.

Henüz ısrarla vurguladığım bu bağlantıyı hangi amaçla kurduğumu bilmiyorum. Bağlantı da zaten çok belirgin değil; amcam suç işlemiş biriydi, dostum R. ise kusursuz bir insandı. Tek kusuru bisikletiyle bir çocuğa çarptığı için cezalandırılmış olmasıydı. Bu suç muydu acaba kastettiğim? Böyle bir şey bu benzetmeyi gülünç kılardı sadece. Bu noktada birkaç gün önce meslektaşım N.'yle aynı konu üzerine yaptığım bir konuşma geldi aklıma. N.'ye sokakta rastladım. O da profesörlüğe önerilmişti. Benim de önerildiğimi duymuştu ve tebrik etti. Kesin bir tavırla kutlamasını reddettim: "Sadece önerilmiş olmanın ne anlama geldiğini bizzat yaşamış biri olarak, bu şakayı en son yapacak kişi sensin." Bunun üzerine, muhtemelen yine şaka yollu, şöyle dedi: "O hiç belli olmaz. Benim kabul edilmememin bir nedeni var. Hakkımda bir şikâyet olduğunu bilmiyor muydunuz? Tabii davanın takipsizlikle sonuçlandığını söylememe bile gerek yok. Aşağılık bir şantaj denemesiydi. Şikâyet eden kişiyi ceza almaktan kurtarmak için elimden geleni yaptım. Ama bakanlık belki bu meseleyi atanmamı engellemek için kullanabilir. Oysa siz, siz kusursuzsunuz." İşte suçlunun kim olduğunu, böylece de rüyamın yönünü ve yorumunu da bulmuştum. Josef Amca rüyamda profesörlüğe atanmayan bu iki meslektaşımın yerini –birini saftorik, diğerini de suç işlemiş biri olarak– almıştı.

Şimdi artık neden bu temsile ihtiyaç duyduğumu da anlıyorum. Dostlarım R. ve N.'nin atamalarının ertelenmesinde "dinsel" nedenler rol oynadıysa şayet, benim atanmam da şüpheliydi. Ama onların atanmamalarını benim için geçerli olmayan başka nedenlere bağlayabilirsem, o zaman umutlanmaya devam edebilecektim. Böylece rüyam R.'yi bir saftorik, N.'yi ise bir suçlu yapmıştı. Bense ne biri, ne ötekiydim. Ortak bir yanımız kalmamıştı artık. O halde profesörlüğe atanacağıma sevinebilirdim ve R.'nin anlattıklarından bildiğim, üst düzey memurun utandırıcı davranışına maruz kalmaktan kurtulmuştum.

Bu rüyanın yorumu üzerine çalışmaya devam etmem gerekiyor. Benim açımdan henüz doyurucu biçimde bitmiş değil bu yorum. Henüz profesörlüğe giden yolu kendim için açmak adına, büyük bir umursamazlık içinde iki saygın meslektaşımı aşağılamış olmamı kabullenemiyorum. Ama davranışımın neden olduğu sıkıntı, rüyalarda söylenenlere verilecek değeri anlamaya başladıktan sonra azaldı. R.'yi saftorik bulmadığımı ya da N.'nin şu şantaj meselesinde suçsuz olduğunu herkese karşı savunmaya hazırım. İrma'nın Otto'nun propilen enjeksiyonu yüzünden hastalandığına da inanmıyorum zaten; doğru olan tek şey, hem o hem bu rüyada, benim olayların rüyadaki gibi gerçekleşmesini arzu ediyor olmam. Arzumu gerçekleştiren iddia ikinci rüyada birincisinden daha az saçma geliyor kulağa; burada iddialarım zekice gerçek olaylar kullanılarak biçimlendirilmişti. Mesela iftiralar, "gerçek payı var" dedirtecek biçimdeydi çünkü dostum R.'nin atanmasına karşı olan kendi disiplininden bir profesör vardı. Dostum N. ise hakkındaki iftiraları hiçbir art niyeti olmadan bizzat kendi anlatmıştı bana. Ama tekrar ediyorum, bütün bunlara rağmen rüya bana hâlâ açıklamaya gereksinim olduğu izlenimini veriyor.

Şimdi rüyada henüz yoruma tabi tutulmamış bir bölüm daha olduğunu hatırladım. Rüyada R.'nin amcam olduğu aklıma geldikten sonra, ona sıcak bir şefkat duyuyorum. Bu duygulanım ne ifade ediyor? Josef Amca'ya karşı asla böyle şefkat dolu duygular beslememiştim. R. ise yıllardır sevdiğim ve saydığım bir dostumdur. Ama bir gün ona gidip, rüyada hissettiğime yakın bir sempatiyi dile getirecek olsaydım, eminim çok şaşırırdı. Ona hissettiğim şefkat gerçek dışı ve abartılı geliyor bana; tıpkı onun kişiliğini amcamın kişiliğiyle birleştirip, zihinsel nitelikleri hakkında vardığım yargının (ama bu sefer ters yönde) gerçek dışı ve abartılı olması gibi. Ama şimdi yeni bir şeyin farkına varıyorum. Rüyadaki şefkat rüyanın gizli içeriğinin, rüyanın arkasında yatan düşüncenin bir parçası değildi. Gizli içeriğin zıddıydı ve rüyayı yorumlayabileceğim bilgileri örtüyordu. Belki de varoluş nedeni buydu şefkatin. Rüyayı yorumlamaya nasıl direnç gösterdiğimi, nasıl ertelemeye çalıştığımı ve rüyanın saçma sapan bir şey olduğunu söylediğimi çok iyi hatırlıyorum. Psikanaliz seanslarımdan bu türden bir reddedişin nasıl yorumlanması gerektiğini çok iyi biliyorum.

Bu reddedişin bir bilgi olarak değeri yok, sadece bir duygunun dışa vurumu olarak değeri var. Küçük kızım kendisine verilen elmayı sevmediğinde, tadına bile bakmadan elmanın acı olduğunu iddia eder. Hastalarım bu ufaklık gibi davrandıklarında, bastırmak istedikleri bir konunun söz konusu olduğunu anlarım. Aynı şey benim rüyam için de geçerli. Rüyamı yorumlamak istemiyorum çünkü bu yorum benim direnç gösterdiğim bir şey içeriyor. Rüyanın yorumunu tamamladıktan sonra, neye direnç gösterdiğimi de anlıyorum: R.'nin saftoriğin teki olması. R.'ye karşı hissettiğim şefkatin kaynağının gizli rüya düşüncesi değil, benim direncim olduğunu anlıyorum. Madem ki rüyamın gizli içeriği bu noktada (hem de karşıt olacak şekilde çarpıtılmıştı), o zaman rüyadaki görünür şefkat bu çarpıtmaya yarıyordu. Başka bir deyişle, *çarpıtma* burada planlıydı ve *örtbas etmeye* yarıyordu. Rüyadaki düşüncelerimde R.'ye bir hakaret vardı. Bunu fark etmemem için rüyaya tam karşıtı yani bir şefkat duygusu hâkim olmuştu.

Bu yorum genel geçerliliği olan bir bilgi olabilir. III. Bölüm'deki örneklerden de anlaşılacağı gibi, arzuların doyurulmasının örtük olmadığı rüyalar da var. Arzu doyurulmasının tanınmaz ve üzeri örtülü olduğu durumlarda, bu arzuyu reddetmeye yönelik bir eğilim söz konusu olurken bu reddediş nedeniyle, arzu ancak çarpıtılmış olarak ifade bulabiliyor olmalı. Psikolojik hayatın içinde var olan bu olgunun sosyal hayatta neyle örtüştüğünü bulmak istiyorum. Sosyal hayatta psikolojik bir eylemde olduğu gibi bir çarpıtmaya nerede rastlarız? Sadece birinin belli bir güce sahip olduğu, diğerinin ise, bu güce saygı göstermek zorunda olduğu ikili bir ilişkide. İkinci kişi psikolojik eylemlerini çarpıtır bu durumda ya da onları örtbas eder de diyebiliriz. Her gün sergilediğim kibarlığın büyük bir kısmı bu türden bir örtbas etmedir. Okurlarım için rüyalarımı yorumlarken bazı şeyleri örtbas etmeye mecbur kalırım. Şair[4] bu tür çarpıtmaların zorunlu olduğundan şikâyet eder:

"Das Beste, was du wissen kannst, darfst du den Buben doch nicht sagen"[5] İktidara hoşuna gitmeyecek gerçekleri söylemek zorunda olan siyasi bir yazar da aynı durumdadır. Yazar gerçekleri hiç gizlemeden söylerse, iktidara sahip olanlar söylediklerini, şayet sözlü söylediyse sonradan, basılı olarak yayınlayacaksa önceden engeller.

4 Goethe –çev. n.
5 "En doğru bildiğin şeyi, çocuklara söylemezsin ki." –çev. n.

Yazar sansürden korkar ve düşüncelerini yumuşatır ve çarpıtır. Sansürün gücüne ve duyarlılığına paralel olarak ya belli biçimlerde yapar saldırılarını ya da doğrudan söylemek yerine imalarda bulunur, ya da aşağılayıcı sözlerini daha zararsız görünen sözlerinin arkasına gizler, ülkesindeki bürokratları kastederken Orta Krallık'taki iki mandarin arasında geçen olaylardan söz eder. Sansür arttıkça, örtbas etmeler de artar; okur, gerçekte söylenmek isteneni ima eden ipuçlarına giderek daha zekice, daha eğlenceli araçlarla yönlendirilir.[6]

6 Bayan Dr. H. v. Hug-Hellmuth 1915'te benim terminolojimi savunmaya belki de hiçbir başka rüyanın olmadığı kadar uygun bir rüya yayınladı (*Uluslararası Tıbbi Psikanaliz Dergisi III*). Bu örnekte rüyada çarpıtma, rahatsız edilen bölümleri silmek için, mektup sansürü gibi çalışıyor. Mektuplar sansürlenirken bu kısımların üzeri çizilir, rüyada sansür bunun yerine anlaşılmaz mırıldanmalar koyar.

Rüyanın anlaşılması açısından, rüyayı gören kadının itibarlı, zarif, elli yaşında, yaklaşık on iki yıl önce ölmüş yüksek rütbeli bir subayın dul karısı ve –birinin rüyanın görüldüğü dönemde cephede olduğu– yetişkin çocukları olan bir anne olduğunu söyleyelim.

Şimdi de "aşk hizmetleri" rüyası: Kadın 1 no'lu garnizon hastanesine gider ve başhekim ......'i (tanımadığı bir isim) görmesi gerektiğini, çünkü hastanede "hizmet" görmek istediğini söyler. Bu arada "hizmet" kelimesini vurgulayışından astsubay "aşk hizmetinden" söz ettiğini anlar. Astsubay karşısındaki yaşlı bir kadın olduğu için biraz tereddüt ettikten sonra girmesine izin verir. Ama başhekimin yanına gideceğine, uzun bir masada oturan ya da yanı başında duran bir sürü subay ve askeri doktorun olduğu büyük ve karanlık bir odaya düşer. İsteğini bir tabip yüzbaşıya iletir, adam birkaç kelimenin ardından hemen kadının derdini anlar. Rüyada söylediği cümle şöyledir: "Ben ve Viyana'daki sayısız kadın ve genç kız, hiç fark gözetmeden askerlerin, birliğin ve subayların..." Rüyada burada bir mırıltı vardır. Ama odada bulunanlar cümlede kastedileni anlar ve kiminin yüzünden utandığı, kimininkinden de kötü niyetleri anlaşılır. Kadın devam eder: "Kararımızın tuhaf olduğunu biliyorum ama çok ciddiyiz. Cephedeki askere de, ölmek isteyip istemediği sorulmuyor." Bu cümleyi dakikalar süren nahoş bir sessizlik takip ediyor. Tabip yüzbaşı kolunu kadının beline dolar ve şöyle der: "Hanımefendi, diyelim ki dediğiniz oldu... (mırıltılar)." Kadın "Bunların hepsi aynı" diye düşünerek adamın kolundan kurtulur ve şöyle der: "Tanrım ben yaşlı bir kadınım ve bunu yaşamam gerekmeyecek belki de. Üstelik bir şartımız var: Yaş dikkate alınmalı; yani yaşlı bir kadının bütün genç delikanlılara... (mırıltı); bu korkunç olurdu."– Tabip yüzbaşı: "Sizi çok iyi anlıyorum." Aralarında kadına

Sansür ve rüyada çarpıtma olgularının en ince ayrıntılarına kadar örtüşmesi, her iki durumun oluşmasındaki koşulların benzer olabileceğini varsayma hakkını verir bize. Demek ki insanda bir rüyanın oluşmasına neden olan iki psikolojik güçten (temayülden, sistemden) söz edebiliriz. Bunlardan ilki, rüyada ifadesini bulan arzudur, ikincisi ise rüyadaki arzuya sansür uygulayan ve bu sansür sayesinde rüyanın söylediği şeyin çarpıtılmasını zorunlu kılan güç. Burada sorulması gereken soru, ikinci gücün sansür uygulama yetkisini nereden aldığı. Analiz yapılmadan önce rüyadaki gizli düşüncenin bilincinde olmadığımızı ama görünür rüya içeriğini bilinçli olarak hatırladığımızı düşünecek olursak, ikinci gücün ayrıcalığının, düşüncelerin bilince ulaşmasını sağlamak olduğunu söylemek akla yakın geliyor. Birinci sistemden hiçbir şeyin ikinci sistemden geçmeden bilince ulaşmadığı ve ikinci sistemin de yetkisini kullanmadan ve bilince ulaşmaya çalışanlar üzerinde istediği değişiklikleri yapmadan hiçbir şeyin geçmesine izin vermeyeceği söylenebilir. Burada bilincin "doğası" üzerine belli bir görüşü de dile getirmiş oluyoruz. Bir şeyin bilincine varmak, bizim için özel psikolojik bir eylemdir. Bir şeyin saptanması ya da sunulması sürecinden farklı ve bağımsız bir eylemdir bu. Bilinç, başka bir yerlerdeki içerikleri algılayan bir duyu organı gibidir. Ve bu temel kabuller, psikopatoloji için vazgeçilmez-

---

gençlik yıllarında talip olan biri de bulunan subaylar kahkahalarla gülerler. Kadın durumu açıklığa kavuşturmak için tanıdığı başhekime götürülmek ister. Bu arada şaşırarak adamın adını bilmediğini fark eder. Tabip subay buna rağmen kadına kibarca ve saygıyla odanın içinden bir üst kata çıkan dar, demirden bir dönen merdivenden ikinci kata çıkmasını söyler. Kadın merdivenden çıkarken bir subayın söylediklerini duyar: "Bir kadın ister yaşlı, ister genç olsun, bu dev bir karar. Saygıyla eğilirim ben bu kararın önünde."

Kadın görevini yapmış birinin duyguları içinde sonsuz merdiveni tırmanmaya devam eder.

Kadın bu rüyayı birkaç hafta sonra –kendisinin sözleriyle– önemsiz ve anlamsız bir değişikliğe uğramış halde ikinci kez görür.

dir. Ancak bu konuya daha sonra hak ettiği şekilde ayrıntılı olarak değineceğiz.

Bu iki psikolojik sistemi ve bu sistemlerin bilinçle ilişkisini kavradığımızda, dostum R.'yi rüyamda bir taraftan aşağılarken, diğer taraftan ona şefkat duymamla insanoğlunun siyasi yaşamıyla bütünüyle benzeşen bir durum çıkıyor ortaya.

Gücüne son derece düşkün bir hükümdar ve onunla mücadele eden aktif ve coşkulu bir halkın yer aldığı bir devlet düşünüyorum. Halk itibarsız bir devlet görevlisine karşı ayaklanıyor ve görevden atılmasını istiyor olsun. Halkın iradesini dikkate aldığı intibaını yaratmak istemeyen hükümdar devlet görevlisini hiçbir sebep olmaksızın ödüllendirebilir. Benim bilince ulaşmayı kontrol altında tutan ikinci sistemim de, dostum R.'yi abartılı bir şefkate boğuyor çünkü birinci sistemin boyun eğdiği arzuyu gerçekleştirme çabaları dostumu saftorik olarak aşağılamak istiyor.[7]

Belki şimdi rüya yorumunun ruhsal aygıtımızın yapısı hakkında bize felsefeden boşuna beklediğimiz bilgiyi vereceğini düşünüyor olabiliriz. Ama biz bu yoldan ilerlemeyeceğimiz gibi, rüyada çarpıtmayı açıkladıktan sonra başlangıçtaki soruna geri döneceğiz. Sorumuz, utandırıcı rüyaların nasıl arzu giderici olarak yorumlanabildiğiydi. Artık rüyada bir çarpıtma olduğunda bunun mümkün olduğunu, utandırıcı içeriğin sadece arzu edileni örttüğünü

7 Bu türden ikiyüzlü rüyalar benim de başkalarının da nadir gördüğü rüyalar değil. Belli bir bilimsel meseleyle meşgul olduğum bir dönemde, birçok gece üst üste uzun zamandır görüşmediğim bir arkadaşımla barıştığım, kafa karıştırıcı bir rüya başıma musallat oldu. Ancak dördüncü ya da beşinci kez gördükten sonra rüyanın anlamını çıkarabildim. Rüya arkadaşıma duyduğum son saygı kırıntısını da bir kenara bırakıp, ondan tamamen kurtulmanın verdiği bir rahatlamaydı ve riyakâr bir şekilde bunun tam tersi bir kılığa bürünmüştü. Daha önce başka birine ait, rüya düşüncelerinde düşmanca duyguların yöneldiği ve ölümü arzulanan bir kişiye açıkça şefkat duyulduğu bir "riyakâr Ödipus rüyasından" söz etmiştim. ("Örtbas Edilmiş Tipik Bir Ödipus Rüyası") Riyakâr rüyalara başka örneklere başka bir bölümde yer vereceğim (Bkz. VI. Bölüm "Rüya Çalışması").

biliyoruz. İki psikolojik sistem varsayımımıza dayanarak utandırıcı rüyaların gerçekten de ikinci sistem için utandırıcı öğeler barındırdığını, ama bir taraftan da birinci sistemin arzusunu yerine getirdiğini söyleyebiliriz artık. Her rüya birinci sistemden doğduğu sürece bir arzu rüyasıdır; ikinci sistem ise sadece direnir, rüya açısından yaratıcı bir işlevi yoktur.[8] İkinci sistemin rüyaya katkısıyla sınırlı bir yaklaşım, rüyayı asla anlayamaz ve kimi yazarların rüyayla ilgili olarak dile getirdiği muammalar çözülemez.

Rüyaların gerçekten de bir arzunun giderilmesini temsil eden gizli bir anlamı olduğunu her hastada analizle kanıtlamak gerekir. Bu nedenle şimdi utandırıcı birkaç rüyayı ele alıp, analiz edeceğim. Bu rüyalar kısmen histerik hastaların rüyaları ve uzun uzun ön bilgi vermeyi ve kısmen histerilerdeki psikolojik süreçlere değinmeyi gerektiriyor. Ama açıklamalarımı zorlaştıracak olmasına rağmen bundan kaçınmam da mümkün değil.

Daha önce de değindiğim gibi, psikonevrotik bir hastaya analiz tedavisine başladığımda, hastanın rüyaları, düzenli olarak konuşmalarımızın bir parçasını oluşturur. Konuşmalarımız sırasında, hastama semptomlarını anlamama yardımcı olan bütün psikolojik açıklamaları yapmak zorundayım. Bu açıklamalar üzerine hastalarımdan gelen, meslektaşlarımdan görmediğim kadar acımasız eleştirilere maruz kalırım. Özellikle rüyaların tamamının arzularımızı gidermeye yaradığı cümlesine mutlaka itiraz ederler. İşte hastalarımın bu cümlemin aksini kanıtlamak için rüyaları hakkında söylediklerinden birkaç örnek: Şakacı bir hastam "Rüyaların her zaman giderilmiş bir arzu olduğunu söylüyorsunuz", diye başlıyor söze: "Şimdi size bunun aksi olan, yani arzumun gerçekleşmediği bir rüyamı anlatacağım. Bunu nasıl bağdaştıracaksınız bakalım teorinizle) Rüya şöyle:

8 İleride bunun aksini yani rüyanın ikinci sistemin bir arzusunu dile getirdiği durumları da ele alacağım.

"Bir akşam yemeği vermek istiyorum. Ama evde biraz tütsülenmiş som balığından başka bir şey yok. Alışverişe gitmeyi düşünüyorum ama aklıma Pazar günü öğleden sonra olduğu ve dükkânların kapalı olduğu geliyor. Eve sipariş getirecek bir yerleri aramak istiyorum ama telefon bozuk. Bu durumda akşam yemeği daveti verme arzumdan vazgeçmek zorunda kalıyorum."

Tabii bu rüyanın anlamına ancak analizle karar verilebileceğini söylüyorum. Ama bir taraftan da ilk bakışta mantıklı ve tutarlı bir rüya olduğunu ve bir arzunun giderilmesinin tam tersi gibi göründüğünü de itiraf ediyorum. "Peki, bu rüyayı görmenize neden olan şey nedir? Biliyorsunuz ki, her rüyanın uyaranı rüya görülmeden önceki son gün yaşanan olaylardır."

Analiz:

Hastanın et toptancısı olan çalışkan ama sevimsiz ve soğuk kocası birkaç gün önce karısına çok şişmanladığını, bu yüzden yağ yakma kürüne başlamak istediğini, her sabah erken kalkıp spor yapacağını, sıkı bir diyet uygulayacağını ve akşam yemeği davetlerini de kabul etmeyeceğini söylemişti. – Kadın gülerek kocasının içki masasında bir ressamla tanıştığını, ressamın ilk kez bu kadar anlamlı bir yüz gördüğü için adamın portresini yapmak istediğini anlattı. Kocası bunun üzerine ressamı kaba bir tavırla reddetmiş ve genç ve güzel bir kızın poposunun bir parçasını çizmeyi kendinin bütün yüzünü çizmeye tercih edece- ğinden emin olduğunu söylemiş.[9]

9 "Ressamın önünde oturmak."
Goethe: "Und wenn er keinen Hintern hat
Wie kann der Edle sitzen?"
(Ve şayet poposu yoksa, nasıl oturacak asilzdemiz?)

Kadın kocasını sevdiğini, ona sataştığını ve kocasından ona havyar vermemesini istediğini anlatmıştı. – Bütün bunlar ne anlama gelebilir?

Uzun süredir kadının her gün öğleden önce canı havyarlı bir sandviç çekiyor ama böyle bir masrafı kendinden esirgiyordu. Ama kocasından rica etse, adamın hemen havyar alacağını da biliyordu. Oysa kendisi adama havyar almamasını söylemişti ve böylece ona sataşmaya, söylenmeye devam edebilecekti. (Bu açıklama bana pek zayıf ve dayanaksız geldi. Bu türden yetersiz bilgilerin ardında çoğu zaman itiraf edilemeyen saikler gizli olur. Bernheim'ın hipnotize ettiği hastalarında da böyledir bu: Hastalar hipnoz sonrası saiklerinin ne olduğu sorulduğunda, "Neden böyle davrandığımı bilmiyorum", demek yerine kendilerini doyurucu olmayan bir gerekçe uydurmak zorunda hissederler. Aynı şey benim hastamın havyarı için de geçerli olmalı. Hayatında gerçekleşmemiş bir arzu yaratmaya zorluyor kendini. Rüyası da arzusunun giderilmemiş olmasını gösteriyor. Peki ama hastamın neden giderilmemiş bir arzuya ihtiyacı olabilir?)

O âna kadar aklına gelenler rüyanın yorumu için yeterli değil. Hastayı daha çok şey anlatmaya zorluyorum. Direncini yenmesini sağlayan kısa bir aradan sonra, bir gün önce bir kadın arkadaşını ziyaret ettiğini, bu arkadaşının kocası kadını her zaman bol bol övdüğü için onu kıskandığını söylüyor. Neyse ki kadın zayıf, kuru biri, benim kocamsa etine dolgun kadınları sever, diyor. Peki bu zayıf arkadaş ne anlatmış ona? Tabii ki biraz kilo almak istediğini. Ve hastama sormuş: "Ne zaman bizi yine yemeğe davet edeceksiniz? Sizde yemekler pek güzel oluyor."

Şimdi rüyanın anlamı açığa çıktı. Hastama şöyle diyorum: "Bu davet edilme talebi karşısında sanki şöyle düşünmüşsünüz: Tabii seni davet edeyim, mideni şişir bende, kilo al ve kocam seni daha çok beğensin. Yemek daveti vermemeyi tercih ederim bu durumda. Rüyanız size akşam yemeği daveti veremeyeceğinizi söyleyerek, arkadaşınızın bedeninin yuvarlak hatlara kavuşmasına destek olmama arzunuzu yerine getiriyor. Sosyal yaşamın insanı şişmanlattığını da kocanızın yağ yakma kürü için akşam yemeği davetlerini kabul etmeyecek olmasından biliyorsunuz."

Artık çözümü destekleyecek herhangi bir tesadüfe gerek var sadece. Rüyadaki tütsülenmiş som balığının anlamını henüz bilmiyoruz. "Rüyadaki som balığı nereden çıkmış olabilir?" Tütsülenmiş som balığı bu arkadaşımın en sevdiği yemektir," diye yanıtlıyor sorumu. Hanımı ben de tanıyordum tesadüfen ve onun som balığını kendinden esirgemesinin, hastamın havyarı esirgemesinden farklı olmadığını tasdik edebilirim. Aynı rüya, başka bir ayrıntının zaten zorunlu kıldığı başka ve daha derin bir yoruma da açık. Bu iki yorum birbirleriyle çelişmediği gibi, örtüşüyor da ve bütün diğer psikopatolojik oluşumlar gibi rüyaların da çift anlamlılığı konusunda güzel bir örnek teşkil ediyor. Hastanın rüyasıyla arzusunu gemlemeye çalışırken, bir taraftan da gerçek hayatta gerçekleşmeyen bir arzusunu (havyarlı sandviç) yerine getirmeye çalıştığını biliyoruz. Arkadaşı da şişmanlama arzusunu dile getirdiğine göre, hastanın rüyasında arkadaşının arzusunun gerçekleşmediğini görmüş olması şaşırtmayacaktır bizi. Çünkü arkadaşının –şişmanlama– arzusunun gerçekleşmemesi, hastanın gerçek arzusu. Ama o bunun yerine kendisinin bir arzusunun yerine gelmediğini görüyor rüyasında. Hasta rüyada kendini değil, arkadaşını kastediyorsa, kendini onun yerine koyuyorsa, ya da bir anlamda kendini onunla *özdeşleştiriyorsa,* rüya da yeni bir yorum daha kazanacaktır.

Hastamın bu özdeşleştirmeyi gerçekten yaptığına inanıyorum. Bu özdeşleştirmenin işareti olarak gerçekleşmemiş bir arzusunu gerçek hayatta gerçekleştirdi çünkü. Peki ama bu histerik özdeşleşmenin anlamı ne acaba? Bunu anlayabilmek için daha da ayrıntılı bir açıklama gerekiyor. Özdeşleşme, histerik sembollerin mekanizması açısından son derece önemli bir andır. Hastalar özdeşleşme sayesinde sadece kendinin değil, bir dizi başka insanın yaşadıklarını da semptomlarında dile getirebilirken, bir taraftan da birçok başka insan için acı çekebilir, kendi kişisel imkânlarıyla bir tiyatro oyunundaki bütün rolleri oynayabilirler. Bu noktada bana itiraz edilecek, bunun bildiğimiz histerik taklit olduğu, histeriklerin kendilerini etkileyen semptomları taklit edebildiği ve böylece karşı tarafa acıma, onu anlama duygusunun yeniden üretildiği söylenecektir. Oysa burada ifade edilen sadece histerik taklitteki psikolojik süreç. Ruhsal eylem ise, aynı süreçte başka bir yol takip eder ve bu, histerik taklide atfedilenden daha karmaşık bir yoldur. Ruhsal eylem aşağıdaki örnekten de anlaşılacağı gibi, bilinçdışı bir çıkarsamaya benzer.

Vücudunda seğirmeler olan bir kadın hastasıyla hastanede aynı odada yatan diğer hastaların da bir sabah aynı histerik nöbeti taklit ettiklerini gören doktor hiç şaşırmaz ve şöyle düşünür: Öbür hastalar kadını gördü ve taklit etti; nöbetler psikolojik olarak sirayet etti onlara. Tamam, peki, ama psikolojik sirayetin başka bir yol izlediğini biliyoruz. Hastalar normal koşullarda birbirleri hakkında doktorun bildiğinden daha fazla şey bilirler ve vizite bittikten sonra birbirleriyle ilgilenirler. Biri nöbet geçirdiğinde, diğerleri nöbetin nedeninin hastanın o gün ailesinden aldığı mektup olduğunu, aşk acısının depreştiğini vb. bilirler. Hastaların acıma duyguları depreşir ve bilinçsiz olarak şu çıkarsamayı yaparlar: Şayet bu tür nedenler böyle nöbetlere neden olabiliyorsa, ben de böyle bir nöbet geçirebilirim, çünkü benim de benzer nedenlerim var. Şayet bu çıkarsama bilinçli bir çıkarsama olsaydı, muhtemelen aynı nöbetleri geçirme korkusuyla sonuçlanırdı. Ama nöbet başka bir psikolojik alanda gerçekleşir ve bu yüzden korkulan semptomun ortaya çıkmasıyla sonuçlanır.

O halde özdeşleşme basit bir taklit değil, aynı nedenlere sahip olma iddiasıyla ortaya çıkan bir üstlenmedir; "tıpkı onun gibi" anlamına gelir ve bilinçdışındaki ortak bir noktaya işaret eder.

Histeride özdeşleşme en çok cinsel alandaki benzerliklerde kullanılır. Histerik bir kadın –şayet bütünüyle değilse de– en çok cinsel ilişkide bulunduğu kişiyle ya da o kişiyle cinsel ilişkiye giren diğerleriyle özdeşleştirir kendini. Dilimizde bu ilişkiyi anlatan bir deyim de mevcuttur: İki âşık "yek vücut"tur. Histerik fantezide ve rüyada, gerçekleşmemiş bir cinsel ilişkiyi düşünmek dahi özdeşleşme için yeterlidir. Demek ki hastam rüyasında yerine geçerek ve bir semptom (gerçekleşmeyen arzu) üzerinden özdeşleşerek arkadaşına duyduğu kıskançlığı dile getirirken, histerik düşünce süreçlerini takip ediyor. Bu süreci şöyle ifade etmek de mümkün: Rüyada arkadaşının yerine geçiyor, çünkü arkadaşı kocasının nezdinde onun yerini almış, çünkü arkadaşı kocasının gözündeki yerini almak istiyor.[10]

Rüyacı kadınlarım arasında en şakacısı olan bir başka hastam, daha basit bir şekilde ama yine bir arzunun gerçekleşmemesinin bir başka arzunun gerçekleşmesi anlamına geldiğini iddia eden rüya teorime karşı çıkmıştı.

Bir gün bu hastama rüyaların arzuların giderilmesine yaradığını açıklamıştım. Ertesi gün bana rüyasında kayınvalidesiyle birlikte taşrada tatile gittiği anlattı. Gerçek hayatta yazı kayınvalidesiyle birlikte geçirmeye şiddetle direndiğini ve son birkaç gün kayınvalidesinin yazlığına uzak bir yerde ev tutarak onunla birlikte olmaktan kurtulduğunu anlatmıştı. Rüyasında, istediği bu çözümün tersi oluyordu: Rüyaların arzu giderilmesi olduğunu yönündeki teorimin tam tersi değil miydi bu? Öyle mutlaka

10 Burada histerinin psikopatolojisine girmiş olmaktan hiç memnun değilim. Çünkü bağlamından kopuk, bölük pörçük bilgilerin çok açıklayıcı olmayacağı muhakkak. Ama şayet bu açıklamam psikonevroz ve rüya arasındaki derin ilişkiye sadece işaret etmişse bile, amacına ulaşmış demektir.

ama rüyayı yorumlayabilmek için, rüyanın neden olduğu sonuca bakmak gerekiyordu. Bu rüya benim haksız olduğumu ortaya çıkarmıştı. *Yani hastanın asıl arzusu benim haksız çıkmamdı ve rüya da bunu gerçekleştirmişti.* Benim haksız olmam arzusu, yazlık evle ilişkili olarak gerçekleşmişti, ama bu mesele gerçekte çok daha farklı ve daha ciddi bir konuyla ilgiliydi. Hastanın analizinden elde ettiğim malzemeyle ona yaşamının belli bir döneminde hastalığına neden olan bir şeyin yaşanmış olması gerektiğini söyledim. Böyle bir şeyi hatırlamadığını söyleyerek itiraz etti. Ama bir süre sonra benim haklı olduğum ortaya çıktı. Haksız çıkmam yönündeki arzusu rüyasında kayınvalidesiyle yazlığa gitmeye dönüşmüştü, yani bu durum, hastalığıyla ilgili olarak yaşandığını sadece tahmin ettiğimiz olayların hiç olmamış olması arzusuyla örtüşüyordu.

Sekiz yıl boyunca lisede arkadaşım olan biriyle ilgili küçük bir olayı analiz etmeden, sadece tahminlerime dayanarak burada aktarmak istiyorum. Küçük bir grupta yaptığım bir konuşmada rüyaların arzuları giderdiği yönündeki iddiamı ilk kez duyan avukat arkadaşım eve gidip yatmış, rüyasında bütün davalarını kaybettiğini görmüştü. Sonra gelip bana serzenişte bulundu. İnsan her davayı kazanamaz babında kaçamak bir cevap verdim, ama o anda şunu düşündüm: Ben sekiz yıl boyunca sınıf birincisi olarak birinci sırada otururken, o orta sıralarda bir yerlerdeydi. Bir gün benim de mahcup olmam, arkadaşımın çocukluk yıllarından kalmış bir arzusu olamaz mıydı?

Bir başka hastam yine arzu rüyası teorime itiraz etmek üzere daha da iç karartıcı bir rüya anlatmıştı. Genç bir kız olan hastam şöyle dedi: Kız kardeşimin Karl adında bir oğlu olduğunu biliyorsunuz. Kardeşim büyük oğlu Otto'yu kaybetmişti. O zaman onlarla oturuyordum. Otto'yu çok severdim, ben büyütmüştüm onu. Ufaklığı da seviyorum tabii, ama asla ölen Otto kadar değil. Dün gece rüyamda Karl ölmüş, küçük bir tabutta yatıyordu önümde. Ellerini kavuşturmuştu, etrafında mumlar vardı, tıpkı ölümüyle beni çok sarsan Otto'nun yattığı gibi. Bunun ne anlama geldiğini söyleyin bakalım bana. Beni tanıyorsunuz, kardeşimin var olan tek çocuğunun ölmesini isteyecek kadar kötü bir insan mıyım ben? Yoksa çok sevdiğim Otto'nun yerine Karl'ın ölmesini arzu ettiğim anlamına mı geliyor rüyam?

Bu son yorumun kesinlikle mümkün olmadığını söyledim ona. Bir süre düşündükten sonra rüyasının doğru yorumunu söyleyebildim, o da kabul etti. Bunu başardım çünkü hastanın bütün hayat hikâyesini biliyordum.

Küçük yaşta öksüz kalan kız, kendinden oldukça büyük olan ablasının evinde büyümüş ve eve girip çıkan erkekler arasından birine de gönlünü kaptırmıştı. Bir süre dile getirilmeyen bu ilişki evlilikle sonuçlanacak gibi görünse de kız kardeşi bu mutlu sona engel olmuştu ve bu engelin sebepleri de hiçbir zaman tam olarak ortaya çıkmamıştı. Hastamızın sevdiği adam işleri bozulduktan sonra evden ayağını kesti; kadın da bu olayı takiben iyice bağlandığı Otto'nun ölümünden sonra evden ayrıldı. Ama kız kardeşinin dostuna duyduğu hislerden bir türlü kurtulamadı. Gururu ona adamdan vazgeçmesini söylemesine rağmen, karşısına çıkan yeni taliplerini sevemedi. Edebiyatçı olan sevdiği adam bir konuşma yapacağı zaman, kadın mutlaka dinleyiciler arasında yer alırdı ve onu uzaktan da olsa görme ihtimali olan her yere giderdi. Günler önceden profesörün bir konsere gideceğini bana anlattığını ve kendisinin de onu kısa da olsa görebilmek için aynı konsere gitmek istediğini hatırlıyorum. Rüyayı görmeden önceki gündü bu. Rüyayı anlattığı gün konser günüydü. Rüyanın gerçek yorumunu basitçe oluşturmuştum kafamda. Hastama Otto'nun ölümünden sonra olan bir şeyleri hatırlayıp hatırlamadığını sordum.

Hasta hemen yanıtladı sorumu: Hatırlıyorum tabii, profesör uzun bir sürenin ardından ilk kez ziyarete geldi bizi. Küçük Otto'nun tabutunun başında gördüm onu yine. Tam beklediğim gibiydi. Hastamın rüyasını şöyle yorumladım: "Öbür çocuk da ölse, yine aynı şeyler olacak. Günü birlikte kız kardeşinin evinde geçirecekler. Profesör mutlaka yukarı çıkıp baş şağlığı dileyecek, aynı koşullarda birbirlerini tekrar görecekler. Rüya içten içe reddetmenize rağmen onu tekrar görme arzusundan başka bir şey değil. Bugünkü konserin biletinin çantanızda olduğunu biliyorum. Rüyanız, bir sabırsızlık rüyası. Bugün onu göreceksiniz, rüyanız bunun birkaç saat önceye almış."

Hasta arzusunu örtbas etmek için, böyle arzuların bastırıldığı bir durumu, acıdan ve matemden kimsenin aşkı düşünemeyeceği bir durumu seçmiş. Ama yine de, rüyanın birebir kopya ettiği gerçek durumda, çok sevdiği yeğeninin tabutunun başında uzun zamandır hasret kaldığı ziyaretçinin varlığından duyduğu mutluluğu bastıramamış olmalı.

Hazırcevap ve neşeli biri olduğunu tedavi sırasında aklına gelen komik şeylerle de ispatlayan bir başka kadın hastamın gördüğü benzer bir rüyanın yorumu daha farklı. Hanımefendi, uzun bir rüyada on beş yaşındaki tek kızını bir kutuda ölü olarak görmüştü. Bu sahne yüzünden rüyada arzuların giderildiği teorisine karşı çıkmak istedi, ama kutu ayrıntısının rüyanın farklı bir yorumuna imkân tanıdığını kendi de tahmin edebiliyordu.[11] Analiz sırasında, bir önceki akşam katıldığı bir toplantıda "box"[12] kelimesinin geçtiğini ve bu kelimenin Almancaya Schachtel (kutu), Loge (loca), Kasten (kasa), Ohrfeige (tokat) olarak da çevrilebileceğinin konuşulduğunu hatırladı. Aynı rüyanın başka parçalarından yola çıkarak İngilizcedeki "box" kelimesinin, Almanca-

11 Tıpkı akşam yemeği rüyasındaki tütsülenmiş somon balığı gibi.
12 İngilizce "kutu". –çev. n.

daki "Büchse" (priz) kelimesiyle aynı kökten olduğunu tahmin etmesi mümkün olmuş ve "Büchse" sözcüğünün kadın cinsel organı için kullanılan kaba bir terim olduğunu hatırlamıştı.

Hastanın topografik anatomi konusundaki bilgilerine birazcık destek olursak, "kutudaki" çocuğun, ana rahmindeki cenin olduğu kabul edilebilir. Analizin bu aşamasına kadar hastam rüyanın bir arzusuyla örtüştüğüne itiraz etmedi.

Birçok genç kadın gibi hamile kaldığı için hiç mutlu olmayan hastam bana defalarca çocuğunun ana rahminde ölmesini istediğini söylemişti. Hatta kocasıyla yaşadığı şiddetli bir tartışmadan sonra bebeğe vurmak için karnını yumruklamıştı. Yani ölü çocuk gerçekten de bir arzunun ama on beş yıl önce ortadan kalkmış bir arzunun giderilmesiydi. Ve bir arzu bunca yıl sonra gerçekleştiğinde hatırlamıyor olmak şaşırtıcı bir şey değil hiç. Çünkü bu arada hastamın hayatında çok şey değişmişti.

Yakınların ölümünü konu alan son iki rüyanın dahil olduğu gruba tipik rüyaları ele alırken yeniden döneceğiz. O zaman yeni örneklerle, rüyaların istenmeyen içeriğine rağmen arzu gideren rüyalar olarak yorumlanması gerektiğini gösterebileceğim. Şimdi anlatacağım rüya bir hastama değil, bana bilimde aceleyle genellemeler yapmamayı tavsiye eden zeki bir hukukçuya ait. *"Rüyamda"*, diyor bilgi kaynağım, *"kolumda bir hanımefendiyle evimin kapısına geliyorum. Orada kapıları kapalı bir araba duruyor. Bir bey bana doğru geliyor, kimliğini gösterip polis olduğunu ve onunla gitmem gerektiğini söylüyor. İşlerimi halletmek için kısa bir süre istiyorum. Bu durumda tutuklanmak mı istiyorum ben şimdi?"* –İtiraf etmem gerekir ki kesinlikle hayır. Acaba neyle suçlandığınızı biliyor musunuz? –"Evet, galiba bir çocuğu öldürmekle." –Bir çocuğu öldürmekle mi? Böyle bir suçu ancak yeni çocuk doğurmuş bir annenin işleyebileceğini biliyorsunuz herhalde? –"Evet, doğru bu.[13]" –Hangi koşullarda gördünüz bu rüyayı? Bir önceki akşam neler olmuştu? –"Bunu anlatmak istemiyorum size. Biraz tatsız bir konu." –Ama bunu bilmem lazım, yoksa rüya yorumundan vazgeçmemiz gerekir." – O halde anlatıyorum: Geceyi evde değil, benim için çok önemli olan bir hanımefendinin yanında geçirdim. Sabah uyandığımda aramızda yeniden bir şeyler oldu. Sonra yeniden uykuya dalıp bu rüyayı gördüm." –Evli bir kadın mı bu? –"Evet." –Ondan çocuk yapmak istemiyorsunuz yani? –"Hayır, hayır, bu ele verir bizi." –Yani normal bir cinsel ilişkiye girmiyorsunuz? –"Önlem olarak, boşalmadan önce geri çekiliyorum."

–Dün gece bunu sık sık yaptığınızı ve sabah da tekrarladıktan sonra başarıp başaramadığınızdan emin olmadığınızı söyleyebilir miyiz acaba? –"Olabilir." –Bu durumda rüyanız bir arzunun giderilmesidir. Rüya sayesinde bir çocuk yapmadığınızı –ki bu bir çocuğu öldürmenize benzer bir şey– görüp rahatlamışsınız. Bağlantıları ispatlayabilirim size. Hatırlıyor musunuz, geçenlerde evliliklerdeki sorunlarla ilgili konuşurken, cinsel ilişkiyi gebeliğe mahal vermeyecek şekilde uygulamakla, bir kez yumurta ve sperm bir araya geldikten ve fötus oluştuktan sonra yapılacak her müdahalenin suç teşkil etmesi arasındaki tutarsızlığa değinmiştik. Konuşmamızın sonunda da Ortaçağ'da fötusun içine ruhun ne zaman girdiğine dair yapılan tartışmayı hatırlamıştık, çünkü ancak o zaman bir cinayetten söz edilebileceğini düşünmüştük. Lenau'nun gebelikten korunma ve çocuk cinayetlerini bir tuttuğu şu iğrenç şiirini biliyorsunuzdur eminim. –"Tuhaftır, daha bu sabah tesadüfen Lenau'yu düşündüm." –Rüyanızın aksisedası bu. Şimdi size rüyanızda yer alan bir küçük arzuyu daha

13 Rüyaların eksik anlatılması ve ancak analiz sırasında anlatılmayan bölümlerin hatırlanması sık rastlanan bir durumdur. Sonradan eklenen bu bölümler her zaman rüya yorumunun anahtarını teşkil eder. Krş. ilerde ele alınacak "Rüyaların Unutulması".

kanıtlamak istiyorum. O hanımefendiyle kol kola evinizin önüne gelmişsiniz. Yani geceyi onun evinde geçirmek yerine, kendi evinize getiriyorsunuz kadını. Rüyanın çekirdeğini oluşturan arzunun giderilmesinin böyle tatsız bir biçimde örtbas edilmiş olmasının birden çok nedeni var belki de. Korku nevrozunun nedenleri üzerine yazdığım makalemde, geri çekme yönteminin nevrotik bir korkunun oluşumunun ilk nedenlerinden biri olduğunu okumuş olabilirsiniz. Yaşadığınız bu tür cinsel ilişki deneyimlerinizden arta kalan tatsız duygu rüyanızı oluşturan katmanların arasına girmiş olabilir. Bu tatsız duyguyu arzunuzun gerçekleştirdiğini örtbas etmek için de kullanıyorsunuz. Ayrıca çocuk cinayeti henüz açıklığa kavuşmuş değil. Kadınlara özgü olan bu suç nereden çıkmış olabilir? –"Yıllar önce buna benzer bir şeye bulaştığımı itiraf etmek istiyorum size. Bir kızın kürtaj yaptırarak ilişkinin sonuçlarından korunmaya çalışmasına neden olmuştum. Aslında benim hiçbir alakam yoktu meseleyle, ama ilişki ortaya dökülür diye korkuyordum." –Anlıyorum. Geri çekme yöntemini beceremediğinizi düşünüp utanmanızın ikinci bir nedeni de bu anıdır.

Derslerimde bu rüyayı duyan genç bir doktor, çok etkilenmiş olmalı ki buna benzer bir rüya görmüştü. Sadece rüyanın biçimini başka bir konuya uygulamıştı. Günler önce vergi beyannamesini doldurup teslim etmişti. Son derece dürüstçe doldurmuştu beyannameyi, çünkü beyan edecek fazla bir şeyi yoktu zaten. Bu doktor rüyasında vergi komisyonundan bir memurun gelip kendisine, bütün diğer beyannamelerin itirazsız kabul edildiğini, sadece kendisininkinin kuşku uyandırdığını, bu yüzden yüklü bir vergi cezası kesildiğini söylüyordu. Rüya, geliri yüksek bir doktor olma arzusunun kabaca örtülmüş bir hali. Bu arada rüya, kendine hayran olan adamı, asabi mizaçlı olduğu için evlendiklerinde kendisini dövebileceği gerekçesiyle reddetmesi tavsiye edilen genç kızı hatırlatıyor bize. Kızın cevabı şöyle: Dövsün! Evli biri olmayı o kadar istiyorum ki evliliğin neden olacağı tahmin edilen bu tatsız durumu kabul etmeye hazırım ve arzuluyorum.

Bir arzunun gerçekleşmemesi ya da istenmeyen bir şeyin gerçekleşmesi gibi içerikleri olan ve bu içerikleri itibariyle benim teorimle çelişen bu türden sık görülen rüyaları "arzu karşıtı rüyalar" başlığı altında topladığımızda, bu rüyaların iki temel prensip üzerinde geliştiğini görüyoruz. Bu prensiplerden gerek rüyalarda, gerekse gerçek yaşamda çok önemli bir işlevi olana henüz değinmedik. Bu rüyaların oluşmasının nedenlerinden biri benim yanılmış olmam. Bu rüyalar hasta bana direndiği zaman düzenli olarak görülen rüyalardır ve hastaya tedavi sırasında önce arzu giderilmesi teorimi anlattığımda, bu tür bir rüya göreceğinden neredeyse emin olurum.[14] Aynı şeyin kimi okurların da başına gelebileceğini tahmin ediyorum. Okur da benim haksız olmam arzusunu gerçekleştirmek için, kendi isteğiyle bir arzusunun gerçekleşmediği bir rüya görebilir. Anlatmak istediğim son rüya da tedavim altındaki bir hastaya ait olan bu türden bir rüya: Ailesinin ve danışılan uzmanların itirazlarına rağmen ısrarla tedavime devam eden bir genç kız rüyasında şunları görüyor: *Evde bana gelmesi yasak edilmiş. En imkânsız durumda bile onu tedavi etmeye devam edeceğime, gerekirse vizite ücreti de almayacağıma dair verdiğim sözü hatırlatıyor bana. Ben de ona, para konusunda bir kolaylık gösteremem diyorum.*

Bu rüyada arzu giderilmesini kanıtlamak gerçekten çok zor. Ama bu gibi durumlarda ilk bulmacadan başka bir bulmaca daha vardır ve bunu çözmek ilk bulmacayı çözmeye de yardım eder. Rüyada bana söylettiği sözlerin kaynağı nedir? Böyle bir

---

14 Son yıllarda dinleyicilerimden sık sık "rüyada arzu giderilmesi" teorimi ilk kez duyanlarım "arzu karşıtı rüyalar" anlattıklarını öğrendim..

şey söylemedim ben ona tabii. Ama erkek kardeşlerinden biri, hem de hasta üzerinde en büyük etkiye sahip olanı söylemiş benim hakkımda bunları, sağ olsun. Yani rüya bu erkek kardeşin haklı çıkmasını istiyor. Ve hastam sadece rüyada istemiyor erkek kardeşin haklı çıkmasını; gerçek hayatta da geçerli olan bu arzu, hastalığının da nedenini oluşturuyor.

İlk bakışta arzuların gerçekleşmesi teorisi açısından sorunlu olan bir başka rüyayı ise bir doktor (Aug. Stärcke) görmüş ve yorumlamış:

> *"Sol işaret parmağımın kemiğinin ucunda frenginin ilk belirtileri var ve ben bunu görüyorum."*

Rüyanın, arzu edilir bir içeriğe sahip olmamasının dışında son derece açık ve tutarlı olması, insanı rüyayı analiz etmekten vazgeçirebilir. Ama rüyayı analiz etme çabasına giriştiğimiz anda "ilk belirtiler" ("Primäreffekt") sözcüğünün "ilk aşkla" ("prima affectio") eşdeğer olduğunu ve iğrenç yaranın Stärcke'nin sözleriyle "duygu yüklü bir arzu giderme" olduğunu görürüz.[15]

"Arzu karşıtı rüyalar"ın diğer motifi o kadar açık ki burada, insan gözden kaçırabilir bunu ve zaten ben de uzun süre farkına varamadım. Birçok insanın cinsel yapısında mazoşist bir bileşen vardır ve bu bileşen saldırgan ve sadist bileşenin karşıtına dönüşmesiyle ortaya çıkar. Bedensel acıdan değil de, zihinsel aşağılanma ve cezalandırılmadan cinsel haz alan bu tür insanlara "zihinsel mazoşistler" diyoruz. Böylece anlıyoruz ki bu tür insanların gördüğü arzu karşıtı ya da haz içermeyen rüyalar da sadece birer arzu giderme rüyasından ibaret. Bu noktada bu tür bir rüya aktarmak istiyorum: Eskiden eşcinsel bir bağlılık duy-

15 Psikanaliz Yıllığı II, 1911/12.

duğu ağabeyine büyük eziyetler eden genç bir adam, kişiliğinin tamamen değiştiği bir dönemde üç bölümden oluşan bir rüya görüyor. I. *Erkek kardeşinin onu nasıl "sinirlendirdiği"*. II. *Eşcinsel iki yetişkinin nasıl güzel vakit geçirdikleri.* III. *Gelecekte idaresini üstlenmeyi düşündüğü dükkânı erkek kardeşinin satması.* Adam rüyanın son bölümünden büyük bir utançla uyanmasına rağmen, bu rüya mazoşist bir arzu giderme rüyasından ibaret ve açıklaması da şöyle olabilir: Kardeşimin dükkânı satmasını hak ettim ben. Ona yaptığım işkencelerin cezası bu.

Ele aldığım rüyaların -yeni bir itiraz olmadığı sürece- en utandırıcı rüyaların bile bir arzunun gerçekleşmesi olarak çözümlenebileceğini göstermeye yeterli olacağını umuyorum.[16] Hiç kimse, rüyalar yorumlanırken sürekli insanın üzerine konuşmak ya da düşünmek istemediği konularla karşılaşmış olmamızın da bir tesadüf olduğunu düşünmeyecektir. Bu rüyaların uyandırdığı utanç duygusu, bu tür konuları ele almaktan bizi -çoğu zaman da başarıyla- alıkoyan ve çözmek zorunda olduğumuzu düşündüğümüzde, üstesinden gelmek zorunda olduğumuz karşı koyuşla özdeştir. Demek ki rüyalarda sık sık karşımıza çıkan bu tatsız duygu, bir arzunun varlığını dışlamıyor. Her insanın başkalarına anlatmak istemediği arzuları vardır. Artık bütün bu rüyalardaki tatsız duyguyu rüyada çarpıtmayla ilişkilendirebiliriz. Bu rüyalara tam da konuları ve içerdikleri arzu nedeniyle direndiğimizi, onları bastırmak istediğimiz için çarpıtıldıklarını ve arzunun gerçekleşmesi öğesinin tanınmayacak biçimde kılık değiştirdiğini söylemeye hakkımız var. Demek ki rüyada çarpıtma gerçekten de bir sansür eylemi gibi gerçekleşiyor. Tatsız rüyaların analizini mümkün kılan ve rüyanın özünü oluşturan öğelere hakkını verebilmek adına formülümüzü şu şekilde

16 Bu konu burada sonlandırılmamış olup, daha sonra tekrar ele alınacaktır.

değiştirmemiz gerekiyor: *Rüya (bastırılmış) bir arzunun (kılık değiştirerek) gerçekleşmesidir.*[17]

Bu noktada geriye tatsız rüyaların bir alt grubu olan korku rüyaları kalıyor ve bu rüyaların konuya vakıf olmayanlar tarafından arzu giderici rüyalar olarak kabul edilmesi imkânsız görünüyor. Ben yine de korku rüyalarını burada kısaca ele almak istiyorum. Bu rüyalar, rüya sorununda yeni bir sayfa değil. Burada söz konusu olan, sadece nevrotik korkunun anlaşılması. Rüyada hissettiğimiz korku ilk bakışta, rüyanın içeriğiyle bağlantılı görünür. Rüyanın içeriğini yorumladığımızda ise, bu korkunun –tıpkı bir fobinin yarattığı korkunun fobi duyduğumuz şeyle açıklanamaması gibi– rüyanın içeriğiyle açıklanamaya-

---

17 Psikanaliz ve rüya yorumu sözlerini dahi duymaktan hoşlanmayan yaşayan büyük bir yazarımız, rüyaların özüyle ilgili neredeyse aynı formülü bizzat bulmuş: "Bastırılmış, özlem duyulan arzuların sahte çehre ve isimler altında izinsiz olarak ortaya çıkması." C. Spitteler. *En Eski Anılarım* (Süddeutsche Monatshefte, Ekim 1913).

İleriye hazırlık olsun diye yukarıdaki formülün Otto Rank tarafından genişletilmiş ve modifiye edilmiş halini buraya alıyorum: "Rüyalar düzenli olarak çocukluğa ait bastırılmış cinsel malzemeden yola çıkarak ve bu malzemenin yardımıyla cinsel arzuları da üstü örtülü olarak ve semboller aracılığıyla gerçekleşmiş gibi gösterir." ("Kendini Yorumlayan Rüya").

Şimdiye kadar hiçbir yerde Rank'ın teorisini bütünüyle benimsediğimi söylemedim. Metinde yer alan kısa özet bana yeterli görünüyor.

Ancak Rank'ın modifikasyonuna burada değinmiş olmam dahi, psikanalize sayısız kez yöneltilen *"bütün rüyaların içeriğinin cinsellik olduğunu* iddia ettiği" suçlamalarına maruz kalmasına yeterli oldu. Bu cümlenin nasıl anlaşılmak isteniyorsa öyle anlaşılmış olması, eleştirmenlerin işlerini yaparken ne kadar insaf ve vicdan yoksunu olduklarını ve öfkelenmelerine fırsat vermiyorsa en anlaşılır ifadeleri nasıl görmezden geldiklerini gösteriyor. Çünkü henüz birkaç sayfa önce çocuk rüyalarındaki çeşitli arzu giderilmelerine (geziye çıkma ya da gölde dolaşma, kaçırılan bir yemeği telafi etme vs.), başka bir yerde açlık, susuzluk, dışkılama uyarımı ve tembellik rüyalarına değindim. Rank'ın kendisi de mutlak iddialar dile getirmemiş, "genelde erotik arzular" demiştir ve bu söylediği yetişkinlerin gördüğü çoğu rüya için doğrulanmıştır.

"Cinsel" sözcüğünü psikanalizde "eros" anlamında kullandığımda ise durum değişiyor. Ama "yıkıcı" olanların dışında bütün rüyaların "libidinöz dürtüler" tarafından oluşturulup oluşturulmadığı gibi ilginç bir meseleyi karşıtlarımız hiçbir zaman göz önünde bulundurmamıştır.

cağını görürüz. Örneğin bir pencereden düşebileceğimiz ve bu yüzden pencerenin yanındayken bir ölçüde dikkatli olduğumuz doğrudur. Ama bu türden bir fobide oluşan korkunun hastada neden bu kadar büyük olduğunu ve bunun gerçek koşulların gerektirdiğinden aşırı olduğunu anlayamayız. Bizim açıklamamız hem fobiler, hem de korku rüyaları için geçerli. Her iki durumda da korku kendine eşlik eden düşünceye sadece yüzeysel olarak tutturulmuştur ve kaynağı bambaşka bir yerdedir.

Rüyada korku ve nevrozlardaki korku arasındaki bu yoğun ilişki nedeniyle rüyada korkuyu açıklarken nevroz korkusuna işaret etmek zorundayım. "Korku nevrozu" (Neurologisches Zentrallblatt 1895 [*Toplu Yazılar,* II. cilt]) üzerine kaleme aldığım kısa makalede nevrotik korkunun kaynağının cinsel hayat olduğunu ve amacından sapmış, kullanılmayan bir libidoyla örtüştüğünü iddia etmiştim. Bu formül, o günden bu yana giderek kesinlik kazanıyor. Bu formülden şu çıkarsamayı yapabiliriz şimdi: Korku rüyaları cinsel içerikli rüyalardır, bu rüyalara ait olan libido korkuya dönüşmüştür. Bu iddiayı ileride birkaç nevrotik hastanın rüyalarını yorumlayarak destekleme imkânı bulacağım. Bir yandan da bir rüya teorisi oluşturma çabalarım sırasında korku rüyalarının koşullarını ve bu rüyaların arzu giderme teorisiyle ne ölçüde bağdaştıklarını ele alacağım.

V. RÜYA MALZEMESİ VE RÜYA KAYNAKLARI

İrma'nın enjeksiyonu rüyasının analizi sırasında rüyaların bir arzunun gerçekleşmesi olduğunu görmüş ve bu özelliğin bütün rüyalar için geçerli genel bir özellik olup olmadığını sormuştuk kendimize. Yorum sırasında bunun dışındaki her türlü bilimsel merakımızı ötelemiştik. Şimdi, bir yoldan ilerleyerek hedefe ulaştığımız şu anda artık geri dönebilir, rüyalarla ilgili sorunlardan bir başkasını yeni bir başlangıç noktası olarak ele alabiliriz. Ancak bunu yaparken tamamını yorumladığımız rüyaların arzuları gerçekleştirdiğini asla göz ardı etmemiz gerekir.

Rüya yorumu yöntemimizi uygulayarak *görünür* rüya içeriğinden daha önemli olan gizli rüya içeriğini ortaya çıkardığımıza göre, artık rüyayla ilgili diğer sorunları yeniden tek tek ele almak ve böylece rüyaların sadece görünür içeriğini tanıdığımızda anlayamadığımız, kavrayamadığımız muammaları ve çelişkileri tatminkâr bir şekilde çözüp çözemeyeceğimize bakmamız gerekiyor.

Rüyaların uyanık yaşamla ilişkisi ve rüya malzemesinin kaynağı hakkında kimi uzmanların yazdıklarını giriş bölümünde ayrıntılı olarak ele almıştık. Rüya belleğinin birçok kez değinmemize rağmen açıklamadığımız üç özelliğini hatırlamaya çalışalım:

1. Rüyalar, son günlerin izlenimlerini tercih eder (Robert, Strümpell, Hildebrandt ve Weed-Hallam);
2. Rüyalar, uyanık belleğimizden farklı prensiplere göre seçim yapar. Önemli ve esas olanı değil, önemsiz ve göze çarpmamış olanı hatırlar.

3. Rüyalar ilk çocukluğumuza ait izlenimler içerir. Yaşamın bu döneminden bize yine önemsiz gelen ve uyanık yaşamda çoktan unuttuğumuzu zannettiğimiz ayrıntıları ele alır.[1]

Bu yazarların rüya malzemesinin seçimindeki bu özellikleri, salt görünür rüya içeriğini inceleyerek elde ettiklerinden kuşkumuz yok.

A. RÜYADAKİ YAKIN TARİHLİ İLGİSİZ MALZEME

Rüyanın içerdiği öğelerin kaynağı hakkında kendi deneyimlerimi ele alacak olursam, öncelikle her rüyanın bir şekilde rüyanın görülmesinden *bir önceki günün* olaylarıyla bağlantılı olduğu iddiasını ortaya atmam gerekir. İster kendi rüyalarım olsun, isterse bir başkasının rüyası, bu gerçek her zaman doğrulanmıştır. Bu bilgi ışığında, rüya yorumuna, bir önceki gün yaşanan ve rüyanın görülmesine neden olan olayları araştırarak başlayabilirim. Birçok vakada bu zaten en kısa yolu oluşturuyor. Bir önceki bölümde ayrıntılı olarak yorumladığım iki rüyanın (İrma'nın enjeksiyonu ve sarı sakallı amcam) bir önceki günle bağlantısı başka bir açıklama gerektirmeyecek kadar açık ve netti. Ancak yine de bu bağlantıya periyodik olarak rastlanıp rastlanmadığını ortaya çıkarmak için, kendi rüya kayıtlarımın bir kısmını bu bağlamda inceleyeceğim. Rüyaları sadece aradığım rüya kaynağının ortaya çıkmasını sağlayacak ölçüde anlatacağım:

1) *Zar zor kabul edildiğim bir eve ziyarete gidiyorum vs., bu arada bir kadını bekletiyorum.*

---

1 Rüyada sık sık çocukluğumuza ait önemsiz izlenimler ortaya çıktığına göre, rüyaların belleğimizi günün önemsiz izlenimlerinin yükünden kurtardığını söyleyen Robert'in kuramının doğru olmadığı da çok açık. Buradan yola çıkarak, rüyanın görevini büyük eksiklerle tamamladığı sonucunu çıkarmamız gerekir.

Kaynak: Akşam bir akrabayla temin edilmesini istediği bir şeyi beklemesi gerektiği konusunda yaptığım konuşma.

2) *(Belirsiz) bir bitki türü hakkında bir monografi yazıyorum.*

Kaynak: Öğleden önce bir kitapçı vitrininde siklamen türü bitkiler hakkında bir monografi görmüştüm.

3) *Sokakta biri anne, diğeri kızı, iki kadın görüyorum. Kız benim hastam.*

Kaynak: Akşam tedavi ettiğim bir kadın hastam, annesinin tedavinin devamı konusunda zorluk çıkardığını söylemişti.

4) *S. ve R. Kitabevi'nde yıllık 20 florin karşılığı süreli bir yayına abone oluyorum.*

Kaynak: Karım bir gün önce haftalığının 20 florinini henüz ödemediğimi hatırlatıyor.

5) *Güya üyesi olduğum Sosyal Demokrasi Komitesi'nden bir mektup alıyorum.*

Kaynak: Hem Liberal Seçim Komitesi'nden, hem de gerçekten üyesi olduğum Hümanizm Derneği Başkanlığı'ndan birer mektup almıştım.

6) *Denizin ortasındaki dik bir kayalıkta Böcklin tarzında bir adam*

Kaynak: Şeytan Adası'ndaki Dreyfus. Aynı anda İngiltere'deki akrabalarımdan haber alıyorum vs.

Bu noktada rüyanın sadece son günün olaylarıyla mı ilişkili olduğu, yoksa yakın geçmişte daha uzun bir süreye mi yayıldığı sorusu sorulabilir. Bu konunun prensip olarak önemli olmak gibi bir iddiası olmayabilir; ama ben yine de son güne ait olayların rüyada mutlak önceliği olduğunu iddia etmek niyetindeyim. Rüyanın kaynağının iki ya da üç gün önce olmuş bir olay olduğunu ne kadar bulmaya çalıştıysam da, konuya daha yakından bakıldığında rüyaya konu olan izlenimin rüyadan bir gün önce hatırlandığından, yani olayın gerçekleştiği günle rüyanın görüldüğü gün arasına mutlaka bir yeniden üretimin girdiğinden emin oldum. Ayrıca eski izlenimin hatırlanmasına neden olan bir gün öncesine ait bir olay olduğunu da kanıtlayabildim.

Öte yandan günlük izlenim ve bu izlenimin rüyada ortaya çıkması arasında biyolojik olarak anlamlı belirli bir süre olabileceğine inanmıyorum (H. Swoboda bu bağlamda ilk kez on sekiz saatlik bir zaman aralığını telaffuz etmiştir).[2] Aynı konuya de-

---

2 I. Bölüm'ün ekinde de (s. 87) belirtildiği gibi, H. Swoboda, Wilhelm Fliess'in 23 ve 28 günlük biyolojik dönemsellik çalışmasını geniş anlamda ruhsal olaylara uygulamış ve bu sürelerin rüya öğeleri açısından belirleyici olduğunu iddia etmiştir. Bu iddianın doğru olduğunu kabul etsek bile, rüya yorumu açısından büyük bir değişiklik olmayacak ama rüya malzemesi açısından yeni bir kaynak ortaya çıkmış olacaktır. Yakın zamanda "dönemsellik kuramı"nın rüya malzemesine uygulanabilirliğini sınayan birkaç çalışma yaptım ve rüya içeriğinde gerçek yaşamda ne zaman yaşandığı kesin olarak bilinen, özellikle dikkat çeken öğeleri seçtim.

1) *1-2 Ekim 1910 tarihli rüya:*

(Rüyadan bir parça)... İtalya'da bir yer. Üç kızım bir antikacı dükkânında küçük değerli eşyalar gösteriyorlar bana. Bu arada üçü de kucağımda oturuyor. Eşyaların biri için şöyle diyorum: Bu parça benim. Bu arada Savonarola'ya ait keskin hatlı küçük bir maske görüyorum. En son ne zaman Savonarola'nın bir resmini gördüm? Seyahat günlüğüm 4-5 Eylül'de Floransa'da olduğumu gösteriyor. Orada yol arkadaşıma bu fanatik keşişin yüzünün yer aldığı ve yanarak öldüğü Siganoria Meydanı'ndaki taşlarda yer alan madalyonu göstermeyi düşünmüş ve 3 Eylül günü öğleden önce de göstermiştim. Bu anıdan rüyayı tekrar gördüğüm zamana kadar 27+1 gün geçti, yani Fliess'in sözleriyle kadınların "bir âdet döngüsü" kadar süre. Ancak bu açıklamanın doğruluk payı maalesef yok, çünkü rüya günü yıllar önce kendisine "Haham Savonarola" lakabını taktığım becerikli ama karanlık yüzlü meslektaşım (seyahat dönüşü ilk kez) bana gelmişti. Yanında sekiz gün önce içinde seyahat ettiğim Pontebba treninde kaza geçiren bir hastayı getirmişti ve beni böylece İtalya seyahatine geri götürmüştü. O halde "Savonarola" teriminin rüya içeriğinde böylesine bariz bir şekilde ortaya çıkması rüya günü dostumun ziyaretiyle açıklanmış oldu, yirmi sekiz günlük döngü ise bu bağlamda önemini yitirmiş oldu.

2) *10-11 Ekim tarihli rüya:*

Üniversitenin laboratuvarında yine kimya çalışıyorum. Müşavir L. beni bir yere davet ediyor, koridorda önden gidiyor, yukarı kaldırdığı elinde bir lambayı ya da başka bir şeyi keskin bir zekâyla (keskin bir görüşle?) taşıyor. Başını tuhaf bir şekilde öne doğru uzatmış. Açık bir alana geliyoruz... (Gerisi unutulmuş).

En belirgin bölüm müşavir L.'nin lambayı (Lampe) ya da büyüteci (Lupe) taşıyışı, gözlerini dikkatlice ileriye uzaklara dikmiş olması. L.'yi uzun yıllardır

ğinen H. Ellis de, bütün titizliğine rağmen rüyalarında düzenli aralıklarla bir yeniden üretime rastlamadığını söyler.

Ellis İspanya'da geçen ve Daraus, Varaus ya da Zaraus adında bir yere gitmek istediği bir rüyasını anlatır. Uyandığında böy-

---

görmedim, ama zaten şimdi biliyorum ki, L. sadece başka birini, kendinden daha büyük birini, Siracusa'daki Arethusa Çeşmesi'nin yakınlarındaki Arşimed heykelini temsil ediyor. Arşimed de tıpkı rüyadaki gibi durmuş, elinde çukur bir ayna, Romalılar'ın işgal ordusunu gözetler. Bu heykeli ilk kez (son kez) ne zaman gördüm? Notlarıma bakılacak olursa 17 Eylül akşamı ve bu tarihten rüyayı gördüğüm güne kadar gerçekten de 13 +10= 23 gün (Fliess'e göre "erkek döngüsü") geçmiş.

Rüyayı yorumlamaya başladığımızda bu dönemsellik zorunluluğu maalesef ortadan kalkıyor. Rüyayı görmemin nedeni, rüya günü dersliğinde konuk profesör olarak ders vereceğim kliniğin başka bir yere taşındığı haberini almış olmam. Yeni yerin rahat olmayacağını, belki de kullanabileceğim bir derslik dahi olmayacağını düşünmüştüm. Gerçekte de derslik olmadığını öğrenince ve değerli müşavir ve profesörlerden de bu konuda en ufak bir anlayış görmediğimde, düşüncelerim doçentliğimin başlangıç dönemine kadar gitmiş olmalı. Böylece şikayetimi aktarmak için her zaman beni kollayıp gözeten dekan L.'ye gitmiştim. Yardım etmeye söz vermesine rağmen, daha sonra hiç ilgilenmedi. Rüyada L. Arşimed'di, bana destek veriyor ve beni yeni yere götürüyordu. Rüya düşüncelerinde intikama ya da böbürlenmeye yer olmadığını rüya yorumuna aşina olanlar hemen anlayacaktır. Ancak rüyayı görmeme neden olan olay olmadan Arşimed'in rüyama girmeyeceğini iddia etmek durumundayım. Siracusa anıtının bıraktığı yakın geçmişe ait güçlü izlenimin bir başka zaman aralığında da etkisini gösterebileceğinden ise emin değilim.

3) *2-3 1910 tarihli rüya:*

(Rüyadan bir parça)... *Profesör Oser'in benim için hazırladığı mönüdeki bir şey üzerimde rahatlatıcı bir etki bırakıyor* (Gerisi unutulmuş).

Rüya o gün hissettiğim hazımsızlık hissine bir tepki. Gündüzün rejim yapmak üzere bir meslektaşıma gitsem mi diye düşünmüştüm. Bu iş için yazın ölen Oser'i tercih etmiş olmam, kısa süre önce (1 Ekim'de) ölen çok saygı duyduğum bir üniversite hocasıyla bağlantılı olmalı. Oser ne zaman öldü peki, ne zaman ölümünden haberdar oldum? Gazeteler 22 Ağustos, diyor. O dönemde Hollanda'daydım. *Wiener Zeitung* (gazete –çev. n.) düzenli olarak oraya gönderiliyordu. Demek ki 24 ya da 25 Ağustos'da haberdar olmuştum. Bu zaman aralığında bir dönemsellik söz konusu değil bu durumda: 7 +30 + 2= 39 ya da 40 gün. Bu arada Oser hakkında konuştuğumu ya da onu düşündüğümü hatırlamıyorum.

Üzerinde değişiklik yapmadan dönemsellik kuralına uymayan zaman aralıklarına rüyalarımda uyanlardan çok daha sık rastlıyorum. Düzenli olarak ortaya çıkan tek şey, metinde iddia ettiğim gibi, rüya gününe ait izlenimlerden biriyle rüyanın ilişkisi.

le bir yer adını hatırlamaz ve rüyayı bir kenara bırakır. Birkaç ay sonra Zaraus'un San Sebastian ve Bilbao arasında bir istasyon olduğu ortaya çıkar. Ellis rüyayı görmeden tam 250 gün önce trenle bu istasyondan geçmiştir.

Sonuç olarak, her rüyanın kaynağını henüz "üzerine uyunmamış" olaylardan aldığını söylemek istiyorum.

Demek ki (rüya görülen gecenin gündüzü hariç olmak üzere) yakın geçmişe ait izlenimlerin rüyayla ilişkisiyle, herhangi başka bir zamana ait izlenimlerin rüyayla ilişkisi farklı ilişkiler değil. Rüya görülen gün yaşananlarla ("yakın geçmişin" izlenimleri) daha eskiden yaşananlar arasında düşünsel bir bağ olduğu sürece, rüya, malzemesini yaşamın herhangi bir döneminden alabilir.

Peki ama yakın geçmişe ait izlenimlerin önceliğinin nedeni ne? Yukarıda değindiğimiz rüyalardan birini ayrıntılı biçimde analiz ettiğimizde bu konuyla ilgili tahmin yürütecek duruma gelmiş olacağız.

Ben *botanik monografisi* ile ilgili rüyayı seçiyorum.

Belli bir bitki hakkında bir monografi yazmışım. Kitap önümde duruyor, katlanmış renkli bir çizimi açıyorum. Bitki koleksiyonlarında olduğu gibi, her bitkiye kurutulmuş bir örneği eklenmiş.

Analiz: O gün öğleden önce bir kitapçının vitrininde adı "Siklamen Ailesi" olan yeni bir kitap gördüm. Kitap büyük olasılıkla bu bitki türü hakkında bir monografiydi. Siklamen karımın en sevdiği çiçektir. Ona istediği sıklıkta çiçek almadığım için suçlu hissediyorum kendimi. "Çiçek alma" konusuyla ilgili, bir şeyi unutmanın bilinçdışının bir niyeti olduğunu ve unutulan şeyin her zaman gizli bir yanı olduğunu kanıtlamak için geçenlerde arkadaşlarıma anlattığım bir hikâye geliyor aklıma: Doğum günlerinde kocasından çiçek almaya alışkın bir kadın, yine bir doğum gününde bu zarif davranıştan mahrum kalır ve gözyaşlarına boğulur. O sırada gelen kocası kadının gözyaşlarına anlam veremez. Sonunda kadın, "Bugün benim doğum günüm", der. Adam elleriyle başını tutar, "Özür dilerim, tamamen unuttum", diyerek hemen gidip çiçek almaya karar verir, ama kadını yine de teselli edemez. Çünkü adamın unutkanlığı, kadın için kendisinin kocasının gözünde eskisi kadar önemli olmadığının bir kanıtıdır. – Aynı Bayan L. iki gün önce karıma rastlamış, iyi olduğunu söylemiş ve beni sormuş. Bayan L. daha önce tedavi ettiğim bir hastamdır.

Yeni bir yaklaşım: Gerçekten de bir zamanlar bir bitki üzerine monografi benzeri bir şey yazmıştım. Koka bitkisi üzerine yazılmış bir makaleydi bu ve bu sayede K. Koller kokainin anestezik etkisiyle ilgilenmeye başlamıştı. Makalemde, alkaloid kullanımına değinmiş, ama konuyla araştırmaya devam edecek kadar derinlemesine ilgilenmemiştim. Rüyayı takip eden gün öğleden önce (Rüyayı yorumlamaya ancak akşam vaktim olmuştu) gündüz rüyası gibi bir durumda kokainin aklıma geldiğini hatırladım. Göz tansiyonum olsa, Berlin'e gider, oradaki dostumun tavsiye edeceği bir doktora, dostumun tavsiyesi uyarınca kim olduğumu söylemeden ameliyat olurdum, diye düşündüm. Kimi ameliyat ettiğini bilmeyen cerrah, bana ameliyatı kokainle yapmanın ne kadar kolay olduğunu anlatırdı. Ben ise bu buluşa benim de katkılarım olduğunu asla belli etmezdim. Bu fanteziye, bir doktor için meslektaşları tarafından tedavi edilmenin ne kadar tatsız olduğu gibi düşünceler eklendi. Beni tanımayan Berlinli göz doktoruna vizite ücretini de öderdim. Bu gündüz rüyası aklıma geldikten sonra, aslında ardında yaşanmış başka bir olayın gizlendiğini fark ettim.

Koller'in buluşundan sonra babamda göz tansiyonu çıkmıştı. Göz doktoru dostum Dr. Königstein babamı ameliyat etmiş, Dr.

Koller de kokain anestezisini tedarik etmiş ve sonra böylece bu ameliyatta kokainin kullanılmasına önayak olan üç kişinin bir araya geldiğini söylemişti.

Kokain konusunun en son ne zaman aklıma geldiğini düşünmeye devam ediyorum. Birkaç gün önceydi, kadirşinas öğrencilerin, hocalarının ve laboratuvar müdürlerinin vedasını kutlamak üzere çıkardıkları kitapçık elime geçmişti. Laboratuvarın onur listesinde, kokainin anestezik özelliğinin K. Koller tarafından keşfedildiğini okudum. O anda rüyanın bir akşam öncesine ait bir olayla ilgili olduğunu fark ettim. Dr. Königstein'a evine kadar eşlik etmiştim ve yolda her açıldığında beni heyecanlandıran bir konu üzerine konuşmuştuk. Biz evin girişinde konuşurken Profesör Gaertner ve genç karısı yanımıza geldi. Kendimi tutamadım ve ikisini de harika (*Alm.* blühend= *çiçek gibi* –çev. n.) göründükleri için tebrik ettim. Profesör Gaertner yukarıda sözünü ettiğim kitapçığı hazırlayan kişilerden biriydi ve pekala bana o kitapçığı hatırlatmış olabilirdi. Dr. Königstein'la konuşmamız sırasında, doğum gününde hayal kırıklığına uğradığını anlattığım Bayan L.'den başka bir bağlamda söz etmiştik.

Şimdi rüyanın içerdiği başka noktaları da yorumlamayı deneyeceğim. *Bitki koleksiyonlarında olduğu gibi, bitkinin kurutulmuş bir örneği monografide yer alıyordu.* Bitki koleksiyonu lise yıllarıma ait bir anıyla bağlantılı. Lise müdürü bir gün okulun bitki koleksiyonunu kontrol etmek ve temizlemek üzere üst sınıftan öğrenciler görevlendirmişti. Koleksiyonda küçük kurtçuklar-*kitap kurtları* vardı. Müdür benim katkıma pek güvenmemiş olacak ki, bana sadece birkaç sayfa vermişti. Bu sayfalarda turpgiller olduğunu hâlâ hatırlıyorum. Botanikle hiçbir zaman yakından ilgilenmemiştim ve botanik sınavında da ne olduğunu söylemek üzere önüme konan turpgili tanıyamamıştım. Teorik bilgilerim yardıma koşmasaydı durumum gerçekten kötü olacaktı.– Turpgillerden bileşikgillere geçtim. Aslında enginar da bir bileşikgildi ve de benim en sevdiğim çiçekti. Benden daha zarif biri olan karım sık sık pazardan bu en sevdiğim çiçeği alırdı.

Yazdığım monografi önümde duruyor. Bu da sebepsiz değil. Görsel yeteneği gelişmiş olan Berlinli dostum dün şöyle yazmış: "Yoğun olarak rüya kitabınla meşgulüm. Bitmiş olarak önümde duran kitabın sayfalarını karıştırıyorum." Nasıl da imreniyorum onun bu görme yetisine! Keşke ben de kitabı bitmiş olarak önümde görebilsem!

Katlanmış renkli çizim: Tıp öğrencisiyken sadece monografilerden çalışmayı severdim. Maddi olanaksızlıklara rağmen çizimlerinden büyülendiğim birçok tıp arşivi oluşturmuştum. Titizliğimle gurur duyuyordum. Kendi makalelerimi yayınlamaya başladığımda, ben de renkli çizimler yapmak zorunda kaldım. Hâlâ hatırlarım, bir kez kötü bir çizim yapmış ve yardımsever bir arkadaşımın alaylarına maruz kalmıştım. Nedendir bilmiyorum, buna bir de çocukluk yıllarıma ait bir anı ekleniyor. Bir kez babam renkli çizimlerle İran'a bir yolculuğu anlatan bir kitabı bana ve en büyük kız kardeşime vermiş ve muzip bir edayla kitabı yırtabileceğimizi söylemişti. Çocuk eğitimi açısından bakıldığında, savunulacak bir tarafı yoktu yaptığının. Ben henüz beş yaşındaydım, kız kardeşim ise üç. Büyük bir mutlukla kitabı (tıpkı bir enginar gibi yaprak yaprak) yolmaya başladık. Bu an çocukluğuma dair net olarak aklımda kalmış nadir anılardan biridir. Üniversiteye başladığımda ise kitap toplamak ve kitap sahibi olmak ciddi bir zevk olmuştu. Siklamen ve enginarın yer aldığı rüya düşüncelerindeki monografi okuma tutkuma paralel bir merak, bir tür hobiydi bu. Kitap kurdu olmuştum (*krş.* bitki koleksiyonu). Üzerine kafa yormaya başladığımdan beri hayatımın bu ilk tutkusunu, bu çocukluk anısına bağlarım; daha doğrusu ileriki yıllarda çocukluğuma ait bu sahnenin kitap tutkumla bağlantılı "örtülü bir anı" olduğunu fark ettim.[3] Tabii tutkuların acılara dönüşebileceğini de erken yaşta öğrenmiştim. On yedi yaşına geldiğimde kitapçıda ciddi bir borç hesabım olmuştu. Hesabı kapatacak param yoktu ve babam için, meraklarımın daha kötü şeylere yol açmamış olması bir özür değildi. İleri gençlik yıllarıma ait bu hatıra beni bir anda dostum Dr. Königstein'la yaptığım bir konuşmaya götürüyor. Çünkü *tutkularıma* fazlasıyla boyun eğdiğim konusuna, rüyayı gördüğüm gecenin akşamında da değinmiştik.

Burada açıklamak istemediğim nedenlerle rüyanın yorumuna devam etmeyip, sadece yoruma giden yolu göstermekle yetineceğim. Rüya çalışması sırasında Dr. Königstein'la yaptığım konuşmayı, hem de birden fazla bağlamda hatırladım. Konuşmamız sırasında değinilen şeyleri göz önünde bulundurduğumda, rüyanın anlamı da ortaya çıkıyor. Karımın ve benim tutkularımdan kokaine, meslektaşların birbirlerini tedavi etmesinin zorluklarından monografik araştırmalara ya da botanik gibi kimi disiplinleri ihmal etmeme uzanan düşünce zincirleri bu daldan dala atlayan konuşmada devamını buluyor ve içerdiği konuların birine bağlanıyor. Böylece rüya tıpkı İrma'nın enjeksiyonunda olduğu gibi yine bir savunmaya, hakkımı savunmaya dönüşüyor. İrma rüyasında başlayan konu bu rüyada devam ediyor; ikinci rüya konuyu iki rüya arasında ortaya çıkan yeni malzemeyle açıklıyor. Hatta rüyanın görünürdeki ilgisiz ve alakasızlığı böylece bir anlam kazanıyor. Şöyle bir anlam bu: Kokain üzerine o değerli ve başarılı makaleyi kaleme alan benim. Tıpkı İrma rüyasında kendimi savunduğum gibi: Ben becerikli ve çalışkan bir öğrenciyim. Yani her iki durumda da: Buna yapmaya hakkım var. Burada rüyanın ayrıntılı yorumuna girmiyorum,

3 *Krş.* Aylık *Psikiyatri ve Nevroloji* dergisinde yayımlanan "Örtülü Anılar" adlı makalem 1899 (*Toplu Eserler*, I. cilt).

çünkü rüyayı anlatmamın nedeni, bir örnekte rüya içeriğinin bir gün önce gerçekleşip rüyanın görülmesine neden olan olaylar arasındaki ilişkiyi incelemekti. Bu rüyanın sadece görünür içeriğini bildiğim sürece, rüyanın gerçek hayattaki bir izlenimle ilişkisi apaçık ortaya çıkıyor. Rüyayı analiz ettiğimde ise, aynı gün yaşanan bir başka olayın rüyanın ikinci kaynağı olduğu ortaya çıkıyor. Vitrinde bir kitap görüyorum, kitabın adı beni belli belirsiz etkiliyor. Konusu ise, muhtemelen hiç etkilemeyecek. İkinci olayın psikolojik değeri daha yüksek; göz doktoru dostumla bir saat boyunca hararetli bir konuşma yapıyorum. Her ikimizi de ilgilendirmesi gerekecek konularda imalarda bulunuyorum ve iç dünyamda çeşitli uyarımlara neden olan şeyler hatırlıyorum. Ayrıca tanıdıklar yanımıza geldiği için sohbet yarım kalıyor. Peki bu durumda rüya gününe ait bu iki olayın kendi aralarında ve rüyayla ilişkisi nedir?

Rüyanın içeriğinde sadece ilgisizlik, alakasızlık izlenimine bir gönderme var. Bu da benim için, rüyanın yaşamdaki ilgisiz ve önemsiz ayrıntılarını sevdiğinin bir göstergesi. Oysa rüya yorumunda her şey, önemli olan ve haklı olarak beni uyaran bir olaya bağlanıyor. Rüyanın anlamını sadece gizli ve analizin ortaya çıkardığı içerikler doğrultusunda değerlendirdiğimde, rüyanın psikolojik faaliyetinde –ki doğru olan da budur zaten–, yeni ve önemli bir gerçeğe ulaşıyorum. Rüyanın neden yaşanmış bölük pörçük olaylarla ilgilendiği bilmecesinin çözüldüğünü görüyorum. Burada uyanık halimizdeki ruhsal yaşamın rüyada devam etmediği, bunun yerine rüyanın aptalca malzemeler için harcanan ruhsal bir etkinlik olduğunu iddialarını da reddetmek zorundayım. Bunun tam tersi doğru: Uyanık yaşamda bizi etkileyen şeyler, rüya düşüncelerine de hâkim oluyor ve biz de, gündüz bizi düşündüren malzemeyi rüyamızda görmeye uğraşıyoruz.

Peki, ben neden hak ettiği için rüyayı görmeme neden olan günlük yaşama ait izlenimler yerine, sıradan ve ilgisiz izlenimleri seçiyorum? Bu sorunun akla en yakın yanıtı, önceki sayfalarda sansür olarak ortaya çıkan ve ruhsal bir güç olan rüyada çarpıtmadır. Siklamen türü üzerine bir monografiyi hatırlamış olmam, dostumla yaptığım konuşmaya bir gönderme olarak kullanıma giriyor; tıpkı vazgeçilen akşam yemeği rüyasında kadın arkadaşın "tütsülenmiş somon balığı"na yapılan göndermeyle temsil edilmesi gibi. Yalnız sorun, monografi izleniminin göz doktoruyla konuşmayla gönderme ilişkisine nasıl ve hangi ara malzemeyle girdiği. Çünkü bu ilişki başta görünür değil. Vazgeçilen akşam yemeği örneğinde bu ilişki baştan itibaren mevcut: "Tütsülemiş somon balığı"nın kadın arkadaşın en sevdiği yemek olması, bu arkadaşın rüyayı gören üzerinde söz konusu izlenimi uyandırmış olması mümkün. Yeni örneğimizde ise, başta aynı güne ait olmak dışında ortak yanları olmayan iki özel izlenim söz konusu. Monografi öğleden önce aklıma geliyor, konuşma ise akşam geçiyor. Analizin ortaya çıkardığı çözüm şu: İki izlenim arasında başlangıçta görülemeyen bağlantı, daha sonra bir izlenimin düşünce içeriğinden, diğer izlenimin düşünce içeriğine doğru ilerleyerek ortaya çıkıyor. Analizi kaleme aldığım bölümde bu ara bağlantıları italik yazıyla vurguladım. Siklamen monografisiyle hiçbir dış etki olmadan olsa olsa siklamenin karımın en sevdiği çiçek olması düşüncesi, bir de belki Bayan L.'nin umduğu çiçek buketini almamış olmasına dair anı bağlantılı görülebilir. Ana ben bu düşüncelerin bir rüyanın görülmesine yeteceğine inanmıyorum.

Hamlet şöyle der:

"There needs no ghost, my lord, come from the grave
To tell us this."[4]

4 "Bunun bize anlatılması için mezardan hortlakların gelmesi gerekmiyor Lordum."

Ama gelin görün ki, analiz sırasında rüyada konuşmamızı bölen Gaertner'in (bahçıvan) karısını çiçek gibi bulduğumu söylediğim geliyor aklıma. Hatta şimdi hatırlıyorum, arkadaşımla konuşmamızın ana konusunu Flora gibi güzel bir adı olan bir kadım hastam oluşturmuştu. Botanikle ilgili bu düşünceler üzerinden gündüz yaşanan biri önemsiz, biri ise beni uyaran iki düşünce grubu bağlantılandırılmış olmalı. Sonra kokainle bağlantılar oluşuyor, ki bunları da haklı gerekçelerle Dr. Königstein ve yazdığım monografiyle ilişkilendirmek mümkün. Bu iki bağlantı daha sonra bir potada eriyor ve yaşanılan ilk olayın ikinciye göndermesi olarak kullanılıyor.

Bu açıklamaya keyfi ve suni olarak karşı çıkılacak olmasına hazırım. Profesör Gaertner (bahçıvan) ve "çiçek gibi karısı" rüyaya girmeseydi şayet, ya da sözü geçen hastanın adı Flora değil de Anna olsaydı ne olurdu acaba? Sorunun yanıtı çok basit. Bu düşünsel bağlantılar olmasaydı, başka bağlantılar seçilecekti herhalde. Keyiflenmek için yaptığımız şakalar ya da sorduğumuz bilmeceler bu tür bağlantılar kurmanın ne kadar kolay olduğunun kanıtıdır. Şaka ve espri dünyasının gücü sınır tanımaz. Bir adım daha ileri giderek şunu söyleyebiliriz: Şayet yaşanmış iki izlenim arasında yeteri kadar bol ve güçlü bağlantı kurulamamış olsaydı, başka türlü bir rüya görecektim. Aklımıza gelen ve unuttuğumuz yığınlarla alakasız izlenimden bir başkası rüyada "monografi"nin yerini alacak, konuşmanın içeriğine girecek ve rüyada bu konuşmayı temsil edecekti. Ama başka bir şey değil de monografinin seçilmiş olması, onun bu bağlantıya en uygun öğe olduğunu gösteriyor bize. Lessing'in "Kurnaz Hans"ı gibi, "dünyada en çok paraya zenginlerin sahip olduğuna" şaşırmamamız lazım.

Açıklamalarımız uyarınca alakasız ve önemsiz olayın psikolojik olarak daha önemli olanı temsil etmesi hâlâ daha tuhaf ve düşündürücü gelebilir. İleride ele alacağımız bölümlerden birinde görünürde yanlış olan bu akıl yürütmeye yeniden döneceğiz. Şimdi üzerinde duracağımız nokta, rüya analizi sırasında sayısız kez düzenli olarak karşımıza çıkan bir sürecin etkileri. Bu süreç şöyle işliyor: Sanki -psişik vurguda diyelim– bir *kayma*, bir *yer değiştirme* gerçekleşiyor ve böylece önce yoğunluğu az olan düşünceler, başlangıçta daha yoğun olan düşüncelerden bu yoğunluğu devralıyor ve kendilerini bilince çıkmaya zorlayan bir güce ulaşıyor. Bu türden yer değiştirmeler duygu yoğunluğunun miktarı ya da hareket sağlayan (motorik) etkinlikler söz olduğunda şaşırtmaz bizi. Yalnız kalan kadının şefkatini hayvanlara yöneltmesi, bekâr adamın tutkulu bir koleksiyoncu olması, askerin bir parça renkli bez parçasını (bayrak) kanı pahasına savunması, kadın erkek ilişkisinde birkaç saniye uzayan bir tokalaşmanın mutluluk anlamına gelmesi ya da Otello'nun kaybolan mendili yüzünden kapıldığı öfke; bütün bunlar itiraz edemeyeceğimiz psikolojik yer değiştirme örnekleridir. Ama bilincimize nelerin ulaştığı, nelerin ulaşmadığı, yani ne düşündüğümüz konusunda aynı yöntemle, aynı ilkeler uyarınca bir karara varıldığında, hastalıklı bir durum izlenimi ediniriz. Benzer bir şeyle uyanık yaşamda karşılaştığımızda ise bunun bir düşünme hatası olduğunu söyleriz. İlerde gerçekleştireceğimiz incelemelerin sonucunu şimdiden tahmin etmeye çalışacak olursak, rüyada yer değiştirme olarak adlandırdığımız psişik sürecin hastalıklı olmamakla birlikte, normal bir süreçten farklı, bir tür *birincil,* temel bir süreç olduğu ortaya çıkacaktır.

Böylece rüyanın önemsiz olayları da içermesini, rüyada (yer değiştirme yoluyla) *çarpıtmanın* ifadesi olarak yorumlamış oluyoruz. Bu noktada rüyada çarpıtmanın, iki psikolojik sistem arasındaki geçişlerde var olan sansürden kaynaklandığını hatırlayalım. Yani rüya analizinden bize düzenli olarak uyanık yaşamdaki hangi olayların ruhsal önemi haiz bir rüya kaynağına dönüştüğünü göstermesini bekliyoruz. Ama bu arada bir taraftan da rüya kaynağının hatırlanması sırasında, vurgu, hatırlanan önemsiz bir olayla yer değiştiriyor. Bu açıklamayla artık bizim için işlevsiz olan Robert'in teorisinin tam karşısında konumlandırmış oluyoruz kendimizi. Robert'in açıklamaya çalıştığı olgu gerçek değil çünkü.

Hipotezi bir yanlış anlamaya dayanan Robert, rüyanın görünürdeki içeriğinin yerine gerçek anlamını koyamamıştır. Robert'in teorisine itiraz edebileceğimiz başka noktalar da var: Rüyanın gerçek görevi özel bir psikolojik çalışmayla belleğimizi günün anılarının "cüruflarından" kurtarmak olsaydı, uyku halimiz uyanık haldeki zihinsel dünyamızdan çok daha eziyetli ve zor olurdu. Çünkü belleğimizi korumamız gereken önemsiz gündüz izlenimlerinin miktarı öylesine çok ki bu kadar izlenimle başa çıkmaya geceler yetmez. Bu yüzden ruhsal güçlerimizin katkısı olmadan bu önemsiz izlenimleri unutuyor olmamız daha olası bir açıklama.

Buna rağmen Robert'in düşünceleriyle öyle hemen vedalaşmamamız gerektiğini hissediyoruz bir taraftan. Rüyadan önceki son günün izlenimlerinin düzenli olarak rüyanın içeriğine katkı sağladığı gerçeğini henüz açıklamadık. Son günün izlenimiyle bilinçdışındaki rüya kaynağı arasında başlangıçta bir ilişki yoktur. Yukarıda gördüğümüz gibi bu ilişki daha sonra, hedeflenen yer değiştirmeye yardım amacıyla rüya çalışması sırasında kuruluyor. Yani önemsiz de olsa yakın geçmişteki izlenimlerle ilişki kurulması için bir gerekçe gerekiyor: İzlenimin ilişkiye uygun nitelikleri olması gerekiyor. Aksi takdirde düşteki düşüncenin vurgusunu kendi içindeki bir düşünce bileşenine kaydırması söz konusu olurdu.

Aşağıdaki bilgiler konunun aydınlanmasına giden yolu açabilir bize: Bir gün içinde rüyaya kaynaklık etmeye uygun iki ya da daha fazla şey yaşanmışsa, rüya bunların ikisine de değinerek onları birleştirir; *rüya yaşanmış iki olayı birleştirerek bir bütün haline getirmek zorundadır.* Örnek: Bir yaz öğleden sonrası bindiğim trenin kompartımanında birbirini tanımayan iki tanıdığa rastladım. Biri ünlü bir meslektaşımdı, diğeri ise doktoru olduğum kalburüstü bir ailenin bir ferdi. Bu iki beyefendiyi birbirleriyle tanıştırmama rağmen, sohbetleri yol boyunca benim üzerimden devam etti. Böyle bir biriyle bir ötekiyle başka başka konular üzerinde konuşmak zorunda kaldım. Meslektaşımdan yeni muayene açmış ortak bir tanıdığımızı çevresine tavsiye etmesini rica ettim. Meslektaşım genç dostumuzun çok çalışkan olduğunu, ama silik kişiliğinin saygın çevrelere girmesini zorlaştıracağını söyledi.

Bense, tam da bu yüzden onun tavsiyesine ihtiyacı olduğunu belirttim. Bir süre sonra diğer yolcuya –bir hastamın annesi olan– ağır hasta teyzesinin sağlık durumunu sordum. Yolculuğu takip eden gece rüyamda, torpil istediğim genç meslektaşım, benim tanıdığım saygın ve zengin insanları yerleştirdiğim şık bir salonda ikinci yol arkadaşımın teyzesi olan yaşlı kadın (rüyada ölmüştü) için sofistike bir veda konuşması yapıyordu [Bu yaşlı kadınla iyi bir ilişkim olmadığımı itiraf ediyorum]. Yani rüyam bu iki izlenim arasında bir ilişki kurmuş, izlenimleri kullanarak bütüncül bir sahne yaratmıştı.

Buna benzer sayısız yaşanmış örnekten yola çıktığımda şunu söylemek zorundayım: Rüya çalışması bütün rüya kaynaklarını rüyada bir bütün haline getirmek zorunda hisseder kendini.[5]

---

5 Rüya çalışmasının aynı anda ortaya çıkan ilginç olayları bir bütün olarak ele aldığı düşüncesi birçok başka yazar tarafından da dile getirilmiştir: Delage (s. 41), Delboeuf: rapprochement (s. 236).

Bu noktada yanıtını aradığım soru şu: Rüyanın analizle ortaya çıkan tetikleyici kaynağı her zaman bir önceki güne ait (ve önemli) bir olay mı olmak zorundadır, yoksa önemli bir içsel süreç, yani psikolojik olarak önemli bir olayın hatırlanması, bir düşünce zinciri rüya kaynağı rolünü üstlenebilir mi? Sayısız analiz ışığında vereceğimiz yanıt, ikinci açıklamanın lehinedir. Uyanık yaşamdaki düşüncelerle tazelenmiş, güncellenmiş içsel bir süreç rüyaya kaynaklık edebilir.

Artık rüya kaynaklarının ortaya koyduğu farklı oluşum koşullarını sıralamanın zamanı geldi sanıyorum:

Şunlar bir rüyanın kaynakları olabilir:

a) Rüyada dolaysız olarak görülen, yakın zamanda geçmiş önemli bir olay.[6]
b) Rüyada bir bütünlük içinde ortaya çıkan, yakın zamanda geçmiş önemli bir ya da birden fazla olay.[7]
c) Rüyada, önemsiz bir olayla temsil edilen bir ya da daha fazla aynı anda gerçekleşmiş yakın zamana ait önemli olay.[8]
d) Rüyada yakın tarihli, ama önemsiz bir izlenimin *düzenli* olarak temsil ettiği önemli içsel bir olay (bir anı, bir düşünce silsilesi).[9]

Görüldüğü gibi, bir önceki günün taze izlenimlerinin rüyanın bileşeni olarak tekrarlanmasının, rüya yorumunda her zaman karşılaşılan bir olgu olduğunu söylemek mümkün. Rüyada temsil edilmesi uygun görülen bu taze izlenim parçası – rüyanın önemli ya da önemsiz bir bölümü olarak– rüyanın gerçek tetikleyicisinin

6 İrma'nın enjeksiyonu rüyası, amcam olan dostumla ilgili rüya.
7 Genç doktorun cenazede anma konuşması yaptığı rüya.
8 Botanik monografi rüyası.
9 Hastalarımın analiz sırasında anlattıkları rüyalar çoğunlukla bu türdendir.

ait olduğu düşüncelerin bir parçası olabileceği gibi, az ya da çok bağlantıyla çevresindeki düşüncelerle ilişkilendirilen önemsiz bir izlenim de olabilir. Burada görünürde birçok olasılığın söz konusu olmasının nedeni *bir yer değiştirmenin gerçekleşip gerçekleşmemiş olması ihtimalleridir.* Bu noktada görüyoruz ki, bu iki ihtimal bize –tıpkı tıbbi rüya teorisinde beyin hücrelerinin kısmı uyanıklıktan tam uyanıklığa geçmelerinde olduğu gibi (*krş.* 73)– rüyalardaki anlamsızlıkları kolayca açıklayabilme imkânı veriyor.

Yukarıda sıraladığımız rüya kaynaklarından anlıyoruz ki, psikolojik önemi olan ama yakın zamana ait olmayan bir düşünce silsilesi ya da bir anı, rüya oluşturmak amacıyla yakın zamana ait ama psikolojik önemi olmayan bir düşünce tarafından temsil edilebilir. Ancak bunun gerçekleşmesi için iki önkoşul vardır: 1. Rüya içeriğinin yakın zamandaki olayla bağlantılandırılması; 2. Rüya kaynağının psikolojik olarak önemli süreç olarak kalması. Sadece tek bir durumda (a şıkkında) bu iki koşul aynı izlenim tarafından gerçekleştirilebilir. Ancak rüyada kullanılan önemsiz izlenimlerin üzerinden bir gün (ya da en fazla birkaç gün) geçtikten sonra rüyada kullanılabilme özelliklerini yitirdiklerini göz önünde bulundurduğumuzda kabul etmemiz gerekir ki, bir izlenimin tazeliği o izlenime rüyanın oluşması sırasında belli bir psikolojik değer katar ve bu değer duygu yoğun anılarınkine ve düşünce silsilelerininkine bir şekilde eşdeğerdir. Yakın geçmişe ait izlenimlere rüyaların oluşum süreci için atfedilen bu değer, ancak ilerideki psikolojik tartışmalarımız ışığında ortaya çıkacaktır.[10]

Öte yandan dikkatimiz geceleri bilincimiz farkına varmadan anılarımızda ve düşünsel malzememizde değişiklikler olduğuna yöneliyor. Bir konu hakkında karar vermeden önce, "üstüne yatmamız", yani üzerinden bir gece geçmesinin salık verilmesinde

10 *Krş.* "Aktarma" üzerine. VII. Bölüm.

de bir hikmet olsa gerek. Ama bu noktada rüya psikolojisinden uyku psikolojisine adım attığımızı fark ediyoruz ve aynı adımı atmak için ilerde daha pek çok vesile daha olduğunu göreceğiz.[11]

Öte yandan son çıkarsamalarımızı çürütmeye namzet bir itiraz da var. Önemsiz izlenimler sadece ve sadece yakın geçmişe ait oldukları sürece rüyaya girebiliyorlar dedik. Peki ama hayatın geçmiş dönemlerine ait, henüz yakın geçmişe aitken –Strümpell'in sözleriyle söyleyecek olursak– psikolojik bir etkisi olmayan izlenimler, yani aslında unutmuş olmamız gereken, yani ne taze, ne de psikolojik önemi haiz olan izlenimler nasıl oluyor da giriyor rüyalara?

Nevrotik hastaların psikanalizine dayanarak bu itirazı bütünüyle bertaraf edebiliriz. Çözüm şu: Psikolojik önemi olan malzemenin yerine (hem rüyada, hem düşüncede) önemsiz olan malzemenin geçmesi, yani yer değiştirme (kaydırma) nevrotiklerde yaşamın çok erken safhalarında gerçekleşir ve o zamandan itibaren bellekte sabitlenir. Yer değiştirme sayesinde psikolojik önemi haiz malzemeden değerini devralan eskiden önemsiz öğeler, artık önemsiz değildir. Ve gerçekten önemsiz olmaya devam eden öğeler rüyada yeniden üretilmezler.

---

11 Rüya oluşumunda yakın geçmişe ait malzemenin önemi hakkında O. Pötzl'ün bu malzemeyle ilgili çok sayıda bağlantıya değinen bir çalışması var (Deneysel Amaçla Uyarılan Rüya İmgeleri ve Dolaysız Görme Yetisiyle İlişkileri. Nevroloji ve Psikiyatri Dergisi, XXXVII, 1917). Pötzl deneklerinden bir görüntüyü çok kısa süreliğine gösteren bir aygıtın aktardığı görüntüleri çizmesini ister. Daha sonra deneklerinden ertesi gece gördükleri rüyalardan mümkün olan bölümleri çizmelerini söyler. Bu şekilde net olarak ortaya çıkan sonuç: Denekler aygıttaki görüntülerin ayrıntılarını rüya oluşumunda kullanmış ama bilinçli olarak algılanan ve çizilen bölümler görünür rüya içinde yer almamıştır. Rüya çalışması algılanan malzemeyi bildiğimiz gibi "keyfi", daha doğrusu rüyayı oluşturan eğilimlerin hizmetinde kendine özgü otoriterliğiyle kullanmıştır. Pötzl'ün ortaya attığı fikirler rüya yorumunun bu kitapta konu edilen amaçlarını aşıyor. Ancak tek bir cümleyle şunu da söylemek gerekir ki rüya oluşumunu deneysel olarak incelemeye çalışan bu yeni yöntem, rüya içeriğine uykuyu bozan uyarımlar sokmaktan ibaret eski ve kaba teknikten son derece farklıdır.

Yukarıdaki açıklamalardan, önemsiz rüya uyaranları olmadığı yani masum rüya diye bir şey olmadığı iddiasını ortaya attığım düşünülecektir haklı olarak. Çocukluk rüyaları ve gece gerçekleşen algılara rüyalarda verilen kısa tepkileri saymazsak, kesin ve kati düşüncem budur.

Bunun dışında rüyada gördüklerimizin psikolojik açıdan önemli olduğunu ya açıkça biliriz ya da rüyada bir çarpıtma vardır ve rüya yorumu üzerinden önemsiz görünen öğenin aslında önemli bir öğe olduğunu kavrarız. Rüya teferruatla uğraşmaz; önemsiz şeyler için uykumuzun bölünmesine izin vermeyiz.[12] Görünürde masum olan rüyaların yoruma tabi tutulduktan sonra nasıl da kötücül olduklarını anlarız. Deyim yerindeyse, tilki gibi kurnaz, sinsidir rüyalar. Bu konuda da itirazlara maruz kalacağımı şimdiden bildiğimden, rüya koleksiyonumdan bu kişilere rüyada çarpıtmanın nasıl işlediğini gösterecek bir dizi "masum" rüyayı burada analiz etmekten memnuniyet duyacağım.

I

Gerçek hayatında da "durgun akan sulara" benzeyen, içine kapalı, akıllı, zarif, genç bir hanımefendi anlatıyor: *Rüyamda pazara geç gittiğimi, bu yüzden ne kasapta, ne de sebze satıcısı kadında satın alacak bir şey bulabildiğimi görüyorum.* Evet, görünürde masum bir rüya. Ama gerçekte rüyalar böylesine masum olamayacağı için ayrıntıları da anlatmasını istiyorum. Kadın o zaman şu açıklamayı yapıyor: *Elinde bir sepet olan aşçı kadınla pazara gidiyor. Bir şey istediği kasap, "Ondan kalmadı", diyor ve kadına başka bir şey vermek*

12 *Rüyaların Yorumu*'nun kibar eleştirmeni H. Ellis şöyle yazmış (s. 169): "İşte bu, artık Freud'un peşinden gidemeyeceğimiz bir nokta." Ancak H. Ellis'in kendisi tek bir rüya dahi analiz etmemiştir ve görünür rüya içeriğine bakarak bir yargıya varmanın meşru olmadığını anlamak istemiyor.

isterken şöyle diyor: Bu da iyi. Kadın istemiyor. Sebzeci kadın ona demet halinde tuhaf siyah bir sebze satmaya çalışıyor. Kadın şöyle diyor: "Bilmiyorum ne olduğunu, almayacağım."

Rüyanın gündüz yaşananlarla bol miktarda bağlantısı mevcut. Kadın gerçekten de geç gitmiş pazara ve alacak bir şey bulamamış. *Dükkân (kasap) kapalıydı,* açıklaması dikkatimi çekiyor. Bir dakika; bu bir erkeğin giyimiyle ilgili bir ihmalin ya da ihmalin tersinin ifadesi değil mi? Hem zaten rüyayı gören kadın bu sözleri kullanmadı, ağzından kaçırdı belki de: O halde rüyadaki ayrıntıları yorumlamaya devam ediyoruz.

Rüyada konuşmalar, yani duyulmayıp, düşünülmeyip söylenen şeyler (ki bunları ayırt edebiliriz rüyada), uyanık yaşamdaki gerçek konuşmalardan kaynaklanır. Tabii rüyada bu konuşmalar ham malzeme işlevi görürler, parçalanır, biraz değiştirilir ve ama özellikle de bağlamlarından koparılırlar.[13]

Rüyaları yorumlarken bu türden konuşmalardan yola çıkmak mümkün. Kasap neden "*Ondan kalmadı*" diyor acaba? Benim yüzümden, çünkü birkaç gün önce hastama, "en eski çocukluk anılarının oldukları gibi *kalmadıklarını, analiz sırasında* 'aktarmalar' ve rüyalar tarafından temsil edildiklerini", söylemiştim. O halde ben kasap oluyorum ve hasta bu eski düşüncelerin ve algılama biçimlerinin bugüne aktarılmasına karşı çıkıyor. –Rüyada hastanın kendi söylediği "*Bilmiyorum ne olduğunu, almayacağım,*" cümlesinin anlamı ne peki? Bu cümleyi analiz için parçalara ayırmamız lazım. "*Bilmiyorum ne olduğunu*", kısmını kendisi daha önce tartıştığı aşçısına kendi söylemiş ve eklemiş: "*Terbiyenizi takının*". Burada bir yer değiştirme somutlaşıyor. Aşçısına söylediği iki cümleden önemsiz olanı rüyaya dahil etmiş; ama bastırdığı "*Ter-*

13 *Krş.* Rüya Çalışması bölümündeki rüyada konuşmalar. Rüyadaki konuşmaların kaynağını anlayan tek yazar Delbeuf'tur (s. 226) ve bu konuşmaları klişelerle karşılaştırmıştır.

biyenizi takının!" bölümü rüyanın kalan kısmıyla uyumlu ve anlaşılır. Bu şekilde ancak, terbiyesiz, uygunsuz şeyler istemeye cesaret edenlere ve "dükkânı kapatmayı" unutanlarla konuşabilir insan. Rüyanın yorumunda doğru iz üzerinde olduğumuzu, sebzeci kadınla ilgili yapılan göndermeler de gösteriyor. Demet halinde satılan siyah (daha sonra eklediği üzere) uzunca sebze, rüyada siyah turp (Rettich) ve kuşkonmazın birleşiminden başka ne olabilir ki? Kuşkonmazın ne anlama geldiğini bilenlere yorumlamaya gerek dahi yok, ama öbür sebze de (schwarzer Rettich) ünlem olarak söylediğini düşündüğümüzde ("Schwarzer, rett' dich!") "*Siyah şey, kurtar kendini!*" rüyanın başlangıcında hemen tahmin ettiğimiz cinsel konuya işaret ediyor gibi: Dükkân kapalı. Burada amacımız rüyanın tamamını anlamak değil; Şimdiye kadar yorumlanan bölümden açıkça görülüyor ki rüyanın bir anlamı var ve bu anlam kesinlikle masum değil.[14]

II

Aynı hastanın bir başka masum rüyası, bir anlamda ilkinin karşıtı gibi: *Kocası soruyor: Piyanoyu akort ettirtmek gerekmiyor mu? Kadın: Değmez, zaten yeniden deri kaplanması gerekiyor.* Yine bir önceki güne ait gerçek bir olayın tekrarı. Kocası bu şekilde sormuş ve kendisi de benzer şekilde yanıtlamış soruyu. Kadının bunları rüyasında görmesinin anlamı ne peki? *Piyanodan iğrenç bir kutu* olarak söz ediyor, *çirkin sesler* çıkardığını ve evlenme-

---

14 Çok meraklılar için söyleyeyim: Bu rüyanın ardında benim uygunsuz ve cinsel anlamda provoke ettiğim ve hanımefendinin reddettiği bir fantezi var. Bu yorumu terbiyesizlik olarak görenlere, doktorların histerik kadın hastalara dair anlattığı çarpıtılmamış ve rüya olarak değil, üstü örtülmeden, bilinçli olarak dile getirilen ve paranoya şeklinde ortaya çıkan fantezileri hatırlatırım. Bir hasta böyle bir rüya sonrası psikanalitik tedaviye alınmıştı. Daha sonra bu hastada nevroza neden olan ilk travmanın tekrarlandığını ve aynı tutumun çocuklukta cinsel saldırıya uğrayanlarda da var olduğunu, sanki aynı şeyin rüyada tekrarlanmasını istediklerini anladım.

den önce de kocasına ait olduğunu[15] vs. anlatıyor. Ama bizi çözüme götüren anahtar sözcük şu: *Değmez.* Bu cümle bir önceki gün bir arkadaşını ziyaret etmesiyle bağlantılı. Arkadaşı ceketini çıkarması için ısrar ediyor ama kadın şu sözlerle itiraz ediyor: Sağ ol, *değmez,* çok kalmayacağım. Bunları anlatırken dün analiz sırasında birdenbire bir düğmesini açtığı ceketini tuttuğunu hatırlıyorum. Yani şöyle demek istiyor: Bakmayın lütfen, *buna değmez, faydası yok.* Böylece kutunun (Kasten) göğüs (Brustkasten) olduğu ortaya çıkıyor ve rüyanın analizi bizi bedensel gelişimine götürüyor, çünkü hasta bedeninden hoşnut olmadığını anlatmaya başlıyor. "İğrenç" ve "çirkin sesleri" de dikkate aldığımızda ve kadın bedeninin küçük yuvarlaklarının –karşıtı ve yedeği olarak– hem rüyalarda hem de imalı konuşmalarda büyük yuvarlaklarının yerine geçtiğini hatırladığımızda, rüya bizi muhtemelen çok eskilere de götürecektir.

III

Burada bu rüya dizisine ara verip, genç bir erkeğe ait kısa ve masum bir rüyayı anlatmak istiyorum. Adam rüyasında *korkunç bir şey olan kışlık paltosunu giyiyor.* Rüyayı görmesinin nedeninin birden bastıran soğuklar olduğunu söylüyor. Dikkatle bakıldığında rüyanın iki bölümünün birbirine uymadığı görülüyor, çünkü soğuk havada ağır ve kalın bir palto giymek neden "korkunç" olsun ki? Rüyanın masum olmadığını kanıtlayan, analiz sırasında aklına ilk gelen olay oluyor: Bir gün önce bir hanımefendi kendisine son çocuğunun müsebbibinin patlayan bir prezervatif olduğunu söylemiş. Adam bu bağlamda düşüncelerini yeniden şekillendiriyor:

15 Rüyanın yorumlanmasından sonra bunun, karşıtının yerine geçen bir düşünce olduğu anlaşıldı.

İnce bir prezervatif tehlikeli, kalını ise kötü. Prezervatif doğal olarak bir "Überzieher".[16] Üstüne geçiriyoruz çünkü; ince erkek paltosu için de aynı sözcüğü kullanıyoruz. Kadının anlattığı türden bir olay ise, evli olmayan bir erkek için "korkunç".

Şimdi tekrar masum rüyalar gören kadınımıza dönüyoruz.

IV

Kadın şamdana bir mum sokuyor; ama mum kırılmış, bu yüzden düzgün durmuyor. Okuldaki kızlar ona beceriksiz olduğunu söylüyorlar; ama küçük hanım bunun kendi hatası olmadığını dile getiriyor.

Burada da rüyaya vesile olan gerçek bir olay var; kadın bir gün önce gerçekten şamdana mum koymuş, ama mum kırık değilmiş. Burada son derece açık bir sembolizm kullanılmış. Mum kadın cinsel organını uyaran bir nesne. Mumun kırık olması, yani dik duramaması erkeğin iktidarsızlığına işaret eder ("Bu benim hatam değil"). Peki ama iyi terbiye almış, çirkin olan her şeye yabancı bu genç kadın mumun bu anlamda kullanıldığını biliyor mu bakalım? Kadın bu bilgiyi nasıl edindiğini tesadüfen hatırlıyor: Bir gün Ren Nehri'nde sandalla gezerken yanlarından geçen bir motordaki öğrenciler büyük bir keyifle avaz avaz şarkı söylüyorlar: "İsveç kraliçesi, panjurlar kapalı ve elinde bir Apollo mumuyla...."

Şarkı sözünün son kelimesini duymuyor ya da anlamıyor. Gerekli açıklamayı kocası yapmak zorunda kalıyor. Rüyanın içeriğinde bu mısraların yerini, yatılı okulda kendisine verilen bir görevi *beceriksizce* yerine getirmesi almış. Bu iki konunun ortak noktası ise *kapalı panjurlar.*

Mastürbasyon konusunun iktidarsızlıkla ilgisi oldukça açık. Gizli rüya içeriğindeki "Apollo" kelimesi rüyayı bakire Athena'nın

16 Almancada hem erkek paltosu, hem de günlük dilde prezervatif için kullanılan bir sözcük; fiil olarak anlamı da "üstüne geçirmek"–çev. n.

yer aldığı eski bir rüyayla ilişkilendiriyor. Bütün bunlar gerçekten hiç masum değil.

V

Rüyalardan yola çıkarak kolayca rüya görenin gerçek yaşamıyla ilgili sonuçlara varılamayacağını göstermek için, aynı kişinin gördüğü ve yine masum intibaı yaratan bir rüya daha ekliyorum buraya. Kadın anlatıyor: *Rüyamda gerçek hayatta yaptığım bir şeyin birebir aynısını gördüm. Küçük bir bavulu tepelemesine kitapla doldurduk, öyle ki bavulu zar zor kapatabildim. Aynen gerçekte olduğu gibiydi rüyada da.* Kadın burada asıl vurguladığı şey, rüya ve gerçeğin birebir aynı olduğu. Aslen, rüyayla ilgili bütün bu türden yargılar ve rüyayla ilgili ifadeler, uyanık yaşamda yer almalarına rağmen aslında her zaman rüyanın gizli içeriğine aittir. Bunu ileride örneklerle kanıtlayacağız. Yani bize rüyada olanların bir gün önce gerçekten de olduğu söyleniyor. Yorumda İngilizce'den faydalanma fikrine nasıl ulaştığımı anlatmak da şimdi fazlasıyla ayrıntıya girmek olacak. Kısaca söylemek gerekirse konu yine bir box (kutu; *krş.* s. 183 kutu içinde ölü çocuk rüyası) ve yine tıka basa dolduruluyor. Neyse ki bu kez doldurulanlar o kadar kötü bir şeyler değil.

Bütün bu "masum" rüyalarda sansür nedeninin cinsellik olduğu çok açık. Ancak bu konu son derece önemli olduğu olduğu için, şimdilik bir kenara bırakmak zorundayız.

B. RÜYA KAYNAĞI OLARAK ÇOCUKLUK

Robert dışında biz bütün yazarlar rüya içeriğinin üçüncü bir özelliği olarak, yaşamın ilk yıllarına ait olan ve uyanık yaşamda belleğimizde yer almıyor gibi görünen izlenimlerin rüyada ortaya çıktığını kabul ediyoruz. Bunun ne sıklıkta olduğuna karar vermek mümkün değil doğal olarak, çünkü uyandıktan sonra rüyadaki öğelerin kaynaklarını bilemiyoruz. O halde rüyada çocukluğa ait izlenimlerin yer aldığını nesnel bir yoldan kanıtlamak gerekiyor ve bunun için gerekli bütün koşullar çok nadiren bir arada ortaya çıkıyor. Konuyla ilgili oldukça inandırıcı bir örnek A. Maury'nin anlattığı bir adamla ilgili hikâyedir. Adam günlerden bir gün yirmi yıl sonra ilk kez doğduğu kenti ziyaret etmeye karar verir. Yola çıkacağı günün gecesi rüyasında hiç tanımadığı bir yerde olduğunu ve sokakta tanımadığı bir beyefendiye rastladığını ve onunla konuştuğunu görür. Doğduğu kente gittikten sonra gerçekten de rüyasındaki yerin memleketine yakın bir yerleşim merkezi olduğunu görür. Yolda konuştuğu adamın da ölen babasının orada yaşayan bir arkadaşı olduğu ortaya çıkar. Adamın hem o yeri, hem de adamı çocukluğunda gördüğünün kesin kanıtı olabilmeli bu. Öte yandan rüya bir sabırsızlık rüyası; tıpkı konser biletini cebinde taşıyan kız (s. 183) ya da babasının Hameau'ya bir gezi yapacaklarına söz verdiği çocuk vb. gibi. Doğaldır ki rüyayı analiz etmeden, rüyayı gören kişinin çocukluğuna ait neden tam da bu izlenimi yeniden ürettiğini anlamak mümkün değil.

Üniversitede derslerime giren ve rüyalarının çok nadiren çarpıtmaya maruz kalmasıyla övünen bir adam bir süre önce rüyasında *eski özel öğretmeniyle on bir yaşına kadar kendisine bakan dadısını yatakta* gördüğünü anlattı. Olayın geçtiği yeri henüz rüya görürken hatırlamıştı. İlgisini çeken rüyasını erkek kardeşine anlatmış, o da gülerek gördüklerinin gerçek olduğunu doğrulamıştı. Rüyayı gördüğünde altı yaşında olduğunu, bu yüzden rüyayı çok iyi hatırladığını söylüyordu adam. Âşıklar gece buluşmak için koşullar uygun olduğunda bira içirerek büyük oğlanı sarhoş ediyorlardı. O zaman üç yaşındaki –rüyayı gören– küçük oğlansa dadının odasında yatıyor ama engel olarak görülmüyordu.

Rüya yorumu olmaksızın rüyanın çocukluğa ait malzeme içerdiğine kesinlikle emin olduğumuz bir başka durumda sürekli *tekrarlayan* rüyalardır. Bu tür rüyalar önce çocuklukta görülür ve sonra yetişkinin uykularında hiç değişmeden zaman zaman ortaya çıkar. Kendim bu türden rüyaları hatırlamamakla birlikte, çalışmalarımdan bildiğim başkalarına ait kimi benzer rüyalara değinebilirim. Otuzlarında bir doktor çocukluktan başlayarak sık sık rüyasına giren bir aslandan bahsetmişti. Aslan hakkında en ince ayrıntıları dahi anlatabiliyordu. Rüyalarından tanıdığı bu aslan bir gün *gerçek hayatta* uzun zamandır kaybolmuş bir porselen obje olarak karşısına çıkmış ve annesinden bu objenin ilk çocukluk yıllarında çok sevdiği bir oyuncak olduğunu öğrendiğini, kendisinin ise bunu hatırlamadığını anlatmıştı.

Şimdi görünür rüya içeriğinden analizle ortaya çıkan rüyadaki düşünceye döndüğümüzde şaşırarak görüyoruz ki, çocukluk anıları içerikleri itibariyle hiç ihtimal vermeyeceğimiz rüyalarda da rol oynayabiliyor. Bu türden çok sevimli ve aydınlatıcı bir rüya örneğini, yine "sarı aslan" rüyasını gören değerli meslektaşıma borçluyum. Nansen'in bir kutup seyahatini anlattığı kitabı okuyan meslektaşım, daha sonra rüyasında, buzların üstünde cesur bir araştırmacıya şikâyet ettiği siyatik ağrılarından kurtulması için galvanik akımla tedavi yaptığını görmüş! Rüyanın analizi sırasında, bir çocukluk anısını hatırlamış ve bu anı olmadan rüyayı anlamak mümkün değilmiş: Meslektaşım üç dört yaşlarındayken bir gün yetişkinlerin keşif gezilerinden (Reise) söz ettiğini duymuş ve babasına bunun ağır bir hastalık olup olmadığını sormuş. Çocuk gezi (Reise) ve romatizmayı (Reissen) karıştırmış ve kardeşleri bu yüzden onunla alay ettiği için de muhtemelen bu utanç verici anıyı unutmamış olmalı.

Buna benzer bir başka olay da, siklamen familyası monografisi rüyamın analizi sırasında, beş yaşındayken babamın yırtmam için renkli çizelgelerle dolu bir kitabı bana verdiğine dair bir çocukluk anısını hatırlamış olmam. Bu noktada, bu anının rüyanın içeriğini mi belirlediği, yoksa analiz sırasında mı bu bağlantının kurulduğu sorusu kafalarda soru işareti uyandıracaktır. Çağrışımların zenginliği ve iç içe geçmiş olması birinci alternatife işaret ediyor: Siklamen–en sevilen çiçek– en sevilen yemek– enginar– bir enginar gibi yapraklarını koparmak–yaprak yaprak (Çin İmparatorluğu'nun yıkılması nedeniyle her gün kulağımıza çarpan bir deyiş)– bitki koleksiyonu– en sevdiği yiyecek kitaplar olan kitap kurdu. Ayrıca rüyanın burada ele almadığım son anlamının çocukluktaki sahnenin içeriğiyle çok yakından ilgili olduğunu garanti edebilirim.

Bir dizi rüya analiz edildikten sonra rüyanın kaynağı olan ve giderilmesini sağladığı arzunun çocukluktan kaynaklandığı ortaya çıkıyor. Bu durumda *çocukluğun dürtüleriyle birlikte rüyada yaşamaya devam ettiğini* şaşırarak görüyoruz.

Şimdi dostum R.'nin amcam olduğu, yeni şeyler öğrendiğimiz rüyanın yorumuna devam edeceğim. Bu rüyayı profesör olma arzumun ortaya çıktığı noktaya kadar analiz etmiş ve dostum R.'ye rüyada hissettiğim şefkati, rüya düşüncelerinde iki meslektaşıma edilen hakaretlere karşı çıkışım ve direnişimle açıklamıştık. Rüya benim gördüğüm bir rüya olduğu için, ulaşılan sonucun beni tatmin etmemiş olduğunu söyleyerek analize devam edebilirim. Rüya düşüncelerinde kötü muamele gören meslektaşlarımla ilgili yargımın uyanık yaşamda çok daha farklı olacağını biliyordum. Atama konusunda onların kaderini paylaşmama arzusu, uyanık yaşamdaki ve rüya yaşamındaki yargılarım arasında var olan tezadı bütünüyle açıklamak için yeterli değildi. Başka bir unvanla hitap edilme ihtiyacımın bu kadar yoğun olması, hastalıklı bir hırs ve ihtirasa işaret ediyor ve kendimi tanıdığım kadarıyla böyle bir insan olmadığımı biliyorum. Başkaları beni nasıl tanır ve bu bağlamda hakkımda ne düşünür, bilmem. Belki de gerçekten hırslı bir insanım. Böyleyse bile, bu hırsım çok zaman önce ordinaryüs profesör unvanından başka şeylere yönelmiş olmalı.

Peki ama rüyadaki bu hırs nereden kaynaklanıyor? Yaşlı bir köylü kadının doğumum sırasında ilk çocuğunu doğuran anneme dünyaya büyük bir adam armağan ettiği kehanetinde bulunduğunu hatırlıyorum o anda. Bu türden kehanetler çok sık dile getirilir. Ama zaten çocuğundan büyük beklentileri olan o kadar çok anne, bu dünyada güçleri kalmadığı için geleceğe yatırım yapan o kadar çok yaşlı köylü ya da başka kadın var ki. Yani kâhin kadının kehaneti de değilse, büyük bir insan olma özleminin kaynağı bu olabilir mi acaba? O anda aklıma durumu daha iyi açıklayacak daha sonraki yıllara ait bir gençlik anısı geliyor: 11-12 yaşlarımdayken Prater'de anne ve babamın beni de sık sık yanlarında götürdüğü lokantalardan birinde bir adam görmüştüm. Adam masa masa dolaşıyor ve küçük bir bahşiş karşılığında istenen bir konuda doğaçlama şiir okuyordu. Şairi masamıza çağırmak için beni gönderdiler ve adam küçük ulağa minnettarlığını göstermek için, hangi konuyu seçtiğimizi sormadan önce benimle ilgili birkaç mısra okudu ve ilerde "bakan" olacağımı hissettiğini söyledi. Bu ikinci kehaneti çok net hatırlıyorum. O yıllar yurttaşların da bakan olduğu yıllardı ve babam kısa bir süre önce Herbst, Giskra, Unger, Berger vb. gibi yurttaş bakanların resimlerini getirmişti eve ve bu beyleri onurlandırmak için resimler ışıklandırılmıştı. Aralarında Yahudiler de vardı. Yani her çalışkan Yahudi çocuğunun bu bakanlardan biri olma olasılığı bulunuyordu. Üniversiteye kayıt olmadan kısa bir süre öncesine kadar hukuk okumayı düşünmem ve son anda fikir değiştirmem bunlarla bağlantılı olabilirdi. Tıp okuyan biri için bakanlık kariyeri yapmak imkânsızdı. Ve gördüğüm rüya! Şimdi fark ediyorum ki, rüyamda o andaki karanlık atmosferden yurttaşların bakan olduğu geçmişteki umut vadeden günlere dönmüş *o zamanki* arzumu gerçekleştirmiştim. Yahudi oldukları için değerli ve saygın iki meslektaşıma kötü davranarak, yani kendimi bakan olarak görüp, birini saftorik, diğerini suçlu yaparak, kendimi bakan yerine koymuştum. Bakandan alınan korkunç intikam! O bana ordinaryüs profesörlük unvanını vermiyor ve ben rüyamda onun yerine geçiyorum.

Bir başka örnekte rüyayı uyaran arzunun yakın zamana ait olmasına rağmen, derinlerdeki çocukluk anılarıyla da yoğun bir ilişkisi olduğunu fark ettim. Roma'ya gitme özlemini içeren bir dizi rüyadan söz ediyorum. Bu özlemimi daha uzun süre rüyalarla gidermek zorunda kalacağım, çünkü zaman bulup kente gidebileceğim mevsim sağlığım açısından seyahat etmeme uygun değil.[17] Rüyamda tren kompartımanın penceresinden Tiber Nehri ve üzerindeki Ponte Sant'Angelo Köprüsü'nü görüyorum. Tren hareket ediyor ve o anda kente ayak basmadığımı fark ediyorum. Rüyamda gördüğüm manzara, birkaç gün önce bir hastamın salonunda gördüğüm ünlü bir gravüre benziyor. Bir başka rüyada birisi beni bir tepeye çıkarıyor ve buradan yarı yarıya sisler altındaki Roma'yı öylesine net görüyorum ki, manzaranın netliği şaşırtıyor beni. Bu rüyanın zengin içeriğinin tamamına burada değinmek istemiyorum. Rüyada "vaat edilen toprakları uzaktan görmek" motifi son derece açık. Sisler altında gördüğüm kent aslında Lübeck; tepe ise *Gleichenberg*'e benziyor. Üçüncü bir rüyada, rüyanın da söylediği gibi nihayet Roma'ya gidiyorum. Ama bir kente benzemeyen görüntüler hayal kırık-

17 Artık çoktan biliyorum ki böyle ulaşılmaz sayılan arzuları gidermek için tek gereken biraz cesaret. Bunu anladıktan sonra Roma'yı adeta tavaf etmeye başladım.

lığına uğratıyor beni. *Siyah, küçük bir nehir, nehrin bir yakasında siyah kayalar, öbür yakasında büyük çiçeklerle bir çayır. Bu arada çok iyi tanımadığım Bay Zucker'i fark ediyorum ve şehre giden yolu ona sormaya karar veriyorum.* Yani çok bariz bir şekilde, gerçek hayatta görmediğim bir şehri rüyamda boşuna görmeye uğraşıyorum. Rüyadaki manzarayı parçalarına ayırdığımda, beyaz çiçekler en azından bir süreliğine İtalya'nın başkenti olarak Roma'nın önüne geçen Ravenna'ya işaret ediyor. Ravenna'nın bataklıklarının kapkara sularında en güzel nilüferleri gördüğümüzü hatırlıyorum. Çiçekleri bataklıktan almak çok zor olduğu için, rüyam onları Aussee'deki nergisler gibi çayıra koymuş. Suyun yanındaki siyah tepe Karlsbad yakınlarındaki Tepl Vadisi'ne çok benziyor. "*Karlsbad*" ise Bay Zucker'e (Bay Şeker) yolu sormamdaki tuhaflığı açıklıyor. Rüyanın örgüsünü oluşturan malzemede, konuşmalarımızda ve yazışmalarımızda sık sık alıntıladığımız, eğlenceli olmasının yanı sıra, derin ve acı bir bilgelik de içeren iki Yahudi anekdotunu fark ediyoruz.

Bu anekdotlardan biri "yapısal" olanı. Yoksul bir Yahudi bilet almadan Karlsbad'a giden hızlı trene biniyor, yakalanıyor, her kontrolde trenden indiriliyor ve giderek daha kötü muamele görüyor. "Azap Yolu'ndaki" istasyonlardan birinde rastladığı, nereye gittiğini soran bir tanıdığına "yapım" (halim) elverirse, Karlsbad'a diyor. Hafızamda bu hikâyeye yakın bir hikâyede de Fransızca bilmeyen bir Yahudiye Paris'te Richelieu'ya giden yolu sorması için baskı yapılıyor. Paris de uzun zamandır gitmek istediğim bir şehirdi ve bu şehre ayak bastığımda duyduğum mutluluk, başka arzularımın da gerçekleşeceğinin garantisi gibi gelmişti bana. Bu arada yolu sormak ifadesi Roma'ya dolaysız bir gönderme, çünkü biliyoruz ki, bütün yollar Roma'ya çıkar. Bu arada Zucker (şeker) soyadı da, yapısal bir hastalık olan diyabete yakalananları gönderdiğimiz Karlsbad'a bir atıf. Bu rüyanın kaynağı Berlinli bir dostumun Paskalya tatilinde Prag'da buluşma önerisiydi. Dostumla sohbet konuları arasında mutlaka "şeker" ve "diyabet" de olacaktı.

Söz ettiğim son rüyadan çok kısa bir süre önce gördüğüm dördüncü bir rüyada yine Roma'dayım. Bir sokak köşesindeyim ve buraya yapıştırılmış çok sayıda Almanca afişe şaşırıyorum. Birkaç gün önce bir dostuma adeta kehanette bulunur gibi Prag'ın bir Almanın gezinmesi için keyifli bir yer olmadığını yazmıştım. Rüya bir taraftan da dostumla Bohemya'da bir kent olan Prag yerine Paris'te buluşma isteğimi ve Prag'da Alman diline daha hoşgörülü yaklaşılmasına dair muhtemelen öğrencilik yıllarıma ait bir arzuyu dile getiriyordu. Çekçeyi herhalde çocukken anlıyordum, çünkü Moravya'da Slav nüfuslu küçük bir kasabada doğmuştum. On yedi yaşında duyduğum Çekçe bir çocuk şiiri hafızamda öylesine kolayca yer etmiştir ki, anlamını bilmememe rağmen bugün dahi ezbere söyleyebilirim. Demek istediğim, bu rüyalarımda da çocukluğumla ilgili bağlantılar eksik değil.

Trasimeno Gölü'nü de gördüğüm ve Tiber'e ulaştıktan sonra Roma'ya seksen kilometre kala ağrılarım yüzünden geri döndüğüm son İtalya seyahatimde bu ölümsüz şehre duyduğum özlemin gençlik anılarım yüzünden yoğunlaştığını fark ettim.

Bir yıl sonra Roma üzerinden Napoli'ye gitme planları yaparken klasik yazarlarımızdan birine ait olduğunu tahmin ettiğim bir cümle geldi aklıma:[18] "Roma'ya gitmeye karar verdikten sonra odada telaşla bir aşağı bir yukarı yürüyenin başkumandan Hannibal mi, yoksa yardımcısı Winckelmann mı olduğu bilinmiyor." Ben Hannibal'in ayak izlerini takip ediyordum. Onun gibi benim de kaderimde Roma'yı görememek vardı. Hannibal de bütün dünya onu Roma'da görmeyi beklerken Campania böl-

18 Bu cümleyi okuduğum yazarın Jean Paul olduğunu sanıyorum.

gesine gitmişti. İşte bu türden benzerliklerim olan Hannibal, lise yıllarımda en sevdiğim kahramanımdı. Birçok akranım gibi ben de Pön Savaşları sırasında Romalıların değil Kartacalıların tarafını tutuyordum. Lise son sınıfta yabancı bir ırka ait olmanın sonuçlarını kavrayıp, arkadaşlar arasındaki Yahudi düşmanlığına tavır almam gerektiğinde, Sami ırkından gelen bu başkumandan gözümde daha da itibar kazandı. Hannibal ve Roma benim için Yahudiliğin gücüyle kilise örgütlenmesi arasındaki karşıtlığı simgeliyordu. Yahudi düşmanı hareketin duygu dünyamızdaki anlamı, daha sonra o eski yıllara ait düşünceyi ve algıyı da belirledi. Böylece Roma'ya gitme arzusu, rüya yaşantısı için birçok yoğun özlemin ve arzunun maskesi ve sembolü haline gelmişti. Bu özlemleri yerine getirmek için tıpkı bir Kartacalı gibi sabırla ve inatla çalışmak gerekiyordu ve ama kader bazen gerçekleşmelerine –tıpkı Hannibal'in Roma'ya gitme arzusunda olduğu gibi– izin vermiyordu.

Bu noktada bütün bu hissiyata ve rüyalara bugün yön veren çocukluk yıllarıma ait bir olayı hatırlıyorum. 10-12 yaşlarında olmalıydım. Babam çıktığı yürüyüşlerde beni de yanına alıyordu ve bana dünya ahvali üzerine düşüncelerini anlatıyordu. Bir kez ne kadar iyi zamanlarda yaşadığımızı göstermek için bir olay anlatmıştı: Genç bir erkektim, senin doğum günün olan bir cumartesi günü güzel giyinmiş, başımda yeni bir kürk kasketle yolda yürüyordum. Yoldan geçen bir Hıristiyan başımdaki kasketi bir darbeyle çamura attı ve bağırdı: "Kaldırımdan aşağı in, Yahudi!" "Peki sen ne yaptın?" "Caddeye inip kasketimi aldım" diye yanıtladı babam sükûnet içinde. Bu yanıt küçük çocuğun elinden tutan bu büyük adama yakışacak bir kahramanlık gibi gelmemişti bana.

Hoşlanmadığım bu sahnenin karşısına duygularıma daha uygun bir sahneyi koymuştum: Hannibal'in babası Hamilkar

Barka[19] evdeki sunakta oğluna Romalılardan intikam alması için yemin ettirmişti. Hannibal o günden sonra hayallerime girmeye başlamıştı.

Kartacalı kumandana hayranlığımın çocukluğumun daha erken yıllarında da var olduğunu düşünüyorum. Demek ki burada, var olan duygulanımların sadece yeni bir nesneye aktarılmasından söz edebiliriz. Okumayı öğrendiğimde elime geçen ilk kitaplardan biri Thiers'in "Konsüllük ve İmparatorluk Tarihi"ydi. Küçük tahta askerlerimin sırtına yapıştırdığım küçük kâğıtlara imparatorluğun generallerinin adını yazardım. Daha o zamanlar en sevdiğim general Masséna'ydı (Yahudice: Menasse)[20] (Bu tercihimi ondan yüz yıl sonra tesadüfen aynı günde doğmuş olmamla açıklamak da mümkün).

Napolyon da kendisini Alpler'i aşmış biri olarak Hannibal'e benzetir. Bu savaşçı idealini, üç yaşıma kadar benden bir yaş büyük olan bir arkadaşımla aramızdaki kâh dostane kâh düşmanca süregiden dostluk ilişkisinde daha zayıf ve güçsüz olan tarafın muhtemel arzularına kadar götürebiliriz.

Rüyalarda analizle derinlere indikçe, gizli rüya içeriğinde rüyanın kaynağı olarak rol oynayan çocukluk anılarına daha sık rastlamaya başlıyoruz.

Daha önce (s. 33) rüyanın anıları çok nadiren, rüya içeriğinde kısaltmadan ve değiştirmeden yer alacak şekilde yeniden ürettiğini görmüştük. Bu görüşü destekleyen örneklere, yine çocukluk anılarına dayanan birkaç yenisini ekleyebilirim. Hastalarımdan biri yaşanmış bir cinsel olayın neredeyse aynısı olan bir rüya görmüş ve bu benzerliği hemen fark etmişti. Yaşanan bu olayı hayal meyal hatırlıyordu hasta, yani tamamen unutmamıştı ve başarılı bir analiz çalışmasıyla hafızasında tazelenmişti. 12 yaşındayken

19 Birinci baskıda bu isim "Hasdrubal"dı. Bu tuhaf hatayı *Günlük Yaşamın Psikopatolojisi*'nde açıkladım (11. baskı, 1929, *Toplu Eserler*, 4. cilt, s. 243, 245).

20 Bu arada, generalin Yahudi kökeni de tartışmalıdır.

yatakta yatan hasta bir okul arkadaşını ziyaret etmişti. Hasta çocuk herhalde istemsiz bir hareketle üstünü açmıştı. Arkadaşının cinsel organını gören çocuk da soyunmuş ve arkadaşının penisini tutmuş, hasta çocuğun isteksizliğini ve şaşkınlığını görünce utanmış ve penisini bırakmıştı.

Bu sahne içerdiği bütün duygulanımlarla ve bütün ayrıntılarıyla birlikte 23 yıl sonra bir rüyada tekrarlanmıştı. Tek fark çocuğun aktif değil pasif rolde olması ve okul arkadaşının yerini başka birinin almış olmasıydı.

Doğaldır ki çocukluğa ait sahneler genelde görünür rüya içeriğinde sadece ima edilir ve rüya analiziyle ortaya çıkarılması gerekir. Bu tür örnekler çoğu zaman fazla bir şey kanıtlayamaz çünkü çocukluk anılarıyla ilgili başka bir kanıt yoktur elimizde. Çok erken yaşlara ait anıları hatırlamak mümkün değildir. Salt rüyalardan yola çıkarak çocukluk anılarına ulaşmayı meşru kılan, psikanaliz çalışmalarında bir araya geldiklerinde güvenilir intibaı bırakan bir dizi etken var. Rüya analizi amacıyla bağlamından koparılan parçalardan yola çıkarak çocukluk anılarına varmak pek de etkili olmayacak, çünkü analiz için ele aldığım bütün malzemeye burada değinmedim. O halde bu malzemeyi ele almaktan başka çarem yok.

I

Kadın hastalarımdan biri her zaman "acele ve telaş" içindedir; bir şeye hazırlanırken telaşlıdır bu hasta, treni kaçırmamak için hep acele eder vs. (Viyanalıların "acele, telaş" sözcükleriyle ne kastettiğini herkes bilir). Bu hastam rüyasında *bir arkadaşını ziyaret etmek ister; annesi yürüyerek değil, arabayla gitmesini söyler; ama hasta koşarak gider ve yolda sürekli düşer.* – Analizde ortaya çıkan malzeme, acele ve telaşla ilgili çocukluk anılarını ve özellikle de çocuklar arasında yaygın bir şakayı çıkarır ortaya: "İnek koştu,

koştu ve düştü." Bu cümle adeta tek bir kelimeden oluşuyormuşçasına hızla, yani acele ve telaşla söylenir. Küçük kızların arasındaki bütün bu masum telaşları hatırlar hasta, çünkü bunlar daha az masum olanların üstünü örter.

II

Bir başka kadın hastadan bir rüya: *Kadın bir sürü makine bulunan bir odadadır. Ortopedik bir kliniğe benzemektedir bulunduğu yer. Benim zamanım olmadığını ve beş başka kişiyle terapiye girmesi gerektiğini öğrenir.*

Hasta buna itiraz eder ve ona ayrılan yatağa –ya da başka bir şeye– uzanmayı reddeder. Bir köşede durur ve benim, bunun gerçek olmadığını söylememi bekler. Bu arada ötekiler kadınla alay ederler ve bu davranışın onun her zamanki huyu olduğunu söylerler. Kendisi de küçük kareler yapmaktadır bu arada.

Rüyanın ilk bölümü terapiyle bağlantılı ve bana aktarılmıştı. İkinci bölümde ise çocukluk anısına gönderme var ve yatağa değinilerek bu iki sahne ilişkilendirilmiş. Ortopedik klinik, benim tedaviyi süresi ve özü itibariyle *ortopedik* bir tedaviye benzettiğim bir konuşmama dayanıyor. Hastaya terapiye başlarken *kendisine ayıracak çok vaktim olmadığını* ama ileride günde bir saat ayırabileceğimi söylemiştim. Söylediklerim histerik çocukların temel özelliği olan eski duyarlılıklarını uyandırmıştı. Bu çocuklar sevgiye doymaz. Hastam altı kardeşin en küçüğüydü (bu yüzden rüyada beş kişi daha var) ve babasının bir tanesiydi. Ama yine de sevgili babasının ona yeteri kadar vakit ayırmadığını düşünüyordu. –Benim bunun gerçek olmadığını söylememi beklemesinin altında yatan ise şu olay: Küçük bir terzi kalfası kadına bir gün bir elbise getirmiş, kadın da parasını ödemişti. Daha sonra kocasına, çocuğun parayı kaybetmesi halinde yeniden ödeme yapmasının gerekip gerekmeyeceğini sormuş, kocası da onu kızdırmak için, evet, demişti (Rüyadaki sataşma). Kadın sormaya devam etmiş ve kocasının *bunun gerçek olmadığını söylemesini beklemişti.* Bu noktada rüyanın gizli içeriğinde, ona iki kat vakit ayırdığımda vizitenin iki katını mı ödemek zorunda olduğu düşüncesi var. Cimrice ve *kirli* bir düşünce (Çocukluktaki kirliliğin yerine rüyalarda çoğu kez para hırsı alır). Rüyadaki bütün bu "ben söyleyene kadar beklemek" vs., "kirli" sözcüğüne bir göndermeyse şayet, "*bir köşede beklemek*" ve "*yatağa yatmamak*" çocukluktan bir sahnenin parçaları olabilir: Kadın *yatağını* pisletmiş ve ceza olarak babasının onu artık sevmeyeceği, kardeşlerinin onunla alay edeceği tehdidiyle *köşeye* gönderilmiş olabilir. *Küçük kareler* ise, galiba dokuz karenin içine her yönden toplandığında on beş eden sayılar yazan küçük yeğeniyle ilgili olmalı.

III

Bir adamın rüyası: *İki erkek çocuk etraftaki alet edevattan anlaşılacağı üzere bir fıçı imalathanesinde itişip kakışmaktadır. Çocuklardan biri diğerini yere düşürür. Yere yatan çocuğun kulağında mavi taşlı küpeler vardır. Küpeli çocuk dersini vermek için kendini döven çocuğu sopayla kovalar. Öteki, bir çite yaslanmış duran (galiba annesi olan) kadına doğru koşar. Gündelikçi işçi olan kadın çocuğa arkasını döner. Sonra yüzünü çocuğa döner ve ona kötü kötü bakar. Çocuk korkarak kaçar. Kadının gözünün altında kırmızı bir et parçası vardır.*

Rüya, bir önceki güne ait önemsiz olayları bolca kullanmış. Adam önceki gün gerçekten de sokakta iki çocuk görmüş, biri diğerini yere düşürmüş. Adam araya girmek istediğinde çocuklar kaçmış. – "Fıçı imalatçısı çocukları", daha sonra gördüğü rüyadaki bir söyleyiş açıklıyor: Bardağı (fıçıyı) taşıran son damla. – Adam çoğunlukla *fahişelerin* mavi taşlı küpe taktığını söylüyor ve aklına *iki oğlan çocukla* ilgili bir tekerleme geliyor: "Öbür oğlanın adı Marie'ydi (yani aslında bir kızdı). – Ayakta duran kadın:

Adam çocukları gördükten sonra Tuna Nehri kıyısında yürüyüşe çıkmış ve tenha olan bir yerde *çitlere* işemişti. Yolda iyi giyimli bir hanımefendi kendisine gülümsemiş ve kartvizitini vermişti.

Rüyadaki kadın kendisinin işerken durduğu pozisyonda durduğu için, işeyenin bir kadın olduğunu söyleyebiliriz. Buna bir de kırmızı et parçasının korkunç *görüntüsünü* ekleyecek olursak, bunun işemek üzere eğilmiş bir kadının cinsel organları olduğunu anlayabiliriz. Aynı sahne adamın daha sonraki anılarında "*vahşi et*" ya da "*yara*" olarak karşımıza çıkıyor. Rüya çocukken küçük kızların cinsel organlarını gördüğü iki durumu, *yere düşürmeyi* ve *çiş yapmayı* birleştiriyor ve bağlamdan da anlaşılacağı gibi, çocuğun bu gibi durumlarda ortaya çıkan cinsel merakı karşısında babası tarafından ikaz edildiği ya da cezalandırıldığı anıları içeriyor.

IV

Yaşlı bir kadının aşağıdaki rüyasında bir dizi çocukluk anısı bölük pörçük bir araya gelerek bir fantezi oluşturmuş: *Kimi işlerini halletmek için aceleyle evden çıkan kadın, Graben semtinde yere düşer gibi dizlerinin üstüne çöker. İnsanlar etrafına toplanır, özellikle de bir fayton sürücüsü, ama hiç kimse kadına yardım etmez. Kendisi defalarca kalkmayı dener ve sonunda, başarmış olmalı ki, onu eve götürecek faytona oturtulur: Faytonun penceresinden içeriye (alışveriş sepeti gibi) tıka basa dolu bir sepet atarlar.*

Kadın tıpkı çocukluğundaki gibi rüyalarında da hep telaş içindedir. Rüyadaki ilk sahne muhtemelen yere yıkılan bir atla ilgili olmalı. At yarışlarında kullanılan "yıkılmak" terimine bir gönderme de olabilir burada. Kadın gençken *biniciydi,* çocuk oyunlarında muhtemelen *at* da olmuştu. Yere düşmek sözcüğü kapıcının on yedi yaşındaki oğluyla ilgili ilk çocukluk anısında yer alıyordu. Çocuk sokakta geçirdiği bir sara krizini takiben arabayla eve götürülmüştü. Bu olayı sadece duymuştu kadın, ama sara kriziyle, "*yere düşmekle*" ilgili düşünceler, hayallerinde ve daha sonra kendi histeri krizlerinin biçiminde güçlü bir etken olmuştu. – Bir kadın rüyasında sürekli düştüğünü görüyorsa, bunun cinsel bir anlamı vardır, yani kadın "*kötü yola düşmüş*" bir kadındır. Bizim rüyamız için bu yorum hiç kuşku götürmez, çünkü kadının rüyada düştüğü yer olan Graben semti fahişeler bulvarı olmakla ünlü bir yer. *Alışveriş sepeti*nin ise birden fazla anlamı var. Sepet kelimesi ona peşindekileri "*sepetlediğini*", ama sonra onların da kendisini "sepetlediğini" hatırlatıyor. Bunu kimsenin ona *yardım etmemiş_olması* takip ediyor ki kadın bu durumu da bir reddedilme olarak algılıyor. Öte yandan *alışveriş sepeti* analizde yorumlandığında, kendi sosyal sınıfına yakışmayacak bir evlilik yaptığı, bu yüzden pazara alışverişe gitmek zorunda kaldığı ortaya çıkıyor. Son olarak alışveriş sepetini bir *hizmetkâr* olarak da yorumlamak mümkün. Kadın buna bağlı olarak çocukluğunda hırsızlık yaptığı için işten kovulan bir *aşçı kadını* hatırlıyor. O da *dizlerinin üstüne çökmüş* ve yalvarmış. Kendisi o zaman 12 yaşındaymış. Bir de (daha sonra evleneceği) *faytoncu*yla işi pişiren oda hizmetçisi var. Bu anı rüyadaki (gerçeğin aksine düşeni kaldırmayan) faytoncunun kaynağı. Şimdi geriye sadece *pencereden atılan sepet* kaldı. Bu sahne kadına, trenle gönderilen bagajları, taşrada âşık erkeğin sevdiği kadının penceresine merdiven dayamasını, taşrada geçirdiği günlerden bir erkeğin bir kadının odasına pencereden mavi erikler atması ya da yoldan geçen bir serseri pencereden odaya baktığında küçük kız kardeşinin korkması gibi kimi olayları hatırlatıyor. Ve sonunda on yaşına ait bir anı aklına geliyor: Taşrada bir hizmetçi kadının hizmetli erkeklerden biriyle çocuğun da fark etmiş olabileceği aşk sahneleri yaşamış olması, kadının sevgilisiyle birlikte "*kovulması*", (rüyadaki "*içeri atılmanın*" –aksine– "*dışarı atılması*" (kovulması). Bu anıya birçok başka yoldan da yaklaşmıştık. Viyana'da hizmetçilerin valizlerini (pılı pırtı anlamında –çev. n.) aşağılamak amacıyla "yedi erik" denir: "Topla yedi eriğini ve defol!"

Hastalarımın çoğunlukla üç yaşına kadar olan bulanık ya da hiç hatırlanmayan anılarıyla ilgili analiz ettiğim birçok rüya var elimde. Ama bu rüyalardan çıkardığım sonuçlar ışığında rüya hakkında bir genelleme yapmak doğru olmaz. Çünkü bu rüyaların sahipleri nevrotik ve özellikle histerik hastalar ve gördükleri rüyaların çocukluk anılarıyla bağlantıları, rüyaların genel bir özelliği değil, nevrozun doğası gereği olabilir. Ama öte yandan patolojik semptomlar söz konusu olmamasına rağmen kendi rüyalarımı yorumlarken gizli rüya içeriğinde beklenmedik bir anda çocukluğumdan sahnelerine rastladığım ya da bir dizi rüyanın dönüp dolaşıp tek bir çocukluk anısına bağlandığı da oluyor. Bu bağlamda birçok örnek ele aldım ve almaya da devam edeceğim. Belki de en iyisi bu bölümü, yakın geçmişe ait olaylarla çoktan unutulmuş çocukluk anılarını birleştiren birkaç rüyamı aktararak bitirmek.

I. Aç ve yorgun argın döndüğüm seyahatin ardından yatağa yattığımda, uykuda temel yaşamsal ihtiyaçlar dile geliyor: *Tatlı istemek için bir mutfağa giriyorum. Orada duran üç kadından biri restoran sahibi. Hamur topları (Alm. Knödel) yapar gibi elinde bir şey döndürüyor. İşini bitirene kadar beklememi söylüyor* (çok net değil söyledikleri). *Sabırsızlıkla ve hayal kırıklığıyla gidiyorum. Üzerime bir palto geçiriyorum. Ama ilk denediğim uzun geliyor. Üstümden çıkarıyorum paltoyu ve kürk astarı olmasına şaşırıyorum. Denediğim ikinci paltonun Türk motifli bir şeridi var. Uzun suratlı, kısa sivri sakallı bir yabancı geliyor ve kendisine ait olduğunu söyleyerek paltoyu giymeme engel oluyor. Adama paltonun her yerinin Türk motifleriyle işli olduğunu gösteriyorum. Size ne Türk motiflerinden, şeritlerden, diyor. Ama bir taraftan da son derece kibarız birbirimize karşı.*

Rüyanın analizi sırasında birden 13 yaşındayken okuduğum ilk roman geldi aklıma. Aslında romanı birinci cildin sonundan okumaya başlamıştım. Adını ve yazarını hiç öğrenmemiştim zaten ama nasıl bittiğini hâlâ çok net hatırlıyorum. Romanın kahramanı deliriyor ve hayatta kendisini en çok mutlu eden ve en üzen üç kadının isimlerini söylüyordu sürekli. Bu isimlerden biri Pélagie'ydi. Aklıma gelenleri analizde ne yapacağım konusunda henüz hiçbir fikrim yok. O sırada insanların kaderinin ağlarını ören üç Kader Tanrıçası geliyor aklıma. Ve rüyadaki restoran sahibinin, insana hayat veren ve ayrıca –bende de olduğu gibi– canlıya besin veren anne olduğunu anlıyorum. Kadın göğsü, aşkı ve açlığı birleştirir. Güzel kadınlara düşkün olan genç bir adam bir kez, meme emen bir bebekken kendisini emziren güzel süt annesinden bahsetmiş, o zaman eline geçen fırsatı daha iyi değerlendirmediğine hayıflandığını söylemişti. Bu hikâyeyi psikonevroz mekanizmasındaki *ertelenmiş eylemi* açıklamak için kullanıyorum. – Kader Tanrıçaları'ndan biri, *hamur topları* (*Knödel*) yapar gibi ellerini ovuşturuyor. Bir kader tanrıçası için tuhaf ve açıklamaya muhtaç bir uğraş! Bunun kaynağı, daha başka ve daha eski bir çocukluk anısı. Annem altı yaşımda ilk hayat dersimi verirken, insanın topraktan oluştuğuna ve bu yüzden yeniden toprağa döneceğimize inanmamı istemişti. Hiç hoşlanmadığım bu açıklamaya inanamamıştım. Annem o anda ellerini aralarında hamur topu (Knödel) varmış gibi ovuşturmuş, –tek fark elinde hamur olmamasıydı– topraktan oluştuğumuzun kanıtı olarak sürtünme sonucu çıkan *ölü deri parçalarını* göstermişti.

Gördüklerim karşısında ağzım açık kalmıştı ve sonra şu cümlede dile getirilen düşünceye boyun eğmiştim "Doğaya bir ölüm borçlusun."[21] Demek ki mutfakta yanına gittiğim kadınlar

21 Çocukluğuma ait bu sahnedeki iki duygu da yani şaşırma ve kaçınılmaz olana boyun eğme, kısa süre önce gördüğüm ve bu çocukluk sahnesini hatırlamamı sağlayan bir rüyada vardı.

gerçekten de Kader Tanrıçaları'ydı; tıpkı çocukluğumda karnım acıktığında ocağın başındaki annemin yemek hazır olana kadar beklemem gerektiğini söylemesi gibi. Şimdi sıra hamur toplarında! Üniversitedeki hocalarımdan en azından bir tanesi ama özellikle de histoloji bilgilerimi (üst deri) borçlu olduğum bir hocam, yazılarından *intihal* (*Alm. Plagiat*) yaptığı için hakkında dava açtığı *Knödl* adında birini mutlaka hatırlayacaktır.

İntihal yapmak, başkasına ait bir şeyi çalmak, muhtemelen rüyanın, bir süre üniversitedeki sınıflarda faaliyette olan *palto hırsızı* muamelesi gördüğüm ikinci bölümüne götürüyor bizi. İntihal (Plagiat) sözcüğünü hiçbir şey düşünmeden kullandım ama şimdi görüyorum ki bu sözcük görünür rüya içeriğinin parçalarını birbirine bağlayan köprü görevi görebilir. *Pélagie–Plagiat* (*intihal*)–*Plagiostomlar*[22] (*köpek balıkları*)–*Fischblase* (*balıktaki haca kesesi*) sözcükleri boyunca elde ettiğim çağrışımlar eski romanı Knödl olayı ve cinsel yaşamla ilgili bir ürün olan paltoyla[23] ilişkilendiriyor (*krş.* Maury'nin s. 59'daki "kilo-loto" rüyası). Gerçi son derece eğreti ve abes bir bağlantı bu ama rüya çalışması sırasında kurulmamış olsa uyanık yaşamda asla kuramayacağım bir bağlantı. Evet, bağlantı kurma dürtüsünün karşısında hiçbir şey duramaz: Brücke (köprü) adı (*bkz.* yukarıdaki sözel köprü) öğrenci olarak –rüya görürken başıma bela olan (plagen) arzuların aksine– hiçbir arzu ve isteğim olmadan en güzel saatlerimi geçirdiğim enstitüyü hatırlatıyor ["So wird's Euch an der Weisheit *Brüsten* mit jedem Tage mehr gelüsten" – (Goethe / Faust: "Böylece bilgeliğin *göğüslerinde,* her gün daha da arzu dolu olacaksın")] Ve nihayet, a) adı *Knödl* (hamur topu) gibi bir yiyeceği hatırlatan değerli hocam Fleischl'la (et), b) ölü deri parçalarının (anne–restoran sahibi

22 *Plagiostomlar* fikir yürütmesi rastgele değil; bana aynı hocaya rezil olduğum kötü bir ânı hatırlatıyor.

23 Freud burada palto için aynı zamanda prezervatif anlamına gelen "Überzieher" sözcüğünü kullanıyor. –çev. n.

kadın) rol aldığı hüzünlü bir sahneyle, c) delilikle (roman) ve d) eczaneden[24] alınan ve açlığı gideren bir madde olarak kokainle ilgili anıları ortaya çıkıyor.

Bu labirentvari düşünceler zincirini takip edip, rüyanın analizde eksik kalan kısmını tamamen açığa çıkarabilirdim. Ama gerekli kişisel özveri çok büyük olduğu için burada bundan vazgeçecek ve beni bu karmaşanın nedeni olması muhtemel rüya düşüncesine götürecek olan ipuçlarından birine yoğunlaşacağım. Palto giyinmemi engellemeye çalışan uzun suratlı, kısa sivri sakallı yabancı, karımın Split'te bol miktarda *Türk* kumaşı aldığı bir dükkân sahibini hatırlatıyor bana. Adamın adı *Popović'ti;* mizah yazarı *Stettenheim*'ın imalı bir göndermede bulunduğu komik bir isim ("Adını söyledi ve kızararak elimi sıktı"). Tıpkı Pélagie, Knödl, Brücke, Fleischl gibi yine bir ismi başka manada kullanıyorum burada. İsimleri sözcük anlamlarında kullanmanın çocukların sıkça başvurduğu bir muziplik olduğuna kimsenin itirazı olmayacaktır. Ama benim bunları dile getirmem, bir çeşit misilleme sayılabilir çünkü kendi adım da[25] sayısız kez saçma sapan şakaların kurbanı olmuştur.

Goethe, Herder'in kendisi için yazdığı şiir hakkında insanın adı konusunda ne kadar hassas olduğunu, adını adeta vücudunu kaplayan deri (Haut) gibi hissettiğini söyler:

"Sen ey Tanrıların (Götter), Gotlar'ın ve dışkıların (Kot) çocuğu; İlahi (Götter) görüntüler artık siz de toz oldunuz." Konumuzun dışına çıkarak isimlerin suiistimaliyle oyalanmamdan şikâyet edecekler olacaktır, bu yüzden konuyu burada kapatıyorum. – Split'teki alışveriş bana Kator'daki bir başka alışverişi hatırlatıyor. Burada az alışveriş yapmış ve iyi şeyler alma fırsatı-

24 Burada eczane için kullanılan "Lateinische Küche" deyiminde "mutfak" sözcüğü geçiyor. –çev. n.

25 Freude= sevinç, neşe. –çev. n.

nı iyi değerlendirememiştim (*bkz.* sütanneyle ilgili fırsatın değerlendirilememesi). Açlığın rüya görende neden olduğu rüya düşüncelerinden biri de şudur çünkü: *Hiçbir şeyi kaçırmamak, küçük haksızlıklar olsa da alabildiğini almak, hiçbir fırsatı kaçırmamak lazım: Hayat kısa, ölüm kaçınılmaz.* Bu düşüncenin cinsel bir anlamı da olduğu için, şehvet de küçük haksızlıklar karşısında durmak nedir bilmediği için, bu "carpe diem" (günü yaşa) zihniyeti sansürden korkuyor ve bir rüyanın ardına gizlenmek zorunda kalıyor. Buna bu düşüncenin zıddı olan birçok düşünce ekleniyor tabii: *Zihinsel beslenme*nin rüya gören için daha önemli olduğu zamanlar, her türlü kısıtlama ve hatta en iğrenç cinsel ceza tehditleri.

II. İkinci bir rüya için daha ayrıntılı ön bilgi gerekiyor:

Aussee'de tatil yapmak üzere Batı Tren Garı'na (Westbahnhof) gidiyorum. Ama daha önce kalkacak olan Bas Ischl treninin olduğu perona gidiyorum. Orada yine imparatorun yanına Ischl'a giden Kont Thun'u görüyorum. Kont yağmura rağmen açık bir arabayla geliyor, banliyö trenlerinin giriş kapısından çıkıyor ve kendini tanımadığı için biletini almak isteyen görevliyi, hiçbir açıklama yapmadan elinin tersiyle ittiriyor. Benimse, Kont Ischl treniyle hareket ettikten sonra perondan ayrılmam, bekleme salonuna geri dönmem gerekiyor. Ama ısrar ediyorum ve orada kalmama izin verilmesini sağlıyorum. Bakalım torpille bir kompartıman tutacak birileri gelecek mi diye etrafı seyrederek vakit öldürüyorum. Aynı hakkı iddia etmek için olay çıkarmaya karar veriyorum. Bu arada daha sonra Figaro'nun Düğünü'nden bir arya olduğunu fark ettiğim bir şarkı mırıldanıyorum:

> "Sayın Kont'un bir dansa cesareti var mı, var mı?
> Söylesin yeter, ben ona bir şeyler çalacağım."
> (Bir başkası belki de tanımazdı bu aryayı.)

Bütün akşam enerjik ve kavgacı bir ruh halindeydim. Garsonla ve arabacıyla dalga geçmiştim. Umarım incitmemişimdir onları. Şimdi ise bir sürü küstah, devrimci düşünce uçuşuyor kafamda. Figaro'nun sözleri ve Beaumarchais'in *Comédie française*'de izlediğim komedisiyle bağlantılı düşünceler bunlar: Dünyaya gelme zahmetine katlanmış büyük efendilerin sözleri; Kont Almaviva'nın Susanne'ye uygulamak istediği ilk gece yasası (*Lat.* ius primae noctis[26]); bizim hain muhalif gazetecilerin Kont Thun'un (kelime anlamı: yapmak) ismiyle dalga geçmeleri ve ona Kont Nichtsthun (hiçbir şey yapmaz, boş gezer) ismini takmış olmaları. Gerçekten imrenmiyorum konta; o şimdi imparatorun karşısına çıkmak zorunda. Aslında gerçek Kont *Nichtsthun* benim, tatile gidiyorum. Tatille ilgili bir sürü eğlenceli planım var. Bu arada tıp sınavlarına hükümet temsilcisi olarak giren ve bu yüzden "hükümetin yatak arkadaşı" gibi bir komplimanla anılan bir beyefendi geliyor. Devlet memuru olduğunu söyleyerek birinci mevkide indirimli bir bilet verilmesini istiyor kendine. Bir görevlinin diğerine şöyle dediğini duyuyorum: Nereyi vereceğiz şu indirimli birinci mevkici beyefendiye? İyi bir ayrıcalık. Ben tam bilet ödedim birinci mevkideki yerim için. Bana ait bir kompartımanım var gerçi ama koridor olmadığı için tuvaleti yok. Memura itirazlarım fayda etmiyor. En azından kompartımanının zeminine yolcuların ihtiyaçlarını giderebileceği bir delik açın bari, diyerek memurdan intikamımı alıyorum. Gerçekten de gece çişim geliyor ve saat ikiyi çeyrek geçe aşağıdaki rüyayı görürken uyanıyorum:

İnsan kalabalığı, öğrenciler toplanmış. –Bir kont (adı Thun ya da Taafe) konuşma yapıyor. Almanlar hakkında bir şey söylenmesi isteniyor. Kont alay eden bir ses tonuyla Almanların en sevdiği çiçeğin öksürük otu olduğunu söylüyor ve parçalanmış bir yaprağı, daha doğ-

26 Avrupa'da toprak sahibinin evlenen her kızın bekâretini bozma hakkı. –çev. n.

rusu lime lime bir yaprak damarını düğme iliğine iliştiriyor. Öfkeyle yerimden kalkıyorum, yani kalkıyorum[27] *ve bu davranışıma şaşırıyorum.* Rüyanın devamı daha belirsiz.

Sanki büyük bir konferans salonu, giriş kapıları tutulmuş ve oradan kaçmak gerekiyor. Bir dizi güzel döşenmiş oda boyunca ilerliyorum. Odalar muhtemelen hükümet yetkililerine ait, mobilyalar kahverengiyle eflatun arası bir renkte. Sonunda bir koridora ulaşıyorum. Yaşlı, şişman bir kâhya kadın oturuyor orada. Konuşmuyorum kadınla ama buradan geçmeye hakkım olduğunu düşündüğünü anlıyorum, çünkü ışık tutayım mı, diye soruyor bana. Bense kadına merdivenlerde durmasını söylüyorum, ya da ima ediyorum ve böylece çıkışta kontrol edilmekten kurtulduğum için kurnazlık ettiğimi düşünüyorum. Böylece aşağı iniyorum ve dar, hafif yokuş bir yol bulup ilerliyorum.

Burası da belirsiz... *İlk sorunum evden çıkmaktı, ikincisi şehirden çıkmak sanki. Tek atın çektiği bir arabadayım, arabacıya tren garına gitmesini söylüyorum. Arabacı onu yorduğumu ifade ederek itiraz ediyor, bunun üzerine ona "Sizinle trenin güzergâhını izleyemem" diyorum. Daha önce trenle gidilen bu güzergâhı onunla gitmişim güya. Tren istasyonları işgal edilmiş. Acaba Krems'e ya da Znaim'e mi gitsem diye düşünüyorum. Ama saray orada. Graz'a ya da benzer bir yere gitmeye karar veriyorum. Sonra banliyö treni gibi bir trenin vagonundayım. Düğme deliğinde tuhaf, örülmüş, uzunca bir şey var, üzerinde eğilip bükülmeyen eflatun menekşeler. İnsanların dikkatini çekiyor bu nesne.*

Sahne burada sona eriyor.

Yine gardayım ama yanımda yaşlı bir bey de var, tanınmamak için bir plan yapıyorum ama plan zaten uygulamaya konmuş. Aynı anda düşünüyorum ve gerçekleşmiş olarak yaşıyorum. Yanımdaki bey kör taklidi yapıyor, en azından tek gözü körmüş gibi. (*Şehirde satın almak zorunda kaldığımız, ya da satın aldığımız*) *bir ördeği tutuyorum ada-*

27 Bu tekrar, dalgınlıkla rüya metnine girmiş olmalı. Ama analiz sırasında bir anlamı olduğu ortaya çıktığı için olduğu gibi bıraktım.

ma. Yani ben hasta bakıcıyım ve o da kör olduğu için büyük bir şişe vermek zorundayım. Kondüktör bizi görürse, görmemiş gibi yaparak yanımızdan geçmek zorunda. Adamın duruşunu ve çiş yapan organını çok net olarak görüyorum. Bu noktada idrar yapma ihtiyacıyla uyanıyorum.

Rüyanın tamamı bizi 1848 Devrimi'ne götüren bir fantezi izlenimi yaratıyor. Devrimi 1898 yılında anmıştık. Bir de Wachau'ya yaptığım bir gezide ilk kez Emmersdorf'a,[28] öğrenci lideri Fischhof'un mezarına gitmiştim ki, görünür rüya içeriği kısmen buna bir gönderme olabilir. Düşünceler zinciri beni İngiltere'ye erkek kardeşimin evine götürüyor. Kardeşim sık sık Lord Tennyson'un bir şiirin adına atıfta bulunarak "fifty years ago" (elli yıl önce) sözleriyle karısına takılır, çocuklar da "fifteen years ago" (on beş yıl önce) diye düzeltirdi. Ama bu düşüncelerle birleşip, Kont Thun'u görmemle canlanan fantezi İtalyan kiliselerinin yapının içiyle organik hiçbir bağı olmayan dış cepheleri gibiydi. Bu dış cephelerden farklı olarak fantezimde boşluklar var ve içindeki parçalar birçok noktada dışarıya çıkmaya uğraşıyor.

Rüyanın ilk bölümü tekrar parçalara bölebileceğim birçok sahnenin birleşmesinden oluşuyor. Kontun rüyadaki burnu havada tavrı *on beş yaşıma* ait lisede geçen bir sahneden kopya edilmiş. Hiç sevmediğimiz, kara cahil bir hocamıza bir oyun tezgâhlamıştık. Tezgâhın merkezinde İngiliz VIII. Henry'i kendine örnek alan bir okul arkadaşımız yer alıyordu. Büyük taarruzu yönetmek bana düşmüştü. Tuna (Wachau!) Nehri'nin Avusturya için önemi üzerine çıkan tartışma infial yaratmıştı. Aramızdaki tek aristokrat olan işbirlikçilerimizden birine çok uzun boylu olduğu için "zürafa" derdik. Çocuk okulun diktatörü olan Al-

28 Bu bir hata ama bir dil sürçmesi değil! Wachau'daki Emmersdorf'un devrim lideri Fischof'un sığındığıyla aynı yer olmadığını sonradan öğrendim.

manca dili profesörü hocamız kendisinden hesap sorarken tıpkı rüyadaki kont gibi duruyordu. *En sevilen çiçek* ve yine bir çiçekle alakası olması gereken *düğme deliğine sokma*nın (ki bu da aynı gün bir kadın arkadaşıma verdiğim orkideleri ve Jericho gülünü anımsatıyor) açıklaması, net bir şekilde Shakespeare'in kral oyunlarındaki Kırmızı ve Beyaz Gül arasındaki iç savaşı hatırlatıyor. VIII. Henri'nin adının geçmesi bu küçük anıyla bağlantıyı kuruyor. Güllerden kırmızı ve beyaz karanfillere ulaşmak içinse küçük bir adım yetiyor. Analiz sırasında araya biri İspanyolca, diğeri Almanca olmak üzere iki mısra giriyor:

> *Güller, laleler, karanfiller, solacak bütün çiçekler. – Isabelita, no llores, que se marchitan las flöres*[29]
>
> (İspanyolca mısra "Figaro"yla bağlantılı).

Viyana'da beyaz karanfil *Yahudi düşmanlarının*, kırmızı karanfil ise *sosyal demokratların* sembolü haline geldi. Bunun arkasında güzel Saksonya'da (Anglo-Sakson) bir tren yolculuğunda yaşanan Yahudi düşmanlığıyla ilgili bir olayın anısı var. Rüyadaki ilk bölümün oluşmasını sağlayan parçalara destek veren üçüncü bir sahne ise, üniversite hayatımın ilk yıllarına ait. Bir *Alman* öğrenci derneğinde felsefenin doğa bilimleriyle ilişkisi üzerine bir tartışma yapılmıştı. Materyalist öğretiye sonuna kadar inanan toy bir delikanlı olarak öne çıkıp, son derece taraflı bir bakış açısını savunmuştum. Bunun üzerine insanları yönetmeyi, kitleleri örgütlemeyi bildiğini çoktan kanıtlamış olan, adını da hayvanlar âleminden alan, benden deneyimli ve büyük bir meslektaşım ayağa kalkmış, bizi yerle bir etmiş, kendisinin de gençliğinde domuz çobanlığı yaptığını ama sonra pişman olup baba evine döndüğünü söylemişti. Bense (rüyadaki gibi) *yerimden kalkmış*, son derece *edepsiz* bir tavırla, *domuz* çobanlığı yaptığını öğren-

29 *"Isabel'ciğim, çiçekler soldu diye ağlama"*–çev. n.

diğimden beri ses tonuna *hiç şaşırmadığımı* söyledim (Rüyada Nasyonalsosyalistlere yakışır tutumuma şaşırıyordum). Büyük itirazlar; birçok kişi sözlerimi geri almamı istemiş, ama ben direnmiştim. Hakaret ettiğim kişi, kışkırtmalarıma karşılık veremeyecek kadar anlayışlı biriydi ve konunun üzerine gitmemişti.

Rüya sahnesinin diğer öğeleri çok daha derin katmanlardan geliyor. Kontun öksürük otu (Huflattich) açıklamasının anlamı ne acaba? Burada çağrışım zincirime başvurmak zorundayım: öksürük otu (Huflattich – birleşik kelimedeki kelimelerin anlamları: toynak ve marul) –marul–salata– cimri (Salathund – birleşik kelimedeki kelimelerin anlamları: salata ve köpek). Burada bir dizi sövgü kelimesine de rastlıyoruz: Gir-affe (zürafa: "Affe" bölümünün anlamı: maymun; domuz, dişi domuz (bir anlamı da: pis herif), köpek; yine bir isim üzerinden "eşek" kelimesine ulaşabilir ve bir akademisyenle alay edildiğini gösterebilirim. Ayrıca doğruluğundan emin olmamakla beraber – Huflattich'i (öksürük otu) Fransızcaya *"pisse–en-lit"* olarak da tercüme edebilirim. Zola'nın *Germinal* adlı romanından aklımda kalmış bu. Romanda çocuklara bu bitkiden yapılmış bir salata getirmeleri isteniyordu. Köpek –*chien*– sözcüğü bana çişi –*pissier*– değil de büyük abdesti –*chier*– hatırlattı. Böylece yakında maddenin üç haliyle ilgili ahlâksız terimlere ulaşmış olacağız. Çünkü beklenen bir devrimden söz eden *Germinal* adlı romanda tuhaf bir yarışma var. Yarışmanın konusu *flatus* adı verilen gazlı bir dışkı.[30] Ve bu noktada *flatus'a* giden yolun *çiçeklerden* başlayıp, *İspanyolca* dizeler ve *Isabelita* üzerinden *Isabella* ve *Ferdinand*'a, *VIII. Henry* üzerinden İngiliz tarihinde İspanyol donanmasının *İngiltere*'ye karşı yürüttüğü savaşa, İngilizlerin zaferiyle biten savaşın ardından fırtınada paramparça olan İspanyol donanması için üzerin-

30 "Germinal" değil "La Terre." Bu hatanın analizden sonra farkına vardım. Bu arada *Huflattich* ve *Flaltus*'ta aynı olan harflere dikkat çekiyorum.

de *"flavit et dissipati sunt"*[31] yazan bir madalya döktürülmesine kadar uzandığını fark ediyorum.[32] Histerinin açıklanması ve tedavisi konusunda ayrıntılı bilgilere ulaştığımda şakayla karışık bu sözleri "terapi" konulu bölümün başlığı olarak kullanmayı düşünmüştüm.

Rüyanın ikinci sahnesi için sansürden ötürü böylesine ayrıntılı bir çözüm yapmam mümkün olmayacak. Çünkü bu sahnede devrimin önemli bir şahsiyetinin yerine kendimi koyuyorum. Bu şahsiyetin *kartalla* (Adler) ilgili bir macerası var; aynı kişinin bağırsaklarını tutamama (*incontinentia alvi*) sorunu da var vb. ve bence hikâyenin büyük bir bölümünü bana saray müşaviri (*konferans salonu, consilarius aulicus*) *anlatmış olmasına rağmen, burada sansürü geçmeye hakkım olmadığını düşünüyorum.* Rüyada odalar (Zimmer) görmemin nedeni ekselanslarının vagonuna bir an bakabilmiş olmam; ama bu aynı zamanda rüyalarda çok sık rastlandığı gibi *kadın* (Frauenzimmer: kadın için aşağılayıcı bir tabir – ortalık malı kadın) anlamına da geliyor. Kâhya kadın figürüyle zeki ve yaşlı bir hanımefendiye, misafirperverliği ve evinde anlattığı güzel hikâyeye rağmen nankörlük ediyorum. – Lamba ise, "Hero ve Leander"de ("Aşkın ve Denizin Dalgaları" – Donanma ve Fırtına) yaşanmış benzer bir hikâyeyi anlatan Grillparzer'e dayanıyor.[33]

Rüyanın diğer bölümlerinin ayrıntılı analizine burada girmeyecek, sadece rüyayı bu bölüme almamın gerekçesi olan ço-

---

31 "Tanrı üfledi, onlar dağıldı". –çev. n.

32 Sevilmeyen biyografi yazarı olan Dr. Fritz Wittels, yukarıdaki özlü sözden Yehova'nın adını çıkarmakla suçladı beni. İngiliz hatıra madalyasının üzerinde Tanrının adı İbranice harflerle yazılmış ve bir bulutun arka fonu olarak yer alıyor; öyle ki yazı, resmin ya da yazının bir parçası olarak anlaşılabilir.

33 H. Silberer rüyanın bu bölümüyle ilgili yaptığı ayrıntılı bir çalışmada (*Fantezi ve Mitos*, 1910) rüya çalışmasının sadece gizli rüya düşüncelerini değil, rüyanın oluşumundaki ruhsal süreçleri de (işlevsel olgu) göstermeye yaradığını anlatmaya çalışmıştır. Ama bence, "rüya oluşumundaki ruhsal süreçlerin" benim için, diğer şeyler gibi düşünce malzemesi olduğunu göz ardı etmiştir. Bu canlı rüya sayesinde bu süreçleri keşfettiğim için gururluyum.

cukluğa ait iki sahneyle ilgili bölümleri ele alacağım. Beni onu bastırmaya iten bu malzemenin cinsel içerikli olduğu düşünülebilir haklı olarak; ama bu açıklamayla yetinemeyiz. Çünkü, çoğu zaman, başkalarından gizlememiz gereken bir şeyi kendimizden gizlemeyiz. Ve burada söz konusu olan beni çözümü gizlemeye zorlayan nedenler değil, rüyanın gerçek içeriğini benden gizleyen iç sansürün nedenleri. Bu nedenle diyebiliriz ki, üç bölümden oluşan bu rüyanın analizinde ortaya çıkan şu: Uyanık yaşamımda çoktan unuttuğum gülünç bir megalomaninin neden olduğu ve görünür rüya içeriğine de sızan küstah böbürlenmeler (kurnazlık ettiğimi düşünüyorum); ama öte yandan rüya bir önceki akşamın coşkulu ruh halini çok güzel anlatıyor. Böbürlenme ise her konuda mevcut. Örneğin Graz'a değinilmesi, insanın çok paralı olduğunu düşünüp kendini beğendiği zamanlarda söylenen "Graz kaç para eder?" deyimine dayanıyor. Usta Rabelais'in Gargantua ve oğlu Pantagruel'in hayatları ve yaptıklarıyla ilgili benzersiz tasvirini hatırlamak isteyenler, rüyanın birinci bölümünün ima ettiği şeyi de böbürlenme olarak değerlendirebilir.

Bu seyahat için kahverengi-eflatun yeni bir bavul almıştım. Bu renk rüyada sık sık çıkıyor karşımıza: (İsimleri "kız kapanı" (Mädchenfänger) olan, uzunca bir şeyin üstündeki eğilip bükülmeyen bir malzemeden yapılmış eflatun–kahverengi menekşeler–bakanlık odalarındaki mobilyalar). Çocuklar yeni bir şeyle insanların dikkatini çekeceklerine inanırlar. Çocukluğumla ilgili bana anlatılan şöyle bir sahne var (Bu sahnenin anısının yerine, sahneyle ilgili anlatılanların anısı geçmiş): İki yaşındayken bazen yatağımı ıslatıyormuşum ve bu konuda suçlandığımda da babamı, kendisine N.'de (en yakın büyük şehir) yeni, güzel, kırmızı bir yatak alarak teselli ediyormuşum (Bu nedenle şehirde satın aldığımız ya da almak zorunda kaldığımız ördek giriyor rüyaya). [Bu arada erkek ördeğine ve dişi bavula (box) dikkatinizi çekerim]. Çocuğun megalomanisi verilen sözde görülüyor. Çocukların rüyada çiş yapma zorluklarına daha önce değinmiştik (*krş.* s. 231'deki rüya). Nevrotiklerin psikanalizinden de yatağı ıslatmanın hırslı kişilikle derin bir bağlantısı olduğunu biliyoruz.

Yedi ya da sekiz yaşındayken yine evde geçen ve çok iyi hatırladığım bir sahne de şu: Bir akşam yatmadan önce –adâba uymadığını bilmeme rağmen– anne ve babamın yatak odasında onların yanlarında tuvalet ihtiyacımı gidermiştim. Bunun üzerine cezamı kesen babam şöyle demişti: "Bu çocuk adam olmayacak." Gururum o kadar kırılmış olmalı ki, rüyada sık sık bu sahneye göndermeler yer alıyor ve hepsinde başarılarım ve meziyetlerim sayılıyor. Sanki şöyle demek istiyorum: Adam oldum işte, bak. Çocukluğa ait bu sahne rüyanın son bölümünün malzemesini oluşturuyor; ama tabii intikam amacıyla roller değişmiş olarak. Yaşlı adam –muhtemelen babam çünkü adamın tek gözünün kör olması babamın tek taraflı glakomuna[34] bir gönderme– önümde çişini yapıyor; tıpkı benim, babamın önünde çişimi yapmam gibi. Glakoma göndermenin anlamı, ameliyatı sırasında ona verilen kokain. Böylece vermiş olduğum sözü tutuyorum. Ayrıca alay da ediyorum babamla; kör olduğu için ördeği ona tutmak zorundayım çünkü. Ve histeri konusundaki gurur duyduğum uzmanlığımı ima ederek bunun keyfini sürüyorum.[35]

---

34 Başka bir yorum: Babam baştanrı Odin gibi tek gözlü –Odin'in Tesellisi–. Babama yeni bir yatak alacağımı söylediğim sahnedeki teselli.

35 Konuyla ilgili birkaç yorum malzemesi: Cam (Glas) ördeğin tutulması gözlükçüde sırayla gözlük (Glas) deneyen köylünün (Bauernfaenger= hilekâr – rüyanın bir önceki sahnesindeki kız kapanı (Maedchenfaenger) hikâyesini hatırlatıyor. –Zola'nın "La terre"sinde bunak babanın köylüler tarafından tedavi edilmesi.– Babanın son günlerinde yatağı pisletmesinden duyulan üzücü memnuniyet; bu yüzden rüyada onun hasta bakıcısıyım. "Düşünmek ve yaşamak aynı şey", Oskar Panizza'nın devrimci tiyatro eserini hatırlatıyor: Bu eserde kötürüm bir yaşlı tanrıya çok kötü davranılıyor. Şöyle bir söz var kitapta: "İrade ve icraat aynı şeydir". Bir çeşit yağmur tanrısı olan başmeleğin, Tanrı'nın lanetlenmesini engellemesi gerekiyor, aksi takdirde lanet hemen gerçekleşecek. –Planlar yapmam, daha sonraki bir zamanda babama yö-

Çocukluğumla ilgili bu iki çiş yapma sahnesi her halükârda megalomani konusuyla bağlantılı olsa bile, Aussee seyahati sırasında bu anıların tazelenmesinin asıl nedeni, kompartımanımda tuvalet olmaması ve yolculuk sırasında mahcup olmaya hazırlıklı olmam gerektiğiydi ki, sabah da gerçekleşmişti bu zaten: Fiziksel ihtiyaçlarla uyanmıştım. Demek istediğim, rüyanın kaynağının bu ihtiyaç olduğunu düşünmek de mümkün gerçi ama ben rüyadaki düşüncelerin işeme ihtiyacını tetiklediği yorumunu tercih ediyorum.

Herhangi bir ihtiyaçla uykudan uyanmak, hele de trende olduğu gibi ikiyi çeyrek geçe gibi bir saate uyanmak, alışık olduğum bir şey değildir. Yapılacak itirazlara söyleyeceğim bir başka şey de, yaptığım daha konforlu seyahatlerde neredeyse hiçbir zaman gece işeme ihtiyacıyla uyanmamış olmam. Hem zaten bu konuyu burada bir çözüme ulaşmadan bırakabilirim.

Öte yandan rüya analiziyle ilgili edindiğim deneyimlerden biliyorum ki rüyanın kaynağı ve arzu uyarıcı kolayca kanıtlanabildiği için yorumun eksiksiz olduğunu düşündüğümüz rüyalarda

---

nelttiğim eleştirilerden kaynaklanan bir suçlama. Aslında rüyanın otoriteye hakaret eden, onunla alay eden isyankâr içeriği babaya karşı isyandan kaynağını alıyor. Kral memleketin babası, baba ise çocuk için ilk ve tek otorite ve insanlığın kültür tarihinde onun mutlak gücünden –anaerkillik istisna olmak üzere– diğer sosyal otoriteler doğmuş. – Rüyadaki "düşünmek ve yaşamak aynı şeydir" görüşü ördekle de bir ilişkisi olan histerik semptomlara bir atıf. Bir Viyanalıya Gschnas (1. Değersiz malzeme; 2. Bu tür malzemelerle hazırlanmış kıyafetlerle gidilen bir tür kıyafet balosu. –çev. n.) ilkesini anlatmam gerekmez. Bu ilke, basit, tercihen tuhaf ve değersiz malzemelerden nadir ve değerli görünüşlü eşyalar yapmaktır (Örn. sanatçılarımızın akşam eğlencelerinde tencerelerden, saman demetlerinden ve tuzlu çubuk krakerlerden zırh yapması). Aynı şeyi histeri hastalarının da yaptığını gözlemledim. Bu kişiler, en zararsız ve en saçma sapan malzemeden gerçekten gördüklerinin dışında, bilincinde olmadan çirkin ve uygunsuz şeyler yaparlar. Hastalığın semptomları ciddi ve aynı zamanda masum gerçek olgularla ilgili anılarla değil, işte bu türden fantezilerle alakalıdır. Bu açıklama beni çok memnun etti ve birçok zorluğu aşmamı sağladı. Rüyadaki "cam ördek" öğesiyle atıfta bulunabilmemi sağlayan durum şu: Son "Gschnas" balosunda Lucrezia Borgia'ya ait bir zehir bardağının sergilendiği anlatılmıştı. Bardağın ana malzemesi hastanelerde erkeklerin kullandığı cam bir ördekti.

bile, çocukluğun ilk zamanlarına kadar uzanan düşünce zincirleri olabiliyor. O halde rüyanın bu özelliğinin rüya görmenin temel koşullarından biri olup olmadığını sormak zorundayım. Bu yaklaşımı genelleştirecek olursak, her rüyanın görünür içeriğinde yakın geçmişte yaşananlar, gizli içeriğinde ise en eski olaylar olduğunu söyleyeceğiz. Histeri hastaların analizinde açık bir şekilde ortaya çıktı ki, en eski yaşananlar gerçekten de şimdiki zamana kadar taze ve yeni kalabiliyor. Ancak bu tahmini kanıtlamak henüz çok zor: İlk çocukluk anılarının rüyanın oluşumdaki rolüne başka bir bağlamda (VII. Bölüm) yeniden döneceğim.

Hafızanın başlangıçta değindiğimiz üç özelliğinden birini –rüya içeriğinde önemsiz konuların tercih edilmesi– *rüyada çarpıtma*yla tatmin edici biçimde çözdük. Diğer iki özelliğinin –yakın geçmişin ve çocukluk anılarının rolünün– varlığını kanıtlamış olsak da, bu özellikleri rüyanın güdülerinden yola çıkarak açıklayamadık henüz. Açıklamak ve hakkını vermek zorunda olduğumuz bu iki özelliği aklımızın bir köşesinde tutalım; onları başka bağlamlarda, uyku halinin psikolojisinde ya da rüya yorumu sayesinde tıpkı bir pencere aralığından bakar gibi içini görebildiğimiz ruhsal aygıtın yapısı üzerine ileride yürüteceğimiz düşünsemelerde yeniden ele alacağız.

Son yaptığımız rüya analizlerinin bir diğer sonucuna ise hemen burada değinmek istiyorum. Rüyalar çoğu kez *çok anlamlıymış* intibaı bırakır. Örneklerden de gördüğümüz gibi, birçok arzunun giderilmesi aynı anda gerçekleşebiliyor; bir anlama ulaşılması ya da bir arzunun giderilmesi diğerinin üstünü örtebiliyor, ta ki en altta çocukluktan kalma bir arzunun giderilmesine ulaşana kadar. Burada "çoğu kez" sözcüğünün yerine "her zaman, düzenli olarak" denmesi acaba daha mı doğrudur, sorusunu da sormamız gerekiyor.[36]

36 Rüyalardaki anlam katmanları rüya yorumunun en sorunlu ama öte yandan en ilginç konularından birdir. Bu olasılığı unutanlar, yanlış yollara sapıp,

C. RÜYANIN BEDENSEL KAYNAKLARI

Eğitimli ama deneyimsiz birinin ilgisini rüyalara çekip, bu kişiye rüyanın kaynaklarının neler olabileceğini sorduğumuzda, çoğu kez sorunun yanıtını kesinlikle bildiğinden emin olduğunu gözlemleriz. Bu kişi hemen sindirim sisteminden kaynaklanan rahatsızlıklarını ("Rüyaya giden yol mideden geçer"), uykudaki tesadüfi yatış pozisyonunu ya da uyku sırasında yaşanan küçük olayları sayar ve bütün bu kaynaklar sıralandığında dahi açıklanması gereken bir şeylerin olduğunu düşünmez belki de.

Bilimsel literatürde rüyanın oluşumu için bedensel uyarı kaynaklarına biçilen rolü giriş bölümünde (s. 45) ayrıntılı olarak incelemiştik. Bu nedenle burada bu incelemenin sonuçlarını hatırlamamız yeterli olacaktır. Literatürde üç farklı bedensel uyarı kaynağından söz edildiğini biliyoruz: dış nesnelerden kaynaklanan nesnel duyusal uyarımlar, duyu organlarının salt öznel kaynaklı uyarımları ya da bedenin içinden gelen bedensel uyarımlar. Bu arada incelediğimiz yazarlarda, olası psikolojik kaynakları bedensel uyarım kaynaklarıyla kıyaslayarak azımsama ya da tamamen dışlama eğilimini de gözlemlemiştik (s. 62). Bedensel rüya kaynaklarının lehine ortaya konan iddialardan şunları öğrenmiştik: –Duyu organlarının nesnel uyarımlarının (ki bunlar kısmen uyku sırasındaki tesadüfi uyarımlar, kısmen de ruhsal yaşam uykuya daldığında dahi uzaklaştıramadığımız uyarımlardır) rolü sayısız gözlemle ve deneyle kanıtlanmıştır (s. 46). –Rüyada tekrar tekrar hipnagojik (uykuya dalma sırasındaki) görüntülerin ortaya çıkması öznel duyusal uyarımların kanıtı

rüyanın özüyle ilgili sağlam bir kuram oluşturamayacaktır. Ancak konuyla ilgili henüz çok az araştırma mevcut. Şimdiye kadar yapılan tek anlamlı çalışma, O. Rank'ın idrar uyarım rüyalarındaki sembollerin katmanlaşması araştırmasıdır.

gibidir. –Rüyadaki görüntülerin tamamını iç bedensel uyarımlara bağlamak doğru olmasa da sindirim ve boşaltım organlarının ve cinsel organların uyarılmasının rüyaların içeriğini belirlediği yönündeki genel kanı bir dayanak noktası olabilir.

Yani çok sayıda uzman için "sinirsel uyarımlar" ve "bedensel uyarılar" rüyanın tek kaynağıdır. Öte yandan bedensel uyarım teorisinin sadece doğruluğundan değil, daha çok yeterliliğinden de kuşku duyan yaklaşımlara da kulak verdik.

Bu teorinin destekçileri nesnel temellere oturttukları öğretilerinden ne kadar emin olurlarsa olsunlar –(ki özellikle de tesadüfi ve dışsal sinirsel uyarımlarına rüyanın içeriğinde rastlamanın hiç de zor olmamasından ileri geliyor kendilerinden bu kadar emin olmaları) – rüyaların zengin düşünsel içeriğinin sadece dışsal sinirsel uyarımlardan kaynaklanamayacağı görüşüne çok da uzak değildiler. Bayan Mary Whiton Calkins altı hafta boyunca kendi rüyalarını ve ikinci bir şahsın rüyalarını bu bağlamda incelemiş ve kendi rüyasında % 13,2; diğer kişide ise % 6,7 oranında dışsal bir duyu uyarımı olduğunu kanıtlayabilmiş, rüyaların sadece iki tanesini salt bedensel duyumlara dayandırılabilmiştir. Buradaki istatistikler, kendi deneyimlerimize sadece şöyle bir göz atarak elde etmiş olduğumuz bilgileri doğruluyor.

"Sinirsel uyarım rüyalarını" çok iyi araştırılmış bir alt grup olarak diğer rüya biçimlerinden ayrı tutma girişimleri çok sık olmuştur. Örneğin Spitta rüyaları *"sinirsel uyarım rüyaları"* ve *"çağrışım rüyaları"* olarak ayırır. Ama bizim için, rüyaların bedensel kaynaklarıyla düşünsel içeriği arasındaki bağlantıyı kanıtlayamayan bir çözümün yeterli olmayacağı çok açık.

Demek ki dışsal uyarım kaynaklarına yeterli sıklıkta rastlanmadığı itirazımıza şimdi bir de bu tür rüya kaynaklarının rüyanın açıklanmasında yetersiz olduklarına itirazı ekleniyor. Bu teorinin savunucuların bize açıklamaları gereken iki konu var:

Birincisi, dışsal uyarımı rüyada neden gerçekte olduğu gibi değil de, yanlış anlamlandırıyor olduğumuz (*krş.* s. 49, çalar saat rüyaları) ve ikincisi, bu yanlış yorumlanan uyarıyı algılayan zihnin (Seele) tepkisinin neden bu kadar çeşitlilik arz ediyor olduğu. Strümpell bu sorulara yanıt olarak, zihnin (Seele) uykuda dış dünyayla ilişkisini kesmek istediği için dışsal duyu uyarımlarını doğru yorumlayamadığını, bu yüzden çeşitli yönlere giden belirsiz uyarımlarla yanılsamalar oluşturduğunu söylüyor (s. 108): "Uyku sırasında bir dış ya da iç sinirsel uyarım neticesinde zihinde (Seele) bir durum ya da durumlar bileşeni, bir duygu ya da herhangi bir psikolojik süreç oluştuğu ve zihin (Seele) tarafından algılandığı anda, bu süreç, uyanık yaşamdaki zihinde (Seele) kalmış olan anılar bütününü ya tek başına, ya da anılara ait psikolojik değerlerle birlikte canlandırır. Aynı süreçte sinirsel uyarımın neden olduğu izlenime psikolojik değerini veren az ya da çok görüntü bir araya getirilir. Burada uyanık yaşam için de söylendiği gibi, zihnin (Seele) uykuda *sinirsel uyarım izlenimlerini* yorumladığı söylenir. Bu yorumun sonucu *sinirsel uyarım rüyalarıdır,* yani bileşenleri, yeniden üretim yasaları uyarınca zihnimizde (seelenleben) psikolojik etkiler yaratan sinirsel uyarımların neden olduğu rüyalar."

Önemli noktalarda bu teoriyle aynı şeyleri söyleyen Wundt'a göre de rüya düşüncelerinin çoğunluğunun kaynağı duyu uyarımlarıdır; en azından duyu uyarımlarından türemişlerdir ve aslında hayali yanılsamalardır; sadece belki küçük bir kısmı halüsinasyonlara dönüşmüş, salt anımsanan şeylerle ilgili düşüncelerdir. Strümpell rüyanın içeriği ve rüya uyaranları arasında bu teorinin iddia ettiği ilişki için mükemmel bir benzetme yapar (s. 84): "Müzikten anlamayan birinin on parmağının müzik aletinin üzerinde hareket etmesi gibi." Strümpell'e göre, rüya, sadece ruhsal dürtülerden kaynaklanan zihinsel (seelisch) bir olgu değil, aynı zamanda –uyarılan aygıt başka bir ifade biçimi bilmediği için– ruhsal bir semptom gibi ortaya çıkan fiziksel bir uyaranın başarısıdır. Meynert'in, –tek tek sayıların daha kabartılı olduğu için saat kadranında daha belirgin olduklarını söylediği ünlü benzetmesiyle– açıklamaya çalıştığı saplantılı düşünceler de benzer koşullar üzerine inşa edilmiştir.

Bedensel rüya uyaranları teorisi ne kadar saygın ve ne kadar karşı konulmazsa, teorinin zaaflarını ortaya koymak bir o kadar kolay. Uykuda ruhsal (seelisch) aygıtı hayaller oluşturarak yoruma zorlayan her bedensel rüya uyaranı, bu türden sayısız yorum girişimine yol açabilir, yani rüyada çok çeşitli düşüncelerle temsil edilmeyi sağlar.[37]

Ancak Strümpell ve Wundt'un teorileri dış uyarımlarla, bu uyarımın yorumu için seçilen rüya düşüncesi arasındaki ilişkiyi belirleyen bir nedenselliği açıklamaya yetmez, yani "uyarımların üretim etkinlikleri sırasında karar kıldıkları özel seçimi" (Lipps, Zihinsel Yaşamın (Seelenleben) Gerçekleri; (s. 170) açıklayamaz. Hayal teorisinin temek koşullarına yönelik diğer bazı itirazlar ise, zihnin (Seele) uykuda duyusal uyarımların gerçek doğasını kavrayamayacağını iddia ediyor. Oysa yaşlı fizyolog Burdach zihnin uykuda da kendisine ulaşan duyusal uyarımları doğru yorumlayabileceğini ve bu doğru yorum uyarınca tepki verebileceğini, kişi için önemli olan kimi duyusal uyarımların uykunun kayıtsızlığından muaf olabileceğini (ebe ve çocuk) ve insanın herhangi bir işitsel izlenimdense, kendi adını duyduğunda uyanma olasılığının daha yüksek olduğunu söyler. Yani zihin (Seele) uykuda da duyumları birbirinden ayırt edebilmektedir (I. Bölüm, s. 54).

37 Tek tek rüyaların içeriğini sözü geçen deney koşullarıyla açıklamanın ne kadar zor, bu tür deneylerin rüya sorunlarını anlamak açısından ne kadar anlamsız olduğunu anlamak isteyenlere, Maurly Vond'un tutanakları da dahil olmak üzere bütün ayrıntılarıyla iki ciltte topladığı deneysel üretilmiş rüyalarını okumasını salık veririm.

Burdach bu gözlemlerinden yola çıkarak, uykuda duyusal uyarımları yorumlayamamaktan ziyade, bu duyumları algılamada bir *ilgisizlikten, bir kayıtsızlıktan* söz etmenin daha doğru olduğunu belirtir. Burdach'ın 1830 yılında ortaya koyduğu iddiaları, 1883 yılında Lipps bedensel uyarım teorisini çürütmek için aynen kullanmıştır. Buna göre zihin (Seele), anekdotta, "Uyuyor musun" diye sorulduğunda "hayır" diyen ama "Bana on florin borç versene" denildiğinde, "uyuyorum" diyen kişi gibi davranır.

Bedensel uyarım teorisinin yetersizliğini başka bir yoldan açıklamak da mümkün. Gözlemlerim, dışsal uyarımların beni rüya görmeye zorlamadığını ama şayet rüya görüyorsam bu uyarımların rüyanın içinde yer alabildiğini ortaya koyuyor. Uykuda gerçekleşen bir baskıyla ya da tenimin uyarılması sonucu farklı tepkiler söz konusu olabiliyor. Örneğin bacağımın yorganın dışında kaldığını ya da kolumun üstüne yattığımı rüyada hissetmeyip, ancak uyandıktan sonra fark edebiliyorum. Patolojiden biliyorum ki, uyku sırasında çeşitli güçlü duyusal ve hareket uyarımları etkisiz kalabiliyor.

Uykuda duyumun farkında olabilirim, uyku boyunca hissedebilirim onu, –acı ya da ağrı veren uyarımlar böyledir mesela–, ama bu acıyı rüyamın içine katmayabilirim; üçüncü bir alternatif, uyarım yüzünden uyanmam ve onu bertaraf etmem olabilir.[38] Ancak dördüncü bir olasılık sinirsel bir uyarım neticesinde rüya görmemdir; ama diğer olasılıklara da en az bir rüyanın oluşması kadar sık rastlanır. Açıkladığım bu durum, rüyalar *bedensel kaynakların dışında bir kaynaktan da oluşmasaydı, mümkün olmazdı.*

Başka yazarlar –Scherner ve onun görüşlerini paylaşan düşünür Volkelt– rüyaların bedensel kaynaklarla açıklanması konu-

38 *Krş.* K. Landauer, "Uyuyan İnsanın Davranışları" (*Nevroloji ve Psikiyatri Dergisi*, XXXIX, 1918). Her gözlemci, uyuyan insanın görünür ve anlamlı şeyler yaptığını tespit edebilir. Uyuyan kişi bütünüyle akılsız olmadığı gibi, mantıklı ve iradi eylemlerde bulunabilir.

sunda yukarıda değindiğim boşluğu gerektiği gibi değerlendirmişler, bedensel uyarımlardan renkli rüya görüntüleri oluşturan zihinsel (Seele) etkinlikleri araştırmışlar ve ama yine de rüyanın özünü zihinsel (Seelische) ve psikolojik bir etkinliğin içine oturtmuşlardır. Scherner rüya oluşumundaki ruhsal özellikleri şiirsel bir duyarlılık ve canlı ve renkli bir tasvirle ele almakla kalmamış, zihnin (Seele) var olan uyarımları nasıl bir işleme tabi tuttuğunu açıklayan ilkeyi bulduğunu düşünmüştür. Schner'e göre rüya çalışması gündüzün zincirlerinden kurtulan ve özgürleşen fantezi sayesinde uyarımın kaynağı olan uzvun doğasını ve uyarımın türünü *sembolik* olarak ortaya koymaya çalışır. Böylece ortaya bir rüya tabirleri kitabı çıkar ve bu kitapla rüya görüntülerinden yola çıkarak bedensel duygulanımlara, uzuvların durumuna ve uyarımların özelliklerine ulaşabiliriz: "Rüyada kedi, öfkeli bir ruh halini, açık renk ve düzgün bir ekmek, çıplak bedeni temsil eder. İnsanoğlunun bedeni bir bütün olarak rüyalarda ev olarak temsil edilir; tek tek uzuvlar da evin bölümleridir. "Diş uyarımı rüyaları"nda ağız kavisli bir koridor, gırtlaktan yemek borusuna uzanan bölüm bir merdivendir. "Baş ağrısı rüyaları"nda ise, başın konumunu, kurbağaya benzeyen tiksindirici örümceklerle kaplı bir tavan temsil eder" (s. 39). "Bu semboller rüyada hep aynı uzuv için kullanılır. Örneğin soluk alan akciğer rüyada alev alev, gürül gürül yanan bir sobadır; kalp ise boş bir kutu ya da sepet, idrar torbası yuvarlak, kese gibi, ya da içi oyuk bir nesnedir.

Çok önemli bir nokta da uyarılan uzvun ve işlevinin rüyanın sonunda çoğu kez rüya görenin bedeniyle bağlantılı biçimde ortaya çıkmasıdır. "Diş ağrısı rüyaları" genelde rüyayı görenin kendi ağzındaki bir dişi çekmesiyle son bulur" (s. 35). Bu rüya yorumu teorisinin uzmanlar arasında büyük itibar gördüğünü söyleyemeyiz. Uzmanlar teoriyi oldukça ölçüsüz bulmuş ve bence hak ettiği bir parça meşruiyeti arayıp bulmaya da yanaşmamışlardır. Bu teori eski zamanlarda olduğu gibi *sembolizm*le rüya yorumuna canlılık getirmiş, sadece yorumun malzemesini insan bedeniyle sınırlamıştır. Scherner'in teorisinin uygulanabilirliğini kısıtlayan, bilimsel bir yorum tekniğinin olmaması. Keyfi rüya yorumları mevcut, çünkü bir uyarım rüyada çeşitli şekillerde temsil edilebilir ve zaten Scherner'in takipçisi Volkelt de çalışmalarında bedenin bir ev olarak temsil edildiğini kanıtlayamamıştır. Bu teoriye bir başka itiraz da zihnin (Seele) rüya çalışmasıyla yararsız ve hedefsiz bir iş yaptığını, uyarımı sonlandırmak için en ufak bir şey yapmadığını, uğraştığı uyarıyla ilgili sadece fanteziler üretmekle yetindiğini varsayması olmalıdır.

Yine bir başka itiraz, Scherner'in bedensel uyarımların sembolleştirilmesi teorisine büyük bir darbe indirir. Bu teorinin genel kabulü şu: Bedensel uyarımlar her zaman mevcuttur, zihin (Seele) geceleri bu uyarımlara uyanık olduğu zamandan daha açıktır. Ama bu kabul doğruysa şayet, zihin (Seele) neden bütün gece rüya görmez, neden her gece uzuvlarla ilgili rüyalar görmez? Bu itiraza şöyle yanıt verilebilir: Rüya etkinliğinin başlaması için, gözlerden, kulaklardan, dişlerden, bağırsaklardan belli uyarımların gelmesi gerekir. Buradaki sorun, uyarım artışlarını nesnel olarak kanıtlamanın çok zor olması ve ancak çok az sayıda olayda bu kanıta ulaşılabilmiş olması. Örneğin rüyada uçmak akciğer loblarının inip kalkmasını sembolize ediyorsa şayet, ya bu rüya –Strümpell'in de ifade ettiği gibi– daha sık görülüyor olmalıydı, ya da solunumun artmasının kanıtlanabilir olması gerekiyordu. Üçüncü bir açıklama da, –ki bu en olası açıklamadır– rüyada zaman zaman rüyayla eşzamanlı oluşan istem dışı bedensel duyumlara kulak verme dürtüsüdür ki Scherner'in teorisi bunu açıklamaya yeterli değildir.

Scherner'in ve Volkelt'in açıklamaları rüya içeriğinin belli özelliklerine dikkat çektikleri için önemlidir. Ancak bu özelliklerin açıklanmaya ihtiyacı var ve yeni bilgilerin ortaya çıkarılması gerekiyor. Rüyada uzuvları ve işlevlerin sembollerine rastlandığı tamamen doğru bir saptama: Rüyada su görmek, idrar uyarımına işaret eder; erkek cinsel organının sembolü dik duran bir sopa ya da bir sütundur vb. Donuk ve mat rüyaların aksine, görüntünün çok hareketli, renklerin çok parlak olduğu rüyaların "suratla ilgili bir uyarım rüyası" olduklarını kabul etmemek neredeyse imkânsız. Yine gürültü ve ses keşmekeşi içeren rüyalarda yanılsamaların etkisini reddetmek de mümkün değil; tıpkı Scherner'in anlattığı bir rüyada olduğu gibi: Bir köprünün üstünde karşılıklı iki sıra halinde dizilmiş duran güzel sarışın erkek çocuklar birbirlerine saldırır, sonra tekrar ilk pozisyonlarına dönerler. Sonunda rüyayı gören de bir köprüye oturur ve çenesinden uzun bir dişi çeker. Volkelt'in aktardığı benzer bir rüyada, iki sıra çekmece vardır ve rüya yine bir dişin çekilmesiyle son bulur. Her iki yazar da buna benzer sayısız rüya örneği vermişlerdir ve bu yüzden Scherner'in teorisini, güçlü temel savını anlamadan faydasız ve anlamsız olarak nitelendirmek mümkün değildir. Bu noktada bize düşen görev, bir düş uyarımı sonucu oluştuğu söylenen sembolleştirme için farklı bir açıklama getirmek.

Bedensel rüya kaynaklarını tartıştığımız süre boyunca, bizim rüya analizlerinden çıkarsadığımız savı dikkate almadım. Diğer yazarların rüyalara uygulamadıkları bir yöntem aracılığıyla rüyaların psikolojik eylemler olarak özgün bir değerleri olduğunu, arzuların rüya oluşumunun nedeni olduğunu ve rüyadan bir önceki gün yaşananların rüyanın ilk kullandığı malzeme olduğunu kanıtlayabilseydik, böylesine önemli bir araştırma yöntemini ihmal eden ve rüyayı salt bedensel uyarımlara cevap veren gereksiz ve tuhaf psikolojik birer tepki olarak açıklayan her rüya teorisini hiç eleştirmeden mahkûm edebilirdik. İnandırıcı olmamakla beraber bir başka olasılık da, çok farklı rüya türü olması;

biri sadece bize görünen, diğerleri ise sadece eski yorumcuların gördüğü. Bu durumda yapılması gereken, günümüzdeki bedensel rüya uyarımları teorilerinin dayandığı gerçeklere bizim rüya teorimiz içinde bir yer açmak.

Bu yolda atılması gereken ilk adımı, rüya çalışmasının eşzamanlı ortaya çıkan rüya uyarımlarını bir bütün haline getirmek zorunda olduğunu söylemiştik (s. 157). Bir önceki günden iz bırakmış iki olay varsa, bu iki olaydaki arzuların birleştiğini, yine psikolojik olarak değerli olan izlenimle bir önceki güne ait önemsiz olayların da birleştiğini ve bunun ancak bu iki olay arasında bir bağlantı olması halinde gerçekleştiğini görmüştük. Demek ki rüya, uyuyan ruhta (Psyche) güncel olarak var olan her şeye bir tepkidir. Rüya malzemesini araştırdığımız kadarıyla rüyanın, (yakın geçmişe ve çocukluğa ait olan malzemeyi tercih ettiği için) şu anda bilmediğimiz psikolojik bir karakteri olduğunu kabul etmek zorunda kaldığımız ruhsal kalıntılardan, anı izlerinden bir seçki olduğunu görmüştük. Bu yüzden uykuda bu güncel anılara yeni duyumsal malzeme eklendiğinde neler olacağını öngörmek bizi mahcup etmeyecektir. Bu duyusal uyaranlar aktif olduklarından rüya için önem kazanırlar, diğer ruhsal malzemeyle birleşerek rüyayı meydana getiren malzemeyi oluştururlar. Başka bir deyişle, uyku sırasındaki uyarımlar bir arzu gidericiye dönüşecek şekilde işlenir, ki bu arzu gidericinin bildiğimiz bir başka bileşeni de günün ruhsal kalıntılarıdır. Ama bu birleşme şart değildir; çünkü uykuda bedensel uyaranlara farklı tepkiler verilebileceğini gördük. Birleşmenin olduğu durumlarda, rüyanın içeriği için –hem bedensel hem de ruhsal rüya kaynaklarını temsil eden– düşünsel bir malzeme bulmayı başarmışız demektir.

Ruhsal rüya kaynaklarına bedensel kaynaklı malzeme eklendiğinde rüyanın özü değişmez; hangi güncel malzemeyle ne kılığa bürünürse bürünsün bu öz, arzu giderilmesidir.

Bu noktada rüyada dışsal uyarımların farklı önemi haiz olacağını gösterebilecek birkaç özel duruma da yer vermek isterim. Uyku sırasındaki yoğun nesnel uyarımlar karşısında kişinin nasıl davranacağını, bireysel, fizyolojik ve o âna ait tesadüfi etkenler bütününün belirlediğini tahmin ediyorum; olağan şekilde ilerleyen ya da tesadüfi olarak değişen uykunun derinliği ile uyaranın yoğunluğunun birleşimine bağlı olarak, uyaran ya uykuyu bölmeyecek şekilde bastırılacak, ya uyanmaya neden olacak, ya da uyaran rüyanın içine sokularak bertaraf edilmeye çalışılacaktır.

Bu çeşitli alternatiflere bağlı olarak dış nesnel uyaranlar kimi rüyada daha yoğun, kimisinde ise daha seyrek yer alırlar. Ben şahsen çok derin uyuyabilen biriyim ve uykuda beni hiçbir şeyin rahatsız etmesine izin vermem, bu yüzden dış uyarımların rüyama katıldığı çok nadirdir. Oysa ruhsal motifler çok kolaylıkla rüya görmeme neden olabilirler. Aslında kayıtlarımda acı veren nesnel bir uyarı kaynağının olduğu tek bir rüya var ve bu rüya, dışsal uyarımın rüyanın görülmesindeki önemi açısından son derece açıklayıcı bir rüya.

Gri bir ata binmişim. Önce ürkek ve acemiyim, sanki sadece atın üzerine abanmış gibiyim. Meslektaşım P. de kalın yünlü bir takım elbiseyle ata binmiş ve beni bir konuda uyarıyor (herhalde atın üzerinde yanlış oturduğumu söylüyor). Sonunda son derece zeki atın üzerinde doğru oturmayı başarıyorum. Evdeymişim gibi gayet rahatım artık. Eyer olarak atın boğazından sanrısına kadar olan bölümünü tamamen dolduran bir yastık kullanıyorum. İki kamyonun arasından sıyrılarak geçiyorum. Caddenin bir bölümünde atla ilerledikten sonra geri dönüyorum ve önce caddenin karşı tarafında açık olan küçük bir şapelin önünde inmek istiyorum. Sonra yakındaki başka bir şapelin önünde gerçekten iniyorum. Otel de aynı caddede. Atı bıraksam kendi başına da gidebilir ama kendim götürmeyi tercih ediyorum. Binici olarak oraya varmaktan utanıyor gibiyim. Otelin önünde otel görevlisi bir çocuk duruyor. Çocuk bana ait olan bir kâğıt parçasını gösteriyor ve benimle alay ediyor. Kâğıtta altı iki kere çizilmiş olarak şöyle yazılı: "Yemek yok." Sonra ikinci bir bölüm (belirsiz): "Çalışmak yok" gibi bir şey. Bunun yanı sıra yabancı bir kentte olduğum ve çalışmadığımla alakalı belirsiz bir düşünce.

Rüyanın acı veren bir uyaranın etkisiyle, daha doğrusu baskısıyla görüldüğü ilk bakışta anlaşılmıyor. Oysa birkaç gün önce vücudumda iltihaplı çıbanlar çıkmıştı ve hareket etmek işkence haline gelmişti. Son olarak hayalarımda elma büyüklüğüne ulaşan bir çıban, attığım her adımda dayanılmaz acılara neden oluyordu. Ateşin eşlik ettiği yorgunluk, iştahsızlık ve bütün bunlara rağmen yoğun olarak çalışmaya devam etmem moralimi bozmuştu. Doktorluk görevlerimi yerine getiremeyecek durumdaydım.

Ama yaranın çeşidi ve bulunduğu yer itibariyle hiç yapamayacağım bir iş vardı ki, o da *ata binmekti.* Tam da bunu yaptığım rüya, acılarımın akla gelebilecek en güçlü inkârıydı. Ata binmeyi bilmem, rüyada da hiç görmem bunu. Sadece bir kez binmiştim, onda da at eyersizdi ve hiç hoşlanmamıştım. Ama bu rüyada apış aramda çıban yokmuş gibi, *daha doğrusu olmamasını istediğim için* ata biniyorum. Tariften anlaşılacağı üzere eyerim, uykuya dalmamı sağlayan sağaltıcı bir hamur bulamacı. Anlaşılan uykumun ilk saatlerinde bulamacın sayesinde ağrı hissetmemiştim. Sonra ağrılar başlamış, beni uyandırmak istemiş, o anda rüya çıkagelmiş ve beni sakinleştirmeye çalışmıştı: Devam et uyumaya, uyanacak değilsin ya! Çıbanın falan yok, çünkü ata biniyorsun, orasında çıbanı olan biri ata binemez ki!" Sonunda rüyam bunu başarmış, ağrılar susturulmuş ve ben uyumaya devam etmiştim.

Ama rüya –tıpkı çocuğunu kaybeden annenin halüsinasyonlu cinneti ya da servetini kaybeden tüccar gibi– ağrıyla bağdaşmayan bir düşüncede ısrar ederek çıbanı "telkin yoluyla yok saymak"la yetinmemiş; reddedilen durumun ayrıntıları ve durumun baskılanması için gerekli görüntüleri de malzeme olarak kullanarak, zihinde güncel olarak var olanları rüyanın konusuyla ilişkilendirmeye ve ortaya koymaya çalışmış.[39] Gri bir ata biniyorum; atın rengi meslektaşım P.'yi köyde son kez gördüğümde üzerinde olan tuz biber rengindeki takım elbiseyle aynı. Çıbanın çıkmasına bol baharatlı şeylerle beslenmemin neden olduğu söylenmişti. Yine de bu tür çıbanlara yol açtığı söylenen şekere tercih ederim baharatı. Dostum P. büyük başarılar elde ettiğim bir hastamı elimden aldıktan sonra bana yukardan bakmaya (Almancası, atın üzerinden) başlamıştı (atın üzerinde önce at cambazları gibi yatay bir pozisyondayım). Söz konusu hastam beni "Pazar Binicisi" adlı anekdottaki at gibi istediği yere götürürdü. Demek ki at burada bir hastayı sembolize ediyor (rüyada son derece akıllı at). "Evdeymişim gibi gayet rahatım artık", P. elimden alana kadar hastamın evinde kendimi nasıl hissettiğimi anlatıyor. Bir süre önce benim de hamim olan kentin önemli doktorlarından biri, bu ailedeki yerimi ima ederek, "Eyerin üzerindeki yeriniz çok sağlam" demişti.

Gerçekten de böyle ağrılarla her gün 8-10 saat terapi yapmak büyük başarıydı. Ama sağlığım yerinde olmadan uzun süre bu zor işi yapamayacağımı biliyorum ve rüya böyle bir olasılığın yaratacağı karanlık tabloya göndermelerle dolu. (Nevrasti hastalarının yanlarında getirip doktorlarına gösterdikleri kâğıt): – *Çalışmak yok, yemek yok.* Rüyayı yorumlamaya devam ettikçe, rüya çalışması sayesinde bir arzu gidermesi olarak ata binme eyleminden başlayıp, şu anda İngiltere'de yaşayan benden bir yaş büyük yeğenimle aramızda geçmiş olması muhtemel ilk

39 *Krş.* Griesinger'deki bölüm ve savunma amaçlı nevrotik-psikozlar hakkında yazığım ikinci makalemdeki düşünceler (*Nevroloji Yıllığı*, 1896. *Toplu Eserler*, I. cilt.)

çocukluk kavgalarına giden yolu görüyorum. Bu arada rüya İtalya seyahatlerimden izlenimleri de içeriyor; rüyadaki cadde Verona'daki ve Siena'daki izlenimlerimi içeriyor. Yorumlama derinleştikçe rüyadaki cinsel düşüncelere de ulaşıyorum ve daha önce hiç İtalya'da bulunmamış bir hastamın rüyasında yer alan bu güzel ülkeyle ilgili göndermeleri hatırlıyorum: "Gen Italien" (İtalya'ya) – Genitalien (jenital organlar). Bütün bunların dostum P.'den önce doktoru olduğum ailenin eviyle ve çıbanımın çıktığı yerle de bağlantısı var tabii.

Bir başka rüyada benzer bir şekilde duyusal bir uyarım neticesinde uyanmaktan kaçınabilmiştim. Ama rüyanın tesadüfi rüya uyaranıyla bağlantısını anlamam ve rüyanın anlamını yorumlayabilmem de bir tesadüf sonucu mümkün olmuştu. Bir yaz sabahı uyandığımda gördüğüm rüyayı hatırlamıştım: Rüyamda Papa ölmüştü. Görsel olmayan bu kısa rüyayı yorumlayamamıştım. Rüyanın tek dayanağı, bir süre önce gazetede Papa'nın sağlığının iyi olmadığını okumuş olmam olabilirdi. Ama karım öğleden önce şu soruyu sormuştu bana: "Sabah deli gibi çalan kilise çanlarını duydun mu?" Farkında değildim duyup duymadığımın, ama sonunda rüyamın anlamı çıkmıştı ortaya. Rüyam dindar Tirollüler'in beni uyandırmak için çıkardıkları gürültü karşısında, uyumaya devam etmemi sağlayacak bir tepkiydi. Rüyam sayesinde onlardan intikamımı almış ve gürültüyle ilgilenmeden uyumaya devam etmiştim.

İleriki bölümlerde ele alacağım rüyalar arasında, sinirsel uyarım olarak adlandırdığımız uyarımların işlendiği birçok rüya bulunuyor. Kana kana bir şeyler içtiğim böyle bir rüyada, bedensel uyarımın rüyanın tek kaynağı, durumdan kaynaklanan arzunun –susuzluk– ise, rüyanın tek motifi olduğu görülüyor.

Bedensel kaynağın tek başına bir arzunun oluşmasına neden olduğu basit rüyalar için de aynı şey geçerlidir. Gece yanağındaki kompresi fırlatan hastanın rüyası, ağrı uyaranlarına bir arzu giderilmesiyle yanıt verilmesinin sıra dışı bir biçimini gösteriyor. Hasta bu rüyayla geçici olarak ağrısına duyarsızlaşmayı başarmış ve ağrıları bir başkasına aktarmış gibi.

Benim gördüğüm Üç Kader Tanrıçası rüyasının ise bir açlık rüyası olduğu çok açık. Ama rüya, yemek yeme ihtiyacını, bir çocuğun annesinin memesine duyduğu özleme kadar geriye götürmeyi ve bu masum arzuyu, açıkça dile getirilmesi caiz olmayan daha ciddi bir arzuyu örtmek için kullanmayı başarıyor. Kont Thun rüyasında ise, tesadüfen ortaya çıkan bedensel bir ihtiyacın ruhsal yaşamın (Seelenleben) en güçlü ve aynı zamanda en yoğun bastırılmış duygulanımlarıyla hangi yollardan bağlantılandırıldığını görmüştük. Garnier'in aktardığı rüyada, Birinci Konsül'ün patlayan suikast bombasının hemen uyanmadan önce bir meydan muharebesi rüyasına dönüşmesinde, ruhsal dünyanın uyku sırasında olan olaylara açık olduğunu net bir şekilde görürüz. Aklı ilk iflas davasıyla dolu olan genç bir avukat öğleden sonra uyur ve tıpkı ulu Napolyon gibi davranır. Rüyasında bir iflas davasından tanıdığı Husyatinli G. Reich isimli birini görür. Husyatin kelimesi rüyada peşini bırakmaz. Uyandığında ise bronşit olan karısının şiddetle öksürdüğünü (*Alm.* husten) duyar.

Şimdi (ciddi bir uykucu olan) Birinci Napolyon'la ilgili bu rüyayı, yine uzun uzun uyuyan bir öğrencinin rüyasıyla birlikte ele alalım. Hastaneye gitmek üzere kalkması gerektiği için hizmetçi kadının uyandırdığı öğrenci, rüyasında hastanede bir yatakta uyduğunu görür ve "Zaten hastanedeysem, kalkıp hastaneye gitmem gerekmez", diye düşünerek uyumaya devam eder. Bu rüyanın bir tembellik, bir keyfiyet rüyası olduğu çok açık. Uyuyan kişi rüyayı görme nedenini açıkça kabul ediyor ve bir taraftan da, rüyanın gizemlerinden birini bütünüyle ortaya çıkarıyor. Bütün rüyalar bir anlamda *keyfiyet* rüyasıdır, uyanmak yerine uykunun devam etmesine hizmet ederler. Rüya *uykuyu bozan bir faktör değil, uykunun bekçisidir.* Bu tezi başka bir bölümde ruhsal uyandırıcı etmenlere karşı savunacağız. Ama halihazırda bu tezin nesnel dış uyaranlara da uyarlanabileceğini kanıtlamış durumdayız. Ruh (Seele) uyku sırasında ya –şayet uyarımların yoğunluğuna ve bu uyarımların ne olduğunu anlamış olmasına rağmen başarabilirse– duyumları hiç dikkate almaz, ya rüyayı bu uyarımları reddetmek için kullanır, ya da uyarımları kabul etmek zorunda kaldığında, o anda var olan duyumu arzu edilen bir olgunun ya da uykuyla uyumlu bir durumun parçası gibi gösterir.

Algılanan duyum, *gerçekliğinden koparılmak için* bir rüyanın örgüsüne katılır. Napolyon uyumaya devam edebilmiştir çünkü onu rahatsız eden şey Arcole'deki top patlamalarına ait bir rüyanın anısından başka bir şey değildir.[40]

Demek ki, bilinçli egonun uyum gösterdiği (*ve rüya sansürü ve daha sonra ele alacağımız "ikincil işlemin" yanı sıra bilinçli egonun düş görmeye katkısını temsil eden*) *uyumaya devam etme arzusu her zaman rüyanın oluşmasında bir motif olarak hesaba katılmalıdır ve her başarılı rüya bu arzunun gerçekleşmesi demektir.* Düzenli olarak var olan, hep aynı kalan genel uyku arzusunun diğer arzularla ilişkisini, bazen bu arzunun bazen de diğerlerinin rüya görerek nasıl giderildiğini ileriki sayfalarda tartışacağız. Ama biz şimdilik uyku arzusuyla, Strümpell ve Wundt'un teorilerindeki eksiği tamamlayan, dış uyaranların yorumlanmasında ortaya çıkan çarpıklığa ve keyfe kederliğe parmak basan bir noktayı açıklamış bulunuyoruz. Aksi takdirde, doğru bir yorum yapmaya yetkin olan uyuyan zihin (Seele) harekete geçer ve uykuya son verirdi. Zaten

40 Rüyanın içeriği bulduğum iki kaynakta birebir örtüşecek şekilde anlatılmamış.

tam da bu yüzden sadece uyuma arzusunun mutlak sansürüne uygun düşen yorumlara izin verilir. Örneğin (Shakespeare'de –çev. n.) öten kuş, tarlakuşu değil, bülbüldür, aksi takdirde aşk gecesi son bulurdu. Uyarımın olası yorumları arasından, zihinde kol gezen arzu duygulanımlarıyla en iyi şekilde bütünleşenler seçilir. Böylece her şey gelişigüzel değil, belli bir sebeple seçilmiş olur. Uyarımın yanlış yorumlanması bir yanılsama değil –olsa olsa– bir bahanedir. Ancak burada tıpkı sansür uygulamak için gerçekleşen yer değiştirmede olduğu gibi, normal ruhsal süreçten bir sapma olduğunu da kabul etmek gerekir.

Şayet dış sinir uyarımları ve iç organ uyarımları ruhsal olarak dikkate alınmayı gerektirecek kadar yoğunlarsa –ve şayet bu uyarımlar kişinin uyanmasına değil de rüya görmesine neden oluyorsa– bütün bunları rüya oluşumu için önemli bir nokta olarak, rüya malzemesinin çekirdeği olarak niteleyebiliriz. Ve sonra –tıpkı iki ruhsal rüya uyaranı arasındaki bağlantıyı oluşturan düşüncelerin aranması gibi (*bkz.* yukarıda)– bu çekirdeğe uygun bir arzu giderilmesi ararız.

Bu açıdan bakıldığında, bir dizi rüyada içeriği belirleyen ve yönlendiren bedensel öğedir. Bu gibi uç durumlarda rüyanın oluşması için güncel olmayan bir arzu dahi yeniden canlandırılabilir. Ancak rüyanın arzuyu giderilmiş olarak göstermekten başka şansı yoktur ve güncel duyumla hangi arzunun giderilmiş olarak gösterilebileceğini aramak gibi bir görevi de vardır. Güncel malzemenin acı ya da utanç veren bir özelliğe sahip olması, rüyanın oluşumu için elverişli olmadığı anlamına gelmez. Ruhsal yaşamda giderilmesinin hoşnutsuzluk yaratacağı arzular da vardır. Bu durum bir çelişki gibi görünebilir bize; ama iki psikolojik merciinin varlığı ve bunlar arasındaki sansür, durumu açıklar.

Ruhsal yaşamda birinci sisteme ait olan ve ikinci sistemin giderilmelerine direndiği *bastırılmış* arzuların olduğunu daha önce görmüştük. Burada kastedilen, bu arzuların bir zamanlar var olduğu ve daha sonra yok edildiği şeklinde tarihsel bir yaklaşım değildir. Psikonevrozların açıklanmasına yarayan bastırma teorisi, bastırılmış arzuların var olmaya devam ettiğini, ama ketlendiklerini iddia eder. Bu tür dürtülerden söz ederken kullandığımız "aşağı itmek" sözcüğü durumu son derece doğru izah eder. Bu tür bastırılmış arzuların gerçekleşmesi için gerekli psikolojik tertip var olmaya ve çalışmaya devam eder. Ama bastırılmış bu arzu buna rağmen gerçekleşirse, o zaman (bilinçli) ikinci sistemde bertaraf edilen ketleme hoşnutsuzluk olarak ortaya çıkar. Özetleyecek olursak: Uykuda bedensel kaynaklı hoşnutsuzluk yaratan duyumlar söz konusu ise, bu durum rüya çalışması tarafından –az ya da çok sansürle birlikte– bastırılmış bir arzunun giderilmesini temsil etmek için kullanılır.

Bu gerçek, bir grup korku rüyasının görülmesini mümkün kılar. Oysa arzu teorisine aykırı bir başka grup rüya oluşumunda farklı bir işleyiş gözlemleriz. Çünkü rüyadaki korku, psikonevrotik bir korku olabilir, psiko-seksüel uyarımlardan kaynaklanıyor olabilir, korku, bastırılmış libidoya tekabül edebilir. O zaman korku da, korku rüyası da nevrotik bir semptom anlamına gelir ve biz de böylece rüyanın arzu giderme özelliğinin iflas ettiği bir noktaya ulaşmış oluruz. Oysa diğer bir grup korku rüyalarında korku duygusunun kaynağı bedenseldir (örneğin akciğer ve kalp hastalarındaki solunum yetmezliği) ve bu duygu yoğun bir şekilde bastırılan arzuların rüyalara girmesine yardımcı olur. Aynı arzular ruhsal nedenlerle rüyaya girecek olsalar da, benzer korku boşalımlarına neden olurlardı.

Görünürde farklı olan bu iki durumu birleştirmek hiç zor değil. Biri bedensel, diğeri düşünce içerikli bu iki birbirine sıkı sıkıya bağlı psikolojik oluşumdan, biri aktif olduğunda rüyada diğerini de canlandırabilir: Bedensel kaynaklı korku, bastırılmış düşünsel içeriği canlandırır ya da baskıdan kurtulmuş ve cinsel uyarımla paralel ilerleyen düşünsel içerik, korku boşalımına neden olabilir. İlk durumda bedensel duygulanımın psikolojik bir yoruma tabi tutulduğunu söyleyebiliriz; ikinci durumda ise, her şey psikolojiktir, ancak bastırılmış içerik kolayca korkuya uygun bedensel bir açıklamayla temsil edilebilir. Bu açıklamalarımın güç anlaşılması, rüyanın kendisiyle ilgili değil; asıl neden, korkunun gelişimi ve bastırılma gibi olgulara değiniyor olmamız.

Rüyaların içeriğine hükmeden iç bedensel uyaranlardan biri de hiç kuşkusuz bedenin genel durumudur. Beden genel durumuyla rüyanın içeriğini bütünüyle belirleyemez tabii ama rüya düşüncelerini içeriği belirleyecek malzemeden bir seçim yapmaya zorlar ve bunu yapıp kendine uygun olanları ön plana koyarken, diğerlerini arka plana iter. Hem ayrıca bedenin genel durumu rüya için anlamlı olacak gündüz kalıntılarıyla da bağlantılıdır. Bu genel ruh hali rüyaya da egemen olabilir ya da hoşnutsuzluk üretiyorsa, bertaraf edilerek karşıtına dönüştürülebilir.

Uyku sırasındaki bedensel uyarım kaynakları –yani uykudaki duyumlar– sıra dışı bir yoğunluk arz etmiyorlarsa, rüyanın oluşmasındaki rolleri yakın geçmişe ait belirsiz gündüz izlenimlerininkine benzer bence. Çünkü bedensel uyarım kaynakları ancak rüyanın psikolojik kaynaklarının düşünsel içeriğine uygunsalar rüya oluşumunda yer alırlar, aksi takdirde rüya oluşumunda rol oynamazlar. Bunlar kullanılmalarını zorunlu kılan değerli malzeme gibi değil, sıradan ve el altında bulunan malzeme muamelesi görür. Bu durum bir sanatseverin sanatçıya bir eser yaratması için değerli bir taş, mesela bir akik taşı vermesine benzer. Sanatçı, taşın üzerine nasıl bir baş ya da ne tür bir sahne işleyeceğine taşın büyüklüğüne, rengine ve damarlarına göre karar verir. Oysa kum taşı ya da mermer gibi bol bulunan bir malzeme söz konusu olduğunda sanatçı, taşa sadece kendi düşüncelerine göre biçim verir.

Sıradan bedensel uyarıların neden olduğu rüya içeriğinin neden her gece, her rüyada yer almadığını, bu örneğin açıkça ortaya koyduğunu düşünüyorum.[41]

Düşündüklerimi açıklamanın en iyi yolunun yine rüya yorumuna döneceğimiz bir örnek olduğu kanaatindeyim. Bir gün rüyada sık sık görülen bir şeyi yapamamanın, engellenmenin, başa çıkamamanın ve buna bağlı olarak ortaya çıkan korku benzeri durumların vb. ne anlama gelebileceğine kafa yormuştum. O günün gecesi aşağıdaki rüyayı gördüm: *Üstümü tam giyinmeden evden çıkıyorum ve birinci kattan bir üstteki kata çıkan merdivenleri tırmanıyorum. Merdivenleri üçer üçer çıkıyorum ve böyle hızla çıkabildiğim için mutlu oluyorum. Birden merdivenleri inerek bana yaklaşan hizmetçiyi görüyorum. Utanıyorum, acele etmek istiyorum, işte tam o anda hareket edemiyorum, basamaklara çakılıyorum ve yerimden kıpırdayamıyorum.*

Analiz: Rüyadaki durum gerçek hayattan bir çıkarsama. Viyana'da bir apartmanda iki dairem var. Dairelerin tek bağlantısı, apartman merdivenleri. Birinci katta muayenehanem ve çalışma odam var, ikinci katta ise oturuyorum. Her zaman gece geç vakitlere kadar çalıştığımdan merdivenlerden yatak odama çıkarım. Rüyayı gördüğüm akşam gerçekten de yarı giyinik bir halde yani kravatım, gömlek yakam ve kol düğmelerim olmadan bu kısa mesafeyi yürümüştüm. Rüyamda, tahmin edilebileceği gibi, bu durum abartılmış ve üzerimde kıyafetim olmadan merdivenlerden çıkmaya başlıyorum. Merdivenleri atlayarak çıkmak her

41 Rank bir dizi çalışmada, organ uyarımının neden olduğu uyandıran rüyaların (idrar ve orgazm rüyaları), uyuma ihtiyacı ile bedensel talepler ve bu taleplerin rüyanın içeriğine etkisi arasındaki mücadeleyi göstermeye çok uygun olduklarını yazar.

zaman yaptığım bir şeydir. Merdivenleri kolayca çıkıyor olmanın kalbimin iyi çalışmasının göstergesi olarak beni teselli ettiği bu durum, rüyada da bir arzu giderilmesi olarak çıkıyor. Öte yandan merdivenleri bu şekilde çıkmak rüyanın ikinci yarısındaki hareket edememe durumuyla net bir tezat oluşturuyor ve bu durum bana –kanıta gerek olmamakla beraber– rüyada bedenin motor hareketleri hiçbir engele maruz kalmadan, rüyada uçmak örneğinde olduğu gibi, kusursuz bir şekilde yapabileceğini gösteriyor.

Rüyada çıktığım merdivenler bizim apartmanın merdivenleri değil. Önce farkında değilim bu durumun, ancak karşılaştığım kişi nerede olduğumu kavramamı sağlıyor.

Bu kişi her gün iki kez iğne yaptığım yaşlı hanımefendinin hizmetçisi; merdivenler de o hanımın dairesine ulaşmak için günde iki kez çıktığım merdivenlere benziyor.

Bu merdivenler ve bu kadın nasıl oluyor da rüyama giriyor peki? Giyinik olmadığımız için utanmamızın cinsel bir anlamı olduğu muhakkak. Rüyama giren hizmetçi kadın benden yaşlı, somurtkan ve kesinlikle çekici olmayan biri. Bu sorulara yanıt olarak aklıma gelen tek şey şu: Sabahları o hanımın dairesine çıkarken merdivenlerde genelde boğazımı temizlerim ve çıkan balgamı merdivenlere atarım. Çünkü bu katlarda tükürük hokkası bulunmuyor ve merdivenlerin temiz tutulmasının benim sorunum olmadığını, buralara tükürük hokkası konması gerektiğini düşünüyorum. Yine yaşlı ve asık suratlı ama bir taraftan da titiz biri olduğundan hiçbir kuşkum olmayan kapıcı kadın ise, bu konuda farklı düşünüyor. Merdivenleri "özgürce" kullanıp kullanmayacağımı görmek için pusuya yatıyor ve kullandığımı tespit ettiğinde kibarca söylenmeye başlıyor. Ve günlerce, normalde karşılaştığımızda olduğu gibi saygıyla selamlamıyor beni. Rüyadan bir önceki gün kapıcı kadın hizmetçiyi de kendi saflarına katmıştı. Hasta ziyaretimi tamamladıktan sonra her zamanki gibi acelem vardı ama hizmetçi kadın beni holde yakalamış ve şöyle demişti: "Keşke odayı girmeden önce çizmelerinizi paspasta temizleseydiniz. Kırmızı halıda yine ayak izleriniz var." Rüyamda hizmetçi kadını ve merdivenleri görmemin tek nedeni bu olabilir.

Merdivenleri koşarak çıkmak ve merdivenlere tükürmek arasında içsel bir bağlantı mevcut. Solunum yolları iltihabı da, kalp rahatsızlığı da sigara içmenin neden olduğu bir cezaydı. Ve tabii sigara içtiğim için bizim evin reisi tarafından da iyi muamele görmüyordum. Rüya bu iki evdeki gördüğüm muameleyi birleştirmişti.

Rüyanın yorumunu, tam giyinik olmadığımızı gördüğümüz tipik rüyaların kaynağının ne olduğunu anlatana kadar ertelemek zorundayım. Anlattığım rüyanın geçici bir sonucu olarak, şimdilik, rüyadaki hareket edememe hissinin özel bir bağlamda gerekli olduğunda ortaya çıktığını söylemekle yetiniyorum. Rüya içeriği, benim uyku sırasındaki özel bir hareketliliğimin bir sonucu olamaz. Çünkü bir dakika önce bu gerçeği kanıtlamak istercesine kolayca merdivenleri çıkarken gördüm kendimi.

D. TİPİK RÜYALAR

Rüya içeriğinin arkasında yatan bilinç dışı düşünceleri bilmediğimiz sürece bir başkasının rüyasını yorumlamamız genelde mümkün değildir ki bu da rüya yorumlama tekniğimizin uygulanabilirliğine gölge düşürüyor.[42]

Ancak her bireyin rüyalar dünyasını kendine özgü özelliklerle donatma ve böylece başkalarına anlaşılmaz kılma özgürlüğü-

42 Rüyayı görenin sahip olduğu çağrışımsal malzemeyi bilmediğimiz sürece, rüya yorumu yöntemimizin uygulanamayacağını söyleyen cümleyi şöyle tamamlamamız gerekiyor: Bizim yorumlama yöntemimiz tek bir durumda, rüyayı gören rüya içeriğinde *semboller* kullanmışsa şayet, çağrışımlardan bağımsızdır. Bu durumda kelimenin tam anlamıyla ikinci bir yardımcı rüya yorumu yöntemine başvurmuş oluruz (*Bkz.* aşağıda).

ne rağmen, belli rüyalar vardır ki herkeste aynı anlama gelirler. Bu tipik rüyaların önemi, kaynaklarının muhtemelen her insanda aynı olması ve bu yüzden bize rüya kaynakları üzerine bilgi vermeye son derece elverişliler.

Bu durumda belli beklentilerle rüya yorumu tekniğimizi tipik rüyalarda denemeye tabi tutacağız ve tekniğimizin bu tür rüyalardan yüzünün akıyla çıkamadığını istemeyerek de olsa itiraf etmek zorunda kalacağız. Tipik rüyaların yorumunda genelde rüyayı görenin rüyayı anlamamızı sağlayan çağrışımları yoktur; ya da bu çağrışımlar öylesine bulanık ve yetersizdir ki, yorum yapmamızı mümkün kılmazlar.

Bunun neden böyle olduğunu ve tekniğimizin bu zaafı nasıl bertaraf edebileceğini kitabın başka bir bölümünde ele alacağız. Okuyucu o zaman burada neden sadece bazı tür tipik rüyaları ele alabildiğimi ve diğer bazılarını açıklamayı ileri sayfalara bıraktığımı daha iyi anlayacak.

a) Utandıran Çıplaklık Rüyaları

Yabancı insanların yanında kendimizi çıplak ya da kötü giyinmiş olarak gördüğümüz rüyaların bir bölümüne, bu durumdan utanmama vb. bir duygu da eşlik eder. Biz burada sadece utanç duyduğumuz, bu yüzden kaçmak ya da gizlenmek istediğimiz ve ama yerimizden kıpırdayamamamıza ya da bu utanç verici durumu değiştirememememize neden olan o tuhaf ket vurma duygusunun hâkim olduğu çıplaklık rüyalarıyla ilgileniyoruz. Bu rüyalar ancak bu bağlam içerisinde karşımıza çıkıyorsa tipik rüyalardır. İçeriklerinin temel vurgusunda başka bağlantılar ya da kişisel eklemeler olması bu durumu değiştirmez. Bizim için önemli olan nokta, çıplaklıktan utanç duymak, kaçarak gizlenmeye çalışmak ve bunu başaramamaktır. Eminim okurlarımın çoğu bu durumu rüyalarından bilirler.

Bu rüyalarda çıplaklık tam net de değildir. Rüyayı anlatanlar, gömlekleydim, der, ama bu çok nadiren net bir görüntüdür: Çoğunlukla çıplaklık berrak olmadığı için anlatan kişi alternatifler sunar: "Gömlekleydim ya da iç gömleğimleydim." Çoğunlukla çıplaklığın ölçüsü normalde utanılmayacak düzeyde olur. Rüyasında imparatorun üniformasını giyen kişide, çıplaklığın yerini giyim kurallarının ihlali alır. "Kılıcım olmadan sokaktayım, subaylar yaklaşıyor, ya da boyunbağım yok, ya da kareli sivil bir pantolon giymişim vb."

Utanılan insanlar ise, neredeyse her zaman yüzleri tam olarak seçilemeyen, yabancı insanlardır. Tipik rüyalarda insanın böylesine utandığı çıplaklık, kimsenin dikkatini çekmez, ya da kişinin çıplaklığına kimsenin itirazı yoktur. Aksine, insanlar umursamaz bu durumu, ya da benim oldukça açık bir rüyamda hissettiğim gibi, ciddi ve mimiksiz bir yüz ifadesi takınırlar. Bu durum, düşündürücü gerçekten.

Rüyayı görenin utancı ve diğer insanların umursamazlığı arasındaki çelişki rüyada çok sık rastlanan bir durum. Halbuki rüya görenin hissettikleri karşısında yabancıların şaşırarak ona bakmaları, alay etmeleri ya da ona öfkelenmeleri daha uygun olurdu. Ama bence bu makul tatsız tepkiler arzu giderilmesi vasıtasıyla bertaraf edilmiş, gerçek tepkiler ise, bilinmeyen güçler tarafından muhafaza edilmiş ve böylece birbirine uymayan iki parça bir araya gelmiş. Rüyanın arzu giderilmesi nedeniyle kısmen çarpıtılmış haline ve gerçek anlamını bulamadığına dair ilginç bir kanıt var elimizde. Bu biçim, Andersen'den "Kralın Yeni Elbiseleri" adıyla tanıdığımız ve L. Fulda'nın "Tılsım" adlı çalışmasında edebileştirdiği masalın temelini oluşturur. Andersen'in masalında krala çok değerli bir elbise dokuyan iki sahtekâr vardır. Elbiseyi sadece iyi ve değerli insanlar görebilmektedir. Kral görünmeyen kıyafetiyle insanların içine çıkar. Kıyafetin nasıl biri olduklarını sınayan gücünden dehşete düşen insanlar, kralın çıplak olduğunu görmüyormuş gibi davranır.

Aynı durum bizim rüyamız için de geçerli. Hatırladığımız haliyle rüyanın anlaşılmaz içeriğinin anlaşılır bir kılığa sokulduğunu düşünmek için çok cüretkâr olmak gerekmiyor. Yani rüyadaki durum asıl anlamından soyutlanarak başka amaçlara hizmet edecek duruma sokulmuş. Rüyanın içeriğinin bilinçli düşünce etkinliği aracılığıyla bu şekilde yanlış anlaşılmasının ikinci psikolojik sistemde yaygın rastlanan bir durum olduğunu ve rüyanın nihai şeklini belirleyen bir faktör olduğunu ilerde göreceğiz. Yine (aynı kişide) bu tür yanlış anlamaların saplantı ve fobilerin oluşmasında en önemli faktör olduğu da ileride ele alacağımız bir konu. Bizim rüyamızda yanlış anlamanın nereden kaynaklandığını da söyleyebiliriz. Rüyanın kendisi sahtekâr terzi, kral ise, rüyayı gören kişi oluyor bu durumda. Rüyadaki ahlâkçı eğilim, gizli rüya içeriğinde yasak olan ve bastırmaya maruz kalan arzuların olduğunu belli belirsiz ortaya koyuyor. Nevrotiklere uyguladığım analizlerde bu tür rüyaların hangi bağlamda ortaya çıktığına dayanarak hiç kuşku duymadan söyleyebilirim ki, bu rüyaların temelinde ilk çocukluğa ait anılar yer alır. Sadece çocukluk çağında çıplak ya da yarı çıplak olarak aile fertlerinin, yabancı bakıcıların, hizmetkârların ve misafirlerin karşısına çıkmış ve çıplaklığımızdan utanmamışızdır.[43] Çıplaklık, daha ileri yaşlardaki çocuklar için dahi, utanç bir yana, keyif aldıkları bir durumdur. Çocuklar çıplakken gülerler, hoplayıp zıplarlar, kendi bedenlerine vururlar. Sonra anneleri ya da yanlarında bulunan başkaları çocuğa şöyle der: "Ne ayıp! Yapma bunu." Çocuklarda teşhircilik arzusu çok yaygındır. Bizim buralarda tek bir köyden geçip gidemezsiniz ki karşınıza 2-3 yaşında bir çocuk çıkıp yolcunun şerefine minik gömleğini kaldırmasın.

---

43 Masalda da bir çocuk vardır ve bu küçük çocuk "Kral çıplak!" diye bağırır.

Hastalarımdan biri sekiz yaşında başından geçen bir olayı hatırlıyor. Yatmadan önce soyunan çocuk pijamasıyla hoplaya zıplaya yan odadaki küçük kız kardeşinin yanına gitmek istiyor ama bakıcı engel oluyor. Nevrotiklerin gençliklerine dair hikâyelerde, karşı cinsten çocukların karşısına çıplak olarak çıkmak önemli bir yer tutar. Paranoyaklardaki giyinirken ya da soyunurken gözetlenme kuruntusu da bu tür anılarla alakalıdır; sapkınlık evresinde takılı kalanlar arasında bu çocuksu dürtünün bir semptoma dönüştüğü gruba ise "teşhirciler" diyoruz.

Geriye dönüp baktığımızda, utançtan azade çocukluğumuz cennet gibi görünür gözümüze. Zaten cennet de kişinin çocukluğuyla ilgili bütüncül bir fantezisinden başka bir şey değildir. Bu yüzden de insanlar cennette çıplaktır ve birbirlerinden utanmazlar. Sonra utanarak ve korkularak uyanılan o an gelir, insanoğlu cennetten kovulur ve cinsel yaşam ve kültür başlar. İşte bu cennete artık ancak her gece rüyalarımızda geri dönebiliriz. İlk çocukluk yıllarına (yani tarih öncesi dönemden üç yaşın bitimine kadar) ait izlenimlerin aslında içeriklerinden bağımsız olarak yeniden üretilmeyi istiyor olma ihtimalini de, bu izlenimlerin tekrarının bir arzu giderilmesi olması ihtimalini de daha önce de dile getirmiştik. O halde çıplaklık rüyalarına, *teşhircilik rüyaları*[44] demek mümkün.

Teşhircilik rüyalarının çekirdeğini insanın kendi bedeni oluşturur. Bu beden çocukluğumuzdaki değil, şimdiki zamandaki haliyle bedenimizdir. Ve kıyafetin bir kısmının üzerimizde olmamasının nedeni, daha sonraki anıların üst üste binmesinin ve sansürün neden olduğu bulanıklıktır. Bir de buna çıplakken

44 Ferenczi, kadınlarda, çocukluktaki teşhircilik rüyalarıyla bağlantıları kolaylıkla teşhis edilebilen ama yukarıda değindiğimiz "tipik" çıplaklık rüyalarına benzemeyen bir dizi ilginç rüyaya yer vermiştir.

utandığımız insanlar eklenir. Çocukluğa ait teşhircilik anılarında yer alan insanların rüyadaki izleyicilerin yerine geçtiğini bildiğim tek bir örnek rüya yok. Rüya hiçbir zaman tek bir basit anı değildir. Tuhaf bir şekilde, çocukluğumuzda cinsel yönelimimizin hedefindeki insanlar, rüyaların yeniden üretimlerinde, histeri ya da saplantı nevrozu vakalarında asla yer almazlar. Ancak paranoyada izleyiciler de yerlerini alır ve bu izleyicilerin görüntüleri net olmamasına rağmen hasta kişi tarafından fanatik bir ısrarla içinde bulunulan âna yerleştirilir. Rüyada yer alan ve sahnedeki gösteriyi hiç umursamayan "bir sürü yabancı insan" ise, karşısına çıkılan tanıdık her insanla ilgili arzunun karşıtıdır.

Bu arada "birçok yabancı" rüyalarda başka birçok bağlamda sık sık çıkar karşımıza. Bu insanlar arzu karşıtlığının "sırrı"[45] anlamına gelirler. Paranoyada eski olayın geri dönüşünün de bu karşıtlığa riayet ettiğini görüyoruz. Kişi yalnız değildir artık, mutlaka gözleniyordur ama gözleyenler kimlikleri bulanık, "çok sayıda yabancıdır".

Öte yandan teşhircilik rüyalarında bastırma da devreye girer. Rüyadaki utanç veren durum, teşhircilik sahnesinin her şeye rağmen ortaya çıkmasına ikinci ruhsal sistemin tepkisidir. Bundan kaçınmak için sahneyi yeniden canlandırmamak gerekir. Hareket edememe, ketlenme duygusuna ilerde yeniden döneceğiz. Rüyada bu duygu, en mükemmel biçimde iradenin yaşadığı çatışmayı, yani "hayır" demeyi temsil eder. Bilinçdışı amaç, teşhirin devamını ister, sansür ise, sona ermesini.

Tipik rüyalarımızın masallar ve diğer edebi türlerle ilişkisini münferit ya da tesadüfi olarak tanımlayamayız. Bir edebiyatçının keskin gözü zaman zaman normalde bir edebi araç olan *dönüşüm* sürecini analitik olarak kavrar, bu süreci tersinden takip eder, yani edebiyatı bir rüyaya bağlar. Bir dostum Gottfried Keller'in

45 "Bütün aile"nin orada bulunması da anlaşılır nedenlerle aynı anlama gelir.

Yeşil Heinrich adlı kitabındaki bir bölüme dikkatimi çekti: "Sevgili Lee, Odeysseus'un Nausica ve oyun arkadaşlarının karşısındaki çıplak ve çamurlara bulanmış halindeki acı gerçeği kendin yaşayarak öğrenmemeni umarım! Nasıl bir şey olduğunu öğrenmek ister misiniz? Bir örnekle açıklayalım bunu: Memleketinizden ve sevdiğiniz her şeyden ayrı, yabancı memleketlerde geziniyorsunuz, diyelim. Çok şeyler görüyor, çok şeyler öğreniyorsunuz, kederli ve dertlisiniz hatta zavallı ve terk edilmişsiniz. Böyle bir durumda gece rüyanızda mutlaka memleketinize yaklaştığınızı, evinizin rengârenk ve ışıl ışıl parladığını, tatlı, zarif ve sevecen insanların sizi karşıladığını görüyorsunuz. O anda yırtık pırtık, çırılçıplak ve toza bulanmış bir halde gezindiğinizi fark ediyorsunuz. Tarifsiz bir utanç ve korku kaplıyor içinizi, örtünmeye gizlenmeye çalışıyorsunuz ve ter içinde uyanıyorsunuz. İnsan var oldukça, kederli gezginin rüyası olarak kalacak bu. Homer, bu adamı, insanlığın en derin ve en sonsuz özünden yaratmıştır."

Edebiyatçının dinleyicilerinde uyandırmaya çalıştığı insanlığın bu en derin ve en sonsuz özü, ruhsal yaşamın, kökleri tarih öncesi çocukluk dönemine uzanan duygulanımlarıdır. Vatansız gezginin bilinçli ve makul arzuları rüyada bastırılmış ve yasak çocukluk arzuları ortaya çıkmış. Bu nedenle Nausica efsanesinde somutlaşan rüya, düzenli olarak bir kâbusa dönüşüyor.

240. sayfada anlattığım, aceleyle merdivenleri çıkışımın aniden basamaklarda kalakalmaya dönüştüğü rüyam da bir teşhir rüyası, çünkü bu tür rüyaların en önemli öğelerini içinde barındırıyor. Demek ki, bu rüyamın da çocukluk anılarıyla bir ilgisi olmalı ve bu anıların da, hizmetçi kızın beni halıyı kirletmekle suçlayarak rüyama nasıl ve niçin girdiğini açıklayabilmesi lazım. Bunu gerçekten açıklayabilirim. Psikanalizde zamansal yakınlığın maddi bir bağlantı olduğunu öğreniriz. Görünürde hiçbir bağlantısı olmayan ve birbirini takip eden iki düşünce,

tahmin yürüterek ortaya çıkarmamız gereken bir bütündür; tıpkı "a" ve "b" harflerini bir arada yazdığımda tek bir hece olarak, "ab" diye okumamız gibi. Rüyaların birbirleriyle ilişkisi de aynen böyledir. Sözü edilen merdiven rüyası bir dizi rüyanın içinden seçilmiş ve dizinin diğer parçalarını da yorumları itibariyle biliyorum. Diğer parçaların çevrelediği bu rüyanın aynı bağlam içinde olması gerekir. Rüyalarımın birinden bir çocuk bakıcısını hatırlıyorum. Bu bakıcı meme emdiğim dönemden iki buçuk yaşıma kadar bakmış bana. Çok eskiden annemden aldığım bilgilere göre bakıcı yaşlı ve çirkin ama bir taraftan da akıllı ve becerikliymiş. Rüyalarımdan anladığım kadarıyla, bana karşı her zaman sevecen olmadığını düşünüyorum. Tuvalet eğitimine uymadığımda da, kötü sözler ediyor olmalıydı bana. Yani bakıcı rüyamda, eğitimini sürdürebilmek için, tarih öncesi yaşlı kadının yeniden doğuşu olarak sahneye çıkmıştı. Çocuğun ise eğitmenini kendisine kötü davranmasına rağmen sevdiğini söylemek mümkün.[46]

b) Sevdiğimiz İnsanların Öldüğü Rüyalar

Tipik rüya olarak adlandırabileceğimiz bir başka grup, sevdiğimiz akrabalarımızın, ana babamızın ya da kardeşlerimizin, çocuklarımızın vb. öldüğü rüyalardır. Bu tür rüyaları da hemen ikiye ayırmak gerekiyor. Bir kısmında üzülmeyiz ve yas tutmayız ve uyandığımızda bu duygusuzluğumuza şaşırırız. İkinci tür rüyalarda ise, ölüm karşısında derin bir acı hisseder, uyku sırasında gözyaşlarına boğuluruz.

46 Rüyanın aşırı yorumu: Merdivende tükürmek (spucken) hayaletlerin dolaşması (spuken) demek olduğu için, serbest çevrildiğinde bir *esprit d'escalier*'den (Merdiven şakası: Konuşma sırasında değil de sonradan akla gelen bir espri. –çev. n.) söz edilebilir. Merdiven şakası hazırcevaplıktan yoksunluk anlamına geliyor. Böyle biri olduğumu söylemek zorundayım. Acaba bakımcım da mı hazırcevap değildi?

Birinci tür rüyaları bir kenara bırakabiliriz çünkü bunların tipik olarak değerlendirmemizi gerektirecek bir özellikleri yok. Bu rüyaları analiz ettiğimizde içeriklerinden başka bir anlamları olduğunu, görevlerinin bir arzuyu gizlemek olduğunu görürüz. Kız kardeşinin tek çocuğunu tabutta gören teyzenin rüyası (s. 182) böyle bir rüyadır. Teyze burada küçük yeğeninin ölümünü arzulamaz. Arzuladığı şey –uzun bir aradan sonra gerçekten ölen bir başka yeğeninin cenaze töreninde gördüğü– sevdiği bir kişiyi tekrar görmektir. Rüyanın içeriğini oluşturan bu arzu, yas tutmak için bir neden değildir, bu yüzden de bu rüyada bir acı hissedilmez. Burada rüyada hissedilen şeyin görünür rüya içeriğine değil, gizli içeriğe ait olduğunu, rüyanın duygu boyutunun düşünce boyutuna uygulanan çarpıtmadan muaf olduğunu fark ediyoruz.

Oysa sevdiğimiz bir aile ferdinin ölümünü gördüğümüz ve acı çektiğimiz rüyalar çok farklıdır. Bu rüyalar içerikleri itibariyle bu kişinin ölmesini arzuladığımız anlamına gelir. Şimdi benzer rüyalar gören okurlarımın ve başkalarının bu yorumuma itiraz edeceklerini biliyorum ve bu yüzden iddiamı en geniş anlamda kanıtlamam gerekiyor.

Rüyalarda gerçekleşen arzuların her zaman güncel arzular olmadığını görebildiğimiz bir rüyaya daha önce değinmiştim. Bazen bulanık, uzaklarda kalmış, üst üste binmiş ve bastırılmış arzuları da rüyada yeniden ortaya çıktıkları için, güncel arzular olarak değerlendirmek zorunda kalırız. Arzular insanlar gibi gerçekten ölmezler, Odeysseus'un gölgesi gibi, kan içtikten sonra başka bir hayatta yeniden canlanırlar.

"Kutudaki" ölü çocuk rüyasındaki (s. 182) arzu on beş yıl önce günceldi ve varlığı dürüstçe itiraf edilen bir arzuydu. Bu arzunun altında bile ilk çocukluğa ait bir anının yattığını söylemek, rüya teorisi açısından önemsiz bir tespit olmayacaktır. Rüyayı gören kadın çocukluğunda –tam olarak ne zaman olduğu belli değil– annesinin kendisine hamileyken ruh halinin çok bozuk olduğunu ve karnındaki çocuğun ölmesini istediğini duymuştu. Çocuk da büyüyüp hamile kalınca annesinin yolundan gitmişti.

Eğer bir kişi acı da duyarak babasının ya da annesinin, erkek ya da kız kardeşinin rüyada öldüğünü görürse, bu rüyayı asla *şimdi* bu kişilerin gerçekten ölmesini istediğinin kanıtı olarak görmem. Rüya teorisi bu kadar ileri gitmiyor, rüyayı görenin çocukluğunda bir zaman aile fertlerinin birinin ölmesini istemiş olmasını yeterli görüyor. Ama eminim bu kısıtlama muhaliflerimi daha da rahatsız edecek ve tıpkı şimdi böyle arzuları olmadığı gibi, geçmişte de böyle bir şeyi arzu etmediklerini söyleyeceklerdir. Bu yüzden şimdi çocuk ruhunun gerilerde kalmış dünyasından günümüze ulaşmış kimi kanıtları bulup çıkarmam gerekiyor.[47]

Önce çocukların kardeşleriyle ilişkisine bakalım. Kardeşler arasında ilişkinin sevgiye dayanması gerektiğini neden bir önkoşul olarak kabul ettiğimizi anlayamıyorum. Birçok yetişkinin kardeşleriyle arasında düşmanlıklar mevcuttur. Anlaşmazlıkların çoğu zaman çocukluktan kaynaklandığını ya da her zaman var olduğunu görebiliriz. Ama kardeşlerine bağlı olan, her zaman onların yanında yer alan insanların da çocukluklarında bu kardeşlerle arasında süregiden bir düşmanlık olabileceğini biliyoruz. Büyük kardeşler küçüklere kötü davranır, onları ele verir, elinden oyuncağını alır; küçükler de büyüklere duyduğu çaresiz bir öfkeyle kendini yiyip bitirir, büyük kardeşi kıskanır, ondan korkar ya da özgürlük dürtüsü ve adalet bilincinin ilk sinyalleriyle kendini ezen bu kişiye direnir. Ana babalar çocuklarının

47 *Krş. Beş Yaşında Bir Çocukta Fobinin Analizi* (*Psikanalitik ve Psikopatolojik Araştırmalar Yıllığı*, 1. cilt, 1909 (*Toplu Eserler*, VIII. cilt) ve "Çocukta Cinsellik Teorileri", *Nevroz Bilimi Hakkında Kısa Yazılar Seçkisi*, 2. baskı (*Toplu Eserler*, V. cilt)

anlaşamadığını söylerler ve nedenini de bilemezler. Uslu bir çocuğun karakterinin bile, yetişkinlerden arzuladığımız türden iyi bir karakter olmadığını anlamak hiç de zor değil.

Çocuk bencil bir varlıktır, ihtiyaçlarının tam anlamıyla farkındadır ve rakiplerine, başka çocuklara ve özellikle de kendi kardeşlerine hiç aldırış etmeden ihtiyaçlarını gidermeye çalışır. Ama bu çocuğa "kötü" değil, "yaramaz" deriz. Çocuk bu kötü davranışlarından, ne bizim yargılarımız, ne de yasa karşısında sorumludur. Böyle de olması gerekir, çünkü küçük egoistin çocukluk olarak nitelendirdiğimiz yıllar içinde özverinin ve ahlâkın anlamını öğreneceğini, Meynert'in sözleriyle ifade edecek olursak, ikinci egonun ilkinin üstünü örteceğini ve engelleyeceğini umarız. Tabii ahlâk her zaman aynı anda devreye girmez, ahlâktan azade çocukluk döneminin süresi herkeste farklı olabilir. Ahlâki gelişim olmadığı zaman bir "yozlaşma"dan söz etmeyi de pek severiz. Burada, gelişimde bir ketlenme söz konusu olduğu çok barizdir. Sonraki gelişim ilk kişiliğin üstünü örttüğünde dahi, bu kişilik histerilerle de olsa kısmen tekrar ortaya çıkabilir. Histerik kişilikle yaramaz bir çocuk arasında gözle görülür benzerlikler vardır. Oysa saplantı nevrozu, tekrar harekete geçen ilk kişiliği pekiştiren bir yük olarak, aşırı ahlâklılıkla örtüşür.

Demek ki bugün kardeşlerini çok seven ve onların ölmesiyle yoksunluk yaşayacak birçok insan, onlara karşı bilinçaltlarında çocukluktan kalma kötü arzular beslerler ve bu arzularını rüyalarda gerçekleştirmeye çalışırlar. Ancak üç yaşında ya da biraz daha büyük çocukların küçük kardeşlerine karşı tutumlarını gözlemlemek gerçekten ilginçtir. Çocuk önce tek çocuktur, sonra leyleğin bir çocuk daha getireceği haberi gelir. Çocuk bebeğe gözlerini diker ve kararlılıkla şöyle der: "Leylek onu tekrar geri götürsün."[48]

48 3,5 yaşındaki Hans'ın fobisini inceleyen yukarıda değindiğim kitapta, Hans kardeşinin doğumunun acısıyla "Kardeşim almasını istemiyorum!" diye

Çocuğun yeni gelen bu yabancının kendisi için nasıl bir dezavantaj olacağı konusunda doğru bir değerlendirme yaptığından eminim. İyi tanıdığım bir hanım, kendinden dört yaş küçük olan ve bugün çok iyi anlaştığı kız kardeşinin geleceğini duyduğunda "Ama kırmızı şapkamı ona vermeyeceğim", diyerek çekincesini ortaya koymuş.

Çocuk durumu ne zaman kavramışsa, düşmanlığı o zaman başlar. Üç yaşına henüz basmamış bir çocuğun, varlığının kendisine pek hayırlı olmayacağını düşündüğü bebeği beşiğinde boğmaya çalıştığını duymuştum. Çocuklar bu yaşlarda çok açık biçimde aşırı kıskanç olmaya yatkındır. Ya da bebek bir süreliğine ortadan yok olduğunda, çocuk yine evde bütün şefkatin tek sahibi olur ve bu sefer leylek bir başka bebek getirir. Sevgili yavrumuzun bebek doğmadan önce ya da bir süreliğine yok olduğunda hissettiği mutluluk uğruna, yeni rakibinin aynı kaderi paylaşmasını arzu etmesi doğru bir davranış değil de nedir?[49] Kuşkusuz çocuğun yeni doğan kardeşlerine tavrı biraz da yaş farkıyla alakalı. Yaş aralığının belli bir düzeyinden itibaren büyük kız kardeşlerde bebeğe karşı annelik dürtülerinin uyanması kaçınılmazdır.

Çocukluk döneminde kardeşler arasındaki kıskançlığın dikkatsiz ve adeta kör yetişkinlerin fark ettiğinden çok daha güçlü olduğunu tahmin ediyorum.[50]

---

bağırır. Bir buçuk yıl sonra geçirdiği nevroz sırasında, annesinin bebeği yıkarken küvette düşürmesini ve bebeğin ölmesini arzuladığını açıkça itiraf eder. Oysa Hans iyi huylu, şefkatli bir çocuktur ve kısa bir süre sonra da kız kardeşini sevmeye ve kollamaya başlayacaktır.

49 Çocuklukta yaşanan ölüm vakaları aile içinde unutulabilir. Ama psikanaliz araştırmaları gösteriyor ki ilerde yaşanan nevrozlar için bu tür vakalar çok önemli.

50 Çocuklukta kardeşlere ya da ebeveynlerin birine karşı düşmanca tutumla ilgili yapılan sayısız gözlem psikanaliz literatürüne girmiştir. Yazar Spitteler kendi ilk çocukluğuna ait bu tipik çocuksu tutumu son derece gerçekçi ve naif bir şekilde anlatır: "Bu arada ikinci bir çocuk (Adolf) daha gelmişti. Kar-

Peşi peşine doğan kendi çocuklarımda böyle bir gözlem fırsatını maalesef kaçırmış bulunuyorum. Bunu, on beş aylıkken yeni bir rakibin ortaya çıkmasıyla hükümdarlığını kaybeden küçük yeğenimde telafi etmeye çalışıyorum. Gerçi küçük adamın minik kız kardeşine son derece soylu ve saygılı yaklaştığını, ellerini öptüğünü ve onu okşadığını duyuyorum ama iki yaşını bitirdikten ve konuşmaya başladıktan sonra aslında hiç umurunda olmayan bu yaratığı eleştirdiğine de şahit oldum.

Yeğenim bebekten her bahsedildiğinde lafa karışıyor ve öfkeyle, "çok (k)üçük, çok (k)üçük," diye bağırıyor. Son aylarda ise, hızla gelişip serpilen bebeğin ilgiye layık olmadığını başka bir şekilde gerekçelendirmeye başladı: Dişleri yok.[51] Hepimiz bir başka kız kardeşimin en büyük kızının altı yaşındayken yarım saat boyunca bütün teyzelerini nasıl ikna etmeye çalıştığını hatırlıyoruz: "Lucie bunu anlayamaz, değil mi?" Lucie, kendinden iki buçuk yaş küçük olan kız kardeşi.

Tek hastam yok ki, kardeşine duyduğu yoğun kıskançlık yüzünden rüyada onun öldüğünü görmüş olmasın. Tek bir istisna var, onun da, biraz yorumlayınca, teorimizi desteklediği ortaya çıkıyor. Benzer bir semptomdan mustarip olduğunu düşündüğüm bir kadın hastama bu teoriden bahsettiğimde, hastam asla böyle rüyalar görmediğini söyledi. Kardeşlerin en büyüğü olan hastam sonra güya konuyla alakalı olmayan, önce dört yaşındayken, daha sonra da tekrar tekrar gördüğü bir rüyayı anlattı: *"Bir sürü çocuk, erkek ve kız kardeşler, kuzen ve kuzinler bir çayırda*

---

deşim olduğunu söylenen minik bir yaratık. Ne işe yaradığını bir türlü anlamıyordum. Hele onu da benim kadar önemsemelerini hiç anlamıyordum. Ben kendime yetiyordum, kardeşe ne gerek vardı? Üstelik bu kardeş sadece gereksiz değil, aynı zamanda bir engeldi. Büyükannemi kızdırdığımda, o da kızdırıyordu. Çocuk arabasında karşımda oturuyor, yerimi işgal ediyordu ve ayaklarımızla birbirimizi itiyorduk.

51 3,5 yaşındaki Hans aynı ezici eleştiriyi kız kardeşine yöneltiyor (1. c). Kız kardeşinin dişleri olmadığı için konuşamadığını düşünüyor.

hoplayıp zıplıyor. Birden hepsinin kanatları çıkıyor, uçmaya başlıyorlar ve uzaklaşıyorlar." Hastam rüyanın anlamından bihaberdi. Sansürün çok az etkilediği bu rüyada kardeşlerinin öldüğünü anlamak hiç güç değil bizim için. Şu yorumu yapmaya cesaret ediyorum: Bu çocuk sürüsünden biri öldüğünde –örneğimizde iki erkek kardeşin çocukları kardeş gibi büyümüş– o zaman dört yaşındaki hastamız bir yetişkine "Ölen çocuklara ne oluyor?" diye sormuş ve "Kanatları çıkıyor ve melek oluyorlar" yanıtını almış olabilir. Bu açıklamanın ardından görülen rüyada bütün çocukların melek gibi kanatları çıkıyor ve –asıl önemlisi– uçup gidiyorlar. Sürüden geriye sadece bizim küçük Azrail kalıyor! Çayırda hoplayıp zıplarken uçup giden çocukları kelebek olarak yorumlamak kesinlikle yanlış olmayacaktır. Çocuk burada eski çağlardaki insanların ruhu kelebek kanatları gibi tarif etmelerine benzer bir düşünceyle hareket ediyor.

Şimdi kimileriniz çocukların kardeşlerine karşı düşmanca dürtüler beslemelerinin kabul edilebileceğini söyleyecek, ama peşinden, çocuk ruhunun –sanki ölüm cezasından başka ceza yokmuş gibi– rakiplerinin ve kendinden güçlü oyun arkadaşlarının ölümünü arzu edecek kadar kötü mü olduğunu soracaklardır. Böyle konuşan biri, bir çocuğun *ölmek*ten anladığıyla yetişkinlerin anladığı arasındaki tek benzerliğin sözcüğün kendinden ve birkaç küçük ayrıntıdan ibaret olduğunu düşünmez.

Çocuklar çürümenin dehşetini, soğuk mezarda donmayı, ebedi hiçliğin korkutuculuğunu bilmezler. Yetişkinler ise bütün bunları, öbür dünyayla ilgili mitlerin söylediği üzere, çok zor kabullenirler. Çocuklar ölümden korkmak nedir bilmez, bu yüzden de bu korkunç kelimeyi rahatça kullanır ve başka çocukları şöyle tehdit ederler: "Bunu bir daha yaparsan, sen de tıpkı Franz gibi öleceksin." Bunu duyan zavallı anne ise, insanların büyük bir kısmının çocukluk çağlarında öldüğünü düşünür ve tüyleri ürperir. Sekiz yaşında bir çocuk Doğa Tarihi Müzesi'nden eve döndüklerinde annesine şöyle demiş: "Seni çok seviyorum anneciğim. Öldükten sonra seni her zaman görebilmek için içini doldurtacağım ve bu odaya koyacağım." İşte çocukların ölüm üzerine düşündükleri ve bizim düşüncelerimiz bu kadar az benzer birbirine![52]

Ölürken çekilen acılara tanık olmaması sağlanan bir çocuk için ölüm, "gitmek", yaşayanları bir daha rahatsız etmemektir. Çocuk, ölen kişinin yokluğunun nedenini bilmez, seyahate mi çıktı, kovuldu mu, yabancılaştı mı, yoksa öldü mü anlayamaz.[53] Analizlerimiz gösteriyor ki bir çocuğun çok küçükken bakıcısı işten çıkarılmış ve bir süre sonra da annesi ölmüşse, bu iki olay çocuğun anılarında birbiri üzerine oturur.

Kimi anneler haftalar süren bir seyahatten geri döndüklerinde içleri acıyarak öğrenirler ki çocukları bir süre zarfında tek bir kez dahi annelerini sormamışlardır. Ama anneleri kimsenin geri dönmediği o "meçhul ülke"ye gittiklerinde çocuklar önce annelerini unutmuş gibi görünseler de, bir süre sonra ölen annelerini hatırlamaya başlarlar.

O halde bir çocuk bir başka çocuğun gitmesini istediğinde, bunu "ölsün" şeklinde dile getirmesini engelleyecek hiçbir şey yoktur. Ve ölüm arzusu rüyalarına gösterilen tepkiler bize, içe-

52 10 yaşında deha bir çocuk babasının ani ölümü üzerine beni şaşırtan şu sözleri söylemişti: "Tamam, babam öldü, anlıyorum, ama akşam yemeğine neden gelmediğini anlayamıyorum. -Konuyla ilgili daha fazla malzeme için *bkz.* Bayan Dr. v. Hug-Hellmuth'un yayına hazırladığı "Çocuk Ruhu" köşesi: *Imago, Psikanalizin Temel Bilimlere Uygulanması* dergisi, cilt 1-5, 1912-1918.

53 Psikanaliz deneyimi olan bir baba 10 yaşındaki çok zeki kızının "gitmek" ve "ölmek" arasındaki farkı anladığını tespit ediyor. Çocuk yemekte sorun çıkarıyor, pansiyon çalışanlarından birinin kendine kötü kötü baktığını söylüyor ve "Josefine ölsün", diyor. Baba, çocuğu sakinleştirmeye çalışarak, "Neden ölsün ki, gitmesi yetmez mi?" diye soruyor. "Hayır", diyor çocuk, "o zaman geri döner". Çocuğun sınırsız özsevgisini (narsisizm) rahatsız eden her şey bir nevi "vatana ihanettir" ve tıpkı Dragon yasaları gibi bu tür davranışlara orantısız ceza uygular.

rikleri farklı olsa bile, çocuklardaki arzuyla, yetişkinlerdeki arzunun aynı şey olduğunu kanıtlar.

Şayet bir çocuğun rakibi olan kardeşinin ölmesini arzulamasını çocuğun egoizmi olarak açıklıyorsak, ona bakan, ihtiyaçlarını karşılayan ve ona sevgi veren, yani çocuğun egoist olsaydı hayatta kalmalarını isteyeceği anne ve babasının ölmesini arzulamasını nasıl açıklayacağız peki?

Bu sorunun çözümü için tecrübelerimize başvuruyoruz: Çocuk rüyada çoğunlukla hemcinsi olan ebeveyninin öldüğünü görür; yani erkekler babalarının, kadınlar annelerinin ölümünü görür. Bunun her zaman böyle olduğunu kanıtlamam mümkün değil ancak ağırlıklı olarak böyle olduğu o kadar açık ki mutlaka önemli bir nedeni olması gerek.[54] Kabaca söyleyecek olursak, erken yaşlarda sanki cinsel bir tercih var gibidir, sanki erkek çocuk babanın, kız çocuk ise annenin aşkta onun rakibi olduğunu fark eder ve rakibini bertaraf etmekten kazançlı çıkacağını düşünür.

Bu görüş de "korkunç" diye tanımlanarak reddedilmeden önce, anne, baba ve çocuklar arsındaki ilişkiye gerçekçi bir çerçeveden bakmakta yarar var. Saygı kültürünün bu ilişkiden bekledikleriyle, ilişkinin günbegün gözlemlediğimiz gerçek hali arasında bir ayrım yapmak şart. Anne, baba ve çocuklar arasında düşmanlık oluşması için birçok neden var. Sansürden geçemeyecek arzuların oluşması için elverişli koşullar son derece zengin.

Önce baba ve erkek çocuk arasındaki ilişkiye bakalım. Bence *On Emir*'in kurallarına atfettiğimiz kutsallık, gerçeği algılama yetimizi köreltiyor. İnsanlığın büyük bölümünün *Beşinci Emir*'e ("Babana ve anana hürmet edeceksin") riayet etmediğini görmeye bile cesaret edemiyoruz. Toplumun en alttan en üste kadar bütün katmanlarında anne ve babaya saygı diğer konuların geri-

54 Bu durumun üstü çoğu zaman bir cezalandırma eğilimiyle örtülür. Bu ceza, etik bir tepkiyle, sevilen ebeveynin kaybedilmesi tehdididir.

sinde kalmaya başladı. İnsan toplumunun ilk çağlarına ait efsanelerdeki ve mitlerdeki net olmayan bilgilerden, babanın iktidarı ve bu iktidarı kullanırken takındığı duygusuz ve insafsız tavrı hakkında hiç de hoş olmayan bir intiba ediniyoruz. Kronos, tıpkı erkek domuzun dişi domuzun doğurduğu yavruları yemesi gibi, kendi çocuklarını yer. Zeus ise babayı iğdiş eder[55] ve iktidarını elinden alır. İlkel ailede babanın hükümdarlığı ne kadar sınırsızsa, onun doğal halefi olan erkek çocuk ona o kadar düşmandır ve ölümüyle iktidara geçmeyi de bir o kadar sabırsızlıkla bekler. İçinde yaşadığımız burjuva ailesinde bile baba erkek çocuğu kendi kararlarını verme özgürlüğünden ve bunun için gerekli araçlardan mahrum ederek, oğullarıyla arasındaki doğuştan var olan düşmanlığı geliştirmeye meyillidir. Doktorlar çoğu kez, babanın kaybının erkek çocukta sahip olduğu özgürlükleri artık kısıtlayamayacağı için bir memnuniyet duygusu yarattığını söyler. Günümüz toplumunda babalar artık miadı dolmuş olan *potestas patris familias*'tan (Babanın aile fertleri ve mal varlığı üzerindeki hâkimiyeti) geriye kalanlara dört elle sarılırlar. Ve her yazar, baba ve oğlu arasındaki mücadeleyi hikâyelerinde öne çıkaran İbsen gibi, bu şekilde etkili bir yazar olacağını düşünür. Kız çocuk ve anne arasındaki çatışma ise, çocuğun büyümesi ve cinsel özgürlüğün peşine takıldığında annesinin bekçilik yaptığını görmesidir. Anne ise, kızının büyümeye başladığını görür ve bu yüzden cinsel isteklerini yasaklamak gerektiği konusunda uyarılır.

Bütün bu ilişkiler herkesin görebileceği şekilde açık ve nettir. Ama tüm bunlar, anne ve babaya saygının mutlak bir değer ol-

---

55 En azından kimi mitolojik tasvirlerde böyledir. Başkalarında Kronos babası Uranos'u iğdiş eder.
Bu motifin mitolojik anlamı için *bkz.* Otto Rank, "Kahramanların Doğum Miti: Tatbiki Ruh Bilimi Yazıları", 5. sayı, 1909 ve "Edebiyat ve Efsanelerde Ensest Motifi", 1912, IX. Bölüm, 2.

duğu kişilerin rüyalarında neden onların ölümünü gördüklerini açıklayamıyor. Daha önceki açıklamalarımızdan da biliyoruz ki, anne ve babanın ölümünü arzulamak ilk çocukluktan kaynaklanır.

Bu tahmin daha önce analiz ettiğim psikonevrotikler için en ufak bir kuşkuya mahal vermeyecek şekilde doğru. Bu hastalarda cinsel arzuların (henüz bu yaşta cinsel arzu diye adlandırmak doğru olursa şayet) çok erken uyandığını, kız çocuğun ilk eğiliminin babaya, erkek çocuğun ilk çocuksu arzularının anneye yöneldiğini görürüz. Böylece baba erkek çocuk için, anne ise kız çocuk için keyfini kaçıran bir rakibe dönüşür. Bu algının ölüm arzusuna dönüşmesinin ne kadar zor olduğunu kardeşler arasındaki ilişkide ayrıntılı olarak ele almıştık. Cinsel seçimi kural olarak önce anne ve babada gözlemleriz. Doğal bir dürtüyle erkeklerin küçük kızlarının üzerine titrediğini, kadınların ise erkek çocuğun tarafını tuttuğunu biliriz. Cinselliğin gizemi izin verdiği sürece ise, hem anne hem de baba ufaklığın eğitimi için gerekli disiplini birlikte sağlarlar. Çocuk tercihlerin farkındadır ve kendini tercih eden ebeveyne itiraz eden ebeveyne karşı tavır alır. Yetişkinlerden sevgi görmek çocuk için sadece belli gereksinimlerinin giderilmesi değil, aynı zamanda onun bütün isteklerinin yerine getirilmesi anlamına da gelir. Bu bağlamda cinsel dürtülerini takip eden çocuk, anne ve babasının tercihleri kendi tercihleriyle uyuştuğu takdirde onların kendine yönelik heyecanını güçlendirir.

Çocukların gösterdiği çocuksu eğilimlerin belirtilerini çoğu kez gözden kaçırırız. Bazılarını ise, ancak ilk yılların ardından fark ederiz. Tanıdığım sekiz yaşındaki bir kız çocuğu annesi masadan kalktığında fırsat bilip kendini annenin halefi tayin ediyor ve şöyle konuşuyor: "Şimdi ben anne oldum. Biraz daha sebze ister misin, Karl? Al lütfen, vs." Çocuk psikolojisinin çok daha şeffaf olduğu dört yaşlarında yetenekli ve hareketli bir başka kız çocuğu ise, açıkça şöyle diyor: "Annem gidebilir artık, o zaman ben babamla evlenmek ve karısı olmak istiyorum." Çocuklarda bu arzu çocuğun annesini de çok sevmesine engel değil. Baba seyahatteyken annesiyle yatmasına izin verilen, baba geldiğinde, çocuk odasına, çok daha az beğendiği birine dönmek zorunda kalan erkek çocuğun, sevgili güzel annesinin yanında kalabilmek için babanın geri dönmemesini arzulaması çok doğal. Bu arzusuna ulaşmanın bir yolu da, babanın ölmesi, çünkü çocuk bilir ki büyükbaba gibi sonsuza dek yok olurlar ve asla geri dönmezler.

Küçük çocuklardaki gözlemleri bu şekilde yorumlamak mümkün olsa da yetişkin nevrotiklerin psikanalizi sırasında doktorun elde ettiği kesin verilere ulaşmak mümkün değil. Söz konusu rüyaların girişlerinde anlatılanlardan bunları kesinlikle arzu rüyaları olarak değerlendirmek zorundayız. Bir gün üzgün ve ağlamaklı bir hanım bana şöyle demişti: "Yakınlarımı artık görmek istemiyorum, benden nefret ediyor olmalılar." Sonra hiç ara vermeden anlamlandıramadığı bir rüyayı anlattı: *"Çatıda bir vaşak (Luchs) ya da bir tilki geziniyor. Sonra çatıdan bir şey düşüyor, ya da o düşüyor. Sonra annem ölü olarak evden dışarı çıkarılıyor ama annem bir taraftan da acı içinde ağlıyor."* Hastama rüyanın çocukluktan gelen annesinin ölmesi arzusu olduğunu, bu yüzden akrabalarının ondan nefret ettiğini düşündüğünü söylemiyorum. Hasta rüyayı yorumlamamıza yarayacak malzemeyi aktarıyor: "Vaşak gözlü" (Luchsaug) bir küfür ve bir sokak çocuğu hastaya küçük bir çocukken bu sözlerle hakaret etmiş. Hasta üç yaşındayken, annesinin başına çatıdan bir kiremit düşmüş ve annesinin başı kanamış.

Bir kez ruhsal sorunları olan genç bir kızı derinlemesine inceleme fırsatım olmuştu. Hastalığın başlangıcında baş gösteren kudurmuşluk gibi bir karmaşık ruh haliyle kız annesinden nefret ediyor, yatağına yaklaştığında ona hakaret ediyor ve vuruyor ama diğer taraftan kendinden çok büyük olan ablasını seviyor ve onun sözünü dinliyordu. Bunu, zihninin berrak ama kayıtsız olduğu, uyku bozuklukları yaşadığı bir dönem takip etti. Bu dönemde onu tedavi etmeye ve rüyalarını yorumlamaya başladım. Rüyaların birçoğu örtülü olarak az ya da çok annesinin ölümüyle ilgiliydi. Kâh yaşlı bir kadının cenaze törenine katılıyor, kâh matem elbiseleriyle ablasıyla birlikte masada oturuyordu. Rüyaların anlamı net ve açıktı. Hasta iyileşmeye başladıktan sonra ortaya histerik fobiler çıktı. Bunların en acı verenleri, annesine bir şey olduğu düşüncesiydi. Nerede olursa olsun, koşa koşa eve gitmesi ve annesinin yaşadığından emin olması gerekiyordu. Deneyimlerimle birleştirdiğimde bu vaka son derece öğreticiydi ve psikolojik mekanizmanın aynı uyaran düşünceye farklı tepkiler verebileceğini gösteriyor, bir anlamda onu aynı anda farklı dillere çeviriyordu.

Normalde bastırılmış olan birinci sistemin ikinci sistem tarafından *kamufle edilmesi* olarak tanımladığım bu karmaşık ruh halinde anneye karşı duyulan düşmanlık, kızı harekete geçiren bir güce ulaşmıştı. Sonra sansür hâkim olup, isyan bastırılıp, ilk sakin dönem başlayınca, annesine duyduğu düşmanlığın neticesinde onun ölmesini arzulaması, sadece rüyalarda ortaya çıkar oldu. Normal hali daha da geliştikçe, bu kez engelleme ve savunma tepkisi olarak annesi için abartılı bir endişe duymaya başladı. Bu bağlamda histerik kız çocuklarının neden annelerine bu kadar bağlı olduklarını açıklamak hiç de zor değil.

Bir başka sefer genç bir adamın bilinçdışı ruh dünyasını ayrıntılarıyla öğrenme fırsatım olmuştu. Adam saplantı nevrozu yüzünden yaşayamaz hale gelmişti. Sokağa çıkamıyordu çünkü yolda karşılaşacağı insanları öldürmekten korkuyordu. Günlerini, şehirde gerçekleşen bir cinayet yüzünden hakkında dava açıldığı takdirde gerekli olacak delilleri hazırlamakla geçiriyordu. Ahlâklı, eğitimli, kültürlü biri olduğunu söylemeye gerek bile yok. Rahatsızlığı gideren tedavinin sonunda cinayet işleme dürtüsüyle ilgili bu eziyetli-saplantının nedeninin biraz fazla sert olan babası olduğu anlaşıldı. Çocuk yedi yaşındayken –kuşkusuz çok daha eski çocukluk anılarına dayanan– cinayet dürtüsünün ilk kez bilincine varmış ve şaşırmıştı. 31 yaşında, babasının eziyetli bir hastalık neticesinde ölmesinden sonra saplantıyla kendini suçlamaya başlamış ve fobi halindeki bu suçlamayı yabancılara aktarmıştı. Kendi babasını dağın tepesinden uçuruma atmak isteyen birinden her şey beklenebilir. Böyle birinin başkalarının hayatlarını korumayacağı kesindir, bu yüzden dc kendini odasına kitlemekte haklıdır.

Sayısız deneyimim sonucu ilerde psikonevroz geçiren her çocuğun ruh dünyasında anne ve babanın en önemli rolü oynadığını biliyorum. Ebeveynden birine âşık olmak ya da ikisinden birinden nefret etmek, bu dönemde oluşan ve daha sonra oluşacak bir nevrozun semptomları açısından çok önemli olan psikolojik duygulanımların temel malzemesini oluşturur. Ama ben psikonevrotiklerin tamamen yeni ve kendilerine özgü bir şey yaratarak normal çocuklardan farklılaştıklarını düşünmüyorum. Nevrotik çocukların, normal çocuklarda da var olan ve ama ruhlarında bu kadar net ve yoğun olarak ortaya çıkmayan anneye ve babaya karşı aşk ve nefret duygularını daha yoğun yaşıyor olmaları çok daha olası ve normal çocuklar üzerine yapılan birçok araştırma da bunu doğruluyor.

Antikçağa ait bir efsane de bu saptamayı destekliyor. Bu efsanenin evrenselliğini ve derinliğini ancak çocuk psikolojisiyle ilgili sözünü ettiğim bilgilerimin benzer evrenselliğiyle açıklamak mümkün.

Vermek istediğim örnek Kral Ödipus ve Sofokles'in aynı adlı tiyatro eseri. Thebai Kralı Laios ve lokaste'nin oğlu Ödipus bir kehanete göre babasını öldüreceği için bebekken ormana bırakılır. Buradan kurtarılan Ödipus yabancı bir sarayda kralın oğlu olarak büyür ve kim olduğundan kuşkuya düşerek başvurduğu kâhin, memleketine dönmemesini salık verir. Aksi takdirde babasını öldürecek ve annesiyle evlenecektir. Memleketi olduğunu sandığı yerden ayrılıp yola çıkan Ödipus, Kral Laios'a rastlar. Aralarında aniden patlak veren tartışmada kralı öldüren Ödipus Thebai şehrine gelir, yoluna çıkan Sfenks'in bilmecesini çözer, bunun karşılığında Thebai halkı onu kral seçer ve lokaste'yle evlendirir. Uzun yıllar barış içinde ve ağırbaşlılıkla ülkesini yöneten Ödipus'un, kim olduğunu bilmediği annesinden iki oğlu ve iki kızı olur. Sonunda veba salgını başlar ve Thebai halkı bu yüzden yine kehanete başvurur. Sofokles'in trajedisi işte bu noktada başlar. Haberciler, Laios'un katilinin ülkeyi terk etmesi halinde veba salgınının sona ereceğini söyler. Peki ama neredSedir katil?

"Bu eski suçun karanlık izleri nerede peki?"
(Donner'in çevirisinden, V. 109)

Oyunun konusu, Ödipus'un Laios'un katili ve aynı zamanda Laios ve lokaste'nin oğlu olmasının (tıpkı psikanalizde olduğu gibi) yavaş yavaş ve giderek heyecanlanan bir tempoyla ortaya çıkmasından ibaret. Ödipus sonunda bilmeden neden olduğu korkunç olayların dehşetiyle kendini kör eder ve ülkesini terk eder. Kehanet artık gerçekleşmiştir.

Kral Ödipus bir kader tragedyasıdır; trajik etkisinin, tanrıların güçlü iradesi ve felaketlerin tehdidi altında umarsızca direnen insanoğlu arasındaki karşıtlıktan kaynaklandığı söylenir. Bu trajedinin derin izler bıraktığı izleyicilerinin öğrenmesi gereken, ilahi iradeye boyun eğmek, kendi aczini kabul etmektir. Modern yazarlar doğal olarak aynı trajik etkiyi yaratabilmek adına bu karşıtlığı kendi yazdıkları romanlarda kullanırlar.

Ama insanlar, masum hemcinslerinin bütün çabalarına rağmen, bir lanetin ya da bir kehanetin gerçekleşmesini hiç etkilenmeden izlediler ve daha sonra yazılan kader tragedyaları etkili olmayı başaramadı.

Kral Ödipus, modern insanı da en az yazıldığı çağdaki Yunanlılar kadar etkileyebiliyorsa şayet, Yunan tragedyalarının etkisinin kaynağı kader ve insan iradesi arasındaki zıtlık değil, bu zıtlığın dayandığı malzemenin özellikleri olmalı. "Ahnfrau"[56] ve benzeri kader tragedyalarındaki konuyu tesadüfi olarak niteleyip önemsemezken, Ödipus'un değişmez kaderini anlamaya ve kabul etmeye hazır olmamızın nedeni içimizdeki bir ses olmalı. Gerçekten de Kral Ödipus'un hikâyesinde böyle bir etki vardır. Kral'ın kaderi bizim de kaderimiz olabileceği için bu eser böylesine etkiler bizi. Çünkü doğumumuzdan önceki bir kehanet bizi de aynı şekilde lanetlemiş olabilir. İlk cinsel dürtülerimizin annemize, ilk nefret ve şiddet eğilimlerimizin babamıza yönelmiş olması belki de kaderimizdir. Rüyalarımız böyle olduğuna ikna ediyor bizi. Babası Laios'u öldüren ve annesi Jocaste'yle evlenen Kral Ödipus bir anlamda çocukluk arzularımızın giderilmesidir. Ama bizler –psikonevrotik bir hasta olmadığımız sürece– Ödipus'tan daha şanslıyız ve ilk cinsel duyumlarımızı annemize yöneltmekten vazgeçiyor, babamızı kıskandığımızı unutuyoruz. İlk çocukluk arzularımızı gerçekleştiren bu insandan, bu arzuların içimizde maruz kaldığı bastırma sayesinde, korkuyor ve kaçıyoruz. Yazar, Ödipus'un işlediği suçu gün yüzüne çıkarırken, bizi de bu dürtünün, baskılanmış olsa da var olduğu iç dünyamızı kabul etmeye zorluyor. Oyunun sonunda koro şu karşıtlığı dile getirir:

56 Grillparzer'in bir tiyatro eseri. –çev. n.

"...işte Ödipus,
Bütün sırları çözen ve iktidara gelen ilk kişi;
Bütün yurttaşların talihini övdüğü ve imrendiği Ödipus.
Bakın, şimdi talihsizliğin karanlık sularına gömüldü!"

Bu ikaz, çocukluğumuzdan beri güçlü ve bilge olarak kendimize biçtiğimiz değerleri ve gururumuzu hedef alıyor. Bizler de tıpkı Ödipus gibi doğanın bizi zorladığı ahlâka aykırı arzularla yaşıyoruz ve çocukluğumuzdaki bu sahneler ortaya çıktığında bakışlarımızı kaçırmaya çalışıyoruz.[57]

Ödipus efsanesinin, konusunu, ilk cinsel uyarımla birlikte anne ve babayla ilişkideki utanç verici rahatsızlık olan bir rüyadan aldığının açık kanıtı bizzat Sofokles'in metninde yer alır. lokaste, henüz hiçbir şeyin farkında olmayan ama kehaneti hatırladığında huzuru kaçan Ödipus'u teselli ederken, her insanın gördüğü anlamsız bir rüyadan söz eder:

"Çünkü birçok insan rüyasında annesine kocalık eder:
Bunu önemsemeyenler hayata daha kolay katlanır."

(*V. 855 ve devamı*)

O gün olduğu gibi bugün de birçok insan rüyasında annesiyle cinsel ilişkiye girdiğini görüyor ve öfke ve şaşkınlıkla bu rüyalarını anlatıyor. Anlaşılacağı gibi bu, tragedyaların temel taşıdır

---

57 Psikanaliz araştırmalarının hiçbir sonucu çocukluktan bilinçdışında kalmış ensest eğilimleri kadar acı eleştirilmemiş, bu kadar iştahla çarpıtılmaya çalışılmamış, hiçbirine karşı bu kadar zalimce mücadele edilmemiştir. Son dönemde bunca deneyime rağmen ensesti sadece bir "sembol" olarak ele alma çabaları çıktı ortaya. Ferenczi, *Imago*'nun 1. sayısında (1912) Schopenhauer'in bir mektubuna dayanarak Ödipus mitini mükemmel bir şekilde çok katmanlı bir yoruma tabi tutmuş.- İlk kez *Rüya Yorumları*'nda ele alınan Ödipus kompleksi başka araştırmalara da konu oldu ve insanlık tarihini ve din ve ahlâkı anlamak açısından öngörülemeyen bir anlam taşıdı. *Bkz. Totem ve Tabu*, 1913 (*Toplu Eserler*, X. cilt).

ve babanın öldüğü rüyaları tamamlayan bir olgudur. "Ödipus" efsanesi bu iki tipik rüyaya bir tepkidir. Ve bu rüyalar yetişkinlerde nasıl itici duygulara neden oluyorsa, bu efsane de, korku ve kendini cezalandırmayı içerir. Efsanenin devamı, yanlış anlaşılmış bir ikincil işlemden ibarettir ve teolojik bir kaygıdan kaynaklanmaktadır (*Krş.* s. 206'daki teşhir rüyaları). Doğaldır ki, tanrıların her şeye muktedir olmasını insanın sorumluluğuyla birleştirme çabası, her yerde olduğu gibi bu metinde de başarısızlığa uğramıştır.

Manzum tragedyaların bir başka büyük örneği olan Shakespeare'in *Hamlet*'i de *Kral Ödipus*'la aynı kaynaktan beslenir. Ancak aynı konunun ele alınışındaki farklarda, iki kültürün birbirinden çok uzak iki çağa ait olduğunu ve insanın ruhsal yaşamındaki bastırmaların dünyevi yaşama doğru ilerleyişini görürüz. "Ödipus"taki çocuğun arzularıyla ilgili fanteziler, tıpkı rüyalarda olduğu gibi, su yüzüne çıkar ve gerçekleşir. "Hamlet"te ise bu arzu bastırılmış olarak kalır ve varlığından ancak –tıpkı nevrozlarda olduğu gibi– ketlemeler aracılığıyla haberdar oluruz.

Tuhaftır, zamanımıza daha yakın olan *Hamlet*, kahramanın kişiliği tamamen karanlıkta kalmasına rağmen olağanüstü bir etki yaratır izleyicide. Eser, Hamlet'in intikam alma görevini yerine getirmek konusunda tereddüt etmesi üzerine inşa edilmiştir. Bu tereddüdün nedenlerini metinden anlayamıyoruz. Sayısız yorumlama çabaları da bu konuda ipucu vermiyor bize. Bugün geçerli olan –Goethe'nin de gerekçelendirdiği– yorum uyarınca Hamlet, giderek gelişip her şeyi istila eden düşünce dünyası yüzünden eylem gücü felç olmuş bir insandır ("Düşüncelerinin solukluğundan hasta olmuş"). Başkaları yazarın hastalıklı, kararsız, neredeyse nevrastezik bir kişiliği betimlemeye çalıştığını söyler. Ama sadece eserin konusuna baktığımızda dahi anlıyoruz ki Hamlet kesinlikle eyleme geçme gücü olmayan biri değildir. İki kez Hamlet'in harekete geçtiğini görürüz: Önce duvar halısının ardında konuşulanlara kulak veren kişiyi öfke içinde hızla yere serdiğinde, sonra ise, kendini öldürmeyi planlayan iki saray görevlisini Rönensans prensleri gibi hiç tereddüt etmeden ölüme gönderdiğinde. O halde babasının hayaletinin verdiği görevi yerine getirmekten onu alıkoyan nedir? Bu sorunun cevabı, görevin özel bir görev olmasıdır. Hamlet her şeyi yapabilir; yapamayacağı tek şey, babasını bertaraf ederek annesinin yanındaki yerini alan yani kendisinin bastırılmış çocukluk arzularını yaşayan adamdan intikam almaktır. Hamlet, kendini intikam almaya itecek tiksintinin yerine, kendini suçlamaya, vicdan muhasebesi yapmaya başlar çünkü kendi de cezalandırması gereken günahkâr adamdan daha iyi biri değildir. Burada benim yaptığım, kahramanın bilinçdışında var olanı bilince tercüme etmek. Hamlet'in histerik olarak tanımlanmasını ancak benim yorumumdan çıkartılmış bir sonuç olarak kabul edebilirim. Keza Hamlet'in Ophelia'yla konuşurken dile getirdiği cinsellikten tiksinti de benim yorumumla örtüşüyor. Bu tiksinti Shakespeare'de giderek artar ve *Atinalı Timon*'da doruğa ulaşır. Tabii Hamlet'in ruh hali, bizzat Shakespeare'in ruh hali olabilir. Georg Brandes, Shakespeare üzerine yazdığı 1896 tarihli kitabında, ozanın Hamlet'i babasının ölümünden (1601) hemen sonra yazdığını belirtir. Yani henüz yas tutarken, babasıyla bağlantılı çocukluk duygularının yeniden canlandığını varsayabiliriz. Yine Shakespeare'in erken yaşta ölen oğlunun adının da "Hamnet" (Hamlet'le özdeş) olduğunu biliyoruz. *Hamlet*'te erkek çocuğun anne ve babayla ilişkisini ele alan yazar, aynı yıllarda kalem aldığı *Macbeth*'de ise, çocuksuzluğu işler. Ayrıca nasıl her nevrotik sendromu, hatta her rüyayı anlayabilmek için çok katmanlı bir yorum gerekiyorsa, her gerçek edebi eser de yazarın ruhundaki birden fazla motiften, coşku ve uyarımdan kaynaklanır ve böylece birden fazla yorumu mümkündür. Ben burada yaratıcı yazarın ruhundaki en derin katmanı yorumlamaya çalıştım.[58]

Rüya teorisi açısından önemlerine birkaç kelimeyle de olsa değinmeden yakınlarımızın ölümüyle ilgili tipik rüyalar konusunu bitirmem mümkün değil. Tuhaf bir şekilde bu rüyalarda, bastırılan arzuların neden olduğu rüya düşüncesi hiçbir sansüre uğramadan ve hiç değişmeden rüyada yer alır. Bunu mümkün kılan özel etkenler olmalı. Ben bu tür rüyaları görmememizi sağlayan iki etken olduğunu düşünüyorum: Birincisi bir yakınımızın ölmesi, arzu edeceğimiz son şeydir; "böyle bir şeyi arzulamak, rüyada bile aklımıza gelmez" deriz. Bu nedenle rüya sansürü bu tür korkunç bir duruma hazırlıklı değildir; tıpkı Solon'un baba katli için yasada ceza öngörmeyi düşünmemesi gibi. İkinci bir özellik ise şu: Farkında olmadığımız bastırılmış arzularımıza özellikle bu konuda sık sık o kişinin hayatıyla ilgili endişelerimizi içeren günün kalıntıları eşlik eder. Bu endişenin rüyamıza girmek için aynı arzuyu kullanmaktan başka çaresi yoktur; ama arzu kendini gündüzün harekete geçen endişenin ardına saklayabilir.

Bütün bunların açıklamasının çok daha basit olduğunu, gün içinde yaşadıklarımızın geceleyin ve rüyamızda devam ettiğini düşünecek olursak, yakınlarımızın öldüğü rüyaları açıklamaktan vazgeçmiş ve kısmen de açıklanabilecek bir bilmeceyi çözmeden bırakmış oluruz.

---

58 E. Jones, *Hamlet*'e analitik yaklaşımla ilgili yukarıdaki düşünceleri tamamlamış ve bu görüşü literatürdeki diğer görüşlere karşı savunmuştur (*Hamlet Sorunu ve Ödipus Kompleksi*, 1911) . Öte yandan Shakespeare'nin eserleri hakkında yazan kişinin yukarıda değinilen Stratfordlu olduğuna ben artık inanmıyorum. -*Machbeth*'in analizi ile ilgili başka çabalar için *bkz.* "Psikanaliz Çalışmalarında Ortaya Çıkan Kimi Kişilik Türleri " adlı makalem *Imago* IV, 1916 (*Toplu Yazılar*, X. cilt) ve L. Jekel'in kaleme aldığı "Shakespeare'in *Macbeth*'i", *Imago* V, 1918.

Bu rüyaların korku rüyalarıyla alakasını takip etmek de aydınlatıcı olacaktır. Bastırılmış arzu, yakınlarımızın ölümünü gördüğümüz rüyalarda, sansürden ve sansürün neden olduğu çarpıtmadan kurtulmanın bir yolunu bulur. Bunun doğal sonucu olarak rüyada her zaman acı duyarız. Yine korku rüyaları ancak sansür kısmen ya da tamamen kaldırıldığında oluşur; ya da bedensel kaynaklı güncel bir duyum olarak korkunun var olması, sansürün devre dışı kalmasını kolaylaştırır. Böylece sansürün nasıl çalıştığını, rüyayı nasıl çarpıttığını çok net olarak görürüz. Sansürün ve çarpıtmanın anlamı *korkunun ya da buna benzer rahatsızlık veren duyguların gelişmesini önlemektir.*

Daha önce çocuk ruhunun bencilliğinden söz etmiştim. Şimdi burada bu konuya tekrar dönmek isterken amacım, rüyaların da aynı özelliği olduğundan yola çıkarak bu iki olgu arasında bağlantı olup olmadığını anlamak. Rüyaların tamamı bencildir, hepsinde –kılık değiştirmiş de olsa– sevgili ego iş başındadır. Rüyalarda giderilen arzuların tamamı bu egonun arzularıdır. Şimdi bu savla çelişen birkaç örneği analiz edeceğim.

I

Henüz dört yaşına basmamış bir çocuk anlatıyor: *İçinde garnitür bulunan bir kâse görüyorum. Garnitürün üstünde büyük bir parça kızarmış et var. Et –kesilmeden– bütün olarak yeniyor. Yiyen kişiyi görmüyorum.*[59]

Çektiği görkemli ziyafetle küçük çocuğun rüyasına giren yabancı kim olabilir? Rüyanın görüldüğü gün yaşananlar bize bu

59 Rüyalardaki çok büyük, çok fazla, aşırı ve abartılı unsurlar da çocukluk rüyalarına özgü bir özellik olabilir. Çocukların en büyük arzusu büyümek, özellikle de büyüklerin sahip olduğu kadarına sahip olmaktır. Çocukları tatmin etmek mümkün değildir, onlar "yeterli" sözcüğünü tanımazlar, hiç doymadan hoşlarına giden ya da tadını beğendikleri şeyi tekrar tekrar isterler. Ölçülü olmayı, mütevazı olmayı, feragat etmeyi ancak eğitilerek öğrenirler. Nevrotiklerin de bu şekilde ölçüsüzlüğe ve aşırılığa eğilimli olduklarını biliyoruz.

konuda bilgi verecektir. Çocuk birkaç gündür doktorun tavsiyelerine uyarak süt diyetine girmişti; rüyayı gördüğü günün akşamı yaramazlık yaptığı için ceza olarak kendisine akşam yemeği verilmemişti. Çocuk daha önce de bu türden bir açlık kürü yapmış ve başarıyla tamamlamıştı. Kendisine yemek verilmeyeceğini anlamış ama aç olduğunu söylemeye cesaret edememişti. Bu noktada aldığı terbiye etkilerini göstermeye başlıyor ve bir çarpıtmanın başlangıcı olan bir rüyada ifadesini buluyor.

Kuşkusuz böylesine görkemli bir yemeği, bir kızartmayı yemek isteyen kişi, çocuğun kendisi. Ama yemek yemesinin yasak olduğunu bildiği için, aç çocukların normalde rüyada yaptıkları gibi, yemeğin başına oturmaya cesaret edemiyor (*krş.* s. 157 – küçük Anna'nın çilek rüyası).

II

Rüyamda bir kitapçının vitrininde düzenli olarak satın aldığım bir serinin (sanatçı monografileri, dünya tarihi monografileri, ünlü sanat kentleri vb.) yeni cildini alıyorum. *Yeni serinin adı: "Ünlü Konuşmacılar" (ya da konuşmalar) ve birinci cildin adı, " Doktor Lechner".*

Analiz sırasında Alman parlamentosunun çalışmasını engellemek için sürekli konuşan üyesi Doktor Lechner'in rüyama girmiş olması tuhafıma gidiyor. Bağlantı şu: Birkaç gün önce yeni hastaların psikolojik tedavisine başlamıştım ve günde 10-11 saat konuşmak zorundaydım; yani ben de sürekli konuşan biri olmuştum.

III

Bir başka rüyada üniversiteden tanıdığım bir profesör şöyle diyor: *Oğlum, myop.* Bunu karşılıklı kısa konuşmalar ve cevaplar takip ediyor. Üçüncü bir rüya parçasında ise ben ve oğullarım var. Rüyanın gizli içeriği için Profesör M. ve oğlu, benim ve en büyük oğlumun yerini alan birer korkuluk sadece. Başka özellikleri nedeniyle bu rüyaya ilerde tekrar geri döneceğim.

IV

Aşağıdaki örnek şefkatli bir endişenin ardına gizlenmiş gerçekten düşük seviyede bir bencilliğin yer aldığı bir rüya:

Dostum Otto kötü görünüyor, yüzü kahverengi ve gözleri dışarı fırlamış.

Çok şey borçlu olduğum aile doktorumuz Otto yıllardır çocuklarımın sağlığıyla ilgilenir, onları başarıyla tedavi eder ve her fırsatta çocuklara hediyeler alır. Rüyayı gördüğüm gün bizdeydi ve karım Otto'nun yorgun ve gergin olduğunu söylemişti. Otto, Basedow (tiroit) hastalığının kimi belirtileriyle gece rüyama giriyor.

Benim rüya yorumu kurallarıma uymayan biri, bu rüyayı arkadaşımın sağlık durumu için endişelendiğim ve rüyada bunu gördüğüm şeklinde yorumlayabilir. Bu tür bir yorum, hem rüyaların arzuları giderdiği, hem de sadece bencil dürtülere açık olduğu iddialarımla çelişecektir. Ama rüyayı bu şekilde yorumlayanların, dış görünüşü asla böyle bir teşhise imkân vermemesine rağmen, neden Otto'nun Basedow hastalığına yakalandığı için endişelendiğimi açıklaması gerekir. Oysa benim analizim, altı yıl önce olan bir olaydan yola çıkarak şu malzemeyi ortaya koyuyor: Profesör R.'nin de yer aldığı küçük bir grupla gecenin karanlığında yazlık evimizin yakınındaki N.'de bir ormanda arabayla giderken, uykusu gelen faytoncu yüzünden bir uçuruma yuvarlanmıştık; ama şans eseri herkes yara almadan kurtulmuştu. Yakındaki bir handa gecelemek zorunda kaldık ve burada kaza geçirmiş olduğumuz için yakından ilgilendiler bizimle. Kahverengi yüzü ve yuvalarından fırlamış gözleriyle tipik bir –guatr değil– Basedow hastası olan bir bey emrimize amade, bizim için ne yapabileceğini sordu. Profesör R. kararlı bir şekilde şöyle dedi: "Pijamalarınızı bana ödünç vermek dışında hiçbir şey." Nazik beyefendi bunun üzerine "Üzgünüm, ama bunu yapamayacağım", dedi ve gitti.

Analizin devamında sadece bir doktorun değil, ünlü bir pedagogun da adının Basedow olduğunu hatırlıyorum (Uyanıkken bu bilginin doğruluğundan o kadar emin değilim). Ama dostum Otto, başıma bir şey gelmesi halinde, özellikle de ergenlik çağında çocuklarımın bedensel eğitimiyle (pijamanın nedeni bu) ilgilenmesini istediğim kişidir. Rüyamda dostum Otto'yu bize yardım eden zarif beyefendinin hastalık semptomlarıyla donatarak söylemek istediğim şu olsa gerek: Başıma bir şey geldiği takdirde, Otto da, tıpkı bütün kibarlığına rağmen bize yardım etmeyen Bay Baron L. gibi çocuklarla ilgilenmeyecek. Bu da, rüyanın bencil yapısını kanıtlamaya yeterli bir yorum.[60]

Peki ama giderilen bir arzu neresinde bu yorumun? Kaderi rüyalarımda hep kötü muameleye maruz kalmak olan Otto'dan intikam almak değil kesinlikle. Sorunun yanıtı şu: Otto'yu rüyamda Baron L. kılığında görerek, kendimi de Profesör R.'nin yerine geçiriyorum. Çünkü rüyada Profesör R. Baron L.'den bir şey istiyor, ben de gerçek hayatta Otto'dan bir şey istiyorum. İşte konunun

60 Ernst Jones Amerikalı bir gruba rüyaların bencilliği konusunda bilimsel bir konuşma yaparken, son derece eğitimli bir hanımefendi kalkıp, bilimsel olmayan bu genellemeye karşı çıkmış ve yazarın ancak Avusturyalıların rüyaları hakkında fikir yürütebileceğini, Amerikalıların rüyaları hakkında bir şey diyemeyeceğini, kendi gördüğü bütün rüyaların son derece özverili olduğunu söylemiş.

Kendi ırkıyla gurur duyan bu hanımefendiden özür dilemek adına, "rüyaların kesinlikle egoist olduğu" cümlesinin yanlış anlaşılmaması gerektiğini söylemek durumundayım. Ön bilinçdeki düşüncelerde var olan her şey rüyaya (içeriğine ve gizli rüya düşüncelerine) girebileceği için, kapı özverili uyarımlara da açıktır. Yani bir kişiye karşı bilinçdışında var olan aşk ve şefkat duyguları da rüyaya girebilir. O halde yukarıdaki cümle şu durumla sınırlıdır: Rüyanın bilinçdışı uyarımları arasında çok sık, uyanık yaşamda üstesinden gelindiği zannedilen egoist eğilimler yer alır.

özü bu. Normal koşullarda kendimle karşılaştırmaya cesaret dahi edemeyeceğim Profesör R. akademik hayatın dışında tıpkı benim gibi kendi yolundan gitmiş ve uzun yıllar sonra hak ettiği profesörlük unvanını kazanmıştı. Yani, yine profesör olmak istiyordum! "Uzun yıllar sonra" kısmında dahi bir arzunun giderilmesi söz konusu, çünkü bu sözler, uzun yaşayıp çocuklarımın ergenlik dönemine bizzat tanık olmak istediğimi gösteriyor.

Mutlulukla uçtuğumuz ya da korkarak düştüğümüz tipik rüyalar konusunda kendi deneyimlerim yok. Bu konuda söyleyeceklerimin tamamını psikanaliz seanslarına borçluyum. Bu seanslardan yola çıkarak, bu tür rüyaların çocukluk izlenimlerini, çocukların çok sevdiği atıp tutma gibi oyunları tekrarladıklarını söylemek mümkün. Bir çocukla oynarken, onunla birlikte kollarımızı açıp koşarak uçtuğumuzu, ya da onu dizlerimizde sallarken birden bacaklarımızı açarak düşürdüğümüzü, ya da havaya zıplatırken birden düşürür gibi yaptığımızı herkes bilir. Çocuklar bu tür oyunlardan çok keyif alır ve yeniden, yeniden aynı şeyi yapmak isterler; özellikle de korktuklarında ve başları döndüğünde. İşte bu oyunları daha sonra rüyalarda tekrarlarlar. Ama rüyada ellerini bırakırlar ve gerçekten uçarlar ya da düşerler. Küçük çocukların tahterevalliye ya da salıncağa binmeyi ne kadar sevdiklerini biliriz. Sonra sirkte akrobatları gördüklerinde bu anıları canlanır.[61] Kimi erkek çocukların histeri nöbetleri, büyük bir ustalıkla gerçekleştirilen bu hünerlerin yeniden üretiminden ibarettir. Bu masum oyunların sonunda cinsel duyguların uyanması da nadir rastlanan bir durum değil.[62] Bizde çok

61 Analitik araştırmalar gösteriyor ki, çocukların jimnastik hareketlerine ve bunların histeri krizlerinde tekrarına meraklı olmalarının nedeni, bedensel hazzın yanı sıra (hayvanlarda ve insanlarda) gözlemledikleri cinsel ilişkiye dair (çoğunlukla bilinçdışı) anılardır.

62 Nevrotik bir bozukluğu olmayan genç bir meslektaşım şunları anlattı: "Eskiden salıncakta sallanırken cinsel organımda, özellikle de geri gidişlerde basıncın en yoğun halini aldığı tuhaf bir şey hissettiğimi hatırlıyorum. Gü-

kullanılan ve bütün bu oyunları içeren bir sözcükle söyleyecek olursam şayet: Bütün bunlar, uçma, düşme, baş dönmesi vb. rüyalarda tekrarlanan ve verdiği hazzın korkuya dönüştüğü karşılıklı bir "kovalamaca ve kışkırtmadır". Her annenin bildiği gibi, bu kovalamaca ve kışkırtma çoğu kez kavgalarla ve ağlamalarla son bulur.

O halde, rüyadaki uçma ve düşme duygularının aslında uykuda tenimizin uyarılmasından ya da akciğerlerimizin hareketlerinin duyumsanmasından kaynaklandığı gibi açıklamaları reddetmekte çok haklıyım. Bu duyumların rüyanın dayandığını hatıralardan yeniden üretildiğini yani asla rüyanın içeriğini değil, rüyanın kaynağını oluşturduğunu anlayabiliyoruz.

Ancak bu ve benzeri bir dizi rüyayı bütünüyle açıklayamadığımı da gizleyecek değilim. Elimdeki malzeme bu noktada yarı yolda bırakıyor beni. Ancak şu konuda ısrarcıyım: Tipik rüyalarda tensel ve motorik duyumlar psikolojik bir motif kendilerine ihtiyaç duyduğunda devreye girip, böyle bir ihtiyaç olmadığında ihmal edilebiliyorlar. Ayrıca psikonevrotik hastaların analizlerinden biliyorum ki, bu tür rüyaların çocukluk anılarıyla kesinlikle bir ilişkisi var. Ancak yaşam boyunca bir duyumun anısına başka hangi anlamların (belki de tipik rüyalar olmasına rağmen her insanda farklıdır bu anlamlar) eklendiğini bilmiyorum ve zaten yapmak istediğim de bu eksikliği uygun örneklerin analiziyle tamamlayabilmek. Uçma, düşme, diş çektirme vb. rüyaları sık sık görmemize rağmen, benim malzeme sıkıntısından yakınmama şaşıranlara, şahsen rüya yorumuyla ilgilenmeye başladığımdan beri bu tür rüyalar görmediğimi söylemem gerekiyor.

zel bir duygu olmamasına rağmen, bunun cinsel haz olduğunu kabul etmek zorundayım." –Hastalarımdan sık sık bir hazzın eşlik ettiği ilk ereksiyonu bir yere tırmanırken yaşadıklarını duydum.– Psikanaliz seanslarından kesinlikle biliyorum ki ilk cinsel uyarımlar çocukluktaki kavga ve dövüşlerde yaşanıyor.

Elimin altında bulunan nevrotik hastalara ait rüyaların hepsinde gizli niyeti yorumlamak mümkün olmuyor, mümkün olanlarda da bu niyeti sonuna kadar takip edemiyoruz. Nevrozun oluşmasında etkin olan, çözülmesinde de tekrar devreye giren bir tür psikolojik güç, yorum sırasında bütün bilmeceleri çözmemize engel oluyor.

c) Sınav Rüyaları

Lise bitirme sınavına giren herkes, sınavdan geçemediğini, sınıfta kaldığını gördüğü korku rüyalarının inatçılığından yakınır. Akademik unvanı olanlarda bu rüyanın yerini başka bir rüya alır. Onlar sözlü doktora sınavını geçemediklerini görürler ve daha uyurken çaresizlik içinde yıllardır doktorluk, öğretim üyeliği ya da daire başkanlığı yaptıklarını söyleyerek duruma karşı çıkarlar. Bu arada çocukken yaptığımız kötü şeyler yüzünden aldığımız cezalarla ilgili zaten tam silinmemiş olan anılarımız canlanır ve araştırmalarımızın en önemli iki kavşağıyla (kıyamet günü ve tanrının gazabı), yani zor sınavların "hüküm günüyle"[63] ilişkilenir. Nevrotiklerin "sınav korkuları" da bu çocukluk korkusuyla güçlenir. Öğrencilik dönemi bittiğinde artık bizi cezalandıranlar ana babamız, eğitmenlerimiz ve sonra öğretmenlerimiz değildir. Bu noktada eğitimimizi, hayatın acımasız nedensellikler zinciri üstlenir ve artık bir şeyi doğru yapmadığımızı, gerektiği gibi ortaya çıkaramadığımızı düşündüğümüzde ya da sorumlulukların baskısını hissettiğimizde lise bitirme sınavı ya da doktora sınavı rüyaları görürüz (Çalışmış olanlar bile titremez mi sınava girerken?).

Sınav rüyalarıyla ilgili bir başka açıklamayı ise, konunun uzmanı bir meslektaşıma borçluyum. Kendisi yaptığı bilimsel bir çalışma sonunda bitirme sınavı rüyalarını sadece sınavı geçenle-

63 Latince bir klasik ilahinin sözlerine atıfta bulunuluyor. –çev. n.

rin gördüğünü, kalanların asla böyle rüyalar görmediğini ortaya koydu. Demek ki, bir sonraki gün bir şeyler başarma sorumluluğu olduğunda ya da bir fiyasko ihtimali bulunduğunda ortaya çıkan korkulu sınav rüyaları (ki bu bağlantı tekrar tekrar doğrulanmıştır), geçmişte böyle bir korkunun gereksiz olduğunun ortaya çıktığı ya da iyi sonuçlandığı bir durumu arar ve seçerler. Rüyanın içeriğinin uyanıkken yanlış yorumlanmasına çok iyi bir örnektir bu. Çoğu kez öfkelenerek, "Ama ben zaten doktorum" vb. karşı çıkışlar, gerçekte rüyanın sunduğu şöyle bir tesellidir: Yarın olacaklardan korkma; lise bitirme sınavı öncesi nasıl korktuğunu hatırla. Hiçbir şey olmadı, bak bugün doktorsun işte vb. Oysa rüyaya hâkim olan korku gerçekte günün kalıntılarından kaynaklanmıştır.

Çok olmamakla birlikte başkaları üzerinde ve kendi üzerimde yaptığım deneyler bu açıklamalarla örtüşüyor. Örneğin ben doktora sırasında adli tıp sınavından kalmıştım ve bu durum asla rüyalarıma girmedi. Birçok kez botanik, zooloji ve kimya derslerinden sınava girdim. Bu derslerin sınavına haklı olarak korkarak girerdim ve hepsinde ya hocalarım sayesinde ya da talihim yaver gittiği için ceza almadan kurtuldum. Lise bitirme sınavı rüyalarım da ise, her zaman tarihten sınava girerdim. Oysa bu sınavı büyük bir başarıyla vermiştim. Ama bunda (bir başka rüyamdaki tek gözlü yardımcım– *bkz.* s. 40) sevgili profesörümün de katkısı vardı. Profesör sınav kâğıdında üç sorudan ortada olanı dikkate almaması için tırnağımla koyduğum işareti fark etmişti. Lise bitirme sınavına girmemiş, daha sonra dışarıdan girmiş, sonra subaylık sınavını verememiş ve bu yüzden subay olamamış bir hastam rüyasında sürekli subaylık sınavından değil, lise bitirme sınavından kaldığını görürdü.

Rüya sınavları da, daha önce tipik rüyalarının çoğunun ortak bir özelliği olduğunu ifade ettiğim şekilde, yorumlanmaları zor rüyalardır. Rüyayı görenin çağrışımları nadiren yorum için gerekli malzemeyi sunar bize. Bu nedenle bu rüyaları anlayabilmek için çok sayıda örneği ele almak gerekir. Bir süre önce "Zaten doktorsun" vb. bahanelerinin teselliyi örtmekle kalmayıp, bir yandan da bir suçlama içerdiklerini fark ettim. Şöyle bir şey olabilir bu suçlama: Bu kadar yaşlı olmana, bu kadar yaşam deneyimin olmasına rağmen hâlâ "çocuk gibi" "aptalca" şeyler yapıyorsun. Bu özeleştiri ve teselli karışımı, sınav rüyalarının gizli içeriğiyle örtüşür. Böylece son yorumlanan örneklerdeki "aptallık" ve "çocukluk" gibi suçlamaların sorunlu cinsel eylemlerle alakalı olduğunun farkına varamayız.

"Lise bitirme rüyalarını" ilk kez yorumlayan kişi olan W. Stekel, bu rüyaların her zaman cinsel deneyime ve cinsel olgunluğa işaret ettiğini söyler. Benim deneyimlerinden edindiğim bilgi de bu yöndedir.

VI. RÜYA ÇALIŞMASI

Bugüne kadar rüya sorunlarını çözmeye yönelik her çaba, rüyanın aklımızda kalan görünür içeriğine yönelmiş, bu içerikten rüyayı yorumlamaya çalışmış, yorum yapılmadığı durumlarda ise, rüyanın içeriğinden yola çıkarak rüya hakkında bir yargıya varmıştır. Sadece biz, bu noktada başka bir olguyla karşı karşıya olduğumuzu söylüyoruz. Bizim için, rüyanın içeriği ve gözlemlerimizin sonuçlarının arasında yeni bir psikolojik malzeme yer alıyor: Bu, yöntemimiz sayesinde elde ettiğimiz *gizli* rüya içeriği, başka bir deyişle rüyadaki düşüncelerdir. Biz rüyanın çözümünü görünür rüya içeriğinden değil, gizli rüya içeriğinden yola çıkarak geliştiriyoruz. Bu nedenle daha önce bilinmeyen bir görevimiz var. Bu görev, görünür rüya içeriğinin gizli rüya düşünceleriyle ilişkisini incelemek ve gizli rüya düşüncesinden hangi süreçlerden geçerek görünür rüya içeriğinin oluştuğunun izini sürmek.

Rüya düşüncesi ve rüya içeriği, aynı konunun iki farklı dildeki tasviri gibidir. Daha doğrusu, rüya düşüncesi, farklı bir ifadeye bürünerek rüya içeriğine aktarılmıştır. Bizim görevimiz orijinal ve tercümesini karşılaştırarak bu aktarımın sembollerini ve diziliş kurallarını ortaya koymak. Rüya düşüncelerini duyduğumuz anda makul ve anlaşılır buluruz. Ama rüya içeriği bir yandan da bir imgeler dilinden oluşur ve bu dilin sembollerini rüya düşüncelerinin diline tercüme etmek gerekmektedir. Bu sembolleri, semboller arasındaki ilişkilere bakmadan, sadece görüntü değerleriyle ele almak bizi yanlış bir yola sevk eder. Önümüzde resimli bir bulmaca (bir rebus[1]) olduğunu varsayalım: Bir ev, evin damında bir kayık, sonra tek bir harf, sonra koşan bir insan figürü ama figürün kafası yok vb. Bu derlemenin ve parçalarının saçma sapan olduğunu söyleyebilirim . Bir kayık evin üzerinde olamaz, kafası olmayan bir insan koşamaz ve derlemenin tamamı bir doğa manzarasıysa şayet, burada doğada yeri olmayan harfler olamaz. O halde bu resimli bulmacayı, bütününe ya da parçalarına itiraz etmeyi bir kenara bırakarak ve ancak ve ancak her resmin yerine, o resmi şu veya bu şekilde temsil edilebilecek bir hece ya da bir kelime koyarak çözmeye çalışmalıyız.

Böylece bir araya gelecek kelimeler artık anlamsız olmadıkları gibi, çok güzel ve çok anlamlı edebi bir ifade de oluşturabilirler. İşte rüya, böyle bir resimli bulmacadır ve bizden önce rüyaları yorumlamaya çalışanlar bu resmi çizilmiş bir kompozisyon olarak görme hatasına düşmüş, resim onlara anlamsız ve değersiz görünmüştür.

A. YOĞUNLAŞTIRMA

Rüya içeriği ve rüya düşüncesini karşılaştıran birinin fark edeceği ilk şey, burada benzersiz bir *yoğunlaştırma işlemi* olduğudur. Rüya kısadır, az ve özdür, oysa rüya düşüncesi kapsamlı ve zengindir. Rüya, yazıya döktüğümüzde yarım sayfa tutar; oysa rüya düşüncelerini içeren bir analiz yazısı rüyanın altı, sekiz, on iki katı olabilir Bu oran her rüyada farklı olabilir ama –inceleyebildiğim kadarıyla– rüya düşüncesi, rüyanın kendisinden her zaman daha kapsamlıdır. Genelde su yüzüne çıkan rüya düşüncelerinin malzemenin tamamı olduğunu varsayarız ve gerçekleşen yoğunlaşmanın ölçüsünü olduğundan daha az zannederiz. Oysa yeni yorumlama çalışmaları rüyanın arkasın-

1 Kelimelerin alışılmış şekilleri dışında yazılarla, sembollerle ya da resimlerle belirtilmesi ya da bu şekildeki bulmaca. –çev. n.

da gizli olan yeni düşünceleri su yüzüne çıkarabilir. Daha önce bir rüyanın tamamını yorumladığımızdan asla emin olamayacağımızı ifade etmek zorunda kalmıştık. Rüyanın çözümü tastamam ve yeterli gibi görünse de aynı rüyanın başka bir anlamı daha olma olasılığı her zaman mevcuttur. O halde *ne oranda bir yoğunlaşma olduğunu* söylemek kesinlikle mümkün değil. Rüya içeriği ve rüya düşüncesi arasındaki oransızlıktan yola çıkarak, rüya oluşumu sırasında psikolojik malzemenin ciddi bir yoğunlaşmaya uğradığını iddia ettiğimizde, ilk bakışta dikkate değer görünen bir itirazla karşılaşabiliriz. Hepimiz çoğu zaman bütün gece uzun uzun rüya gördüğümüzü ama gördüklerimizin çoğunu unuttuğumuzu zannederiz. Uyandığımızda hatırladığımız rüyanın, bütün rüya çalışmasının sadece bir parçası olduğunu ve şayet hepsini hatırlayabilmemiz mümkün olsa, bu bütünün, rüya düşüncelerinin tamamını içereceğini düşünürüz. Bir parça doğruluk payı vardır burada gerçi. Bir rüyayı en doğru şekilde uyandıktan hemen sonra hatırlamaya çalışarak yeniden üretebiliriz, akşama doğru rüyamız giderek silikleşir. Ama öte yandan insanın rüyada hatırladığından daha çok şey gördüğünü zannetmesi, çoğu kez bir yanılsamadan ibarettir. Bu konuya ileride değineceğiz.

Rüyaların unutulma ihtimali, rüya çalışmasında yoğunlaşma olduğu iddiasını etkilemez. Bunun kanıtı, aklımızda kalan her bir rüya parçacığına ait var olan düşünceler yığınıdır. Rüyanın büyük bir bölümünü unuttuysak şayet, o zaman bir dizi yeni rüya düşüncesine de ulaşamayız. Rüyaların unuttuğumuz kısımlarının da analiz sırasında hatırladığımız rüya düşünceleriyle alakalı olduğunu savunmamızı gerektirecek hiçbir neden yoktur.[2]

2 Rüyada yoğunlaşmaya dair ipuçlarına sayısız yazarda rastlıyoruz. Du Prel düşünce dizilerinde yoğunlaşma süreci yaşandığının kesinlikle doğru olduğunu söyler (s. 85).

Analiz sırasında, rüya içeriğindeki her öğeyle alakalı aklımıza gelen sayısız düşünce, aklımıza gelen her şeyin gerçekten de rüya düşüncesiyle alakalı olup olmadığı konusunda kimi okurlarda genel bir tereddüt uyandırabilir. Yani bütün bu düşünceler uyku sırasında etkinleşip, rüyanın oluşmasına mı neden oluyorlar, diye düşünülebilir. Yoksa rüyanın oluşmasında etkin olmayan yeni düşünsel bağlantıların analiz sırasında oluşuyor olması daha mı gerçekçi? Bu kuşkulara ancak kısmen katılabilirim. Tek tek düşünsel bağlantıların analiz sırasında ortaya çıktığı doğrudur doğru olmasına, ama her seferinde görürüz ki, düşünceler arasındaki bu tür bağlantılar, sadece rüya düşüncelerinde bir başka biçimde zaten bağlantılı olan düşünceler arasında mümkündür. Bu yeni bağlantılar aynı zamanda daha başka, daha derinlerde var olan bağlantılar sayesinde ortaya çıkan tali bağlantılardır, kısa devrelerdir. Analiz sırasında ortaya çıkan düşünce yığınının rüyanın oluşumunda etkin olduğunu kabul etmek gerekiyor. Çünkü analiz sırasında rüyanın oluşumuyla alakasız gibi görünen bir düşünceler zinciri üzerine çalıştığımızda, birden bire rüya içeriğinde var olan, rüya yorumu için vazgeçilmez olan ve bu alakasız düşünceler zinciri olmadan asla ulaşamayacağımız bir düşünceyle karşılaşabiliriz. Bu konuya iyi bir örnek, analizini bütünüyle ele almadığım ve inanılmaz bir yoğunlaştırma işleminin sonucu gibi görünen "botanik monografi" rüyasıdır.

Bu durumda rüyadan önce var olan uyku halinin psikolojik ortamını nasıl tarif etmeliyiz? Bütün rüya düşünceleri bu ortamda yan yana mı bulunuyor acaba, yoksa birbirlerini mi takip mi ediyorlar, ya da farklı merkezlerde –daha sonra bir araya gelen– eşzamanlı düşünce süreçleri mi oluşturuluyor? Bence bu aşamada rüya oluşumundaki psikolojik ortamı üç boyutlu olarak tasavvur etmek gibi bir zorunluluğumuz yok henüz.

Unutmamamız gereken tek şey, burada bilinçsiz bir düşünme eyleminin söz konusu olduğu ve bu sürecin, isteyerek, bilinçli olarak düşündüğümüzde içimizde algıladığımız süreçten kolayca farklılık gösterebilecek bir süreç olması ihtimalidir.

Ama şimdi artık rüyanın oluşma sürecinin bir yoğunlaşmaya dayandığı kuşku götürmez bir gerçek. Peki bu yoğunlaşma nasıl gerçekleşiyor?

Rüya düşüncelerinin çok azının kendi olarak rüyada temsil edildiğini göz önünde bulunduracak olursak, yoğunlaştırmanın bir şeyleri *atarak, çıkararak* gerçekleştirildiğini, yani rüyanın rüya düşüncelerinin birebir tercümesi olmadığını, her öğesini birebir yansıtmadığını, aksine son derece eksik, noksan ve yarım yamalak olduğunu düşünmemiz gerekir. Bu açıklama, az sonra göreceğimiz gibi son derece yetersiz bir açıklama. Ama şimdilik bu açıklamaya dayanarak sormaya devam edelim: Rüya düşüncelerinin sadece çok az bir kısmı rüyanın içeriğine dahil oluyorsa madem, hangilerinin dahil olup, hangilerinin dahil olmayacağına nasıl karar veriliyor?

Bu konuya açıklık getirebilmek için, rüya içeriğine dahil olmayı başaran rüya düşüncelerinin özelliklerine bakmak gerekiyor. Güçlü bir yoğunlaştırmayla oluşmuş bir rüyanın içeriğini inceleyerek istediğimiz malzemeye ulaşmamız mümkün olacaktır. Bu amaçla s. 148'de ele aldığım *botanik monografi rüyasını* seçiyorum.

I. "Botanik Monografisi ile İlgili Rüya"

Rüyanın içeriği: *Belli bir bitki hakkında (ne olduğu bilinmiyor) bir monografi yazmışım. Kitap önümde duruyor, katlanmış renkli bir çizimi açıyorum. Bitki koleksiyonlarında olduğu gibi, her bitki çiziminin yanına kurutulmuş bir örneği eklenmiş.*

Bu rüyanın en dikkat çeken öğesi, *botanik monografi*. Bu öğenin kaynağı bir önceki günün izlenimleri. Gerçekten de o gün bir kitapçının vitrininde "*Siklamen Ailesi*" adında yeni bir kitap görmüştüm. Rüyada bitkinin türünün adı yoktu, sadece monografi ve monografinin botanikle alakası yer alıyordu. "Botanik monografisi"nin bir zamanlar kaleme aldığım *kokain çalışmasıyla* alakası hemen ortaya çıkıyordu: Düşüncelerimde kokainden yola çıkarak kitapçığa, bir üniversite laboratuvarındaki işlemlere, bir taraftan da kokainin kullanılmasına katkıda bulunan göz doktoru dostum Doktor Königstein'a varmıştım.

Bunu Doktor Königstein'la bir akşam önce doktor arkadaşların gelirleriyle ilgili çeşitli görüşleri tartıştığımız ve ama yarım kalan konuşmaya bağlamıştım. İşte bu konuşma rüyanın asıl uyaranıydı. Siklamen monografisi de güncel olmakla beraber alakasız bir konuydu. Rüyadaki "botanik monografi" gündüz yaşanan iki olay arasındaki ortak noktaydı; alakasız izlenimden hiç değiştirmeden alınmış, psikolojik açıdan daha önemli olan olayla sayısız çağrışımla bağlantılanmıştı.

Ama sadece bütün olarak "botanik monografi" değil, bu bütünün öğeleri olan "botanik" ve "monografi" de ayrı ayrı rüya düşüncesinin karmaşık dehlizleriyle bağlantılıydı. "Botanik"le alakalı olanlara, Profesör *Gaertner* (bahçıvan), profesörün *çiçek* gibi karısı, adı *Flora* olan hastam ve unutulan *çiçeği* anlattığım kadın dahildi. Gaertner ise beni laboratuvara ve *Königstein*'la yaptığım konuşmaya götürüyordu; aynı konuşmada söz konusu iki kadın hastamın adı geçmişti. Çiçekli kadından karımın *en sevdiği çiçeğe* giden bir bağlantı da vardı ve bu bağlantının bir çıkış noktası da gündüz belli belirsiz gördüğüm monografinin adıydı. "*Botanik*" bunların dışında lisedeki bir olayla, üniversitedeki bir sınavla ilişkiliydi. Bu konuşmada geçen benim sevdiğim şeyler konusu ise, şaka yollu *en sevdiğim çiçek* olarak adlandırdığım enginar aracılığıyla unutulan çiçekten başlayan düşünceler silsilesine bağlanıyordu. 'Enginarın' ardında İtalya'yla ilgili anılarım ve kitaplarla yoğun ilişkimin başlangıcı olan bir çocukluk anısı vardı. Demek ki "botanik", rüya düşüncesinde yer alan düşünce dizisinin kesiştiği ciddi bir düğüm noktasıydı. Bu düşüncelerin Doktor Königstein'la yaptığım konuşmada birbiriyle ilişkilendirildiğini haklı olarak iddia edebilirim. Bu noktada kendimizi "*Örgücünün Başyapıtı*"ndaki gibi bir düşünceler fabrikasının içinde buluruz:

"Pedala bir kez basmak binlerce ipliği harekete geçirir
Mekikler sağdan sola, soldan sağa ilerler
Görünmeyen iplikler akar
Bir darbe binlerce düğüm atar."[3]

Ve "monografi" rüyada iki konuya işaret ediyor: Biri, araştırmalarımın tek yanlılığı, diğeri ise sevdiğim şeylerin pahalı olması.

Bu ilk araştırmalar şöyle bir izlenim yaratıyor: "Botanik" ve "monografi" öğelerinin rüyanın içeriğine alınmalarının nedeni, bu öğelerin rüya ilişkileriyle çok kapsamlı bağlantılara sahip olması yani *düğüm noktaları* içermeleri, bu düğüm noktalarında birçok rüya düşüncesinin buluştuğu, çünkü rüya yorumuyla bağlantılı olarak söylediğimizde, *çok-anlamlı* olmaları. Bu açıklamanın temelindeki olguyu farklı kelimelerle de ifade edebiliriz: Rüya içeriğinin her öğesi, birden fazla rüya düşüncesinde temsil edilir yani "aşırı belirlenmiştir".

Yukarıdaki rüyanın ele almadığımız öğelerinin rüya düşüncelerinde yer alıp almadıklarını incelediğimizde daha aydınlatıcı bilgilere ulaşıyoruz. Önüme açtığım *renkli çizim* (*krş.* s. 151) çalış-

3 Goethe; *Faust.* –çev. n.

malarımın meslektaşlarım tarafından eleştirilmesi gibi yeni bir konuya, daha önce değinilen en sevdiğim şeyler konusuna ve renkli çizimlerin yer aldığı bir kitabı yaprak yaprak kopardığım bir çocukluk anısına bağlanıyor: Kurutulmuş bitki lisedeki kurutulmuş bitki koleksiyonunu hatırlatıyor ve bu anıyı özellikle vurguluyor. Yani bu örneklerde rüya içeriği ve rüya düşünceleri arasındaki ilişkinin ne tür bir ilişki olduğunu anlıyorum: Sadece rüya düşünceleri rüyanın öğelerini birçok kez belirlemekle kalmaz, tek tek rüya düşünceleri de rüyada çok sayıda farklı öğeler tarafından temsil edilebilir. Rüyanın bir öğesinden birçok rüya düşüncesine ve bir rüya düşüncesinden birçok rüya öğesine sayısız çağrışım bağlantıları vardır. Yani rüyanın oluşumunda, tek bir rüya düşüncesinin ya da bir rüya düşünceleri grubunun rüya içeriği için bir kısaltma sunması, sonra bir başka rüya düşüncesinin temsili olarak bir kısaltma sunması yani bir halkın kendilerine bir temsilci sunması gibi bir durum söz konusu değildir. Burada olan, var olan bütün rüya düşüncelerinin belli bir işlemden geçmesi. Bu düşüncelerden en çok ya da en iyi desteği alanlar rüyaya girmeye hak kazanıp ön plana çıkar; tıpkı listeli seçim sistemi gibi. Benzer şekilde parçalarına ayırıp analiz ettiğim her rüyada aynı temel kuralların işlediğini görüyorum: Rüya öğelerinin oluşumunda bütün bir rüya düşüncesi kümesi belirleyici oluyor ve her öğe, rüya düşünceleriyle ilişkisi açısından birçok kez belirleniyor.

Rüya içeriği ve rüya düşünceleri arasındaki ilişkiyi, karşılıklı ilişkilerinin girift sarmallara dönüştüğü yeni bir örnekle kanıtlamak yersiz bir çaba olmayacaktır.

Anlatacağım rüya kapalı alan korkusu nedeniyle tedavi ettiğim bir hastama ait. Son derece zekice bulduğum bu rüyaya neden aşağıdaki başlığı verdiğimi az sonra anlayacağız:

II. "Güzel Bir Rüya"

Hastam büyük bir grup insanla küçük bir hanın bulunduğu (gerçekte yok böyle bir han) *X caddesine giriyor. Hanın odalarında tiyatro sahneleniyor. Hastam, bir izleyici oluyor, bir oyuncu. Sonunda şehre gitmek için kılıklarını değiştirmeleri gerekiyor. Personelin bir kısmı tiyatronun alt salonuna*[4] *gönderiliyor, bir kısmı balkona. Sonra bir münakaşa başlıyor. Yukarıdakiler aşağıdakilerin işi bitmediği ve kendileri aşağıya inemedikleri için kızıyor. Hastanın erkek kardeşi yukarıda, kendisi aşağıda ve aşağıdakileri sıkıştırdığı için kardeşine kızıyor* (Bu bölüm bulanık). *Kimin yukarıda, kimin aşağıda olacağı otele vardıklarında zaten belliymiş. Sonra hasta tek başına kente doğru yokuş yukarı ilerleyen X caddesine çıkıyor, çok zor ilerliyor. Çıkış öyle yorucu ki, yerinden kıpırdayamıyor. Hastaya katılan yaşlı bir bey İtalyan kralına söyleniyor. Yokuşun tepesine vardığında daha kolay yürümeye başlıyor.*

Yokuş yukarı çıkarken duyduğu rahatsızlık o kadar belirgin ki hasta uyandıktan sonra, yaşadıkları rüya mı yoksa gerçek mi diye tereddüt etmiş.

Rüya görünür içeriği itibariyle övgüye değer bir rüya değil. Ben kurallara aykırı davranarak yoruma rüyayı görenin en belirgin olarak nitelendirdiği bölümden başlayacağım.

Rüyada görülen ve belki de rüya esnasında hissedilen zorlu yokuşu tırmanmaya bağlı nefes darlığı, hastamda yıllar önce gerçekten vardı ve dernekte başka semptomlarla birlikte değerlendirilerek tüberküloz (muhtemelen histerik bir yanılsamaydı bu) teşhisi konmuştu. Rüyadaki bu yürüyememe, ilerleyememe duygusunu, teşhir rüyalarından tanıyoruz ve bu rüyada da başka bir şeyleri temsil etmek üzere yer aldığını biliyoruz. Hastam, rüyanın, yokuşu tırmanmanın çok zor olduğu, tepeye ulaşıldığında kolaylaştığı bölümünü anlatırken, Alphonse Daudet'in *Sapho*

---

4 *Alm.* Parterre, aynı zamanda apartmanların birinci katı için kullanılır. –çev. n.

adlı eserinin o benzersiz giriş sahnesi geldi aklıma: Genç adam sevdiği kadını kucağında merdivenlerden yukarı çıkarmaktadır; önce çok hafiftir kadın ama çıkılan her basamakla ağırlaşır. Daudet bu sahneyle aşk ilişkilerinin seyrini mükemmel bir şekilde tasvir eder ve gençleri, geçmişi karanlık, alt toplumsal sınıflardan kızlarla ciddi bir ilişkiye girmemeleri konusunda uyarır.[5]

Hastamın kısa süre önce tiyatrodan bir hanımla kısa bir aşk ilişkisi yaşadığını ve bu ilişkiyi bitirdiğini bilmeme rağmen, böyle bir yoruma hakkı olmadığını düşündüm. Zaten rüyadaki durum *Sapho*'dakinin *tersi*ydi. Rüyada yokuşu çıkmak başlangıçta zordu, sonra kolaylaşıyordu. Romanda ise merdiven çıkmanın, başta kolay gibi gelse de sonra ağır bir yük olacağını gösteren bir sembolizm kullanılmıştı. Hastam beni şaşırtarak, yorumumun bir gün önce tiyatroda izlediği oyunun içeriğine benzediğini söyledi. Oyunun adı "Viyana ve Çevresi"ydi ve konusu başta iffetli olan, daha sonra kibar bir fahişeye dönüşen bir kızın hayatıydı. Kız üst düzey insanlarla ilişkiye girdiği için "*yükseliyor*" ama aynı anda "*alçalıyor*"du. Bu oyun hastama yıllar önce gördüğü "Basamak Basamak" adlı bir başka oyunu hatırlatmıştı. Oyunun afişinde çok basamaklı bir *merdiven* vardı.

Yorumun devamı şöyle: X caddesinde son ilişkisini yaşadığı aktris oturuyordu. Bu caddede bir otel-restoran yok. Sadece bu kadının yakınında olmak için Viyana yakınlarında bir hana *inmişti*. Otelden ayrılırken arabacıya, "Bitlenmediğim için şükrediyorum" (hastamın bir diğer fobisi de buydu), demişti. Arabacı bunun üzerine, "Nasıl böyle bir otele *inebilir* (konaklayabilir) ki insan! Burası otel değil, sadece küçük bir han.

Han hemen bir alıntıyla birleşiyor:

---

5 Yazarın bu tasvirine hakkını verebilmek için semboller bölümündeki merdiven rüyasını hatırlamakta fayda var.

"Tatlı mı tatlı bir hancıya
Misafir olmuştum yakınlarda."

Uhland'ın şiirindeki hancı bir *elma ağacıdır.* İkinci bir alıntı düşünce zincirini devam ettiriyor:

(Genç kızla dans eden Faust)
Bir zamanlar güzel bir rüya görmüştüm;
Bir elma ağacı vardı rüyamda,
İki güzel elma parıldıyordu ağaçta,
Cezbettiler beni, çıktım ağaca.

Güzel Kız
Küçük elmaları çok seversiniz,
Cennetten beri,
Benim bahçemde de elmalar olması
Sevince boğar beni.

Elma ağacı ve küçük elmaların ne olduğu konusunda hiç kuşkumuz yok. Aktrisin hastamı cezbetme nedenlerinden biri de güzel göğüsleriydi.

Analiz sonrasında rüyanın bir çocukluk izlenimiyle ilgili olduğunu düşünmemizi gerektirecek her koşul mevcuttu. Bu yorum doğruysa, rüyanın şu anda 30 yaşında olan adamın dadısıyla ilgili olması gerekir, çünkü dadının göğüsleri çocuklar için han gibi konaklanan bir yuvadır. Dadı kadar Daudet'in *Sapho*'su da kısa süre önce terk edilen sevgiliye bir gönderme.

Rüya içeriğinde hastanın büyük erkek kardeşi de var; erkek kardeş *yukarıda,* kendisi *aşağıda.* Bu durum da yine gerçeğin *tersi,* çünkü bildiğim kadarıyla hastamın erkek kardeşi sosyal statüsünü kaybederken, kendisi muhafaza etmişti. Hasta rüyanın içeriğinde bu durumu yeniden üretirken şöyle demekten kaçınmış: Erkek kardeşim yukarıda, bense *"parterre"* (aşağıda). Böyle deseydi düşüncesini çok açıkça dile getirmiş olurdu çünkü bizde varlığını ve statüsünü kaybedenlere *"parterre"* denir; yani tıpkı *"aşağıya indiğini"* söylemek gibi. Rüyanın bu bölümünde bir şeyin *tersi*nin dile getirilmesinin bir anlamı olmalı. Bu tersine çevirme, rüya içeriği ve rüya düşüncesi arasındaki ilişkide de geçerli olmalı ve bunun nerede olduğuna dair bir ipucu var elimizde: *Sapho*'da erkek kendisiyle cinsel ilişkisi olan kadını taşıyor. Demek ki rüya düşüncesinde bunun *tersi* olmalı, yani bir kadın bir erkeği taşımalı: Bu da ancak çocuklukta olabileceği için, kucağında erkek bebeği taşıyan dadıyla alakalı olabilir. Demek ki rüyanın sonunda görülen, hem dadıya, hem de *Sapho*'ya bir gönderme.

Yazarı Sapho adını seçerken nasıl lezbiyenlikten bağımsız düşünmediyse, rüyada insanların yukarıda ve aşağıda oldukları bölümler de, hastayı meşgul eden cinsel içerikli fantezilerle ve bastırılmış hazlar olarak, hastanın nevrozuyla bağlantılı.

Rüyada görülenlerin, yaşananlarla ilgili anılar değil de fanteziler olduğunu, rüya yorumuyla anlamak mümkün değildir. Rüya yorumu bize, düşünceler sunar, biz de bunların ne derece gerçek olduklarını tespit ederiz. Gerçekler ve fanteziler burada –ve bu sadece rüyalarda değil, önemli psikolojik oluşumların ortaya çıkarılması sürecinde de böyledir– önce eşit değerde gibi görünür. Bildiğimiz gibi "büyük bir grup" gizlilik anlamına geliyor. Erkek kardeş çocukluktaki sahnede "geriye dönük fantezi kurarak" ileride bütün kadınların yanında yer alacak rakip erkekleri temsil ediyor. "İtalyan kralına hakaret eden adam" bölümü, yakın zamanda geçmiş alakasız bir olay aracılığıyla alt toplumsal sınıftan insanların üst sınıflara girme gayretine atıfta bulunuyor. Yani sanki Daudet'in genç erkeğe yaptığı ikaza benzer bir ikaz, bebeğe yapılıyor.[6]

Rüya oluşumunda yoğunlaştırma konusunu incelemek için ele alacağım üçüncü rüya, kısmen analiz ettiğim bir rüya ve psikanaliz yaptığım yaşlı bir hanıma ait. Hastanın yaşadığı ağır korkuya uygun olarak, rüya malzemesi bol miktarda cinsel düşünce malzemesi içeriyordu ve hasta bunun farkına vardığında hem şaşırmış, hem de korkmuştu. Rüyayı sonuna kadar yorumlayamayacağım için, rüya malzemesi, birbiriyle bağlantısız gibi görünen parçalara ayrılmış intibaı verecektir.

III. "Böcek Rüyası"

Rüyanın içeriği: *Hastam olan kadın bir kutuda iki mayıs böceği olduğunu, onları özgür bırakması gerektiğini, aksi takdirde böceklerin boğulacağını düşünüyor. Kutuyu açıyor, böcekler yorgun ve hareketsiz; biri büyük pencereden dışarı uçuyor. Kadın birinin ricası üzerine pencereyi kapatırken, diğer böcek eziliyor (Tiksinti ifade eden sözler).*

Analiz: Kadının kocası seyahatte. On dört yaşındaki kızı yatakta yanında yatıyor. Küçük kız akşam su bardağına bir güve düştüğünü söylüyor. Ama güveyi sudan çıkaramadığı için sabah vicdan azabı duyuyor. Akşam okuduğu kitapta, oğlan çocukların bir kediyi kaynayan suya atması ve hayvanın çırpınışları anlatılıyormuş. *Hayvanlara karşı vahşet* konusu kadını meşgul etmeye devam ediyor. Kızı yıllar önce yazları oturdukları bir yerde hayvanlara çok kötü davranıyormuş; bir kelebek koleksiyonu yapmış ve kelebekleri öldürmek için annesinden *arsenik* istemiş. Bir kez büyük bir kelebek vücudunda bir iğneyle odanın içinde uzun uzun uçup durmuş; bir başka sefer koza örsünler diye sak-

6 Rüya sahibinin dadısıyla ilgili durumunun hayali yapısı, bu durumda dadının aslında anne olduğu gerçeğini gösteriyor. Bu bağlamda s. 177'de değindiğim ve bu rüyanın da kaynağını oluşturan, eline geçen fırsatı daha iyi değerlendirmediğine hayıflanan genç adamın hikâyesini hatırlıyorum.

ladığı birkaç tırtıl açlıktan ölmüş. Aynı çocuk daha küçükken *böceklerin* ve *kelebeklerin* kanatlarını koparıyormuş; hastam bugün kızının bu tür şeylerden dehşete kapılacağını, artık iyi kalpli bir çocuk olduğunu söylüyor.

Bu çelişki hastamın kafasını meşgul ediyor ve bana başka bir çelişkiyi, Georg Eliot'un *Adam Bede*'sindeki *dış görünüş* ve *zihniyet* arasındaki çelişkiyi hatırlatıyor. Çok güzel ama kendini beğenmiş ve çok aptal bir kız, onun yanında çirkin ama soylu bir kız. Kaz kafalıyı baştan çıkaran, *aristokrat* ve soylu bir kişiliği olan ve öyle de davranan bir işçi. İnsanın içi dış görünüşünden anlaşılamıyor. Kendisinin de erotik arzularının pençesinde kıvrandığını dış görünüşünden kim tahmin edebilir ki?

Küçük kızın kelebek koleksiyonu yaptığı yıl, çevre bölgeler yoğun bir *mayıs böceği* istilasına uğramış. Öfkeli çocuklar vahşi bir şekilde böcekleri *eziyormuş*. Hastam o günlerde böceklerin kanatlarını koparıp, bedenlerini yiyen bir adam görmüş. Kendisi de *Mayıs* ayında doğmuş ve *Mayıs* ayında evlenmiş. Düğününden üç gün sonra ailesine, doğru olmamasına rağmen, çok mutlu olduğunu yazmış.

Rüyadan önceki akşam eski mektupları karıştırmış, çocuklarına ciddi ve komik mektuplar okumuş. Aralarında bir piyano hocasının evlenme teklif ettiği çok gülünç bir mektup ve *aristokrat* bir hayranının yazdığı bir mektup da varmış.[7]

Hastam kızlarının birinin eline *Maupassant*'ın kötü bir kitabı geçtiği için kendini suçluyor.[8] Kızının istediği *arsenik* kadına, *Nabab'taki Duc de Mora'ya* gençlik gücü veren *arsenik haplarını* hatırlatıyor.

"Özgür bırakmak" hastama Sihirli Flüt'ten bir dizeyi anımsatıyor:

---

7 Rüyanın gerçek uyaranı budur.

8 Ek bilgi: Bu tür kitaplar okumak kızları zehirler. Kendisi de gençlik yıllarında yasak kitaplar okumuştur.

"Aşka zorlayamam seni,
Ama *özgür de bırakmayacağım.*"

Ve mayıs böcekleri de ona Kätchen'in bir konuşmasını hatırlatıyor.[9]

"Bir *böcek* gibi âşıksın bana."

Aralarda Tannhaeuser'den[10] alıntılar: "Kötü şehvet ruhuna girdiği için..."

Kadın sürekli evde olmayan kocası için endişeleniyor. Yolculukta *başına bir şeyler geleceği* korkusuyla geçiriyor günlerini. Kısa bir süre önce analiz sırasında bilinçsiz olarak "yaşlandığından" şikâyetçi olduğunu düşündüğünü anlamıştı. Rüyanın gizlediği arzuyu anlamanın en iyi yolu, belki de rüyadan epeyi önce gün içinde meşgulken kocasına yönelik bir emir cümlesiyle dehşete kapılması: "Kendini as!" Analizde, bu düşüncelerden birkaç saat öncesinde bir yerde idamdan önce güçlü bir ereksiyon olduğunu okuduğu ortaya çıktı. İşte bastırılmadan kurtulup böylesine dehşet verici bir şekilde ortaya çıkan şey ereksiyon arzusuydu. "Kendini as!", "Ne pahasına olursa olsun, ereksiyonun bir yolunu bul!" anlamına geliyordu. *Nabab*'taki Doktor Jenkins'in arsenik hapları da buraya dahil; hasta en güçlü *afrodizyak olan "cantarides" in* (İspanyol sineği), *böcekler ezilerek* elde edildiğini biliyordu. Rüyanın ana bölümünün konusu işte buydu.

Pencere açmak ve kapamak, kocasıyla arasında sürekli bir anlaşmazlık konusu. Kendisi uyurken hava almayı seviyor, kocası ise sevmiyordu. O günlerdeki en büyük şikâyeti, *yorgunluktu.*

Yukarıdaki üç rüyada da italik yazı kullanarak rüyadaki öğelerin rüya düşüncelerinde yer aldığı yerleri işaretledim ve öğelerin sayısız bağlantısını ortaya çıkarmaya çalıştım. Ancak bu rü-

---

9 Başka bir düşünceyi ilerletirsek, aynı şairin âşık olunan kişiye zalimliğin simgesi Penthesilea'sına ulaşıyoruz.

10 Richard Wagner'in eseri. –çev. n.

yaların hiçbirinin analizi tamamlanmadığı için, rüya içeriğinin çok sayıda belirleyeni olduğunu kanıtlayabilmek adına, ayrıntılı bir analizi yapılmış bir rüyayı incelemek yerinde olacaktır. Bu nedenle İrma'nın enjeksiyonu rüyasını ele alacağım. Bu rüyada hiç fazla çaba göstermeden, rüyanın oluşumu sırasındaki yoğunlaştırma çalışmasının birden çok araç kullandığını göreceğiz.

Rüyanın ana kahramanı, rüyada gerçek hayattaki özellikleriyle yer alan ve başlangıçta kendini temsil eden, kadın hastam İrma.

Ama rüya düşünceleri gösteriyor ki, onu pencerenin yanında muayene ederkenki duruşunu, hastamın yerine geçmesini istediğim bir başka hanımla ilgili bir anıdan almışım. İrma'daki difteri zarı, bana en büyük kızımla ilgili endişelerimi hatırlatıyor. Kızımın ardında ise, ismi aynı olan, toksit zehirlenmesiyle kaybettiğim bir hastam var. Rüya ilerledikçe (görüntüsü aynı kalmakla birlikte) İrma'nın kişiliği değişiyor ve devlet çocuk hastanesinde muayene ettiğimiz bir hastaya dönüşüyor; bu arada iki arkadaşımın farklı kişilikleri ortaya çıkıyor. Bu geçişi sağlayan, kızımın çocukluğu. İrma'nın ağzını açmakta direnmesi bir başka İrma'ya, daha sonra muayene ettiğim bir başka hanıma ve aynı bağlamda kendi karıma gönderme içeriyor. Boğazında hastalıkla ilgili fark ettiğim değişikliklerde ise, bir dizi başka insana yapılan göndermeler birleşiyor.

"İrma"yı izlediğim sırada ortaya çıkan bu insanlar rüyada fiziksel olarak yer almıyor, rüyadaki 'İrma'nın ardına gizlenip, çelişkili kişisel özellikleri olan toplama bir tablo oluşturuyorlar. Bu insanları bana hatırlatan özellikleri adım adım İrma'ya aktarıyorum ve İrma, yoğunlaştırma çabası sırasında kullanılan bu insanların temsilcisi oluyor.

İki ya da daha fazla kişinin var olan özelliklerini tek bir rüya kişisinde birleştirerek de rüya yoğunlaştırması için *"toplama bir insan"* oluşturmam mümkün. Rüyama giren Dr. M. böyle bir insan. Adı Dr. M., onun gibi davranıyor ve konuşuyor; fiziksel özellikleri ve hastalığı bir başka kişinin, benim ağabeyiminkiler; soluk görüntüsünün kaynağı iki tane, yani iki kişinin gerçek yaşamdaki benzerliklerini almış. Benzer bir birleşik figür, amcamı gördüğüm rüyamdaki Doktor R. Ancak burada rüyadaki görüntü farklı bir yoldan elde edilmiş. Bu rüyada bir kişinin özelliklerini, diğer kişinin özellikleriyle birleştirip, böylece belleğimdeki görüntüde her kişinin özelliklerinin bir kısmını atmak yerine, tıpkı Galton'un aile portrelerini oluştururken yaptığı gibi, iki resmi birbirinin üstüne bindirmişim ve böylece ortak özellikler daha da belirginleşmiş. Örtüşmeyen özellikler birbirlerini silmiş ve resimde silikleşmişler.

Amcamı gördüğüm rüyada iki kişinin ortak ve bu yüzden silik özelliği olarak *sarı sakal* ortaya çıkıyor. Aynı sakalın ağarması ise, bana ve babama bir gönderme.

Toplama ve birleşme figürlerinin oluşturulması, yoğunlaştırma işlevinin en önemli özelliklerinden biridir. Bu konuyu aşağıda yeniden ele alma imkânımız olacak.

Enjeksiyon rüyasındaki "dizanteri" fikrinde de birçok belirleyen var: birincisi "difteri"yle ses benzerliği, ikincisi ise, Doğu'ya gönderdiğim, histeri teşhisi konamayan hastam ile ilişkisi.

Rüyada "propilen"den söz edilmesi de ilginç bir yoğunlaştırma örneği. Rüya düşüncesinde "propilen" değil, "amil" yer alıyordu. Burada rüya oluşumu sırasında basit bir yer değiştirme olduğu da söylenebilir. Gerçekten de durum bu ama aşağıdaki ek rüya analizinden de anlaşılacağı gibi, bu yer değiştirme yoğunlaştırma amacıyla gerçekleştirilmiş. "Propilen" sözcüğünde bir an durup düşündüğümüzde, bu sözcükle ses benzerliği olan "Propylon"[11] geliyor aklıma. Propylonlar sadece Atina'da de-

11 Eski Atina ve Roma uygarlığında anıtsal kapı. –çev. n.

ğil, Münih'te de var. Rüyadan bir yıl önce bu şehirde ağır hasta olan bir arkadaşımı ziyaret etmiştim. Rüyada *"propilen"i* takiben *"trimetilamin"in* kullanılması kesinlikle bu arkadaşıma bir gönderme.

Burada ve başka birçok rüyada aynı ve farklı değerlerdeki çağrışımların çeşitli düşünce birleşimleri için kullanıldığı en göz önündeki dolambaçlı yoldan gitmekten vazgeçip, önce rüya içeriğinde *amilen*in yerini *propilen*in alması sürecini görsel olarak ortaya koyma isteğime yeniliyorum.

Rüyamın bu bölümünde, bir tarafta beni anlamayan ve haksız bulan ve bana "amilen" kokan bir likör hediye eden arkadaşım Otto'ya ilgili düşünceler zinciri var; diğer tarafta ise, beni anlayan, bana hak verecek olan, kimya ve cinsel süreçlerle ilgili değerli bilgilerinden faydalandığım Berlinli dostumunkiler.

Otto ile ilgili bölümü belirleyenler, rüyanın görülmesine neden olan yakın geçmişe ait olaylar; amilen, rüya içeriğinde yer almak üzere belirlenmiş olan öğelerden biri. Zengin içerikli "Wilhelm" grubu, Otto'yla karşıtlığı vasıtasıyla ortaya çıkıyor ve içerdiği öğeler Otto'da uyarılmış olanları hatırlatıyor.

Rüyanın bütününde adım adım, beğenmediğim birinden, onun karşısına koyduğum birine yani karşıtından dostuma yöneliyorum. Böylece Otto'daki "amilen" öğesi kimyayla ilgili anıları canlandırıyor, "trimetilamin" ise, çok yönlü destekle rüyanın içeriğine dahil oluyor. Amilen de hiç değişmeden girebilirdi rüya içeriğine, ama "Wilhelm" grubunun etkisi altında çünkü Wilhelm adı altındaki anılardan amilen için çifte belirleyici bir öğe bulmaya çalışılmış. Çağrışım için amilenin yakınında propilen var; "Wilhelm" grubundan Propylonlarıyla Münih çıkıyor karşısına. Propilen-Propylon'de iki düşünce sistemi bir araya geliyor. Bu birleşik öğe sanki uzlaşmaya varmışlar gibi birlikte rüya içeriğine giriyor ve böylece çok sayıda belirleyene imkân veren orta derecede bir ortaklık kurulmuş oluyor. Bu çok sayıda belirlenişin rüya içeriğine girmesini sağlamak için elimizden geleni yapıyoruz. Ortak oluşumun yaratılması için hiç tereddüt etmeden dikkatler asıl söylenmek istenenden çağrışımların ulaştığı en yakındaki şeye kaydırılmış.

İrma'nın enjeksiyonu rüyasını inceleyerek rüya oluşumu sırasındaki yoğunlaştırma işlemi hakkında genel bir bilgi edindik. Yoğunlaştırma çalışmasının ayrıntıları olarak rüya düşüncelerinde sık sık karşımıza çıkan öğelerin nasıl seçildiğini, yeni birleşimlerin (toplama kişiler, karışım kişiler) nasıl oluşturulduğunu ve orta yoğunlukta birleşimleri anlamış olduk. Bu bağlamda rüya oluşumundaki psikolojik süreçleri anlayabilmek için yeni sorularımız, yoğunlaştırmanın neye yaradığı ve yoğunlaştırmaya yol açan nedenlerin ne olduğu olmalı. Şimdilik yoğunlaştırmanın, rüyanın içeriği ve rüya düşünceleri arasındaki nev-i şahsına münhasır bir ilişki olduğunu söylemekle yetinelim.

Rüyada yoğunlaştırmanın en bariz olduğu durum, sözcüklerin ve isimlerin üzerindeki yoğunlaştırmadır. Rüyada sözcükler çoğu zaman nesne muamelesi görür ve bu nesnelerle ilgili düşünceler tıpkı sözcükler gibi birleştirilebilir. Bu rüyalarda garip ve tuhaf kelimeler türetilir.

1. Bir kez bir meslektaşım yazdığı bir makaleyi bana göndermişti. Makalede yeni bir fizyolojik buluşun abartıldığını ve özellikle de coşkulu ve heyecanlı ifadelerle kaleme alındığını düşünmüştüm. Aynı gece rüyamda bu makaleyle çok net biçimde bağlantılı bir cümle gördüm: *"Gerçekten norekdal bir üslup."* Bu tuhaf sözcüğün ne anlama geldiğini anlamak önce oldukça zor oldu. "Kolossal" (devasa), ya da "pyramidal" (piramit boyutlarında) gibi en büyük şeyleri ifade ettiğimiz sözcükleri taklit ederek türetildiğinden kuşku yoktu. Sonunda bu ucube sözcüğün *Nora* ve *Ekdal* sözcüklerinin, –yani Ibsen'in iki oyununun– birle-

şimi olduğunu anladım. Rüyada son oyununu eleştirdiğim Ibsen hakkında, daha önce bir gazete yazısı okumuştum.

2. Bir gün bir hastam anlamsız bir birleşik kelimeyle sonlanan kısa bir rüyasını anlatmıştı. Hastam rüyada kocasıyla bir köy panayırındaydı ve şöyle diyordu: *Bu genel bir "Maistollmütz"la bitecektir.* Bu arada rüyada, bunun mısırdan, bir çeşit mısır unundan yapılma bir tatlı olduğuna dair belirsiz bir düşünce var. Analiz sırasında kelime parçalarına ayrılıyor: Mais (mısır), toll (deli), mannstoll (erkek delisi), Olmütz.[12] Bu parçaların akrabalarla yemek masasındaki bir konuşmadan alındığı anlaşılıyor. "Mais" kelimesinin yakında açılan jübile sergisine yapılan göndermeye ek olarak şu anlamları da var: meissen (Meissen porseleninden bir kuş figürü); Miss (akrabalarının İngiliz dadısı Olmütz'e gitmiş); mies (Yahudi jargonunda şaka yollu "iğrenç"). Bu toplama kelimenin her hecesinden de, uzun birer düşünceler ve bağlantılar zinciri çıkıyor.

3. Gece yarısı bir dostunun kapıyı çalıp bir kartvizit getirdiği genç bir adam, ertesi gece sonra şu rüyayı görüyor: *Hizmetçi zilini tamir edecek adam, akşam geç saate kadar bekliyor. Gittikten sonra zil çalmaya devam ediyor ama sürekli değil, kısa kısa çalıp susuyor. Hizmetkâr adamı geri çağırıyor. Adam diyor ki: "Normalde 'tutelrein' olan insanların bile bu tür şeyleri tamir edememesi ne tuhaf."*

Burada rüyanın alakasız nedeninin, rüya öğelerinin sadece biriyle bağlantılı olduğunu görüyoruz. Rüyanın bu içeriğinin tek nedeni, rüya görenin yaşadığı yine önemsiz bir olaya fantezisinde aynı anlamı vermiş olması. Rüyayı gören kişi, çocuk yaşlarda babasıyla yaşarken, bir gün uyku sersemi bir bardak suyu yere dökmüş, ıslanan hizmetçi zili *sürekli* çalmaya başlamış ve babasını uykudan uyandırmıştı. Sürekli zil çalması ıslanmaya tekabül ettiği için, rüyadaki *"kısa kısa çalmak" su damlaları* için kullanıl-

12 Şimdiki Çek Cumhuriyeti'nde bir şehir. –çev. n.

mış. Üç aşamada analiz ettiğimiz *"tutelrein"* sözcüğü ise, rüya düşüncesinde yer alan üç konuya işaret ediyor: "Tutel" velâyet, vesayet anlamına geliyor; "tutel" ya da "tuttel"in bir diğer anlamı argoda kadın memesi. "Rein" eki ise "Zimmerrein"="temiz oda" diyebilmek için Zimmertelegraph (hizmetçi zili) kelimesinin ilk hecelerini almış. "Zimmerrein"ın ıslak zeminle alakası var, ayrıca rüya görenin ailesindeki bir ismi andırıyor.[13]

4. Benim gördüğün uzun ve kasvetli bir rüyanın konusu bir deniz yolculuğu. Bir sonraki limanın adı *Hearsing*, ondan sonrakininki, *Fliess*. *Fliess* aynı zamanda Berlin'de yaşayan, sık sık ziyaret ettiğim bir arkadaşımın adı. *Hearsing* ise kısmen, Viyana'nın, adları –ing ekiyle biten bir dizi banliyösünün isimlerinden oluşmuş: *Hietzing, Liesing, Mödling* (eski adı Medelitz, yani *meae deliciae,* yani *"benim sevincim, neşem"*. İkinci kısım olan *"hearsay"*(söylenti) İngilizce bir kelime, iftiraya gönderme yapıyor ve gündüze ait belirsiz rüya uyaranıyla ilişkili: "Fliegende Blaetter" dergisinde okuduğum bir şiirde iftiracı bir cücenin adı "Sagter Hatergesagt"tı ("O Diyor ki, Şu Dedi ki"). –ing ekini *Fliess*'le birleştirdiğimizde *"Vlissingen"* ismine ulaşıyoruz. Bu isimde bir

13 Uyanık yaşamda hecelerin ayrılması ve birleştirilmesiyle –yani hecenin kimyasıyla oynayarak– pek çok espri yaparız. "En ucuz nasıl gümüş *(Silber)* elde edebiliriz? Akkavak (*Silberpappel*) ağaçlarının olduğu iki yanı ağaçlı bir yola gireriz, sessiz olunmasını isteriz, böylece gevezelik (*pappeln*) biter ve geriye sadece gümüş (*Silber*) kalır. Bu kitabı ilk okuyan ve eleştiren kişi –sanırım sonra okuyanlar da aynı şeyi söyleyecektir– "rüya gören kişinin çoğu zaman fazla esprili" intibaı bıraktığını söyledi. Sadece rüya gören için söylendiği sürece, doğru bir tespit. Ama rüyayı yorumlayan için de aynı şey söylediğinde, bu bir itham mahiyeti kazanıyor. Uyanık yaşamda esprili biri olmak gibi bir iddiam yok. Ama rüyalarımın esprili olmasının nedeni ben değil, rüya çalışmasının içinde gerçekleştiği özgün psikolojik koşullar ve espri ve mizah teorisiyle de derin bir ilişkisi var. Rüyalar esprilidir, çünkü istediğini anlatabileceği en kısa ve en düz yol kapalıdır yani espriye eli mahkûmdur. Okurlarım hastalarımın rüyalarının da tıpkı benimkiler gibi esprili (şakacı) olduklarından emin olabilirler. Her halükârda bu suçlama bana 1905'te yayınladığım *Espriler ve Bilinçdışıyla İlişkileri*'nde esprinin mantığıyla rüya çalışmasını karşılaştırma imkânı vermiştir (*Toplu Eserler*, IX. cilt).

liman adı var gerçekten, bu da bize İngiltere'den ziyarete gelen erkek kardeşimle bağlantıyı sağlıyor. Ama *Vlissingen*'in İngilizce adı *Flushing* ve kızarmak anlamına geliyor, bu da bana "kızarmaktan korkan" hastalarımı ve Bechterew'in bu tür nevrozlarle ilgili yakınlarda yayınlanan ve canımı sıkan bir makalesini hatırlatıyor.

5. Bir başka sefer iki ayrı bölümden oluşan bir rüya gördüm. Birinci bölüm uyandıktan sonra hatırladığım "Autodidasker" sözcüğü; ikinci bölüm ise birkaç gün önce aklımdan geçen, kısa ve zararsız bir hayalle örtüşüyor: Profesör N.'yi bir daha gördüğümde şöyle demem lazım: "Geçenlerde hakkında konsültasyon yaptığımız hasta tahmin ettiğiniz gibi bir nevroz geçiriyor." Şimdi, uydurulmuş bir kelime olan "Autodidasker"in, sadece yoğunlaştırılmış bir anlam içermek ya da bunu temsil etmekle kalmayıp, Profesör N.'ye memnuniyetimi ifade etmek üzere uyanık yaşamdan alıp tekrarladığım niyetimle sıkı bir ilişki içinde olması gerekiyor.

"Autodidasker" sözcüğünü kolayca "Autor" (yazar), "Autodidakt" (kendi başına öğrenen kişi) ve "Lasalle" sözcüğüyle benzeşen "Lasker" sözcüklerine ayırabiliyoruz. Bu sözcüklerin ilki rüyanın –bu kez anlamlı– gerekçesini oluşturuyor. Erkek kardeşimin arkadaşı olan ve benimle aynı şehirde doğan ünlü bir yazarın (J. J. David) cilt cilt kitaplarını okuması için karıma vermiştim. Bir akşam karım David'in romanlarındaki heba olmuş bir yeteneğin acıklı hikâyesinin üzerinde nasıl derin bir etki yarattığını anlatmıştı. Sonrasında çocuklarımızda varlığını hissettiğimiz yeteneklerin belirtilerinden söz ettik. Karım okuduklarının etkisiyle çocuklarımla ilgili endişelerini dile getirmiş, ben de bu tür bir tehlikenin eğitimle bertaraf edileceğini söyleyerek onu teselli etmiştim. Gece bu konuda düşünmeye devam etmiş, karımın endişelerini yeniden ele almış ve buna çeşitli başka düşünceler ilave etmiştim. Buradan yazarın evlilik konusunda erkek kardeşimle ilgili söylediklerinden yeni bir tali yol açılmış ve muhtemelen rüyayı görmeme neden olmuştu. Bu yol Breslau'dan geçiyordu ve çok iyi dostumuz olan bir kadın Breslau'ya gelin gitmişti. Rüyamın temelini oluşturan, bir kadın yüzünden yok olma endişesi için Breslau'da Lasker ve Lassalle örneklerini bulmuştum. Bu örneklerin ikisi de aynı anda kadınların insanı yok edebileceğini betimlememe imkân veriyordu.[14] Kısaca "Cherchez la femme"[15] olarak özetleyebileceğimiz bu düşünceler beni henüz evlenmemiş olan kardeşim Alexander'a götürüyor. O anda "Alex" kısaltmasının "Lasker" kelimesinin biraz değiştirilmiş hali gibi kulağa geldiğini ve işte bu yüzden düşüncelerimin Breslau üzerinden devam etmesine neden olduğunu tahmin ediyorum.

Ancak burada isimlerle ve hecelerle oynadığım oyunun bir başka anlamı daha var. Bu oyun erkek kardeşimin mutlu bir yuva kurması yönündeki arzumu şu yoldan dile getiriyor: Benim rüya düşüncelerime yakın olan ve bir sanatçıyı anlatan "L'œuvre"da, yazar, kendini ve kendi aile mutluluğunu epizotlar halinde anlatır ve kendi de *Sandoz* adıyla romanda yer alır. Rüyam isimlerin değiştirilmesinde muhtemelen şu yoldan gitmiş: *Zola*[16] tersten okunduğunda *Aloz* oluyor. Ama rüyam için bu henüz yeteri kadar örtük, gizli değil. Bu nedenle "Al"ın yerine Alexander'in üçüncü hecesi olan "sand"ı koymuş ve böylece Sandoz oluşmuş. Benim *Autodidasker*'im de aynı şekilde oluşmuş.

İşte Profesör N.'yle muayene ettiğim kişinin nevroz hastası olduğuna dair düşüncem bu yoldan rüyaya girmiş.

14 Lasker ileri safhada frengi yani bir kadından kaptığı enfeksiyon yüzünden, Lasalle ise bir kadın için yaptığı düelloda öldü.
15 "Bu işin ardında kadın parmağı var." –çev. n.
16 L'œuvre'in yazarı. –çev. n.

Çalışma yılımın sonuna yaklaşırken bir hastama teşhis koymakta zorlanıyordum. Ağır bedensel bir rahatsızlığı vardı, belki de omuriliğinde bir sorun vardı. Nevroz teşhisi koymayı tercih ederdim, böylece bütün mesele de çözülmüş olurdu. Ama hastam nevroz teşhisi koymam için mutlaka bilmem gereken cinsel geçmişini ısrarla inkâr ediyordu. Mahcup oldum ve (başka meslektaşlarım gibi) insan olarak da çok takdir ettiğim, uzmanlığı karşısında şapka çıkardığım bir doktordan yardım istedim. Doktor kuşkularımı dinledi, bana hak verdi ve şöyle dedi: "Adamı izlemeye devam edin. Bence, nevroz hastası." Nevrozun nedenleri konusunda benimle aynı fikirde olmadığını bildiğim için itiraz etmedim ama kendisine inanmadığımı da gizlemedim. Birkaç gün sonra hastama kendisini tedavi edemeyeceğimi, başka bir doktor bulması gerektiğini söyledim. Hastam özür dileyip, bana yalan söylediğini ifade ederek beni çok şaşırttı. Utandığını söyleyerek hastalığının cinsellikle ilgili –benim de tahmin ettiğim ve nevroz teşhisi koymak için ihtiyacım olan– nedenlerini ifşa etti. Rahatlamıştım ama bir taraftan da mahcuptum. Hastanın geçmişi, danıştığım meslektaşımı yanıltmamış, benden daha doğru teşhis koymuştu. Onu gördüğümde, kendisinin haklı, benim haksız çıktığımı söylemeye karar verdim.

İşte rüyada yaptığım tam da bu. Ama haksız olduğumu kabul etmem nasıl bir arzu giderilmesi olabilir ki? Evet, endişelerimde haksız çıkmak istiyorum, haksız olmayı arzu ediyorum, daha doğrusu rüya düşüncelerinde endişelerini kendime mal ettiğim karımın haksız çıkmasını istiyorum. Rüyada haklı ya da haksız çıkılan konu rüya düşüncelerinin gerçekten ilgilendiği konudan çok da uzak değil: Bir kadının, yani cinsel yaşamın organik bir zarar mı, yoksa işlevsel zarar mı olduğu; yani frenginin felce mi, yoksa nevroza mı neden olduğu. Nevroz, Lassalle'nin ölüm nedenine daha yakın.

Bu yoğun (ama analiz edildiğinde bütünüyle anlaşılır) rüyada Profesor N.'nin önemi sadece bu benzerlikten ve benim haksız çıkma arzumdan kaynaklanmıyor. Yine profesörün Breslau'yla ve oraya gelin giden arkadaşımızın ailesiyle yakın ilişkisi de değil tek sebep. Bir başka sebep, konsültasyonum sonunda yaşanan şu küçük olay: Profesör görüşünü söyleyip doktorluk görevini yerine getirdikten sonra, benim özel hayatımla ilgilenmeye başlamıştı. "Kaç çocuğunuz var?" –"Altı." –Saygı ve eleştiri ifade eden mimikler –"Kaç kız, kaç erkek?" –" Üç kız, üç erkek, onlar hem hazinem, hem de gururum benim."–"Dikkatli olun, kızlar iyi de, oğlanların eğitimi bayağı sorunlu oluyor." Şimdiye kadar son derece akıllı uslu olduklarını söyleyerek itiraz ettim. Anlaşılan erkek çocuklarımın geleceğiyle ilgili teşhis de daha önce hastamın sadece nevrozu olduğu teşhisi gibi pek hoşuma gitmemişti. Demek ki bu iki izlenim birbirlerine zamansal olarak yakın oldukları için, peşi peşine yaşandıkları için birleşmiş ve ben nevroz konusunu, profesörün eğitimle ilgili konuşmasını temsilen rüyama katmışım. Eğitim konusu da rüya düşüncelerimle daha bağlantılı görünüyor, çünkü karımın daha sonra dile getirdiğim endişeleriyle daha alakalı. Böylece N.'nin erkek çocukların eğitim zorluklarıyla ilgili söylediklerinde haklı çıkmasından duyduğum endişe, bu tür endişelerimde haksız çıkma arzumun arkasına gizlenerek rüyanın içeriğine dahil olmuş. Aynı düşünceler hiç değişmeden bu iki karşıt alternatifin temsiline katkıda bulunmuş.

6) Marcinowsky: "Bu sabah rüya ve uyanıklık arasında çok şık bir sözcük yoğunlaşması yaşadım. Neredeyse hiçbir şey hatırlamadığım bir dizi rüya boyunca sanki yarı elle yazılmış, yarı basılmış gibi gördüğüm bir sözcük yüzünden neye uğradığımı şaşırdım. Bu sözcük "*erzefilisch*"ti ve her türlü bağlamdan kopuk ama bilinçli olarak hatırladığım şu cümlenin içinde yer alıyordu: *"Bu, cinsel duygulanımı erzefilisch etkiliyor."*

Bu sözcüğün "erzieherisch" (eğitici) olduğunun farkına vardım hemen, birkaç kez acaba doğru kelime *"erzifilisch"* olabilir mi diye tereddüt ettim. Bu arada aklıma *Syphilis* (frengi) sözcüğü geldi. Yarı uykuda analize başlayarak, bu kelimenin rüyama neden girdiği üzerine kafa patlattım. Çünkü bu hastalıkla ne özel ne de meslek hayatımda en ufak bir ilişkim olmamıştı. Sonra "e" harfini açıklamaya çalışırken aklıma *"erzihlerisch"*geldi; aynı anda dün akşam "Erzieherin"in (dadı) fahişelik konusunda fikrimi sorduğu aklıma geldi. Ben de dadıya pek de normal gelişmemiş olan duygusal dünyasını eğitmek üzere ("erziehen") kimi açıklamalar yaptıktan sonra, ona Hesse'nin *Fahişelik Üzerine* adlı kitabını verdim. Derken "frengi" sözcüğünün gerçek anlamında değil de "zehir" olarak (tabii cinsel hayatın zehri olarak) kullanıldığını fark ettim. Cümleyi bu şekilde tercüme ettiğimizde anlamı gayet mantıklı: "Dadıya ('Erzieherin') anlattıklarımla ('erzaehlen') onu eğitmek ('erzieherisch') istedim ama bu aynı zamanda da zehirleyici ('vergiftend') olabilirdi.

Erzefilisch =erzaehl–(erzieh)–(erzefilisch)."

Rüyada türetilen kelimeler paranoyanın yanı sıra, histeri ve saplantılarda türetilen kelimelerle büyük benzerlik gösterir. Çocukların zaman zaman kelimeleri nesneler gibi kullanma, yeni diller ve yapay kelimeler icat etme yetenekleri rüyalara olduğu gibi psikonevrozlara da kaynak teşkil eder.

Rüyalardaki saçma ve uydurma kelimelerin analizi, rüya çalışmasındaki yoğunlaştırmayı göstermek açısından son derece elverişlidir. Burada sınırlı sayıda örnek ele alındığı için, bu tür malzemenin nadiren ya da istisnai olarak incelemeye alındığını düşünmemeliyiz. Aksine bu tür malzemeye, her zaman sıkça rastlanır. Rüyalar ancak psikanaliz tedavisi sırasında yorumlanabildiği için, burada verilen örnekler kısıtlı ve ancak nevroz patolojisini bilenlerin anlayacağı türden. Dr. v. Karpinka'nın

(Yatılı Okul, *Psikanaliz Dergisi II*, 1914) aktardığı rüyadaki anlamsız sözcük "svingnum elvi" böyle bir örnektir. Değinmeye değer bir başka rüya türü de anlamlı bir sözcük içeren ama bu sözcüğün kendi anlamı dışında başka anlamlar içerdiği ve sözcüğün bu anlamlarla tıpkı "anlamsız" sözcükler gibi ilişkilendiği rüyalardır.

Buna bir örnek V. Tausk'un ("Çocuk Psikolojisinin Cinselliği Üzerine", Yatılı Okul, *Psikanaliz Dergisi I*, 1913) aktardığı on yaşında bir erkek çocuğuna ait bir "kategori" rüyası. "Kategori" burada kadın cinsel organı, "kategorize etmek" ise, işemek anlamına geliyor.

Rüyalarda bir düşünce olmadığı kesinlikle sabit olan konuşmaların yer alması halinde tek kural, bu konuşmanın rüya malzemesinde hatırlanan konuşmadan kaynaklanmasıdır. Konuşmadaki sözler ya birebir aynı kalır ya da ifadede eser miktarda bir değişiklik olur; rüyadaki konuşma çoğu hatırlanan çeşitli konuşmalardan parçaları içerir. Sözcükler aynı kalır, içeriğin ise anlamı değişir, ya da çok anlamlı olur. Rüyadaki konuşmanın, hatırlanan konuşmanın geçtiği olaya sadece bir gönderme olduğu da nadir rastlanan bir durum değil.[17]

B. YER DEĞİŞTİRME

Rüyalarda yoğunlaştırma için örnek toplarken belki de en az onun kadar önemli bir ilişkinin daha varlığı dikkatimizi çekti. Rüya içeriğinin en önemli öğelerinin, rüya düşüncelerinde aynı önemli rolü oynamadıklarını gördük. Bu cümlenin tersi de söylenebilir: Rüya düşüncelerinde en önemli unsur olduğu düşünü-

---

17 Bunun tek istisnasını kısa süre önce saplantılı düşünceleri olan ama öte yandan zihinsel yetileri son derece gelişmiş genç bir erkekte gördüm. Rüyalarındaki konuşmalar duyduğu ya da kendine ait konuşmalar değil, saplantılı düşüncelerinin hiç çarpıtılmamış haliydi ve uyandığında sadece değişerek bilincine ulaşıyorlardı.

len şeyin, rüyada temsil ediliyor olması bile zorunlu değil. Rüya aynı zamanda *farklı bir merkeze* sahip olabilir, içeriğinin merkezi rüya düşüncelerinden farklı öğeler çevresinde oluşabilir. Örneğin "botanik monografi" rüyasında rüya içeriğinin merkezi "botanik" kelimesiydi. Rüya düşüncelerinin konusu ise, meslektaşlar arasında işteki performansları nedeniyle ortaya çıkan sorunlar ve çatışmalar, sonrasında severek yaptığım şeyler için çok fazla özveride bulunduğum suçlaması. Yani "botanik" unsuru rüya düşüncelerinin merkezinde kesinlikle yer almıyor, sadece karşıtıyla gevşek bir ilişkisi var. Çünkü botanik sevdiğim çalışma alanları arasında hiçbir zaman yer almadı. Keza hastamın "Sapho" rüyasında merkez, *yukarı çıkma, aşağı inme, yukarıda ve aşağıda olmak.* Oysa rüyanın konusu *aşağı* toplumsal sınıf mensuplarıyla cinsel ilişkiye girmenin tehlikeleri.

Yani bu örneklerde rüya düşüncelerinin sadece bir unsuru, o da orantısız biçimde genişletilmiş olarak rüya içeriğine girmiş görünüyor. Benzer bir durum mayıs böceği rüyasında da var. Rüyanın konusu, cinsellik ve zalimlik. Zalimlik konusu rüya içeriğinde yer alıyor almasına ama farklı bir bağlamda ve cinselliğe değinilmeden, yani tamamen bağlamından koparılmış ve yabancı bir öğeye dönüştürülmüş olarak. Amcamla ilgili rüyamda da rüyanın merkezini oluşturan sarı sakalın, rüya düşüncelerinin merkezini oluşturan benim "büyüklük" arzularımla hiçbir bağlantısı yok. Bu tür rüyalar haklı olarak "kaydırılmış, yer değiştirmiş" intibaı yaratıyor. İrma'nın enjeksiyonu rüyasında ise, verdiğimiz bu örneklerin tam karşıtı bir durum söz konusu. Bu rüyada görüyoruz ki, rüya oluşumu sırasında rüya düşüncelerinde yer alan öğeler rüyanın içeriğinde de aynı yeri koruyabiliyorlar. Rüya düşünceleri ve rüya içeriği arasındaki bu yeni ve değişken ilişki bizi ilk bakışta şaşırtabilir. Normal yaşamdaki psikolojik bir süreçte, bir düşünce çeşitli düşüncelerin arasından sıyrılarak bilinçte netlik kazandığında, bu başarıyı, üstün gelen düşüncenin özel bir psikolojik değeri olduğu (bir ölçüde özel bir ilgi uyandırdığı) şeklinde yorumlarız. Rüyada ise, rüya düşüncelerindeki tek tek öğelerin değerinin, rüya oluşumu sırasında aynı önemde olmadıklarını, ya da hiç dikkate alınmadıklarını gözlemliyoruz. Rüya düşüncelerinin en önemli, en değerli öğelerinin hangileri olduğu konusunda hiçbir kuşkumuz yok; bunu muhakeme gücümüzle tespit edebiliyoruz. Oysa rüya oluşumu sırasında bu önemli ve değerli öğeler değersiz muamelesi görebiliyor ve onların yerini –rüya düşünceleri açısından kesinlikle önemsiz– başka öğeler alabiliyor. Rüya tarafından seçilirken rüya düşüncelerinin psikolojik yoğunluğunun[18] dikkate alınmadığı, bu düşüncelerin az ya da çok yönlü belirleyenlerinin (*Determinierung*) önemli olduğu gibi bir izlenim doğar önce. Diyebiliriz ki, rüya düşüncelerinde önemli olanlar değil, bu düşüncelerde birden çok kez yer alan öğeler rüyaya girer. Ancak bu saptama rüyanın oluşumunu anlamamıza çok da yardımcı olmuyor çünkü çoklu belirlenme ve rüyanın kendi değeri gibi iki etkenin rüyanın seçimini farklı etkileyeceğine koşulsuz inanmamız mümkün değil. Rüya düşünceleri içinde en önemli olanlar, bu düşüncelerde en sık rastlananlar olmalı çünkü rüya düşünceleri bunlardan ve merkez noktalarından yayılacaktır. Ama rüya buna rağmen aynı anda hem yoğun olarak vurgulanan, hem de çok yönlü desteklenen öğeleri reddedebiliyor ya da sadece çok yönlü desteklenen öğeleri içeriğine dahil edebiliyor.

Bu sorunun çözümü için rüya içeriğinin aşırı-belirlenme (*Überdeterminierung*) araştırmalarında ortaya çıkan başka bir izlenim kullanılır. Bu kitabın okurları belki de rüya öğelerinin

18 Doğaldır ki bir düşüncenin psikolojik yoğunluğunun, değerinin ve mazhar olduğu ilgi derecesinin, duyusal yoğunluktan, düşüncenin yoğunluğundan ayrı tutulması gerekiyor.

aşırı-belirlenmesinin önemli bir bulgu olmadığını, çünkü bu durumun son derece doğal ve sıradan olduğunu düşünmüşlerdir. O halde okurların bu şekilde elde edilen düşüncelerde aşırı-belirlenme öğesine çok sık rastlanmasına da şaşırmaması gerekir. Bu itirazı kabul edemeyeceğim ama buna rağmen şimdi bizzat kendim benzer bir itirazı dile getireceğim: Analiz sırasında su yüzüne çıkan düşünceler arasında, rüyanın ana konusuna nispeten uzak ve belli bir amaç çerçevesindeki yapay eklemeler gibi görünen çok sayıda düşünce buluruz. Bu düşüncelerin amacının ne olduğunu bulmak çok kolaydır. Tam da bu düşünceler, rüya içeriği ve rüya düşüncesi arasındaki bağlantıyı, zorunlu ve aranan bağlantıyı oluşturur. Ve şayet bu düşünceleri analiz dışında bırakırsak, rüya içeriğinin öğelerinin sadece aşırı-belirlenme değil, rüya düşünceleri aracılığıyla düz bir belirlenme bile söz konusu olamaz. O halde şu sonuca varıyoruz: Rüyanın seçimine karar veren çoklu belirleme her zaman rüyanın oluşması için en önemli faktör değil, bize yabancı psikolojik bir gücün ikincil sonucudur. Ama bu çoklu belirlemenin her durumda tek tek hangi öğelerin rüya içeriğine dahil olması gerektiği konusunda önemli olması gerekir, çünkü rüya malzemesinden yardım olmadan ortaya çıkmasının imkânsız göründüğü durumlarda belli bir çaba harcanması gerektiğini biliyoruz.

Bu durumda şöyle düşünmek mümkün: Rüya çalışmasında psikolojik bir güç devreye giriyor; bu güç bir taraftan psikolojik değeri yüksek öğelerin yoğunluğunu azaltıyor, diğer taraftan *aşırı-belirlenme* aracılığıyla daha az değerli öğelerden yeni değerler yaratıyor ve bu değerler rüyanın içeriğine ulaşıyor. Bu doğruysa şayet, rüya oluşumu sırasında *psikolojik yoğunlaşmaların aktarımı* ve *kaydırılması, yer değiştirmesi* söz konusu ve bunun sonucunda rüya içeriğinin metniyle ve rüya düşüncelerinin metni arasındaki fark oluşuyor.

Burada izini sürdüğümüz süreç, rüya çalışmasının en önemli bölümünü oluşturur ve *kaydırma, yer değiştirme* adını hak eder. Diyebiliriz ki *yer değiştirme* ve *yoğunlaştırma* rüyanın inşasını mümkün kılan iki ustabaşıdır.

Artık yer değiştirme sırasında hüküm süren psikolojik gücün ne olduğunu anlamak da zor olmayacak. Yer değiştirme sayesinde rüyanın içeriği ve rüya düşüncelerinin çekirdeği benzeşmez; rüya sadece, bilinçdışındaki rüya arzusunun çarpıtılmış halini anlatır bize. Rüyada çarpıtmayı daha önce görmüştük ve sebebinin sansür olduğunu ve düşünce dünyamızdaki bir psikolojik sistemin diğer psikolojik sisteme bu sansürü uyguladığını söylemiştik. Rüyada yer değiştirme bu çarpıtmanın gerçekleşmesini sağlayan ana etmenlerden biridir. *Is fecit, cui profuit.*[19] O halde biz de rüyada yer değiştirmenin, iç psikolojik savunma dediğimiz sansürün etkisiyle gerçekleştiğini söyleyebiliriz.[20]

---

19 Bir suçu, kimin çıkarı varsa o işlemiştir. –çev. n.

20 Rüyada çarpıtmanın sansürden kaynaklanmasını rüya teorimin temel düşüncesi olarak adlandırdığım için, Lynkeus'un *Bir Realistin Fantezileri*'ndeki (Viyana, 2. baskı, 1900) teorimle örtüşen "Uyanık gibi Rüya Görmek" bölümünün son kısmını buraya ekliyorum:

"Rüyasında asla saçma sapan şeyler görmeyen tuhaf bir adam hakkında"... "Uyanıkmış gibi rüya görmen, bu olağanüstü özelliğin, senin erdemlerinden, iyiliğinden, adil olmadan, gerçeği sevmenden kaynaklanıyor. Seni tamamıyla anlamamı sağlayan şey, senin doğanın ahlaki netliği."

"Ama düşünecek olursam", der öteki, "bütün insanlar benim gibi sanki. Sanki hiç kimse saçmalıklar görmüyor rüyasında!" İnsanın anlatacak kadar iyi hatırladığı (yani ateşliyken gördüklerimiz gibi olmayan her rüyasının) bir anlamı vardır. Başka türlü olamaz! Çünkü birbiriyle çelişen şeyler, bir bütün oluşturabilir. Zaman ve mekânın sık sık birbirine karışması, rüyanın gerçek içeriğini değiştirmez, çünkü bu ikisinin gerçek içerik açısından bir önemi yoktur. Uyanıkken de böyle yapmaz mıyız? Masalları düşün: Cesur ve anlamlı hayal ürünleri olmalarına rağmen, ancak anlamayan biri, "Saçma bunlar, hiçbirine inanmıyorum!' der masallar için!"

"Keşke insanlar her zaman rüyalarını senin benimkini yorumladığın gibi doğru yorumlayabilse !" der dostu.

"Kolay bir iş değil bu. Ama rüyayı gören de biraz dikkatli olursa bunu kendi yapabilir. – Peki neden çoğu zaman başaramayız? Rüyalarda gizli bir şey var sanki, sizin özünüzle ilgili saklı bir şey. Bunu anlamak çok zor. Bu

Yer değiştirme, yoğunlaştırma ve üst-belirlenmenin rüyanın oluşumu sırasında nasıl ilişkilendiğini, hangisinin daha fazla, hangisinin daha az etkin olduğunu ilerideki araştırmalarımızda ele alacağız. Ama şimdilik rüyaya giren öğelerin sahip olması gereken ikinci bir koşuldan söz edeceğiz: Rüyaya giren öğeler, uygulanan *direncin sansüründen muaf olan* öğelerdir. Artık rüyada yer değiştirmeyi inkâr edilemez bir öğe olarak rüya yorumuna dahil edeceğiz.

C. RÜYANIN TEMSİL ARAÇLARI

Araştırmamızda, gizli düşüncelerin açık rüya içeriğine dönüşmesinde rastladığımız rüyada yoğunlaştırma ve yer değiştirme gibi olguların dışında, rüyaya giren malzemenin seçiminde önemli rol oynayan iki olguya daha değineceğiz. Ama önce –ilerlediğimiz yolda duraklamak pahasına da olsa– rüya yorumunun uygulanışındaki süreçlere göz atmak istiyorum. Şu noktayı gizleyecek değilim: Söz konusu süreçleri incelerken, bu süreçleri aydınlığa kavuşturmanın ve eleştirilere karşı güvence altına almanın, sonra ortaya çıkardığım rüya düşüncelerini bir araya getirip bunlardan rüyayı yeniden inşa etmenin yani rüya yorumunu rüyayı sentezleyerek tamamlamanın en iyi yolu, (tıpkı II. Bölüm'de İrma'nın enjeksiyon rüyasında yaptığım gibi) somut bir rüyayı ele alıp yorumlamaktır. Bu sentezi birçok rüyada, kendim öğrenmek ve anlamak için yaptım zaten; ama bu psikolojik malzemeyi burada ele almam –herkesin anlayacağı çeşitli nedenlerle– mümkün değil. Rüyaları analiz ederken bu nedenler çok önemli değildi çünkü analiz tamamlanmamış olsa bile, bizi az da olsa rüya örgüsünün içine sokabildiği ölçüde çok değerliydi bizim için. Oysa bir sentezin bizi ikna edebilmesi için tamam-

---

yüzden de rüyalarınız anlamsız hatta saçma gibi görünüyor. Ama kesinlikle öyle değiller. Çünkü insan uyanık da olsa, rüya da görse, aynı insandır."

lanmış olması gerekir. Burada ancak okurlarımın tanımadığı kişilerin rüyalarının tamamlanmış sentezlerini ele alabilirim. Bu gruba giren kişiler nevrozlu hastalarım olduğu için, nevrozun psikolojisini –bir başka çalışmada– konumuzla ilişkilendirilebilecek düzeyde açıklayana kadar ertelemem gerekiyor.[21]

Rüyaları rüya düşüncelerini sentezleyerek yeniden kurmayı denerken öğrendim ki yorum sırasında ortaya çıkan malzemenin tamamı aynı ölçüde değerli değil. Bu malzeme kısmen önemli rüya düşüncelerinden oluşuyor. Rüya sansürü olmasa, rüyaların bu düşüncelerden ibaret olduğunu söyleyebilirdik. Diğer malzemelerin ise, önemsiz olduklarını düşünürdük ve rüya düşüncelerinin tamamının rüya oluşumunda etkili olabileceği düşüncesini dikkate almaz, daha çok rüyadan sonraki olayların, yani rüyanın görüldüğü anla, yorumlandığı an arasındaki olaylarla bağlantılı tahayyüllerin de bu düşüncelere katıldığını varsayardık. İşte bütün bu düşünceler görünür rüya içeriğiyle gizli rüya düşünceleri arasındaki bağlantı yollarını ve rüya yorumu sırasında bu bağlantıları görmemizi sağlayan çağrışımları kapsıyor.

Bu noktada bizi sadece önemli rüya düşünceleri ilgilendiriyor. Bu düşünce zincirleri çoğu zaman, düşüncelerimizin ve anılarımızın oluşturduğu, uyanıkken bildiğimiz düşünce yapılarının özelliklerine sahip, alabildiğine karmaşık bir kompleks olarak çıkar karşımıza. Düşünce zincirlerinin farklı merkezlerden yayılması ve ama aralarında kesişme noktalarının olması da nadir rastlanan bir durum değil. Ve neredeyse her zaman rastlanan bir durum da bir düşünce zincirinin kendi karşıtıyla birlikte ortaya çıkması ve karşıt çağrışımlarla onunla bağlantılanması.

21 Bunları yazdıktan sonra *Bir Histeri Analizinden Bölümler* (1905, *Toplu Eserler,* VIII. cilt) adlı çalışmamda iki rüyanın bitmiş analizine ve sentezine yer verdim. Daha uzun bir rüyanın tamamlanmış yorumu olarak, O. Rank'ın "Kendini Yorumlayan Rüya" başlıklı analizini kabul etmemiz gerekiyor.

Kuşkusuz bu karmaşık yapının parçaları arasında çok sayıda mantıklı ilişki de mevcut. Bu ilişkiler, ön ve arka planları, konudan sapmaları, açıklamaları, koşulları, kanıtları ve itirazları meydana getirir. Sonra bu rüya düşünceleri bütünü rüya çalışmasının baskısına maruz kalır, yapının parçaları tıpkı suda yüzen buz parçaları gibi döner, parçalanır, birleşir. Burada sorulması gereken, o âna kadar bütünü oluşturan mantıklı düşünce zincirlerine ne olduğu. "Eğer, çünkü, gibi, rağmen, ya o–ya öbürü" ve onlar olmaksızın ne tek bir cümleyi, ne de bir konuşmayı anlayabileceğimiz diğer bütün edatlar rüyada nasıl temsil edilirler?

Bu soruya ilk vereceğimiz yanıt, rüya düşüncelerinin arasında bu mantıklı bağlantıları temsil edecek bir araç olmadığı. Rüya, çoğu zaman bütün bu edatları dikkate almaz ve rüya düşüncelerinin salt somut içeriğini işleme tabi tutar. Rüya çalışmasının yok ettiği bu bağlantıları yeniden ortaya çıkarmak, rüya yorumunun işidir.

Rüyanın bu tür ifade biçimlerinden yoksun olmasının nedeni, rüyanın, içinde işleme tabi tuttuğu psikolojik malzeme olsa gerek. Dili kullanan şiir sanatının aksine, resim ve heykel gibi plastik sanatlar da benzer bir kısıtlamaya tabidir ve bu kısıtlamanın nedeni, bu sanat dallarının bir şeyler ifade edebilmek çabasıyla kullandıkları malzemenin yetersizliğidir. Resim sanatı kendini ifade etmenin yasalarını bilmediği dönemlerde bu dezavantajı aşmaya çalışmıştır. Eski portre tablolarında resmedilen kişilerin ağzında, ressamların dile getirmeye çekindikleri sözlerin yer aldığı küçük not kâğıtları bulunurdu.

Bu noktada rüyaların mantıklı ilişkileri ifade etmediği tespitine itirazlar gelecektir belki. Çünkü kimi rüyalarda tıpkı uyanık yaşamdaki düşünme eyleminde olduğu gibi en karmaşık zihinsel işlemler yürütülür, gerekçeler sunulur, itirazlar edilir, şakalar ve karşılaştırmalar yapılır. Ancak bu görüntü aslında aldatıcı.

Rüyayı yorumlamaya başladığımızda, bunun, *rüyadaki zihinsel çalışmanın ifadesi değil, rüya malzemesi* olduğunu anlarız. Rüya düşüncelerinin içeriği, *rüya düşüncelerinin birbiriyle ilişkisiyle değil* (ki bunlar düşünceyi oluşturur), rüyadaki sözde düşüncelerle ifade edilir. Bu konuda birkaç örnek sunacağım. Ama en kolay açıklama, rüyalarda karşımıza çıkan bütün konuşmaların ya da rüyada konuşma olarak adlandırılan her şeyin aslında rüya malzemesinin içinde bulduğumuz anılardaki konuşmaların aynısı ya da biraz değiştirilmiş hali olduğudur. Konuşma çoğu zaman, rüya düşüncelerinde yer alan bir olaya bir göndermeden ibarettir; rüyanın anlamı ise, tamamen farklı bir şeydir.

Ancak sadece rüya düşüncesinin tekrarı olmayan eleştirel düşünce etkinliğinin rüyanın oluşumunda etken olduğuna da itiraz edecek değilim. Bu etkiye açıklamalarımın sonunda yer vereceğim. O zaman göreceğiz ki bu düşünce etkinliğinin ortaya çıkış nedeni rüya düşünceleri değil, bir anlamda tamamlanmış olan rüyanın kendisidir.

O halde şimdilik rüya düşünceleri arasındaki mantıksal ilişkinin rüyada özel bir temsil aracı olmadığını söylüyoruz. Örneğin rüyada bir çelişki söz konusuysa, burada ya rüyayla bir çelişki vardır ya da rüya düşüncelerinden birinin içeriği çelişkilidir; rüya düşünceleri arasındaki bir çelişkiye, rüyadaki bir çelişki ancak çok dolaylı olarak tekabül eder.

Ama nasıl ki resim sanatı, resmedilen kişinin konuşma saiklerini, sevecenliği, tehdidi, ikazı vb. ağzının kenarında sallanan bir not kâğıdı dışında da tasvir etmeyi başardıysa, rüyanın da kendine has ifade biçimlerinde küçük değişiklikler yaparak rüya düşünceleri arasındaki mantık ilişkilerini dile getirme imkânı vardır. Deneyimlerimizden biliyoruz ki, farklı rüyalar mantık ilişkilerini farklı ölçülerde kullanır: Kimi rüyalar, malzemesinin mantıklı bağlantılarını tamamen devre dışı bırakırken, kimileri kendilerini mümkün olduğunca eksiksiz ifade ederler. Rüya böylece bir anlamda önünde duran ve işleme tabi tutması gereken metinden iyice uzaklaşır. Rüyalar, bilinç dışında rüya düşüncelerinin kronolojik sıralaması söz konusu olduğunda da (İrma'nın enjeksiyonu rüyasında olduğu gibi) birbirlerinden farklı davranırlar.

Peki rüya çalışması, hangi yollardan rüya malzemesindeki bu ifadesi zor ilişkileri ima etmeye çalışır? Şimdi bu yolları tek tek saymaya çalışacağım.

Rüya, her şeyden önce, rüya düşünceleri arasındaki inkâr edilemez bu bağlantıyı, malzemesini bir durum ya da bir süreç bağlamında birleştirerek sağlar. Rüya, *mantıksal bağlantıları eşzamanlı olarak* ortaya koyar. Yani tıpkı, asla aynı anda aynı salonda ya da aynı dağın tepesinde bulunmamış ama düşünce itibariyle bir bütünlük arz eden Atina ekolünden düşünürleri ya da Parnasçı (Sembolist –çev. n.) edebiyatçıları tek bir tabloda resmeden bir ressam gibi davranır.

Rüya, bu temsil biçimini en ince detaylara kadar kullanır. İki öğeyi bir arada göstermesi, rüya düşüncelerinde bu iki öğeye tekabül eden öğeler arasında ciddi bir ilişki olduğunun kanıtıdır. Tıpkı bizim yazı sistemimizde olduğu gibi: "*Ab*", bu iki harfin tek bir hecede telaffuz edileceği anlamına gelir. *a* ve bir boşluktan sonra *b* ise, *a*'nın bir sözcüğün son harfi, *b*'nin ise bir başka sözcüğün ilk harfi olduğu anlamına gelir. Rüyadaki kombinasyonlar da tıpkı böyle, rüya malzemesinin birbiriyle hiç alakası olmayan rastlantısal parçalarından değil rüya düşüncelerinde de çok yakın bir ilişki içinde olan öğelerden meydana gelir.

Rüya, sebep-sonuç ilişkilerini iki farklı yöntemle dile getirir. Bu yöntemler özünde aynı kapıya çıkar. Şayet rüya düşüncesi "*şu şöyleyse, bu da böyle olmak zorundadır*" şeklindeyse, rüyada bunun temsili çoğu zaman şöyledir: Yan cümle öncü rüya olur, ana cümle ise, ana rüya olarak öncü rüyaya eklenir.

Bir hastam, daha sonra ayrıntılarıyla aktaracağım bir rüyada, nedenselliğin nasıl temsil edildiğine dair çok güzel bir örnek anlatmıştı: Rüya kısa bir giriş ve bunu takiben tek bir konuya odaklanmış uzunca bir rüya parçasından oluşuyordu ve "Çiçekler Sayesinde" olarak adlandırılabilirdi. Öncü rüya şöyleydi: *Hastam mutfağa hizmetkâr kadınların yanına gidiyor ve onları "bir tabak yemeği" hazırlayamadıkları için azarlıyor. Bu arada bir sürü büyük kap kaçağın kurumaları için ters çevrilmiş olarak bir yığın halinde durduğunu görüyor. Hizmetkârlar su almaya gidiyor. Bunun için eve ya da avluya kadar uzanan bir ırmağa girmeleri gerekiyor.*

Bu rüyayı takip eden ana rüyanın girişi şöyle: *Hastam yüksek bir yerden tuhaf bir tırabzandan aşağıya iniyor ve kıyafetinin bir yere takılmadığına memnun oluyor vs.* Öncü rüya hanımın ebeveyninin eviyle alakalı. Mutfaktaki sözleri sık sık annesinden duymuş olmalı. Kap kaçak yığını aynı binada yer alan bir züccaciye dükkânından kaynaklanıyor. Rüyanın diğer bölümü hizmetçi kadınların eteğinden ayrılmayan ve bir su baskını sırasında (ev bir ırmağın kenarındadır) ölümcül bir hastalık kapan babaya bir gönderme. Yani bu öncü rüyanın ardındaki düşünce şu: Bu evde, bu sıradan ve ruhsuz ortamda dünyaya geldiğim için. Ana rüya aynı düşünceyi yeniden ele alıyor ve onu arzu giderilmesi uyarınca değiştiriyor: Ben üst bir toplumsal sınıfa aitim. Daha doğrusu şöyle: Alt toplumsal sınıfa ait olduğum için, hayatım şöyle şöyleydi.

Öte yandan, anladığım kadarıyla, rüyanın iki farklı bölüme ayrılması, bu iki bölümün düşünceleri arasında her zaman bir sebep-sonuç ilişkisi olduğu anlamına gelmek zorunda da değil. Çoğu zaman aynı malzeme değişik rüya bölümlerinde farklı bakış açılarından ele alınmış da olabiliyor. Aynı şey bedensel gereksinimin giderek daha net ortaya çıktığı gecelerde görülen bir dizi boşalma rüyası için de geçerli.

Ya da bu iki rüya, rüya malzemesindeki farklı merkezlerden doğuyor ve içerikleri kesişiyor. Böylece bir rüyada merkezde olan, diğer rüyada bir gönderme olabiliyor ya da tam tersi. Ama bazı rüyalarda bu kısa öncü rüya ve uzun ikinci rüya ayrımı gerçekten de bir sebep-sonuç ilişkisi anlamına gelebiliyor.

Sebep-sonuç ilişkisinin ifade bulduğu ikinci durum ise, rüya malzemesinin az olduğu rüyalar. Bu rüyalarda bir kişi ya da bir nesne imgesi, bir başka kişiye ya da nesneye dönüşür. Rüyada ancak bu dönüşümü tespit edebildiğimiz takdirde ciddi bir sebep-sonuç ilişkisinden söz edebiliriz. Salt birinin yerine diğerinin geçtiğini fark ettiğimizde bir sebep-sonuç ilişkisi olduğunu iddia edemeyiz. Sebep-sonuç ilişkisini ortaya koyan iki durumun aynı kapıya çıktığını söylemiştim; her iki durumda da *nedensellik zamansal bir sıralamayla* ifade edilir; birinde bir rüya diğerini takip eder, diğerinde ise, bir imge ötekine dönüşür. Çoğu rüyada ise sebep-sonuç ilişkisi hiç ifade edilmez, rüya sürecinde kaçınılmaz olan zamansal sıralama içinde yitip gider.

Tercih ifade eden "Ya o, ya o" ise, rüyalarda hiç yer almaz. Rüya, bu seçenekleri, birinden birinin tercih edilmesi gerekmiyormuş gibi birlikte ele alır. Bunun en güzel örneklerinden biri, İrma'nın enjeksiyonu rüyası. Bu rüyanın gizli düşüncesi şöyle: İrma'nın ağrılarının devam etmesi benim suçum değil. *Ya* İrma'nın çözüme direnmesi bunun nedeni, *ya* benim çözmemin imkânsız olduğu elverişsiz cinsel koşulları, *ya da* ağrılarının histerik değil, organ kaynaklı olması. Ama rüya birbirini neredeyse bütünüyle dışlayan bu seçeneklerin hepsini içeriyor ve rüyanın arzusundan yola çıkarak, dördüncü bir seçenek eklemekten de geri durmuyor. Rüya düşünceleri arasına "Ya o-ya da o" sözcüklerini rüya yorumu sırasında ben ekledim.

Rüyayı gören kişi ise, rüyasını anlatırken "Ya bahçeydi, ya da oturma odası" gibi ifadeler kullandığında, bu bir tercih değil, aslında "ve" kullanılması gereken bir sıralamadır. "Ya o, ya o" daha çok rüya öğeleri ile ilgili çözümsüz bir belirsizlik söz konusu olduğunda kullanır. Bu durumda yorumlama kuralı şu: Birbirinin alternatifi olduğunu zannettiğimiz öğeler aslında aynı değerdedir ve bunları bir "ve"yle birleştirmek gerekir. Örneğin bir kez rüyamda, uzun süre İtalya'daki bir dostumun adresini bulmaya çalıştıktan sonra, bu adresi bildiren bir telgraf almıştım.

Adresi telgrafın mavi yazılı şeritleri üzerinde görüyordum. İlk kelime tam okunmuyordu, *via* (=*aracılığıyla*) ya da *villa*ydı; ikinci kelime "*secerno*" ya da belki (*casa*=ev). İkinci kelime İtalyanca bir isim gibi geliyordu kulağa, bu durum dostumla etimoloji konusundaki tartışmalarımı hatırlatmıştı bana ve uzun süre adresini *gizli* tuttuğu için duyduğum öfkeyi ifade ediyordu. Ama analiz sırasında birinci sözcükle ilgili üç seçenekten her birinin düşünce zincirinde bağımsız ve diğerleriyle eşdeğer bir çıkış noktası olduğu ortaya çıktı.

Babamın cenazesinin kaldırılacağı günün gecesi rüyamda (tren istasyonlarındaki bekleme salonlarında bulunan "sigara içmek yasaktır" levhası benzeri) basılı bir tabela, bir afiş ya da asılı bir not kâğıdı gördüm. Üzerinde ya

Gözlerin kapanması rica olunur,

ya da

Bir gözün kapanması rica olunur,

yazıyordu. Böyle bir durumu şu şekilde yazmayı âdet edinmişimdir:

Gözlerin...

kapanması rica olunur

Bir gözün...

Her iki biçimin de özel bir anlamı var ve rüya yorumunda bizi farklı yollara sevk ediyor. Cenaze merasiminin mümkün olduğunca sade olmasını istemiştim, çünkü ölen babamın bu konudaki düşüncelerini biliyordum. Ama ailenin diğer fertleri bu püriten sadeliğe razı değildi ve bu durumda cenaze törenine gelecek konuklardan utanacaklarını söylüyorlardı. Bu nedenle rüyadaki sözlerin biri "bir gözünü kapamak" yani göz yummak, müsamaha göstermek. "Ya–ya da"yla ifade ettiğimiz belirsizliği anlamlandırmak ise çok basit. Rüya çalışması rüya düşünceleri için tek –ama çift anlamlı– bir cümle bulamamış, böylece iki ana düşünce rüya içeriğinde birbirinden ayrılmış.

Kimi rüyalarda ise rüyanın iki büyük parçadan oluşması, rüyada temsil edilmesi zor olan seçeneği ifade eder.

Rüyaların *karşıtlık* ve *çelişkileri* ele alış şekli de son derece dikkate değer. Bu kategoriler rüyada yer almaz. Rüya için "hayır" sözcüğü diye bir şey yoktur. Rüyalar karşıtlıkları bir araya getirmeyi ya da bunları aynı şey olarak göstermeyi çok sever; rüya herhangi bir öğeyi, arzu giderici karşıtıyla temsil etme özgürlüğüne de sahiptir. Bu yüzden başlangıçta karşıtını da içeren hiçbir öğenin rüya düşüncelerinde olumlu mu olumsuz mu olduğunu bilemeyiz.[22] Yukarıda değindiğim ve ilk cümlesini ("Böyle bir toplumsal sınıfa dahil olduğum için") yorumladığım rüyada, rüyayı gören kadın bir tırabzana tutunarak yukarıya çıkıyor ve elinde çiçek açmış bir bahar dalı tutuyor. Bu görüntüyle ilgi-

---

22 K. Abel'in *İlk Sözcüklerin Zıt Anlamı* adlı çalışmasından (*bkz. Psikanaliz Yıllığı II*'de [1910] yayınlanan konuşmam [*Toplu Eserler,* XI. cilt]) başka dilbilimcilerin de onayladığı şaşırtıcı bir bilgi edindim: Yukarıda değinilen bağlamda en eski diller de rüyalar gibiydi. Başlangıçta nitelik ve etkinlik dizilerinin sonunda zıt anlamlı iki durum için aynı kelimeyi kullanıyorlardı (güçlü-zayıf, yaşlı-genç, uzak-yakın, bağlamak-çözmek vb.) ve iki karşıt sözcük ancak ortak ilk sözcüğün biraz değişmiş haliyle birbirinden ayırt ediliyordu. Abel bu tür durumu özellikle eski Mısır dilinde tespit etti, ama aynı durumun kalıntılarının İbranice ve Hint-Avrupa dillerinde de olduğunu gösterdi.

li olarak aklına, Maria'nın İsa'yı doğuracağını haber aldığı ânı resmeden tablolardaki elinde bir zambak demeti tutan melek, Corpus Christi Yortusu'nda tören alayına katılan beyaz giysili kız çocukları ve yeşil ağaç dallarıyla süslü caddeler geldiği için, çiçek açmış bahar dalı mutlaka cinsel masumiyete bir gönderme. Ama dallarda yoğun kırmızı çiçekler var ve hepsi kamelyayı andırıyor. Yürüyüşün sonunda –diye devam ediyor rüya– çiçekler solmaya başlıyor; sonra belli belirsiz âdet kanamasına göndermeler var. Yani zambak gibi masum bir kız tarafından taşınan bahar dalı, –bildiğimiz gibi– elinde normal zamanlarda beyaz, âdet gördüğünde kırmızı bir kamelya tutan 'Kamelyalı Kadın'a bir gönderme. Bahar dalı (Goethe'de değirmenci kadının söylediği "Genç Kızın Çiçekleri") hem cinsel masumiyeti, hem de karşıtını simgeliyor. Lekelenmeden hayatını sürdürdüğü için duyduğu mutluluğu ifade eden rüyada da kimi yerlerde (çiçeklerin solup dökülmesinde olduğu gibi) karşıt bir düşünce belli belirsiz ortaya çıkıyor ve (çocukluğundaki) cinsel saflığı kirleten çeşitli günahlar işlediğini öğreniyoruz. Rüyanın analizi sırasında bu iki düşünce sürecini açık ve net olarak ayırt edebiliyoruz. Rüya göreni teselli eden bölüm oldukça yüzeysel, suçlayan bölüm ise daha derinlerde yatıyor. Bu iki bölüm birbirlerine tamamen aykırı ve aynı, ama karşıt öğeleri anlatılan rüya öğeleriyle temsil ediliyor.

Rüya oluşumunun mekanizması bu mantıksal ilişkilerin özellikle birini ifade etmeye son derece uygun. Bu ilişki, benzerlik, örtüşme, kesişme, yani rüyalarda başka hiçbir aracın kullanılmadığı kadar çeşitli biçimlerde karşımıza çıkan "tıpkı, aynı, gibi" ilişkisi.[23] Rüya malzemesinde var olan örtüşmeler ve "gibi"ler rüya oluşumunun ilk dayanaklarıdır zaten ve rüya çalışmasının

23 *Krş.* Aristoteles'in rüya yorumcusunun uygunluğu konusunda söyledikleri (bkz. Yukarıda s. 122).

ciddi bir bölümü, zaten var olanlar sansür nedeniyle rüyaya giremedikleri takdirde, bu türden yeni örtüşmeler yaratmaktan ibarettir. Rüya çalışmasının yoğunlaştırma çabaları, benzerlik ilişkilerinin ifade edilmesine yardımcı olur.

Benzerlik, örtüşme, birliktelik gibi ilişkiler rüyada –rüya malzemesinde (1) var olan ya da (2) yeni oluşturulan– bir *bütünlükle, birliktelikle* temsil edilir. Birinci durumu *"özdeşleştirme"*, ikinci durumu *"karışım, birleşim"* olarak adlandırabiliriz. Özdeşleştirme rüyanın malzemesi insanlar olduğunda devreye girer, karışım ise, nesnelerde söz konusudur. Ama karışımlar insanlar söz konusu olduğunda da görülebilir. Mekânlar ise, daha çok insan muamelesi görür.

Örtüşme ortak bir noktaları yüzünden birleşen insanlardan sadece birinin rüya içeriğinde temsil edilmesi ve ikinci kişinin ya da diğerlerinin rüyada bastırılmış olarak görünmesi anlamına gelir. Ama diğerlerini örten bu tek kişi, rüyada kendiyle ve üzerini örttüğü kişilerle ilgili bütün ilişkilere ve durumlara dahil olur. İnsanların söz konusu olduğu karışımlarda ise, bu kişilere ait ama ortak olmayan özellikler mevcuttur ve bu özellikler birleştirilerek ortaya yeni bir bütün yani o kişilerin karışımı olan yeni bir kişi çıkar. Karışım çok farklı yollardan gerçekleştirilebilir. Rüyadaki kişi, ilişkili kişilerden birinin adını almış olabilir. Bu gibi durumlarda, tıpkı uyanıkken olduğu gibi, kimin kastedildiğini biliriz ama aynı anda görüntüde diğer kişi olabilir. Ya da rüyadaki imge, iki kişinin gerçek yaşamdaki fiziksel özelliklerinin bir birleşimidir. Bu karışımda ikinci kişinin fiziksel özelliklerinin yerini kendisine atfedilen mimik ve davranışlar, onun ağzından söylettirilen sözler ya da içine sokulduğu durumlar da alabilir. Bu son seçenekte özdeşleştirme ve birleşik figür arasındaki keskin farklar da ortadan kalkmaya başlar. Bu tür bir birleşik figürün yaratılması başarısız da olabilir.

Böyle bir durumda rüyadaki sahne bir kişiye atfedilir ve bu kişi orada bulunan -genelde daha önemli olan- ama olaya dahli olmayan kişi durumundadır. Rüya gören şu sözler de anlatır böyle bir durumu: Annem de oradaydı (Stekel). Rüya içeriğindeki bu türden öğeleri, hiyeroglif yazıdaki okunmayan ama başka bir işareti belirtmeye yarayan işaret sıfatlarına benzetebiliriz. Rüyada, "A" bana düşman, "B" de bana düşman diyeceğimize, "A" ve "B"den birleşik bir kişi yaratırız. Ya da "A"yı aslında bizim için "B"ye özel olan bir durumda görürüz. Böylece ortaya çıkan birleşik kişi rüyada karşıma yeni bir bağlam içinde çıkar. Yeni kişi hem "A" hem de "B" olduğu için, rüya yorumu sırasında bu iki kişinin ortak özelliklerini yani bana olan düşmanlıklarını kullanma hakkım vardır. Bu yoldan rüya içeriklerinde oldukça bol yoğunlaştırma gerçekleştirebilirim; tek bir kişiyle ilgili çok karmaşık durumları birebir ifade edeceğime, aynı durumla ilgili olan ikinci bir kişiyi daha devreye sokarım. Özdeşleşmenin, rüya çalışmasının koşullarını zorlaştıran direniş kaynaklı sansürden kurtulmaya da yaradığını şimdi kolayca anlayabiliyoruz. Sansürü gerektiren düşünceler tek bir kişiyle ilgili malzemeden kaynaklanıyor olabilir. Ben şikâyet edilen malzemenin sadece bir kısmıyla ilgili ikinci bir kişi bulurum. Bu iki kişinin sansürden bağımsız olmayan bir noktada birleşmeleri, her iki kişiye ait alakasız özelliklere sahip birleşik bir kişi yaratma hakkını verir bana. Artık bu birleşik ve özdeşleşilen kişi sansürsüz olarak rüyanın içeriğine girmeye uygundur ve ben de rüyada yoğunlaştırmayla rüya sansürünün gereklerini yerine getirmiş olurum.

Rüyada iki kişi arasındaki ortak bir özelliğin ortaya konması, genelde, sansür yüzünden göremediğimiz ikinci bir gizli ortak özelliğe işaret eder. Burada, temsil edilebilmek adına, ortak özellikle ilgili bir yer değiştirme gerçekleşmiştir. Birleşik kişinin önemsiz bir ortak özellikle rüyama girmesinden, rüya düşüncelerinde var olan, yine ortak ama bu kez önemsiz olmayan bir özellik olduğunu anlamam gerekir.

Bu açıdan bakıldığında özdeşleştirmenin ya da birleşik kişiler yaratmanın çeşitli amaçları olabilir: Birinci amaç, bu iki kişinin ortak özelliklerinden birinin temsilidir, ikincisi *yer değiştirmiş* ortak bir özelliğin temsili, üçüncüsü ise, sadece arzu edilen bir ortak noktayı dile getirmektir. İki kişi arasında ortak bir özellik olmasını arzu etmek çoğunlukla kişileri *değiştirmekle* bir arada görüldüğü için, rüyadaki bu ilişki de özdeşleştirmeyle ifade edilir. İrma'nın enjeksiyonu rüyasında İrma'yı başka bir kadınla değiştirmek istiyorum. Yani İrma gibi o kişinin de hastam olmasını arzuluyorum. Rüyam bu arzumu dikkate alıyor ve bana adı İrma olan ama diğer kadın gibi muayene edilen (görme imkânım olmuştu bunu) birini gösteriyor. "Amca rüyası"nda bu değiştirme rüyanın temelini oluşturuyor. Meslektaşlarıma bir bakan gibi davranıp, onları bakan gibi yargılayarak kendimi bakanla özdeşleştiriyorum.

Her rüyanın, rüyayı gören kişiyle ilgili olduğunun aksini ispat edecek bir istisnaya henüz rastlamadım. Rüyalar kesinlikle egoisttir.[24] Rüya içeriğinde kendi egom değil de yabancı bir kişi yer alıyorsa şayet, rahatlıkla iddia edebilirim ki bir özdeşleştirme söz konusudur ve bu kişinin ardında benim egom gizlidir. O halde rüyanın, rüya yorumu sırasında, bu kişiye ait gizli ortak bir özelliği kendime aktarmam konusunda beni uyarması gerekir. Kimi rüyalarda diğer kişilerin yanı sıra, kendi egom da yer alır ve özdeşleşmeyi çözerek kendi egomu açığa çıkarırım. Bu tür rüyalarda özdeşleştirme sayesinde kendi egomla sansürün yasakladığı kimi düşünceleri bir araya getirebilirim. Yani rüyada kendi egomu birden çok kez temsil edebilirim, kimi zaman dolaysız, kimi zaman ise yabancı insanlarla özdeşleştirerek ger-

24 *Krş.* s. 299'daki dipnot.

çekleşebilir bu temsil. Bu şekilde sayısız özdeşleştirmeyle inanılmaz zengin bir düşünce malzemesi bir araya gelebilir, yani yoğunlaşabilir.[25] Rüyada insanın kendi egosunun birkaç kez yer alması ya da farklı kişilerin ardında ortaya çıkması, egonun bilinçli bir düşüncede birkaç kez ya da farklı bağlamlarda, farklı yerlerde ortaya çıkmasından değişik bir şey değildir.

Örneğin şu cümlede böyle bir durum söz konusu: Ne kadar sağlıklı bir *çocuk* olduğu*mu* düşündüğü*m*de.

Yer isimlerindeki özdeşleştirmeler insanlarda olduğundan daha kolay fark edilir. Çünkü burada rüyada çok güçlü olan ego etkin değildir. Roma rüyalarımdan birinde (s. 224), bulunduğum yerin adı *Roma*'ydı ama bir sokak köşesinde gördüğüm bir sürü Almanca tabela şaşırtıyordu beni. Bu bir arzu giderilmesiydi ve aklıma hemen *Prag* gelmişti. Söz konusu arzu şimdi üstesinden geldiğim ama gençlik yıllarımda Alman milliyetçisi olduğum bir döneme ait olabilir. Rüyayı gördüğüm dönemde bir dostumla *Prag*'da buluşacaktık. Demek ki Prag ve Roma'nın özdeşleştirilmesinin nedeni arzu edilen bu ortak bir özellik. Dostumla Prag'da değil, Roma'da buluşmayı tercih ediyorum ve bu buluşma için Prag ve Roma'nın yer değiştirmesini istiyorum.

Bu tür melez oluşumlar yaratma yetisi, rüyaların en önemli özelliklerinden biridir ve ne olduğunu anlamadığımız nesneleri rüya içeriğine dahil ederek rüyalara fantastik bir hava verir. Rüyadaki melez yapıları oluşturan psikolojik süreç, uyanık yaşamda, ejderhalar ya da yarı at, yarı insan yaratıklar hayal etmemize benzer. Tek fark, uyanıkken fantastik yaratıklar hayal etmemizin tek amacı bizzat bu yaratığın kendisidir. Oysa rüyadaki melez oluşumun belirleyeni kendisi değil, rüya düşüncelerindeki ortak

25 Rüyadaki hangi kişinin ardında kendi egomu aramam gerektiği konusunda kuşkuya düştüğümde şu yolu izlerim: Egom, rüyada benim uykuda hissettiklerimi hisseden kişinin ardında gizlidir.

bir noktadır. Rüyadaki melez yapılar çok çeşitli yollardan oluşur. En basit yol, melez oluşumun tek bir nesnenin özelliklerine sahip olması ve ama bizim bu oluşumun bir başka nesneyi de temsil ettiği bilgisine sahip olmamızdır. Daha titiz bir teknik kullanıldığında ise, her iki nesnenin özellikleri yeni bir imgede birleşir ve rüya bu birleştirmeyi yaparken nesnelerin gerçek hayattaki benzerliklerinden faydalanır. Yeni imge, birleşimde kullanılan malzemeye ve zekâ oyunlarına bağlı olarak son derece anlamsız ve saçma olabileceği gibi, mükemmel bir uyuma da sahip olabilir. Şayet melez bir yapı oluşturması gereken nesneler birbirlerinden çok farklıysa, rüya çalışması, belirsiz özelliklerin çevrelediği daha belirgin bir çekirdek etrafında bir melez oluşum yaratmakla yetinir. Böyle olduğunda nesneler tek bir imgeye dönüştürülememiş olur; iki imge üst üste biner ve görsel imgeler arasında adeta bir yarış başlar.

Kişinin algıladığı imgelerden bir kavram oluşturmak istiyorsak, bunları resmederek benzer temsillere ulaşabiliriz.

Rüyalar bu türden melez oluşumlarla dolup taşmaktadır. Şimdiye kadar ele aldığım rüya analizlerinde bu oluşumlara birkaç örnek vermiştim; şimdi yeni örnekler vereceğim. Hastamın hayatını "çiçek aracılığıyla" ya da "çiçekleşmiş" olarak anlatan s. 224'teki rüyada, rüya egosunun elinde bir bahar dalı var ve bizler bunun aynı anda hem masumiyet ve hem de cinsel günah anlamına geldiğini *öğreniyoruz.* Bahar dalı ayrıca üzerindeki çiçeklerin duruşu itibariyle *kiraz ağacı* çiçeklerini hatırlatıyor bize. Tek başına çiçekler birer *kamelya,* dalın tamamı *egzotik* bir bitki izlenimi bırakıyor. Bu melez oluşumdaki öğelerin ortak özelliğinin ne olduğunu rüya düşüncelerine bakarak anlıyoruz. Bahar dalı hastanın beğenildiğini düşünmesine yol açan ya da yol açması gereken hediyelere yapılan göndermelerden oluşuyor. Çocuklukta kiraz ve daha ileri yaşlarda kamelya hediye edilirmiş hastama. Egzotiklik ise, çok seyahat eden ve gönlünü çelmek için hastama bir çiçek resmi hediye eden bir doğa bilimciyle alakalı. Bir başka hastam rüyasında plajlardaki soyunma kabini, taşradaki *tuvaletler* ve şehirlerdeki evlerimizin *tavan arasına* benzeyen bir şey görüyor. İlk iki yerin ortak noktası, insanın soyunduğu ve çıplak olduğu yerler olması. Bu oluşumdan anlıyoruz ki, evin tavan arası da hasta için (çocuklukta) soyunulan bir yer olması. Bir başkası "kür yapılan"[26] iki mekândan melez bir mekân oluşturuyor; bunlardan biri benim muayenehanem, diğeri ise karısıyla tanıştığı bir bar. Bir genç kız, erkek kardeşi kendisine havyar yedireceği sözü verdikten sonra rüyasında erkek kardeşinin bacaklarının *siyah havyar taneleriyle dolu* olduğunu görmüştü. (Ahlâki anlamda) *bulaşma* ve çocukluğa ait bacakların siyah değil de kırmızı noktalarla dolduğu bir *döküntü* rüyada *havyar tanecikleri* aracılığıyla birleşerek *"erkek kardeşinden aldıkları"* kavramını oluşturmuştu. Bu rüyada da başka rüyalarda olduğu gibi vücudun uzuvları nesne gibi ele alınmış. Ferenczi'nin anlattığı bir rüyada melez oluşum bir *doktor* ve bir *attan* meydana geliyordu ve üzerinde de bir *gecelik* vardı. Bu üç öğenin ortak özelliği, analizin sonunda geceliğin bir çocukluk sahnesinde babaya gönderme olduğu anlaşıldıktan sonra ortaya çıktı. Her üç durumun nesnesi de cinsel meraktı.

Hasta çocukken bakıcısı tarafından sık sık askeri bir damızlık hayvan çiftliğine götürülüyordu ve burada o zamanlar henüz gemlenmemiş cinsel merakını istediği gibi giderebiliyordu.

Daha önce rüyaların çelişki, karşıtlık ya da "hayır" ilişkisini ifade edecek araçlara sahip olmadığını söylemiştim. Şimdi ilk kez bu iddiama karşı çıkacağım. Artık bir karşıtlık söz konusu olduğunda, bir yer değiştirmeden, yerine koymadan söz edebiliyoruz. Bu karşıtlığın özdeşleştirme ile ifade edildiğini de gördük

---

26 Türkçesi, "kür" yapılan. –çev. n.

ve bu duruma çok sayıda örnek verdik. Rüya düşüncelerinde "tersine, aksine" diye ifade edebileceğimiz bir başka karşıtlık kategorisinde ise bu karşıtlık gerçekten tuhaf, neredeyse komik diyebileceğimiz bir biçimde ortaya konuyor. "*Tersine*" öğesi birebir rüya içeriğine girmiyor ama başka nedenlerle yakında bulunan ve önceden oluşmuş –ama aynı zamanda sonradan oluşan– bir başka rüya içeriğinden bir parçayı tersine çevirerek varlığını ortaya koyuyor. Bu süreci tasvir etmektense, çizerek anlatmak çok daha kolay. Sayfa 240'daki elverişli "aşağı-yukarı" rüyasında yukarı çıkma, rüya düşüncelerinin –yani Daudet'in *Sapho*'sundaki giriş sahnesinin– tersiydi. Yukarıya çıkma rüyada önce zor, sonra kolaydı. Oysa *Sapho*'da önce kolay, sonra giderek zorlaşıyor. Erkek kardeşle bağlantılı "yukarı" ve "aşağı" da rüyada tersine ifade ediliyor. Bu da rüya düşüncelerindeki iki parça arasında tersine çevrilmiş ya da karşıt bir ilişkiye işaret ediyor ve biz bu ilişkiyi rüyayı görenin çocukluk hayallerinde –romanda kahramanın sevdiği kadını taşımasının aksine– dadısı tarafından taşınmasında buluyoruz. Aşağıda aktaracağım, Goethe'nin Bay M.'ye saldırdığı rüyada da bir "terslik" var; rüyanın yorumuna başlamadan önce bu tersliğin yeniden düzeltilmesi gerekiyor. Rüyada Goethe M. adında genç bir adama saldırmıştı. Rüya düşüncelerindeki gerçek ise, tanınmayan genç bir yazarın çok önemli bir zat olan dostuma saldırmasıydı. Rüyamda Goethe'nin ölüm tarihini baz alarak hesap yapıyordum. Gerçekte ise, felçli hastanın doğum tarihi baz alınmıştı. Rüya malzemesinin temelindeki düşünce, Goethe'nin deli muamelesi görmesi gerektiği düşüncesiyle çelişiyordu. Tersi, diyordu rüya, eğer kitabı anlamıyorsan aptal olan yazar değil, sensin.

Bunun ötesinde bütün bu "tersi" rüyalarda aşağılayıcı bir deyim olan "birine tersini (kıçını) göstermek" (Sapho rüyasında, erkek kardeşle ilgili tersine çevirme) yer alıyor diye düşünüyorum. Öte yandan burada, eşcinsel dürtülerin bastırıldığı rüyalarda tersine çevirmelere ne kadar sık rastlandığını belirtmekte de fayda var.

Hem zaten tersine çevirme, aksine dönüştürme rüya çalışmasında en çok tercih edilen, en çeşitli şekilde kullanılabilen ifade biçimlerinden biridir. Tersine dönüştürmenin öncelikle yaptığı, rüya düşüncesindeki belli bir öğe karşısında arzu giderilmesini desteklemek. "Keşke bunun tersi olsaydı!" çoğu zaman egonun utanç veren bir anı parçası karşısındaki tepkisini en iyi dile getiren ifade. Ancak tersine çevirmenin en önemli olduğu an sansür; tersine çevirme, ifade edilen şeyi bir ölçüde çarpıtır ve bu da, başlangıçta rüyanın anlaşılmasını neredeyse imkânsızlaştırır. Bu yüzden bir rüya anlamını ısrarla gizliyorsa, görünür içeriğinin bazı kısımlarını tersine çevirmeye cesaret edebilmeliyiz, ki bunu yaptığımızda hemen her şeyin açığa kavuştuğu nadir rastlanan bir durum değildir.

İçerikteki tersine çevirmeler, zamansal tersine çevirmeleri göz ardı etmemize neden olmamalı. Rüyalarda çok sık karşımıza çıkan bir teknik de bir olgunun bitiminin ya da bir düşünce zincirinin sonunun rüyanın başında yer alması ve rüyanın bitimine olayın sonlanma koşullarının ya da oluş sebeplerinin eklenmesi. Rüya çarpıtmasındaki bu tekniklere kafa yormayanlar, rüya yorumu sırasında çaresiz kalırlar.[27]

---

27 Histeri krizleri de bazen kendilerini gizlemek için zamanı tersine çevirme tekniklerini kullanır. Örneğin histerik bir kız çocuğu, hayalinde kurduğu tramvaydaki bir karşılaşmanın sonuna küçük bir uydurma hikâye eklemişti. Söz konusu kişi güya kız bir şeyler okurken ayaklarının güzelliğinden etkilenip onunla konuşmuş, kız onunla gitmiş ve müthiş bir aşk sahnesi yaşamıştı. Bu aşk sahnesini anlatan hasta vücut titremeleri eşliğinde nöbete tutuldu. Bu arada öpüşür gibi dudaklarını uzatıyor, sarılır gibi kollarını kavuşturuyordu. Sonra bir anda odadan fırladı, bir sandalyeye oturup ayağını göstermek üzere elbisesini yukarı çekti ve benimle konuşmaya (bana yanıt vermeye) başladı. *krş.* Artemidorus'un söyledikleri: Rüyalardaki hikâyeleri yorumlarken bazen baştan sona, bazen de sondan başa doğru ilerlemek gerekir..."

Hatta kimi durumlarda ancak birden fazla ve çeşit çeşit bağlamlarda tersine çevirme gerçekleştirdikten sonra rüyanın anlamına ulaşırız. Örneğin saplantı nevrozu hastası genç bir adamın rüyasındaki "*Eve geç geldiğinde babası kızar, bağırırdı*" sözlerinin ardında, çocuklukta korktuğu babasının ölmesini arzu etmesiyle ilgili anı gizlidir. Psikanaliz seansları ve rüyayı görenin aklına gelenlerle birlikte düşünüldüğünde, bu cümleyi şöyle anlamak gerekir: *Babasına kızgın,* çünkü baba eve her zaman *erken* (*fazla erken*) geliyor. Hasta babanın eve hiç gelmemesini tercih ediyor ki, bu istek onun ölmesiyle aynı anlama gelir (*bkz.* s. 215). Hasta çocukken bir kez babası uzunca bir seyahate çıktığında birine gösterdiği cinsel saldırganlık yüzünden şöyle tehdit edilmişti: "Baban gelince göreceksin gününü!"

Rüyanın içeriği ve rüya düşünceleri arasındaki ilişkileri incelemeye devam etmek istiyorsak, takip edilecek en iyi yol, rüyanın kendisini çıkış noktası olarak almak ve oluşumundaki belli biçimsel özelliklerin rüya düşünceleriyle bağlantılı olarak ne anlama geldiği sorusunu sormaktır. Rüya sırasında fark ettiğimiz bu biçimsel özelliklerin arasında, rüyanın bölümleri arasındaki duyumsal farklılıklar ve yine tek tek rüya parçalarının ya da iki rüyanın tamamı arasındaki netlik açısından görünen farklar da yer alır. Rüya parçaları arasındaki yoğunluk farkları çok çeşitli düzeylerdedir ve bu farkları çok kesin olarak algıladığımızı düşündüğümüzden onları gerçek hayattaki yoğunluk farklarından daha önemli buluruz, ama bu temelsiz bir yaklaşımdır. Rüyadaki yoğunluk canımızı sıkacak bir bulanıklığa ve belirsizliğe ulaşabilir. Bunu rüyaya özgü bir durum olarak tanımlarız çünkü burada, gerçek yaşamla karşılaştıramayacağımız bir bulanıklık ve belirsizlik söz konusudur. Net olmayan bir rüya nesnesi hakkındaki algımızı "anlık, geçici, yüzeysel" diye açıklarken, daha net rüya imgelerini daha uzun süre algıladığımızı söyleriz. Bu noktada sormamız gereken, rüya içeriğindeki tek tek parçalar arasındaki netlik ve canlılık farklarının rüya malzemesinin hangi özelliklerinden kaynaklandığıdır.

Öncelikle, haklı olarak dile getirilecek bazı beklentilere karşı çıkmamız gerekiyor. Gerçek duyumlar da rüya malzemesine dahil olabildiği için, rüya içeriğinde bu duyumlardan türeyen rüya öğelerinin daha net olarak ön plana çıktıkları varsayabilir. Ya da bunun tersi, yani rüyada özellikle canlı ve net olan bölümlerin uykudaki gerçek duyumlardan kaynaklandığı söylenebilir. Ama benim deneyimlerim böyle bir şeyi asla doğrulamıyor: Uykudaki gerçek izlenimlerin (sinirsel uyarımların), anılardan kaynaklanan uyarımlardan daha canlı, daha net oldukları doğru değil. Rüya imgelerinin yoğunluğunda uyarımın gerçek olup olmamasının hiç önemi yok.

Bir başka beklenti de tek tek rüya imgelerinin duyumsal yoğunluğuyla (canlılığıyla) rüya düşüncelerinde bu imgeyle bağlantılı öğenin psikolojik yoğunluğu arasında bir ilişki olduğu olabilir. Rüya düşüncelerindeki öğelerde yoğunluk ve psikolojik önem aynı şeydir; en yoğun öğeler, en önemli olanlardır. Ama öte yandan biliyoruz ki, tam da bu öğeler sansür yüzünden rüya içeriğine giremiyor. Bu durumda, bu öğeleri temsil eden öğeler –rüyanın merkezi olmasalar da– daha yüksek bir yoğunluğa ulaşabilir. Ancak rüya ve rüya malzemesi arasında yapılacak karşılaştırmalı bir gözlem bu yaklaşımı da geçersiz kılacaktır. Gerçek öğelerin yoğunluğuyla temsil öğelerinin yoğunluğu arasında en küçük bir ilişki dahi yoktur. Gerçekte rüya ve rüya malzemesi *psikolojik değerlerin tamamını farklı değerlendirir.* Belli belirsiz fark edilen, başka imgeler tarafından üzeri örtülmüş, yüzeysel bir rüya öğesi, çoğu zaman rüya düşüncelerinde çok önemli yer tutan bir öğenin dolaysız temsilcisi olabilir.

O halde rüya öğelerinin yoğunluğu çok başka bir şekilde belirleniyor ve burada birbirinden bağımsız iki etken iş başında. Birincisi, arzu giderilmesi sağlayan öğelerin özellikle yoğun olarak temsil edildiği. Ve yine analiz deneyimimizden biliyoruz ki, en fazla düşünce zincirini başlatan rüya öğeleri, en net, en canlı olanlardır; en canlı olanlar aynı zamanda en iyi belirlenmiş olanlardır. Ampirik bilgilere dayanarak dile getirdiğimiz bu cümleyi şu şekilde ifade etmek anlamını değiştirmeyecektir: *Rüyada en yoğun olan öğeler, en kapsamlı yoğunlaştırmaya maruz kalmış öğelerdir.* Bu noktada, bu etkeni ve arzu giderme etkenini tek bir formülle ifade etmenin mümkün olduğunu umabiliriz.

Yukarıda ele aldığım konunun, yani tek tek rüya öğelerinin az ya da çok yoğun olmasının ya da bu öğelerin netliğinin bir başka konuyla, bütün bir rüyanın ya da bir rüya parçasının netliğiyle karıştırılmaması gerektiğini düşünüyorum.

İlkinde netliğin karşıtı belirsizlik ve bulanıklıkken, ikincide bir karışıklık söz konusu. Ancak hem bulanıklık, hem de karışıklık skalasındaki artan ve azalan değerlerin birbirleriyle aynı anda ve yerde ortaya çıktığını da kesin olarak biliyoruz. Net ve açık olduğunu düşündüğümüz bir rüya parçasının çoğunlukla yoğun öğeleri vardır. Bize bulanık gelen bir rüya ise, daha az yoğun öğelerden oluşur. Ama sözde net ve açık değerden, belirsiz ve karışık değerlere uzanan skalanın yarattığı sorunlar, rüya öğelerinin canlılığındaki dalgalanmalardan çok daha karmaşıktır. Öte yandan, daha sonra belirteceğimiz nedenlerle, şu anda bu sorunu açıklayacak noktada değiliz. Tek tek rüyalara baktığımızda şaşırarak görürüz ki, rüyada algıladığımız netliğin ya da bulanıklığın rüyanın yapısıyla hiçbir bağlantısı olmayıp, bunlar sadece rüya malzemesinin bir parçasıdır ve bu malzemeden kaynaklanır. Hatırlıyorum, bir kez uyandıktan sonra gayet net, eksiksiz ve iyi kurgulanmış bir rüya görmüş, uyku sersemliği içinde yoğunlaştırma ve yer değiştirme mekanizmalarına tabi olmayan, "uykudaki fanteziler" olarak adlandırabileceğimiz rüyaya özgü yeni bir kategori olduğunu düşünmüştüm. Ama daha derinlemesine bir inceleme bu tür nadir rüyaların aynı eksiklere ve kusurlara sahip olduğunu ortaya koyunca, rüya fantezileri kategorisinden vazgeçtim.[28] Rüyanın kısaltılmış özeti şöyle: Bir dostuma uzun zamandır araştırdığım ve beni zorlayan biseksüellik teorisini anlatıyordum. Rüyada giderilecek arzu, (rüyada aktarılmayan) bu teorinin eksiksiz ve net olmasıydı. Yani biten rüya üzerine benim yargım olduğunu düşündüğüm şey, aslında rüya içeriğinin en önemli parçasıydı. Rüya çalışması ilk uyanık düşüncemi de etkilemiş, rüyada tam olarak ifade edemediğim rüya malzemesini bana *yargı* olarak göstermişti. Bunun tam tersi bir durumu bir kez bir hastamda yaşamıştım. Hastam analiz edeceğimiz bir rüyayı önce anlatmak istememişti, çünkü rüya "çok bulanık ve karışıktı". Sonunda, sık sık anlattıklarının doğruluğundan emin olmadığı itirazları eşliğinde, rüyada kendisinin, kocasının ve onun babasının yer aldığını ve kendisinin kocasının babası olup olmadığını, babasının kim olduğunu vb. bilmediğini söyledi. Rüyanın yapısından ve oturumda aklına gelenlerden anlaşıldı ki, rüya kesinlikle hamile olduğunu itiraf etmek zorunda kalan, ama bebeğin "babasının kim olduğunu" bilmeyen bir hizmetkâr kızın sıradan hikâyesiyle alakalıydı.[29] Yani rüyanın bulanıklığı rüya görmeye neden olan malzemenin bir kısmından kaynaklanıyordu.

Demek ki, rüyanın biçimi ya da rüyayı görüş biçimi, şaşırtıcı sıklıkta rüyanın gizli içeriğini temsil etmek için kullanılıyor.

---

28 Bunun doğru bir karar olup olmadığından bugün emin değilim.

29 Hastalığa eşlik eden histerik semptomlar: Âdet görmemek ve bu hastalığın en önemli rahatsızlığı olan büyük bir huzursuzluk ve moral bozukluğu.

Rüya görenin, rüyanın önemsiz olduğunu dile getiren alaycı yorumları, sık sık açıklama yapmaları gerekirken, görülen rüyanın bir kısmını en mükemmel biçimde gizlerler. Örneğin rüya gören biri, rüyanın bir bölümünün *silinmiş* olduğunu söyler ve analizde bir çocukluk anısında tuvalet ihtiyacını giderdikten sonra temizlenen, *silinen* biri ortaya çıkar. Başka bir örneği daha ayrıntılı anlatmak gerekecek: Genç bir adam çocukluk yıllarına ait hâlâ çok iyi hatırladığı kimi anıları içeren çok net bir rüya görür: Bir akşam bir yazlık oteldedir. Oda numarasını şaşıran adam bir anne ve iki kızının yatmak üzere soyundukları odaya girer: *Sonra birkaç delik var rüyada, eksik bir şey var. Sonunda odada beni dışarı atmak isteyen bir adam var bu yüzden onunla mücadele ediyorum.* Hasta rüyanın ima ettiği, çocukluğuna ait bir fantezinin içeriğini ve amacını hatırlamak için boşuna uğraşıyor. Sonunda bulmaya çalıştığımız şeyin rüyanın belirsiz bölümü için söylenen cümlede saklı olduğunu anlıyoruz. "Delikler", yatmaya hazırlanan kadınların cinsel organları. "Eksik bir şey var" sözleri, dişi cinsel organının temel özelliğini tanımlıyor. Hasta o yaşlarda bir kadının cinsel organını görme merakıyla yanıp tutuşuyormuş ve kadınların erkek cinsel organına sahip olduğunu söyleyen çocukça bir cinsel teoriye inanıyormuş.

Bir başkasında benzer bir anı rüyada yine çok benzer bir biçime bürünmüştü: Rüya şöyle: *Bayan K.'yla birlikte Volksgarten Restoranı'na gidiyorum...,* sonra karanlık bir bölüm, bir kesinti var... *sonra bir genelevin salonundayım, iki kadın var salonda, biri, don gömlek.*

Analiz: Bayan K. adamın eski şefinin kızı. Söylediğine göre onun için bir kız kardeş yerini tutuyor. Kızla çok nadiren konuşma imkânı buluyor. Ama bu sefer konuşma imkânı bulmuşlar ve konuşmada "birbirlerinin cinsiyetlerinin" farkındaymışlar; sanki "ben erkeğim, sen kadınsın" der gibi. Adam adı geçen restorana bir kez eniştesinin kız kardeşiyle gitmiş ve kız hiç umurunda değilmiş. Bir kez üç hanım adama restoranın kapısına kadar eşlik etmiş. Bu üç kadın, kız kardeşi, yengesi ve eniştesinin sözünü ettiği kız kardeşiymiş. Üçü de umurunda olmayan kadınlar ama üçünü de kız kardeş gibi biliyor. Bir geneleve ise çok nadiren gitmiş, bütün hayatı boyunca ancak iki üç kere.

Rüyanın yorumu *karanlık noktaya, kesintiye* dayanıyor ve çocukken birkaç kez merak içinde kendinden birkaç yaş küçük olan kız kardeşinin cinsel organını incelemiş olabileceğini düşünüyor. Hasta rüyada ima edilen fiili gerçekleştirdiğini daha sonra hatırladı.

Aynı gece görülen rüyaların tamamı tek bir bütünün içeriğine dahildir; parçalara, gruplara ayrılmış olmalarının, sayılarının bir anlamı vardır ve gizli rüya düşüncelerine ait bir miktar bilgi olarak ele alınabilirler. Birçok ana parçadan oluşan ya da aynı geceye ait rüyaları yorumlarken unutmamalıyız ki, bu farklı ve birbirini takip eden rüyalar aynı şeyi ifade ediyor, farklı malzemeyle aynı duygulanımları dile getiriyor olabilirler. Aynı anlama gelen bu rüyaların sıralamada önde olanı daha çok çarpıtılmış, daha mahcup, sonraki ise, daha cesur ve daha açık olanıdır.

Yusuf Peygamber'in yorumladığı, firavunun Tevrat'ta anlattığı sığır ve mısır koçanı rüyası da aynı türden bir rüya. Bu rüya Josephus'ta (*Yahudiliğin İlk Çağı,* 2. cilt, 5. ve 6. bölüm) Tevrat'takinden daha ayrıntılı anlatılmıştır. Kral ilk rüyayı anlattıktan sonra şöyle der: "Bu ilk rüyadan sonra huzursuz bir şekilde uyandım. Gördüklerimin ne anlama gelebileceğini düşündüm, bir süre sonra tekrar uykuya dalmışım. Bu sefer beni daha çok ürküten ve kafamı karıştıran çok daha tuhaf bir rüya gördüm. "Rüyayı dinleyen Yusuf şöyle der: "Kralım, görünen o ki, iki tane sandığın rüyaların aslında aynı anlama gelmektedir."

Jung "Söylentinin Psikolojisi Üzerine" adlı yazısında, bir kız öğrencinin gördüğü örtülü erotik bir rüyanın arkadaşları tarafından hiç yorumlanmadan ve ama biraz değiştirilerek başkalarına aktarıldığını söyler ve bu rüya hikâyesiyle ilgili şu yorumu yapar: "Bir dizi rüya imgesini takip eden son düşünce, dizinin ilk imgesinde anlatılmaya çalışılanın ta kendisidir."

Sansür bir rüya kompleksini sürekli yenilenen sembollerle üstünü örterek, yer değiştirmelerle, durumu masumlaştıran değişikliklerle vb. mümkün olduğu kadar öteler (*Psikanaliz Merkezi I*, 1910, s. 166). Scherner rüyada temsil edilenlerinin bu özelliğinin farkındadır ve organ uyarımları teorisinin sonunda bu özelliği özel bir yasa olarak açıklar (s. 166): "Ve nihayet hayal gücümüz belli sinirsel uyarımların neden olduğu sembolik rüya oluşumlarında şu genel kuralı izler: Hayal gücü rüyanın başında uyarım nesnesini kendine hiç benzemeyen bir şekilde resmeder ama rüyanın sonunda uyarımın kendisini de, uyarımdan etkilenen uzvu ve organı da ve bu organın işlevini de bütün çıplaklığıyla ortaya koyar. Böylece rüya bir organdan kaynaklandığını da göstererek son bulur.

Scherner Yasası, Otto Rank'ın "Kendi kendini yorumlayan bir rüya" başlıklı çalışmasında da mükemmel biçimde doğrulanmıştır. Rank'ın bu çalışmasında anlattığı bir kız çocuğuna ait rüya, aynı gecenin farklı saatlerinde görülen iki ayrı rüyadan oluşur. İkinci rüya bir orgazmla son bulmaktadır. Orgazm rüyası rüyayı görenin anlattıkları hiç dikkate alınmadan en ince ayrıntılarına kadar yorumlanır. İki rüya arasındaki sayısız ilişki sayesinde birinci rüyanın daha mahcup bir tavırla aslında ikinci rüyanın aynısını gösterdiği anlaşılır ve böylece orgazm rüyası birinciyi bütünüyle açıklamış olur. Rank doğru bir yol izlemiş ve bu örnekten yola çıkarak orgazm rüyalarının genel rüya teorisindeki yerini açıklamıştır.

Ancak rüyadaki netlik ya da karmaşıklıktan yola çıkarak rüyadaki kesin ve şüpheli malzemeyi yorumlamanın çok nadir rastlanan bir durum olduğunu deneyimlerimden biliyorum. İleride yapmam gerekenlerden biri de şimdiye kadar değinmediğim ama bu netlik skalasını en önemli belirleyicisi olan bir rüya özelliğini ortaya çıkarmak olacaktır.

Belli ölçüde de olsa bir durumla, bir sahneyle bağlantılı olan kimi rüyalarda, şu sözlerle dile getirilen kesintiler olur: "Ama sonra orası sanki aynı zamanda başka bir yerdi ve orada şu şu olmuştu." Bu tür rüyaların ana konusunu kesintiye uğratan şey, bir yan cümle ya da araya eklenmiş bir düşüncedir sanki; ana düşüncenin kendisi ise, bir süre sonra tekrar devam edebilir. Bir koşulu belirten ve "şayet" diye başlayan yan cümle, rüyada eşzamanlılıkla (-iken, sırasında) ifade edilir.

Peki rüyalarda korkuyla birlikte görülen hareket edememe duygusunun anlamı ne olabilir? Gitmek ister insan ama yerinden kıpırdayamaz; ya da bir şey hazırlamak ister ama bir sürü engelle karşılaşır. Tren hareket etmek üzeredir ama yetişemez. Bir hakaretin öcünü almak için elini kaldırmak ister ama beceremez vb. Rüyadaki bu algıya teşhircilik rüyalarında da rastlamış ama ciddi bir yorum yapmamıştık. Bu olgunun, uyku sırasında uyarım şeklinde ortaya çıkan motorik bir felç olduğunu söylemek çok kolay ama yetersiz bir açıklama olacaktır. Neden sürekli hareketlerimizin engellendiği rüyalar görmüyoruz o halde, diye sorabiliriz o zaman. Şöyle bir açıklama mümkün: Uyku sırasında her zaman ortaya çıkan bu uyarım biçimi rüyada bir şeyleri temsil etmeye yarıyor ve sadece rüya malzemesinde bu temsile duyulan ihtiyaç yüzünden ortaya çıkıyorlar.

Bir şeyi yapamama durumu rüyada her zaman bir uyarım olarak değil, bazen de rüya içeriğinin bir parçası olarak da ortaya çıkar. Elimizde bu rüya aracını açıklayabilecek çok güzel bir örnek olay var. Ama önce sahtekârlıkla suçlandığım bir rüyanın özetini vereceğim. *Yer bir özel klinikle birkaç başka kurumun karışımı. Bir soruşturma*[30] *için beni çağırmak üzere bir hizmetli geliyor. Rüyada bir şeyin kaybolduğunu ve bu soruşturmanın kaybolan şeyi benim çaldığımdan şüphelenildiği için yapıldığını biliyorum. Analiz sırasında soruşturma sözcüğünün çifte anlamında anlaşılması gerektiği yani tıbbi muayeneyi de içerdiği ortaya çıkıyor. Haklı olduğum ve o kurumda danışman statüsünde olduğum bilinciyle hiç çekinmeden hizmetlinin peşinden gidiyorum. Bir kapının önünde rastladığımız bir başka hizmetli beni kastederek şöyle diyor: "Bunu mu getirdiniz? Bu çok namuslu biridir". Sonra yanımda hizmetli olmadan büyük bir salona giriyorum. Salondaki büyük makineler bana cehennemdeki işkence aletlerini hatırlatıyor. Bunlardan birine bağlanmış bir meslektaşımı görüyorum. Benimle ilgilenmesi gereken biri var ama yüzüme bile bakmıyor. Sonra, gidebileceğim söyleniyor. Ama şapkamı bulamıyorum, bu yüzden de gidemiyorum.*

Rüyada giderilen arzunun, dürüst bir insan olmam ve gidebileceğimin söylenmesi olduğu çok bariz. O halde rüya düşüncelerinde bu arzunun karşıtını içeren bolca malzeme olması lazım. Gidebileceğimin söylenmesi, aklandığımın işareti; demek ki rüyanın sonunda benim gitmemi engelleyen bir olayın olması, karşıtlığın bastırdığı malzemenin bu yoldan kendini ortaya koyması anlamına geliyor. O halde şapkamı bulamayışımın anlamı şu: Aslında dürüst bir insan değilsin. Rüyada bir şeyi yapamamak işte bu karşıtlığın, bu çelişkinin bir ifadesi, bir çeşit "hayır", ki bu durumda şimdi, daha önce rüyaların "hayır" sözcüğünü ifade edemediği yönündeki iddiamı geri almam gerekiyor.[31]

---

30 *Alm.* Untersuchung; diğer bir anlamı da tıbbi muayene. –çev. n.

31 Bütüncül bir analiz yapıldığında, bir çocukluk anısıyla bağlantı ortaya çıktı: "Arap görevini bitirdi, Arap *gidebilir.*" Bunu şu komik soru izliyor: Arap görevini yaparken kaç yaşındadır? Bir yaşında, o halde yürüyebilir (gidebilir) (Friedrich Schiller'in *Fiesco'nun Genua'ya Yemini* adlı eserine atıf. –çev. n.).

Bir hareketi yapamamanın, bir durum değil, bir algı olarak yer aldığı başka tür rüyalarda, aynı çelişki, bir hareketin engellenmesiyle -karşıt bir iradenin iradeye direnmesine oranla- daha güçlü olarak ifade edilir. O halde, rüyada bir hareketinin engellenmesi algısı bir *irade çatışmasını* ifade ediyor (Uykuda hareketlerin felç olmasının rüyadaki psikolojik süreçlerin temel koşullarından biri olduğunu ilerde göreceğiz) ve demek ki, hareketlere aktarılan bu dürtü iradeden başka bir şey değil. Uykuda bu dürtünün engellendiğinden emin olmamız, bütün bu süreci, iradi bir *isteme*nin ve onun karşıtı olan "*hayır*"ın ifade edilmesi için son derece elverişli kılıyor. Benim "korku" tanımım uyarınca, iradenin ketlenmesi algısı korkuyla çok alakalıdır ve rüyada çok sık korkuyla birlikte ortaya çıkar. Buradaki korku libidinöz bir dürtüdür, bilinç dışından kaynaklanmakta ve ön bilinç tarafından ketlenmektedir.[32] Demek ki rüyada engellenme, ketlenme algısı nerede korkuyla bir arada yer alıyorsa, orada bir *istem,* bir zamanlar libidoyu, bir cinsel uyarımı oluşturmaya yetkin olan bir iradi istem söz konusudur.

Rüyalarda sık sık karşılaştığımız, "Bu sadece bir rüyaydı" yorumunun ne anlama geldiğini ve hangi psikolojik güce atfedilmesi gerektiğini daha sonra ele alacağım. Burada sadece, rüyada görülenleri değersizleştirmeye yaradığını söylemekle yetiniyorum. Bu konuya yakın bir başka sorunu, rüyanın içinde, rüyanın bir bölümünün "rüya" olarak nitelendirilmesini yani "rüya içinde rüya" bulmacasını W. Stekel birkaç ilginç örneğin analizini

---

(Bir yaşındayken saçlarım simsiyah ve kıvır kıvır olduğu için annem benin küçük bir Arap olduğumu söylermiş.) -Şapkayı bulamamam çok çeşitli şekilde yorumlanabilecek gündelik bir olay. Bir şeyleri yok etmekte usta olan oda hizmetçimiz saklamış. -Üzücü ölüm düşüncelerinin reddedilmesinde de rüyanın bu sonu gizli: Görevimi yapmadım, henüz gidemem.- Doğum ve ölüm geçenlerde gördüğüm Goethe'nin rüyasındaki ve felçli hasta rüyasındaki gibi (*bkz.* sonraki sayfalar).

32 Bu cümlenin daha yeni düşünceler nedeniyle artık bir geçerliliği yok.

yaparak ikna edici biçimde çözmüştür. Burada amaç, rüyada, "görülen rüyayı" değersizleştirmek ve gerçek olmadığını söylemektir.

"Rüyadaki rüyadan" uyandıktan sonra rüyada görülenler, rüya arzusunun silinen gerçeğin yerine koymak istediği şeylerdir. Demek ki, "rüyada görülen"in, gerçeği, gerçek anıyı, rüyadaki rüyadan sonra devam eden rüyanın ise, gerçeğin karşıtını yani rüyayı görenin arzusunu temsil ettiğini söyleyebiliriz. Belli bir içeriğin "rüya içinde rüya" parantezi olarak ele alınması, rüya olarak karşımıza çıkan bu içeriğin gerçekleşmemesi yönündeki arzumuzu dile getirir. Başka bir deyişle: Belli bir konunun rüya çalışması vasıtasıyla "rüya içinde rüya" olarak ele alınması, bu konunun gerçeğin ta kendisi olduğunun en kesin kanıtı, en güçlü *onayı*dır. Rüya çalışması bizzat rüya görmenin kendisini bir reddetme biçimi olarak kullanır ve böylece, rüyanın bir arzu giderilmesi olduğu görüşünü kanıtlar.

D. TASVİR EDİLEBİLİRLİĞİN HESABA KATILMASI

Şimdiye kadar rüyanın rüya düşünceleri arasındaki ilişkileri nasıl ifade ettiğini araştırmakla uğraştık. Ama bu arada sık sık rüya malzemesinin rüyanın oluşumu için ne tür değişikliklere uğradığı konusuna da geri döndük. Artık biliyoruz ki, ilişkilerinin büyük bir bölümü çözülmüş olan rüya malzemesi bir sıkıştırmaya tabi tutuluyor. Aynı anda malzemenin öğeleri arasındaki yoğunluk değişimleri, bu malzemenin ruhsal bir yeniden değerlendirmeye tabi tutulmasını zorunlu kılıyor. Dikkate aldığımız bu yer değiştirmelerin, bir düşüncenin yerine çağrışımsal yakınlıkta bulunan başka bir düşüncenin geçmesi olduğunu, bu düşüncelerin iki farklı öğe olarak değil de yoğunlaşarak yani iki öğenin özelliklerini taşıyan bir bileşim olarak rüyada yer aldıklarını gördük. Bundan farklı bir tür yer değiştirmeye henüz değinmedik.

Ancak analiz sonuçlarına baktığımızda görüyoruz ki başka bir tür yer değiştirme de söz konusu ve bu yeni türe bir düşüncenin sözsel ifadelerinin *değiş tokuş*unda rastlıyoruz. Her iki yer değiştirme türünde de bir çağrışım zinciri boyunca yer değiştirme söz konusu; ama aynı süreç farklı psikolojik ortamlarda gerçekleşiyor ve yer değiştirmenin sonucu, ilk türde bir öğenin bir diğerinin yerini alması, ikincisinde ise bir öğenin sözsel tanımının[33] diğerinin yerine geçmesi şeklinde oluyor.

Rüya oluşumunda rastladığımız yer değiştirmelerin ikinci türü sadece büyük bir teorik ilgi görmekle kalmaz; rüyanın üstünü örttüğü düşünülen fantastik tuhaflığı açıklamak için de çok elverişlidir.

Yer değiştirme genellikle rüya düşüncelerindeki renksiz ve soyut bir ifadenin yerini, görsel ve somut bir ifadenin alması şeklinde gerçekleşir. Bu açıklama yer *değiştirmenin yararını ve amacını açıkça ortaya koyar. Görsel bir imge rüyada tasvir edilebilirlik* özelliğine sahiptir, bir durumun içine monte edilmesi mümkündür. Oysa rüya tasvirindeki soyut ifadeler, tıpkı bir gazetedeki siyasi bir başyazıyı görselleştirmede olduğu gibi zor olabilir. Ancak bu değiş tokuştan sadece tasvir edilebilirlik özelliği değil, yoğunlaştırma ve sansür de kazançlı çıkacaktır. Soyut haliyle bir işe yaramayan bir rüya düşüncesi görsel bir dile çevrildiğinde, bu yeni ifade ile rüya malzemesinin kalan kısmı arasında kesişme noktaları ya da özdeşimler bulmak daha kolay olacaktır. Rüya çalışmasının bu kesişmelere ve özdeşimlere ihtiyacı vardır, bu yüzden olmadıkları yerde oluşturur onları: Çünkü gelişimleri göze alındığında bütün dillerde somut terimler kavramsal olanlara oranla daha kolay başka şeylerle ilişkilendirilebilir. Rüya oluşumunun büyük bir bölümünde ara bir işlemle tek tek rüya düşünceleri kısa ve benzer kavramlara indirgenmeye çalışılır

33 Adının. –çev. n.

ve bu da işte böyle, düşüncelerin uygun dilsel olgulara dönüştürülmesiyle gerçekleşir. Böylece ifade biçimi başka nedenlerle sabit olan bir düşüncenin, diğer bir düşüncenin alternatif ifade biçimleri üzerinde belki de en baştan itibaren ve tıpkı bir şiirde olduğu gibi paylaştırıcı ve seçici bir etkisi olabilir. Bir şiirin kafiyeli olması gerekiyorsa şayet, o zaman ikinci mısranın uyması gereken iki koşul vardır. Bu mısra şiirin gerektirdiği anlamı aktarmak zorundadır ve kullandığı ifade birinci mısrayla kafiyeli olmalıdır. En iyi şiirler, herhalde kafiye bulma zorunluluğunun şiirde hissedilmediği şiirlerdir. Bu şiirlerde iki düşünce en başından karşılıklı etkileşimle sözel ifadeyi seçerler ve sonrasında çok az değiştirilerek kafiyeli olurlar.

Kimi rüyalarda yoğunlaştırma sırasındaki terim değiş tokuşu çok daha kısa yoldan yapılır ve iki anlamlı bir sözcük birden fazla rüya düşüncesini ifade etmek için kullanılır. Bu bağlamda sözsel mizah bütünüyle rüya çalışmasının emrindedir. Rüya oluşumu sırasında sözcüklere düşen görev bizi şaşırtmamalıdır. Birçok düşüncenin kesişme noktası olarak sözcük, bir anlamda uygun bir çok-anlamlılık demektir; nevrozlar da (saplantılı düşünceler, fobiler) sözcüğün yoğunlaştırma ve kılık değiştirme için sunduğu olanakları kullanırlar ve bunu yaparken rüyalardan geri kalmazlar.[34]

Rüyadaki çarpıtmanın ifadenin yer değiştirmesinden faydalandığını göstermek son derece kolay. Tek anlamlı iki kelimenin yerine çift anlamlı tek bir kelimenin konması yanıltıcı olabilir; keza gündelik ve sıradan bir ifade biçiminin yerine görsel bir imge konması halinde bunu anlamamız zorlaşır çünkü rüya bize, içindeki öğeleri gerçek kelime anlamında mı yoksa mecazi anlamda mı kullandığını, bu öğelerin doğrudan doğruya mı

34 *Espriler ve Bilinçdışıyla İlişkileri*, 1905 (*Toplu Eserler*, IX. cilt) ve nevrotik semptomların çözümlenmesinde "sözcük köprüleri".

yoksa araya sokulan deyişler üzerinden mi rüya malzemesine etki edeceği konusunda asla ipucu vermez.

Her bir rüya öğesinin yorumlanmasında şu kuşkular mevcuttur:

a) Bir öğeyi olumlu mu, yoksa olumsuz mu değerlendireceğiz? (karşıtlık ilişkisi)
b) Öğeyi tarihsel olarak yorumlayacak mıyız? (bir anı olarak)
c) Öğe sembolik olarak mı değerlendirilmeli yoksa,
d) Kelimelerin anlattıklarına bakılarak mı bir değerlendirilme yapılmalı?

Tüm bu zenginliğine rağmen –aslen *anlaşılmak gibi bir derdi olmayan*– rüya çalışmasını anlamak isteyenlere, –eski hiyeroglif yazıların yaptığı gibi– büyük zorluklar çıkaracağını söyleyemeyiz.

Rüyadaki salt ifadelerin çift anlamlılığına dayanan tasvir biçimlerine daha önce çok sayıda örnek verdim (Enjeksiyon rüyasında, "Ağzı iyi açılıyor"; s. 280'deki son rüyada, "Ama gidemem ki" vs.). Şimdi soyut düşüncelerin görsel imgelerle ifade edilmesinin daha önemli olduğu bir rüya örneği vereceğim. Bu tür bir rüya yorumu ile sembollerle rüya yorumlamak arasındaki farklar çok nettir. Sembollerle rüya yorumunda sembollerin anlam anahtarı rüyayı gören tarafından keyfi olarak belirlenir. Sözsel kılık değiştirmelerde ise bu anahtar herkesin malumudur ve bildiğimiz dil pratiği içinde aktarılır. Doğru durumda akla gelen doğru bir fikir sayesinde, rüyayı anlatanın vereceği bilgilerden bağımsız olarak da rüyaları kısmen ya da bütünüyle çözümlemek mümkün olur.

Tanıdığım bir hanım şu rüyayı görmüş: *Hanım operadadır. Bir Wagner operası sergilenmektedir ve gösteri sabah sekize çeyrek kalaya kadar sürer. Salonda ve balkonda hazırlanan masalarda yenip içilmektedir. Balayından dönmüş olan kuzeni bu masalardan birinde genç karısıyla oturmaktadır; yanlarında ise bir aristokrat vardır. Kuzenin karısı için bu aristokratı balayından birlikte getirdiği söylenmektedir, tıpkı balayında bir şapka satın alıp getirmek gibi. Salonun ortasında yüksek bir kule, kulenin üst kısmında etrafı demir parlaklıklarla çevrili bir platform vardır. Yukarıda Hans Richter'e benzeyen bir orkestra şefi durmaktadır. Orkestra şefi sürekli parmaklığın ardında koşuşturmakta, korkunç bir şekilde terlemekte ve oradan kulenin altına dizilmiş olan orkestrayı yönetmektedir. Rüya gören hanım ise (benim tanıdığım) bir arkadaşıyla bir locada oturmaktadır. Küçük kız kardeşi salondan büyük bir parça kömürü yukarı uzatmak ister. Bunu yapmasının nedeni, gösterinin bu kadar uzun süreceğini ve bu yüzden o sırada korkunç üşüyeceğini düşünmemiş olmasıdır (Yani sanki bu uzun gösteri sırasında locaların ısıtılması gerekmektedir).*

Tek bir durumla alakalı olmasına rağmen oldukça saçma sapan bir rüya. Salonun ortasında duran, orkestra şefinin orkestrayı yönettiği kule ama özelikle de kız kardeşinin yukarıya bir parça kömür uzatması! Hanımdan bu rüyayı analiz etmesini istemedim; kişisel ilişkileri hakkında biraz bilgi edindikten sonra rüyanın kimi bölümlerini benim yorumlamam mümkün oldu. Hanımın bir müzisyene hayran olduğunu ama adamın kariyerinin bir ruhsal hastalık yüzünden yarım kaldığını biliyordum. Böylece salondaki kuleyi *kelimesi kelimesine* almaya karar verdim. Ortaya şu çıktı: Hans Richter'in yerinde görmeyi arzu ettiği adam orkestranın diğer üyelerinden bir kule kadar daha yüksekteydi. Kuleyi *üst üste bindirmeyle elde edilen melez bir oluşum* olarak tanımlamak gerek. Kulenin altı, erkeğin büyüklüğünü temsil ediyor; ardında bir esir ya da kafesteki bir hayvan gibi koşuşturduğu demir parmaklık (adamın adına bir gönderme var burada)[35] ise adamın kaderini anlatıyor. Bu iki

35 Hugo Wolf (kurt).

düşüncenin birleşebileceği bir kelime "Narrenturm"[36] olabilirdi.

Rüyanın tasvir biçimini anladıktan sonra, ikinci saçmalığı yani kız kardeşinin bir parça kömür uzatmasını, aynı anahtarla çözmek mümkün artık. "Kömür" "gizli aşk" anlamına geliyor olmalı.

"Ne *ateş*, ne de *kömür*
Sıcak yanamaz,
Kimsenin bilmediği
Gizli aşk kadar."

Hanım ve kız arkadaşları *oturdukları yerde kalmışlardı.*[37] Henüz evlenme şansı olan küçük kız kardeş kömürü yukarı uzatıyor ve "*Bu kadar uzun süreceğini* bilmiyordum çünkü", diyor. Neyin uzun süreceği rüyada söylenmiyor.

Bu bir hikâye olsaydı "gösteri" uzun sürecek derdik. Rüyada ise cümleyi tek başına ele alıp çift anlamlı olduğunu belirtip şöyle tamamlayabiliriz: "*Evlenme*"nin bu kadar uzun süreceğini... "Gizli aşk" yorumu, salonda kendisine *açık aşk ilişkisi* atfedilen karısıyla oturan kuzeniyle destekleniyor. Gizli ve açık aşk arasındaki karşıtlık, bu aşkın ateşi ve soğukluğu arasındaki çelişki rüyaya hükmediyor. Her ikisinde de "yüksekte duran" biri var. Bu sözcük hem aristokrat, hem de büyük umutlar bağlanan müzisyen için aynı ölçüde geçerli.

Yukarıdaki açıklamalar sayesinde nihayet rüya düşüncelerinin rüya içeriğine dönüştüğü sırada hiç de önemsiz olmayan yeni bir etkeni keşfetmiş bulunuyoruz: *Rüyaların özellikle* görsel imgeler yaratırken *dikkate aldığı, özgün psikolojik malzemenin tasvir edilebilirliği.* Bunun anlamı, rüyanın, ana rüya düşüncesine bağla-

36 Tımarhane anlamında "deli kulesi". –çev. n.
37 "Sitzengeblieben" aynı zamanda "evde kalmışlardı" anlamına geliyor. –çev. n.

nan çeşitli tali düşünceler arasından görsel olarak tasvir edilmesi mümkün olanları tercih etmesi. Rüya çalışması hiç üşenmeden bu kolay şekil almayan düşünceleri önce başka bir sözsel biçime dönüştürür. Düşünceyi ifade etmesi ve böylece kısıtlı düşünmenin yarattığı sıkıntıya son vermesi söz konusu olacaksa şayet, bu yeni sözsel biçim gerekirse aslından daha tuhaf ve anlamsız da olabilir. Ama düşüncelerin içeriğinin bir başka biçime sokulması aynı zamanda yoğunlaştırma işleminin amacına da destek olabilir ve böylece normalde var olmayacak başka bir düşünceyle ilişki kurulabilir. Bu yeni düşünce eskisine uyum sağlamak amacıyla kendi eski ifadesini değiştirmiş olabilir.

Herbert Silberer[38] rüya oluşumu sırasında düşüncelerin görsel imgelere dönüşmesinin izlemek ve böylece rüya çalışmasının bu anını yalıtılmış olarak incelemek için iyi bir yöntem gösterir bize. Silberer yorgun ya da uykusuz olduğunda ve kendini bir şey düşünmeye zorladığında sık sık düşündüğü şeyin yok olduğunu, bunun yerine bu düşüncenin ikamesi olduğunu anladığı görsel bir imgenin ortaya çıktığını gözlemlemiş. Silberer bu ikameyi pek de yerinde olmayan bir ifadeyle "oto-sembolik" olarak isimlendirir. Şimdi Silberer'in çalışmasından birkaç örnek vereceğim ve gözlemlenen olgunun belli özellikleri nedeniyle bu örneklere ilerde tekrar döneceğim.

"1 numaralı örnek: Bir makalenin iyi olmayan bir bölümünü düzelteyim diye düşünüyorum.

Sembol: Bir parça tahtayı yontarken görüyorum kendimi."

"5 numaralı örnek: Üzerinde çalışmayı düşündüğüm metafizik araştırmaların amacını gözümde canlandırmaya çalışıyorum. Bu amacın, varoluşun nedenlerini ararken giderek daha yüksek bir bilince ya da daha yüksek varlık katmanlarına ulaşmak için aralıksız çalışmamız olduğunu düşünüyorum.

38 *Breuler-Freud Yıllığı I*, 1909.

Sembol: Uzun bir bıçakla bir parça kesmek üzere bir pastanın dibine kadar ilerliyorum.

Yorum: Bıçakla yaptığım hareket söz konusu "... katmalara ulaşmak için aralıksız çalışmak"... Bu sembolü seçmemin sebebi ise şu: Bazen masada bir pastayı kesmek ve dağıtmak görevi bana düşer. Oldukça titiz davranmayı gerektiren bu görevi uzun ve yumuşak bir bıçakla yerine getiririm. Özellikle de kesilen parçayı temiz bir şekilde kaldırmak bayağı zordur: bıçağı dikkatle pasta diliminin *altına* sürmek (nedenlere ulaşmak için yavaş yavaş ve "aralıksız çalışmak") gerekir. Ama bu resimde bir sembol daha var. Pasta sembolü, katmanlardan oluşan bir Macar pastasıydı yani bıçak keserken farklı *katmalarda* ilerlemek zorundaydı (Bilincin ve düşünmenin katmanları)."

"9 numaralı örnek: Zincirleme bir şeyler düşünürken ipin ucunu kaçırıyorum. Tekrar bulmaya çalışıyorum ama başlangıç noktasını tamamen kaybettiğimi fark ediyorum.

Sembol: Son satırları kopmuş bir yazı dizgisi.

Eğitimli insanların düşün dünyasında esprilerin, alıntıların, şarkıların ve atasözlerinin rolüne baktığımızda, bu tür kamuflajların rüya düşüncelerinin ifade edilmesinde sıkça kullanılması tahminlerime son derece uygun. Örneğin rüyada her biri başka bir sebzeyle dolu arabalar ne anlama gelebilir? "Lahana ve havuç"[39] yani "karışıklığın", "düzensizliğin" karşıtı bir arzudur bu. Bu tür bir rüyanın sadece bir kez bana anlatılmış olması şaşırtıyor beni.[40] Bilinen göndermeler ve birbirinin yerine kullanılan kelimelere bağlı olarak, çok az sayıda nesne için rüyada ortak bir sembol vardır. Ayrıca bu sembollerin büyük bölümüne rüyaların dışında bir de psikonevrozlarda, efsanelerde ve geleneklerde rastlarız.

39 "Kraut und Rübe": Almanca "karmaşa" anlamına gelen bir deyim. –çev. n.

40 Bu tasvire bir daha rastlamadım ve bu yüzden yorumun doğruluğu konusunda kafam karıştı.

Dikkatlice incelediğimizde görürüz ki, rüya bu sembollerle çalışırken asla yeni ve ilginç bir şey yapmıyor. Amaçlarına ulaşmak için, bu örnekte sansürsüz bir tasvir sağlamak için, bilinçsiz düşüncede zaten var olan yolları izler; bastırılmış malzemenin şaka ve ima olarak bilince çıkmaya izni olan ve nevrotiklerin fantezilerinde bol miktarda yer alan dönüşümleri tercih eder. İşte bu noktada –bir başka yerde doğru çıkış noktalarını övdüğüm– Scherner'in rüya yorumu yaklaşımı çıkıyor karşımıza. İnsanın kendi bedeniyle fanteziler eşliğinde uğraşması asla sadece rüyalara özgü ya da rüyalar için karakteristik değildir.

Analizlerim gösteriyor ki fanteziler, nevrotiklerin bilinçdışı düşüncelerinde düzenli olarak rastlanan bir olgu ve bu fantezilerin içeriği ergen yaşlardaki erkek ya da kız çocuklar için karşı cinsin –ve hemcinslerinin de– cinsel organına duyulan cinsel meraktan kaynaklanıyor. Ancak Scherner ve Volkelt'in haklı olarak vurguladıkları gibi ev, ne rüyalarda, ne de nevrotiklerin bilinçdışı fantezilerinde bedenin sembolize edilmesi için kullanılan tek düşünce. Gerçi kimi hastalarım var ki beden ve cinsel organlar için (cinsel merak cinsel organların dış kısmıyla kısıtlı değildir) mimari semboller kullanırlar. Direkler ve sütunlar ("Shir hashirim" şarkısında olduğu gibi) bacaktır, her kapı bedendeki bir aralığı ("deliği"), her su musluğu idrar yollarını vb. hatırlatır. Yine bitkiler dünyası ve mutfak da cinsel imgeleri gizlemek için kullanılır.[41] En eski zamanlara ait benzetmeleri de içeren günlük konuşma dilinde bitkiler dünyasıyla ilgili zengin malzeme vardır ("Shir hashirim" şarkısında yer alan Tanrı'nın "üzüm bağları", Tanrı'nın "tohumları", kızın "bahçesi"). Mutfakta ilgili sözde en masum imalarla, cinsel yaşamın en çirkin ve en mahrem ayrıntıları düşünülebilir ya da rüyada görülebilir. Cinsel sembollerin

41 Ed. Fuchs'un *Resimli Ahlâk Tarihi'* adlı sonradan eklediği üç ciltte konuyla ilgili bolca malzeme vardır (A. Langen, özel baskı, Münih).

en güzel gizlendikleri yerlerin sıradan, dikkat çekmeyen yerler olduğunu unutursak histeriklerin semptomları bizim için hiçbir şey ifade etmez. Nevrotik çocukların kan ve çiğ etmek görmek istememelerinin, yumurta ve makarna gördüklerinde kusmalarının ve normal bir korku olan yılan korkusunun nevrotiklerde aşırı boyutlarda olmasının bir anlamı vardır. Nevrozlar kendilerini bu şekilde gizledikleri her yerde, insanlığın eski çağlardaki kültürlerde kat ettiği yolları, bugün dil kullanımına, batıl inançlara ve geleneklere hafifçe de olsa dokunduğumuzda kanıtları ortaya dökülen yolları izlerler.

Buraya bir kadın hastamın daha önce sözü geçen çiçek rüyasını ekleyeceğim ve cinsel olarak yorumlanması gereken her şeyin altını çizeceğim. Bu güzel rüya yorumlandıktan sonra rüyayı görenin hiç hoşuna gitmemişti.

a) Ön rüya: *Kadın mutfağa hizmetkâr kadınların yanına gidiyor ve "bir tabak yemeği" hazırlayamadıkları için kadınları azarlıyor. Bu arada bir sürü büyük mutfak eşyasının kurumaları için ters çevrilmiş olarak yığın halinde durduğunu görüyor. Hizmetkârlar su almaya gidiyor. Bunun için eve ya da avluya kadar uzanan bir ırmağa girmeleri gerekiyor.*[42]

b) Asıl rüya:[43] *Hasta tuhaf bir parmaklık ya da çitin üzerinden aşağıya iniyor.*[44] *Küçük örgü karelerden oluşan çitler birleşerek büyük karolar oluşturmuş.*[45] *Aslında tırmanmak için yapılmamış; kadın ayağını koyacak yer bulamayacağı için endişeleniyor hep ve yürürken elbisesi takılmadığında, böylesine edepli olduğu için seviniyor.*[46]*Elinde büyük*

42 Sebep olarak gösterebileceğimiz bu ön rüyanın yorumu için *bkz.* s. 343.

43 Hayat hikâyesi.

44 Üst toplumsal sınıfa ait olma. Ön rüyayla arzu karşıtlığı.

45 İki mekânı (erkek kardeşiyle oynadığı –ilerde fantezilerine kaynaklık edecek– baba evinin zemini ve sürekli onu kızdıran kötü amcasının çiftliğini) birleştiren melez oluşum.

46 Amcanın çiftliğinde elbiselerini çıkarttığı gerçek bir olayla arzu karşıtlığı.

bir dal var.[47] *dal, aslında üzerinde bolca kırmızı çiçek olan, dallı budaklı bir ağaca benziyor.*[48] *Aklına bunların kiraz çiçeği olduğu geliyor. Ama onlar ağaçta yetişmeyen, içi doldurulmuş kamelyalara benziyorlar. Yürürken elinde önce bir tane var sonra aniden iki tane, sonra tekrar bir tane.*[49] *Aşağıya indiğinde çiçeklerin çoğu solmuş. Oraya vardığında bir hizmetkâr görüyor. O da böyle bir ağacı bir tahtayla tarıyor sanki; yosun gibi aşağı sarkan kalın saç tutamlarını yoluyor. Başka işçiler benzer dalları bir bahçeden kesip yola atıyorlar. Bir sürü insan yola yayılan bu dalları alıyor. Kadın bunun doğru olup olmadığını, kendisinin de bir tane koparıp koparamayacağını soruyor.*[50] *Bahçede (kadının tanıdığı yabancı) genç bir adam duruyor. Kadın adamın yanına gidiyor ve bu dalları kendi bahçesine nasıl ekebileceğini soruyor.*[51] *Adam kadına sarılıyor. Kadın adama kendini ne sandığını, her istediğine böyle sarılabileceğini mi zannettiğini soruyor, adam bunda bir kötülük olmadığını, buna izin verildiğini söylüyor.*[52] *Adam kadınla öbür bahçeye gidip ona dalları toprağa nasıl ekeceğini gösterebileceğini söylüyor. Bir de kadının anlamadığı bir şey daha söylüyor: Zaten üç metre ya da (kadın daha sonra üç m² diyor) ya da üç çeki daha toprak lazım. Adam sanki kadından yardıma hazır olduğu için bir şey ister gibi, sanki hakkını bahçede almak, bir yasayı ihlâl etmek, kadına zarar vermeden bir avantaj sağlamak niyetinde. Kadın adamın ona gerçekten bir şey gösterip göstermediğini bilmiyor.*

Sembolik öğeleri nedeniyle ön plana çıkan ilk rüyaya "biyografik" bir rüya diyebiliriz. Bu tür rüyalara psikana-

---

47 Meryem Ana'ya İsa'nın doğumunu haber veren meleğin elindeki zambak sapı gibi.

48 Bu melez oluşum için *bkz.* s. 347: Masumiyet, âdet görememe, Kamelyalı Kadın.

49 Fantezilerindeki kişilerin çokluğuna atıf.

50 "Herunterreissen" sözcüğü hem "koparmak" hem de "mastürbasyon yapmak" anlamına geliyor.

51 Ağaç dalının erkek cinsel organını temsil ettiğini uzun zamandır biliyoruz. Bu arada sözcüğün kadının soyadına açık bir gönderme olduğunu da söyleyelim.

52 Bir sonraki dipnot gibi evlilikle bağlantılı tedbirlerle ilgili.

lizde çok rastlanır, psikanaliz dışında rastlandıkları ise çok nadirdir.[53]

Bu türden bol miktarda malzeme var tabii elimde ama bunları burada aktarmam nevrotikliğe dair fazlasıyla ayrıntılı bir açıklamaya girmek anlamına gelecektir. Aslında her açıklama aynı yere çıkıyor zaten: Rüya çalışmasında ruhun özel bir sembolleştirme etkinliğinde bulunması gerekmiyor, çünkü bilinç dışı düşüncede bu tür sembolleştirmeler zaten mevcut, çünkü semboller tasvir yetenekleri güçlü olduğu ve çoğu zaman sansürlenmedikleri için rüya oluşumunun gereklerine daha kolay adapte olurlar.

E. RÜYALARDA SEMBOLLERLE TASVİR-BİRKAÇ TİPİK RÜYA

Son biyografik rüyanın analizi, rüyada sembolleri baştan itibaren kabul ettiğimin bir kanıtı. Ancak sembollerin kapsamına ve önemine hakkını vermem yavaş yavaş yeni deneyimler kazandıkça ve W. Stekel'in[54] çalışmalarının etkisiyle mümkün oldu. Bu nedenle burası Stekel'e değinmek için doğru bir yer.

Psikanalize belki de sağladığı yarar kadar zarar da veren bu yazar, daha önce bilinmeyen çok sayıda sembolle tercüme örneği sunar bize. Başta kimsenin inanmadığı bu tercümeler, giderek kanıtlanmış ve kabul görmüştür. Başkalarının kuşkuyla geri durmakta haksız olmamaları, Stekel'in hizmetlerini değersizleştirmiyor.

Stekel'in yorumlarını dayandırdığı örnekler, çoğu kez ikna edici değildi ve seçtiği yöntem bilimsel olmadığı için reddediliyordu.

53 Benzer bir "biyografik" rüya Rüya Sembolleri bölümünde verilen üçüncü örnektir. Başka örnekler: Rank'ın ayrıntılarıyla anlattığı "kendini yorumlayan rüya;" "tersinden" okunması gereken bir başka rüya için *bkz.* Stekel, s. 486.

54 W. Stekel, *Rüyaların Dili,* 1911.

Stekel sembolleri sezgiyle, kendine özgü bir kavrama yetisiyle yorumluyordu. Ancak böyle bir beceriyi genelleştiremeyiz. Üstelik bu beceriyi eleştirmek de mümkün değil ve bu yüzden elde edilen sonuçların genel bir geçerlilik iddiası olamaz. Bu, bir enfeksiyon hastalığının teşhisini hastanın yatağı başındaki doktorun koku alma duyusuna dayandırmak gibi bir şey olur ki, bulaşıcı hastalıkları koku yoluyla teşhis eden –çoğunun koku alma duyusu körelmiş olan– doktorlar olmasına rağmen bu mümkün değildir.

Psikanaliz konusunda gideren artan deneyimler sayesinde, şaşırtıcı biçimde rüyadaki sembolleştirmeleri dolaysız olarak anlamamızı sağlayan hastalarla karşılaşma imkânımız oldu. Bu hastaların çoğu şizofrendi, bu yüzden bir dönem zihni bu tür semboller yoluyla çalışan herkesin şizofren olduğunu düşünmek gibi bir eğilim vardı. Ama bu doğru değil; burada söz konusu olan, görünürde hiçbir patolojik anlamı olmayan bir tür kişisel yetenek ya da özellik.

Rüyalarda cinsel malzemenin ifade edilmesi için bol miktarda sembollerden faydalanılıyorsa şayet, bu sembollerin çoğu acaba stenografideki işaretler gibi her yerde ve her durumda aynı anlama mı sahiptir, diye sorarız ve şifre metoduyla yeni bir rüya kitabı tasarlamaya girişiriz. Bu noktada şunu söylemek gerekir: Bu semboller salt rüyalara özel değildir; bilinçdışı düşüncelerimizde, özellikle halkın düşüncelerinde, folklorda, mitlerde, efsanelerde, söyleyişlerde, bilge deyişlerde ve halk arasında dolaşıma giren şakalarda, fıkralarda ve esprilerde daha çok karşımıza çıkarlar. O halde sembollerin anlamına hakkını verebilmek ve sembol kavramıyla bağlantılı sayısız ve çoğu çözülmemiş sorunu açıklayabilmek için rüya yorumunun çok ötesine geçmek gerekir.[55] Biz burada, bir şeyi sembollerle ifade etmenin dolaylı

---

55 *Krş.* Bleuer'in ve Zürihli öğrencileri Maeder, Abraham vb.'nin semboller üzerine çalışmaları ve doktor olmayan yazarların konuyla ilgili yazıları (Kle-

bir ifade tarzı olduğunu ama sembollerle ifadeyi, –aralarındaki farkları kavramsal bir netlikle tespit etmeden önce– diğer dolaylı ifade biçimleriyle eşdeğer tutmamamız yönünde şiddetle uyarıldığımızı söylemekle yetineceğiz.

Kimi durumlarda sembol ve yerini tuttuğu orijinalin ortak özelliği son derece açıktır, kimi zaman ise gizlidir ve bu durumda sembolün seçiminin nedeni bir muammadır. Ama sembol ilişkisinin gerçek ve nihai anlamına ışık tutacak olanlar da asıl bu durumlardır. Yine bu gizli ilişki, sembol ve orijinal arasındaki ilişkinin genetik olduğunu gösterir. Bugün sembollerin birleştirdiği şeyler, eski çağlarda belki de kavramsal ve sözel anlamda özdeşti.[56] Sembol ilişkisi bir zamanlar var olan bir özdeşimin kalıntısı ve işareti olabilir. Bu arada, Schubert'in de iddia ettiği gibi[57] ortak sembollerin ortak bir dilin kullanımından daha fazla bir şey ifade ettiğini de gözlemliyoruz. Yani bir dizi sembol, dil kullanımı kadar eski, günümüzde ise sürekli yeni semboller üretiliyor (örn. hava aracı, zeplin vb.).

Rüya bu sembolleri gizli düşüncelerini örtülü olarak ifade etmek için kullanır. Bu semboller arasında bazıları vardır ki, her zaman ya da neredeyse her zaman aynı şeyi ifade ederler. Ancak unutmamak gerekir ki ruhsal malzeme esnektir, canlıdır. Her-

---

inpaul vb.). Konuyla ilgili en doğru ifadeleri içeren çalışma: O. Rank ve H. Sachs, *Psikanalizin Temel Bilimler Açısından Önemi*, 1913, 1. bölüm ve E. Jones, Sembol Teorisi, *Uluslararası Psikanaliz Dergisi*, V. sayı, 1919.

56 Dr. Hans Sperber'in dile getirdiği öğreti bu görüşü sonuna kadar destekliyor. Sperber, ilk sözcüklerin cinsel nesnelerin adı olduğunu, daha sonra cinsel nesnelerle karşılaştırılan başka nesnelere ve eylemlere aktarılıp cinsel anlamlarını yitirdiklerini söyler (Dillerin Ortaya Çıkışı ve Gelişmesinde Cinselliğin Etkisi, *Imago*, 1912).

57 Örneğin Macarlar da Almanca "schiffen" (işemek) sözcüğünün işemek anlamına geldiğini bilmemelerine rağmen, işeme rüyalarında suda giden bir gemi (Schiff) görüyorlar (Ferenczi; *krş.* s. 303). Fransızcada ya da diğer Latince kökenli dillerde de oda (Zimmer) kelimesi –bu dillerde Almancadaki "Frauenzimmer" (kadın) sözcüğünün benzeri olmamasına rağmen– kadını sembolize etmek üzere kullanılıyor.

hangi bir sembolün rüya içeriğinden bir başka şeyi değil de bizzat kendini temsil etmesi de her zaman mümkündür. Öte yandan rüya gören kişi kendi özel anılarına dayanarak, normalde böyle kullanılmayan her şeyi cinsel sembol olarak kullanabilir. Bir içeriği ifade etmek için birden fazla sembol seçeneği olan kişi, kendi düşünsel malzemesiyle somut bağlantıları olan bir sembolü tercih edebilir; yani genel kabullerin yanı sıra kişisel gerekçelere de devreye girmeye izin verecektir.

Scherner'den bu yana rüya üzerine yapılan yeni araştırmalar rüyada sembollerin yerini tartışılmaz biçimde kanıtladığına göre (H. Ellis dahi rüyaların sembollerle dolup taştığını kabul etmiştir), sembollerin varlığının rüyaları yorumlamayı sadece kolaylaştırmayıp, bir taraftan da güçleştirdiğini kabul etmemiz gerekiyor.

Rüyayı görenin serbest çağrışımlarıyla rüyayı yorumlama tekniği, sembolleri yorumlarken bizi yarı yolda bırakır. Eski çağlarda âdet olduğu şekilde ya da Stekel'in çalakalem yorumlarında tekrar canlanır gibi görünen keyfi rüya yorumlarına geri dönmemiz bilimsel eleştiriye saygımız açısından artık imkânsız. Bu durumda rüya içeriğinde yer alan ve sembolik olarak değerlendirebileceğimiz öğeler bizi kombine bir teknik kullanmaya zorlar. Bu teknik bir taraftan rüya görenin serbest çağrışımlarına dayanırken, diğer taraftan eksik kalan bölümleri yorumcunun sembol bilgisinden faydalanarak tamamlar. Rüya yorumunda keyfe kederlik suçlamasını bertaraf edebilmek için, sembollerin çözümlemesinde eleştirel özeni, bu sembollerin özellikle net ve anlaşılır rüyalarda dikkatle incelenmesiyle birleştirmemiz gerekiyor. Rüya yorumcusu olarak görevimizin hâlâ daha bir parçası olan tereddütlerin nedeni, kısmen konuyla ilgili bilgilerimizin eksik olmasıdır. Bu eksiği çalışmalarımızı giderek derinleştirerek gidermemiz gerekiyor. Ama bu tereddütlerin bir sebebi de rüya sembollerinin bazı özellikleridir.

Bu semboller çoğu zaman iki ya da çok anlamlıdır. Bu nedenle doğru yorum tıpkı Çin alfabesinde olduğu gibi ancak bağlamdan çıkarılabilir. Sembollerin bu çok anlamlılığına bir de rüyaların izin verdiği aşırı-yorumlar ve rüyanın tek bir içerikte çok farklı, doğası gereği aykırı düşünce oluşumlarını ve arzu uyarımlarını ifade etme özellikleri eklenir.

Bu kısıtlama ve çekinceleri dile getirdikten sonra devam ediyorum: Rüyada imparator ve imparatoriçe (kral ve kraliçe) gerçekten de çoğu zaman rüya görenin ana babasını temsil eder; prens ve prenses rüyayı görenin kendisidir. İmparatora atfedilen yüksek otorite başka büyük adamlara da atfedilir. Örneğin Goethe bu yüzden rüyalarda baba sembolü olarak çıkar karşımıza (Hitschmann). Bütün uzun nesneler, sopalar, ağaç adaları, şemsiyeler (ereksiyona benzer gerilmeden ötürü!), bütün uzun silahlar, bıçaklar, kamalar, mızraklar erkek cinsel organını temsil eder. Bu organın anlam verilemeyen bir başka sembolü de tırnak törpüsüdür (sürtünmeden, rendelemeden ötürü olabilir mi?). Kutu, paket, sandık, dolap ve soba gibi, mağaralar, gemiler ve her türlü kap da kadın bedenine tekabül eder. Rüyadaki odalar (Zimmer) çoğunlukla kadındır (Frauenzimmer); odanın bir de girişleri, çıkışları betimlenmişse, bu yorumdan kuşkuya düşmemek gerekir.[58]

Böyle düşününce odanın "açık" ya da "kapalı" olmasının önemi de anlaşılır (*krş.* Dora'nın "Bir Histeri Analizinden Bir

58 "Pansiyonda yaşayan bir hastam rüyasında, hizmetlilerden birine rastlayıp numarasının kaç olduğunu soruyor. Kız 14 diyerek hastamı şaşırtıyor. Hastam söz konusu kızla gerçek yaşamda ilişkiye girmiş ve sık sık kendi odasında buluşmuşlar. Kız haklı olarak pansiyon sahibinin kendinden şüphelendiğini düşünmüş ve rüyadan bir önceki gün boş bir odada buluşmayı teklif etmiş. Bu odanın gerçek yaşamdaki numarası 14, rüyada ise kızın numarası 14. Kadının ve odanın bundan açık bir özdeşimi olması mümkün değil." (Ernest Jones, *Uluslararası Psikanaliz Yıllığı II*, 1914). (*krş.* Artemidorus, *Rüyalarda Sembolizm* (çev. F. S. Krauss, Viyana, 1881, s. 110): "Eğer evde varsa bir 'uyku kabini' kadın eş anlamına gelir.")

Kesit"te yer alan rüyası). Odanın kapısını hangi anahtarın açacağını açıkça söylemeye de gerek yok bu durumda. Uhland "Kont Eberstein" şarkısında kilit ve anahtar sembollerini son derece ahlâka aykırı biçimde kullanmıştır. –Bir şeyden kaçarken odalardan geçilen rüya, bir genelev ya da bir harem rüyasıdır. Ama bu rüyalar H. Sachs'ın mükemmel bir örnekte gösterdiği gibi (karşıtı olan) evliliği temsil etmek için kullanılır.– Rüyada eskiden aynı oda olan iki odanın olması ya da rüya görenin tanıdığı bir evdeki bir odanın ikiye bölünmüş olması ya da tam tersi, çocuklukta cinsellik araştırmalarını yakından ilgilendiren olgulardır. Çocukken kadın cinsel organının ve poponun aynı yer olduğu düşünürüz (çocuklukta "dışkı teorisi"); ancak sonra bu bölgede iki ayrı oyuk, iki ayrı delik olduğunu anlarız. – Basamaklar, merdivenler, portatif merdiven, daha doğrusu bunlara çıkmak, aslında hem çıkmak, hem de inmek cinsel eylemin sembolleridir.[59]

Tırmanılan düz duvarlar, –çoğu zaman korkuyla– aşağı sarkılan binaların cepheleri, dik duran insan bedenine tekabül eder ve rüyada muhtemelen anne babasının ya da bakıcısının bedenine tırmanan küçük çocukları hatırlatır. "Düz duvarlar" erkektir.

---

59 Başka bir yerde dile getirdiğim bir konuyu burada tekrar ele alacağım. (Psikanalitik Terapinin Geleceği, *Psikanaliz Yıllığı I*, 1900 [*Toplu Eserler*, VI.cilt]): Bir süre önce bizim görüşlerimizi paylaşmayan bir psikolog, bizden birine, rüyaların gizli cinsel anlamını abarttığımızı, kendisinin rüyasında çok sık merdivenden çıktığını, bunun cinsellikle alakası olmadığını söylemişti. Bu itirazdan sonra basamak, merdiven, portatif merdiven rüyalarına yoğunlaştık ve kısa bir süre sonra basamak (ve benzerlerinin) kesinlikle cinsel ilişkiyi sembolize ettiğini tespit ettik. Ortak noktayı bulmak hiç zor değil: Merdivende ritmik hareketlerle, giderek daha hızlı nefes alarak bir yüksekliğe ulaşıp, sonra birkaç hızlı sıçramayla tekrar aşağı ineriz. Yani cinsel ilişkinin ritmini merdiven çıkmakla ifade etmek mümkün. Bu eylemler için kullanılan sözcükleri de göz ardı etmemek gerekiyor. "[Üstüne. –çev. n.] Çıkmak" sözcüğü çok sık cinsel ilişki için kullanılır. Erkek için "üstüne çıkan, tırmanan" deriz, "arkasına tırmanmak" sözcüğünü kullanırız. Fransızcada basamak "la marce"; "un vieux marchuer"ün Almanca karşılığı ise "yaşlı ahlâksızdır (üstüne çıkan)".

Korku rüyalarında evlerin "çıkıntılarına" tutunmamız da nadir rastlanan bir durum değil. – Masalar, yemek masaları ve tablalar, kadın bedeninin kubbelerinin karşıtı olarak kadını temsil eder. "Ahşap, tahta" dil bağlantıları nedeniyle çoğunlukla kadınsı malzemenin temsilcisidir. Madeira Adaları'nın Portekizce anlamı "tahta"dır. "Masa (yemek) ve yatak" evlilik birliğini oluşturdukları için, rüyada da masa evliliğin, bir bütün olarak cinsel eylem, yemek eyleminin yerini tutabilir. – Kadın şapkası çok sık erkek cinsel organı olarak yorumlanmalıdır. "Manto" aynı şekilde yorumlanır ancak burada ses benzerliğinin ["Mantel" (manto) –"Mann" (erkek)] ne ölçüde rol oynadığını bilmiyoruz. Erkek rüyalarında kravat sık sık penisin sembolü olarak çıkar karşımıza. Bunun nedeni sadece kravatın erkeğe özgü bir şey olması ve aşağı doğru sarkması değil, zevkimize göre kravat seçimi yapmamızdır; aslında, doğanın yasakladığı bir seçim, bir özgürlüktür bu.[60] Bu sembolü rüyada kullanan erkekler, gerçek hayatta kravat konusunu abartırlar ve ciddi bir kravat koleksiyonları vardır. – Rüyaya giren bütün karmaşık makineler ve araçlar büyük bir olasılıkla cinsel organ, genellikle de erkek cinsel organıdır. Rüyada sembolleştirme, tıpkı espri çalışmasında olduğu gibi, dur durak bilmeden bu organları betimlemeye çalışır. Hiç kuşkusuz saban, çekiç, tüfek, tabanca, hançer, pala gibi silah ve aletler de erkek cinsel organının sembolleridir. – Yine rüyadaki doğa manzaralarının, özellikle de köprülerin ya da ormanların yer aldığı dağların cinsel organ tasvirleri olduğunu anlamak hiç zor değil. Marcinowsky rüyayı görenlerin rüyalarını çizerek açıkladıkları

60 *Krş. Psikanaliz Yıllığı II*, s. 675: 19 yaşında manik bir hastanın çizimleri: *Kravatı* yılan olan bir adam bir kıza yöneliyor. Buna ek olarak "Utangaç" (*Anthropophyteia VI*, s. 334) hikâyesini anlatıyor: Bir kadın banyoya giriyor. Banyodaki adam çabucak ancak gömleğini giyebiliyor. Utanan adam gömleğin ön yüzüyle ancak boğazını örtebiliyor ve şöyle diyor: "*Kravatım* olmadığı için özür dilerim."

bir dizi örneği bir araya getirdi; bu örneklerde rüya görenler rüyada yer alan doğayı ve başka mekânları resmetmiş.

Çizimler rüyadaki görünür ve gizli anlamları çok net ortaya koyuyor. Art niyetsiz baktığımızda bu çizimlerde krokiler, haritalar vs. görürüz ama derinlemesine bir inceleme bunların cinsel organlar vb. olduğunu ortaya koyar (*krş.* Pfister'in şifreli yazı ve şaşırtmacalı resimler üzerine yaptığı çalışmalar). Uydurma sözcüklerin tek tek parçalarında da cinsel anlamlar aramakta fayda var. –Rüyadaki çocukların da cinsel organlardan başka bir anlamı yoktur; erkekler de kadınlar da cinsel organlarından sevecenlikle "bizim ufaklık" diye söz ederler. Stekel "küçük erkek kardeş"in penis olduğunu anlamıştır. Küçük bir çocukla oynamak, ufaklığı dövmek vs. rüyada sık sık mastürbasyonu temsil eder. – Kastrasyonun sembolik temsili ise, rüya çalışmasında kellik, saçları kesmek, bir dişin düşmesi ya da kelle uçurmak gibi öğelerdir. Rüyada sıradan penis sembollerinin iki kez ya da daha çok yer almasını kastrasyondan kaçınma olarak anlamlandırmak gerekiyor. Koparılan kuyruğu yeniden çıkan kertenkelenin rüyaya girmesi de aynı anlama gelir. (*krş.* s. 34'deki kertenkele rüyası) – Mitolojide ve folklorda cinsel organ sembolü olarak kullanılan balık, sümüklü böcek, kedi, (cinsel organ tüyleri nedeniyle) fare ve ama özellikle de erkek cinsel organının en anlamlı sembolü olan yılan gibi hayvanların çoğu rüyalarda da aynı rolü üstlenir. Küçük hayvanlar ve haşere istenmeyen çocukların, örneğin istenmeyen kardeşlerin temsilcisidir. Vücutta haşere çoğunlukla gebeliğe işaret eder. Erkek cinsel organının her daim güncel olan bir başka sembolü olan zeplin, hem biçimi, hem de uçuyor olması itibariyle bu benzetmeyi hak eder. Stekel de bir dizi henüz tam doğrulanmamış sembol dile getirmiş ve bunları örneklerle kanıtlamıştır. Stekel'in yazılarında, özellikle de *Rüyaların Dili* adlı kitabında çok zengin bir sembol çözümleme çalışması yer alır.

Bu çözümlemelerin birçoğu son derece sağgörülüdür ve –ölümün sembollerini ele alan bölümde olduğu gibi– tekrar gözden geçirildiklerinde doğru oldukları ortaya çıkmıştır. Yazarın özeleştiri yapamaması ve bulgularını ne pahasına olursa olsun genellemeye çalışması, kimi yorumlarıyla ilgili tereddüt yaratmış ve bu yorumları kullanmamızı imkânsızlaştırmıştır. Bu nedenle bu çalışmalardan faydalanırken son derece dikkatli olmamız gerekiyor. Ben de aynı sebepten burada sadece sınırlı sayıda örneği ele alacağım.

Stekel rüyada *sağ* ve *sol*'un etik olarak yorumlanması gerektiğini söyler. "Sağdaki yol her zaman hakkın, adaletin yoludur, soldaki yol ise suçun ve cürmün." Demek ki rüyayı görenin bireysel ahlâk anlayışına bağlı olarak sol, eşcinselliği, ensesti ve sapkınlığı, sağ ise, evliliği, fahişelerle cinsel ilişkiyi vb. temsil edebilir (l. c., s. 466). Rüyada görülen *akrabalar* genellikle cinsel organların rolünü üstlenir (s. 473). Ben bu bağlamda sadece "ufaklık" tanımına uyan erkek evlat, kız evlat ve küçük kız kardeşi kabul edebilirim. Ama öte yandan kız kardeşlerin göğüslerin, erkek kardeşlerin ise daha büyük yarımkürelerin sembolleri olduğu kesin verilerdir. Stekel geçilemeyen bir arabayı, kapatılamayan yaş farkının yarattığı üzüntü olarak yorumlar (s. 479); yolculukta yanımızda taşıdığımız bagajın bizi boğan günahlarımız olduğunu söyler (*age*). Ama öte yandan bagajımızın çoğu zaman kendi cinsel organımızın sembolü olduğunu çok iyi biliyoruz. Stekel rüyada sık sık gördüğümüz sayılara da sabit anlamlar vermiştir; ancak tek tek rüyaların yorumu bazında bakıldığında, belki kabul görebilecek bu çözümler, ne tam doğrulanmıştır, ne de genel bir geçerlilikleri vardır. Öte yandan "3" sayısının erkek cinsel organını sembolize ettiği birçok kez kanıtlanmıştır. Stekel'in dile getirdiği genellemelerden biri de cinsel organ sembollerinin çift anlamlılığı: "Fantezilerimiz izin verdiği sürece, aynı zamanda hem kadın, hem de erkek cinsel organı anlamına gelmeyen bir sembol var mıdır acaba?!" Ancak zaten "fantezi" koşulu bu ifadenin genelleştirilmesini engelliyor, çünkü fantezimiz her zaman izin vermez böyle bir şeye. Ben, deneyimlerimden yola çıkarak, Stekel'in bu genellemesinin var olan çeşitlilik nedeniyle kabul görmemesi gerektiğini söylemeyi önemli buluyorum. Hem kadın, hem de erkek cinsel organlarını temsil eden sembollerin yanı sıra, neredeyse her zaman kadın ya da erkek cinsel organını temsil edenler ve bir de, sadece ya erkek ya da dişi anlamını bildiğimiz semboller de var. Fantezilerimiz, uzun, sivri nesnelerin ve silahların kadın cinsel organını ya da (kutu, paket, sandık gibi) boş nesnelerin erkek cinsel organını temsil etmesine izin vermez.

Rüyaların ve bilinçdışı fantezilerin cinsel sembolleri biseksüel olarak kullanma eğiliminin arkaik bir özellik olduğu doğrudur. Çünkü çocuklukta kadın ve erkeğin farklı cinsel organları olduğunu bilmeyiz ve her iki cinsin cinsel organının aynı olduğunu düşünürüz.

Ama öte yandan, cinsiyetlerin birbirinin yerini aldığı yani erkek cinsel organının kadını, kadın cinsel organının erkeği temsil ettiği rüyalarda, bunun biseksüel bir cinsel sembol olduğunu düşünmek gibi bir yanılgıya düşmek de mümkün. Bu tür rüyalar, örneğin bir kadının erkek olma arzusunu dile getirebilir.

Rüyalarda cinsel organlar başka bir organla da temsil edilebilir; erkek cinsel organını el ya da ayak, kadın cinsel organını ağız, kulak, hatta göz dahi temsil edebilir. İnsan vücudunun –sümük, salya, gözyaşı, idrar, sperm– gibi ifrazatları rüyada birbirinin yerine geçebilir. W. Stekel'in bütünsel bakıldığında doğru olan bu listesine R. Reitler haklı olarak eleştirel bir kısıtlama getirmiştir (*Uluslararası Psikoloji Dergisi I*, 1913). Bu yazının temel konusu, sperma gibi önemli ifrazatların yerini ilgisiz, önemsiz olanların almasıdır.

Büyük ölçüde yetersiz ve eksik olan bu ifadelerin başka araştırmacıları daha titizlikle veri toplamaya teşvik etmesini umuyorum.[61] Ben ise *Psikanalize Giriş Dersleri* (1916/17) adlı kitabımda rüya sembollerini daha ayrıntılı olarak ele almaya çalışmıştım.

Şimdi bu tür sembollerin rüyalarda nasıl kullanıldığında birkaç örnek verecek ve bu örneklerde, sembollere sırtımızı döndüğümüzde rüyaları yorumlamanın nasıl imkânsızlaştığını ve buna rağmen çoğu durumda buna nasıl zorlandığımızı göstereceğim. Ama bir taraftan da sembollerin rüya yorumu için anlam ve öneminin abartılmaması, rüya tercümesinin sembollerin tercümesiyle sınırlandırılmaması ve rüya görenin çağrışımlarını değerlendirmekten vazgeçmemek gerektiğini söylemek isterim. Aslen bu iki rüya yorumlama tekniğinin birbirini tamamlaması gerekir; ama hem teoride, hem de pratikte rüyanın yorumunun her zaman önceliği vardır; rüya yorumlanırken, rüyayı görenin ifadeleri belirleyicidir; sembollerin bizim tarafımızdan gerçekleştirilen tercümesi bu bağlamda ancak yardımcı bir rol üstlenebilir.

I. Erkeklik (erkek cinsel organının) sembolü olarak şapka[62]

(Baştan çıkarılma korkusuyla açık alan fobisi olan genç bir kadının rüyasından bir kesit)

"Bir yaz günü sokakta yürüyorum, başımda biçimi tuhaf bir hasır şapka var. Şapkanın orta kısmı yukarı doğru kıvrık, yanları ise aşağıya doğru sarkıyor (Bu noktada duralıyor anlatıcı), bir taraf diğerinden

61 Rüyada semboller konusunda Schner'in görüşleriyle burada geliştirdiğimiz görüşler arasındaki bütün farklılıklara rağmen, Scherner'in rüyada sembolleri asıl keşfeden kişi olduğunu kabul etmemiz gerekiyor. Psikanaliz deneyimlerimiz yıllar önce (1867) yayınlanan olağanüstü kitabının hakkını teslim etmemizi sağlamıştır.

62 *Rüyaların Yorumu*'na ekler, *Psikanaliz Yıllığı I*, 5/6, sayı, 1911.

daha aşağıda. Ben ise neşeliyim, kendimden eminim. Genç subayların olduğu bir birliğin yanında geçiyorum ve "Hiç biriniz bana zarar vermezsiniz!" diye düşünüyorum."

Hastamın aklına rüyadaki şapkayla ilgili hiçbir şey gelmediği için şöyle diyorum: Bu şapka ortadaki yukarı kıvrık ve yanlardaki aşağıya sarkan bölümleriyle bir erkek cinsel organı olmalı. Şapkanın bir erkeği temsil etmesi tuhaf tuhaf olmasına ama öte yandan "Kocaya gitmek"[63] diye de bir söyleyiş var. Bilinçli olarak yandan sarkan şeylerden birinin diğerinden daha aşağıda olduğu bölümüne değinmiyorum ki ama aslında tam da böyle ayrıntılar rüyanın yorumuna giden yolu açar bize. Şöyle devam ediyorum: Böylesine görkemli bir cinsel organı olan bir erkeğe sahip kadın, subaylardan korkmaz; yani –normalde baştan çıkarılma korkusuyla yanında koruyucu birileri olmadan sokağa çıkamayan kadının bu durumda– subaylardan yardım beklemesine gerek yoktur. Hastamın böyle bir korkusu olduğunu başka malzemelere dayanarak daha önce birçok kez ortaya çıkarmıştım.

Hastamın bu yorumun ardından takındığı tavır son derece dikkat çekici. Hasta şapkayı tasvir ettiği bölümü düzeltip, şapkanın yan kısımlarının aşağıya sarktığını söylemediğini belirtiyor. Ama ben duyduklarımdan eminim yani beni yanıltması mümkün değil. Bir süre sustuktan sonra, kocasının bir testisinin diğerinden daha aşağıda olmasının ne anlama geldiğini, bunun bütün erkeklerde böyle mi olduğunu sormaya cesaret ediyor. Böylece şapkanın bu tuhaf ayrıntısı açıklanmış oluyor ve hastam yorumun tamamını kabul ediyor.

Hastam rüyasını bana anlattığında, şapkanın bir sembol olduğunu uzun zamandır biliyordum zaten. Bu kadar net olmayan

63 "Unter die Haube kommen" deyiminin kelime anlamı "şapkanın altına girmek". –çev. n.

başka rüyalardan yola çıkarak, şapkanın kadın cinsel organının yerini tutabileceğini düşünüyordum.[64]

2. "Ufaklık" cinsel organ, arabanın altında kalmak cinsel ilişkinin sembolüdür. (Açık alan fobisi olan aynı kadın hastamın bir başka rüyası)

"Kadın, yalnız başına gitmeye alışsın diye, küçük kızını bir yere gönderir. Sonra kadın kendi annesiyle bir trendedir ve "ufaklığı"nın raylara doğru yürüdüğünü görür, yani trenin altında ezilecektir ufaklık. Kırılan kemiklerin sesi duyulur (bu sırada tatsız bir duygu hissedilir, dehşet değil). Sonra küçük kız vagonun penceresinden dışarıya bakıp arka tarafın görünüp görünmediğini anlamaya çalışır. Daha sonra ufaklığı yalnız gönderdiği için annesini suçlar."

Analiz: Burada rüyanın tam bir yorumunu yapmamız mümkün değil. Rüya bir dizi rüyanın sadece bir bölümü ve ancak diğer bütün rüyalarla birlikte ele alındığında tamamen anlaşılması mümkün. Ve maalesef sembolizm ile ilgili malzemeyi yalıtılmış olarak görmek de mümkün değil. –Hasta tren yolculuğunun öncelikle bir anıyla ilgili olarak yorumlanması gerektiğini, rüyada, müdürüne âşık olduğu bir psikiyatri kliniğinden eve dönerken yaptığı tren yolculuğuna bir gönderme olduğunu düşünüyor: Annesi onu klinikten almış, doktor da tren istasyonuna gelmiş ve ona bir demek çiçek vermiş, kız da annesinin bu bağlılık eylemine tanık olmasından rahatsız olmuştu. Yani burada kız ilişki çabalarının annesi tarafından engellendiğini düşünüyordu ve disiplinli bir kadın olan anne kızının gençlik yıllarında gerçekten de böyle bir rol üstlenmişti. –Bir sonraki çağrışım, *kız dışarı-*

64 Benzer bir örnek için *krş.* Kirckgraber'in anlattıkları (*Psikanaliz Yıllığı, III,* 1912, s. 95) ve Stekel'in (*Yıllık,* 1. cilt, s. 475) aktardığı bir rüyada eğri duyan tüyüyle bir şapka (iktidarsız) erkeği temsil ediyor.

ya bakıp arka tarafın görünüp görünmediğini anlamaya çalışmaktadır, cümlesiyle alakalı. Tabii rüyanın yüzeyinde trenin altında kalan ve un ufak olan kızın parçalarını görüyoruz. Ancak çağrışım bizi bambaşka bir yöne götürüyor. Hasta bir kez babasını banyoda arkadan çırılçıplak gördüğünü hatırlıyor, cinsiyet farklılıkları üzerine konuşmaya başlıyor ve cinsel organın erkeklerde arkadan da görülebileceğini, kadınlarda ise bunun mümkün olmadığını vurguluyor. Bu bağlamda kendisi "ufaklığın" cinsel organ olduğu, kendi ufaklığının (hastanın dört yaşında bir kızı vardı) kendi cinsel organı olduğu yorumunu yapıyor. Annesini, ondan cinsel organı yokmuş gibi yaşamasını istediği için suçluyor ve aynı suçlayıcı cümlenin rüyasının giriş cümlesinde de yer aldığını fark ediyor: Anne, *yalnız başına gitmek zorunda kalsın diye kendi ufaklığını bir yere gönderiyor.* Hastanın hayalinde sokakta yalnız başına gitmek, erkeksiz, cinsel ilişkisiz olmak demek (coire= birlikte gitmek) ve o bunu istemiyor. Hastanın söylediklerinin bütününden ortaya çıkıyor ki, anne, babanın kızını tercih etmesinden ötürü her zaman acı çekmiş ve kızını kıskanmıştır.

Rüyanın derinlemesine yorumu aynı gece görülen bir başka rüyada çıkıyor ortaya. Bu rüyada hastam kendini erkek kardeşiyle özdeşleştiriyor.

Hastam gerçekten de erkeksi bir kızmış ve kendiyle ilgili 'keşke erkek olsaydı' hayıflanmalarını sık sık duymuş. Hastanın kendini erkek kardeşiyle özdeşleştirmesi "ufaklığın" cinsel organ anlamına geldiğini açıkça ortaya çıkardı. Anne çocuğu kastrasyonla tehdit ediyor ki bu, cinsel organla oynadığı için verilen bir cezadan başka bir şey olamaz. Bu da sadece erkek kardeşiyle ilgili hatırlamasına rağmen kendisinin de mastürbasyon yaptığının kanıtı. İkinci rüyadan anlıyoruz ki hasta erken yaşta erkek cinsel organı hakkında bilgi sahibiydi ve sonra bu bilgiyi unutmuştu. Yine ikinci rüya kızların kastrasyona uğramış erkek çocuklar olduğunu söyleyen çocuk cinselliği teorisine bir gönderme. Kendisine bunu söylediğimde hemen kabul etti ve bana bu bağlamda bir anekdot anlattı: Erkek çocuk kıza sorar: Kestiler mi? Kız cevap verir: Hayır, hep böyleydi.

Demek ki birinci rüyadan ufaklığın, yani cinsel organın gönderilmesi kastrasyon tehdidiyle ilişkili. Ve nihayet hasta annesinden, onu erkek olarak doğurmadığı için şikayet ediyor.

"Bir aracın altında kalmak" eyleminin cinsel ilişki anlamına geldiğini sayısız başka kaynaktan bilmiyor olsaydık, sadece bu rüyadan yola çıkarak böyle bir çıkarım yapamazdık.

3. Cinsel organların binalarla, merdivenlerle ve şaftlarla temsil edilmesi.

(Baba kompleksinin ketlediği genç bir erkeğin rüyası)

"Babasıyla bir yerde gezintiye çıkmış. Buranın Prater[65] *olduğundan emin. Çünkü rotundayı*[66] *görüyor, onun önünde daha küçük bir çıkıntı. Çıkıntıya bir balon bağlı. Ama balon oldukça sönük görünüyor. Babası, bütün bunların ne işe yarayacağını soruyor. Adam şaşırıyor, ama yine de açıklıyor babasına. Sonra bir avluya giriyorlar. Avluya büyük bir metal levha serilmiş. Babası levhadan bir parça koparmak istiyor. Ama önce biri görüyor mu diye etrafa bakınıyor. Adam babasına, sadece bekçiye haber vermesi gerektiğini, sonra istediği kadar alabileceğini söylüyor. Avludan bacaya çıkan bir merdiven var. Bacanın duvarları yumuşak yastıklarla kaplı, tıpkı deri bir kanepe gibi ve sonunda daha uzun bir levha var ve sonra yeni bir baca başlıyor..."*

Analiz: Rüyayı gören kişi analizin belli bir aşamasına kadar hiçbir direnç göstermeyip bu noktadan itibaren neredeyse ulaşılması imkânsız hale gelen, terapiye çok da elverişli olmayan bir

65 Viyana'da lunaparkın olduğu semt. –çev. n.
66 Yuvarlak bina. –çev. n.

hastaydı ve rüyanın neredeyse tamamını tek başına yorumladı. "'Rotunda', cinsel organlarım, önündeki balon, penisim", dedi. Penisinin sönük olmasından şikâyet ediyordu. Daha ayrıntılı bir tercüme yapacak olursak, "rotunda" –çocukların çoğu zaman cinsel organların bir bölümü olarak kabul ettiği– popo, daha küçük olan çıkıntı ise testis torbası.

Babası, bütün bunların ne işe yaradığını yani cinsel organların amacını ve işlevini soruyor. Bu durumu tersine çevirip soru soranın rüyayı gören kişi olduğunu düşünmek mantıklı. Gerçekte babasına böyle bir soruyu hiçbir zaman yöneltmediği için, rüya düşüncesini bir arzu olarak ele alabilir ve şu şart cümlesini kurabiliriz: "Babamdan cinsel bilgi isteseydim..." Bu cümlenin devamını az sonra ele alacağız.

Metal levhanın yerleştirilmiş olduğu avluyu bir sembol olarak anlamamız gerekmez, çünkü bu görüntü babanın iş yerine ait bir görüntü. Ben "metal" sözcüğünü mahremiyet kaygısıyla babanın işinde gerçekten kullandığı başka bir malzemenin yerine kullandım, bunun dışında rüyadaki cümlelerde başka bir değişiklik yapmadım. Rüyayı gören kişi babasının işinde çalışmaya başlıyor ve şirketin kazancının bir kısmının pek de ahlâklı olmayan işlerden elde edildiğini görüp bozuluyor. Bu nedenle az önce başladığım cümle şöyle devam ediyor olabilir: "(Babamdan bilgi isteseydim,) müşterilerini kandırdığı gibi beni de kandırırdı." Hastam, babasının iş hayatındaki sahtekârlıklarının temsiliyle ilgili ikinci bir açıklama getirerek, bunun mastürbasyon anlamına geldiğini söylüyor. Bu açıklama bize yabancı değil (*bkz.* s. 384), üstelik gizli mastürbasyonun karşıtıyla ifade edilmesi tezimizle de çok güzel örtüşüyor (Baba istediği kadar alabileceğini, açıkça yapabileceğini söylüyor). Sonra ilk sahnedeki sorgulama gibi, mastürbasyon eyleminin de babaya aktarılması beklentilerimize uygun. Hasta bacayı yumuşak yastıklı duvarları nedeniyle hemen vajina duvarları olarak yorumluyor. İnip çıkma hareketinin vajinadaki koitusu tasvir ettiğini ise başka bilgilere dayanarak ben ekliyorum (*krş. Psikanaliz Dergisi I*, 1910'daki yazım; s. 294, dipnot).

"Birinci bacanın sonunda daha uzun bir levha var ve sonra ikinci bir baca başlıyor", cümlesini hasta kendi yaşamı olarak yorumluyor çünkü bir süre cinsel ilişkiye girmiş, sonra ketlemeler yüzünden vazgeçmiş, şimdi ise terapi sayesinde tekrar başlamayı umuyor. Ancak rüya sonuna doğru belirsizleşiyor. Rüya uzmanları anlayacaklardır ki ikinci rüya sahnesinden başlamak üzere rüyanın üzerinde bir başka konu etkin olmaya başlıyor. Bu konunun işaretleri, babanın iş hayatı, sahtekârlıkları ve baca olarak canlandırılan ilk vajina ki bu da anne ile bir ilişki olduğunu düşünmemizi sağlıyor.

4. Erkek cinsel organı sembolü olarak insanlar, kadın cinsel organı sembolü olarak doğa manzarası

(B. Dattner'in anlattığı, kocası bekçi olan halktan bir kadının rüyası)

"... Sonra biri hırsızlık için eve girmiş ve kadın korku içinde bekçiyi çağırmış. Ama bekçi iki sahtekârla güle oynaya bir sürü basamakla[67] *çıkılan kiliseye*[68] *gitmiş. Kilisenin ardında bir dağ,*[69] *dağın tepesinde ise bir orman*[70] *varmış. Bekçinin üzerinde bir miğfer, bir metal apolet ve bir palto varmış*[71] *ve sakalı kahverengiymiş. Mutlu mesut bekçiyle yürüyen iki aylağın üzerinde bellerinde torba gibi bağlanmış önlükler*[72] *varmış. Kilisenin önünden başlayan bir yol dağa çıkıyormuş. Yolun üzerinde*

67 Cinsel ilişki sembolü.
68 Ya da şapel=vajina.
69 Mons Veneris (Venüs Dağı).
70 Crines Pupis (cinsel organ tüyü).
71 Bir uzmanın söylediğine göre paltolu ve kukuletalı şeytanların fallik bir anlamı var.
72 Testis torbasının iki bölümü. Hodensack.

ot ve çalılıklar bitmiş. Bunlar yukarı çıktıkça sıklaşıyor ve sonunda bir ormana dönüşüyormuş."

5. Çocuklarda kastrasyon rüyaları

a) *"Üç yaş beş aylık bir erkek çocuğu babasının savaştan dönmesinden hiç memnun kalmamıştır. Bir sabah şaşkın ve heyecanlı uyanır ve sürekli şu soruyu tekrarlar: "Babam neden başının üstünde bir tabak taşıyordu? Bugün babamın başının üstünde bir tabak vardı."*

b) Bugün ağır bir saplantı nevrozu yaşayan bir öğrenci, altı yaşındayken sürekli şu rüyayı gördüğünü anlatıyor: Saçlarını kestirmek için berbere gidiyor. O anda yüzü sert hatlı uzun boylu bir kadın geliyor yanına ve kellesini uçuruyor. Çocuk kadının annesi olduğunu fark ediyor."

6. Bir sembol olarak idrar

Ferenczi aşağıdaki illüstrasyonu bir Macar mizah dergisinde (*Fidibusz*) bulmuş ve rüya teorisinin görselleştirilmesi için uygun olduğunu anlamıştır. O. Rank "Bir Fransız Mürebbiyesinin Rüyası" isimli bu çizgi hikâyeyi insanı uyandıran rüyalardaki sembol katmanlaşması çalışmasında (s. 99) kullanmıştır.

(illüstrasyon!!!)

Öncelikle çocuğun ağlamasıyla uyanan mürebbiyenin resmedildiği son kare, ilk yedi karenin rüyanın safhalarını içerdiğini gösterir bize. İlk kare uyanmaya neden olacak uyarımı ortaya koyar. Erkek çocuğun bir ihtiyacı vardır ve yardım ister. Ama rüya yatak odasındaki bu sahneyi sokağa taşır. İkinci karede çocuk sokakta bir köşeye çekilmiş çişini yapmaktadır – mürebbiye uyumaya devam edebilir. Ancak o sırada çalar saat çalar ve giderek daha yüksek sesle çalmaya devam eder; dikkate alınmadığını düşünen çocuk daha yüksek sesle bağırmaya başlar. Çocuk mürebbiyenin uyanması ve yardım etmesi yönündeki ısrarını artırdıkça, mürebbiyenin rüyada her şeyin yolunda olduğuna ve uyanması gerekmediğine inancı da artar. Çişini yapan çocuğun neden olduğu su birikintisi giderek büyür. Dördüncü karede bir kayık vardır suyun üzerinde, sonra bir gondol, sonra bir yelkenli ve nihayet bir buharlı gemi! Burada, inatçı bir uyku gereksinimiyle bitmek bilmez uyandırma uyarımı arasındaki mücadele muzip bir sanatçı tarafından son derece yaratıcı bir biçimde resmedilmiş.

7. Bir merdiven rüyası

(Otto Rank tarafından anlatılmış ve yorumlanmıştır.)

"İlerde anlatacağım (*bkz.* s. 415) diş uyarımı rüyasını anlatan dostuma, aynı ölçüde net olan aşağıdaki orgazm rüyasını da anlattığı için teşekkür borçluyum":

"Bana bir şey yapan küçük bir kızı cezalandırmak için peşinden merdivenlerden aşağıya koşuyorum. Merdivenlerin sonunda biri (yetişkin bir kadın?) çocuğu yakalıyor; ben çocuğa dokunuyorum ama vurup vurmadığımı hatırlamıyorum, çünkü birdenbire yine merdivenlerdeyim ve çocukla (sanki havadayız bir taraftan) cinsel ilişkiye giriyorum. Aslında gerçek bir cinsel ilişki değil bu, cinsel organımı kızın cinsel organına sürtüyorum sadece. Bu arada kızın cinsel organını ve yana yatırdığı başını çok net olarak görüyorum. Cinsel ilişki sırasında yukarıda solda (yine sanki havada asılı gibi) iki küçük tablo görüyorum, yeşillikler arasında bir evi gösteren birer doğa manzarası. Daha küçük olan tablonun altında ressamın adının olması gereken yerde benim adım yazılı; sanki bana ait bir hediye gibi. Tabloların önünde bir kâğıt asılı. Kâğıtta, ucuz tablolar bulunduğu yazıyor. (Daha sonra kendimi sanki merdiven sahanlığında yatakta yatıyormuş gibi görüyorum) ve boşalmanın ıslaklığıyla uyanıyorum."

Analiz: Rüyayı gören kişi rüyayı gördüğü günün akşamı girdiği bir kitapçıda sıra beklerken rüyadakilere benzer desenleri olan birkaç resmi incelemişti. Çok beğendiği küçük bir resme yaklaşmış ve ressamın adını okumuştu. Ancak ressamı tanımıyordu.

Aynı akşam Bohemyalı bir hizmetçi kızın arkadaşlarına, evlilik dışı çocuğunu "merdivenlerde yapmış olmakla" ünlendiğini anlattığını duymuştu.

Adam bu sıra dışı olayın ayrıntılarını soruşturmuş ve hizmetçi kızın sevgilisinin ana babasının evine gittiğini, burada cinsel ilişkiye girmeye uygun bir ortam olmadığı için tahrik olan sevgilinin merdivenlerde cinsel ilişkiye girdiğini öğrenmişti. Adam, muzip bir şakayla sahte şarap üreticiliğine gönderme yapmış ve "Çocuk gerçekten şarap mahzeniyle merdiven arasında bir yerde ekildi" demişti.

İşte bunlar rüyanın içeriğinde oldukça kolayca fark edilen ve rüyayı görenin kolayca hatırladığı bir önceki güne dair izlenimler. Adam rüyanın kullandığı bir çocukluk anısını da aynı şekilde kolayca hatırlıyor. Merdivenler çocukluk yıllarının büyük bölümünü geçirdiği bir evin merdivenleri ve ilk kez bu evde cinsel sorunların bilincine varmış. Adam bu merdivenlerde sık sık oynarmış ve yine sık sık ata biner gibi trabzanlardan kayar ve tahrik olurmuş. Rüyada da aceleyle merdivenlerden iniyor, –kendine ait çok net sözlerle ifade edecek olursak– o kadar aceleyle iniyor ki basamaklara değmiyor, adeta –hep söylendiği gibi– "uçarak aşağıya iniyor" ya da kayıyor. Bu çocukluk anısıyla birlikte ele alındığında rüyanın başında yer alan sahnenin, cinsel uyarım ânını temsil ettiğini söyleyebiliriz. Rüyayı gören kişi aynı evde, aynı merdivenlerde komşu çocuklarıyla alt alta üst üste cinsel oyunlar oynamış ve aynı rüyadaki gibi kendini tatmin etmiş.

Freud'un cinsellik sembolleri araştırmalarından (*bkz. Psikanaliz Dergisi,* 1. sayı, s. 2 ve devamı) rüyada merdiven görmenin ve merdiven çıkmanın neredeyse her zaman cinsel ilişki sembolü olduğunu bilenler için rüyanın anlamı artık tamamen anlaşılmıştır. Rüyayı güdüleyen güç, sonundaki boşalmadan da anlayacağımız gibi, salt libidoyla ilgili bir durum. Cinsel uyarım (rüyadaki sembolleri: aşağı koşmak -kaymak- merdivenler) uyku sırasında ortaya çıkar; bu uyarımın sadistik patlaması çocukluktaki itişip kakışmalarla ilişkilendirilerek rüyada kız çocuğun kovalanması ve yakalanmasıyla ifade edilir. Daha sonra libidinal uyarım artar ve adamı cinsel eyleme zorlar (rüyadaki sembolü, çocuğun yakalanması ve merdivenin ortasına sürüklenmesi). Bu noktaya kadar rüya sadece cinsel sembollerle doludur ve bu yüzden acemi rüya yorumcuları için anlaşılmazdır. Ama bu sembolik doyum çok şiddetli olan libidinal uyarıma yetmez ve uykunun devam etmesini sağlayamaz. Uyarım orgazmla sonuçlanır ve böylece merdivenin cinsel ilişkiyi sembolize ettiği ortaya çıkar. – Freud cinsel eylem için merdivenin sembol olarak kullanılmasının nedeni olarak her iki eylemin benzer ritmik hareketlerden oluşmasına dikkat çektiyse şayet, bu rüya bu görüşü doğrulayan bir rüyadır çünkü rüya gören kişi de bütün rüyada en belirgin öğenin cinsel eylemin ritmik gidiş gelişleri olduğunu söylemektedir.

Gerçek anlamları gibi sembolik anlamları itibariyle de "Kadın resimleri" olan şu iki tabloyla ilgili bir noktaya daha işaret etmek isterim: Tablolardan biri büyük, biri küçük; tıpkı rüya içeriğindeki hem büyük (yetişkin) hem de küçük bir kız çocuğunun bulunması gibi. Ucuz resimlerin de olması, fahişelik kompleksine işaret ediyor. Küçük resmin altında rüyayı görenin adının bulunması ve resmin doğum günü hediyesi olduğu düşüncesi ise anne baba kompleksine bir işaret (merdivenlerde doğmuş= cinsel ilişkiyle oluşmuş).

Bulanık olan son sahnede adamın kendini merdiven sahanlığında yatakta yatıyormuş gibi görmesi ve sonra ıslaklığı hissetmesi, mastürbasyonun ötesinde de çocukluğa bir gönderme ve belki de yatağı ıslatmak gibi haz alınan sahneleri örnek almış."

8. Değiştirilmiş bir merdiven rüyası

Kendine cinsel perhiz uygulayan ağır bir hastam fantezilerinde annesini takıntı haline getirmişti ve rüyalarında sürekli annesinin refakatinde merdivenlerden çıkıyordu. Bu hastama bu zorunlu perhiz yerine nadir de olsa mastürbasyon yapmasının daha az zararlı olacağını söyledim. Kendisini bu şekilde zorlamamın etkisiyle hasta şu rüyayı gördü:

"Piyano hocam, piyano çalmayı ihmal etmekle, Moscheles'in etütlerini, Clementi'nin Gradus ad Parnassum'unu çalışmamakla suçluyor beni."

Hastam rüyasına ek olarak "gradus"un merdiven olduğunu, piyano tuşlarının da bir skala oluşturdukları için merdiven gibi olduğunu söylüyor. O halde şunu söyleyebiliriz: Tek bir düşünce türü yoktur ki cinsel olgularla ve cinsel arzularla alakalı olmasın.

9. Gerçeklik duygusu ve tekrarın tasviri

Şu anda 35 yaşında olan bir adam, dört yaşında gördüğü ve çok iyi hatırladığı bir rüyayı anlatıyor. Rüyada *babasının vasiyetnamesini muhafaza eden noter* –hastamın babası kendisi üç yaşındayken ölmüş– *iki büyük armut getirir ve bir tanesini ona verir.*

İkinci armut oturma odasında pencere pervazındadır. Uyandığında rüyada gördüklerini gerçek sanan çocuk ısrarla annesinden ikinci armudu ister; armudun pencerenin pervazında olduğunu söyler. Annesi ise çocuğun söylediklerine güler.

Analiz: Noter yaşlı, neşeli bir beydi ve rüya görenin hatırladığı kadarıyla bir kez gerçekten de armut getirmişti. Pencere pervazı da rüyada gördüğü gibiydi. Hastanın aklına başka da bir şey gelmedi; bir de annesinin anlattığı bir rüyayı hatırladı. Rüyada annesinin başında iki kuş tünemişti. Annesi çocuğa bunların ne zaman uçacağını soruyordu. Ama kuşlar uçmamış ve annenin ağzına konmuşlardı ve biri dudağını emmişti.

Rüyayı görenin çağrışımla hiçbir şey hatırlamaması bize sembollerle yorum yapma hakkı veriyor. İki armut –*pommes ou poires*[73]– annenin çocuğu besleyen memeleri; pencere pervazı, ev rüyalarındaki balkon gibi (*krş.* s. 295) memelerin çıkıntısı. Rüyayı gerçek zannetmekte haklı, çünkü anne çocuğu gerçekten, hatta normalden daha uzun süre emzirmiş ve isterse hâlâ daha emebilirmiş. Rüyanın tercümesi şöyle olabilir: Eskiden çokça emdiğim memeni tekrar ver (göster) bana, anne. "Eskiden" sözcüğü armutlardan birinin yenmesini, "tekrar" ise, diğerini istediğini ifade ediyor. Bir eylemin *zaman içinde tekrar etmesi*, rüyada her zaman bir nesnesin *sayısal artışına* dönüşür.

Sembollerin dört yaşında bir çocuğun rüyasında dahi rol oynuyor olması gerçekten ilginç. Ancak bu istisnai bir durum değil, kural. O halde rüya görenlerin *baştan itibaren* sembolleri kullandığı söylenebilir.

Yirmi yedi yaşında bir hanımefendinin hiçbir etki altında kalmadan anlattığı aşağıda yer alan anısı, insanoğlunun sembolleri ne kadar erken yaşta rüyaların dışında da kullanmaya başladığını gösteriyor: *Hanım 3-4 yaşlarındadır. Çocuk bakıcısı ona, ondan 11 ay küçük erkek kardeşine ve yaşça ikisinin arasında yer alan kuzinine, gezmeye çıkmadan önce çiş yapmalarını söyler. Hanım en büyük çocuk olarak tuvalete oturur, diğerleri ise lazımlıklarına. Hanım kuzinine şöyle sorar: Senin de cüzdanın var mı? Walter'in küçük bir sosisi var, benim ise bir çantam. Kuzinin yanıtı: Evet benim de bir cüzdanım var.*

73 Elma ya da armut. –çev. n.

Çocuk bakıcısı gülerek bu konuşmayı dinler ve anneye anlatır ama anne çocukları çok kötü azarlar.

Aşağıdaki rüyada yer alan güzel semboller, rüyayı görenin kısıtlı yardımına rağmen yorumu mümkün kılıyor:

10. "Sağlıklı insanların rüyalarındaki sembolizm sorunu üzerine"[74]

"Psikanaliz karşıtlarının –son olarak da Havelock Ellis'in–[75] sık sık dile getirdiği bir itiraz, rüyadaki sembolizmin belki nevrotik bir ruhun ürünü olabileceği ancak genel bir geçerliliği olmadığıdır. Oysa bir taraftan psikanaliz araştırmaları normal ve nevrotik ruhsal yaşam arasında temel değil sadece nicel farklar olduğunu ortaya koyuyor, diğer taraftan da hem sağlıklı hem de hasta kişilerde bastırılmış olguların aynı şekilde devreye girdiğini bildiğimiz rüyaların analizinde, bu kişilerde rüya mekanizmasının da, sembollerin de aynı olduğunu görüyoruz. Evet doğru, sağlıklı insanların baskıya maruz kalmayan rüyaları nevrotiklerinkine oranla daha basit, daha şeffaf ve daha karakteristik semboller kullanır. Nevrotiklerin rüyalarını ise, daha güçlü olan sansür ve buradan kaynaklanarak ilerleyen çarpıtmaya bağlı olarak, daha acı veren, daha karanlık ve yorumu daha zor rüyalar olarak sınıflandırabiliriz. Aşağıdaki rüya bu gerçeği açıklayacak bize. Rüya nevrotik olmayan ama çekingen ve püriten bir kişiliğe sahip bir genç kıza ait; konuşmamız esnasında nişanlı olduğunu ama evlenmesinin gecikmesine neden olan engeller bulunduğunu öğreniyorum. Genç kız sonra birden şu rüyayı anlatıyor bana:

"I arrange the centre of the table with flowers for a birthday" (Bir doğum günü için bir masanın ortasına çiçek koyuyorum). Soru

74 *Psikanaliz Yıllığı II*, 1911, s. 340.
75 *Rüyalar Âlemi*, Londra, 1911, s. 168.

üzerine rüyada kendini (şu anda sahip olmadığı) yuvasında gibi hissettiğini ve *mutlu olduğunu* söylüyor.

Bilinen semboller sayesinde rüyayı kendim için tercüme edebiliyorum: Bu rüya hanımın evlenme arzusunun bir ifadesi. Ortadaki çiçeklerle masa hanımın kendini ve cinsel organını sembolize ediyor. Bir çocuğun doğumuyla ilgili düşüncelerle geleceğe ilişkin arzularının gerçekleştiğini ifade ediyor; yani düğün çok gerilerde kalmış.

"The center of the table"ın tuhaf bir ifade olduğuna dikkatini çektiğimde kabul ediyor ama tabii bu noktada direkt sorular yöneltmem mümkün değil. Sembollerin anlamı konusunda onu etkilemekten kaçınmaya özen gösteriyorum ama rüyanın tek tek bölümleri ile ilgili aklına gelenleri soruyorum. Analiz sırasında başlangıçtaki çekingenliğinin yerini rüyaların yorumuyla ilgili bir merak ve açık sözlülük alıyor ve bu da ciddi bir konuşma yapmamızı mümkün kılıyor.

Masada ne tür çiçeklerin olduğu yönündeki sorumu önce şöyle yanıtlıyor: "*Expensive flowers; one has to pay for them*" (Pahalı çiçekler; birinin ödemesi lazım bunları). Sonra kelimesi kelimesine şöyle diyor: "*Lilies of the valley, violets and pinks or cornations.*" (Vadinin zambakları, menekşeler ve karanfiller). Bu rüyada menekşe sözcüğünün popüler anlamı olan iffet bağlamında yer aldığını düşünüyorum. Menekşe sözcüğü "purity" (saflık) sözcüğünü çağrıştırıyor ve bu düşüncemi onaylıyor. "Valley" (vadi) kadınların rüyalarında sıkça rastlanan bir sembol. Böylece bu iki sembolün İngilizce menekşe kelimesinde tesadüfi buluşması rüya sembolizminde değerli bekâretinin –*Expensive flowers; one has to pay for them*– vurgulanması ve kocasının bunun değerini bileceği beklentisini dile getirmek için kullanılıyor. Aşağıda göreceğimiz gibi, "*expensive flowers*" sözleri her üç çiçek sembolünde farklı bir anlam taşıyor.

"Menekşe" sözcüğünün görünürde aseksüel olan gizli anlamını -oldukça cesur bir yaklaşımla- Fransızca "viol" (tecavüz) kelimesiyle bilinçsizce ilişkilendirerek açıklamaya çalıştım. Rüya sahibi hanım için "viol" sözcüğünün İngilizce tecavüz anlamına gelen "vialate" sözcüğünü çağrıştırması benim için sürpriz oldu. Violet ve violate sözcükleri arasındaki büyük tesadüfi benzerlik -bu iki sözcük İngilizcede sadece son hecenin vurgusundaki farklılıkla ayırt edilebiliyor- rüya tarafından "çiçeklerle" bekâretin bozulmasındaki [Defloration= Bu sözcük de çiçek (flora) sembolünü kullanıyor] şiddeti ve belki de kızdaki mazoşist eğilimi ifade etmek için kullanılıyor rüya tarafından. Sözcükler arasında bilinç dışına giden yollara köprüler kurulmasına güzel bir örnek. "*One has pay fort hem*" burada eş ve anne olmayı hayatıyla ödemek zorunda olmak anlamına geliyor.

Sonra "carnations" (karanfil) dediği pink (pembe karanfiller) sözcüğü bana "eti" hatırlatıyor. Hanımın aklına gelen ise "colour" (renk). Nişanlısının kendisine *sık sık* ve *bol miktarda* carnation (karanfil) getirdiğini ekliyor. Konuşmanın sonunda birdenbire, bana gerçekleri anlatmadığını, aklına gelenin "colour" (renk) değil, "incarnation" (ete kemiğe bürünme) olduğunu itiraf ediyor. Bu sözcüğü bulmasını bekliyordum zaten. Ayrıca "colour" da (renk) çok uzak bir çağrışım olmadığı gibi "carnation" et rengi anlamında yine aynı bütün içinde belirlenmiş. Kızın yalan söylemesi en büyük direncin tam da bu noktada olduğunu gösteriyor; çünkü semboller en kolay burada anlaşılıyor ve bu fallik konuyla ilgili libido ve bastırma arasındaki mücadele de yine burada en şiddetli halini alıyor. Çiçeklerin çoğu zaman nişanlının hediyesi olduğunu söylemesi, cinsel hediyelerin alınıp verilmesini ifade ediyor: kadın ona bekâretini hediye ediyor ve karşılığında zengin bir cinsel yaşam umuyor. "*Expensive flowers; one has to pay for them*"in burada da -gerçek, finansal- bir anlamı olmalı. Yani rüyadaki çiçek sembolizmi bekâreti kadınlığı, erkek sembolünü ve zorla bekâretin bozulmasını içeriyor. Burada şunu belirtmekte yarar var: Zaten çok yaygın olan cinsel çiçek sembollerinde, insanların cinsel organları bitkilerin cinsel organları olan çiçeklerle temsil edilir. Birbirlerini sevenlerin birbirlerine çiçek vermelerinin bilinçdışındaki anlamı budur belki."

"Rüyada hazırlandığı doğum günü bir çocuğun doğumu olmalı. Kadın kendini damatla özdeşleştiriyor, onu kendisiyle cinsel ilişkiye girerken yani doğuma hazırlarken temsil ediyor. Buradaki gizli düşünce şu olabilir: Ben o olsaydım, beklemezdim ve gelinin fikrini almadan bekâretini bozardım, şiddet uygulardım; *violate* sözcüğü buna işaret ediyor zaten. Burada da sadistik libido bileşeni ifadesini buluyor."

" '*I arrange* (koyuyorum) vs.'nin rüyanın daha derin bir katmanında oto-erotik yani çocukluğa ait bir anlamı olmalı."

"Sadece rüyada farkına vardığı bedensel eksikleri de var; kendini bir masa gibi dümdüz görüyor, böylece "*centre*"nin (merkez; bir başka sefer bunu "*a centre piece of flowers*" – çiçeklerin merkezi olarak adlandırıyor) yani bekâretinin değerli olduğunu vurguluyor. Masanın yatay olması da bir sembol öğesi olmalı.– Bir başka önemli konu rüyanın son derece yalın olması, yani gereksiz tek bir kelime yok, kullanılan her kelime, bir sembol.

"Daha sonra rüyaya bir ekleme yapıyor: "*I decorate the flowers with gren crinkled paper*" (Çiçekleri yeşil, burulmuş kâğıtla süslüyorum). Kâğıdın normalde çiçek saksılarının sarmalandığı "*fancy paper*" (süsleme kâğıdı) olduğunu söylüyor ve ekliyor: "*to hide untidy things, whatever was to be seen, which was not pretty to the eye; the is a gap, a little space in the flowers.*" Yani: "Görülmesi hoş olmayan pis şeyleri saklamak için; çiçekler arasında bir yarık, bir ara alan." "*The papaer looks like verlvet or moss*" ("Kâğıt kadifeye ya da yosuna benziyor"). "*Decorate*" (süslemek) umduğum gibi "*decorum*"u (edebe uygunluk) çağrıştırıyor. Yeşil renk ağır basıyor; bu "*hope*"u (umut) çağrıştırıyor, ki bu da hamilelikle ilişkili. – Rüyanın bu bölümünde erkekle özdeşleşme söz konusu değil, onun yerine utanç ve açıklık duyguları geçerli.

Kadın erkek için süsleniyor, utandığı ve gidermeye çalıştığı bedensel eksikliklerini kabul ediyor. Kadife ve yosunun *crines pubis*'e (kasıklardaki tüyler) atıf olduğu çok açık."

"Rüya kızın uyanık yaşamda neredeyse hiç farkında olmadığı düşüncelere yer veriyor. Bunlar cinsellik ve uzuvlarıyla ilgili düşünceler: Kız "bir doğum gününe hazırlanıyor", cinsel ilişkiye girmek demek; bekâretinin bozulmasından korkması ya da belki haz veren acı ifade buluyor burada; bedensel eksikliklerini kabul ediyor ama bekâretinin değerini abartarak telafi ediyor bunu. Cinsel arzularından duyduğu utancı, bebek yapmak için cinsel ilişkiye girmek istediği düşüncesiyle mazur gösteriyor. Âşık insanın aklına gelmeyecek maddiyatla ilgili düşünceler de çıkıyor ortaya. Bu basit rüyaya hâkim olan duygu –mutluluk duygusu– bu rüyayla güçlü duyguların tatmin bulduğunu söylüyor."

Frenczi haklı olarak, "hiçbir şeyden haberi olmayanların" rüyalarının ve rüyalarındaki sembollerin kolaylıkla anlaşılabildiğini söyler (*Uluslararası Psikanaliz Dergisi IV*, 1916/17).

Aşağıda günümüzün tarihi kişiliklerinden birine ait bir rüya analizini ele alacağım çünkü bu rüyada normalde de erkek cinsel organını temsil etmeye uygun bir nesne, ek bir açıklamayla net bir biçimde fallik bir sembol olduğunu ortaya koyuyor. Bir at kırbacının "sonsuz uzantısı"nı ereksiyondan başka bir şey olarak yorumlamak kolay değil. Bunun ötesinde bu rüya, cinsellikle alakası olmayan ciddi düşüncelerin çocukluktan kalma cinsel malzemeyle nasıl ifade edildiğine dair güzel bir örnek.

11. Bismark'ın bir rüyası
(Dr. Hanns Sachs'tan alıntılanmıştır)

"Bismark *Düşünceler ve Hatıralar*'da (Cep kitap, 2. cilt, s. 222) 18 Aralık 1881'de İmparator Wilhelm'e yazdığı bir mektuptan söz eder. Bu mektupta aşağıdaki bölüm yer alır: "Majestelerinin mektubu bana 1863 baharındaki normal bir insanın katlanamayacağı zor günlerde gördüğüm bir rüyayı anlatma cesareti verdi. Sabah hemen eşime ve başkalarına anlattığım bu rüyada, Alp Dağları'nda dar bir patikada at üstünde ilerliyordum. Solumda kayalar, sağımda uçurum vardı. Patika giderek daraldı, at ilerlemeye direniyordu. Yol daraldığı için geri dönmek de, attan aşağı inmek de mümkün değildi.

Bunun üzerine sol elimdeki kırbaçla kayanın düz kısmına vurdum ve Tanrı'ya yalvardım; kırbaç sonsuz uzadı, kaya bir dekor panosu gibi yıkıldı ve karşıma geniş bir yol çıktı. Yolda Bohemya'daki gibi tepeler ve ormanlar ve ellerinde bayraklarla Prusyalı birlikleri görüyordum. Bir taraftan bu olanları nasıl en çabuk şekilde majestelerine bildirebilirim diye düşünüyordum. Bu rüya gerçekleşti ve mutlu ve güçlenmiş olarak uyandım."

"Rüyadaki olaylar iki bölümden oluşuyor: Birinci bölümde rüyayı gören sıkıntı ve sıkışıklık hissi yaşıyor; ikinci bölümde ise bu sıkıntı müthiş bir şekilde sona eriyor. Atın ve sürücünün içinde bulundukları zor durumun, rüyayı gördüğü gecenin akşamı politika üzerine düşünürken imparatorun zor durumuna üzülmüş oluşunu temsil ettiğini kolayca anlayabiliriz. Bismark yukarıda söz edilen mektupta rüyayı anlatırken kullandığı benzer sözlerle (çare bulamamak) o günlerdeki çaresizliğini betimliyor. Yani durumu kendi de biliyor olmalı kesinlikle. Öte yandan bu durum, Silberer'in "işlevsel olgu" dediği şeye güzel bir örnek. Düşüncelerinde çözüm ararken her seferinde aşılmaz engellerle karşılaşan ama zihninin bu sorunla meşgul olmasını da engelleyemeyen kişinin zihnindeki süreçler bu kişinin rüyasında ne ileri ne de geri gidebilen atlıyla çok güzel ifade edilmiş. Vazgeçmesini ya da geri adım atmasını engelleyen gururu ise, "geri dönmek ya da attan inmek... imkânsız" sözleriyle temsil edilmiş. Bismark başkalarının rahat etmesi için kendini zora sokan biri olarak kendini ata benzetmiş olabilir ve buna benzer bir tutumu da birçok kez sergilemiştir. Örnek olarak şu sözlerine bakalım: "Çalışkan bir at koşumlarıyla[76] ölür." Böyle yorumlandığında "atın direnmesini" yorgunluktan bitap düşmüş Bismark'ın güncel dertlere sırtını dönmeyi arzulaması ya da başka bir deyişle, uyku ve rüyayla gerçeğin zincirlerinden kurtulmak istemesi olarak yorumlayabiliriz. İkinci bölümde yoğun bir şekilde ortaya çıkan arzu giderilmesinin ilk işaretlerini "Alp Dağları'ndaki patika" sözünde görüyoruz. Bismark o anda bir sonraki tatilini Alpler'de (Gastein'da) geçireceğini biliyor olmalıydı; yani onu Alpler'e götüren rüyası sayesinde can sıkıcı devlet işlerinden kurtulmuş olacaktı."

"Rüyanın ikinci bölümünde rüyayı görenin arzuları iki şekilde –gizlice değil, elle tutulur şekilde ve bir de sembollerle– giderilmiş oluyor. Bunun sembolleri, olarak engel teşkil eden kayanın ortadan kalkması, onun yerine geniş bir patikanın –yani aranan yolun en rahat şekilde– ortaya çıkması ve ilerleyen Prusya birliklerinin açıkça görülmesi. Bu kehanet görüntüsünü açıklamak için mitsel ilişkilendirmelere ihtiyacımız yok asla; Freud'un arzu giderilmesi teorisi açıklama için kesinlikle yeterlidir. Bismark daha o zamanlar ülke içi sorunların çözümü için en uygun yolun Avusturya'yla zaferle bitecek bir savaş olduğunu düşünüyordu. Prusya birliklerini ellerinde bayraklarla Bohemya'da yani düşmanın ülkesinde görmesi, Freud'un söylediği gibi, bu arzunun gerçekleştiğini gösterir. Ancak bireysel açıdan baktığımızda

76 "Çalışırken" anlamında. –çev. n.

önemli bir nokta, rüyayı gören kişinin arzusunun giderilmesiyle kalmayıp, gerçek hayatta da bunu nasıl gerçekleştireceğini biliyor olmasıdır. Psikanaliz tekniğini bilen herkesin dikkatini çekmesi gereken bir başka nokta da "sonsuza uzayan" kırbaçtır. Kırbaç, baston, mızrak ve benzeri şeylerin fallik bir sembol olduğunu biliyoruz. Ama bu kırbaç bir de fallusun en önemli özelliği olan büyüme özelliğine sahipse, geriye hiçbir kuşkumuz kalmaz. Fallusun "sonsuza uzaması" abartmasını çocukluktaki "aşırı anlamlandırma"yla yorumlamak gerekiyor. Kırbacı eline almak açık bir mastürbasyon imasıdır ama burada rüyayı gören kişinin güncel yaşamını değil, gerilerde kalmış çocukluk hazlarını düşünmek gerekir. Burada Dr. Stekel'in, rüyada "sol tarafı" görmenin haksızlık, yasak, günah anlamına geldiğini söyleyen yorumu çok değerli çünkü bu yorum yasak olmasına rağmen çocuklukta yapılan mastürbasyonu açıklamaya çok uygun. Bu derinlerde yatan çocuksu katmanla devlet adamının günlük planlarını içeren en üstteki katman arasında bir de hem derindeki, hem de üstteki katmanla ilişkili bir orta (ara) katman mevcut. Bütün bu sahne, yani Tanrı'dan yardım ihsan ederek kayaya vurulan ve böylece bütün dertlerin bittiği an bize İncil'den bir sahneyi, Musa'nın susayan İsrailoğulları için asasını taşa vurarak su çıkartmasını hatırlatır. İncil'e inanan Protestan bir aileye mensup Bismark'ın İncil'deki bu sahneden haberdar olduğunu varsayabiliriz mutlaka. Bismark kendini rahatlıkla, kurtarmak istediği halk tarafından isyan, nefret ve nankörlükle ödüllendirilen Musa'yla karşılaştırabilir. Bismark'ın bugünkü arzularıyla bağlantı da bu durum olmalı. Öte yandan İncil'deki sahnede mastürbasyon fantezilerine kolaylıkla uyarlanabilecek birtakım ayrıntılar var. Musa Tanrı'nın buyruğuna riayet etmeyerek asasına davranıyor; Tanrı bu karşı koyuş için Musa'yı cezalandırıyor ve ona vaat edilen toprakları göremeden öleceği bildiriyor.

Rüyada kesinlikle fallik bir anlamı olan asanın yasak olmasına rağmen ele alınması, Musa'nın asayı vurarak su çıkartması ve ölüm tehdidi: İşte çocukluktaki mastürbasyonun en önemli noktaları bir arada. Biri dâhi devlet adamının psikolojik dünyasına, diğeri ilkel çocuk ruhunun uyarımlarına ait iki farklı görüntünün İncil'deki söz konusu sahne aracılığıyla birleştirilmesi ve bu arada en utandırıcı sahnelerin silinmiş olması son derece ilginç. Asaya dokunulmasının yasak ve tahrik eden bir eylem olması, artık sadece bu eylemi gerçekleştiren sol elle sembolik olarak temsil ediliyor. Ayrıca Tanrı yardıma çağrılmış ki yasak ve gizli düşünceler açıkça inkâr edilsin ve uzaklaştırılsın. Tanrı'nın Musa'ya vaat ettiklerinden ilki rüyada gerçekleşiyor (Vaat edilmiş toprakları göreceği ama ayak basamayacağı: Rüyadaki tepe ve ormanlar), son derece utanç verici olan ikincinin sözü dahi edilmiyor. Suyun yer aldığı sahneyle bir önceki sahne ikincil işlem aracılığıyla bütünleştirilmiş olmalı ki su feda edilmiş, bunun yerine kayanın kendi yıkılıyor."

"Yasak motifinin de yer aldığı çocukluğa ait bir mastürbasyon fantezisinin çocuğun yaptığını kimsenin fark etmemesi arzusuyla biteceğini düşünürüz. Rüyada bu arzuyu karşıtı yani olanları hemen krala bildirme arzusu temsil ediyor. Bu tersine çevirme hiç yadırganmayacak bir mükemmellikle, rüya düşüncesinin en üst katmanında ve görünür rüya içeriğinin bir kısmında yer alan zafer fantezisine eklemleniyor. Bu türden bir zafer ve fethetme fantezisi genellikle erotik bir fetih arzusunun maskesidir; rüyada ilerlemeye çalışan Bismark'ın önüne engel çıkması ya da uzayan kırbacı kullandıktan sonra önünde geniş bir yol açılması gibi rüya bölümlerinin bu eklemlenmeye işaret etmesi beklenirdi. Ama belli ki bütün rüyayı kat eden bir düşünce ve arzu hattı oluşturamamışlar. Biz ise burada, mükemmel bir rüyada çarpıtma örneğiyle karşı karşıyayız. İtici olan bölümler, koruyucu bir örtü gibi rüyayı sarmalayan dokunun dışına çıkamamışlar. Bunun sonucu olarak her türlü korkudan kaçınmak mümkün olmuş. Sansürün zarar veremediği ve başarıyla gerçekleştirilmiş kusursuz bir arzu giderilmesi olan bu rüyadan, rüyayı görenin neşeyle ve güçlenmiş olarak uyandığını düşünebiliriz."

Son örnek:

12. Bir kimyagerin rüyası

Kimyager mastürbasyon alışkanlığından vazgeçip kadınlarla cinsel ilişkiye girmeye çalışan genç bir erkektir.

Ön bilgi: Kimyager rüyadan önceki gün bir öğrencisine, magnezyumun iyodun katalizör etkisiyle saf etere dönüştüğü Grignard Tepkimesi'ni izah etmişti. İki gün önce söz konusu tepkime sırasında bir patlama meydana gelmiş ve işçilerden birinin eli yanmıştı.

Birinci rüya: *Kimyagerin penil magnezyum bromid üretmesi gerekmektedir. Aygıtı net olarak görmektedir ama kendisi magnezyumun yerine geçmiştir. Çalkantılı ve tuhaf bir ruh hali içindedir ve kendine sürekli şöyle der: Doğru olan bu, her şey yolunda, ayaklarım çözülüyor, dizlerim yumuşuyor. Sonra ayaklarını tutuyor, (nasıl olduğunu anlamıyor ama) bacaklarını pistondan çıkarıyor ve kendi kendine tekrar şöyle diyor: İmkânsız bu.–Hayır, mümkün, doğrusu bu. Kısmen uyanıyor bu arada, anlatmak istediği için rüyasını kendine tekrarlıyor. Rüyanın yorumundan korkuyor. Yarı uykuda çok heyecanlı ve sürekli "penil, penil" diyor.*

İkinci rüya: *Bütün aile yine X'teler, saat 11:30'da Schottentor'da bir hanımla randevusu var ama o saatte ancak uyanıyor. Kendi kendine şöyle diyor: Artık çok geç, oraya gidene kadar saat 12:30 olur. O anda bütün aileyi bir masanın etrafında toplanmış görüyor; özellikle annesi ve elinde çorba tenceresiyle hizmetçi kadın çok belirgin. Kendi kendine şöyle diyor: Madem yemek yiyeceğiz, gidemem.*

Analiz: İlk rüyanın da randevulaştığı kadınla bir bağlantısı olduğu kesin (Rüya randevudan bir gece önce görülmüş). Bilgi verdiği öğrenci iğrenç bir adam. Ona diyor ki: Bu doğru değil, çünkü magnezyuma henüz dokunulmamış. Öğrenci ise, adeta umurunda değilmiş gibi şöyle yanıt veriyor: Bu doğru değil. Öğrenci kimyagerin kendisi olmalı; – tıpkı öğrencinin *sentez*i umursamaması gibi o da *analiz*i umursamıyor. Rüyadaki eylemi yapan kişi olan "o", aslında "ben". Netice konusunda bu kadar umursamaz olması ne kadar iğrenç, diye düşünüyor.

Kimyager, öte yandan analize (senteze) tabi tutulan kişi. Burada önemli olan, tedavinin başarılı olması. Rüyadaki bacaklar bir gece önceki bir izlenimi anımsatıyor. O gün dans dersinde, gönlünü fethetmek istediği bir hanımla berabermiş.

Dans sırasında öylesine sıkı sarılmış ki kadın çığlık atmış. Kadının bacaklarına baskı yapmaktan vazgeçtiğinde, rüyada adı geçen yerlerde yani baldırlarından dizlerinin üst kısmına kadarki bölümde kadının baskısını hissetmiş. Bu durumda kadın imbikteki magnezyum oluyor; magnezyum doğru seçim, yani "doğru olan bu." Adam kadına karşı eril, bana karşı dişi. Kadınla her şey yolundaysa, tedavide de her şey yolunda. Dokunma ve dizlerinde hissettikleri, mastürbasyona ve bir gün önceki yorgunluğuna işaret ediyor. – Hanımla randevusu gerçekten de 11:30'taydı. Uyuyakalma ve evdeki cinsel oyunlarıyla (yani mastürbasyonla) baş başa kalma arzusu, direncine tekabül ediyor.

Penil sözcüğünün sürekli tekrarlanması ile ilgili şunları söylüyor: "İl" ekiyle biten elementleri her zaman çok sevmişimdir; benzil, aletil gibi isimlerin kullanılması her zaman kolay olmuştur. Bu hiçbir şeyi açıklamıyor. Ama kendisine "Schlemihl" (bahtsız, beceriksiz) elementini önerdiğimde gülüyor ve yazın Prévost'tan bir kitap okuduğunu, kitapta 'les exclus de l'amour" diye bir bölümde, 'Schlemiliés'ten söz edildiğini söylüyor ve bu sözcüğü açıklarken "İşte ben; randevuya geç kalmam büyük bir 'Schlemihlerei' (bahtsızlık, beceriksizlik) olurdu" diyor.

Burada cinsel rüya sembollerinin dolaysız ve deneysel olarak doğrulandığını görüyoruz. Dr. Karl Schröder 1912'de Hans Swoboda'nın önerisiyle derin hipnoz altındaki kişilerde telkin yoluyla rüya içeriğinin büyük bölümünü belirleyebilmiştir. Normal ya da anormal cinsel ilişki rüyaları görülmesi telkin edildiğinde, rüya, cinsel malzemenin yerine psikanalitik rüya yorumlarından tanıdığımız sembolleri koyar. Örneğin bir kız arkadaşıyla eşcinsel bir ilişki telkin edilen kişi, rüyasında bu arkadaşını elinde, üzerinde "kadınlara mahsustur" yazan eski püskü bir çantayla görmüştür. Söylendiğine göre rüyayı gören kişinin rüyalarda sembol ve rüya yorumu ile ilgili hiçbir bilgisi yok. Bu önemli araştırmanın değerlendirilmesi maalesef talihsiz bir olay yüzünden yarım kalmış, Dr. Schrötter kısa bir süre sonra intihar etmiştir. Schrötter'in rüya deneyleri bir ön bildiri olarak *Zentralblatt für Psychoanalyse*'de yayımlandı.

Benzer sonuçlara varan G. Roffenstein bunları 1923 yılında yayınladı. Ama asıl Betlheim ve Harmann'nın deneyleri son derece ilginçtir çünkü bu deneylerde hipnoz kullanılmamıştır. Bu yazarlar ("Korsakof Sendromunun Eksik Tepkimeleri Üzerine", *Psikiyatri Arşivi*, cilt 72, 1924) Korsakof sendromu olan hastalara kaba cinsel içerikli hikâyeler anlatmış ve hastaların aynı hikâyeleri anlatırken yaptıkları çarpıtmaları (merdiven çıkmak, bir şey batırmak, ateş etmek gibi eylemlerin cinsel birleşme ve bıçak ve sigaranın penis sembolü olarak kullanılması) gözlemlemişlerdir. Özellikle merdiven çıkmaya haklı olarak özel bir önem atfediliyor çünkü "bilinçli bir çarpıtma isteğiyle bu tür bir sembolleştirme mümkün değildir."

Rüyadaki sembollerin önemini hak ettikleri şekilde ele aldıktan sonra, artık sayfa 295'te yarım bıraktığımız tipik rüyalar konusuna geri dönebiliriz. Bu rüyaları iki ana gruba ayırabileceğimizi düşünüyorum: Her zaman aynı anlama gelenler ve aynı ve benzer içeriklere sahip olmalarına rağmen farklı şekilde yorumlanması gerekenler. Birinci gruba giren rüyalardan sınav rüyalarını daha önce ayrıntılı olarak ele almıştım.

Treni kaçırma rüyalarını benzer duygulanımlardan ötürü sınav rüyaları grubuna katabiliriz. Bu rüyaların açıklaması bu benzerliği haklı çıkarıyor. Bu rüyalar, uykuda hissedilen bir başka korkunun, ölüm korkusunun tesellisi rüyalarıdır. "Yolculuğa çıkmak" ölüm sembolleri arasında en sık rastlanan ve en iyi kanıtlanmış semboldür. Rüya, şu teselli cümlesidir: "Sakin ol, ölmeyeceksin (yolculuğa çıkmayacaksın)." Sınav rüyaları da şöyle yatıştırır bizi: Korkma, bu sefer de bir şey olmayacak. Her iki tür rüyayı da anlamamızı zorlaştıran şey, korku hissinin, teselli eden ifadeyle bir arada ortaya çıkmasıdır.

Hastalarımda yeterince yorumladığım "diş uyarım rüyalarının" anlamını uzun süre kavrayamadım. Zira şaşırarak gördüm ki bu rüyalar her zaman yorumu engelleyen büyük bir direnç gösteriyorlar.

Ama sonunda elimdeki sayısız bulgu, erkeklerde bu rüyaların itici gücünün ergenlik dönemindeki mastürbasyon isteğinden başka bir şey olmadığı konusunda hiçbir şüphe bırakmadı. Şimdi bir tanesi aynı zamanda bir "uçma rüyası" olan bu tür iki rüyayı analiz edeceğim. Her iki rüya da aynı kişiye ait. Rüya sahibi güçlü eşcinsel eğilimleri olan ama bu eğilimlerini tam anlamıyla yaşamayan bir erkek:

Rüya sahibi operada "Fidelio" gösteriminde ön sıralarda oturmaktadır. Yanında oturan L. sempati duyduğu, dostluk kurmak istediği biridir. Adam birden ön sıraların üzerinden arka sıralara doğru uçmaya başlar, ağzını tutar ve iki dişini çeker.

Adam uçuşunu, sanki havaya "atılmış" gibi, sözleriyle tasvir eder. "Fidelio" gösteriminde olduğu için oyun yazarının sözleri uygundur bu duruma:

"Ne kadar hoş ve kibar bir kadın elde edilen..."

Ama hoş ve kibar bir kadını ele geçirmek gibi bir arzusu da yoktur. Arzusuna uygun düşen iki başka mısra:

"Bir dostun dostu olmak gibi
büyük bir şansa[77] sahip olan..."

Rüyada bu "büyük atış" yer alıyor almasına ama bu, bir arzunun giderilmesinden ibaret değil. Bu arzunun arkasında, daha önce dostluk kurma çabalarında şansının yaver gitmediği, "dışarı atıldığı" için duyduğu utanç ve "Fidelio" gösteriminde yanında oturan adamla da aynı şeyin tekrarlanacağı korkusu gizli. Hassas adam bu düşüncelerini utanç verici bir itirafla sonlandırıyor ve bir kez arkadaşı tarafından reddedildiğinde, özlemden tahrik olup iki kez mastürbasyon yaptığını hatırlıyor.

Diğer rüya: *Tanıdığı iki üniversite profesörü benim yerime adamı tedavi ediyor. Bir tanesi penisine bir şey yapıyor; adam ameliyat edilmekten korkuyor. Diğer profesör demir bir çubukla ağzına vuruyor ve adamın bir ya da iki dişi düşüyor. Adam dört ipek bez parçasıyla bağlanmış.*

Rüyanın cinsel anlamından kuşkumuz yok. İpek bezler tanıdığı bir eşcinselle kendini özdeşleştirmesine tekabül ediyor. O âna kadar hiç cinsel ilişkiye girmemiş, bir erkekle cinsel ilişkiye girmeye de hiç niyet etmemiş olan adam, cinsel ilişkiyi, ergenlik-

77 Buradaki "şans" sözcüğünün karşılığı olan "Wurf", aynı zamanda "atış, atma" anlamına geliyor. –çev. n.

te yaşadığı ve hatırladığı bir mastürbasyon anısını örnek alarak rüyada görüyor.

Rüyada başka birinin dişini çekmek vb. gibi tipik diş uyarımı rüyalarının farklılaştırılmış çeşitlerinin de benzer bir açıklamayla anlaşılır olacağını düşünüyorum.[78] Asıl anlaşılması güç olan, "diş uyarımı"nın nasıl bu anlama ulaştığı. Bu noktada cinsel bastırma adına bedenimizin yukarı bölümündeki organların aşağıdakilerle sık sık yer değiştirdiğine dikkat çekmek isterim. Bu sayede histeride cinsel organlarla ilgili her tür duyum ve niyetin en azından cinsel olarak sorgulanmayacak başka bir organda ortaya çıkması mümkün oluyor.

Bilinçdışı düşüncede cinsel organların yerine suratımızın kullanılması bu tür bir yer değiştirmeye bir örnektir. Buna "popo yanakları"nı yüzümüzdeki yanaklara, "vajina dudakları"nı, ağzımızı çevreleyen dudaklara benzeten gündelik dil de katkıda bulunur. Burunla penis arasında da sayısız gönderme vardır, her ikisinde de bulunan kıllar bu benzetmeyi kusursuzlaştırır. Sadece tek bir organı hiçbir şekilde başka bir şeye benzetmek mümkün değildir ki bu da diştir. Ve işte tam da bu benzemezlik ve benzerliğin buluşması cinsel bastırmanın temsilinde dişlerin kullanılmasını mümkün kılar.

Bu noktada emin olmama rağmen, diş uyarımı rüyasının mastürbasyon rüyası olarak yorumlanabileceğini iddia etmek istemiyorum.[79] Açıklayabildiğim kadarını buraya alıyor, kalan

78 Başka birinin dişini çekmeyi genellikle kastrasyon olarak yorumlamak gerekiyor (tıpkı kuaförün saç kesmesi gibi; Stelek). Diş uyarımı ve örn. Coriat'ın aktardığı cinsten (*Psikanaliz Yıllığı III*, 440) diş doktoru rüyaları da ayrı ele almak lazım.

79 C. G. Jung kadınlarda diş uyarımı rüyalarının doğum rüyaları olduğunu söyler. E. Jones bunun doğru olduğunu dair iyi bir kanıt sunmuştur. Bu yorum ve yukarıda elen alınan yorum arasındaki ortak nokta, her iki durumda da (kastrasyon ve doğum) bedenin bir kısmının bütünden ayrılmasının söz konusu olmasıdır.

kısmını çözülmemiş olarak bırakıyorum. Ama önce konuşma diliyle bir bağlantıya daha değineceğim. Bizim ülkelerimizde mastürbasyon eylemi için pek de kibar sayılamayacak bir deyim vardır: "bir tane çekmek, bir tane dışarı çekmek."[80] Bu söyleyişin kaynağının hangi görsel malzemeye dayandığını bilmiyorum ama ilkine "diş" sözcüğünün çok uyduğu ortada.

Rüyada diş çekme ya da dişi düşme halk arasında bir yakının ölmesi olarak yorumlandığı için (psikanaliz bunu ancak yukarıdaki hicvedeci anlamında kullanabilir), şimdi Otto Rank'a ait bir "diş uyarımı rüyası"nı ele alacağım.

Bir süredir rüya yorumu üzerine çalışan bir meslektaşım diş uyarımı rüyalarıyla ilgili şu belgeyi gönderdi:

"Rüyamda diş doktorundaydım. Doktor alt çenemin arkasındaki bir dişi oyuyordu. O kadar uğraştı ki diş kullanılmaz hale geldi. Sonra dişi penseyle tuttu ve kolayca çekerek beni hayrete düşürdü. Bana da bunu sorun etmememi çünkü bu dişin tedavi ettiği diş olmadığını söyledi ve dişi masaya koydu. Diş (artık üst çenede bir azı dişi olduğunu düşünüyorum) burada katmanlarına ayrıldı. Dişçi koltuğundan kalktım, dişe eğildim ve doktora ilgiyle tıbbi bir soru yönelttim. Diş doktoru bir taraftan bembeyaz olan dişi parçalarına ayırıp bir aletle ezerken (toz haline getirirken), bir taraftan da bana dişlerin sadece ergenlikte kolay düştüğünü, kadınlarda ise durumu belirleyenin doğum olduğunu söyledi."

Sonra (yarı uykuda olduğumu düşünüyorum) bu rüyayı takiben boşaldığımı fark ediyorum ama bunu rüyanın neresine yerleştireceğimi bilemiyorum; muhtemelen diş çekilirken gerçekleşmiştir.

Rüya görmeye devam ediyorum ama ne gördüğümü hatırlamadığım rüyanın sonunda birilerinin ardımdan getireceğini umarak şapkamı ve kıyafetlerimi (galiba diş doktorunun vestiyerinde) bırakıyorum. Ve

80 *Krş.* s. 289'daki "biyografik" rüya.

üzerimde sadece paltoyla, hareket etmek üzere olan bir trene yetişmeye çalışıyorum. Son saniyede son vagona atlamayı başarıyorum. Burada biri duruyor. Ama vagonun içine giremiyorum ve rahatsız bir şekilde ayakta duruyorum. Sonunda bu durumdan kurtulmayı başarıyorum ve seyahate devam ediyorum. Uzun bir tünele giriyoruz; karşı yönden gelen iki tren sanki bizim tren tünelmiş gibi içinden geçiyor. Ben sanki vagonun dışındayım ve pencereden içeriye bakıyorum.

Rüyanın yorumunda kullanılabilecek bir gün öncesine ait olaylar ve düşünceler şöyle:

1. Gerçekten de uzun zamandır dişlerimi tedavi ettiriyorum. Rüyayı gördüğüm sırada rüyada oyulan alt çenemdeki dişim sürekli ağrıyor ve doktor da gerçekten canımı sıkacak kadar uzun bir süre uğraşıyor bu dişle. Rüyayı gördüğüm gün öğleden önce ağrılarım yüzünden doktora gitmiştim. Doktor bana tedavi ettiğimiz dişten başka bir dişi çektiğini, ağrıların bundan kaynaklanıyor olabileceğini söyledi. Bu, yeni çıkan bir yirmi yaş dişiydi. Ben de ona doktorluk vicdanını sorgulayan bir soru yönelttim.

II. Aynı gün öğleden sonra bir hanımefendiden dişimden ötürü keyfim olmadığı için özür dilemek zorunda kalmıştım. Hanım bana kaplaması tamamen parçalanan bir dişin kökünü çektirmekten korktuğunu anlattı. Bir yakını hanıma üst çenedeki dişleri (kendinin dişi de üst çenedeydi) çekmenin daha kolay olduğunu söylemişti gerçi ama o köpek dişlerini çektirmenin özellikle ağrılı ve tehlikeli olduğunu düşünüyordu.

Bu yakını hanıma bir kez narkozla yanlış bir dişini çektiklerini de anlatmıştı ve hanım bunun üzerine zorunlu diş ameliyatından çekinmeye başlamıştı. Sonra bana köpek dişinin, azı dişi ve kesici dişle aynı dişler olup olmadığını, bu konuda ne bildiğimi sordu. Daha sonra duyduğu çok eski, çok bilindik bir halk inanışını aktardı: *Hamile bir kadının dişi ağrırsa erkek çocuğu olurmuş.*

III. Bu inanış, Freud'un *Rüya Yorumları*'nda (2. baskı, s. 193 ve devamı) diş uyarımı rüyalarının mastürbasyonu temsil ettiği sözleriyle bağlantılı olarak ilgimi çekti. Çünkü diş ve (erkek çocukların) cinsel organları halk dilinde belli bir şekilde ilişkilendirilir. O akşam *Rüya Yorumları*'nın söz konusu bölümünü okudum ve aşağıda aktardığım açıklamaların da en az yukarıda anlattığım iki olay kadar beni etkilediğini anladım. Freud diş uyarımı rüyaları için, "Erkeklerde bu rüyaların itici gücünün ergenlik dönemindeki mastürbasyon isteğinden başka bir şey olmadığını" (s. 193) söylüyor ve şöyle devam ediyor: "Rüyada başka birinin dişini çekmek vb. gibi tipik diş uyarımı rüyalarının farklılaştırılmış çeşitlerinin de benzer bir açıklamayla anlaşılır olacağını düşünüyorum. Asıl anlaşılması güç olan, 'diş uyarımı'nın nasıl bu anlama ulaştığı. Bu noktada cinsel bastırma adına bedenimizin yukarı bölümündeki organların aşağıdakilerle (yukarıdaki rüyada alt çene ve üst çene) sık sık yer değiştirdiğine dikkat çekmek isterim. Bu sayede histeride cinsel organlarla ilgili her tür duyumun ve niyetin en azından cinsel olarak sorgulanmayacak başka bir organda ortaya çıkması mümkün olur." (s. 194) Ama konuşma diliyle bir bağlantıya daha değineceğim önce. Bizim ülkelerimizde mastürbasyon eylemi için pek de kibar sayılamayacak bir deyim vardır: "bir tane çekmek, bir tane dışarı çekmek" (s. 193). Gençlik yıllarımdan bile bu söyleyişin mastürbasyonu ifade ettiğini biliyordum. Buradan yola çıkan her usta rüya yorumcusu, bu rüyanın ardında yatması muhtemel çocukluk anılarına hiç zorlanmadan ulaşabilir.

Değinmek istediğim bir başka nokta da rüyada çekildikten sonra azı dişe dönüşen ve kolayca çıkıveren dişin, bana çocukluğumda sallanan ve hiç acımadan kendimin çektiği üst çenemdeki ön dişlerimden birini hatırlatması. Bugün bütün ayrıntılarıyla hatırladığım bu olay ilk kez bilinçli olarak mastürbasyon denemelerimle aynı döneme ait (örtülü anı).

Freud'un C. G. Jung'un kadınlarda diş uyarım rüyalarının doğum rüyası anlamına geldiğini söylediği bölüme atıfta bulunması (*Rüya Yorumları*, s. 194, dipnot) ve hamile kadınlarda diş uyarımının anlamı üzerine halk inanışı rüyada (ergen) erkek ve kadını karşıt konumlandırmayı gerektirdi. Bu bağlamda hatırladığım, diş doktorundaki tedavim bittikten sonra gördüğüm bir rüyada, altın kaplamalarım düşüyordu ve henüz ödediğim yüklü paranın acısını unutmadığım için çok öfkeleniyordum. Bu rüya bana şimdi yaşanmış bir olayla bağlantılı olarak mastürbasyonun maddi değerinin her durumda daha az önemli olan nesne sevgisinden (altın kaplama) çok daha önemli olduğunu gösteriyor ve o hanımın hamile kadınların diş ağrıları hakkında söylediklerinin bunları düşünmeme neden olduğuna inanıyorum."

Meslektaşımın aydınlatıcı ve bence kusursuz yorumu hakkında söyleyeceklerim bu kadar. Dikkat çekmek istediğim tek şey, rüyanın ikinci bölümündeki diş (Zahn) – çekmek (ziehen) – tren (Zug) gibi sözcük benzeşmeleri ki bu benzeşme büyük bir olasılıkla rüyayı görenin mastürbasyondan cinsel ilişkiye zorlu geçişini (farklı yönlerden trenlerin girip çıktığı tünel) ve cinsel ilişkinin tehlikelerini (hamilelik; palto) temsil ediyor.

Öte yandan bu olay benim için teorik olarak iki açıdan ilginç. Birincisi rüyada –Freud'un, boşalmanın diş çekimi sırasında gerçekleştiğini söyleyen sözlerini desteklemesi. Çünkü fiziksel bir uyarım olmadan gerçekleşen boşalmayı "mastürbasyonla tatmin" olarak kabul etmek zorundayız. Bunun ötesinde mastürbasyonla tatmin herhangi bir hayali nesneye yönelmiyor yani nesnesi yok; başka bir deyişle oto-erotik ve belli belirsiz bir eşcinsellik emaresi (diş doktoru) söz konusu.

Üzerinde durulmayı hak eden bir başka nokta da şu: "Bir gün önce yaşananlar rüyanın içeriğini anlaşılır kılmasına rağmen, Freud'un yorumunu doğrulamak için gereksiz bir çaba harcanmış olabilir. Diş doktorunun ziyareti, hanımla konuşma ve *Rüyaların Yorumu*'nun incelenmesi açıkça gösteriyor ki, geceleri diş ağrısı yüzünden huzursuz uyuyan adam bu rüyayı üretmiştir. Hatta uykuyu bölen ağrıyı bertaraf etmek için rüyayı gördüğü bile söylenebilir (ağrıyan dişin çekilmesi ve aynı anda rüyayı görenin korktuğu ağrının libidoyla bastırılması). Ancak bu yönde çok bariz itiraflar olsa bile, – rüyayı görenin kendisinin de kabul ettiği gibi diş çekilmesi ve mastürbasyon eylemi arasındaki bağlantıyı çok daha önce oluşmadığı sürece, salt Freud'un bu konuyla ilgili açıklamalarını okumuş olduğu için oluşturduğu ya da etkinleştirdiği iddia edilemez. Hanımla görüşmenin yanı sıra bu bağlantıyı oluşturan bir başka etmen ancak rüyayı görenin daha sonra ifade ettiği şu durum olabilir: Rüyayı gören *Rüya Yorumları*'nı okurken anlaşılır sebeplerle diş uyarımı rüyalarının klasik anlamına inanmak istememiş ve bu anlamın bütün rüyalar için geçerliolup olmadığını öğrenmek istemiştir. Bu rüya ona en azından kendisi söz konusu olduğunda bunun geçerli olduğunu kanıtlamış ve neden kuşku duyduğunu göstermiştir. Bu açıdan bakıldığında rüya bir arzu giderme rüyasıdır ve onu Freud'un görüşünün etkisine, önemine ve çürütülemezliğine ikna etmiştir.

Tipik rüyaların ikinci grubu kişilerin uçtuğu ya da havada süzüldüğü, düştüğü, yüzdüğü vb. rüyalardır. Bu rüyalar ne anlama gelir? Bu soruya genel bir cevap vermek mümkün değil. Ama ilerde göreceğimiz gibi bu rüyalar her halükârda farklı anlamlara gelirler. Yalnızca içerdikleri duygu malzemesinin kaynağı, aynı kaynaktır.

Psikanalizden elde ettiğimiz bilgiler gösteriyor ki bu rüyalar çocukluk döneminin izlenimlerini tekrarlarlar, çocuklar için son derece ilginç olan hareketli oyunlarla alakalıdırlar. Hangi amca yeğeniyle, kollarını açıp odanın içinde uçma, çocuğu dizlerinde sallayıp sonra aniden bacaklarını açarak düşürme oynamamış ya da onu havaya kaldırıp sonra aniden bırakmamıştır?

Çocuklar bu oyunların sonunda keyiflenip hiç yorulmadan oyunun tekrarını isterler; hele de işin içinde biraz korku ve baş dönmesi de varsa. Bütün küçük çocukların sallama vb. oyunları çok sevdiklerini hepimiz biliriz. Sirkte akrobasi hareketleri gördüklerinde bu anıları canlanır. Bazı erkek çocuklar histerik bir şekilde bu akrobatik hareketleri yapmak ister ve büyük bir beceriyle de yaparlar. Bu masum hareket oyunlarının cinsel duygulanımlara neden olması da nadir rastlanan bir durum değildir. Bütün bu oyunlar, gündelik dildeki bir sözcükle ifade edecek olursak "azmak" diyebileceğimiz bu aktiviteler, rüyadaki uçmanın, düşmenin, sendelemenin vb. tekrarıdır; sadece haz duygusu korkuya dönüşmüştür. Ama bütün anneler bilir ki, "azmak", her an kavgayla ya da ağlamayla da sonlanabilir.

O halde uyku sırasındaki tensel duyumlarımızın, akciğerlerimizin hareketlerinin yarattığı duyumların vb. uçma ya da düşme rüyalarına neden olduğu açıklamasını haklı olarak reddedebilirim. Ben bu duyumların rüyanın kaynaklandığı anılardan yola çıkarak yeniden üretildiğini, yani rüyanın içeriği değil, kaynağı olduğunu düşünüyorum.[81]

İşte birbirine benzeyen ve adı geçen kaynaktan doğan bu hareket duyumu malzemesi çok çeşitli rüya düşüncesinde kullanılır. Çoğuna bir haz duygusunun eşlik ettiği uçma ve havada süzülme rüyalarını çok farklı yorumlamak mümkün. Bu rüyaların anlamı kimi zaman kişiye özeldir, kimi zaman ise, ortak özellikler içerir. Kadın hastalarımdan biri rüyalarında sık sık yere basmadan belli bir yükseklikte caddenin üzerinde uçtuğunu görüyordu. Ufak tefek biri olan hastam insanlarla temas edip

81 Hareket rüyalarına üzerine bu paragraf burayla alakalı olduğu için tekrarlanmıştır.

kirlenmekten çekinirdi. Havada süzüldüğü rüyalar ayaklarını yerden kestiği ve bedeninin yukarılara çıkmasını sağladığı için hastamın aynı anda iki arzusunu da gidermiş oluyordu. Başka kadınlarda uçma rüyalarının anlamı "küçük bir kuş gibi olma" özlemiydi; yine başkaları, gündüzleri kendilerine melek denmediği için, geceleri melek oluyordu. Uçma eyleminin kuş olma düşüncesiyle yakın ilişkisi, uçma rüyalarının erkeklerde neden çoğu zaman kaba tensel bir anlamı olduğunu açıklar.

Rüyayı gören kişilerin uçabilmiş olmaktan gurur duyduklarını duymak bizi şaşırtmayacaktır.

Dr. Paul Federn (Viyana) uçma rüyalarının büyük bir bölümünün ereksiyon rüyaları olduğunu söyleyen karşı konulmaz bir öngörüde bulunmuştur. Çünkü bu tuhaf ve insanoğlunun hayal gücünü sürekli meşgul eden ereksiyon olgusu, yerçekimini ortadan kaldırdığı için son derece etkileyicidir (*krş.* Antikçağdaki kanatlı penisler).

İlginçtir, nesnelliği benimseyen bir rüya bilimcisi olan ve her türlü rüya yorumuna karşı çıkan Mourly Vold da uçma (havada süzülme) rüyalarının erotik yorumunu destekler ("Rüya Üzerine", *Toplu Yazılar*, III. cilt). Vold uçma rüyalarının en önemli motifinin erotizm, rüyalarda bedenin hissettiği güçlü vibrasyona ve bu tür rüyaların sık sık ereksiyon ve boşalmayla bittiğine atıfta bulunur.

Düşme rüyalarına çoğu zaman bir korku duygusu hâkimdir. Bu tür rüyaları kadınlarda yorumlamak zor değildir, çünkü kadınlar düşmenin neredeyse her zaman erotik bir baştan çıkarılmaya teslimiyeti sembolize ettiğini kabul ederler. Düşme rüyalarının çocukluktaki kaynaklarını henüz ayrıntılarıyla incelemiş değiliz. Gündüzün neredeyse her çocuk düşer, kaldırılır ve kucağa alınır; gece yataktan düşerlerse bakıcıları onları yatağa geri koyar.

Rüyada sık sık büyük bir hazla dalgaları yararak yüzdüğünü görenler, çoğu zaman altını ıslatanlardır ve rüyada uzun zamandır vazgeçmeyi öğrendikleri bir hazzı tekrarlarlar. Yüzme rüyalarının neleri temsil etmeye uygun olduklarını ileride vereceğimiz birkaç örnekte göreceğiz.

Yangın rüyalarının yorumu, çocuğa "kundakçılığı" yani gece yatağını ıslatmayı yasaklayan dadıyı haklı çıkarır. Çünkü bu rüyaların ardında çocukluğa ait "enuresis noctura" (gece altını ıslatma) anıları yer alır. *Bir Histerinin Analizinden Kesitler*'de (1905)[82] bu tür bir yangın rüyasının tamamının analizini ve sentezini, rüyayı görenin hastalık hikâyesiyle birlikte ele alıp çocukluğa ait bu türden malzemelerle yetişkinlikteki duyguların ve eğilimlerin nasıl temsil edildiğini göstermiştim.

"Tipik" rüyalardan, aynı görünür rüya içeriğinin farklı kişiler tarafından tekrar tekrar görülmesini anladığımız sürece, bir dizi başka tipik rüyadan da söz etmek mümkün: Örn. Dar sokaklardan geçmek, bir dizi odadan geçmek, endişeli insanların yatmadan önce gerekli önlemleri almasına da neden olan hırsız rüyaları, (boğa, at gibi) vahşi hayvanların kovaladığı rüyalar, bıçak, kama, mızrakla tehdit vb. ki son iki örnek korku yaşayanların gördüğü tipik görünür rüyalardır.

Sadece bu tür rüyaları inceleyen bir araştırma yapılması, mutlaka çok değerli bir çalışma olurdu.

Rüyaların analiziyle uğraştıkça, yetişkinlere ait rüyaların çoğunluğunun cinsel içerikli olduğunu ve erotik arzuları ifade ettiğini kabul etmeye mecbur kalıyoruz. Ancak rüyayı gerçekten inceleyen yani görünür içerikten gizli rüya düşüncelerine giden yolu takip edenler rüya hakkında bir yargıya varabilir, (Naecke'nin cinsel rüyalar üzerine yaptığı çalışma gibi) sadece görünür rüya içeriğini kayda geçirenlerin böyle bir yargıya

82 *Toplu Eserler*, VIII. cilt.

varması asla mümkün değildir. Bu tespitin bizi şaşırtmadığını, aksine temel yaklaşımımızla örtüştüğünü de burada belirtelim. Başka hiçbir dürtü çocukluktan itibaren sayısız bileşeniyle cinsel dürtünün maruz kaldığı bastırmaya maruz kalmamış,[83] hiçbir dürtü cinsel dürtü kadar çok ve güçlü bir şekilde bilinçdışı arzuların uyku halinde rüyada görülmesine sebep olmamıştır. Rüyaları yorumlarken bu cinsel kompleksin anlamını asla unutmamamız ama öte yandan da tek belirleyici unsur olduğunu söyleyerek de abartmamalıyız.

Titizlikle incelendiğinde birçok rüyanın biseksüel olduğunu görürüz. Çünkü bu rüyalar rüyayı görenin eşcinsel (yani normal cinsel etkinliğinin karşıtı olan) duyumlarının gerçekleştiğini söyleyen aşırı bir yoruma izin verirler. Ancak W. Stekel[84] ve Alfred Adler[85] gibi her rüyayı biseksüel olarak yorumlamak da bana kanıtlanamaz ve inandırıcı olmayan bir genelleme gibi geliyor ki benim bunu savunmam mümkün değil. En geniş anlamıyla erotik gereksinimlerin dışında başka her tür gereksinimi gideren açlık ve susuzluk rüyaları, üşenme rüyaları vb. sayısız başka rüya olduğu gerçeğini görmezden gelmem imkânsız.

Yine "her rüyanın ardında ölmek zorunda olmamızın yattığı" (Stelek), ya da her rüyanın "kadınlıktan erkekliğe bir ilerleme olduğu" (Adler) gibi iddiaların kabul edilebilir ölçüleri aştığını düşünüyorum. –Literatürde bıkıp usanmadan tartışılan *her rüyayı cinsel bir şekilde yorumlama gerekliliği* iddiasının *Rüyaların Yorumu*'yla uzaktan yakından alakası yoktur. Böyle bir iddiaya bu kitabın yedi baskısından hiçbirinde rastlayamayacağımız

83 *Krş.* bana ait *Cinsellik Kuramı Üzerine Üç Deneme,* 1905, 6. baskı 1926 (*Toplu Eserler,* V. Cilt).

84 *Rüyanı Dili,* 1911.

85 "Hayatta ve Nevrozda Psikolojik Hermaproditizm (erkek ve kadın cinsel organlarına birlikte sahip olma. –çev. n.)", *Tıptaki Gelişmeler* 1910, 16. sayı ve *Psikanaliz Yıllığı I*'de (1910/11) daha sonra yayınlanan çalışmalar.

gibi, bu tür bir bir iddia kitabın içeriğiyle de somut bir şekilde çelişir.

Gözle görülür şekilde *masum* rüyaların belli belirsiz erotik arzuların simgesi olabileceğine daha önce değinmiştik. Bu düşüncemizi sayısız yeni örnekle desteklememiz mümkün. Ancak ne tip bir rüya olduğu konusunda ipucu vermeyen birçok belirsiz, bulanık rüyanın da analiz edildiğinde kuşku götürmeyecek bir kesinlikle sürpriz cinsel arzu uyarımlarına dayandığını görürüz. Örneğin yorumlanmadan önce şu rüyada cinsel bir arzudan kim söz edebilir: *İki görkemli sarayın arasında biraz geride kapıları kapalı küçük bir ev var. Karım caddede küçük eve kadar eşlik ediyor bana, kapıyı açıyor. Hızla ve çabucacık yukarı eğimli bir avlunun içine kayıyorum.*

Rüyaları tercüme etmek konusunda biraz deneyimi olan herkes dar yerlere girmek, kapalı kapıları açmak gibi çok sık kullanılan cinsel sembolleri hemen hatırlayacak ve rüyanın (kadın bedenindeki iki görkemli kalçanın arasından gerçekleşen) anal cinsel ilişkinin temsili olduğunu kolayca anlayacaktır. Dar ve eğimli koridorun vajina olduğu muhakkak. Rüya sahibinin karısından yardım almasını, gerçekte onun rızası olmadan böyle bir girişimde bulunmayacağı şeklinde yorumlamak gerekiyor. Bir başka nokta da rüyanın görüldüğü gün evde genç bir kızın işe başlamış ve rüya sahibinin kızın böyle bir girişime itiraz etmeyeceği izlenimi edinmiş olması. İki saray arasındaki küçük ev Prag'taki Hradcany Tepesi'nden esinlenilmiş ve bir taraftan da Praglı olan yeni hizmetkâra bir gönderme.

Hastalarıma insanın kendi annesiyle cinsel ilişkiye girdiği Ödipus rüyalarını sıkça gördüğünü söylediğimde aldığım yanıt şu oluyor: Böyle bir rüya gördüğümü hatırlamıyorum.

Ama aynı anda gördükleri belirsiz, bulanık bir rüya geliyor akıllarına. Sık sık görülen bu rüyanın içeriği yorumlandığında, bir Ödipus rüyası olduğu çıkıyor ortaya. Anneyle cinsel ilişkiye girilen örtülü rüyaların açık olanlardan çok daha fazla olduğunu garanti edebilirim.[86]

Kimi rüyalarda gördüğümüz yerlerle ve mekânlarla ilgili olarak henüz rüyayı görürken şöyle deriz: Daha önce gelmiştim bu-

86 Bu tür üstü örtülü bir Odipus rüyasını *Psikanaliz Yıllığı 1*'de yayınladım (*bkz.* aşağıdaki rüya); Otto Rank'ın göz sembolizmini ele aldığı bir başka rüya aynı yayının 4. sayısında yer alıyor (*bkz.* Rank, *Uluslararası Psikanaliz Yıllığı I,* 1913)Yine burada "göz rüyaları" ve göz sembolizmi üzerine Eder, Ferenczi ve Reitler'in çalışmalarını da bulabilirsiniz. Ödipus efsanesindeki ve diğer başka yerlerdeki körleşme, kastrasyonu temsil ediyor. Bu arada, eski çağlarda insanlar üstü örtülü olmayan Ödipus rüyalarına yabancı değildi [*krş.* O. Rank, *Yıllık II,* s. 534: "Julius Sezar'ın anneyle cinsel ilişkiyi içeren rüyasını rüya yorumcuları dünyaya (toprak anaya) hükmetmenin mükemmel bir işareti olarak görür. Yine Roma'da iktidarın annesini ilk öpene (*osculum matri tulerit*) verileceğine dair Tarqinialıların kehaneti de ünlüdür. Brütüs burada "toprak anaya" gönderme olduğunu düşünür (*terram osculo contigit, scilicet quod ea communis mater amnium esset.* Livius I, LXI)]. *Krş.* Herodot'ta Hippias'ın rüyası; VI, s. 107: "Hippias şu rüyayı gördükten sonra barbarları Marathon'a götürür: Kendisi annesinin yanında yatmaktadır. Bu rüyadan sonra Hippias Atina'ya geri döneceğini, yeniden iktidara geleceğini ve yaşlandığında ana vatanda öleceğini düşünür." Mitler ve yorumları doğru bir psikolojik bilgiye işaret ediyor. Annelerinin tercih ettiği ve ödüllendirdiği insanların yaşamda kendilerine özel bir güven duyduklarını, sarsılmaz bir iyimserliğe sahip olduklarını ve bu bağlamda kahramanca davranıp, başarıyı zorladıklarını biliyorum.

Tipik bir örtülü Odipus rüyası: Bir adam rüyasında şunları görüyor: *Bir hanımla gizli bir ilişkisi var, başka bir erkek bu kadınla evlenmek istiyor. Bu adamın ilişkilerinin farkına varmasından ve evlenememekten çekiniyor, bu yüzden adama çok şefkatli davranıyor, ona sokuluyor ve öpüyor.* –Rüyayı gören kişinin gerçek yaşamındaki olaylar sadece bir noktada rüyayla çakışıyor. Adamın evli bir kadınla gizli bir ilişkisi var. Arkadaşı olan kocanın ettiği imalı bir söz üzerine adamın ilişkilerini biliyor olabileceğinden şüphe ediyor. Ama gerçek hayatta bir şey daha var ki rüya buna değinmekten imtina ediyor, ama tam da bu konu rüyanın anlaşılmasının anahtarı. Kocanın hayatı bir hastalık yüzünden tehdit altında. Karısı olası bir ölüme hazır. Rüyacımız adam öldükten sonra genç dul kadınla evlenmeyi düşünüyor. Bu olaylar yüzünden adam bir Ödipus rüyasının içinde buluyor kendini. Kadınla evlenebilmek için adamın ölmesini arzuluyor; rüya bu arzuyu riyakâr bir çarpıtmayla anlatıyor. Kadını biriyle evli olarak değil, yeni evlenecek biri olarak görüyor, ki bu da adamın gizli niyetiyle örtüşüyor. Kocaya duyduğu gizli düşmanlık, çocukluğunda babasıyla ilişkisinden hatırladığı şefkat gösterilerinin ardında gizleniyor.

raya. Rüyadaki bu "dejavü"nün çok başka bir anlamı vardır. Bu yer her zaman annenin cinsel organıdır. Başka hiçbir yer için daha önce gördüğümüzü bu kadar kesin ve net olarak söyleyemeyiz. Bir kez bir saplantılı nevroz hastası anlattığı bir rüyayla beni utandırmıştı: Hasta rüyasında daha önce iki kez gittiği bir evdeydi. Ama aynı hasta daha önce bana altı yaşındayken bir kez annesiyle aynı yatakta yatıyor olmasını kötüye kullandığını ve parmağını uykudaki kadının cinsel organına soktuğunu anlatmıştı.

Çoğu zaman kaygı içeren ve dar alanlardan geçmeyi ya da su içinde bulunmayı içeren rüyaların ardında rahimdeki yaşam, annenin bedenindeki zaman ve doğum eylemi vardır. Aşağıda rahimdeki yaşamında anne ve babasının cinsel ilişkisine kulak verdiğini hayal eden genç bir adamın rüyasını aktarıyorum:

"Adam derin bir su birikintisinin içindedir; burada Semmering Tüneli'ndeki gibi bir pencere vardır. Pencereden boş bir doğa parçası görünmektedir; adam bu manzarada bir görüntü hayal eder ve görüntü hemen gerçeğe dönüşüp boşluğu doldurur. Görüntüde bir tarla vardır, bir aletle derin bir şekilde kazılmıştır. Güzel hava, işini iyi yapma düşüncesi ve mavi-siyah toprak topakları hoş bir izlenim yaratır. Sonra adam ilerler, açık bir pedagoji kitabı görür... çocukların cinsel duygularına bu kadar yer ayrılmış olmasına şaşırır ve bu arada beni düşünür."

Bir kadın hastama ait, tedavide özel bir biçimde kullanılan güzel bir su rüyası:

Kadın yaz tatili için gittiği XX Gölü'nde donuk Ay'ın yansıdığı karanlık suya düşer.

Bu ve benzeri rüyalar doğum rüyalarıdır. Bu rüyaların yorumu ancak görünür rüya içeriğinin ters çevrilmesiyle mümkündür yani suya düşmek yerine, sudan çıkmak, yani doğmak.[87] Do-

87 Suda doğum rüyalarının mitolojik anlamı için *bkz.* Rank: *Kahramanın Doğumu Miti*, 1909.

ğarken içinden çıktığımız yeri, Fransızca "la lune" (ay) sözcüğünü muzip anlamıyla (kıç) demek olduğunu bilirsek anlarız.

Donuk ay burada, çocuğun kolayca tahmin ettiği gibi beyaz popodur. Peki hastanın yaz tatilinde "doğmuş olma"yı istemesinin anlamı ne olabilir? Soruyu yönelttiğim rüya sahibi hiç tereddüt etmeden cevap veriyor: Tedavi sayesinde *yeniden doğmadım mı?* O halde rüya tedaviye yazlık yerde devam etmem için yani hastamı orada ziyaret etmem için bir davet. Belki bir de belli belirsiz ve çekingen anne olma arzusu var.[88]

Şimdi yorumuyla birlikte aktaracağım doğum rüyasını E. Jones'un bir çalışmasından aldım: *Kadın deniz kenarında duruyor ve galiba kendi çocuğu olan küçük bir oğlana göz kulak oluyor. Çocuk suda yürüyor, ta ki su onu tamamen kaplayana ve sadece başı dışarda kalarak suyun yüzeyinde aşağı yukarı hareket edene kadar. Sonra bu sahne bir otelin genişçe bir salonuna dönüşüyor. Kocası kadının yanından ayrılıyor ve kadın yabancı bir adamla konuşmaya başlıyor."*

"Analiz sırasında rüyanın ikinci bölümünün kocasından kaçmayı ve üçüncü bir kişiyle özel bir ilişki başlatmayı temsil ettiği kolayca ortaya çıktı. Rüyanın ilk bölümü açık bir doğum fantezisiydi. Normal olarak rüyalarda ve mitolojide bir çocuğun rahim suyundan çıkarak doğması tersine çevrilerek çocuğun suya girmesi olarak temsil edilir. Başka birçokları gibi Adonis, Osiris, Musa ve Bacchus'un doğumu buna iyi birer örnektir. Çocuğun kafasının suya dalıp çıkması hastanın yaşadığı tek hamilelikte bebeğin hareketlerini hissetmesini de hatırlatıyor. Suya giren çocuk düşüncesi, kadının çocuğu kendinin sudan çıkarıp, çocuk

88 Anne rahmindeki fantezilerin ve bilinçdışı düşüncelerin önemine geç vâkıf oldum. Bu düşünceler, hem birçok insanın canlı olarak gömülme korkularını açıklıyor, hem de derinlerde bilinçdışı bir gerekçesi olan ölümden sonra yaşama inancını. Bu inanç, doğumdan önceki ürkütücü yaşamın geleceğe yansıtılmasından ibaret. *Bu arada doğum ânı yaşanan ilk korkudur ve böylece korku duygusunun kaynağını ve örneğini oluşturur.*

odasına götürdüğü, giydirdiği ve kendi evine götürdüğü bir rüyaya neden oluyor."

"O halde rüyanın ikinci bölümü birinci bölümün gizli rüya düşüncesiyle yani kocasından kaçma fikriyle bağlantılı düşünceleri temsil ediyor; rüyanın birinci bölümü ikinci bölümün gizli içeriğine yani doğum fantezisine tekabül ediyor. Rüyanın bütün bölümlerinde yukarıda belirtilenin dışında da tersine çevirmeler var.

Birinci bölümde çocuk suya giriyor ve sonra kafası suya dalıp çıkıyor; bu rüyanın ardındaki düşüncelerde önce çocuğun annenin içindeki hareketleri ortaya çıkıyor, sonra çocuk suyu terk ediyor (çifte tersine çevirme). Rüyanın ikinci bölümünde kocası kadını terk ediyor; rüya düşüncesinde ise kendisi kocasını terk ediyor." (Yorum: O. Rank)

Abraham'ın anlattığı bir başka doğum rüyasında ise kadın ilk doğumunu yapacaktır. Odanın zemininde bir yerden bir yeraltı kanalı suya açılmaktadır (doğum kanalı-rahim suyu). Kadın zemindeki bir kapağı açar, ortaya fok balığına benzeyen kahverengimsi kürklü bir yaratık çıkar. Bu yaratığın rüya sahibinin her zaman anaç duygular beslediği küçük erkek kardeşi olduğu anlaşılır.

Rank bir dizi doğum rüyasını inceleyerek bu tür rüyaların idrar uyarımı gibi benzer semboller kullandığını göstermiştir. Erotik uyarım bu tür rüyalarda idrar yolu uyarımı olarak görünür; bu rüyalardaki katmanlı anlamlar çocukluktan itibaren sembollerin maruz kaldığı anlam değişimine tekabül eder.

Şimdi daha önce (s. 249'da) yarım bıraktığımız bir konuya, rüya oluşumunda uykuyu bitiren bedensel uyarımlara geri dönebiliriz. Bu türden etkilerle oluşan rüyalar arzunun giderilmesi eğilimini ya da üşengeçlik, kolaycılık özelliğini açıkça ortaya kalmakla kalmaz, çok sık, tamamen şeffaf ve anlaşılır semboller kullanırlar çünkü *rüyada sembollerle tatmin edilmesi için nafile uğraşılmış* bir uyarımın uyanmaya neden olması da nadir rastlanan bir durum değildir. Boşalma rüyaları ya da idrar yapma ya da dışkılama ihtiyacı kaynaklı rüyalar bu türdendir. Boşalma rüyalarının temel özelliği, sadece tipik olarak kabul edilen ama yine de büyük ölçüde tartışmalı kimi cinsel sembollerin ifşa edilmesini sağlamak değil, bir taraftan da bizi görünürde masum olan rüya sahnelerinin ancak kaba seks sahnelerinin sembolik ön oyunları olduğuna ikna etmektir. Gerçekte boşalma gibi sahneler nadiren birebir görülür; bu sahneler sık sık korku rüyalarına dönüşür, ki bu rüyalar da her durumda rüya göreni uyandırır.

İdrar uyarımı rüyaları özellikle berrak ve şeffaftır ve neredeyse her zaman hemen tahmin edilebilir. Hipokrat bile fıskiye ve kuyu görmemizin idrar torbasında bir rahatsızlıkla alakalı olduğunu söylemiştir (H. Ellis). Scherner zengin idrar uyarımı sembollerini incelemiş ve "güçlü idrar uyarımının her zaman cinsel organların uyarımına ve onların sembollerine dönüştüğünü... idrar uyarımının çoğu zaman cinsel rüyaların temsilcisi olduğunu" iddia etmiştir.

Burada "Uyandıran Rüyalardaki Sembol Katmanları" çalışmasındaki açıklamalarını takip ettiğim O. Rank, birçok "idrar uyarım" rüyasının aslen cinsel bir uyarımdan kaynaklandığını ve bu uyarımın önce çocuklukta idrar yolları uyarımı erotizmine geri çekilerek tatmin aradığını oldukça açık bir şekilde göstermiştir. Özellikle öğretici olan rüyalar ise, ortaya çıkan idrar uyarımıyla kişinin uyanması, idrar torbasını boşaltması ve ama sonra rüya görmeye devam etmesi ve ihtiyacının örtük olmayan erotik sahnelerle dile getirilmesidir.[89]

89 "Çocukluktaki idrar torbası rüyalarındaki sembollerin aynılarına "yeni, taze" ve açık seçik cinsel olan rüyalarda rastlıyoruz: Su= sidik=sperma=doğum suyu; gemi (Schiff)- işemek (schiffen)= rahim (kutu); ıslanmak = idrarını tutamama=cinsel ilişki=hamilelik; yüzmek=idrarın dolması=doğmamış ço-

Bağırsak uyarımı rüyaları da benzer şekilde kendi sembollerini ifşa ederler ama bir taraftan da halk psikolojisi bağlamında, sayısız kez kanıtlanmış olan altın ve dışkı arasındaki ilişkiyi doğrularlar.[90] "Bağırsak rahatsızlığı nedeniyle tedavi gören bir kadın rüyasında taşradaki tuvaletlere benzeyen küçük bir tahta kulübenin yakınlarında kazı yapan bir define avcısı görür. Rüyanın ikinci bölümünde ise tıpkı kendi çocuğuna yaptığı gibi altını kirleten küçük bir kızın poposunu siler."

Doğum rüyalarını "kurtarma" rüyaları takip eder. Özellikle birini sudan çıkararak kurtarmak, rüya sahibi bir kadınsa doğum yapmak anlamına gelir; ancak rüyayı gören erkekse anlamı değişir (*Bkz.* Pfister'de benzer bir rüya: Psikanalitik Papazlık ve Ruhsal Tedavi, *Evangelist Özgürlük,* 1909). "Kurtarma" sembolü için: *krş.* benim "Psikanalitik Tedavinin Gelecekteki İmkânları" (no: 1, 1910, *Toplu Yazılar,* VI. cilt) başlıklı konuşma metnim ve "Cinsel Hayatın Psikolojisi Üzerine Yazılar, I. Erkekte Nesne Seçiminin Özel Biçimleri Üzerine", *Psikanaliz Yıllığı,* II. cilt, 1910 (*Toplu Yazılar,* V. cilt).[91]

Gece yatmaya gidenleri korkutan, bazen de uyuyanları ziyaret eden haydutlar, hırsızlar ve hayaletler aynı çocukluk anılarından kaynağını alır. Bunlar yatağını ıslatmasın diye lazımlığa oturtmak için ya da ellerini nereye koyduğundan emin olmak için yorganını kaldırıp çocuğu uyandıran gece ziyaretçileridir. Bu tür korku rüyalarını analiz ederek gece gelen ziyaretçilerin

---

cuğun bulunduğu yer; yağmur= çiş yapmak= dölleme sembolü; seyahat etmek (araçla gitmek= inmek) = yataktan kalkmak= cinsel ilişkiye girmek (verkehren= trafik) ('araçla gitmek', balayı); çiş yapmak= cinsel boşalma."(Rank, 1.c.)

90 Freud, *Kişilik ve Anal Seks;* Rank, *Sembol Katmanları vs.* Dattner, *Uluslararası Psikanaliz Dergisi I,* 1913; Reik, *Uluslararası Dergi, III,* 1915.

91 Rank, "Kurtarma Fantezisinin Kanıtları" (*Psikanaliz Yıllığı I,* 1910, s. 331); Reik, "Kurtarma Sembolizmi Üzerine" (*age,* s. 449) ; Rank, "Rüyada ve Edebiyatta Doğumda Kurtarma Fantezisi" (*Uluslararası Psikanaliz Dergisi II,* 1914).

kimliklerini tespit etmem mümkün oldu. Haydutlar her rüyada babaydı. Hayaletler ise, beyaz gecelikleriyle herhalde bir kadınla örtüşüyordu.

F. RÜYADA HESAP YAPMAK VE KONUŞMAK: ÖRNEKLER

Rüya oluşumuna hükmeden dördüncü etkene hak ettiği yeri vermeden önce, rüya külliyatımdan, kimi bildiğimiz üç etkenin etkileşimini gösteren, kimi de şimdiye kadar kanıtlanmamış iddialara kanıt sunan ya da bu iddialardan reddedilemeyecek çıkarımlar yapan birkaç örnek vermek istiyorum. Tek tek önermelere vereceğimiz örnekler ancak rüya bütün olarak yorumlandığında ikna edici olur; bağlamlarından koparıldığında cazibelerini yitirirler. Ama diğer taraftan da bir rüyanın yorumu çok derine inilmese dahi kısa bir süre sonra öylesine kapsamlı bir iş haline gelir ki, bir süre sonra asıl incelemek istediğimiz noktanın izini süremeyiz. Aşağıda aralarındaki tek bağlantı son olarak ele aldığımız bölüm olan her şeyi peşi peşine sıralamamın nedeni işte bu teknik sorundur.

Önce rüyalarda rastladığımız özgün ya da tuhaf ifade biçimlerine birkaç örnek: Bir hanımın gördüğü bir rüya: *Bir oda hizmetçisi pencereyi silecekmiş gibi bir merdivende duruyor, yanında bir şempanze ve bir goril-kedi (daha sonra düzeltip Ankara kedisi diyor) var. Hayvanları rüya sahibine atıyor; şempanze rüya sahibine sokuluyor. Bu çok tiksindirici.* Bu rüya amacına bir atasözünü rüyada kelimesi kelimesine kullanarak çok basit bir yoldan ulaşmış. "Maymun" gibi hayvan isimleri hakaret sözleridir ve rüyanın bize söylediği de "*hakaretler yağdırmak*"tan (hayvanları rüya sahibine atmak. –çev. n.) başka bir şey değildir.

Külliyatımdan, rüya çalışmasında bu basit becerinin kullanımına dair başka örnekler de vereceğim.

Bir başka rüya da aynı yolu izliyor: *Bir kadın ve kafatası çok bariz şekilde tuhaf olan bir çocuk. Çocuktan ana rahmindeki pozisyonundan ötürü böyle olduğunu öğreniyor. Doktor bastırarak kafatasına daha iyi bir şekil verilebileceğini söylemiş. Kadın, çocuk erkek olduğu için bunun çok da önemli olmadığını düşünüyor.* – Bu rüya rüya sahibinin tedavi sırasında duyduğu "çocukluk izlenimleri" sözcüğünün birebir görsel ifadesi.[92]

Aşağıdaki örnekte yer alan rüya çalışması ise biraz daha farklı bir yol izlemiş. Rüya Graz yakınlarında yer alan Hilmteich'a yaptıkları bir geziyle ilgili anıları içeriyor: *Korkunç bir hava. Sefil bir otel. Duvarlardan sular damlıyor, yataklar nemli* (Rüyanın son bölümü gerçekte benim anlattığım kadar dolaysız değil). Rüya "aşırı, gereksiz, fuzuli" (überflüssig: taşan su; flüssig: sıvı, sulu) anlamına geliyor. Rüya düşüncelerindeki bu soyut kavram, önce "überflüssig" ve "flüssig" sözcükleri üzerinden zoraki bir şekilde eşsesli bir kavrama dönüştürülmüş ve sonra benzer izlenimler bir araya getirilerek ifade edilmiş. Dışarda su, içerde duvarlarda su, yatakta nem şeklinde su, her şey sulu (flüssig), taşan su (überflüssig). Şiirde kafiyenin keyfini sürdüğü özgürlükleri düşünecek olursak, rüyalarda bir şeyi ifade etmek adına bir sözcüğün yazılışından çok tınısının çok önemli olması bizi şaşırtmayacaktır. Rank'ın derinlemesine analiz ettiği, genç bir kıza ait uzunca bir rüyada, kız iki tarla arasında yürüyüşe çıkmıştır. Tarlada arpa ve buğday başaklarını (Kornähre; okunuşu, kornehre) kesmektedir. Karşıdan bir gençlik arkadaşı gelmektedir. Kız onunla karşılaşmak istemez. Analizde bunun "Ein Kuss in Ehren" (bir şey vaat etmeyen dostane bir öpücük) olduğu anla-

92 İzlenim anlamına gelen "Eindruck" kelimesinin içindeki "Druck" sözcüğü bastırma anlamına geliyor. - çev. n.

şılır (*Yıllık*, II, s. 491). Koparılmayıp kesilmesi gereken başaklar (Ähre) bu özellikleriyle ve onurla, saygıyla (Ehre, Ehrung) yoğunlaşarak bir dizi başka düşünceyi de ifade ediyor.

Öte yandan dil başka durumlarda rüyanın düşüncelerini ifade etmesini kolaylaştırır çünkü dil başlangıçta görsel ve somut anlamları olup günümüzde belirsiz, soyut anlamda kullanılan bir dizi sözcüğü içerir. Rüyanın tek yapması gereken bu sözcüklere eski anlamlarını vermek ya da uğradığı anlamsal değişikliği biraz geriye almaktır. Örneğin erkek kardeşini bir "kutuda" gören kişinin rüyası yorumlandığında kutunun yerini "dolap" (Schrank) alır.

Rüya düşüncesi ise rüyayı gören kişinin yerine erkek kardeşin kendini kısıtlaması, sınırlandırmasıdır (einschraenken). Bir başka rüya sahibi bir dağa tırmanır, buradan *panorama* (Aussicht) muhteşemdir. Rüya sahibi kendini doğu ülkeleriyle ilgili haberlerin yer aldığı *Panorama* (Rundschau) adlı bir dergi çıkaran erkek kardeşiyle özdeşleştirir.

"Yeşil Heinrich"in[93] gördüğü bir rüyada canlı, enerjik bir at dünyanın en güzel yulaflarının içinde yuvarlanmaktadır. Her yulaf tanesi "tatlı bir badem, bir kuru üzüm tanesi ve yeni bir kuruştur; her şey kırmızı ipeklere sarılmış ve ipeğin ucu bir domuz kılıyla bağlanmıştır." Yazar ya da (rüya sahibi) rüyanın yorumunu da hemen yapar, çünkü at gıdıklanmakta ve bundan hoşlanmaktadır ve şöyle seslenir: *Yulaflar batıyor vücuduma.*

Henzen eski deyişlerin ve kelime oyunlarının yer aldığı rüyaların, Kuzey Cermen efsanelerinden kaynaklandığını söyler. Bu efsanelerde kelime oyunlarının ya da çift anlamlı kelimelerin yer almadığı tek bir rüya yoktur neredeyse.

Bu tür ifadeleri toplamak ve kaynaklarını belli ölçütlere göre sınıflandırmak mutlaka önemli ve gerekli bir çalışmadır. Bu ifa-

93 Gottfired Keller'in yarı otobiyografik romanı. - çev. n.

delerin bir kısmı komik ve eğlencelidir ve rüya sahibi anlatmadığı sürece, bunların gerçek anlamlarını asla tahmin edemeyeceğimizi düşünürüz.

1) Bir adam rüyasında *birinin kendisine adını sorduğunu* ama kendisinin adını hatırlamadığını görür. Rüyanın anlamını ise şöyle açıklar: *Rüyada aklıma gelmedi.*

2) Bir kadın hastam rüyasındaki *insanların çok büyük olduğunu* anlatır. Ve yine kendisi bunun anlamının rüyadaki olayların kendi çocukluğuna ait olmasını gerektirdiğini, çünkü o zaman yetişkinlerin kendine inanılmaz büyük geldiğini söyler. Bu rüyada rüya sahibinin kendi yoktur.

Bazı rüyalarda çocukluğa dönüş daha farklı ifade edilir, zaman mekâna dönüşür. Çocukluktaki kişiler ve sahneler uzaklarda bir yolun sonundadırlar ve sanki bir opera dürbünü ters tutulup bakılıyormuş gibi görünürler.

3) Uyanık yaşamında kendini soyut ve belirsiz ifade etmeye meraklı ama bir taraftan da esprili ve şakacı bir adam rüyasında *bir tren istasyonunda yürüdüğünü, o sırada bir trenin istasyona vardığını ama sonra peronun trene doğru yaklaştığını* görür; yani gerçek olay tersine çevrilmiş ve tuhaf bir durum ortaya çıkmıştır. Bu ayrıntı, rüyanın içeriğinde başka bir şeyin tersine çevrilmesi gerektiğini ikaz eden bir göstergeden başka bir şey değildir. Rüyanın analizi sırasında adam baş üstü duran ve ellerinin üstünde yürüyen adam resimlerinin yer aldığı resimli kitapları hatırlar.

4) Aynı kişinin bir başka sefer aktardığı kısa bir rüya resimli bulmacaları hatırlatır bize. *Amcası otomobilde öper kendisini.* Rüya sahibi hemen –benim asla bulamayacağım– yorumunu da ekler: *Oto-erotizm.* Aynı şey uyanık yaşamda yapılan bir espri de olabilirdi.

5) Rüya sahibi bir *kadını yatağın arkasından öne çekiyor.* Anlamı: kadına *öncelik veriyor.*

6) Rüya sahibi subay kılığında *imparatorun karşısındaki bir masada* oturuyor: Adam babasına *karşı* çıkıyor.

7) Rüya sahibi bir başkasının *kırık kemiğini* (*Knochenbruch*) tedavi ediyor. Analiz sonrası bu *kırılmanın* (*Bruch*) zina (*Ehebruch*) olduğu anlaşılıyor vb.

8) Günün bölümleri rüya içeriğinde çoğu zaman çocukluğun farklı dönemlerini temsil eder. Örneğin saatin sabah 6'ya çeyrek var olduğu bir rüya, rüya sahibinin küçük erkek kardeşi doğduğunda kendisinin 5 yaş ve 3 aylık olduğu zamana işaret eder.

9) Rüyada yaşamın bölümlerine bir örnek daha: *Bir kadın rüyasında aralarında bir yıl 3 ay yaş farkı olan iki küçük kızla yürümektedir.* – Rüya sahibi dostları arasında böyle bir aile olmadığını söyler ve rüyasını yorumlarken, iki kızın da kendisi olduğunu ve rüyanın çocukluğunda yaşadığı ve yaşları arasındaki farkın (3,5 yaş ve 4 yaş 9 ay) aynı olduğu iki travmatik olaya işaret ettiğini belirtir.

10) Psikanaliz tedavisi gören kişilerin sık sık rüyalarında analiz seanslarını görmeleri ve benzer şekilde kendilerini heyecanlandıran düşünceleri ve beklentileri rüyada ifade etmek zorunda hissetmelerine şaşırmamak gerek. Tedavi için seçilen imge çoğu kez bir yolculuktur, çoğunlukla da yeni ve karmaşık bir araç olarak *otomobil*le yapılan bir yolculuk; otomobilin hızı ise tedavi gören kişinin kendisiyle alay etmesine işaret der. Rüyada uyanık yaşamın bir unsuru olarak "bilinçdışı" ifade edileceği zaman, amaca uygun olarak "yeraltındaki" mekânlar seçilir ki bu mekânlar psikanaliz dışı tedaviler için kadın bedeni ya da ana rahmini temsil ederler. Rüyada "aşağıda" çok sık cinsel organlara, bunun karşıtı olan "yukarıda" yüze, ağıza ve göğüse işaret eder. Rüya çalışmasında vahşi hayvanlar genellikle rüya sahibinin ve korktuğu başka kişilerin tutkulu dürtülerini sembolize ederler; bu kişiler çok küçük bir yer değiştirmeye uğramıştır ve

aslen tutkulu olan kişilerdir. Artık kötücül hayvanlardan, köpeklerden, vahşi atlardan korkan babanın temsilindeki Totemizm tınısına çok da uzak bir noktada değiliz.

Vahşi hayvanların egodan korkan, bastırılarak mücadele edilen libidoyu temsil ettiklerini de söyleyebiliriz. Nevrozun kendisi de yani kişinin "hasta" olan kısmı da rüyada rüya sahibinden ayrılıp ayrı bir kişiymiş gibi gösterilebilir.

11) (H. Sachs) *Rüya Yorumları*'ndan biliyoruz ki rüya çalışmasının bir sözcüğü ya da bir deyimi duyusal olarak ifade edebilmesinin çeşitli yolları vardır. Örneğin ifade edilecek kavram iki anlamlıysa, rüya çalışması bu iki anlamlılığı bir "makas" olarak kullanır ve böylece rüya düşüncelerinde yer alan birinci anlam yerine ikinci anlamı görünür rüya içeriğine katar.

Aşağıda anlatacağım kısa rüyada bu durum, yakın geçmişe ait izlenimleri ifade etmeye uygun malzemenin ustaca kullanılmasıyla gerçekleşmiştir.

Rüyayı gördüğüm gün üşütmüştüm ve akşam mümkünse gece yataktan hiç çıkmamaya karar vermiştim. Rüyada günlük işlerimi yapmaya devam ediyor gibiydim: Gazete kupürlerimi bir deftere yapıştırıyor ve her kupürü uygun yere koymaya çalışıyordum. Rüya şöyleydi:

"Bir kupürü deftere yapıştırmaya çalışıyorum; ama kupür sayfaya sığmıyor (er geht nicht auf die Seite; ikinci anlamı: tuvalete gitmiyor) *ve bu da bana büyük acı veriyor."*

Uyandım ve rüyadaki ağrının gerçekten bedensel bir ağrı olarak devam ettiğini ve beni verdiğim karara uymamaya zorladığını görüyorum. "Uykunun bekçisi" olan rüya yatakta kalma arzumu "ama tuvalete gitmiyor" cümlesiyle ifade ederek gerçekleştirmişti.

Burada haklı olarak, rüya çalışmasının uyanık yaşamdaki eleştirilerimizin izin verip vermemesini hiç dikkate almadan elinin altındaki her malzemeyi kullanarak görsel ifadeler yarattığını söyleyebiliriz. Rüya çalışması bu haliyle rüya yorumunu bizzat uygulamayıp, sadece ne olduğunu öylesine duymuş olanların şüphe ve alaylarına maruz kalmasına neden olacak her şeyi yapmış oluyor. Stekel'in *Rüyanın Dili* adlı çalışması bu tür örneklerle doludur. Ancak bu kitaptan kanıt göstermekten özellikle kaçınıyorum çünkü yazarın eleştirel bir yaklaşıma sahip olmaması ve kullandığı keyfi yöntem önyargılı olmayanları bile şüpheye düşürecek boyutta.

12) V. Tausk'un bir çalışmasında giysiler ve renkler rüya çalışmasının hizmetindedir (*Uluslararası Psikanaliz Dergisi*, II. 1914):

a) A. rüyasında *eski bakıcısını, kalçalarını ortaya koyan siyah parlak bir elbise (Lüster) içinde görüyor.* – Rüyanın anlamı, kadını şehvetli (lüstern) ilan etmesi.

b) C. rüyasında *X karayolunda bir kız görüyor. Kız beyaz bir bluz giymiş ve çevresinde beyaz ışıktan bir hâle var.*

Rüya sahibi bu yolda Bayan Beyaz adında biriyle ilk kez yakınlaşmıştır.

c) Bayan D. rüyasında *yaşlı Blasel'i (80 yaşında Viyanalı bir oyuncu) tam teçhizat (in voller Rüstung) bir divanda yatarken görür. Blasel (anlamı: idrar torbası) sonra sandalyelerin masaların üzerinden atlar, kılıcını çeker, bu arada aynada kendine bakmaktadır, hayali bir düşmanla savaşırcasına kılıcını havada savurup durur.*

Yorum: Rüyayı gören kadının eski bir idrar yolu sorunu (Blasenleiden) vardır. Analiz sırasında divanda yatmaktadır. Aynaya baktığında yaşına ve hastalığına rağmen kendini çok taze ve çevik (rüstig) bulur.

13) Rüyada "büyük başarı" (Leistung).

Rüya sahibi erkek *yatakta yatan hamile bir kadın görür. Bu durumdan şikayetçidir ve şöyle der: "... tercih ederdim."* (Analiz sırasında bir hastabakıcıyı hatırlayarak cümleyi şöyle tamamlar:

Taş taşımayı...). *Yatağının arkasında bir harita asılıdır, haritanın alt kısmı bir çerçeve çubuğuyla (Leiste) gerginleştirilmiştir. Rüya sahibi başından ve sonundan tutarak çubuğu yerinden koparır, bu arada enine değil, uzunlamasına kırılır çubuk. Rüya sahibi böylece rahatlar ve doğumu kolaylaştırmış olur.*

Rüya sahibi hiç yardımsız çerçevenin (Leiste) koparılmasını büyük "başarı" (Leistung) olarak yorumluyor. Hasta bu başarının, dişileşmekten kurtulup tedavi sırasındaki can sıkıcı durumdan da kurtulmak olduğunu söyler. ... Tahta çerçeve çubuğunun kırılmayıp uzunlamasına ikiye ayrıldığı anlamsız bölüm rüya sahibinin, iki katına çıkarma ve kırma, yok etme eylemlerinin birleşiminin kastrasyona gönderme içerdiğini hatırlamasıyla açıklanmış oluyor. Rüyalar kastrasyonu çoğu zaman inatçı bir arzu karşıtlığının ifadesi olarak iki penis sembolüyle temsil eder. Öte yandan "Leiste" de (kasık) cinsel organlara yakın bir yerdir. Rüya sahibi bu iki yorumu birleştirir ve kendisini dişileştiren kastrasyon tehdidinden kurtulduğunu söyler.[94]

14) Fransızca gerçekleştirdiğim bir analizde benim bir fil olarak yer aldığım bir rüyanın yorumu yapılıyor. Tabii ben neden bu şekilde temsil edildiğimi soruyorum. "Vous me trompez" (Beni kandırıyorsunuz), diyor rüya sahibi kadın (trompe= fil hortumu).

Rüya çalışması sık sık özel isimler gibi temsil edilmesi zor malzemeyi zorunlu olarak uzak bağıntılardan faydalanarak ifade etmeyi başarır. *Bir rüyamda yaşlı Brücke (köprü) bana bir görev veriyor. Preparatı hazırlıyorum ve içinden buruşturulmuş parlak kâğıda benzeyen bir şeyi topluyorum* (Bu rüyaya daha sonra daha ayrıntılı olarak değineceğim).

Hiç kolay olmuyor ama sonunda aklıma bu bağlamda "Stanniol" (kalayın bir türevi) geliyor ve sonunda gençlik yıllarımda

94 *Uluslararası Psikanaliz Dergisi II*, 1914.

balıkların sinir sistemi üzerine yaptığı çalışmaya saygı duyduğum "Stannius" adlı yazarı kastettiğimi anlıyorum. Hocamın bana verdiği ilk bilimsel ödev de gerçekten "ammocoetes" adlı bir balık türünün sinir sistemiyle ilgiliydi ama resimli bulmacada bu balığın adını kullanmak mümkün olmamıştı.

Burada özel bir konusu olan, bir çocukluk rüyası olarak da dikkate şayan olan ve analiz sırasında kolayca açıklanan bir rüyayı daha eklemekten vazgeçemeyeceğim. Bir hanım anlatıyor: *Çocukken sık sık gördüğüm bir rüyada sevgili Tanrı'nın başında sivri bir kâğıt şapka olduğunu görürdüm.* Yemek yerken başka çocukların tabaklarını, verilen yemekten ne kadar aldıklarını görmeyeyim diye böyle bir şapka takarlardı bana. Tanrı'nın her şeyi bildiğini duyduğum için, rüya benim de şapkaya rağmen her şeyi bildiğim anlamına geliyordu.

Rüyada gördüğümüz sayı ve hesaplar, rüya çalışmasının neden ibaret olduğunu ve rüya çalışmasının malzemesi olan rüya düşüncelerini nasıl kullandığını çok net ve aydınlatıcı biçimde ortaya koyar. Öte yandan rüyadaki sayıların geleceğe yönelik anlamları olduğuna dair batıl inançlar vardır. Şimdi elimdeki seçkiden bu tür bazı örnekleri ele alacağım:

1. Bir kadının tedavisinin sonuna yaklaştığı sırada gördüğü rüya: *Bir şey ödemek istiyor; kızı kadının çantasından* **3 florin 65 metelik** *alıyor. Ama kadın şöyle diyor: Ne yapıyorsun, fiyatı sadece* **21 metelik.** Rüya sahibinin geçmişini bildiğim için fazla açıklamaya gerek kalmadan bu rüya parçasının anlamını çıkardım. Kadın kızını Viyana'da bir eğitim kurumuna yerleştirmiş olan bir yabancıydı ve ancak kızı Viyana'da kaldığı sürece tedaviye devam edebilecekti. Üç hafta sonra okul bitecekti, bu yüzden tedavi de bitecekti. Rüyadan bir gün önce okul müdürü kadına çocuğu bir yıl daha bırakmaz mısınız, diye sormuştu. Anlaşılan

kadın çocuğun bir yıl daha kalmasına karar verirse, kendisinin de tedaviyi bir yıl daha uzatabileceğini düşünmüştü. İşte rüya bunlarla ilgili çünkü bir yıl **365** gün ve okulun ve tedavinin bitimine kalan üç hafta ise (gerçek seanslar bu sayıdan az olsa da) **21** gün. Rüya düşüncesinde süreyi gösteren sayılar rüya içeriğinde para birimlerine eklenmiş; rüyanın daha derin bir anlamı olmadığını da söyleyemeyiz, çünkü biliyoruz ki, "vakit, nakittir".

Tabii 365 metelik 3 florin ve 65 metelik eder. Rüyadaki miktarların azlığı bariz bir arzu giderilmesi. Arzu, tedavinin ücretini azalmış ve eğitim yılını kısaltmış.

2. Sayılar bir başka rüyada karmaşık ilişkilere götürür bizi. Genç ama uzun yıllardan beri evli bir hanım, tanıdığı yaşıtı bir kadının (Elise L.) yakınlarda nişanlandığını öğrenir ve şu rüyayı görür: *Kocasıyla tiyatroda oturmaktadır, ön sıraların bir kısmı tamamen boştur. Kocası Elise L. ve nişanlısının da gelmek istediğini ama sadece kötü koltukların kaldığını, 3 biletin* 1 *florin ve* 50 *metelik tuttuğunu, bu yüzden ön sıralardan bilet alamadıklarını söyler. Kadın da, bunun o kadar da kötü olmadığını belirtir.*

1 florin 50 metelikin kaynağı ne olabilir? Bir önceki gün olan sıradan bir olay: Kocası görümcesine hediye olarak **150 florin** vermiş . Kadın da sanki bir an önce paradan kurtulmak ister gibi, hemen gidip kendisine mücevher almış. Bu arada 150 florinin 100 kere 1 florin 50 metelik olduğunu belirtelim. Peki **3** tiyatro koltuğunun anlamı ne olabilir? Buradaki bağlantı gelinin kadından **3** ay küçük olması. Rüyanın yorumlanabilmesini sağlayan nokta, boş koltukların anlamını öğrenmek oldu. Boş koltukların nedeni kocasının kendisiyle alay etmesine neden olan küçük bir olay: O hafta tanıtımı yapılan tiyatro oyunlarından birine gitmeyi planlayan kadın, garanti olsun diye günler önce biletleri almış ve erken bilet ücreti ödemek zorunda kalmıştı. Tiyatroya gittiklerinde salonun yarısının boş olduğunu görmüşler, kadının *o kadar acele etmesinin* gereksiz olduğunu anlamışlardı.

Şimdi rüyanın yerine rüya düşüncelerini koyacağım: "Bu kadar erken evlenmek saçmalıktı. *Acele etmem gereksizdi.* Elise L. örneği bana *hâlâ daha* koca bulabileceğimi gösteriyor. Hem de *yüz* kat daha iyisini (koca, sevgili) bulurdum, (görümcenin acelesinin aksine) bekleseydim. O paraya (drohma) *üç koca* satın alırdım!" bekleseydim. Bir önceki rüyayla karşılaştırdığımızda, bu rüyada sayıların anlamlarının ve ilişkilerinin büyük ölçüde değiştiğini görüyoruz. Değişim ve çarpıtma bu rüyada çok daha fazla yaygın. Bunun nedeninin, rüya düşüncelerinin kendilerini ifade etmek için daha büyük bir psikolojik direnci aşmak zorunda kalmaları olduğu söylenebilir. Bu rüyada 2 kişinin 3 bilet satın almasındaki tuhaflığı da göz ardı etmemeliyiz.

Haddimizi aşarak rüyadaki saçmalığın, tuhaflığın yorumuna girişiyoruz ve rüya içeriğindeki bu tuhaf ve saçma ayrıntının rüya düşüncesinde en çok vurgulanan kısmı temsil ettiğini söylüyoruz: Erken evlenmek saçmalıktı. Karşılaştırılan iki kişi arasındaki son derece önemsiz bir ilişkiyi ifade eden 3 sayısı (iki kadın arasındaki üç aylık yaş farkı) ustaca rüya için gerekli olan saçmalığı üretmek için kullanılmış. Gerçekte 150 florin olan rakamı azaltarak 1.50 florin yapmak ise, rüya sahibi kadının bastırılmış düşüncelerinde yer alan kocayı (sevgiliyi) küçümsemeye tekabül ediyor.

3. Bir başka örnek rüyaların her zaman küçümsenmelerine neden olan 'hesap konusundaki uzmanlıklarını" gözler önüne seriyor. Bir adam rüyasında şunları görüyor: *B'lerde (eskiden tanıdığı bir aile) oturuyor ve şöyle diyor: Mali'yi bana vermemiş olmanız büyük hata. Bunun üzerine kız şöyle diyor: Kaç yaşındasınız siz? Adam yanıtlıyor:* ***1882*** *doğumluyum .– Demek ki* ***28*** *yaşındasınız.*

Bu rüya 1898 yılında görüldüğüne göre, yanlış hesap yapılmış olmalı ve bu durumda, başka bir açıklaması yoksa, rüya sahibine inme indiğini düşünürüz. Hastam bir kadın gördükten sonra düşüncelerinde o kadından kurtulamayan insanlardandı. Birkaç ay boyunca bu hastamın ardından muayenehaneme genç bir hanım geliyordu. Hastam kadınla karşılaşıyor, onunla ilgili sorular soruyor ve hanıma karşı kesinlikle kibar olmak istiyordu. Kadının 28 yaşında olduğunu tahmin ediyordu. Yanlış hesabın sonucu üzerine bu kadar açıklama yeter. 1882 hastamın evlendiği yıldı. Hastam benim evimde karşılaştığı ve asla genç kız olmayan, hastama kapıyı açan iki hizmetliyle sohbet etmekten de alamıyordu kendini ve kızların kendine yakın davranmadıklarını gördüğünde, bunu kendisini yaşlı, "oturaklı" bir bey olarak görmeleriyle açıklamıştı.

Önceden belirlenmişliği (determinizm), daha doğru bir deyişle aşırı belirlenmişliğiyle dikkat çeken bir başka sayı rüyasını ve yorumunu Bay B. Dattner'e borçluyum:

"Belediyede bekçi olan ev sahibim rüyasında kapının önünde nöbet tuttuğunu görüyor ve bu durum onun için bir arzu giderilmesi anlamına geliyor. Bir müfettiş yanına geliyor; adamın yaka numarası 22 ve 62 ya da 26; her halükârda bir sürü 2 var yakasında. Henüz rüyayı anlatırken 2262 sayısının iki parçaya ayrılmış olmasından anlıyoruz ki bu iki parçanın farklı anlamları var. Bir gün önce hizmet süresi üzerine konuştuklarını hatırlıyor. Sayının sebebi 62 yaşında emekliye ayrılan bir müfettiş.

Rüya sahibinin hizmet süresi 22 yıl ve % 90 emekliliğe hak kazanmak için 2 yıl 2 ay daha çalışması gerekiyor. Rüya adamda uzun zamandır arzu ettiği bir şeyle ilgili (müfettişlik pozisyonu) sahte umutlar uyandırıyor. Yaka numarası 2262 olan yetkili adamın kendisi. Görevini sokakta ifa ediyor ki bu da onun arzularından biri. Yani 2 yıl 2 ayını tamamlayarak ve tıpkı 62 yaşındaki müfettiş gibi bütün haklarını kazanarak emekli olabilir.[95]

Bu ve (daha sonra değineceğimiz) buna benzer örneklere toplu olarak baktığımızda, rüya çalışmasının hesap yapamadığını, ne doğru, ne de yanlış, hesap yapamadığını görürüz. Rüya çalışmasının tek yaptığı rüya düşüncelerinde yer alan ve ifade edilmesi imkânsız bir malzemeye gönderme olarak kullanılması mümkün sayıları bir işlem biçiminde birleştirmek. Bu arada sayıları da –tıpkı isimlerle ve sözcüklerle şov yaparken kullandığı gibi– amacını ifade etmeye yarayacak malzeme gibi kullanır.

Çünkü rüya çalışması bir konuşmayı yoktan var edemez. Analizler bize göstermiştir ki, rüyalarda karşımıza çıkan söyleyiş biçimleri ve bunlara verilen yanıtlar ister mantıklı ister mantıksız olsunlar, mutlaka rüya düşüncelerinde yer alan yaşanmış ya da duyulmuş konuşmalardan parçalardır ve rüyalarda son derece keyfi ve gelişigüzel kullanılırlar. Rüya bu konuşmaları bağlamlarından koparmakla ve parçalamakla, bir parçayı alıp, diğerini bırakmakla kalmaz, onları yeniden birleştirir ve böylece rüyada anlamlıymış izlenimi bırakan bir konuşma analiz sırasında üç ya da dört parçaya ayrılabilir. Konuşmalar, yeniden kullanıldıklarında çoğu kez rüya düşüncelerindeki anlamlarını bir kenara bırakır ve sözcüklere bambaşka yeni anlamlar yüklerler.[96] Rüya

---

95 Başka sayı rüyalarının analizi için *bkz.* Jung, Marcinowski ve diğerleri. Bu rüyalar çoğu zaman rüya görenin şaşırtıcı bir şekilde doğru yaptığı karmaşık matematik işlemleri gerektiriyor. *krş.* Johns "Bilinçdışı Sayısal İşlemler" (*Psikanaliz Yıllığı II*, 1912, s. 214 ve devamı).

96 Nevroz da rüyayla aynı şekilde işler. Tanıdığım bir hasta irade dışı hatta istememesine rağmen, ruhsal dünyası için ne anlama geldiğini bilmediği şarkılar ya da şarkılardan parçalar duymaktan (hayal etmekten) şikâyet ediyordu. Üstelik bu hasta paranoyak da değildi. Analiz hastanın şarkı sözlerini belli kurallar çerçevesinde yanlış kullandığını gösterdi. "Leise Leise, fromme Weise" (Yavaş, yavaş, dindar bir şekilde). Bu sözler hastanın bilinçdışı için şu anlama geliyor: "Fromme Waise" Dindar öksüz kadın, yani kendi. "O du selige, o du fröhliche..." (Ey sen kutsal, ey sen bahtiyar) bir Noel şarkısının başlangıcı. Rüyayı "Noel zamanı" sözcüklerine kadar devam ettirmeyerek

konuşmalarına daha yakından baktığımızda daha açık ve daha derli toplu olanları diğerlerinden ayırt edebiliriz. Bunlar birleştirici öğeler olarak hizmet verir ve muhtemelen bir metni okurken eksik olan harfleri ve heceleri tamamlamamız gibi tamamlanırlar. Bu yapısıyla rüya konuşması, içinde farklı malzemelerden büyükçe parçalar olan ve bu parçaların sert bir malzemeyle birleştiği moloz taşlarına benzer.

Bu betimleme aslen sadece bütünüyle algılananlar ve rüyada "konuşma" olarak tanımlanan rüya konuşmaları için geçerlidir. Diğerleri yani hem duyulmuş hem söylenmiş olarak algılanmayan konuşmalar (rüyada akustik ya da motorik bir vurgusu da olmayanlar) uyanık düşünce eyleminde rastlanılan ve hiç değişmeden birçok rüyaya giren basit düşüncelerdir. Rüyaların tam bilinmeyen bir konuşma malzemesi de kaynağının tespiti oldukça zor olan okunan malzemeleridir. Ama rüyada konuşma

---

bundan "Gelin zamanı" yapıyor vb. - Aynı çarpıtma mekanizması halüsinasyon olmadan, sıradan bir düşüncede de gerçekleşebilir. Bir hastamın gençlik yıllarında ezberlemek zorunda kaldığı bir şiiri neden hatırladığına bakalım:

"Naechtlich am Busento lispeln...?
(Gece Busento'da fısıldaşmak)
Çünkü hayalinde bu alıntının bir kısmıyla yetiniyor:
"Naechtlich am Busen..."
(Gece memelerin yanında)

Parodilerde de bu türden teknikler eksik değildir. Mizah dergisi *Fliegende Blaetter*, Alman klasik yazarlarının resimleri arasında Schiller'in "Zafer Şenliği" adlı resmine de aşağıdaki alıntıyla birlikte yer verir:
"Und des frisch erkaempften Weibes
Freut sich der Atrid und strickt."
"Atrues'un oğlu henüz kazandığı kadın için sevinç içinde örgü örer."

Orijinalin devamı şöyledir:
Um den Reiz des schönen Leibes
Seine Arme hochbeglückt.
"Kadının güzel bedeninin albenisiyle
Kolları son derece mesut."

olarak dikkate çarpan ve ön plana çıkan her şey, rüya sahibinin kendisinin gerçekleştirdiği ya da duyduğu konuşmalardır.

Bu türden rüya konuşmalarının türevleri olan örnekleri başka bağlamlarda ele aldığımız rüyalarda görmüştük. Mesela s. 214'teki "masum" pazar rüyasındaki "Ondan kalmadı", cümlesi beni kasapla özdeşleşirken, bir başka konuşmadan "Bilmiyorum ne olduğunu, almayacağım" sözleri rüyayı masumlaştırmaya yarıyor. Çünkü rüya sahibi kadın bir gün önce aşçı kadının uygunsuz taleplerini şu sözlerle reddetmişti: "Bilmiyorum ne olduğunu, terbiyenizi takının." Ve sonra bu cümlenin ilgisiz görünen ilk bölümünü rüyaya almıştı. Bunun nedeni rüyanın altında yatan fanteziye gönderme yapmaya çok uygun olmasıydı ve bu fanteziyi ifşa etmesi mümkündü.

Hepsi aynı anlama gelen rüyaları temsil edecek benzer bir örnek daha:

Cesetlerin yakıldığı büyük bir avlu. Adam şöyle diyor: *Ben gidiyorum. Buna bakamam (Açık ve net bir cümle değil bu). Sonra iki kasap çırağına rastlıyor ve soruyor: Nasıldı tadı? Çıraklardan biri cevap veriyor: Güzel değildi. İnsan etine benziyordu.*

Bu rüyanın masum gerekçesi şu: Adam akşam yemeğinden sonra karısıyla çok kibar ama *iştah açıcı* olmayan komşularını ziyaret eder. Misafirperver yaşlı hanım o sırada akşam yemeğini yemektedir ve adamı da yemeğin tadına bakmaya *zorlar* (bu sözcüğün yerine erkekler aralarında şakalaşırken cinsel anlamı da olan bir kelime kullanır). Adam iştahı olmadığı için kadını reddeder. Kadın, "Hadi canım, bu kadarını kaldırırsınız" ya da benzeri bir şey söyler. Adam yemeğin tadına bakmak zorunda kalır ve ikram edilen şeyi de över. "Bu çok güzel." Sonra karısıyla beraberdir, hem komşu kadının ısrarından, hem de tadına baktığı yemeğin kalitesinden şikâyet eder. "Buna bakamam." Rüyada da bu cümle gerçek bir konuşma gibi hissedilmez, davet eden kadının bedensel cazibesiyle alakalıdır ve adamın kadına bakma isteği olmadığı şeklinde anlaşılması gerekir.

Temel düşüncesini çok açık ve net bir cümlenin oluşturduğu ve analiziyle daha fazla bilgi edinebileceğimiz bir başka rüyaya daha değineceğim; ama rüyayı bir bütün olarak rüyalarda duygular bölümünde ayrıntılarıyla ele alacağım. Çok belirgin ve net olan rüyam şöyle: *Gece Brücke laboratuvarına gidiyorum, içerideyim, kapı hafifçe çalınıyor,* (ölmüş olan) *dostum Profesör Fleischl arkadaşlarıyla içeri giriyor ve birkaç cümle ettikten sonra masasına oturuyor.* Bu rüyayı bir ikincisi takip ediyor: *Dostum Fl. Temmuz'da kimseye haber vermeden Viyana'ya gelmiş; kendisine sokakta* (ölmüş olan) *dostum P.'le konuşurken rastlıyorum, birlikte bir yere gidiyoruz; ikisi küçük bir masada karşılıklı oturuyor, bense masanın yan tarafının ön kısmına oturuyorum. Fl. kız kardeşinden söz ediyor ve "45 dakika içinde öldü" dedikten sonra "Eşik bu işte" gibi bir şey söylüyor. P.'nin ne dediğini anlamadığını için Fl. bana dönüyor ve P.'ye onun hakkında neler anlattığımı soruyor. Ben de tuhaf duygular içinde, Fl.'ye P.'nin (bir şey bilmesinin mümkün olmadığını çünkü) hayatta olmadığını söylüyorum. Ama kendim da hatamın farkına vararak* ***Non vixit*** *diyorum. Dikkatle P.'ye bakıyorum. P. bakışlarım altında soluyor, silikleşiyor, gözleri hastalıklı bir maviye dönüşen P. sonunda yok oluyor. Çok seviniyorum ve Ernst Fleischl'ın sadece bir görüntüden, bir hayaletten ibaret olduğunu düşünüyorum ve böyle bir varlığın ancak istendiği kadar var olabildiğinin, başkalarının istediğiyle bertaraf edilebileceğinin mümkün olduğunu biliyorum.*

Bu güzel rüya, rüya içeriğinin birçok tuhaf özelliğini barındırıyor: "*Non vivit*" (yaşamıyor) yerine "*non vixit*" (yaşamadı) dediğim için rüyada kendimi eleştirmem, rüyada da ölü oldukları söylenen gerçek ölülerle doğal bir şeymiş gibi ilişki kurmak, bununla ilgili yaptığım tuhaf çıkarsama ve duyduğum memnuniyet. Bütün bunlar öylesine tuhaf ki, böyle bir rüyanın bütün sırlarını çözebilmek için "hayatımı vermeye razıyım". Rüyada yaptığımı gerçek yaşamda yapmam yani benim için değerli insanları hırslarıma kurban etmem mümkün değil. Ama üzerini örtmeye çalıştığım her şey, benim zaten bildiğim rüyanın anlamını yok edecektir. Bu yüzden burada ve ilerde başka bir bölümde de rüyanın birkaç öğesini yoruma tabi tutacağım.

Rüyanın merkezini bir bakışla P.'yi yok ettiğim sahne oluşturuyor. O anda P.'nin gözleri tuhaflaşıyor, ürkütücü bir maviye bürünüyor ve P. sonunda parçalarına ayrılarak yok oluyor. Bu sahne kesinlikle yaşanmış bir sahnenin kopyası. Psikoloji Enstitüsü'nde asistan olarak çalışırken, bir sabah erken saatte nöbetim vardı. *Brücke* daha önce birkaç kez öğrenci laboratuvarına geç gittiğimi öğrenmiş ve bir gün tam zamanında laboratuvara gelmiş ve beni beklemeye başlamıştı. Söyledikleri kısa ve netti ama önemli olan söyledikleri değildi. Beni şaşırtan dehşet saçan mavi gözleriydi. Bakışları karşısında tıpkı rüyadaki P. gibi yerle bir olmuştum; ama rüyada beni rahatlatmak için roller değişmişti. Büyük ustanın iyice yaşlanana kadar sahip olduğu olağanüstü gözlerini ve bu gözlerin öfkeli halini hatırlayanlar, bendeniz genç günahkârın duygularını anlamakta zorluk çekmeyeceklerdir. Ancak rüyamda kendimi yargılamak için kullandığım "non vixit" sözcüklerini, bu sözcükleri bir yerde duyduğum ya da kendim kullandığım için değil, bir yerde *gördüğüm* için bu kadar net olduklarını anlamadan yorumlamam mümkün olmazdı. Bunu anladıktan sonra nerede gördüğümü de hemen hatırladım. Viyana'daki Hofburg Sarayı'nda yer alan İmparator Josef'ın heykelinin altında şu güzel sözler yer alıyordu:

> Saluti patriae *vixit*
> *non* diu sed totus.[97]

97 "Ülkesinin mutluluğu için, uzun olmasa da, dolu dolu yaşadı."

Bu yazıttan rüya düşüncelerindeki düşmanca fikirlerime uyanları seçmiştim ve düşüncelerimin anlamı şuydu: Bu herifin bir şey demeye hakkı yok çünkü zaten yaşamıyor. Ve nihayet rüyayı üniversitenin kemerleri altında *Fleischl* heykelinin açılışından birkaç gün sonra gördüğümü hatırladım. Aynı anda *Brücke*'nin heykelini de görmüştüm. Bu arada üzülerek (bilinç dışında) kendini bilime adamış son derece yetenekli dostum P.'nin erken yaşta ölerek bu alanda heykelinin sergilenmesi hakkını kullanamadığını düşünmüş olmalıyım. Bu yüzden de heykeli rüyada dikiyorum. Bu arada arkadaşımın adı Josef'tir.[98]

Rüya yorumunun kuralları uyarınca hâlâ daha "non vivit" yerine Josef'in heykelinin katkılarıyla hatırladığım "non vixit"i kullanmaya hakkım yok. Bunu rüya düşüncelerinin bir başka öğesi sağlamış olmalı. Dikkat etmem gereken bir nokta, rüyadaki bu sahnede dostum P.'ye karşı hissettiğim biri düşmanca, diğeri ise sevecen iki düşünce zincirinin bir arada bulunması; düşmanca olan daha yüzeysel, diğerinin üstü örtülü ve ikisi birlikte "non vixit" sözcükleriyle temsil ediliyor. Arkadaşım bilime hizmet ettiği için adına bir heykel dikiyorum. Ama bir taraftan da (rüyanın sonunda dile getirilen) kötü bir arzunun suçlusu olduğu için onu yok ediyorum. Burada kullandığım özel tınılı cümleyi bir yerden almış olmalıyım. Benzer bir antiteze, yani her biri ayrı ayrı doğruluk iddiasında olmasına rağmen, birbirlerini rahatsız etmek istemeyen iki karşıt düşünceye bir arada nerede rastlamış olabilirim? Bu, ancak ve ancak okuyucusunu derinden etkileyen Shakespeare'in Sezar'ında Brutus'un savunması olabilir: "Sezar beni sevdiği için, ağlıyorum ardından; o mutlu olduğu için seviniyorum; cesur olduğu için saygı duyuyorum ona. Ama zorba

98 Aşırı belirlenmeye bir örnek: Geç kalmamın nedeni, gece uzun süre çalıştıktan sonra sabah *Kaiser -Josef- Caddesi*'nden Waehringer Caddesi'ne kadar yürümüş olmamdı.

olduğu için öldürdüm onu." Ortaya çıkardığım rüya düşüncesindeki aynı cümle yapısı ve aynı düşünce karşıtlığı değil mi bu? Demek ki ben rüyada Brutus'u oynuyorum. Keşke rüya içeriğinde bu sürpriz kolateral (yan yana) bağlantıları doğrulayan başka bir emare daha olsaydı! Şöyle bir şey olabilirdi mesela: Dostum Fl. **Temmuz**'da (Juli- Julius Sezar) Viyana'ya geliyor. Gerçekte böyle bir ayrıntıyı destekleyen en ufak bir ipucu yok. Bildiğim kadarıyla dostum hiç zaman Temmuz ayında Viyana'da bulunmamış.

Ama Temmuz (Juli) ayı adını Julius Sezar'dan almıştı ve bu Brutus rolünü üstlenmemle ilgili ara düşüncelere bir gönderme olabilirdi.[99]

Tuhaftır, bir kez gerçekten de Brutus rolünü üstlenmiştim. Schiller şiirlerindeki Brutus ve Sezar sahnesini çocuk izleyicilere oynamıştım, hem de on dört yaşında ve o zaman İngiltere'den ziyaretimize gelmiş olan benden bir yaş büyük olan yeğenimle birlikte. Yeğenim de bir *hortlaktı,* böylece onunla birlikte ilk çocukluğumun oyun arkadaşı da geri dönmüş oluyordu. Üç yaşımı bitirene kadar birbirimizden ayrılmazdık, birbirimizi severdik, kavga da ederdik ve daha önce de değindiğim gibi, bu çocukluk ilişkisi akranlarımla ilişkimle ilgili daha sonraki yıllardaki duygularımın da belirleyicisi oldu. Yeğenim John o günden itibaren bilinçdışı belleğime kazınmış olarak, kimi zaman bir özelliği, kimi zaman bir diğerinin baskın olduğu çeşitli kılıklarda karşıma çıkmıştı. O zamanlar bana çok kötü davranmış olmalı ve ben de tiranıma karşı cesur davranmış olmalıyım ki, sonraki yıllarda babam –John'un büyükbabası– bana John'u niye dövdüğümü sorduğunda yaptığım kısa bir savunma konuşması hatırlatılırdı bana. İki yaşında bir çocuğun savunması şöyleydi: Onu

99 Buna ek olarak: Sezar-Kaiser (imparator).

dövdüm (geschlagt), çünkü o da beni dövdü (geschlagt). *Non vivit* yerine *non vixit*'in geçmesinin nedeni bu sahne olmalı çünkü çocukluğumun daha sonraki yıllarında dövmek (schlagen) sözcüğünün yerini silkelemek (wichsen) almıştı. Rüya çalışması bu tür bağlantılar kullanmaktan hiç geri durmaz. Gerçek yaşamda hiçbir düşmanlık hissetmediğim dostum P. benden çok üstündü, çocukluk arkadaşımın yeni baskısı olarak ortaya çıkmıştı ve rüyadaki düşmanlığım mutlaka John'la çocukluktaki ilişkimle alakalıydı.

Daha önce de söylediğim gibi bu rüyaya ilerde geri döneceğim.

G. SAÇMA RÜYALAR-RÜYADAKİ ZİHİNSEL ETKİNLİKLER

Şimdiye kadar gerçekleştirdiğimiz rüya yorumlarında sık sık rüya içeriğindeki *saçmalıklarla* karşılaştık. Artık bu konuya değinmeyi ötelemeyip, nereden kaynaklandığını, ne anlama geldiğini incelemenin zamanı geldi.

Rüyaların saçmalığının, rüyanın değerine karşı çıkanların, onu kısa ve parça pörçük zihinsel etkinliklerin ürünü olarak anlayanların en büyük argümanı olduğunu biliyoruz.

Öncelikle rüya içeriğindeki saçmalığın sadece bir görüntü olduğu, rüyanın anlamı daha derinlemesine ele alındığında hemen ortadan kalktığı rüyalarla başlıyorum. Bunlar, başta tesadüfen, ölmüş olan babayla ilgili olduğu sanılan birkaç rüya.

I

Babasını altı yıl önce kaybetmiş olan bir hastanın rüyası:

Babasının başına büyük bir talihsizlik gelmiş. Gece treniyle yolculuk ederken, tren yoldan çıkmış, koltuklar birbirine girmiş, kendisinin başı enine ezilmiş. Sonra sol kaşının üstünde dikine bir yara olan babasını yatakta yatarken görmüş ve babasının kaza geçirmesine şaşırmış (*çünkü* –hastam anlatırken söylüyor bunu– *babası çoktan ölmüşmüş*). *Adamın gözleri çok berrakmış.*

Rüyalar üzerine egemen yargılar doğrultusunda bu rüyanın içeriğini şöyle yorumlamak gerekir: Rüya sahibi babasının geçirdiği kazayı görürken onun yıllar önce ölmüş olduğunu unutmuştur; rüyanın devamında bunu hatırlıyor ve rüyada böyle bir rüya gördüğü için şaşırıyor. Ancak rüya analizleri bize gösteriyor ki aslında bu türden açıklamalara başvurmaya hiç mi hiç gerek yok. Gerçekte rüya sahibi bir heykeltıraşa babasının bir büstünü yapması için sipariş vermiş ve rüyayı görmeden birkaç gün önce büstü ilk kez görmüştür. İşte *kazaya uğramış* olan bu büst. Heykeltıraş babasını hiç görmemiş, bir fotoğrafına bakarak büstü yapmıştır. Babasına saygılı rüya sahibi, rüyadan bir gün önce, ailenin yanında çalışan emektar bir hizmetkârı sanatçının atölyesine göndermiş ve onun da büstün iki şakağı arasındaki *enine* mesafeyi gerçektekinden dar bulup bulmadığını öğrenmek istemiş. Ve şimdi de rüyanın oluşmasına neden olan hatıra. Baba işle ilgili sorunları, endişeleri olduğunda, sanki başını ezmek ister gibi elleriyle şakaklarına bastırırmış. –Rüya sahibi dört yaşındayken babasının gözlerinin kazara patlayan bir silahla nasıl karardığına şahit olmuş (*Gözleri çok berrakmış*).– Rüyada babanın yaralandığı bölümde, yaşarken düşünceli ya da üzgün olduğunda alnında oluşan enine çizgi ortaya çıkıyor.

Bu çizginin yerini rüyada bir yaranın almış olması, rüyanın görülmesinin ikinci nedeni. Rüya sahibi küçük kızının fotoğrafını çekerken elindeki levha yere düşmüş ve levhayı kaldırdığında çocuğun alnında kaşına kadar uzanan dikey bir çizgi oluştuğunu görmüş. Bunun üzerine batıl inançlarına yenik düşmüş: Annesi ölmeden bir gün önce adamın annesinin bir fotoğrafının bulunduğu bir fotoğraf levhası parçalanmış.

Bu durumda bu rüyanın içerdiği saçmalık, büstü ve fotoğrafı gerçek kişilerle bir tutmamızın nedeni olan sözel ihmalkârlığının başarısından kaynaklanıyor. Hepimiz şöyle sözler söylemeye alışkınızdır: "Sence de babam kötü mü görünüyor?" Bu rüyada saçmalıktan kaçınmak mümkündü tabii. Tek bir örnekten yola çıkıp bir yargıya varmak mümkün olsaydı, söz konusu saçmalığın izin verilen, istenen bir saçmalık olduğunu söyleyebilirdik.

II.

Benim rüyalarımdan ikinci bir benzer örnek: (Babamı 1896 yılında kaybettim).

Rüyamda babam, ölümünden sonra Macarlar için önemli bir siyasi rol oynamış bir kişi. Bununla ilgili bulanık bir görüntü var: *Parlamentodaki gibi bir insan kalabalığı. Bir kişi bir ya da iki sandalyenin (Stuhl) üzerinde oturuyor; çevresinde insanlar. Garibaldi'nin ölüm döşeğinde bu halde olduğunu hatırlıyorum ve bu vaadin gerçekleşmiş olmasına seviniyorum.*

Yeterince saçma bir rüya. Macarların parlamentodaki ayak oyunlarıyla kanunsuzluğa ve sonra Koloman Széll tarafından çıkarıldıkları krize sürüklendikleri dönem. Rüyadaki sahnenin küçücük görüntülerden oluşması bu öğenin açıklanması açısından hiç de önemsiz değil. Düşüncelerimizin sıradan rüyalardaki görsel tasviri, gerçek yaşamdaki büyüklüklerine eşdeğer oldukları izlenimi yaratır. Benim rüyamdaki sahne, Avusturya tarihiyle ilgili bir metinde yer alan ve Maria Teresa'yı Presburg Parlamentosu'nda gösteren, şu ünlü "Marianur pro rege nostro"[100] sahnesini resmeden gravürün bir reprodüksiyonu.

100 Minicik yaratıkların kaynaştığı ve rüya kaynağının rüya görenin gündüz baktığı bir Jacques Callot gravürü olduğu o rüyayı nerede okuduğumu hatırlamıyorum. Callot'un gravürlerinde gerçekten minicik figürler vardır ve bir kısmı da Otuz Yıl Savaşları'nın dehşetini canlandırır.

Gravürde Maria Teresa'nın çevresi rüyamda babamın olduğu gibi insanlarla çevrili; ama babam bölge yargıcı (Almanca "Stuhlrichter"; kelime anlamı "sandalye hâkimi") olarak bir ya da iki sandalyenin üstünde. (Babam bu iki sandalyeyi birleştirmiş; burada şu dile getiriliyor: Dostça uzlaşacağız, hakeme ihtiyaç yok ("Wir werden keinen Richter brauchen"). Babamın ölüm döşeğinde gerçekten Garibaldi'ye benzediğini başucundaki herkes fark etmişti. Ölüm sonrası (post mortem) ateşi yükselmişti, yanakları giderek kızarıyordu...ağzımızdan kendiliğinden şu sözler döküldü:

> Ve onun ardından bize hükmeden sıradanlığın
> gölgesi kalıyor geriye.[101]

Düşüncelerimizin ulaştığı bu mertebe, bir tür "sıradanlıklarla" yüz yüze gelmeye hazırlıyor bizi. "Post-mortem" ateşinin yükselmesi rüya içeriğinde "ölümden sonraya" tekabül ediyor. Babama en acı veren şey son haftalarda bağırsaklarının çalışmamasıydı (obstrüksiyon). Bunu bir sürü saygısız düşünce takip etti. Henüz lisedeyken babasının kaybeden ve yaşadığı bu acı nedeniyle kendisine arkadaşlığımı sunduğum bir akranım, bir gün alay ederek babası sokakta ölen ve eve getirilen bir kadın akrabasından söz etmişti. Arkadaşım ölünün üstü çıkarılırken orada bulunmuş ve "post mortem" bir dışkılamaya (*Stuhlentleerung*) şahit olmuştu. Kadın bu olaydan o kadar etkilenmişti ki, bu çirkin ayrıntı daha sonra babasının hatırasını bozuyordu. Bu noktada rüyanın temsil ettiği arzuya ulaşmış bulunuyoruz. *Ölümden sonra çocuklarının gözünde temiz ve büyük olmak.* Kim istemez ki bunu? Rüyanın saçmalığı nerede peki? Normal koşullarda öğeleri arasındaki saçmalığı göz ardı ettiğimiz bir konuşma,

101 Goethe'nin Schiller'in ölümü üzerine yazdığı şiirden. –çev. n.

rüyada kelimesi kelimesine ifade edilmiş. Burada da saçmalığın istendiği, kasten gerçekleştirildiği izlenimini reddedemeyiz.

Ölülerin bu kadar sık rüyalarımızda canlı olarak yer almalarının, canlı gibi davranmalarının ve bizimle ilişkiye girmelerinin yarattığı abartılı şaşkınlık ve bu tür rüyalarla ilgili yapılan tuhaf açıklamalar rüyalar hakkında ne kadar az şey bildiğimizi açıkça ortaya koyuyor. Buna rağmen bu açıklamalar akla yakın açıklamalar. Normal hayatta "Şayet babam sağ olsaydı ne derdi bu işe acaba?" diye sık sık düşünürüz. Rüyalar bu "şayet"i şimdiki zamanda bir durumdan başka türlü ifade edemezler. Büyük babasından yüklü bir mirasa konan genç bir adam çok para harcadığı suçlamalarıyla karşılaştığı bir dönemde rüyasında büyükbabasının yaşadığını ve ondan hesap sorduğunu görür.

Rüyaya itiraz edip, bizim daha iyi bildiğimizi, yani söz konusu kişinin öldüğünü söylediğimizde gerçekte hissettiğimiz, ya ölen kişinin bunları yaşamak zorunda kalmadığı için bir teselli duygusu, ya da artık işimize karışamayacağı için bir tatmindir.

Ölen yakınların rüyaya girmesiyle ilgili bir başka saçmalık daha vardır ki burada alay ve istihza yoktur, bunun yerine rüyayı gören kişi için en imkânsız görünen bastırılmış bir düşüncenin şiddetle reddedilmesi vardır. Bu tür rüyaları ancak rüyanın arzulanan durum ve gerçek arasında bir fark gözetmediğini bildiğimiz zaman açıklayabiliriz. Örneğin hastalığı boyunca babasına bakan ve ölümünden çok etkilenen bir adam bir süre sonra şu saçma sapan rüyayı görür: *Babası sağdır ve onunla her zamanki gibi konuşmaktadır* (ve asıl tuhafı), *aslında ölmüştür babası ama öldüğünün farkında değildir.* "*Aslında ölmüştür babası*" cümlesinin başına "rüya sahibinin arzusu üzerine" eklediğimizde ve "*ama öldüğünün farkında değildir*" cümlesini "Rüya sahibi babasının öldüğünün farkında olmamasını istiyordu" olarak değiştirdiğimizde rüya anlaşılır hale gelir. Adam babasına baktığı sürece sık sık ölmesini istemişti yani ölümün bu eziyete artık bir son vermesini dilemişti. Babası öldükten sonra yas tutarken babasına acıdığı için düşündükleri acaba hastanın yaşamını kısalttı mı diye kendini bilinçdışı suçlamaya başlamıştı. Erken çocukluk duygulanımları uyanmış, bu sayede bu suçlamayı rüya olarak ifade etmesi mümkün olmuştu ama rüyanın görülmesine yüzde yüz karşıtlık yüzünden rüya böyle saçma bir kılığa bürünmüştü (*krş.* "Psikolojik Süreçlerin İki İlkesinin Tanımı, *Psikanaliz Yıllığı III*, 1911. *Toplu Eserler*, V. cilt)

Rüyada sevilen insanların ölümünü görmek rüya yorumunu zora sokan bir durum ve böylesi rüyalarda her zaman tatmin edici bir sonuç elde etmek mümkün olmuyor. Bunun nedeni, rüya görenin ölen kişiyle arasındaki baskın ikircikli duygular olmalı. Bu tür rüyalarda başlangıçta ölen kişinin aslında ölmediğinin düşünülmesi, sonra ölmüş olduğunun anlaşılması ama yine de yaşamaya devam etmesi son derece normaldir. Bu, oldukça kafa karıştırıcı bir durum. Ama ben sonunda ölüm ve yaşam arasındaki bu gidiş gelişin rüya sahibinin *kayıtsızlığının* bir göstergesi olduğunu buldum ("*Ölmüş* ya da *yaşıyor* olması benim için aynı şey.") Doğaldır ki bu kayıtsızlık gerçek değil arzu edilen bir kayıtsızlık ve rüya sahibinin yoğun ve sık sık da karşıt duygularını inkâr etmesi umuluyor ve böylece kendi *ikircikliğin*in rüyadaki temsilcisi oluyor.

Ölülerle haşır neşir olduğumuz başka tür rüyalara sık sık şu kural yön verir: Rüyada ölünün ölmüş olduğu hatırlatılmazsa, rüya sahibi kendini ölüyle bir tutar, rüyasında gördüğü kendi ölümüdür. Rüyada birdenbire "Bu kişi çoktan ölmüştü ya," diye düşünüp şaşırmamızın nedeni, bu benzerliğe bir itirazdır ve rüya sahibinin ölümünü reddetmek anlamına gelir. Ancak itiraf etmeliyim ki rüya yorumu henüz bu tür rüyaların bütün sırlarını çözmüş değildir.

III

Aşağıdaki örnekte rüya çalışmasını hiçbir neden yokken bilerek bir saçmalık üretirken yakalayabildim. Tatil için seyahate çıkmadan önce Kont Thun'la karşılaşmamın vesile olduğu rüyadan: *"Bir atlı arabada gidiyorum ve arabacıya istasyona gitmesini söylüyorum. Arabacı onu çok yormuşum gibi bir itirazda bulunuyor; bunun üzerine ben 'Tren yolunda sizinle gidemem tabii' diyorum. Bu arada aslında trenle gidilen bir güzergâhı onunla gitmişim zaten.* Bu karmaşık ve saçma hikâyeden analiz sonrası şu sonuç çıkıyor: Gündüz beni Dornbach'ta ücra bir sokağa götürmesi için bir atlı arabaya binmiştim. Arabacı yolu bilmiyordu ama bir şekilde iyi niyetli insanların her zaman yaptığı gibi yola devam etmiş, sonunda ben durumun farkına varıp ona yolu tarif etmiş, bu arada birkaç alaycı söz etmekten de geri durmamıştım. Burada, faytoncudan buluşacağım aristokratlara, daha sonra ele alacağım bir düşünce zinciri oluşuyor. Şimdilik sadece, aristokratların sürücünün yanına oturmayı sevdikleri için biz burjuva ayaktakımının dikkatini çektiklerini söylemekle yetineyim. *Avusturya* devleti bir araba, Kont Thun da arabanın sürücüsü. Rüyadaki ikinci cümle erkek kardeşimle ilgili; onu fayton sürücüsüyle özdeşleştiriyorum. Bu yıl birlikte çıkacağımız İtalya gezisine gelemeyeceğimi söylemiştim (*'Tren yolunda sizinle gidemem tabii'*). Gezinin iptali, aynı gün içinde birçok güzel yeri görmek isteyerek kendisini seyahatlerde çok yorduğum yönündeki şikâyetleri yüzünden verdiğim bir cezaydı (bu aynen girmiş rüyaya). Erkek kardeşim o akşam bana istasyona kadar eşlik etmiş ama Purkersdorf'a giden banliyö trenine yetişmek için Westbahnhof'ta arabadan inmişti. Banliyö treniyle değil, benim bineceğim Batı treniyle Purkersdorf'a giderek bir süre daha benimle yolculuk edebileceğini söylemiştim.

Rüyadaki *"Aslında trenle gidilen bir güzergâhı onunla gitmişim"* cümlesi buradan kaynaklanıyor. Gerçekte bunun tersi olmuştu

("Düz de yapsan olurdu"[102]). Kardeşime şöyle demiştim: Banliyö treniyle gideceğin yolu benimle sohbet ederek Batı treniyle gidebilirsin. Rüyadaki bütün kargaşaya "banliyö treni" yerine "araba" sözcüğünü kullanmak neden oluyor ama aynı kargaşa erkek kardeşimin yerine arabacıyı koymama da yardımcı oluyor. Daha sonra rüyada çözülmesi imkânsız görünen bir saçmalık buluyorum. Bu saçma öğe daha önce söylediğim sözle ("*Tren yolunda sizinle gidemem tabii*") tamamen çelişkili. Ama banliyö treniyle atlı arabayı karıştırmam mümkün olmadığı için, rüyadaki bu tuhaflığı kasıtlı olarak yapmış olmam lazım.

Peki kastım ne olabilir? Şimdi rüyadaki saçmalığın ne anlama geldiğini ve hangi motifle buna izin verildiğini, üretildiğini öğrenmek istiyoruz. Bu rüyanın sırrının çözümü şu: Rüyada "fahren" (bir araçla gitmek) kelimesiyle ilgili bir saçmalığa, anlaşılmazlığa ihtiyacım var çünkü rüya düşüncelerinde temsil etmem gereken bir yargım var. Aynı rüyanın başka bir bölümünde "hizmetkâr" olarak sahne alan zeki ve misafirperver bir hanımefendinin verdiği bir davette sorulan iki bilmeceyi çözememiştim. Davetteki diğer insanlar bilmecelerin cevabını bildiği için, ben nafile çabalarımla biraz komik bir duruma düşmüştüm. Bu bulmacalar, cevapları "geçmiş nesiller" ve "gelecek nesiller" olan iki kelime oyunundan ibaretti:

"Efendi buyurdu
Arabacı yaptı
Herkeste vardır
Mezarda yatar." (Vorfahren=Geçmiş nesiller)

102 "Umgekehrt ist auch gefahren" yanlış bir başlangıçla alay etmek için söylenen Almanca bir deyim.

İkinci bilmecenin yarısının birinci bilmeceyle aynı olması kafa karıştırıyordu.

"Efendi buyurdu
Arabacı yaptı
Herkeste yoktur
Beşikte yatar."
(Nachfahren=Gelecek nesiller)

Kont Thun'u bütün heybetiyle önümden geçip giderken (vorfahren) gördüğümde ve lütfedip dünyaya gelmeyi (gelecek nesil olmak) soylu efendilerin meziyeti sayan Figaro'nun ruh haline girdiğimde, bu iki bilmece rüya çalışması için gerekli iki ara düşünceye dönüştü.

Faytoncular aristokratlarla kolayca karıştırılabildiğinden ve bu ülkede bir zamanlar faytoncuya "kayınbirader, enişte" dendiği için, yoğunlaştırma işlemi erkek kardeşimi de aynı sahneye koymuş. Ancak bu sahnenin arkasında etkin olan rüya düşüncesi, şu: *İnsanın geçmiş nesilleriyle (Vorfahren) övünmesi çok saçma. Ben kendim başkalarının atası, akrabası olmayı tercih ederim.* İşte bu "saçmalık" yargısı, rüyadaki saçmalığın da nedeni. Şimdi rüyanın en karanlık bölümündeki son bulmaca da çözülüyor: Arabacıyla *önceden (vor)* gitmişim, ondan *önce gitmişim (vorfahren).*

Demek ki rüya düşüncelerinin içindeki öğelerden birinin saçma olduğuna dair bir yargı varsa ve eleştiri ve alay rüya sahibinin bilinçdışı düşünce zincirlerinin birini etkiliyorsa *saçma* bir düş görebiliriz. Böylece saçmalık, –rüya düşüncesinin ve rüya içeriğinin malzemesinin yer değiştirmesi ya da motorik engellenme hissinin kullanılması gibi– rüya çalışmasının çelişkileri ifade ettiği öğelerinden biri olur. Ancak rüyadaki saçmalık basit bir "hayır" olarak tercüme edilemez; saçmalık, rüya düşüncelerinin aynı anda hem alay etme, hem de gülmeyi içeren çelişkilerini birleştiren yapısını temsil etmelidir. Rüya çalışması ancak bu niyetle saçma bir şey sunar bize ve yine bir parça gizli içeriği görünür hale getirir.[103]

Aslen daha önce bu anlamda saçma rüyalara ait çok güzel bir örnekten söz etmiştik. Analiz etmeden yorumladığımız, sabah sekize çeyrek kalaya kadar süren, orkestranın bir kuleden yönetildiği vb. bir Wagner gösterimini içeren rüyanın (s. 369) söylemek istediği şu: Burası *karmakarışık* bir dünya, *çılgın* bir insan kalabalığı; bunu hak edenler elde edemiyor ama umursamayanlar elde ediyor. Böylece kendi kaderini kuzininin kaderiyle karşılaştırıyor.– Saçma rüyalara ilk örneğimizin ölen bir babaya ait rüya olması da bir tesadüf değil aslında. Bu tür rüyalarda saçma rüyaların oluşması için gerekli koşullar bir arada bulunuyor.

Babanın otoriter tavrı, çocukların erken yaşta eleştirel olmasına, babanın ağır talepleri çocukların babanın her zaafına dikkat kesilmesine neden olmuş. Ancak babanın ölümünden sonra düşüncelerimizde elde ettiği saygı, bu eleştiriyi bilincimizden uzaklaştıran sansürü keskinleştiriyor.

---

103 Yani rüya çalışması, kendisine gelen bir düşünceyi, komik bir şeyle birleştirerek, hicvediyor. Bavyera kralının mısralarıyla alay etmek isteyen Heine de aynı tekniği kullanır:

Herr Ludwig ist ein grosser Poet
Un singt er, so stürzt Apollo
Vor ihm auf die Knie und bittet und fleht,
"Halt ein, ich werde sonst toll, oh!"
(Ludwig büyük bir şair
Şiir okumaya başladığında,
Apollo dizlerinin üstüne çöküp yalvarır,
"Sus yoksa delireceğim!", diye.

IV

Ölmüş bir babayla ilgili saçma bir rüya daha:

*Doğduğum şehrin belediye meclisinden, **1851** yılına ait geçirdiğim bir krizle bağlantılı hastane masraflarını ödememi isteyen bir yazı alıyorum. Yazıya gülüyorum çünkü birincisi, **1851** yılında ben henüz doğmamıştım; ikincisi ise, masrafı üstlenmesi gereken kişi olan babam çoktan ölmüştü. Yan odaya giriyorum ve orada yatan babama durumu anlatıyorum. Babam beni şaşırtıyor ve 1851 yılında bir kez sarhoş olduğunu ve kilit altında alıkonduğunu hatırlıyor. Yani Haus T...... için çalışırken oldu bu olay. İçmiştin demek, diye soruyorum. Sonra da hemen evlendin, öyle mi? Çünkü ben 1956 yılında doğmuşum ve bu tarih bana 1951 yılını hemen takip eden yıl olarak geliyor.*

Rüyanın saçma öğelerini ısrarla ortaya koymasını, son açıklamalarımız uyarınca rüya düşüncelerindeki acılı ve tutkulu polemiğin bir işareti olarak tercüme edeceğiz. Rüyada bu polemiğin açıkça yürütülmesine ve babamın alayların hedefi olmasına aynı şekilde şaşırıyoruz. Her şeyin böylesine açık ve aleni olması rüya çalışmasındaki sansür koşullarıyla çelişiyor. Bu durumun açıklaması, babamın rüyada sadece görünürde tartışılan kişi olduğu, asıl kişinin ise rüyada tek bir yerde ima edilen başka biri olduğudur. Normalde rüyada bir başkasına isyan edilir ve ve aslında bu kişinin ardında rüya sahibinin babası bulunur; ama bu rüyada durum bunun tam tersi. Baba burada başka birini gizlemek için korkuluk görevi üstlenmiş ve bu yüzden rüya normalde saygı duyulan biri olan babayı gizlemeye bile gerek duymamış, çünkü gerçekte kastedilenin baba olmadığı kesinlikle biliniyor. Rüyanın gidişatından bunu anlıyoruz. Çünkü bu rüyayı, yargılarının dokunulmaz olduğunu düşündüğümüz benden büyük bir meslektaşımın bir hastamla beş yıldır psikanaliz yaptığımı duyduğunda şaşkınlığını aşağılayıcı bir dille ifade ettiğini duyduktan sonra görmüştüm. Rüyanın girişindeki cümleler yarı örtülü bir şekilde bu meslektaşımın bir süreliğine babama karşı yerine getiremediğim görevlerimi (masrafların karşılanması, hastaneye yatırmak) üstlendiğine işaret ediyordu.

Ve dostluk ilişkimiz bozulmaya başladığında, tıpkı bir babayla oğlunun arasında babanın eskiden oğlu için yaptıkları yüzünden oğulun yaşadığı duygusal karmaşaya benzer bir ruh haline girmiştim. Rüya düşünceleri, söz konusu hastamın psikanalizinden başka konulara da aktarılan *"hızla ilerleyemediğim"* suçlamasına ısrarla direniyordu: Terapiyi daha hızlı yapabilecek birini tanıyor muydu acaba? Bu tür hastalıkların aslında tedavisinin olmadığını ve bir ömür sürdüğünü bilmiyor muydu? Bütün bir ömürle karşılaştırıldığında 4-5 yılın lafı mı olurdu, hele de tedavi sırasında hasta böylesine rahatlamışsa?

Bu rüyada saçmalık izlenimi veren, farklı rüya düşünceleriyle ilgili cümlelerin hiçbir bağlantı olmadan birbiri ardına dizilmiş olmaları. Örneğin *"Yan odaya babamın yanına giriyorum"* cümlesi, daha önceki cümlelerin bağlantılı olduğu konuyu bir kenara bırakıp, babama kendi kararımla nişanlandığımı söylediğim sahneyi yeniden üretiyor. Yani bana yaşlı adamın yüce gönüllülüğünü hatırlatıyor ve bu özelliği bir başka kişinin davranışına karşıt olarak ortaya koyuyor. Rüyada babamla alay edilmesine izin verilmiş çünkü kendisi rüya düşüncelerinde saygı duyulan, başkalarına örnek gösterilen biri. Sansürün doğasında yasak malzemeden gerçek olmayanı gerçek olana tercih etmek vardır. *Bir kez sarhoş olduğu ve kilit altında alıkonulduğu* cümlesinin gerçekte babamla hiçbir alakası yok. Babamın ardında gizlenen kişi, saygıyla izini takip ettiğim ve kısa bir süre iyi davrandıktan sonra bana karşı tutumu açık bir düşmanlığa dönüşen yüce Meynert'ten başkası değil. Rüya bana Meynert'in gençken *kloroformla kafa bulduğunu* ve bu yüzden *klinikte* yatmak zorunda kaldığını anlattığını hatırlatıyor. Bir başka hatırladığım olay da ölümünden kısa bir süre önce geçmişti. Meynert'le varlığını kabul etmediği erkeklerde histeri konusunda ciddi bir münakaşaya girmiştik. Sonra ölüm döşeğinde onu ziyaret edip nasıl olduğunu sorduğumda uzun uzun durumunu anlatmış ve konuşmasını şu sözlerle bitirmişti: "Erkeklerde histerinin gelmiş geçmiş en iyi örneklerinden biri olduğumu biliyorsunuz."

Böylece beni şaşırtarak ve tabii memnun da ederek yıllarca inkâr ettiği bir şeyi kabul etmişti. Ancak Meynert'i rüyanın bu sahnesinde babamın ardına gizlememin nedeni, bu iki insan arasındaki bir benzerlik değil, rüya düşüncelerinde yer alan kısa ama yeterli bir "şayet..." cümlesiydi: Şayet bir profesörün ya da bir saray müşavirinin oğlu olsaydım, hayatta daha hızlı ilerlerdim. Rüyamda babamı profesör ve saray müşaviri yapıyorum. Rüyadaki en büyük ve sakil saçmalık **1851** tarihinin ele alınışı. Bu tarihle **1856** tarihi aradaki *beş yıllık farkın hiçbir önemi yokmuş* gibi geliyor bana. Ama zaten rüya düşüncelerinin ifade etmek istediği de bu beş yıl. Yukarıda belirttiğim dostumun desteğini gördüğüm süre de 4-5 yıldı. Ve ayrıca nişanlımı evlenmek için beklettiğim süre de bu kadardı. Ve bir de bu süre rüya düşüncelerinin çok sevdiği şekilde en önemli hastamı iyileşmesi için beklettiğim süreyle örtüşüyordu. "Beş yıl da ne ki?" diye soruyor rüya düşünceleri, "önemli bir süre değil ki bu. Yeterli zamanım var. Siz inanmasanız da başka şeyler de olduğu gibi, bunu da başaracağım." Öte yandan tarih olarak ele alınmadığında **51** sayısının başka ve karşıt bir anlamı vardı ve rüyada da bu anlamda yer alıyordu. 51 yaş erkekler için tehlikeli bir yaştır, birçok meslektaşımın bu yaşlarda öldügüne tanık oldum. Bunların arasında ölümünden birkaç gün önce uzun çabalar sonucu profesör unvanını alan bir dostum da var.

V

Sayılarla oynayan bir başka saçma rüya:

Goethe gibi bir kişilik bir yazısında haksızlık ederek bir tanışım olan Bay H.'ye şiddetle saldırıyor. Doğaldır ki bu saldırı Bay H.' yi yerle bir ediyor. Bay H. bir yemekte bu olaydan dert yanıyor. Ama Goethe'ye saygısının bu kişisel olay yüzünden bitmediğini söylüyor. Olayların kronolojisiyle ilgili tereddütlerimi açıklamaya çalışıyorum. Goethe 1832'de öldü. Bay H.'ye saldırısı bu tarihten önce olmak zorunda, o halde Bay H. o zaman genç bir adamdı. On sekiz yaşında olması makul geliyor bana. Ama o anda hangi yılda olduğumuzdan emin değilim, böylece hesaplarımın bir anlamı olmuyor. Ayrıca saldırı Goethe'nin "Doğa" isimli ünlü yazısında yer almış.

Az sonra bu rüyanın saçmalığını haklı çıkaracak araçlara ulaşmış olacağız. Bir müdavim masasından tanıdığım Bay M. epeyi zaman önce zihinsel felç emareleri gösteren erkek kardeşini muayene etmemi istemişti. Tahminler doğru çıkmıştı. Hasta kardeş ziyaretim sırasında durup dururken Bay M.'nin çocukken yaptığı eşek şakalarını ima ederek adamı mahcup etmişti. Hastaya doğum tarihini sormuş, peşi peşine birkaç küçük hesap yapmasını istemiştim, o da bu sınav sorularını enikonu başarıyla yanıtlamıştı. Şimdi rüyamda onun gibi yani zihinsel felçli gibi davrandığımı fark ediyorum (*Hangi yılda olduğumuzdan emin değilim*). Rüyaya konu olan diğer malzemelerin bir kısmı kaynağını yakın geçmişe ait bir olaydan almış. Bir tıp dergisinin editörü olan Berlinli dostum Fl.'nin son kitabı için "ölümcül" bir eleştiri yazısı yayınlamıştı. Eleştiriyi kaleme alan oldukça genç ve muhakeme gücü gelişmemiş bir yazardı. Kendimde meseleye taraf olma hakkı görüp sorguya çektiğim editör, eleştiri yazısından ötürü üzgün olduğunu söylemiş ama yazıyı geri çekmeye söz vermek istememişti. Bunun üzerine dergiyle ilişiğimi kesmiş ve ama bunu bildirdiğim mektupta, *özel ilişkimizdeki saygının bu olay yüzünden bitmeyeceğini* vurgulamıştım. Rüyanın üçüncü kaynağı ise, bir hastamın kısa bir süre önce psikolojik bir rahatsızlığı olan ve kudurma emareleriyle "doğa, doğa!" diye bağıran erkek kardeşi hakkında anlattıklarıydı. Doktorlar bu nidanın Goethe'nin güzel bir yazısından alıntılandığını ve hastanın doğa felsefesi çalışmaları yüzünden çok yorulduğunu söylemişlerdi. Ben ise "doğa" sözcüğünün -bizde yetişkin olmayanların dahi ima ettiği gibi- cinsel anlamını düşünmeyi tercih ettim. Talihsiz adamın daha sonra cinsel organını kesmiş olması en azından tamamen haksız olmadığımı gösteriyor. Hasta 18 yaşına geldiğinde kudurma krizleri son bulmuştu.

Dostumun yoğun eleştiriye maruz kalan kitabının (Bir eleştirmen, "Yazar mı deli, ben mi deliyim, diye soruyor insan kendine" diye yazmıştı) yaşamının zamansal boyutuyla ilgili olması ve Goethe'nin yaşam süresini de biyoloji için anlamlı bir sayıya bağlaması rüyada kendimi dostumun yerine koyduğumu gösteriyor.

(*Olayların kronolojisini... açıklamaya çalışıyorum*). Ama bir felçli gibi hareket ediyorum. Ve rüya da saçmalıklar içinde yüzüyor. Demek ki rüya düşünceleri alaycı bir tonla şöyle diyor: "Tabii, tabii, deli o, siz de her şeyi daha iyi anlayan akıllılarsınız. Tersi olamaz mı acaba?" İşte bu *tersine çevirme* rüya içeriğinde bol miktarda kullanılmış. Örneğin Goethe'nin genç adama saldırması; oysa genç bir insanın ölümsüz Goethe'ye saldırması bugün daha kolay olurdu. Sonra hesabımı Goethe'nin *ölüm yılını* baz alarak yapmam, halbuki hastaya kendi *doğum yılını* hesaplatıyorum.

Hiçbir rüyanın egoist duyumlardan başka bir duyumla başlamadığını göstereceğimi söylemiştim. O halde bu rüyada arkadaşımın meselesinin aslında benim meselem olduğunu göstermiş ve kendimi onun yerine koymuş olmam lazım. Uyanık yaşamda emin olmam bunu açıklamaya yetmez. Öte yandan 18 yaşındaki hastanın hikâyesi ve "doğa" nidasının farklı ve tersi yorumu, birçok doktorun benim psikonevrozları cinsel nedenlere bağlamama karşıt olmalarına bir gönderme. Kendime şöyle diyebilirim: Bu eleştiriler karşısında sen de arkadaşının durumuna düşeceksin, zaten kısmen düştün bu duruma ve şimdi artık rüyadaki "o"nun yerine "biz" koyabilirim. "Evet haklısınız, biz ikimiz de deliyiz. Rüyada asıl meselenin ben olduğumu, ısrarla Goethe'nin kısa ama enfes yazısının dile getirilmesi gösteriyor çünkü bu yazının lisede bir derste okunması üniversitede ne okuyacağına karar vermemiş olan bendenizi fen bilimleri okumaya ikna etmişti.

VI

Sizlere bir de rüyada, kendi egom olmamasına rağmen egoist olan bir rüyayı ele almaya söz vermiştim. Sayfa 297'de anlattığım kısa rüyada Profesör M. "*Oğlum, myop*" demiş ve sonra bunun sadece benim yer aldığım bir başka rüyanın öncü rüyası olduğunu belirtmişti. İşte bu türetilmiş saçma ve tuhaf sözcüğü açıklayan ana rüya:

*Roma'da baş gösteren bazı olaylar yüzünden çocukları şehirden kaçırmak gerekiyor. Yapılıyor da bu. Sonra antik bir kapının, çifte kapının önündeki sahne (rüyada bunun Siena'daki Porto Romana olduğunu biliyorum). Bir çeşmenin kenarında oturuyorum, üzgün ve ağlamaklıyım. Bir kadın –bekçi, rahibe– iki erkek çocuğu getiriyor ve babalarına veriyor (ben değilim baba). Büyük oğlan benim büyük oğluma çok benziyor. Diğer çocuğun yüzünü göremiyorum; Oğlanı getiren kadın vedalaşırken çocuktan bir öpücük istiyor. Kadının kırmızı burnu dikkat çekici. Oğlan öpmek istemiyor ama elini uzatıyor ve veda sözü olarak kadına **auf geseres**, ikimize dönerek (ya da birimize) **auf ungeseres** diyor. "Auf ungeseres"in önceliği olduğunu düşünüyorum.*

Rüya, izlediğim "Yeni Getto" adlı bir oyunun tetiklediği bir düşünce yumağının üzerine inşa edilmiş. Yahudi sorunu, bir anavatan veremediğimiz çocukların geleceğine ilişkin endişeler, onları sabırlı olmalarını sağlayacak şekilde yetiştirme kaygısı gibi rüya düşünceleri çok net ortaya çıkıyor.

"Babel'in su kıyılarına oturmuş, ağlıyorduk." –Siena da Roma gibi güzel çeşmeleriyle ünlüdür. Rüyada bildiğim yerlerden birini Roma'yı temsil etmek üzere seçmem gerekiyor (*krş.* s. 168). Siena'da Porta Romana yakınlarında büyük, ışıl ışıl bir ev görmüştük. Evin *Manicomio* yani tımarhane olduğunu öğrenmiştik. Rüyayı görmeden bir süre önce benimle aynı inanca sahip birinin devlet tımarhanesinde büyük uğraşlarla elde ettiği işini bırakmak zorunda kaldığını duymuştum.

Auf geseres sözleri dikkatimizi çekiyor. Rüyada kullanıldığı yer itibarıyla bunun *Auf Wiedersehen* (hoşça kal) olduğunu düşünebiliriz. Bir de bunun tersi olan anlamsız *auf ungeseres*[104] var.

Dilbilimcilerden öğrendiğime göre İbranice *geseres* diye bir kelime var gerçekten; *goiser* fiilinden türetilmiş ve anlamını en iyi "kaçınılmaz acılar, felaket, kader" sözcükleri karşılıyor. Sözcüğün argoda "yakınmak, feryat etmek" anlamında kullanıldığı da söylenebilir. *Ungeseres* ise benim uydurduğum bir kelime olarak önce dikkatimi çekiyor ama sonra ne anlama geldiği konusunda kafam karışıyor. *Ungeseres*'in *geseres*'e kıyasla önceliği olduğuna dair rüyanın sonundaki not, yeni çağrışımlara yol açıp, anlamını ortaya çıkarmamızı kolaylaştırıyor. Aynı ilişki havyarda da var; tuzsuz (*ungesalzen*) havyar, tuzluya (*gesalzen*) tercih edilir. Halk için havyar, "asil tutkular": Burada gelecekte çocuklarımla ilgilenmesini umduğum ev halkından birine şaka yollu bir gönderme gizli. O halde bu, rüyadaki ev halkından başka birinin, bizim

104 Almancada "un-" ön eki Türkçede -siz, -sız ekine tekabül eden olumsuz ekidir. –çev. n.

terbiyeli çocuk bakıcımızın bekçi (ya da rahibe) olarak rüyada yer almasının açıklaması. Ancak *gesalzen* (tuzlu) – *ungesalzen* (tuzsuz) ve *geseres* – *ungeseres* kelimelerinin arasında henüz bir bağlantı kuramadık.

Bu bağlantı "mayalı ve mayasız" sözcüklerinde var; İsrailli çocuklar Mısır'dan kaçarken ekmek hamurlarının mayalanmasını bekleyememiş. Bu olayın anısına bugün hâlâ Paskalya'da mayasız ekmek yenir. Burada analiz sırasında aklıma gelen bir çağrışımı da aktarayım. Son Paskalya'da Berlinli arkadaşımla birlikte yabancısı olduğumuz Breslau'nun sokaklarında gezinirken küçük bir kız bana bir caddeyi sormuştu. Kıza yolu bilmediğimi söyledikten sonra, arkadaşıma dönüp, "Umarım ufaklık ileriki yaşamında yol soracağı kişileri seçerken daha sağduyulu olur" demiştim. Kısa bir süre sonra bir tabela dikkatimi çekmişti: "Dr. *Herodes*, muayene saatleri..." Bunun üzerine, "Umarım bu meslektaşımız çocuk doktoru değildir", demiştim. O anda dostum bana *ikili* (bilateral) simetrinin biyolojik anlamı hakkındaki görüşlerini anlatıyordu ve bir cümlesine şöyle bir giriş yapmıştı: "*Sikloplar* gibi alnımızın ortasında tek bir gözümüz olsaydı..." Bu sözcük bizi öncü rüyadaki profesörün konuşmasına götürüyor: *Oğlum, myop*. Ve şimdi *geseres*'in ana kaynağına ulaşıyoruz: Uzun yıllar önce, profesörün şimdi özgür bir düşünür olan oğlu henüz okul sıralarındayken gözlerinden hastalanmış ve doktor durumun vahim olduğunu, hastalığın tek gözle kısıtlı kaldığı sürece endişelenecek bir şey olmadığını ama öbür göze de atlarsa durumun ciddileşeceğini söylemişti. Çocuğun hasta olan gözü iyileşmiş ama bu kez sağlam gözünde hastalık emareleri başlamıştı. Dehşete düşen anne, doktoru, yaşadıkları taşranın en ücra köşesine çağırmıştı. Ama doktor bu sefer farklı davranmıştı: "Neden feryat ediyorsunuz (*genese*)? Bir gözü nasıl iyileştiyse, öbür gözü de iyileşecek işte." Çocuğun gözü gerçekten de iyileşmişti.

Şimdi bütün bunların benimle ve ailemle ilişkisine geçelim. Profesörün oğlunun ilk bilgelik adımlarını attığı okul sırasını annesi rüyada veda sözleri söylettiğim oğluma hediye etmişti. Bu aktarmayla bağlantılı ilk arzuyu tahmin etmek artık çok kolay. Okul sırası, doğası itibariyle çocuğu *myop ve tek taraflı* düşünmekten alıkoymalı. İşte bu yüzden rüyada *myop* (ve ardındaki siklop) ve *iki taraflılık* (bilateral) açıklamaları var. Tek taraflılık endişesinin birden fazla anlamı var:

Bedendeki bir tek yanlılığın yanı sıra, zihinsel gelişimde bir tek taraflılık anlamına da gelebilir bu. Rüyanın bu sahnesi çılgınlığıyla tam da bu kaygıyla çelişmiyor mu? Çocuk önce veda cümlesini söyledikten sonra, dönüp dengeyi sağlamak için karşıtını söylüyor. Burada da bir anlamda ikili (bilateral) simetri devreye giriyor!

Yukarıdaki örnekte de olduğu gibi rüyaların en çılgın sahneleri, en derinlikli kısımlarıdır. Tarihin her döneminde bir şey söylemek isteyip de tehlikeli olduğu için söyleyemeyenler, kafalarına deli takkesini geçirmişlerdir. Söylenecek sözün muhatabı olanlar, hoşlanmayacakları sözlerin deli saçması olduğunu düşünüp tahammül etmiş, alay etmiş ve kendisine yaltaklanıldığını düşünmüşlerdir. Oyunda deli rolüne giren prens, gerçekte rüya gibi davranır. O halde Hamlet'in, gerçekleri mizahla ve anlaşılmazlıkla gizleyerek kendisi için söylediklerinin rüya için söylenmesi de mümkün: "Sadece rüzgâr kuzey–kuzey-batıdan estiğinde deliyim; rüzgâr güneyden estiğinde atmacayı bir şahinden ayırabilirim.[105]

105 Bu rüya genel geçerliliği olan bir kurala iyi bir örnek: Aklımızda ayrı ayrı gibi kalsalar da aynı gece görülen rüyalar aynı düşünce malzemesinin toprağında yeşermiştir. Rüyada çocuklarımı Roma'dan kaçırdığım bölüm, çocukluğumda yaşanmış benzer bir olay tarafından çarpıtılmış. Anlamı ise, çocuklarını yıllar önce başka bir ülkeye götüren akrabalarıma imreniyor olmam.

Artık rüyadaki saçmalık unsurunu çözümlemiş bulunuyoruz ve –en azından akıl sağlığı yerinde olan insanların– rüya düşüncelerinin asla saçma olmadığını ve rüya çalışmasının, rüya düşüncelerinde onun ifade tarzlarıyla ilgili bir alay ya da eleştiri olduğu takdirde saçma rüyalar ya da kimi bölümleri saçma rüyalar ürettiğini biliyoruz. Şimdi rüya çalışmasının ancak bildiğimiz üç unsur –ve ele almamız gereken bir dördüncü unsur– birlikte etki ettiklerinde tamamlandığını, rüya çalışmasının içeriğinin rüya düşüncelerinin bu dört önkoşul uyarınca tercümesinden ibaret olduğunu ve zihnin bütün becerileriyle mi yoksa, kısmen mi faaliyette olduğunu sorusunun yanlış olduğunu, gerçeklerden sapma anlamına geldiğini göstermek istiyorum. Ancak yargıların, eleştirilerin, kabullerin, belli öğelerle ilgili şaşkınlıkların yer aldığı, açıklamaların yapıldığı, argümanların sıralandığı o kadar çok rüya var ki bu tür özelliklerden yola çıkarak yapılan eleştirileri seçilmiş birkaç örnekle birlikte ele alıp yanıtlamam gerekiyor.

Benim bu soruna yanıtım şu: *Rüyalarda sözde yargı (düşünce) işlemi olarak gördüğümüz şey, rüya çalışmasının bir düşünce işlevi değil, rüya düşüncelerinin bir ürünüdür ve oradan bitmiş bir oluşum olarak görünür rüya içeriğine girerler.* Bu cümleyi daha ilerletip şöyle de diyebilirim: Rüyayla ilgili uyandıktan sonra rüyayı hatırlarken ortaya çıkan düşünceler ve duyumsamalar da büyük ölçüde gizli rüya içeriğinin bir parçasıdırlar ve rüyanın yorumuna eklenmeleri gerekir.

I) Bu konuyla ilgili dikkat çeken bir örneğe daha önce değinmiştim. Bir hastam çok bulanık olduğu için rüyasını anlatmak istemiyor. Rüyada gördüğü kişinin kocası mı, babası mı olduğunu bilmiyor. Sonra ikinci bir bölüm rüya var; hasta bu bölümdeki "çöp kovasıyla" (*Mist*trügerl) ilgili şunu hatırlıyor: Genç bir ev kadınıyken eve girip çıkan genç bir akrabaya bir sonraki işinin bir çöp kovası almak olması gerektiğini söylüyor. Ertesi gün evine mügelerle dolu bir çöp kovası geliyor. Rüyanın bu bölümü şu sözleri ifade etmek için kullanılmış "Benim sorunum değil bu" (Nicht auf meinem eigenen *Mist* gewachsen). Analizi tamamladığımızda hastanın gençlik yıllarında duyduğu bir hikâyenin rüya düşüncelerinde yarattığı etkiyi fark ediyoruz: Bir kız *babası belli olmayan* bir çocuk doğuruyor. Rüyada temsil edilen şey burada uyanık haldeki düşüncelerimize giriyor ve rüya düşüncelerinin öğelerinden birinin uyanık yaşamdaki bir düşünce üzerinden bütün rüyada temsil edilmesi sağlanıyor.

II) Benzer bir vaka: Bir hastam ilginç bulduğu bir rüyanın ardından uyandığında, *bunu doktora anlatmalıyım,* diye düşünüyor. Rüya analiz edilince, içeriğinde tedavi sırasında aldığı *bana her şeyi anlatmama*[106] kararına açık göndermeler olduğu ortaya çıkıyor.

III) Bana ait üçüncü bir örnek:

P.'yle birlikte evlerin, bahçelerin olduğu bir bölgeden geçerek hastaneye gidiyoruz. Bu arada, aynı şeyi sık sık rüyalarımda gördüğümü düşünüyorum.

İyi tanımıyorum oraları. Arkadaşım köşeyi dönünce restore edilen bir yere (bir salon, bahçe değil) ulaşan bir yol gösteriyor; burada Bayan Doni'ye soruyorum ve arkada küçük bir odada üç çocuğuyla oturduğunu duyuyorum. Gidiyorum ve önceden tam belirgin olmayan birini ve iki kızımı görüyorum. Yanlarında bir süre durduktan sonra çocukları da yanıma alıyorum. Kızları orada bıraktı diye karımı suçluyorum.

Uyanırken büyük bir tatmin duygusu hissediyorum ve bunun nedeninin rüyayı analiz edip ne olduğunu anlayacağım olduğu-

---

106 Rüyadaki "Bunu doktora anlatmalıyım" cümlesinde ifade edilen niyet ve ikaz, analiz sırasında rüyanın itiraf edilmesine direnç anlamına gelir ve bu yüzden rüyanın unutulduğu da az rastlanan bir durum değildir.

nu düşünüyorum: *Bunu daha önce rüyamda görmüştüm.*[107] Analiz bu konuda bir şey göstermiyor bana. Sadece tatmin duygusunun rüya hakkında düşüncelerimle değil, gizli rüya içeriğiyle ilgili olduğunu anlıyorum. Bu, *evliliğimden çocuklarımın olmasının yarattığı tatmin duygusu.* P. hayatlarımızın bir süre benzer şekilde seyrettiği biri. Sonra o beni sosyal ve maddi anlamda geride bıraktı ama onun da çocuğu olmadı. Rüyaya neden olay iki olay bütüncül bir analizin yerini alıp bize kanıt sağlayacak nitelikte: Rüyadan birkaç gün önce gazetede Bayan Dona A...y'ın (Bu ismi Doni yapmışım) ölüm ilanını okumuştum. Dona çocuk yaşta ölmüştü ve karım çocuğa bizim en küçük iki çocuğumuza bakan ebenin baktığını söylemişti. Dona ismi dikkatimi çekmişti çünkü bu isme ilk kez kısa bir süre önce İngilizce bir romanda rastlamıştım. Rüyaya neden olan ikinci olay ise rüyanın tarihiydi. En büyük oğlumun, edebiyata en yetenekli olduğunu düşündüğüm çocuğumun doğum gününün gecesi görmüştüm rüyayı.

IV) Aynı tatmin duygusunu babamın ölümünden sonra Macarlar arasında siyasi bir rol oynadığını gördüğüm saçma bir rüyadan uyandıktan sonra da hissetmiştim. Bu duygu rüyanın şu son cümlesine eşlik eden duygunun devamıydı: "*Ölüm döşeğinde Garibaldi'ye benzediğini hatırlıyorum ve bunun gerçekleşmesinden mutluluk duyuyorum...(Devamını unutmuşum)*". Analizle unuttuğum bu boşluğu doldurabiliyorum. Çocukken ilgimi çeken, özellikle de İngiltere'de kaldıktan sonra beni çok etkileyen büyük bir tarihi kişilikle aynı ada sahip ikinci oğlumla ilgiliydi bu bölüm. Doğumdan önceki yıl oğlum olursa bu adı vermeyi düşünmüştüm ve doğan erkek bebeği bu *tatmin* duygusuyla karşılamıştım.

---

107 *Revue Philosophique*'de son yıllarda uzun uzadıya tartışılan bir konu (Rüyada paramnezi: Kelimelerin anlamlarını ve kullanışlarını unutma sonucu oluşan bellek zayıflığı).

Babaların bastırılmış megalomanilerinin düşüncelerinde nasıl çocuklarına aktarıldığını kolaylıkla takip edebiliriz. Oğlumun bu rüyaya girmesinin nedeni –çocuklarda ve ölmek üzere olanlarda kolayca affedilen– iç çamaşırlarını kirleten o malum kazaya uğramış olmasıydı. Bu bağlamda *krş.* bölge yargıcı[108] ve rüyanın içerdiği arzu: *Ölümden sonra çocuklarının gözünde temiz ve büyük olmak.*

V) Şimdi rüyayla sınırlı kalan yani uyanık yaşamda devam etmeyen düşünceleri arayıp bulacağım ve bu iş için daha önce başka nedenlerle ele aldığım rüyaların çok faydası olacak. Bay M.'ye saldıran Goethe rüyasında bir dizi düşünce var gibi görünüyor. *Olayların kronolojisiyle ilgili tereddütlerimi açıklamaya çalışıyorum.* Goethe'nin tanıdığın genç bir adama saldırması gibi bir saçmalığa karşı eleştirel bir öfke barındırmıyor mu bu cümle? "*On sekiz yaşında olması makul geliyor bana.*" Bu cümle saçma bir hesabın sonucu gibi geliyor kulağa; ve "*Ama o anda hangi yılda olduğumuzdan emin değilim*" rüyada emin olamamaya ve kuşkuya bir örnek olabilir.

Öte yandan rüyanın analizinden biliyorum ki, görünür de ilk kez rüyada gerçekleşen bu düşünceler bir başka yorumu da mümkün kılıyor ve bu yeni yorum gösteriyor ki, bu düşünceler rüya yorumu için vazgeçilmezdir ve bir taraftan da her türlü saçmalığı bertaraf ederler. "*Olayların kronolojisiyle ilgili tereddütlerimi açıklamaya çalışıyorum.*" cümlesiyle kendimi gerçekten de hayatın zamansal boyutunu açıklamaya çalışan dostumun yerine koyuyorum. Cümle böylece, önceki cümlelerin saçmalığına karşı çıkan düşüncenin anlamını içermiyor artık. "*Bana gerçekçi gelmiyor*" eklemesi, daha sonraki "*bana gerçekçi geliyor*" cümlesine ait. Erkek kardeşinin hastalık hikâyesini anlatan hanımefendiye de aynı sözlerle yanıt vermiştim: "'Doğa, doğa' diye bağırmasının

108 Almancası "Stuhlrichter"; kelime anlamı "sandalye hakimi" - çev. n.

Goethe ile alakalı olması bana hiç gerçekçi gelmiyor. Bu sözlerin sizin de bildiğiniz cinsel anlamı ifade etmesi bana daha gerçekçi görünüyor." Burada bir yargıya varılmış gerçekten de ama rüyada değil gerçek yaşamda, rüya düşüncelerinin hatırlattığı ve kullanıldığı bir olayda rüya içeriği bu yargıyı, bu düşünceyi –tıpkı bir başka rüya düşüncesi parçasını yapacağı gibi– kendine mal ediyor.

Rüyada saçma bir düşünce zinciriyle bağlantı kurulan 18 sayısı, gerçek düşüncenin koparıldığı bağlamın izlerini taşıyor hâlâ. Ve nihayet "*Ama o anda hangi yılda olduğumuzdan emin değilim*" cümlesi, benim muayene sırasında bu emarelerin görüldüğü felçli kişiyle özdeşleşmemden başka bir şey değil.

Rüyadaki sözde düşünce eylemlerinin çözümlenmesi sırasında yapılan yorum çalışması açıklanırken dile getirdiğimiz kuralları hatırlamamız iyi olacak: Rüyanın parçaları arasında oluşturulan bağlantıları önemsiz bir yanılsama olarak bir kenara bırakıp, her rüya öğesini tek tek geriye doğru takip etmemiz gerekir. Rüya, incelemek amacıyla tekrar parçalarına ayırmamız gereken bir kütledir. Öte yandan görüyoruz ki, rüyalarda bu sözde bağlantıyı oluşturan ruhsal bir güç yer almaktadır, yani rüya çalışmasıyla elde edilen malzeme ikincil bir işleme tabi tutulmaktadır. Bu noktada rüyanın oluşumunda yer alan dördüncü bir etkenin gücüyle karşı karşıyayız ve bu etkeni ileride hak ettiği şekilde ele alacağız.

VI) Daha önce aktardığım rüyalardaki düşünce süreçlerine yeni örnekler: Belediye meclisinden gelen mektupla ilgili saçma rüyada şöyle soruyorum: *Hemen mi evlenmiştin? 1856 tarihiyle aradaki zaman farkının hiçbir önemi yokmuş gibi geliyor bana.* Bir nevi *çıkarım* var burada. Babam 1851'deki krizden hemen sonra evlenmiş; ben ilk çocuğum, 1956 yılında doğmuşum; bütün bunlar doğru. Bu çıkarımın arzu giderilmesi nedeniyle tahrif edildiğini, rüya düşüncelerine hükmeden cümlenin şu olduğunu biliyoruz: *4-5 yılın ne önemi var, bunu hesaba katmaya gerek yok.* Ancak bu çıkarım hem içerik, hem de biçim itibariyle rüya düşüncelerinde başka türlü belirleniyor: Burada söz konusu olan, meslektaşımın tedavisinin çok uzun sürdüğünü söylediği ve tedavi bittikten sonra hemen evlenmeyi düşünen hastam. Rüyada babamla ilişkim bir sorgulamayı, bir sınavı, dolayısıyla bir üniversite hocasını anımsatıyor. Bu hoca kayıt sırasında bütün kimlik bilgilerini soran kişi: Doğum tarihi? 1956.– Baba adı? Bu soru üzerine babanın adı sonundaki Latince ekle söylenirdi ve biz öğrenciler baba adının meclis üyesi için, öğrencinin kendi adından her zaman ulaşamadığı bir çıkarım yapmaya olanak sağladığını düşünürdük.

Böylece rüyanın *çıkarımının* rüya düşüncelerine malzeme olarak giren *çıkarımın* tekrarı olduğu söylenebilir. Burada yeni bir bilgiye ulaşıyoruz. Rüya içeriğinde bir son varsa, bu kesinlikle rüya düşüncelerinden kaynaklanır. Ama rüya düşüncelerinde bu, son hatırlanan malzemenin bir parçası olabilir ve bir dizi rüya düşüncesini mantıklı bir şekilde birleştirebilir. Ama her durumda rüyanın sonu rüya düşüncelerindeki bir sonu ifade eder.[109]

Bu noktada rüyanın analizine devam edebiliriz. Profesörün sorgusu, (benim zamanımda Latince tutulan) üniversite öğrencileri siciline ve okuduğum bölüme götürüyor beni. Tıp eğitimi için öngörülen *beş yıl* bana çok az gelmişti. Takip eden yıllarda çalışmaya devam ederken, çevremdekiler için başarısız biriydim ve bir gün eğitimimi *"bitirebileceğimden"* kuşku duyulurdu. Bu yüzden *hızla* karar verip sınavlara girdim ve *gecikme*ye rağmen eğitimimi *bitirdim.* İşte beni eleştirenlerin karşısına inatla çıkar-

109 Bu sonuçlar mantıklı bağlantılarla ilgili daha önceki fikirlerimi kısmen tashih ediyor (s. 362). Daha önce rüya çalışmasının genel işleyişini betimlemiş ama inceliklerini ele almamıştım.

dığım rüya düşüncelerim için yeni bir dayanak daha. "Uzun sürdüğü için bana inanmıyordunuz ama işte bitirdim, *son*a geldim. Daha önce de rastlanan şeyler bunlar."

Aynı rüyanın başında, bir savunma, bir iddia olduğunu inkâr edemeyeceğimiz birkaç cümle var. Üstelik bu savunma saçma bile değil, yani uyanık düşünceler de bile yer alabilir. *Belediye meclisinin yazısına gülüyorum çünkü birincisi, 1951 yılında ben henüz doğmamıştım; ikincisi ise, masrafı üstlenmesi gereken kişi olan babam çoktan ölmüştü.* Her iki iddia da doğru; üstelik gerçek yaşamda böyle bir yazı elime geçtiği taktirde yapacağım savunmayla da birebir örtüşüyor. Analizin önceki kısmından (s. 460) biliyoruz ki bu rüya acı ve alay dolu rüya düşüncelerinin yatağında oluşmuştu; burada sansürün gücünün de çok yoğun olduğunu kabul edecek olursak, rüya çalışmasının –rüya düşüncelerindeki örnekte olduğu gibi– *saçma ve uygunsuz bir isteğin kusursuz şekilde yalanlanması* olduğunu anlayacağız. Ancak analiz bize gösteriyor ki rüya çalışması bunu özgürce yapmamış, rüya düşüncelerindeki malzemeyi kullanmıştır.

Sanki bir cebir denkleminde rakamların dışında, bir (+) ya da bir (–) işareti, bir kuvvet ya da kök işareti var ve denklemi anlamadan kopya eden biri, rakamları da, işaretleri de yazmış ve ama her şeyi birbirine karıştırmış. Bu iki iddianın kaynaklandığı malzeme şu: Psikonevrozların nedeni olarak dile getirdiğim psikolojik çözümlemelere insanların inanmayacağını ve alay edeceğini düşünerek utanırım. Örneğin bir ya da iki yaşındayken yaşananların daha sonra hastalananların ruhunda kalıcı izler bıraktığını –ve hatıralar bölük pörçük ve abartılı olsa da– en önemli ve en derindeki semptomların bunlar olduğunu söylemek zorunda kaldığım olmuştur. Bunları sırası geldiğinde anlattığım hastalar yeni çözümlememle alay ederler ve *henüz doğmadıkları zamanlara* ait anılarını da arayıp bulabileceklerini söylerler. Kadın hastalarımda ilk cinsel duygulanımlarda babanın rolü üzerine söylediklerim de (*krş.* s. 287'deki düşünceler) benzer şekilde algılanıyor olabilir. Oysa ben bunların gerçek olduğuna kesinlikle inanıyorum. Bu inancımı destekleyecek, başka bir açıklaması olmadığı için çok erken yaşta kaybedilen babaların, çocukların anılarında yer aldığını gösteren örnekler var. Bu iki iddiamın, geçerliliğine itiraz edileceğinden emin olduğum *çıkarımlara* dayandığını biliyorum. O halde eleştirilmesinden endişelendiğim bu yargının malzemesi, rüya çalışması tarafından *itiraz edilmeyecek çıkarımlar* üretilmesi için kullanılıyorsa, bu, arzu giderilmesinin bir marifetidir.

VII) Şimdiye kadar sadece yüzeysel olarak değindiğim bir rüyanın girişinde, ortaya çıkan konunun tuhaflığı açıkça dile getiriliyor:

Yaşlı Brücke bana bir görev vermiş; bedenimin alt kısmını yani kalçamı ve bacaklarımı kesmek gibi ***tuhaf*** *bir görev bu. Kendimi ameliyathanede görüyorum ama ne uzuvlarımın eksikliğini hissediyorum, ne de bir dehşet duygusu içindeyim. Louise N. yanımda duruyor ve benimle aynı işi yapıyor. Leğen kemiğinden bağırsaklar çıkarılıyor, bu sahne bir alttan, bir üstten görülüyor ve görüntüler birbirine karışıyor. Kalın, et kırmızısı yumrular (rüyada bunların hemoroit olduğunu düşünüyorum) var.*

Bunun üzerinde duran ve buruşturulmuş parlak bir kâğıda (Silberpapier, Stanniol) benzeyen bir şeyi de dikkatle ayıklamak gerekiyor.[110] *Sonra bacaklarım tekrar yerine geliyor, şehirde bir yere gidiyorum ama (yorulduğum için) arabaya biniyorum. Arabanın bir evin dış kapısından girdiğini görüp şaşırıyorum; kapı açılıyor, araba sonunda köşe yapan bir koridordan geçerek tekrar dışarıya çıkıyor.*[111] *Sonunda eşyalarımı*

110 Stanniol (=parlak kâğıt) Stannius'un sinir sistemleri üzerine yazdığı kitaba gönderme, *krş.* s. 339.

111 Oturduğum apartmanın merdiven boşluğunda apartman sakinlerinin çocuk arabalarının durduğu yer; rüyada çoklu belirlenme söz konusu.

taşıyan dağcı bir rehberle değişik doğa manzaraları içinde yürüyorum. Rehber bacaklarımın yorulmuş olduğunu düşünerek yolun bir kısmında beni taşıyor. Toprak bataklık gibi; biz kenarından geçiyoruz; insanlar yerde oturuyor, aralarında kızılderiliye ya da çingeneye benzeyen bir kız var. Ameliyata rağmen becerebilmeme şaşırarak kaygan toprakta hareket ediyorum. Sonunda bir penceresi açık olan küçük ahşap bir eve varıyoruz. Rehber beni yere indiriyor, hazırda bulunan iki tahta kalası pencere pervazına yerleştiriyor ve pencerenin dışındaki aşılması gereken çukurun üzerine bir köprü yapıyor. O anda bacaklarım için gerçekten endişelenmeye başlıyorum. Tahtanın üzerinden geçmiyorum. Bir kulübenin duvarına dayanmış tahta banklarda yatan iki erişkin erkek görüyorum ve sanki yanlarında uyuyan iki çocuk var. Acaba kalaslar değil de çocuklar mı karşıya geçmeyi mümkün kılacak? Bu düşüncenin dehşetiyle uyanıyorum.

Rüyada yoğunlaştırmanın ne boyutlarda olabileceğini iyi bilenler, bu rüyanın ayrıntılı bir yorumunun kaç sayfa tutacağını da rahatça tahmin edebilir. Neyse ki biz bu rüyada sadece "yeterince tuhaf" sözleriyle kendini ifade eden rüyalardaki şaşırmayla ilgileniyoruz. Rüyayı görmeme neden olan olaya değineyim: Rüyada beni asiste eden Bayan Louise N. ziyaretime geldi. "Bana okuyacak bir şey ver", dedi. Kendisine Rider Haggard'ın *She*'sini (O Kadın) önerdim ve "Tuhaf bir kitap, bir sürü gizli anlamı var," dedim: "Ebedi kadın, duygularımızın ölümsüzlüğü –" Bayan Louise sözümü kesti: "O var bende. Senin yazdıklarından yok mu? –"Yok. Ölümsüz eserlerimi yazmadım henüz." –Biraz agresif bir tonla, "Peki senin bizim de okuyabileceğimizi vaat ettiğin şu son açıklamaların ne zaman yayınlanacak?" diye sordu. Kadının beni başkasının ağzıyla ikaz ettiğini fark edip sustum. Kendime ait birçok mahrem bilgiye de yer vermek zorunda kaldığım rüya kitabımı yayınlamak için nasıl kendimi aşmam gerektiğini düşüdüm.

"En doğru bildiğin şeyi, çocuklara söylemezsin ki." O halde rüyada kendi bedenimin kesilmesi, rüyadaki konuyla bağlantılı bir öz-analiz. Yaşlı Brücke'nin işin içinde olması çok anlaşılır; bilimsel çalışmalarımın ilk yıllarında elde ettiğim bir bulguyu bir kenara bıraktığım ama sonra Brücke'nin ısrarlarıyla yayınladığım olmuştur. Ama Luise N.'yle yaptığım konuşmayla bağlantılı diğer düşünceler, anlayabilmek için fazla derinlerde ve Rider Haggard'ın *She*'si de dahil olmak üzere başka unsurlar üzerinden bir sapmaya maruz kalmışlar. "Yeterince tuhaf" sözleri işte bu kitapla ve aynı yazarın *Heart of the World* (Dünyanın Kalbi) adlı kitabıyla bağlantılı; ayrıca rüyada yer alan sayısız öğe bu iki olağanüstü romandan alıntılanmış. Üzerinde taşındığım bataklık gibi toprak, kalaslarla üzerinden geçilen çukur 'She'den, kızılderili, küçük ve ahşap ev *Heart of the World*'den alınmış. Her iki romanda da kadın rehber var, her iki romanda da tehlikeli yolculuklar yapılıyor; *She*'deki maceralı .yolculuk bilinmeyene, ayak basılmamış yerlere yapılan bir yolculuk. Rüyadaki yorgun bacaklar o günlerde geçekten hissettiğim bir durum. Belki de yorgun bir ruh halinde olmam ve şu çaresiz sorudur rüyadaki bu bölümün nedeni: "Bacaklarım beni daha ne kadar taşıyacak?" *She*'de kendisi ve başkaları için ölümsüzlüğü bulması gereken rehber, esrarengiz ateşlerde yanarak ölür. Rüya da benzer bir korkuya neden olmuş bu kesinlikle. "Ahşap ev" ise mutlaka *tabut,* yani *ölüm*. Rüya çalışması bu en arzu edilmeyen düşünceler aracılığıyla bir arzu giderilmesini anlatarak gerçekten dahiyane bir iş çıkarmış. Gerçekten de bir kez bir mezara girmiştim. Orvieto'da bir Etrüks mezarıydı bu. Dar bir odada duvarlara dayalı iki taş bank, üzerlerinde de iki yetişkin iskelet vardı. Rüyadaki ahşap evin içi bu mezarın aynısı; sadece taşın yerini tahta almış. Rüya şunu söylemek istiyor sanki: "Mezara girmek istiyorsan şayet, Etrüks mezarına gir." Böylece çok acı bir geleceği, arzu edilen bir duruma çeviriyor rüya. Ama ileride de göreceğimiz gibi, rüya maalesef sadece bir görüntüyü değiştirebiliyor ama görüntüye eşlik eden duyguları her zaman tersine çeviremiyor. Bu "dehşet düşünceleri"yle uyanıyorum. Ama daha önce çocukların babalarının ulaşamadıklarına ulaşacakları düşüncesi ifade buluyor rüyada, ki bu da bir kişinin kimliğinin iki bin yılda ve kuşaklar boyunca oluştuğunu anlatan tuhaf bir romana yeni bir gönderme.

VIII. Bir başka rüyada yine rüyada yaşananlara şaşırma söz konusu; ancak bu kez rüyanın yine de anlamlı olduğu öylesine büyük bir gayretle ve öylesine zekice açıklanmaya çalışılmış ki, –iki başka ilginç nokta yüzünden ilgimizi çekmemiş olmasına rağmen– sırf bu yüzden rüyanın tamamını analiz etmeye değer.

18 Haziranı 19 Haziranа bağlayan gece güney hattında bir trende seyahat ederken uykuda şu sözleri duyuyorum: *"Hollthurn– 10 dakika." Aklıma hemen Holothurien –bir doğa tarihi müzesi– geliyor. Rüyada ise burası, cesur erkeklerin iktidardakilere karşı boşuna mücadele ettikleri bir yer. Evet, Avusturya'daki Karşı Reform*[112] *bu! Sanki Steiermark ya da Tirol'de bir yer burası. Belli belirsiz küçük bir müze görüyorum. Burada bu erkeklerin kalıntıları ya da kazanımları yer alıyor. Trenden inmek istiyorum ama tereddüt ediyorum. Peronda ellerinde meyve olan kadınlar var, yere çömelmişler ve davetkâr bir şekilde ellerindeki sepetleri sergiliyorlar.– Vakit var mı diye tereddüt etmiştim, ama hâlâ duruyor tren– Birdenbire başka bir kompartımandayım. Deri koltuklar o kadar dar ki, sırtım doğrudan bir sırtlığa dayanıyor.*[113] *Şaşırıyorum buna gerçi ama uykuda kompartıman değiştirmiş olabilirim, diye düşünüyorum. Bir sürü insan var, aralarında*

---

112 Martin Luther'in Reformasyon'una karşı Katolik kilisesinin başlattığı hareket - çev. n.

113 Bu açıklama benim için dahi tam anlaşılır değil ama rüyayı kaydederken aklımda kaldığı şekliyle yazma kuralıma uydum. Seçilen kelimeler, rüya görenin anlattıklarıdır.

*da iki İngiliz kardeş; bir duvardaki rafa kitaplar yerleştirilmiş. Kalın ve kahverengi ciltli "Wealth of Nations" ve Maxwell'in "Matter and Motion"ını görüyorum. Adam kız kardeşine Schiller'in kitabını unuttun mu, diye soruyor. Kitaplar bir benim sanki, bir kardeşlerin. Tasdik ederek, destekleyerek konuşmaya katılmak istiyorum...*Uyanıyorum, bütün vücudum terden sırılsıklam çünkü bütün pencereler kapalı. Tren Marburg İstasyonu'nda duruyor.

Rüyayı not alırken aklıma -belleğimin atlamak istediği- bir bölüm daha geliyor: *Kardeşlere bir eser için şöyle diyorum: It is from...., sonra düzeltiyorum: It is by...Adam kız kardeşine şöyle diyor: Doğru söyledi.*

Rüya bir tren istasyonunun adıyla başlıyor. Bu ad benim yarım yamalak uyanmama yol açmış. Marburg'un yerine Hollthurn'u koyuyorum. Marburg adını ilk anonsta ya da daha sonrakilerde duymuş olabileceğimin kanıtı, Schiller'in (Steiermark'takinde olmasa bile) Marburg doğumlu olması.[114]

Birinci sınıfta yolculuk etmeme rağmen koşullar son derece konforsuzdu. Tren hınca hınç doluydu. Girdiğim kompartımanda kibar bir bey ve bir hanım vardı ve davetsiz misafirden duydukları rahatsızlığı gizleyecek kişiler değillerdi ve zaten böyle bir çaba da göstermemişlerdi. Kendilerini kibarca selamladım ancak selamımı almadılar. Kadın ve adam (gidiş istikametinin aksi yönünde) yan yana oturmalarına rağmen, kadın aceleyle kalkıp pencere kenarındaki karşı koltuğa bir şemsiye koydu. Kapı hemen kapatıldı ve pencerenin açılması hakkında aleni bir konuşma başlattılar. Temiz hava ihtiyacımı anlamış olmalıydılar. Sıcak bir geceydi ve kapısı penceresi kapalı kompartımandaki hava ölesiye boğucuydu. Seyahat deneyimlerimden biliyorum

114 Her Alman lise öğrencisi ve benim de bileceğim gibi, Schiller Marburg değil Marbach doğumludur. Bu da *Günlük Yaşamın Psikopatolojisi*'nde açıklamaya çalıştığım, bilinçli bir tahrifat amacıyla başka bir yere gizlice giren hatalardan (*krş.* yukarıda s. 227) biri.

ki, böylesine saygısızca davranan insanlar ya bilet parası ödememiştir ya da indirimli biletleri vardır. Kondüktör gelip de pahalı biletimi gösterdiğimde kadının ağzından tehdit kokan şu sözler döküldü: Kocamın bedava seyahat kartı var. Etine dolgun, mutsuz suratlı, güzelliğinin geçip gitmeye yüz tuttuğu yaşlarda bir kadındı. Adam tek kelime etmemiş, yerinden de kıpırdamamıştı. Uyumaya çalıştım ve rüyamda bu sevimsiz yol arkadaşlarımdan korkunç bir şekilde öcümü aldım. Rüyanın ilk yarısındaki bölük pörçük kısmın ardında ne hakaretlerin, ne aşağılamaların yer aldığını kimse tahmin edemez. Bu ihtiyacım giderildikten sonra, ikinci arzum olan kompartımanı değiştirmek çıkıyor ortaya. Rüyalarda genelde değişime dair en küçük bir zorunluluk olmadan sahneler öylesine sık değişir ki bu rüyada da aslında yolculuk arkadaşlarımın yerine belleğimi kullanarak daha keyifli birilerini geçirmem hiç de tuhaf kaçmazdı. Ama bu rüyada sanki sahnenin değişmesine karşı çıkan ve açıklanması gereken bir durum var. Durup dururken nasıl olmuş da başka bir kompartımanda bulmuştum kendimi? Kompartımanı değiştirdiğimi hatırlamıyordum çünkü. Bunun tek bir açıklaması olabilir: *Kompartımandan uyurken çıkmış olmalıydım.* Nadir rastlanan bir durum gerçi ama nöro-patologların böyle durumlarla ilgili verdiği örnekler var. Uykulu bir halde tren seyahatine çıkan, bu hallerini ele veren en ufak bir işaret olmayan ve ama sonra trenin durduğu bir istasyonda tamamen kendine gelip belleklerindeki boşluğa şaşıranları duymuşuzdur. Benim rüyamda olanların da tıpkı bu örnekteki gibi bir "automatisme ambulatoire"[115] olduğunu düşünüyorum.

Analiz başka bir açıklamayı da mümkün kılıyor. Düş çalışmasına atfedecek olsam beni çok şaşırtacak olan bu açıklama, aslında özgün değil, bir hastamın nevrozundan ödünç alınmıştır. Daha önce çok kültürlü, eğitimli ve iyi kalpli bir adamdan

115 Uyurgezerlik. –çev. n.

bahsetmiştim. Bu adam anne ve babasının ölümünden sonra caniyane eğilimlerin mağduru olmuş ve bu eğilimlerine karşı durabilmek için önlemler almak zorunda kalmıştı. Hastamın sorunu tam oluşmuş bir saplantı nevrozuydu. Başlangıçta sokakta yürümekte zorlanıyordu çünkü kendini karşılaştığı herkesin nereye kaybolduğunun hesabını vermek zorunda hissediyordu; birisi gözden kaybolduğunda onu kendisinin bertaraf ettiğine dair düşüncelere kapılıyor ve utanç duyuyordu. Bunun arkasında yatan nedenlerden biri de "Kabil fantezisiydi"[116] çünkü "bütün insanlar kardeşti". Bu görevi yerine getiremeyeceğini düşünen adam sokağa çıkmaktan vazgeçti ve hayatını dört duvar arasına hapsederek geçirdi. Ancak odasına dışarıdaki cinayetleri haber veren gazeteler giriyordu ve vicdanı aranan katilin kendisi olduğu şüphesini taşıyordu. Haftalardır evden çıkmadığından bir süreliğine kendini bu cinayetlerden sorumlu tutmamış ama daha sonra *bilinçsizken evden çıkmış* ve haberi olmadan cinayetleri işlemiş olabileceğini düşünmeye başlamıştı. O andan itibaren dış kapıyı kilitledi, anahtarı yaşlı hizmetkâr kadına verdi ve ısrar etse bile anahtarı kendisine vermesini yasakladı.

Kompartımandan bilinçsiz olarak ayrıldığım açıklamasının nedeni işte bu. Bu açıklama rüya düşüncelerinden hazır olarak rüyaya aktarılmış. Rüyadaki görevi de, beni bu kişiyle özdeşleştirmek. Bu hastayı hatırlamamın nedeni olan makul çağrışımlar var: Kendisiyle birkaç hafta önce bir gece yolculuğu yapmıştım. Hastam iyileşmişti. Beni çağıran taşradaki yakınlarına gidiyordum ve o da bana eşlik ediyordu. İkimizin yalnız olduğu kompartımanda bütün gece pencereleri açık bırakmış ve ben uykuya dalana kadar çok güzel sohbet etmiştik. Babasına karşı çocukluğundan kalma cinsel içerikli düşmanca duyguların hastalığının nedeni olduğu-

116 Musevilikte ve İslamiyette Havva ve Âdem'in ilk çocuğu olan Kabil'in kardeşi Habil'i öldürmesiyle bağlantılı bir fantezi. –çev. n.

nu biliyordum. Ben de onunla kendimi özdeşleştirerek onunkine benzer bir şeyi kendime itiraf etmeye çalışıyordum. Rüyanın ikinci kısmı gerçekten cesur bir fanteziye dayanıyordu: Oldukça yaşlı seyahat arkadaşlarım gece biraz oynaşmayı planladıkları için bana sinirlenmişlerdi. Bu sahne beni, cinsel merakla anne babanın yatak odasına girilip, babanın emriyle odadan çıkmak zorunda kalınan bir çocukluk anısına götürmüştü.

Bence bu konuda daha fazla örneğe gerek yok. Yeni örnekler ancak şimdiye kadar verdiğimiz örneklerde gördüğümüz, rüyadaki bir düşünme eyleminin rüya düşüncelerindeki eşinin tekrarı olduğu gerçeğini doğrulamaya yarayacaktır. Bu tekrar çoğunlukla tatsız ve anlamsız bir bağlamda gerçekleşir ama bazen de bizim son örneğimizde olduğu gibi öylesine ustaca kullanılır ki önce rüyada özgün bir düşünce eylemi olduğunu düşünürüz. Buradan yola çıkarak dikkatimizi, rüya oluşumunda her zaman etkin değilmiş izlenimi veren ama kaynakları itibariyle uzlaşmaz görünen rüya öğelerini çelişkisiz ve anlamlı bir şekilde bir potada eritmeye uğraşan psikolojik eyleme çevirebiliriz. Ama bu noktada öncelikli olarak yapmamız gereken, rüyalarda ortaya çıkan duygu ifadelerini incelemek ve bu ifadeleri rüya düşüncelerinin analizinde ortaya çıkan düşüncelerle karşılaştırmak olacak.

H. RÜYADA DUYGULAR

Stricker'in zekice bir notundan anlarız ki rüyada hissettiğimiz duyguları, uyandıktan sonra genel olarak rüya içeriklerini önemsemediğimiz gibi önemsememezlik edemeyiz: "Rüyada haydutlardan korktuğumda, haydutlar hayalidir gerçi ama korku gerçektir." Aynı şey rüyada hissedilen sevinç için de geçerli. Algımız, rüyadaki duyguların gerçek hayatta aynı yoğunlukta hissedilen duygulardan kesinlikle daha değersiz olmadığını söylüyor. Ve rüyadaki duygular, gerçek ruhsal yaşantımızın bir parçası olmak için rüyadaki düşüncelerden daha fazla gayret gösteriyorlar. Uyanıkken bu sıralamayı yapamıyoruz çünkü bir duyguyu ruhsal olarak bir düşünceden bağımsız olarak algılamayı beceremiyoruz.

Duygu ve düşünce, türleri ve yoğunlukları bakımından birbirlerine uygun değilse, uyanık yargılama mekanizmamızın kafası karışıyor.

Uyanık yaşamda düşüncelerin doğal olarak doğurmasını beklediğimiz duyguların rüyalar için geçerli olmaması bizi her zaman şaşırtmıştır. Strümpell, rüyada düşüncelerin psikolojik değerlerinden koptuğunu söyler. Bunun tersine de rastlarız rüyada: Yoğun duygu ifadeleri bazen bu duygunun oluşmasını gerektirmeyecek bir düşünceyle birlikte de görülebilir. Rüyada korkunç, tehlikeli, iğrenç bir durumda olabilirim ama ne korku, ne de bir nefret ya da iğrenme hissedebilirim. Yine masum şeyler karşısında dehşete düşebilir, çocuksu şeylere çok sevinebilirim.

Rüyaların bu bilmecemsi tuhaflığı görünür rüya içeriğinden gizli rüya içeriğine geçtiğimiz anda benzersiz bir şekilde aniden ve bütünüyle olur. Bu durumda bilmeceyi çözmemiz de gerekmez çünkü zaten kendiliğinden çözülür. *Rüya analizinden biliyoruz ki, düşünceler yer değiştirmelere ve yerine geçmelere uğrarken, duygular hiç değişmeden kalır.* Bu durumda rüyadaki çarpıtmayla değişen düşüncelerim sabit kalan duygularla uyuşmaması bizi şaşırtmamalı. O halde analizle doğru içeriğin ilk olması gereken yere yerleştirilmesi de şaşırtmamalı bizi.[117]

117 Yanlış hatırlamıyorsam, 20 aylık torunumun anlattığı ilk rüya, rüya çalışmasının malzemesini bir arzu giderimine dönüştürdüğünü ama bu arzuya ait duygunun uyku sırasında da değişmeden kaldığını gösteriyor. Çocuk babasını cepheye gitmeden bir gün önceki gece hüngür hüngür ağlayarak şöyle bağırıyor: Baba, baba-bebe. Bunun anlamı ancak şu olabilir: Baba ve bebek birlikte kalsınlar. Bu arada ağlıyor olması, yaşanacak olan veda sahnesini kabullendiğini gösteriyor. Çocuk o sırada "ayrılık" kavramını ifade edecek durumdaydı. Tuhaf bir vurguyla, yerini uzun bir "ooooo" sesine bırakan

Direnç sansürüne maruz kalmış psikolojik bir yapıda bize doğru yolu tek gösterebilecek şey, sabit kalan duygulardır. Bu durum rüyalardan çok psikonevrozlarda daha net ortaya çıkar. Duygu her zaman haklıdır, en azından niteliği açısından; çünkü bir duygunun niceliğini ve yoğunluğunu nevrotik dikkatin yer değiştirmesiyle artırmak mümkündür. Histerik biri küçük bir şeyden korkuyor olmasına şaşırırken ya da saplantılı düşünceleri olan bir adam hiç sebep yokken kendini suçlarken aslında yanlış yoldadırlar çünkü düşüncelerini -yani küçük bir şeyi ya da sebepsizliği- çok önemserler ve bu düşüncelerden yola çıkarak düşünmeye devam edip, nafile bir çabayla kendilerini korumaya, savunmaya çalışırlar. Daha sonra psikanaliz, duyguyu aslolan olgu olarak kabul edip, ona uygun -ve yerine geçmelerle bastırılmış- düşünceyi arayarak bu hastalara doğru yolu gösterir. Bunun önkoşulu ise, açığa çıkan duyguyla düşüncenin alışık olduğumuz şekilde organik bir bütünlük oluşturmamaları, birbirinden ayrıştırılabilir olmaları ve böylece analizle birbirlerinden koparılabilmeleridir. Rüya yorumu da bize gerçek durumun bu olduğunu gösterir.

Belli bir düşüncenin neden olması beklenen duygu boşalımının gerçekleşmediğini düşündüğümüz bir analiz örneğiyle başlıyorum.

I

Kadın bir çölde üç aslan görüyor; aslanların biri gülüyor. Ama kadın aslanlardan korkmuyor. Ama sonra yine de onlardan kaçmış olmalı ki, bir ağaca tırmanmak istiyor. Fransızca öğretmeni olan kuzeninin çoktan yukarıda olduğunu görüyor vs.

"gitti" (fort) ilk söylediği sözcüktü. Bu rüyadan çok önce bütün oyuncalarıyla "gitti" oynuyordu. Bu tavrını kendini aşıp annesinin gitmesine izin verdiği anlara kadar geri götürmek mümkün.

Analiz sırasında rüyayla ilgili şu malzemeyi elde ediyoruz: Rüyayı görmesinin belirsiz nedeni, İngilizce ödevini yaparken geçen bir cümle: Yele *aslanın* süsüdür. Kadının babasının, yüzünü bir *yele* gibi kaplayan bir sakalı var. Kadının İngilizce öğretmeninin adı Miss *Lyons*'muş (lion= aslan). Bir tanıdığı ona *Loewe*'nin (aslan) balatlarını göndermiş. Yani üç *aslan* var; ve bunlardan korkmasını gerektirecek bir şey yok.– Arkadaşlarını ayaklanmaya teşvik eden bir zencinin av köpekleri tarafından kovalandığı ve kurtulmak üzere ağaca tırmandığı bir hikâye okumuş. Sonra hızlı bir tempoda şu hatıra kırıntılarıyla devam ediyor: Aslanların nasıl yakalanacağına dair *Fliegende Blätter*'de okuduğu açıklama: Çöle gidip, kumları elekten geçirin, geriye aslanlar kalır. Bir devlet memurunun anlattığı çok komik ama pek de kibar olmayan bir anekdot: Memura şefinin şerefi için neden daha çok çaba göstermediği sorulur. Memur, bunu denediğini ancak şefinin zaten *yukarıda* olduğunu söyler. Bütün bu malzeme, rüyanın görüldüğü gün kadının kocasının şefinin onlara konuk olduğunu öğrendiğimizde daha da anlam kazanıyor. Şef kadına son derece zarif davranmış, elini öpmüş, kadın, adam *"büyükbaş bir hayvan"* olmasına ve kadının ülkesinin başkentinde *"toplumun aslanı"* rolünü oynamasına rağmen *kesinlikle ondan korkmamış*. Demek ki bu aslanı *Bir Yaz Gecesi Rüyası*'nda aslan kılığına giren doğramacı Snug'la karşılaştırabiliriz. Rüya göreni korkutmayan bütün aslan rüyaları için de aynı şey geçerli.

II

İkinci örnek olarak, şu kardeşinin küçük oğlunun tabuttaki cesedini görüp en ufak bir acı ya da üzüntü hissetmeyen kadının rüyasını ele almak istiyorum. Rüyanın analizinden kadının neden üzülmediğini biliyoruz. Rüya sadece sevdiği adamı tekrar görme arzusunu örtülü olarak ortaya koyuyor ve rüyadaki duygunun bu arzuyla örtüşmesi gerekiyor. Yani yas tutacak, üzüntü duyacak bir neden yok ortada.

Bir dizi rüyada da hüküm süren duygu, kendisine uygun olan düşüncenin yerini alan düşünceyle en azından bir bağlantı kurar. Kimi yapılarda bağlantı daha da azdır; bazen ise duygunun kendine ait düşünceyle en ufak bir irtibatı kalmaz, rüyanın herhangi bir bölümünde kendine yer bulur ve rüya düşüncelerinin yeni sıralanışı içine uygun bir hal alır. Rüya düşüncelerinde önemli bir sonuca varılmışsa, rüyada da böyle bir sonuca ulaşılır ama rüyadaki sonuç başka bir malzemeyle yer değiştirebilir. Ve bu yer değiştirmenin iki karşıt arasında gerçekleşmesi de nadir rastlanan bir durum değildir.

Bu son alternatifi ayrıntılı bir analize tabi tuttuğum aşağıdaki örnekte açıklayacağım.

III

Deniz kıyısında bir şato; daha sonra deniz değil, denize açılan dar bir kanalın kıyısında yer alıyor. Bay P. vali. Valiyle üç büyük pencereli bir salonda duruyorum. Salonun kale surlarının tepesindeki gibi duvar çıkıntıları var. Ben gönüllü deniz subayı gibi bir şeyim ve kalenin alınmasıyla görevlendirilmişim. Düşman gemilerinin gelmesinden korkuyoruz çünkü savaş halindeyiz. Bay P. gitmek niyetinde; korktuğumuz gerçekleştiği takdirde yapılması gerekenlerle ilgili bana direktifler veriyor. Hasta karısı ve çocukları tehdit altındaki şatodalar. Bombardıman başladığında büyük salonun boşaltılması gerektiğini söylüyor. Zor soluk alıyor ve uzaklaşmak istiyor; mani oluyorum ve gerektiğinde kendisiyle nasıl irtibata geçeceğimi soruyorum. Bir şey söylüyor ve o anda ölüyor ve yere düşüyor. Galiba sorularımla onu fazla zorladım. Beni hiç etkilemeyen bu ölümden sonra, dul karısı şatoda mı kalacak, kumandanlığa ölümü bildirmem mi gerekiyor ve vekili mi şatonun yönetimini ele alacak, gibi sorular aklımdan geçiyor. Pencereden dışarıya bakıyorum ve geçen gemileri izliyorum. Bunlar, hızla geçip giden ticari gemiler. Kimilerinin sayısız bacası ve tavanları oldukça şişkin (bunlar tıpkı ön rüyada yer alan ama anlatmadığımız tren garı binaları gibi). *Sonra erkek kardeşim yanımda duruyor, ikimiz birlikte pencereden kanala bakıyoruz. Bir gemi geçerken dehşet içinde bağırıyoruz: İşte bir savaş gemisi. Ama sonra benim tanıdığım gemilerin dönüş yolunda olduğu anlaşılıyor. Sonra tuhaf bir küçük gemi geliyor, geminin eni yarısına gelince son buluyor; güvertede tas, kupa, kavanoz gibi tuhaf şeyler var. Kardeşimle bir ağızdan bağırıyoruz: İşte kahvaltı gemisi.*

Gemilerin hızla hareket etmesi, suyun koyu lacivert rengi, bacalardan tüten kahverengi duman, bunların hepsi gergin ve kasvetli bir hava yaratıyor.

Rüyadaki mekânlar çeşitli Adriyatik seyahatlerinden toplanmış (Miramare Şatosu, Duino, Venedik, Aquileia). Rüyayı görmeden birkaç hafta önce erkek kardeşimle çıktığım kısa ama keyifli bir Aquileia seyahati hâlâ çok net aklımdaydı. Amerika ve İspanya arasındaki deniz savaşı ve buna bağlı olarak Amerika'daki akrabalarım için duyduğum endişe de işin içine girmiş. Rüyada iki yerde duygular yer alıyor. Bir yerde beklenen duygu gerçekleşmemiş: Valinin ölmesinden hiç etkilenmemiş olmamla ısrarla vurgulanıyor bu durum. Savaş gemisini gördüğümde *dehşete düşüyorum* ve rüyada dehşetin bütün duyumlarını hissediyorum. Sağlam bir yapısı olan bu rüyaya duygular, göze batan bir çelişkiye yer vermeden yerleştirilmiş. Valinin ölümü karşısında dehşete düşmemi gerektirecek bir neden yok; şatonun kumandanı olarak savaş gemisi gördüğümde korkmam da son derece doğal. Ancak analiz sonrasında rüyadaki Bay P.'nin aslında benim yardımcım olduğu ortaya çıkıyor (rüyada ben Bay P.'nin yardımcısıyım). Aniden ölen vali benim. Rüya düşünceleri ailemin benim ölümümden sonraki gelecekleriyle ilgili. Rüyada savaş gemisinin neden olduğu dehşeti oradan alıp, buraya yerleştirmek lazım. Öte yandan yine analizle öğreniyoruz ki savaş gemisinin olduğu bölümdeki rüya düşünceleri, anımsanan son derece neşeli anlarla dolu. Rüyadan bir yıl önce Venedik'te olağanüstü bir günde Riva degli Schiavoni'deki odamızın penceresinin önünde durmuş, her zamankinden daha hareketli olan mavi lagün gölünü seyretmiştik.

Törenle karşılanacak olan İngiliz savaş gemileri bekleniyordu ve karım aniden bir çocuk gibi neşeyle çığlık attı: "*İşte geliyor İngiliz savaş gemisi!*" Rüyada bu cümle korkutuyor beni; burada da rüyadaki cümlenin gerçek yaşamda kullanılan bir cümleden türediğini görüyoruz. "İngiliz" olmasının da rüya çalışmasında yer aldığını az sonra göstereceğim. O halde burada rüya düşüncesi ve rüya içeriği arasında, neşe ve korku arasında gidip geliyorum. Bu dönüşümle gizli rüya içeriğinin bir parçasını açığa çıkardığımı daha fazla açıklamaya gerek olmadan söyleyebilirim. Ama bu örneğin asıl kanıtladığı, rüya çalışmasının keyfi bir şekilde bir duyguyu rüya düşüncelerindeki bağlamından koparıp, rüya içeriğinde istediği bir yere koyabilmesi.

Bu arada rüyada son derece mantıklı gelen ama aslında söz konusu durumda son derece saçma bulduğumuz "*Kahvaltı gemisi*"ni daha ayrıntılı olarak analiz etmek istiyorum. Daha sonra bu rüya nesnesinin ayrıntılarını tekrar hatırlamaya çalıştığımda siyah olduğunu ve en geniş yerinde kesilmiş olmasının Etrüks şehirlerinin müzelerinde gördüğümüz ve ilgimizi çeken bir objeyle büyük benzerlik taşıdığını fark ediyorum. Bu özne siyah çamurdan yapılmış dikdörtgen formunda bir tepsiydi, iki sapı vardı üzerinde çay ve kahve fincanı gibi şeyler duruyordu. Günümüzde hazırlanmış bir kahvaltı tepsisine benzemediği söylenemezdi. Sorduğumuzda bu objenin Etrüsklü bir kadının üzerinde makyaj malzemeleri ve pudraları duran tuvalet tepsisi olduğunu öğrendik ve aramızda, evdeki hizmetkâra bundan bir tane götürsek, diye şakalaştık. O halde rüya nesnesi bir yandan *siyah tuvalet,* yani *yas anlamına* geliyor ve birebir rüyadaki ölüme bir gönderme; bir yandan da aynı nesne bize –dil uzmanı bir arkadaşımın söylediğine göre– νέχυ (neco, ceset) kökünden türemiş olan "Nachen" (bot, kayık) sözcüğünü hatırlatıyor. Eski çağlarda bu botlara cesetler konur, denize bırakılırmış. Şimdi rüyada gemilerin niçin geri geldiği de anlaşılıyor.

"Çıkıp kurtulduğu kayıkta
Sessizce limana giriyor yaşlı adam."[118]

Gemi kazasından sonraki (Schifbruch= kelime anlamı: gemi kırılması) geri dönüştür bu; kahvaltı gemisi de enlemesine kırılmış gibidir. Peki "kahvaltı gemisi" terimi nereden geliyor? Burada savaş gemilerinde kullandığımız "İngilizce" devreye giriyor. Frühstück (kahvaltı)= breakfast, fast-break (oruç bozma) fasten. *Kırılma* yine *gemi kazasıyla* ilgili; oruç ise *siyah tuvaletle* alakalı.

Bu kahvaltı gemisinin adını ise rüya oluşturmuş çünkü aslında böyle bir gemi vardı ve bana son seyahatimizdeki güzel bir anıyı hatırlatıyordu. Aqileia'daki yemekleri beğenmediğimiz için Götz'den yiyecek bir şeyler tedarik etmiş, çok iyi bir İstria şarabı almış ve küçük gemimiz Kanal delle Mee'den ıssız lagün üzerinde Grado'ya doğru yol alırken, gemideki tek yolcular olarak neşe içinde güvertede kahvaltı etmiştik. Bu kahvaltı her zamankinden lezzetli gelmişti bize. İşte rüyadaki "kahvaltı gemisi" buydu ve bu neşeli anının ardında da belirsiz ve ürkütücü gelecekle ilgili kasvetli düşünceler gizlenmişti.

118 Schiller'in "hayat gemisini" anlattığı "Erwartung ve Erfüllung" adlı şiirinden. –çev. n.

Duyguların, onları doğuran düşünce kütlelerinden kopması, rüya oluşumu sırasında en göze çarpan olgudur; ama bu, rüya düşüncesinden görünür rüyaya giden yolda ne tek, ne de en önemli değişimdir. Rüya düşüncelerindeki duyguları rüyadaki duygularla karşılaştırdığımızda şunu hemen açıkça görürüz: Rüyada nerede bir duygu varsa, rüya düşüncelerinde de aynı yerde duygu vardır; ama bunun tersi doğru değildir. Rüyalar genelde, işlemden geçip rüyayı oluşturan psikolojik malzemeye oranla daha az duygu-yoğun olur. Rüya düşüncelerini rüyada yeniden üretirken, en yoğun ruhsal duyumların nasıl hep ortaya çıkmak için çabaladığını, çoğunlukla da karşıtı duyumlarla mücadele ederek bu çabayı yürüttüğünü gözden kaçırırız. Sonra dönüp rüyaya baktığımızda, rüyayı, renksiz ve yoğun duygulardan yoksun bulmamız da, az rastlanan bir durum değildir. Demek ki rüya çalışması sadece rüya içeriğini değil, düşüncelerimin duygusal tonunu da belirsizleştiriyor. Rüya çalışmasının *duyguları bastırılmak* gibi bir şey yaptığını söyleyebilirim. Botanik monografi rüyasını ele alacak olursak: Bu rüya, düşünce boyutunda, tutkulu bir özgürlük savunması içeriyor, istediğim gibi davranmamı, hayatımı sadece ve sadece benim doğru bulduğum gibi düzenlememi söylüyor. Ama bu düşüncelerden kaynaklanan rüyanın bu konu umurunda değil: Bir monografi yazmışım, monografi önümde duruyor, içinde renkli çizimler var, her nüshaya kurutulmuş bir bitki konmuş. Ölülerle dolu bir savaş alanının sessizliği hüküm sürüyor adeta, muharebe sırasında kopan kıyametten eser yok.

Bazen rüyanın içinde de canlı duygu dışavurumlarına rastlayabiliyoruz gerçi ama ben şimdilik bir süre şu tartışmasız gerçeği incelemek istiyorum: Birçok rüyada bir kayıtsızlık, bir bulanıklık hüküm sürer, oysa derinden etkilenmeden rüya düşüncelerinin içine nüfuz etmek mümkün değildir.

Duyguların bastırılmasını bütünüyle teorik bir açıklamaya oturtmanın yeri burası değil; böyle bir çalışma, duygu teorisine ve bastırma mekanizmalarına ayrıntılı olarak girmeyi gerektirir. Ben burada sadece iki düşünceye değinmekle yetineceğim. –Başka nedenlerle– duyguların açığa çıkmasını, tıpkı sinir sisteminin gerçekleştirdiği motorik süreçler ve salgılama süreçleri gibi, bedenden uzaklaşmak isteyen merkezkaç bir süreç olarak tanımlamak istiyorum. Uyku sırasında nasıl dış dünyaya tepki olarak oluşan motorik dürtüler yok olmuş gibi görünüyorsa, duyguların da uykuda bilinçdışı düşünce tarafından merkezkaç olarak canlandırılması zor olabilir. Böylece rüya düşüncelerinin akışı sırasında meydana gelen duygu kımıltıları aslında zayıf kımıltılardır ve bu yüzden rüyaya girebilenler de daha güçlü olamazlar. Böyle düşünüldüğünde "duyguların bastırılması" rüya çalışmasının bir başarısı değil, uyku durumunun bir sonucudur. Doğru olabilir bu, ancak her şey bundan ibaret olamaz. Şunu unutmamalıyız ki, karmaşık rüyalar ruhsal güçler arasındaki çatışmaların bir nevi uzlaşmasıdır. Bir taraftan arzuyu oluşturan düşünceler sansürcü bir merciin çelişkilerine karşı mücadele eder, bir taraftan da –daha önce gördüğümüz gibi– her düşünce yapısı kendi karşıtıyla bir arada bulunur. Bütün bu düşünceler duygu yaratmaya muktedir oldukları için, duygularının bastırılmasını, karşıtlarının birbirini ve sansürün kendi bastırdığı istekleri ketlemesinin sonucu olarak yorumlamak pek de yanlış olmayacaktır. *Böyle bakıldığında duyguların ketlenmesi, birinci sonucu rüyanın çarpıtılması olan rüya sansürünün ikinci sonucudur.*

Şimdi, rüya içeriğinin bulanık duygularının rüya düşüncelerindeki karşıtlıkla açıklandığı bir örnek vermek istiyorum. Aşağıda anlatacağım kısa rüya eminim her okurda tiksinti uyandıracaktır:

IV

Bir tepe, üzerinde açık havada bir tuvalet, çok uzun bir bank, bankın sonunda büyük bir tuvalet deliği. En arka kenarda her boy ve her tazelikte dışkı kümeleri. Banka işiyorum; uzun bir çiş fıskiyesi her şeyi temizliyor, dışkı kümeleri dağılıyor ve delikten içeri düşüyor. Sonunda geride biraz dışkı kalmış gibi.

Bu rüya bende neden bir tiksinti uyandırmıyor? Çünkü analiz bu rüyanın oluşumunda en keyifli ve tatmin edici düşüncelerin etkin olduğunu koyuyor ortaya. Analiz sırasında aklıma hemen Herkül'ün temizlediği *pislikler* geliyor.[119] Bu Herkül benim. Tepe ve çalılıklar şu anda çocuklarımın bulunduğu Aussee'den. Nevrozun çocukluktaki kökenlerini bulup kendi çocuklarımı hastalanmaktan kurtardım. Bank (tuvalet deliği dışında tabii) sadık bir hastamın hediye ettiği bir mobilyanın birebir aynısı. Bu bana hastalarımın nasıl saygı duyduklarını hatırlatıyor. Evet, insan dışkısı müzesini bile insanı mutlu eden bir şekilde yorumlamak mümkün. Tuvalet benim için ne kadar tiksindirici bir şey olsa da rüyadaki bu görüntü kasabalarındaki tuvaletlerinin benzer şekilde olduğu güzel İtalya'yla ilgili bir hatıra. Her şeyi temizleyen çiş fıskiyesi hiç kuşkusuz büyük boyutlara bir gönderme. Gülliver de minik kraliçenin hoşuna gitmemesine rağmen cüceler ülkesindeki büyük yangını bu şekilde söndürür. Büyük usta Rabelais'in *Gargantua*'sında da dev insan Parislilerden intikamını Notre-Dame'ın tepesine ata biner gibi oturup şehrin üzerine işeyerek almıştı . Yatmadan önce Garnier'in Rabelais çizimlerinin yer aldığı kitabı karıştırmıştım. Yine benim büyük bir insan olmama dair bir kanıt! Notre Dame Kilisesi'nin bulunduğu alan Paris'te en sevdiğim yerdi; boş olduğum her öğleden sonra kilisenin kulelerine tırmanır, canavar ve şeytan suratları arasında

---

119 Yunan mitolojisinde Herkül'ün yapması gereken 12 işten birisi de Elis kralı Augias'ın ahırlarını temizlemekti. –çev. n.

dolanırdım. Bütün pisliklerin fıskiyeyle temizlenmesi, şu özlü söz anlamına geliyor: *Afflavit et dissipati sunt*[120] Histerilerin terapisi hakkında yazacağım bölümün başlığı bu olacak.

Şimdi de rüyanın görülmesinin nedenine geldi sıra. Sıcak bir yaz öğleden sonrasıydı. Akşama doğru histeri ve sapkınlıklar arasındaki ilişki üzerine bir dersim vardı. Anlattıklarımın hiçbirini beğenmedim, bütün hepsi bana çok anlamsız ve değersiz geldi. Çok yorgundum. Ağır işim hiç keyif vermiyordu bana. Bu insan pisliğinin içinde yuvarlanıp durmaktan kurtulmak istiyordum, çocuklarımı, İtalya'nın güzelliklerini özlemiştim. Bu ruh haliyle sınıftan çıkıp bir kafeye gittim. Niyetim orada açık havada bir şeyler atıştırmaktı, iştahım iyice kapanmıştı çünkü. Ama öğrencilerimden biri benimle geldi, yanımda oturmak için izin istedi. Kahvemi içip, çöreğimi yutmaya çalışırken bana dalkavukluk yapmaya başlamıştı. Benden ne kadar çok şey öğrendiğini, şimdi her şeyi bambaşka gözlerle gördüğünü, nevroz bilimiyle ilgili hata ve önyargı *pisliklerini* temizlediğimi, kısacası çok büyük bir adam olduğumu söylüyordu. Benimse ruh halim onun iltifatlarına uygun değildi.

İçimdeki tiksinti duygusuyla mücadele ediyordum; bu duygudan kurtulmak için erkenden eve gitmiş, uyumadan önce Rabelais kitabına göz atıp C. F. Meyer'in "Bir Erkek Çocuğunun Acıları" adlı hikâyesini okumuştum.

İşte rüya bu kaynaklardan doğmuştu, Meyer'in hikâyesi de çocukluk sahnelerinin hatırlanmasını sağlamıştı (*krş.* Kont Thun rüyasındaki son sahne). Gün içindeki tiksinme ve bıkkınlık duygularını, rüyanın bütün malzemesini bu duyguların emrine vermesi sayesinde rüyada da sürdürmüştüm. Ama gece bu duygunun aksine güçlü ve abartılı bir şekilde kendimi vurgu-

---

120 *"Tanrı üfledi ve herkes rüzgârda dağıldı"* (*Gottfried Schiller'in bir şiirinden alıntı*). –çev. n.

lamıştım ve böylece ilk duygu ortadan kalkmıştı. Rüya içeriği aynı anda hem aşağılık duygusu, hem de megalomaniyi ifade edecek şekilde yapılanmış olmalıydı. Bu uzlaşma sonucu bir taraftan iki anlamlı bir rüya içeriği oluşmuş, diğer taraftan da karşıtlıkların birbirini ketlemesi sonucu belirsiz bir duygu tonu gelişmişti.

Arzu giderme teorisi uyarınca, karşıt (bastırılmış olsa da haz veren) megalomani duygusu tiksinti duygusuna eklenmemiş olsaydı, bu rüya meydana gelmezdi. Çünkü rüyada utanç veren şeylere yer yoktur; gündüz yaşamına ait utandırıcı düşünceler ancak aynı anda arzu giderici bir kılığa büründükleri takdirde rüyaya girebilirler.

Rüya çalışması rüya düşüncelerindeki duygularla ilgili olarak bu duyguların geçmesine izin vermek ya da onları sıfırlamak dışında bir işlem daha uygulayabilir; duyguları *karşıtlarına dönüştürebilir.* Rüyadaki her öğenin kendini ya da kendi karşıtını temsil edebileceğini söyleyen yorum prensibini daha önce ele almıştık. Ama önce öğenin kendisinin mi, karşıtının mı rüyada yer aldığını bilmek imkânsızdır; ancak bağlamı inceleyerek bunu tespit edebiliriz. İnsanlar bu kuralın farkında olmalılar ki, rüya tabiri kitapları rüyaları yorumlarken bu karşıtlık ilkesini göz önünde bulunduruyor. Karşıtına dönüşme, düşüncelerimizde bir olguyu kendi karşıtıyla ilişkilendiren derin çağrışımsal düşünce zincirleri boyunca oluşur. Her yer değiştirme gibi karşıtına dönüşme de sansürün amaçlarına hizmet eder. Ama çoğu kez de arzu giderilmesinin bir marifetidir çünkü arzu giderilmesi, hoşnut olmadığımız bir şeyin karşıtıyla yer değiştirmesinden başka bir şey değildir. Tıpkı nesneler ve olgular gibi rüya düşüncelerindeki duygular da rüyada karşımıza karşıtına dönüşmüş olarak çıkabilirler ve duyguların bu dönüşümünün çoğunlukla rüya sansürünün bir marifeti olması da çok olasıdır.

Rüyadaki sansürle benzeşen sosyal yaşamda *duyguların bastırılmasının ya da duyguların dönüşümünün* öncelikle *yer değiştirmeye* hizmet ettiğini biliyoruz. Aslında düşmanca duygular beslediğim ama saygılı olmak zorunda olduğum bir kişiyle konuşurken, düşüncelerimi yumuşak ifade etmekten ziyade duygularımı ondan gizlemeyi tercih ederim. Onunla saygılı konuşurken nefretimi ve küçümsememi bir bakışla ya da hareketlerimle belli etmem, bu duygularımı hiç sakınmadan yüzüne haykırmamdan farklı bir etki yaratmayacaktır. Demek ki sansür öncelikle duygularımı bastırmamı söylüyor. Eğer bir çarpıtma ustasıysam, öfkeleneceğim yerde karşıtı duygularla numara yapıp gülümser, söz konusu kişiyi öldürmek istediğimde ona sevecen davranırım.

Rüyada sansür adına duyguların karşıtına dönüştüğü mükemmel bir örneği daha önce ele almıştık. "Amcamın sakalı" rüyasında dostum R.'ye duygularım son derece sevecendi, oysa ve çünkü rüya düşüncelerinde R. bir saftorik olarak tanımlanıyordu. Duyguların tersine çevrildiği bu örnekte, rüyada sansürün varlığına dair ilk ipucunu bulmuştuk. Ama bu rüyada bile rüya çalışmasının bu karşıt duyguyu yoktan var ettiğini düşünmemiz gerekmiyor; bu duygu normalde rüya düşünceleri malzemesinde zaten mevcuttur. Rüya çalışmasının tek yaptığı, savunma güdüsünün psikolojik gücüyle bu karşıt duygunun yoğunluğunu rüyanın oluşmasını sağlayacak ölçüde artırmak. "Amca" rüyasında sevecenlik içeren karşıt duygu (rüyanın devamının da ortaya koyduğu gibi) muhtemelen çocukluktan kaynaklanıyor. Çünkü amca ve yeğen arasındaki ilişki ilk çocukluk anılarımın özellikleri nedeniyle (*krş.* s. 419) benim için bütün dostlukların ve nefretlerin kaynağı olmuştur.

Duyguların bu şekilde karşıtına dönüştüğü bir başka mükemmel örnek de Ferenczi'nin aktardığı bir rüya:[121] "Yaşlı bir bey

121 *Uluslararası Psikanaliz Dergisi IV*, 1916.

gece karısı tarafından uyandırılır çünkü kadın kocasının uykuda yüksek sesle ve frenleri boşalmış gibi gülmesinden korkmuştur. Adam daha sonra gördüğü şu rüyayı anlatır: *Yatağımda yatarken, tanıdığım bir bey geldi, ışığı açmak istedim, açamadım. Ama açmak için nafile uğraşmaya devam ettim. Bunun üzerine karım bana yardım etmek için yataktan kalktı ama o da beceremedi; çünkü adamın karşısında çıplak durmaktan utanmıştı. Sonunda vazgeçti ve tekrar yatağa yattı. Bütün bunlar öylesine komikti ki kahkahalarla gülmek zorunda kaldım. Karım: "Niye gülüyorsun, niye gülüyorsun?" diye sordu. Ben ise, uyanana kadar gülmeye devam ettim.*– Adam ertesi gün son derece yorgundu, başı ağrıyordu, "çok gülmüş olmasının onu çok sarstığını" söylemişti.

"Analitik bakıldığında rüya hiç de o kadar eğlenceli değil. Odaya giren 'tanıdık bey' gizli rüya düşüncelerindeki 'büyük bilinmez' olan ölümün bir gün öncesine ait görüntüsüydü. Arterio sklerozu olan yaşlı beyin bir gün önce ölümü düşünmüş olması normaldi. Rüyada ise, öleceği için ağlamanın, sızlamanın yerini kahkahalarla gülmek almıştı. Açmaya çalışıp açamadığı ışık, yaşam ışığı. Bu üzücü düşünce bir süre önce deneyip de beceremediği, karısının çıplak olmasının da fayda etmediği sevişme eylemiyle bağlantılı olabilir. Adam hayatta yokuş aşağı ilerlediğinin farkına varmıştı. Rüya çalışması iktidarsızlığın ve ölümün yarattığı üzüntüleri komik bir sahneye, hıçkırıkları da gülmeye dönüştürmeyi başarmıştı."

Bir rüya grubu vardır ki bunları sahtekâr, iki yüzlü diye tanımlayabiliriz. Bu rüyalar bu özellikleriyle arzu giderilmesi teorisini ciddi bir sorgulamaya tabi tutarlar. İlk kez Viyana Psikanaliz Birliği'nde Bayan Dr. M. Hilferding'in Rossegger'e ait –aşağıda nakledeceğim– rüya raporunu tartışmaya açmasıyla bu tür rüyaların farkına vardım.

Rosseger (*Waldheimat*, 2. cilt) "Fremd gemacht!" (s. 303) adlı öyküsünde şöyle diyor: "Normalde deliksiz uyurum ama kimi geceler huzurum kaçar; mütevazı öğrencilik ve yazarlık yaşamımın yanı sıra, gerçek bir terzinin hayatını da yıllarca bir hayalet gibi sırtımda taşıdım, ondan kurtulamadım."

"Gündüzleri sık sık geçmişimle ilgili yoğun düşüncelere daldığım doğru değil. Geleneksellik gömleğinden sıyrılmış bir dünya insanının yapacağı başka şeyler vardır. Bu aceleci delikanlının geceleri gördüğü rüyalarla da uğraşmaya vakti yok. Ancak tekrar düşünmeye başladığımda ve içimdeki geleneksel adam yeniden yavaş yavaş uyanmaya başladığında, rüya gördüğümde neden hep bir terzi çırağı olduğumu, neden bir ustanın atölyesinde yıllarca parasız çalıştığımı sorgulamaya başladım. Ustanın yanında öyle oturmuş dikiş dikerken, ütü yaparken oraya ait olmadığımı biliyorum hep aslında; şehirliler gibi başka şeyler yapmam gerektiğini biliyordum. Ama hep izinliydim, hep yaz tatilindeydim ve böylece hep ustama yardım ediyordum.

Çoğu zaman hoşnut değildim bu durumdan, daha iyi şeylere harcayacağım zamanı bu işlerle geçirdiğim için pişmandım. Zaman zaman işler iyi gitmediğinde ustamdan azar işitmeyi de kabullenmek zorunda kalmıştım. Haftalığımın artırılması zaten asla söz konusu değildi. Karanlık atölyede sırtımın kamburu çıkmış otururken işten ayrılmayı ve oradan uzaklaşmayı düşündüm. Hatta bir kez yaptım da bunu ama ustamın umurunda olmadı. Kısa bir süre sonra yine yanında oturmuş, dikiş dikiyordum."

"Bu sıkıcı saatlerden sonra uyanmak ne büyük mutluluktu! Bu zorba rüya bir daha uykuma girerse, azimle onu içimden atmaya ve şöyle seslenmeye karar verdim: Bu sadece bir yalan, ben yatağımdayım ve uyumak istiyorum... Ama ertesi gece rüyamda yine aynı terzi atölyesinde oturuyordum."

"Bu durum yıllarca düzenli olarak devam etti. Bir kez ustamla Alperhofer'de çalışıyorduk. Burası ilk kez çıraklık yaptığım ve ustamın benden hiç memnun olmadığı bir çiftçinin eviydi. 'Aklın nerede senin, bir bilsem!' demiş, kötü kötü bakmıştı bana. Bir an yapılacak en doğru şeyin kalkmak, ustama sadece ona iyilik olsun diye orada bulunduğumu söylemek ve çekip gitmek olduğunu düşündüm ama yapmadım. Ustamın yeni bir çırak almasını, ona tezgâhta yer açmamı emretmesini kabullendim, bir köşeye çekilip dikiş dikmeye devam ettim. Aynı gün bir çırak geldi. Yeni çırak on dokuz yıl önce bizde çalışmış, bir gün meyhaneden dönerken dereye düşmüş riyakâr bir Bohemyalıydı. Çırak oturmak istedi ama yer yoktu. Ustam soru soran bakışlarla bana baktı ve, 'Senin terziliğe yeteneğin yok, gidebilirsin, kovuldun' dedi – O anda öylesine bir dehşete düştüm ki hemen uyandım."

"Sabahın gri ışıkları bildiğim evimin saydam pencerelerinden içeri sızıyordu. Çevrem sanat eserleriyle doluydu; zarif kitap dolabında ebedi Homer'im, dev Dante, eşsiz Shakespeare, ışıltılı Goethe ve diğer bütün mükemmel ve ölümsüz yazarlar bekleşiyordu. Yan odadan uyanmış ve anneleriyle şakalaşan çocukların cılız sesleri duyuluyordu. Şu ahenkli insani mutluluğu sık sık ve derinden hissettiğim o pastoral hayat tadındaki barışçı, yumuşak ve şiir gibi yaşamı yeniden bulmuştum sanki. Ama yine de içimi, önce davranıp kendiliğimden gidemediğim ve ustam tarafından kovulmuş olduğum için, içim içimi kemiriyordu."

"Ama tuhaftır, ustamın beni 'kovduğu' geceden sonra huzura kavuştum. Artık uzaklarda kalan, son derece sıradan olmasına rağmen ileriki yıllarda yaşamım üzerindeki gölgesini sürdüren o terzilik yıllarımı görmüyorum rüyamda."

Gençlik yıllarında terzi çırağı olan yazarın bu rüya dizisinde arzu giderilmesinin hâkimiyetini anlamak çok zor. Çünkü mutluluk sadece gündüz yaşamında yer alırken, rüyada bitmiş olmasından mutluluk duyulan bir varoluş şeklinin korkutucu gölgesi devam etmektedir. Benzer rüyaları kendim de gördüğüm için, bunları açıklayacak bilgiye sahibim. Genç bir doktor olarak uzun yıllar gerekli becerileri edinemeden bir kimya enstitüsünde çalışmıştım. Bu yüzden uyanık yaşamımda bu kısır ve utandırıcı dönemi hiç hatırlamak istemem. Ama sık sık rüyamda laboratuvarda çalıştığımı, analiz yaptığımı vb. gibi şeyler görürüm. Bu rüyalar tıpkı sınav rüyaları gibi her zaman huzursuz edici ve bulanık rüyalardır. Sonunda bu rüyalardan birini yorumlarken *"analiz"* sözcüğü dikkatimi çekti ve rüyayı anlamamı sağladı. O dönemden sonra "analizci" olmuştum, yaptığım analizler övgüyle karşılanıyordu ama bunlar *psikanalizdi.* Ve nihayet şunu anladım: Uyanık yaşamdaki analizlerimle gurur duyduğumda, böyle bir ilerleme kaydettiğim için kendimle övünmek istediğimde, övünmem için hiçbir sebep olmayan o başarısız analizler gece rüyama giriyordu. İşte bunlar benim gibi başarıya sonradan kavuşanın, bir sonradan görmenin ya da sonradan çok ünlü bir yazar olan terzi çırağının hak ettikleri "cezayı buldukları" rüyalardı. Peki ama rüya, nasıl oluyor da sonradan görmelere özgü gururla özeleştiri arasındaki mücadelede, özeleştirinin yanında yer alıyor ve yasak bir arzu giderilmesi yerine akılcı bir ikazı içeriyor? Bu sorunun yanıtını bulmanın çok zor olduğunu daha önce belirtmiştim. Rüyanın temelinde önce küstah bir hırs fantezisi olduğunu ama rüya içeriğine bu fantezinin baskılanmış ve utanca bürünmüş halinin girdiğini görüyoruz. Ruhsal yaşamımızda böylesine tersine çevirmelerden sorumlu tutabileceğimiz mazoşist eğilimler olduğunu hatırlayalım. Bu tür rüyaları *ceza rüyaları* olarak *arzu giderici rüyalardan* ayrı bir kategori olarak kabul etmeye benim şahsen hiçbir itirazım yok.

Bu ayrıştırma, şimdiye kadar savunduğum rüya teorisinin çerçevesini daraltmayacağı gibi, karşıtların birlikteliğini tuhaf bulanlar için dilsel bir kolaylık sağlayacaktır. Laboratuvar rüyalarımdan birinin bulanık bir ayrıntısı doktorluk kariyerimin en başarısız, en karanlık döneminde olduğum yaşıma geri döndürdü beni. Henüz bir işim yoktu ve nasıl geçineceğimi bilmiyordum. Ama bu arada evlenmek için karar verebileceğim birçok kadın arasında da bir seçim yapmam gerekiyordu! Tekrar gençleşmiştim yani ama asıl genç olan bu zor yılları paylaştığım kadındı. Böylece yaşlanan bu adamın sürekli içini kemiren bir arzu, bilinçdışı bir rüya uyaranı olarak ortaya çıkmıştı. Başka psikolojik katmanlarda hüküm süren kibir ve özeleştiri arasındaki savaş rüya içeriğini belirlemişti belirlemesine ama daha derinlerdeki gençlik arzusu bu rüyayı görmüş olmamın asıl nedeniydi. Bazen uyanık yaşamda şöyle deriz kendi kendimize: Bugünkü hayatım güzel, eskiden zor zamanlar geçirdim ama yine de güzeldi o zamanlar, çünkü gençtim.[122]

Sık sık gördüğüm ve riyakâr bulduğum bir başka grup rüyanın içeriği, dostluk bağlarımın çoktan koptuğu insanlarla barışmak. Bu rüyaların hepsinde analiz sonrası, bu eski dostlara karşı duyduğum saygı kırıntılarını da bir kenara bırakıp beni onlara yabancı ya da düşman gibi davranmaya itecek bir durum olduğu ortaya çıkmıştır. Ama rüya karşıt ilişkiyi ortaya koymayı tercih etmiştir.

Bir yazar rüyasını aktarırken, onun rüya içeriğinde kendisini rahatsız eden şeyleri ve önemsiz bulduğu ayrıntıları atladığını varsayabiliriz; yani rüyanın tamamı anlatılmışsa, mutlaka hemen çözülebilecek bir dizi bilmece içeriyordur.

122 Psikanaliz kişiyi "ego" ve "süper ego"ya ayırdığından beri (Kitle Psikolojisi ve Ego Analizi" -1921; *Toplu Eserler*, VI. cilt), bu tür ceza rüyalarında süper egonun arzu giderilmesini anlamak kolaylaştı.

O. Rank *Grimm Masalları*'ndan, sonradan görmeliğe dair bir rüyanın anlatıldığı "Cesur Terzi" (diğer adı "Bir Vuruşta Yedi Can") dikkatimi çekti. Kralın kahramanı ve damadı olan terzi, bir gece karısı olan prensesin yanında yatarken eski mesleğiyle ilgili bir rüya görür. Bundan kuşkulanan prenses ertesi gece rüyayı dinleyip kocasının gerçekte kim olduğunu tespit etmeleri için silahlı adamlar görevlendirir. Ama terzi bundan haberdar olur ve rüyasını düzeltir.

Rüya düşüncelerindeki duyguların, iptal etme, eksiltme ve tersine çevirme işlemleri sonucu bizzat rüyanın duyguları haline gelmesi sürecindeki karmaşıklığı, bütünü analiz edilmiş rüyaları gerektiği şekilde sentezleyerek açık olarak görebiliriz. Bu noktada, rüyadaki duygulanımlarla ilgili, sözünü ettiğim ihtimallerin gerçekleştiğini gösteren birkaç örnek sunmak istiyorum.

V

Yaşlı Brücke'nin bana kendi kalçamı kesme görevi verdiği tuhaf rüyada *dehşet hissetmemem beni şaşırtmıştı.* Aslında bu, birçok anlamda bir arzu giderilmesi. Ameliyat, bu kitabı yayınlayarak gerçekleştirdiğim öz-analiz anlamına geliyor. Kendi analizimden utanıyordum ve bu yüzden hazır kitabın basılmasını bir yıldan fazla ileriye atmıştım. Şimdi beni engelleyen bu duygudan kurtulmak istiyorum, bu yüzden de bir *dehşet* (Grauen) hissetmiyorum. Grauen'in (saçlara ak düşmesi) ikinci anlamında da gerçekleşmesini istemiyorum. Saçlarıma ciddi anlamda ak düştü, yaşlandım, bu yüzden de kitabın basımını ertelemek istemiyorum. Rüyanın sonundaki şu düşünceyi hatırlayalım: Bu yürüyüşte hedefe ulaşma işini çocuklara bırakmak istiyorum.

Tatmin duygusunun uyandıktan sonraki ilk anlarda da hissedildiği iki rüya: İlk rüyada tatmini sağlayan, "Bunu daha önce rüyamda görmüştüm" sözleriyle ifade edilen, ne olduğunu anlamaya dair beklentiydi. Oysa tatmin duygusu ilk çocuğumun doğumundan kaynaklanıyordu. İkinci rüyada ise, "daha önce yaklaşmakta olduğunun işaretini veren bir şeyin" şimdi olacağı inancıydı ve bu da ikinci oğlumun doğumundan duyduğum tatmindi. Bu rüyada, rüya düşüncelerindeki duygular da var. Ancak bunun her rüyada gerçekleşmesi çok da kolay bir şey değil. İki rüyayı daha ayrıntılı analiz ettiğimiz de görüyoruz ki sansüre tabi olmayan bu tatmin duygusunun başka bir kaynağı daha var. Bu kaynağın sansürlenme korkusu var ve kaynak kendine benzer ve ama izin verilen bir kaynağın tatmin duygusu ardına gizlenmediği takdirde mutlaka itiraza uğrayacak. Bu durumu maalesef rüyalardan örneklerle kanıtlamam mümkün değil ama hayatın başka bir alanından vereceğim bir örnek ne demek istediğimi gösterecektir...

Şöyle bir durum varsayalım: Yakın çevremde nefret ettiğim bir insan var, bu yüzden onun başına kötü bir şey geldiğinde seviniyorum. Ama ahlâki yanım buna razı olmuyor; o kişinin mutsuz olması arzumu dile getirmeye cesaret edemiyorum. Bu yüzden başına hak etmediği halde bir şey geldiğinde memnuniyetimi bastırıyor, bunun yerine üzüldüğümü belli eden ifadeler kullanmaya, böyle düşüncelere sahip olmaya mecbur hissediyorum kendimi. Hepimiz mutlaka benzer bir durumla karşılaşmışızdır. Sonra bu nefret edilen insanın başına bir şey daha geliyor ama bu kez haddini aştığı için bunu hak etmiş oluyor. Bu durumda adalet yerini bulduğu için çektiği cezadan ötürü duyduğum mutluluğu gizlememe gerek kalmıyor ve tarafsız diğer insanlar gibi ben de bu insan hakkındaki fikrimi beyan ediyorum. Ancak benim memnuniyetimin diğerlerininkinden daha yoğun olduğunu fark ediyorum. Benim mutluluğum, zaten var olan, içsel sansürüm yüzünden o âna kadar duygu üretemeyen ama değişen koşullar altında artık engellenemeyen nefretimin kaynağından da payını almış oluyor. Toplum yaşamında antipatik insanların ya da sevilmeyen bir azınlığın üyelerinin suçlandığı durumlarda da aynı şey geçerlidir. Bu insanların cezaları, işledikleri suçla orantılı olmaz, cezalarına o âna kadar etkisi olmayan düşmanlık duyguları da eklenir. Cezayı kesenler bu kişilere haksızlık ederler ama bu haksızlığın farkında olmazlar çünkü verilen ceza, uzun zamandır bastırılan bir duygunun ortadan kalkmasının doğurduğu bir tatmin yaratır. Bu gibi durumlarda duygu, niteliği açısından adildir ama niceliği adil değildir. İlk başta sakinleştirilen özeleştirinin denetimi ikinci olayda tavsar. Bir kez bir kapı açıldığında, bu kapıdan içeriye planlanandan daha çok insan girmek için hücum eder.

Nevrotik insanlarda psikolojik bir açıklama mümkünse şayet, duygu yüklü bir durumun nitelik açısından makul ölçüde olması ama nicelik açısından ölçüleri aşması yukarıdaki şekilde açıklanabilir. Ölçüyü aşan bölüm o âna kadar bilinç dışında olan, bastırılmış olan duygu kaynaklarından sağlanır. Bu kaynaklar gerçek durumla çağrışımsal bir bağlantı kurabilirler. Bu bağlantıyı kuran, itiraz edilemeyen, izinli olan duygu kaynağıdır. Biz de böylece baskı altındaki ve baskı yapan ruhsal merciler arasındaki, sadece karşılıklı birbirlerini ketleyen ilişkileri dikkate almamamız gerektiği gerçeğini öğrenmiş oluruz. Yine başka bir önemli nokta bu iki mercinin etkileşimle ve karşılıklı birbirini güçlendirerek patolojik bir etki oluşturdukları durumlardır. Fiziksel işleyişle ilgili kısaca değindiğimiz bu düşüncelerin rüyadaki duyguların ne ifade ettiğini anlamak için kullanılacağı söylenebilir. Ama rüyalarda ve tabii ki bunu takiben rüya düşüncelerinde rastladığımız bir tatmini sadece bu kanıtla bütünüyle açıklamak her zaman mümkün olmaz. Genellikle sansürün baskısına uğrayan ve bu baskı altında tatmin değil, bunun karşıtı bir duygu yaratabilecek olan ama birinci rüya kaynağı yüzünden tatmin duygusunu baskıdan kurtaran ve başka bir kaynaktan gelen bir tatmini güçlendiren ikinci bir rüya kaynağı aramamız gerekir. Böyle baktığımızda rüyadaki duygular sayısız etkilerden oluşur ve büyük oranda rüya düşüncelerindeki malzeme tarafından belirlenirler. *Aynı duyguyu yaratabilecek duygu kaynakları, rüya çalışması sırasında bu duyguyu yaratmak için birlikte ortaya çıkarlar.*[123]

Bu karmaşık ilişkileri az da olsa anlayabilmek için merkezinde "non vixit"in yer aldığı o güzel rüyaya bakalım (*krş.* s. 345). Bu rüyada farklı kaynakların duygu ifadeleri görünür içeriğin iki yerinde birleşmiş. Düşmanca ve utanç veren duyumlar (rüyada "tuhaf duygulara kapılmak" tabiri kullanılıyor), düşmanım olan meslektaşımı iki sözcükle yok ettiğim noktada üst üste biniyor. Rüyanın sonunda çok sevinçliyim ve uyanık yaşamda saçma olduğunu düşünerek, insanın isterse yok edeceği hayaletler olduğuna karar veriyorum.

Bu rüyayı görmemim nedenine henüz değinmedim. Çok önemli olan bu neden, rüyanın anlamının en derin noktalarına kadar nüfuz etmiş. Berlin'deki (Fl. olarak belirttiğim) arkadaşımdan ameliyat olacağı ve Viyana'daki akrabalarının beni durumu hakkında bilgilendirecekleri haberini almıştım. Ameliyattan sonraki ilk haberler hiç iç açıcı değildi ve endişelenmeye başlamıştım. Yanına gitmeyi çok isterdim ama ben de en ufak bir hareketin beni büyük acılara gark ettiği bir hastalığın pençesindeydim. Rüya düşüncelerinden bu kıymetli arkadaşımın hayatı için endişelendiğimi anlıyorum. Hiç karşılaşmadığım tek kız kardeşi genç yaşta hastalandıktan kısa bir süre sonra ölmüştü (Rüyada: *Fl. kız kardeşinden söz ediyor ve "45 dakika içinde öldü" diyor*).

123 Maksatlı esprilerin haz veren olağanüstü güçlü etkisini benzer bir şekilde açıklamıştım.

Arkadaşımın bünyesinin kardeşinden daha dayanıklı olmadığını, kötü bir haber almadan yanına gitmeyi, yoksa *çok geç* kalacağımı ve kendimi sonsuza kadar suçlayacağımı düşünmüş olmalıyım.[124] Bu geç kalma suçlaması rüyanın temel düşüncesi olmuş ve öğrencilik yıllarımın büyük ustası Brücke'nin mavi gözleriyle korkunç bakışlar fırlatarak beni suçladığı bir sahnenin içine yerleşmiş. Bu sahnedeki konu sapmasının nedenini aşağıda anlayacağız. Rüya, sahneyi yaşadığım şekilde yeniden üretememiş. Karşımdaki kişiye mavi gözleri vermiş, ama "yok eden" rolünü bana biçmiş; yani arzu gidermenin işi olan bir tersine çevirme. Arkadaşımın hayatı için duyduğum endişe, yanına gitmediğim için duyduğum suçluluk duygusu, duyduğum utanç (arkadaşımın dikkat çekmeden [bana] Viyana'ya gelmesi), hastalığımı öne sürerek özür dileme ihtiyacım, bunların hepsi, uykuda bariz bir şekilde hissedilen, rüya düşüncelerinin söz konusu bölümünü kasıp kavuran bir duygu fırtınası yaratıyor.

Rüyayı görmeme neden olan ve benim üzerimde ters bir etki yaratan bir şey daha var: Ameliyattan sonraki günlerde gelen kötü haberlerin arasında durumdan hiç kimseye bahsetmemem yönünde bir tembih de vardı. Bu tembih beni incitmişti, çünkü ağzı sıkılığım konusunda gereksiz bir güvensizlik anlamına geliyordu. Bu ricanın arkadaşıma ait olmadığını, haberi iletenin beceriksizliği ve abartılı titizliğiyle bağlantılı olduğu biliyordum gerçi ama bu gizli suçlama beni çok yaralamıştı çünkü çok da yersiz bir suçlama değildi. Normalde doğruluk payı olan suçlamalar aklımızda kalmaz ve ciddi bir güçleri yoktur. Bu arkadaşımla ilgili olarak değil ama başka bir konuda gençlik yıllarımda beni de aralarına alma lütfunu gösteren iki arkadaşım arasında

124 "Non vixit" yerine "non vivit"i ısrarla dayatan işte bilinçdışı rüya düşüncelerindeki bu fantezi. "Geç kaldın, o artık yaşamıyor." Rüyadaki açık (görünür) durumun da "non viviti" hedeflediğine s. 446'da değinmiştik.

yersiz bir şekilde laf taşımış, birinin öbürü hakkında söyledikle-rini diğerine anlatmıştım. O zaman bana atfedilen suçlamaları hiç unutmadım. Aralarını bozduğum bu arkadaşlarımdan biri Profesör Fleischl'dı. Diğerinin ön adı ise Josef'ti yani rüyadaki dostum ve düşmanım olan P.'nin ön adıyla aynıydı.

Sır saklayamadığıma dair suçlamanın rüyadaki kanıtları, *göze çarpmadan* ve Fl.'nin *P.'ye onun hakkında neler anlattığım*a dair so-rusu. Geç kaldığım suçlamasını, günümüzden Brücke'nin labo-ratuvarında çalıştığım döneme taşıyan şey, bu hatıranın araya karışması. Rüyanın yok etme sahnesindeki ikinci kişinin yerine Josef'i koyarak, bu sahnede sadece geç kaldığım suçlamasını değil, bastırmadan daha çok nasibini alan sır saklayamadığım suçlamasını da betimliyorum. Rüyanın yoğunlaştırma ve yer de-ğiştirme çalışmaları ve bu çalışmaların motifleri burada açıkça ortaya çıkıyor.

Ancak sır saklama konusundaki uyarının yarattığı önemsiz kırgınlık, daha derinlerde akan kaynaklardan güç alarak büyü-yor ve aslında sevdiğim insanlara yönelik düşmanca duyum-ların oluşturduğu bir akıntıya dönüşüyor. Bu artışın kaynağı çocukluk yıllarımda. Daha önce yaşıtlarımla kurduğum güzel dostlukların ya da onlarla aramdaki düşmanlıkların benden bir yaş büyük olan yeğenimle çocukluğumdaki ilişkilerime dayan-dığını anlatmıştım .Yeğenim benden güçlüydü, bu yüzden kü-çücükken kendimi ondan korumayı öğrenmiştim. Birbirimizden hiç ayrılmazdık, birbirimizi çok severdik ama yetişkinlerin an-lattığına göre, kavga da ederdik ve birbirimizi *şikayet de.* Bütün dostlarım bir anlamda bu ilk varlığın, *"erken yaşta donuk bakışla-rıma görünen"*[125] *hayaletlerdi.* Yeğenim gençlik yıllarında geri gel-mişti, birlikte Sezar ve Brutus'çuluk oynardık. Duygu dünyam için, sıkı bir dost ve nefret edilen bir düşmana sahip olmak her

---

125 Goethe, *Faust.* –çev. n.

zaman bir gereklilikti. Her ikisini de bulmayı her zaman başarıyordum ve dostumun ve düşmanımın aynı kişi olması hiç de nadir rastlanmayan bir çocukluk idealiydi. Tabii artık, ilk çocukluk yıllarımda olduğu gibi, aynı anda ya da sürekli birbiriyle yer değiştirerek olmuyordu bu.

Bu tür bağlantılarla yakın geçmişteki duyguların çocukluk duygularına nasıl geri döndüğünü ve duygunun üretimi için onunla nasıl yer değiştirdiğini anlamaya çalışmayacağım. Bu, bilinçdışı düşüncenin ilgi alanına girer ve ele alınması gereken yer, nevrozların psikolojik açıdan açıklamalarıdır. Şimdi rüya yorumu amacıyla, şöyle bir çocukluk anısının hatırlandığını ya da hayal edildiğini varsayalım: İki çocuk herhangi bir nesne için kavga etmeye başlar. Çocukluk hatırasında ya da bu hatırayla ilgili akılda kalanlarda bu nesnenin ne olduğu bilinse de şimdilik bunu bir kenara bırakalım.

Çocukların her biri *daha önce geldiğini,* bu yüzden önceliği olduğunu söyler. Dövüşmeye başlarlar. Kaba güç adaleti yener. Rüyadaki imalara bakarak haksız olduğum söylenebilir (*Hatamı kendim fark ettim*); ama bu kez ben güçlü olanım, muharebe meydanına ben hükmediyorum, güçsüz olan dedesine –babama– koşuyor, beni şikâyet ediyor, ben de kendimi babamın açıklamasından bildiğim sözlerle savunuyorum: *Ben ona vurdum, o bana vurdu.* Demek ki rüyanın analizi sırasında beni –nasıl olduğunu anlayamadığım şekilde– zorlayan bu anı ya da bu hayal rüya düşüncelerinden oluşan ve –içine akan suları toplayan bir su teknesi gibi– duygulanımları bir araya toplayan bir nesne gibi. Buradan çıkan rüya düşünceleri şu yollardan geçiyor: Yerini bana vermek zorunda kalmayı hak ettin. Neden beni yerimden etmek istedin? Sana ihtiyacım yok. Kendime yeni bir oyun arkadaşı bulacağım vs. Yine buradan, bu kez, bu düşüncelerden yola çıkıp rüyanın anlatımına ulaşan yollar var.

Böyle bir "Sen çekil ben oturayım" anlayışıyla zamanında dostum Josef'i de suçlamıştım. Brücke laboratuvarında benim ayak izlerimi takip ederek terfi etmek istiyordu ama bu çok zaman alan bir işti. Çalışan iki asistan da yerinden kıpırdamıyordu, genç arkadaşım sabırsızlanmaya başlamıştı. Hayatın kısalığını bilen ve şefine bir bağlılık duymayan dostum sabırsızlığını bazen yüksek sesle dile getirirdi. Şef çok hasta olduğu için, dostumun onun bertaraf edilmesi yönündeki arzusunun tatsız bir yan anlamı daha olabilirdi. Tabii birkaç yıl öncesine kadar, boşalacak bir pozisyona benim alınmam arzusu bende daha da yoğundu. Nerede bir hiyerarşi ve terfi söz konusuysa, bastırılması gereken arzulara kapı açılır. Shakespeare'nin Prens Hal'i, babasının ölüm döşeğinde, tacın kendisinde nasıl duracağını denemekten alıkoyamaz kendini. Ama rüya, tahmin edilebileceği gibi, bu saygısız arzudan ötürü beni değil arkadaşımı cezalandırıyor.[126]

"İktidar hırsı olduğu için öldürdüm onu." Diğerinin kendisine yer açmasını beklemeye sabrı olmadığı için, kendi yerinden oldu. İşte üniversitede diğerinin heykelinin açılışından sonra düşündüklerim bunlardı. Rüyada duyumsadığım tatminin bir kısmını şöyle yorumlamak mümkün: Hak edilmiş bir ceza. Bunu hak etmiştin.

Bu dostumun cenaze töreninde genç bir adam şu uygunsuz cümleyi söylemişti: "Konuşmacı, bu kişinin yokluğunda dünyanın yıkılacağını söyledi." Genç adam hissettiği acıya rağmen abartıyı sevmeyen birinin samimi duygularını dile getirmişti. Rüya düşünceleri bu konuşmayla ilişkilendirilmiş: Hiç kimse yeri doldurulmaz değildir; kaç kişinin cenaze merasimine katıl-

126 "Josef" adının rüyalarımda büyük bir rol oynadığı dikkatinizi çekmiştir (*bkz.* amca rüyası). Bu ismi taşıyanların ardında rüyada kendi egomu gizliyor olabilirim çünkü İncil'den tanıdığımız rüya yorumcusunun adı da Josef'ti.

dım ben; ama ben yaşıyorum, hepsini gömdüm, meydan bana kaldı. Arkadaşımı ziyaret ettiğimde onun ölmüş olması endişesiyle ilgili düşünce, çocukluğumla ilgili hayalimdeki sahnede olduğu gibi, yine birini gömdüğüm, ben değil o öldüğü için, meydan bana kaldığı için sevindiğim şeklinde yorumlanabilir. Çocukluğumdan kalma "meydan bana kaldı" tatmini rüyaya giren duygunun büyük bölümünü kaplıyor. Bunu evli bir çifte ait naif bir anekdotla dile getiriyorum: "İçimizden biri ölürse, Paris'e taşınacağım." Yani ilk ölenin kesinlikle ben olmayacağımı umuyorum.

İnsanın rüyalarını anlatmak ve yorumlamak için kendini aşması gerektiği gerçeğini reddetmek mümkün değil; bu bir anlamda, birlikte yaşadığı soylu insanların arasındaki tek kötü varlığın kendi olduğunu dışa vurması demek. Yani *hayaletlerin* ancak sevildiği sürece var olduklarını ve istendiğinde bertaraf edilmelerini anlayabiliyorum. Demek ki dostum Josef bu nedenle cezalandırılmış. Ama öte yandan hayaletler, çocukluk arkadaşımın birbirini takip eden reenkarnasyonları; o halde bu kişinin yerini tutacak birilerini hep bulduğum için memnunum. Onu kaybetme ihtimalim olduğunu düşündüğüm şu anda da biliyorum ki yerini tutacak biri var. Herkesin yeri doldurulabilir.

Peki rüya sansürü neden devreye girmemiş burada? Neden bu kaba menfaatperestliğimle ilgili düşünceler şiddetle reddedilmiyor ve hissettiğim tatmini, kötü bir duyguya dönüştürmüyor? Bence, bu kişiler hakkındaki suçlayıcı düşüncelerim aynı zamanda bir tatmine yol açıyor ve duygularıyla, yasak çocukluk kaynaklarındaki duyguların üstünü örtüyor.

Heykelin açılış töreninde düşüncelerimin başka bir katmanında kendime şöyle diyordum: Ne kadar çok değerli arkadaşımı kaybettim, kimileri öldü, kimileriyle dostluğumuz bitti.

Arkadaşımın yerine başkasını koymuş olmaları ne güzel; benim için diğerlerinden daha kıymetli olanı arkadaş olarak kazandım. Şimdi o kadar da kolay dostluk kuramayacağım bir yaşta, var olan dostluklarıma sıkıca sarılacağım. Kaybettiğim dostluklarımın yerine bunu koymamın sağladığı tatmini rüyama aktarmakta en ufak bir sorun yok ama bu tatminin arkasında çocukluktan kaynaklanan düşmanca tatmin sinsice varlığını sürdürüyor. Çocuksu sevecenliğin bugün doğal olan sevecenliği güçlendirdiği muhakkak ama çocukluk nefreti de rüyadaki anlatımda yolunun taşlarını döşemiş.

Rüya tatminle bitebilecek bir başka düşünce silsilesine dair de net işaretler içeriyor. Dostum uzun bir bekleyişin ardından bir kız çocuğu sahibi oldu. Dostumun erken yaşta kaybettiği kız kardeşi için ne kadar üzüldüğünü bildiğimden, ona kız kardeşinin sevgisini kızına vereceğini, küçük kızın bu yeri doldurulmaz kaybı ona unutturacağını yazıyorum.

Böylece bu düşünceler silsilesi de karşıt yönlere giden yolların çıkış noktası olan gizli rüya içeriğinin ara düşüncelerine bağlanıyor: Şu *hayaletlere* de bak. Kaybedilen herkes geri geliyor. Bu noktada rüya düşüncelerinin çelişkili parçaları arasındaki çağrışımsal bağlantılar bir tesadüf sonucu sıkılaşıyor: Dostumun küçük kızının, çocukluktan oyun arkadaşımın ve yaşlı dostum ve düşmanımın benimle yaşıt olan kız kardeşinin adı aynı. "Pauline" adını duyduğumda *memnun oluyorum.* Bu tesadüfü ima etmek için rüyada, bir Josef'in yerine bir başka Josef koyuyorum ve Fleischl ve Fl. isimleri arasındaki benzerliği bastırmanın imkânsız olduğunu düşünüyorum. Buradan çocuklarımın adlarının konmasına bir bağlantı var. Çocuklarıma moda isimler koymamakta direnmiş, hepsine değer verdiğim insanların anısına onların isimlerinin konmasını istemiştim. Bu isimler çocukları "hayalet"e çeviriyor. Ve nihayet: Çocuk sahibi olmak hepimiz için ölümsüzlük anlamına gelmiyor mu?

Rüyalardaki duygular üzerine başka bir açıdan birkaç saptama daha ekleyeceğim. Uyuyan insanın ruhu bir duyguya eğimli olabilir (buna ruh hali diyoruz), bir duygu ruha hükmediyor olabilir ve bu duygu başka faktörlerle birlikte rüyayı belirler. Ruh halinin kaynakları gündüze ait düşünce zincirleri ve yaşanan olaylar da olabilir, somatik de olabilir. Her iki durumda da ruh haline, onun kaynağına tekabül eden düşünceler eşlik eder. Rüya düşüncelerinin içeriğinin, birinde duygu eğilimleri, diğerinde somatik olarak açıklayacağımız duygu eğilimleri tarafından belirlenmiş olması rüyanın oluşumu açısından önemli değildir. Rüya, bir taraftan da, bir arzu giderilmesini ifade etme zorunluluğuyla kısıtlanmıştır ve sadece bu arzudan ruhsal gücünü alır. Söz konusu ruh hali de uykuda ortaya çıkan güncel duyuyla aynı muameleye maruz kalacaktır (*krş.* s. 191). Uykudaki duyu ya dikkate alınmaz ya da arzu giderilmesi adına farklı yorumlanır. Uyku sırasındaki utanç veren duygu durumları rüyanın gerçekleştirmesi beklenen şiddetli arzuları uyandırarak rüyanın itici gücü haline gelirler. Bu duygu durumları, ilişkili oldukları malzemeyi arzu giderilmesini ifade edecek şekilde işlemden geçirilir. Rüya düşüncelerindeki utanç verici öğe ne kadar yoğun ve baskınsa, yoğun baskı altında olan arzu kımıltılarının bu durumu kendilerini ifadc etmek için kullanacakları da o kadar kesindir çünkü kendilerinin sahneye çıkmak için yürütecekleri zorlu görevde üretmek zorunda olduğu bu hoşnutsuz durumun zaten hazır olduğunu görürler. Ve biz de bu düşüncelerle rüya işlevinde marjinal bir konumları olduğunu göreceğimiz korku rüyaları sorununa ucundan köşesinden dokunmuş oluruz.

I. İKİNCİL İŞLEM

Son olarak rüya oluşumunda rol oynayan dördüncü etkeni ele alacağız.

Rüya içeriğinin yukarıdaki biçimde incelenmesine devam edecek olursak yani göze batan olayların rüya düşüncelerindeki kaynaklarını incelemeye devam edersek, anlaşılmaları tamamen yeni bir yaklaşım gerektirecek öğelere rastlarız. Bizzat rüya içeriğinin bir kısmına bağlı olarak şaşırtan, kızdıran, ürperten rüya örnekleri hatırlıyorum. Oysa rüyalardaki bu eleştirel duyguların çoğu aslında rüyanın içeriğiyle alakalı değildir. Bunlar aslen birçok örnekte de gösterdiğim gibi, rüya malzemesinden alınmış ve uygun şekilde kullanılmıştır. Ama kimi malzemeler bu açıklamaya uymaz; rüya malzemesinde bu alıntıyla bağıntılı öğeyi bulamayız.

Rüyalarda sıkça rastladığımız şu eleştirinin anlamı ne olabilir mesela: "Bu sadece bir rüya". Aslında bu eleştiriyi ancak uyanıkken yapabilmemiz gerekir. Yine bu eleştirinin uyanmaya başladığımız anda ortaya çıkması da nadir rastlanan bir durum değil. Önce rahatsızlık veren bir duygu yaşandığı ve aslında bunun bir rüya olduğu ifade edildikten sonra bu duygunun hafiflediğine ise daha sık rastlıyoruz. Rüya sırasında "Bu sadece bir rüya" diye düşünmenin amacı, Offenbach'ın güzel Helena'sının sahnede söylediklerinin aynısıdır: yaşanan şeyin anlamının bastırılması ve katlanılır kılınması. Bu düşünce, o anda harekete geçerek rüyanın –ya da sahnenin– sona ermesini sağlamaya yetkisi olan bir mercii harekete geçirmemeye, bu mercii uyutmaya hizmet eder. Uyumaya devam etmek ve zaten "sadece bir rüya olduğu" için rüyaya katlanmak daha kolaydır. "Bu sadece bir rüya" cümlesindeki küçümseyen eleştirinin rüyada ancak hiçbir zaman tam uyumayan sansürün görülen rüyaya hazırlıksız yakalandığı anlarda ortaya çıktığını tahmin ediyorum. Artık bastırmak için geç kalınmıştır ve sansür rüyadaki korku ve utandıran duygulara bu sözlerle cevap verir. Bu, psikolojik sansürün yaptığı bir *esprit d'escalier*'dir.[127]

Bu örnek bize rüya içeriğinin tamamının rüya düşüncelerinden oluşmadığını, uyanık yaşamdaki düşünce sistemimize benzer ruhsal bir işlemin de rüya içeriğine katkıda bulunduğunu açık şekilde kanıtlıyor. Bu noktada sorulması gereken soru, böyle bir durumun daha ziyade bir istisna mı olduğu, yoksa normalde sadece sansür olarak çalışan bu psikolojik merciin rüya oluşumunda düzenli bir rol alıp almadığıdır.

İkinci seçeneğin doğru olduğuna karar vermekte tereddüt etmememiz gerekir. Şimdiye kadar rüya içeriğini kısıtlayarak ya da içeriğinin bir kısmını büsbütün atarak etkisini gösteren sansür, hiç kuşkusuz eklemeler de yapabilir, araya da girebilir. Bu araya girmeleri çoğu zaman hemen fark ederiz; bunlar çoğu kez tutuktur, "sanki, -mış gibi" diye başlar, canlı değildirler ve çoğu zaman rüya içeriğindeki iki parçanın birleşeceği, iki rüya parçası arasındaki bağlantının kurulacağı yerlerde ortaya çıkarlar. Rüya malzemesinin gerçek öğelerine oranla akılda daha az kalırlar; rüya unutulacaksa, ilk unutulan bölümler bunlardır. Sık sık, ne kadar çok rüya gördüğümüzden ama çoğunu unuttuğumuzdan, aklımızda sadece bölük pörçük bir şeyler kaldığından şikâyet etmemizin nedeninin işte bu bağlantı düşüncelerinin hemen unutulmasından kaynaklandığını düşünüyorum.

Rüyaların tamamını analiz ettiğimizde, bu eklemeleri, bazen rüya düşünceleriyle hiçbir bağlantıları olmamalarından ötürü ayırt edebiliyoruz. Ama derinlemesine bir inceleme, bu duruma çok nadir rastlanacağını ortaya koyacaktır. Bu bağlantı düşünce-

---

127 Merdiven şakası: Tartışma anında değil de sonra akla gelen iyi bir argüman. –çev. n.

leri çoğu kez rüya düşüncelerindeki değerleri ve belirleyicilikleri açısından rüyaya girme hakkı iddia edemeyecek bir malzemeye dayanırlar. O halde, rüya oluşumundaki psikolojik işlev ancak gerçekten mecbur olunduğunda yeni şeyler yaratıyor gibi görünüyor; bunun dışında rüya malzemesinde zaten var olan uygun malzemeyi kullanıyor.

Rüya çalışmasının bu bölümünü diğerlerinden ayıran, maksadıdır. Buradaki işleyiş, yazarların kötücül bir yaklaşımla filozoflara atfettikleri gibi bir şeydir: Çaputlarla, yamalarla rüya oluşumundaki delikler doldurulur. Bu çabanın amacı rüyanın saçmalığının ve bağlantısızlığın giderilmesi ve anlaşılır ve mantıklı bir hale ulaşılmasıdır. Ama bu çaba her zaman başarılı olmaz. Yüzeysel bakıldığında son derece mantıklı ve eksiksiz görünen rüyalar vardır. Bu rüyalar mantıklı bir durumdan yola çıkar, çelişkisiz değişimlerle konuyu ilerletir ve nadir de olsa bize tuhaf gelmeyen bir sonuca ulaştırırlar. Bu rüyalar ruhsal işlev tarafından uyanık yaşamdakine benzer bir işleme tabi tutulurlar, bir anlamları var gibidir ama bu anlamın rüyanın gerçek anlamıyla alakası yoktur. Bu tür rüyaları analiz ettiğimizde, rüyadaki ikincil işlemin malzemeye son derece keyfi bir muamele uyguladığını, malzemenin bağıntılarını neredeyse hiç dikkate almadığını görürüz. Bu rüyalar bir anlamda, uyandıktan sonraki yorumlarımızdan önce, rüyada da yorumlanmış gibidir. Kimi başka rüyalarda belli bir amaca yönelik bu işlem kısıtlı olur. Rüya belli ölçülerde anlamlı gibidir, daha sonra karmaşıklaşır ve anlamsızlaşır ve belki akış içinde ikinci bir kez daha anlam kazanır. Kimi rüyalarda bu işlem tamamen başarısızdır; anlamsız ve bölük pörçük bir yığının karşısında ne yapacağımızı şaşırırız.

Rüyanın oluşmasını sağlayan mekanizmaların dördüncüsü olan bu mekanizma, aslında dördü arasında en iyi tanıdığımızdır. Bu dördüncü mekanizmanın, yaratıcı bir şekilde rüyaya yeni ekler sağlama yetisine sahip olabileceğini kesin ve kati bir dille reddetmek istemiyorum.

Ama şurası kesin ki, bu dördüncü mekanizma da diğer üçü gibi ağırlıklı olarak rüya düşüncelerinde zaten var olan malzemenin seçiminde, malzemeyle ilgili tercihlerde etkilidir. Bu mekanizmanın rüyanın çatısını kurarken müdahil olamadığı tek durum, rüya düşüncelerindeki malzemede böyle bir çatının zaten var olmasıdır. Rüya düşüncelerindeki bu öğeyi "fantezi" olarak adlandırmak istiyorum. Yanlış anlaşılmaları önlemek için, fantezinin uyanık yaşamdaki eşanlamlısının "gündüz rüyası" olduğunu söyleyeyim hemen.[128] Psikiyatrlar henüz bu öğenin ruhsal yaşamımızdaki rolünü tam olarak anlayabilmiş değiller. M. Benedikt bu yönde bence çok değerli bir adım attı. Fantezilerin, gündüz rüyalarının anlamı kimi yazarların keskin sağgörülerinden kaçmamıştır. A. Daudet'in "Habab"ta romanın yan kahramanlarından birini fantezilerden yaratmış olması ünlü bir örnektir. Psikonevrozlar incelendiğinde şaşırarak görürüz ki, fanteziler ya da gündüz rüyaları histerik semptomların (en azından bir kısmının) bir sonraki aşamasıdır. Histerik semptomlar yaşanan anıları değil, bu anılarla bağlantılı olarak oluşturulan fantezileri takiben ortaya çıkar. Bilinçli gündüz fantezilerine sıkça rastladığımız için bu bilgileri sahibiz. Ama bilinçli fanteziler olduğu gibi, bolca bilinçdışı fantezimiz de var ve bunlar içerikleri ve kaynakları yüzünden bastırıldıkları için bilinçdışında kalmış fanteziler. Gündüz rüyalarının özelliklerine odaklanan derinlemesine bir inceleme sonunda, bu oluşumlara da haklı olarak geceki düşünce üretimimizin sonucuyla aynı adı verebiliriz: *Rüya.* Gündüz rüyalarının özelliklerinin büyük bölümü rüyanınkiyle örtüşür, bu yüzden gündüz rüyalarını, fantezileri incelemek, rüyaları anlamanın en kolay yoludur.

---

128 Rêve, petit roman- day-dream, story.

Gündüz fantezileri tıpkı rüyalar gibi arzuları giderir; çoğu, tıpkı rüyalar gibi çocuklukta yaşananlara dayanır ve yine rüyalar gibi, yaratıcılıkları adına sansürün azalmasından memnuniyet duyar. Bu fantezilerin yapısına baktığımızda görürüz ki üretilirken, arzu motifi gibi, inşa edildikleri malzeme de önce karman çormandır, sonra düzenlenir ve yeni bir bütün oluşturur. Üzerinde yükseldikleri çocukluk anılarıyla bağlantıları ise, Roma'daki kimi Barok sarayların Antikçağ harabeleriyle bağlantılarına benzer: Harabelerin taşları ve sütunları yeni Barok yapılarda kullanılmıştı.

Rüyanın oluşması sürecindeki "ikincil işlem" dediğimiz dördüncü mekanizmada, gündüz rüyalarının yaratılmasında başka etkenlerden bağımsız olarak ortaya çıkan aynı faaliyeti görürüz. Bu dördüncü mekanizmanın kendine verilen malzemeden *gündüz rüyası* gibi bir şey oluşturmaya çalıştığını söylemekte hiçbir sakınca yok. Ama rüya düşünceleri arasında zaten böyle bir gündüz rüyası varsa, rüya çalışması memnuniyetle bu düşüncenin rüyanın içeriğine dahil olmasını tercih eder. Kimi rüyalar sadece gündüz rüyalarının, belki de bilinçdışında kalmış gündüz rüyalarının tekrarından ibarettir. Truva Savaşı'nın başkahramanıyla savaş arabasında giden erkek çocuk rüyası böyle bir rüyadır. "Autodidasker" rüyamda, en azından rüyanın ikinci parçasında, Profesör N. ile ilişkim üzerine bir gündüz rüyasının aslına uygun bir tekrarı söz konusu. Var olan fantezinin sık sık rüyanın bir parçası olması ya da fantezinin sadece bir kısmının rüya içeriğine girebilmesinin nedeni ise, rüya oluşumu sırasındaki karmaşık koşullardır. Böyle bir durumda genel olarak fantezi, gizli malzemenin herhangi bir parçası gibi muamele görür; ama rüyada henüz daha bir bütün olarak ayırt edilebilmektedir. Rüyalarımda bazen diğer parçalardan farklı bir izlenim bırakarak ayrılan parçalar yer alır. Bu parçalar rüyanın diğer bölümlerinden daha akıcı, daha anlamlı, tutarlı ama bir taraftan da daha eğreti, daha geçici görünür gözüme. Bunların rüyanın içine giren bilinçdışı fanteziler olduğunu biliyorum ama böyle bir şeyi şimdiye kadar henüz tam olarak tespit edemedim. Öte yandan bu fanteziler de rüya düşüncesinin diğer bütün parçaları gibi iç içe geçirilir, yoğunlaştırılır ya da biri diğerinin üzerine örter vb. Ama kimi durumlarda neredeyse hiçbir değişime uğramadan rüyanın içeriğini ya da en azından içeriğin ana hatlarını oluştururlar. Diğer uç örnek ise, fantezilerin sadece bir öğesinin ya da uzak bir imanın rüya içeriğinde temsil edilmesi. Her halükârda, fantezilerin rüya içeriğindeki kaderini belirleyen, sansür ve yoğunlaştırma baskısı karşısında neler yapabilecekleridir.

Yorumlamak için seçtiğim rüyalarda bilinçdışı fantezilerin önemli bir rol oynadığı rüyalardan mümkün olduğunca kaçındım. Çünkü bu psikolojik öğeleri ele almak bilinçdışı düşünce psikolojisi hakkında ayrıntılı açıklamalar yapmamı gerektirecekti.

Ancak yine de "fantezi" konusuna bu bağlamda hiç değinmemek de mümkün değil, çünkü bu fanteziler sık sık bütün olarak rüyalara girebiliyor ve daha da sık olarak rüyaların ardında belli belirsiz ortaya çıkabiliyorlar. Burada birbirinden farklı, kimi yerde birbirinin üstünü örten iki karşıt fantezinin oluşturduğu bir rüyaya değinmek istiyorum. Bu fantezilerden biri yüzeysel bir fantezi, diğeri ise ilkinin yorumu olarak çıkıyor karşımıza.[129]

---

129 Birbirinin üstünü örten birçok fantezinin oluşturduğu rüyalara iyi bir örneğe *Bir Histeri Analizinden Notlar*' da (1905) değinmiştim. Öte yandan ağırlıklı olarak kendi rüyalarımı analiz ettiğim ve benim rüyalarımın kaynağı, gündüz rüyalarından ziyade tartışmalar ve düşünsel çelişkiler olduğu için, bu tür fantezilerin önemini küçümsemişim. Başkalarında *gece görülen rüyayla gündüz rüyalarının birebir örtüştüğünü* kanıtlamak çok daha kolay. Histeri hastalarında bir atağın yerine bir rüyayı koymak dahi mümkün olabiliyor. Bu gibi durumlarda hem atağın, hem de rüyanın bir önceki basamağında bir gündüz rüyasının yer aldığını kanıtlamak daha kolay oluyor.

Rüya –ki ayrıntılı not almadığım tek rüyadır bu– kabaca şöyle: Genç ve bekâr bir erkek olan rüya sahibi, –çok net görülen– müdavimi olduğu meyhanede oturmaktadır. Bu arada gelen birileri onu alıp götürmek ister, aralarından biri adamı tutuklamak istemektedir. Adam masadaki arkadaşları dönüp, "Geri gelip, hesabı ödeyeceğim" der. Ama bütün arkadaşları alay ederek seslenir: Evet, herkes böyle der zaten. Bir müşteri ardından şöyle seslenir: "İşte biri daha gidiyor." Adam daha küçük bir meyhaneye götürülür. Burada kucağında küçük bir çocukla bir kadın vardır. Adamın yanındakilerden biri, "Bu, Bay Müller" der. Bir komiser ya da bir başka resmi görevli, bir dizi kâğıt ya da evrakı karıştırmakta ve sürekli "Müller, Müller, Müller", demektedir. Sonunda adama bir soru sorar, adam soruyu "evet" diye yanıtlar. Sonra dönüp baktığı kadının çenesinde kocaman bir sakalı olduğunu görür.

Burada iki farklı fantezinin öğeleri çok net ayırt edilebiliyor. Yüzeysel olan, bir *tutuklanma fantezisi.* Bu fantezi rüya çalışması tarafından yeni üretilmiş intibaı yaratıyor. Ama onun ardında rüya çalışmasının hafifçe değişime uğrattığı bir *evlilik fantezisi* var. Ve bu iki fantezinin ortak özellikleri Galton'un melez fotoğraflarında olduğu gibi net bir şekilde ortaya çıkıyor. O âna kadar bekâr olan delikanlının müdavim masasına tekrar döneceği sözü, kendi deneyimlerinden bildikleri için delikanlıyla şakalaşan diğer müdavimlerin "İşte biri daha gidiyor (evleniyor)" demesi, bu yorumun kolay anlaşılır öğeleri, resmi görevliye "evet" demesi de aynı şekilde anlaşılır.

Bir yığın kâğıdı karıştırıp aynı adın tekrarlanması, düğünlerden çok iyi tanıdığımız bir sahneyle, aynı isme gelmiş sayısız tebrik telgrafının okunmasıyla örtüşüyor. Gelinin rüyanın sonunda sakallı olmasının nedenini –analiz edemediğim– bir açıklamayla anladım. Rüya gören kendi gibi evlilik düşmanı bir dostuyla günler önce birlikte yolda yürürken, karşılarına çıkan bir esmer güzelini işaret edip şöyle demiş: "Bir de şu kadınların yaşlandıklarında babaları gibi sakalları çıkmasa!"

Tabii bu rüyada da çarpıtmanın daha derinlemesine etkilediği öğeler de eksik değil hiç. "Daha sonra ödeyeceğim" cümlesi örneğin, kayınpederin çeyizle ilgili tavrı konusundaki endişelere işaret ediyor olabilir. Anlaşılıyor ki rüya sahibinin evlilik düşüncesinin keyfine varmasını engelleyen tereddütleri var. Evlenen insanın özgürlüğünü kaybetmesi endişesi, bir tutuklanma sahnesinde vücut bulmuş.

Rüya çalışmasının rüya düşüncelerinden yeni bir fantezi oluşturmak yerine, var olan bir fanteziyi kullanmayı tercih ettiği meselesine geri dönecek olursak, bu düşünceyle belki de rüyaya dair en ilginç bilmeceyi çözmüş olacağız. 50. sayfada anlattığım rüyada Maury'nin, ense köküne düşen yatak başının etkisiyle gördüğü uzun rüya, büyük devrim yıllarında geçen bir roman gibidir. Maury rüyanın son derece tutarlı olduğunu ve kendisini uyandıran –uykuda hiç haberi olmadığı– uyarımla başladığını söylediğine göre, bunun tek açıklaması olabilir: Bütün bu zengin rüya Maury'nin ensesine inen darbeyle, bu darbe sonucu uyandığı an arasındaki kısa sürede yazılmıştı. Uyanık yaşamdaki düşünme yetimize böylesine bir hız atfetmeye cesaret edemeyeceğimize göre, rüya çalışmasının olayların akışını hızlandırdığını kabul etmemiz gerekiyordu.

Hızla yayılan bu çıkarsamaya Le Lorrain gibi, Egger vb. yeni yazarlar şiddetle itiraz ettiler. Bu yazarların Maury'nin rüyayı en doğru şekilde aktardığı konusunda kuşkuları vardı; bir taraftan da rüya etkinliğinin hızını azımsamamakla beraber uyanık yaşamdaki düşünce hızımızın da ondan geri kalmayacağını söylüyorlardı.

Bu tartışma öyle bir çırpıda çözemeyeceğimiz temel sorunlara işaret ediyor. Ama yine de itiraf etmeliyim ki kimi argümanlar (örneğin Egger'in Maury'nin giyotin rüyasıyla ilgili olanlar) beni ikna edemedi. Bu rüyanın açıklanmasıyla ilgili şöyle bir önerim var benim: Maury'nin rüyası, belleğinde yıllardır tamamlanmış olarak sakladığı ve uyandırma uyarımıyla birlikte devreye giren ("ima edilen" demeyi tercih ederim burada) bir fantezi olamaz mı? Böylece bu kadar uzun bir hikâyeyi bütün ayrıntılarıyla bu kadar kısa bir sürede yazabilmiş olma sorunu ortadan kalkıyor: Yani hikâye rüyadan önce yazılmış. Yatak başı Maury'nin başına uyanıkken düşseydi, şöyle düşünebilirdik: "Sanki giyotinle kellenin uçurulması gibi." Ama yatağın başı uykuda Maury'nin başına düştüğü için, rüya çalışması kendine ulaşan bu uyarıyı hızla bir arzu giderilmesi oluşturmak için kullanıyor. Adeta şöyle düşünüyor rüya çalışması (bunu tamamen mecazi olarak anlamak gerekir): "İşte daha önce bir şeyler okurken kurduğum bir arzu fantezisini yaratmanın tam sırası." Rüyanın hikâyesinin bir delikanlının güçlü izlenimlerinin izinde oluştuğuna hiç kimsenin itiraz etmeyeceğini düşünüyorum. Ulusun baharını temsil eden soylu kadın ve erkeklerin dehşet zamanlarında mutlu bir şekilde ölüme gidişlerine ve ölüme çağrıldıkları anda dahi canlı bir mizah ve zarif davranışlar sergileyebilmiş olmalarına dair betimlemelerden kim etkilenmez ki? Kendini bir kadının elini öptükten sonra korkusuzca giyotine giden genç erkeklerin yerine koymak, onların yerinde olmayı hayal etmek ne kadar çekici! Ya da şayet hırslarının esiri olmuşlarsa ve hayaller kurmaları, bu hayallerde güçlü insanlara dönüşmeleri, insanlığın kalbinin sarsılarak çarptığı şehirleri düşünce güçleriyle ve ateşli konuşmalarıyla ele geçirmeleri, binlerce insanı inançla ölüme göndermeleri ve Avrupa'nın değişimine ön ayak olmaları, bu arada kendi kellelerinin tehlikede olması ve bir gün bu kelleyi giyotin bıçağının altına koymaları yani Girondistlerin ya da kahraman Danton'un rolüne soyunmaları çekici değil mi? Maury'nin hayallerinin böyle hırslarla dolu olduğunun kanıtı, hatırladığı "ucu bucağı olmayan bir insan kalabalığının ardından geldiği" ayrıntısı.

Uzun zaman önce tamamlanmış olan bu fantezinin uykuda yeniden tümüyle ele alınması gerekmiyor. Hafifçe bir dokunmak, değinmek yeterli.

Şunu demek istiyorum: Don Giovanni'nin seslendirilen ilk birkaç notanın hemen ardından "Bu Mozart'ın Figaro'nun Düğünü'nden" demesi gibi, benim de içimde bir anda bir anı dalgalanmaya başlıyor ama bu anıyla ilgili hiçbir ayrıntının bilincinde değilim henüz. Anahtar söz, bütün her şeyi harekete geçiren bir düğme vazifesi görüyor. Aynı şey bilinçdışı düşünce sistemimiz için de geçerli. Uyandıran uyarım psikolojik düğmeye basıyor ve böylece bütün giyotin fantezisi harekete geçiyor. Ancak bu, uyku halindeyken değil uyanan kişinin anılarında gerçekleşiyor. İnsan uyandığında rüyada ele alınan fantezinin bütün ayrıntılarını hatırlıyor. Ama hatırladıklarımızı rüyada gerçekten görüp görmediğimizden emin olamıyoruz. Bizi uykudan uyandıran uyarının harekete geçirdiği bütünlüklü fantezi açıklamasını, böyle bir uyarıyla biten, örneğin Napolyon'un top patlamadan önce gördüğü meydan savaşı rüyası gibi başka rüyalara da uygulayabiliriz. Justine Tobowolska'nın rüyaların süreleri üzerine yazdığı doktora çalışması için topladığı rüyaların arasında bana en açıklayıcı gelen, Macario'nun (1857) aktardığı Casimir Bonjour isimli bir tiyatro yazarına ait rüyadır.[130] Yazar bir akşam bir tiyatro eserinin prömiyerine gitmek ister ama öylesine yorgundur ki kuliste otururken perdenin kalktığı anda başı önüne düşer ve uykuya dalar. Uykusunda oyunun beş sahnesi de gözünün önünden geçer, izleyicilerin her sahnede etkilendiklerini nasıl farklı şekillerde dile getirdiklerini de gözlemler. Oyun bittikten sonra coşkulu alkışlar arasında kendi adının da

130 Tobowolska, s. 53.

ilan edildiğini duyar, birdenbire uyanır ve gözlerine, kulaklarına inanamaz. Çünkü gösteri daha ancak ilk sahnenin ilk cümlelerine ulaşmıştır. Yani iki dakikadan uzun uyumuş olması mümkün değildir. Yazarın beş sahneyi ve izleyicilerin her bir bölümdeki davranışlarını uyku sırasında ilk kez üretmiş olamayacağını, burada ancak daha önce düşünülmüş bir fantezinin tekrarlandığını söylemek fazla iddialı bir açıklama olmayacaktır. Tobowolska başka yazarlarla birlikte olayların hızlandırılmış olarak aktığı rüyaların ortak özelliklerini sayar: Bu rüyalar birçok başka rüyanın aksine tutarlı rüyalardır ve bu rüyalarla ilgili akılda kalanlar ayrıntılardan ziyade bir özet şeklindedir.

Bu özelliğin, rüya çalışmasının sadece şöyle bir dokunduğu bu tür fantezilerin özelliklerinden biri olması gerekir gerçi ama başka yazarlar bu tespiti yapmak istemiyor. Ben de bütün uyandıran rüyaların bu şekilde açıklanabileceğini ya da rüyada olayların hızla akması sorununun bu şekilde çözülebileceğini söylemiyorum.

Bu noktada rüya içeriğinin ikincil işleminin rüya çalışmasının diğer etmenleriyle ilişkisini ele almaktan kaçınmak mümkün değil. Acaba önce, rüyayı oluşturan etmenler yani yoğunlaştırma çabaları, sansürden kurtulma baskısı ve rüyanın ruhsal araçlarının birbirini temsili eldeki malzemeden geçici bir rüya içeriği oluşturuyor da bu içerik ikinci bir merciinin isteklerine mümkün olduğunca uyana kadar sonradan mı değiştiriliyor? Pek mümkün görünmüyor bu. Bu merciin isteklerinin en başta, rüyanın uyması gereken bir koşul haline gelmesi ve bu koşulun yoğunlaştırma, direnç sansürü ve temsil edilebilirlikle aynı anda rüya düşüncelerindeki malzemenin tamamını ikna ederek ve seçerek etkilemiş olması akla daha yatkın görünüyor. Ancak bu mercii rüya oluşumunun bu dört etkeninin içinde en son ayırdına vardığımız, rüyaya en az baskı yapan etkenmiş intibaı yaratıyor.

Rüya içeriğinin ikincil işlemi dediğimiz bu ruhsal işlevi uyanık yaşamdaki düşünme etkinliğimizle özdeşleştirmemize neden olan mülahaza şu: Uyanık (bilinç öncesi) düşünce etkinliğimiz algıladığı herhangi bir malzemeye, tıpkı söz konusu olan işlevin rüya içeriğine davrandığı gibi davranır. Bu işlev için, malzemeyi düzenlemek, ilişkiler oluşturmak ve tahmin edilen makul bir bağlama oturtmak beklenen en doğal eylemler. Ancak bunu yaparken biraz fazla ileri gideriz; hokkabazlık sanatının aldatmacaları bu zihinsel alışkanlığımız yüzünden alay eder bizimle. Verili olan duyu izlenimlerini anlamlı bir şekilde birleştirmeye çalışırken sık sık tuhaf hatalar yaparız ya da önümüzdeki malzemeyle ilgili gerçekleri bizzat tahrif ederiz. Konuyla ilgili kanıtlar herkes tarafından bilindiği için, burada yeniden ele alınmasına gerek görmüyorum. Bir şey okurken, doğru halini gözümüzde canlandırabildiğimiz için, anlamı bozan yazım hatalarını görmeyiz. Çok okunan bir Fransız gazetesinin editörü uzun bir makalenin her cümlesine "önünden" ve "arkasından" sözcüklerini eklediğinde hiçbir okurun bunun farkına varmayacağı konusunda iddiaya girmiş ve kazanmış. Yıllar önce bir gazetede yanlış anlamlandırma konusunda komik bir örneğe rastlamıştım: Fransız parlamentosunun bir oturumunda bir anarşistin attığı bomba salonda patlayınca Dupuy yiğitçe, *La séance continue* (Oturum devam ediyor) demiş ve salonda yaşanan korkuyu engellemiş. Daha sonra izleyici koltuklarında oturanlardan suikastla ilgili izlenimlerini anlatmaları istenmiş. İzleyicilerin arasında bulunan iki taşralı adamdan biri, bir konuşmanın hemen ardından bir patlama sesi duyduğunu, mecliste konuşmalar sona erdikten sonra top atışının gelenek olduğunu düşündüğünü söylemiş. İkincisi ise, birden fazla konuşmacıyı dinlemiş olmalı ki aynı şeyleri düşünmüş, ama sadece çok iyi konuşmalardan sonra takdir ve övgü bildirmek için top atışı yapıldığını zannetmiş.

O halde, rüya içeriğinden anlaşılır olmasını isteyen ama bunu yaparken bizzat kendisi yanlış anlaşılmalara yol açan psikolojik mercii, bizim normal düşünce etkinliğimizden başka bir şey değil. Biz rüyayı yorumlarken kuralımız şu olmalı: Rüyadaki sözde anlamlılığı, mantıklılığı kuşkuyla değerlendirip bir kenara bırakmak, dikkate almamak ve ister anlaşılır, ister karmaşık olsun rüya malzemesine giden yola geri dönmek.

Bu arada sayfa 356'da değindiğimiz rüyaların netlikten bulanıklığa uzanan kalite skalasının ana sebebini de anlamış bulunuyoruz. Rüyalarda net olarak algıladığımız bölümler ikincil işlemin değiştirdiği bölümlerdir, bulanık bölümler ise bu gücün başarılı olamadıkları. Karmaşık rüya bölümleri aynı zamanda çoğu kez daha az canlı olan bölümler olduğu için, ikincil rüya çalışmasının tek tek rüya oluşumlarının görsel yoğunluğu için de sorumlu olduğunu söyleyebiliriz.

Normal düşüncenin rüyanın son haline etkilerini karşılaştırabileceğim bir nesne aradığımda, aklıma *Fliegende Blätter*'in yıllarca okurlarını eğlendiren bulmacamsı yazılarından başka bir şey gelmiyor. Burada tezat oluştursun diye belli bir lehçede kaleme alınmış ve mümkünse güldüren bir cümlenin, okurda Latince bir yazıt intibaı uyandırması istenir. Bu amaçla kelimelerin harfleri hecelere ayrılır ve yeniden düzenlenir. Kısmen gerçek Latince kelimeler de oluşur böylece, başka yerlerde kelimelerin kısaltmalarıyla karşı karşıya olduğumuzu, yine başka bölümlerde yazıtın silinmiş ve eksik bölümlerinin tek tek duran harflerin anlamsızlığını örttüğünü düşünürüz. Bu şakaya kanmamak için yazıtın bütün süslerini hiç dikkate almamamız, dikkatimizi harflere yöneltmemiz ve onları ana dilimizdeki sözcükleri oluşturacak şekilde birleştirmemiz gerekir.

İkincil işlem, rüya çalışmasının çoğu yazarın ele aldığı ve önemini kabul ettiği öğesidir. H. Ellis bu işlemi neşeli bir canlı bir görsellikle tasvir eder (Giriş, s. 42):

"Uykudaki bilincin kendine şöyle dediğini düşünebiliriz: Bugün akla, mantığa vb. çok önem veren ustamız 'uyanıklık bilinci' geliyor. Elinizi çabuk tutun! Elden geçirin her şeyi, düzenleyin; içeri girip her şeyi eline alana kadar ne yapsak kârdır."

Delacroix (s. 526) bu işleyiş biçiminin uyanık düşüncenin işleyiş biçimiyle örtüştüğünü şöyle dile getirir:

"Cette fonction d'interprétation n'est pas particulière au rêve; c'est le même travail de coordination logique que nous faisons sur nos sensations pendant la veille."[131]

J. Sully de aynı görüştedir, Tobowolska da öyle:

"Sur ces successions incohérentes d'hallucinations, l'esprit s'efforce de faire le même travail de coordination logique qu'il fait pendant la veille sur les sensations. Il relie entre elles par un lien imaginaire toutes ces images décousues et bouche les écarts trop grands qui se trouvaient entre elles."[132]

Kimi yazarlar bu düzenleme ve yorumlama eylemini rüya sırasında başlatıp, uyanıkken devam ettirirler. Paulhan bunlardan biridir (s. 547):

"Cependant j'ai souvent pensé qu'il pouvait y avoir une certaine déformation, ou plutôt reformation, du rêve dans le souvenir... La tendence systématisante de l'imagination pourrait fort bien achever après le réveil ce qu'elle a ébauché pendant le sommeil. De la sorte, la rapidité réelle de la pensée serait augmentée en apparence par les perfectionnements dus à l'imagination éveillée."[133]

---

131 Yorumlama işlevi sadece rüyaya özel bir özellik değildir. Rüya yorumu, gündüz algıladıklarımızın mantıklı bir şekilde düzenlenmesiyle aynı şeydir.

132 Zihnimiz birbiriyle bağlantısız görünen bu halüsinasyonları, gündüz algıladıklarımız gibi düzenlemeye çalışır. Bütün bu bağlantısız gibi görünen imgeleri birleştirmeye ve boşlukları doldurmaya çalışır.

133 Ancak sık sık, rüyalar hatırlanırken deforme olduklarını hatta yeniden "yazıldıkları"nı düşündüm. Fantezilerin sistematikleştirme eğilimi uyandıktan sonra da devam edebilir. Böylece düşüncenin gerçek hızı fantezilerden kaynaklanan düzeltmelerle artırılabilir.

Lorey ve Tobowolska (s. 592) şöyle ise derler :

"Dans le rêve, au contraire, l'interprétation et la coordination se font non seulement à l'aide des données du rêve, mais encore à l'aide de celles de la veille..."[134]

Bu görüşler üzerine, rüya oluşumunun benzersiz bir ânı olarak görülen bu işlemin anlamı abartıldı ve rüyayı baştan sona tek başına yarattığı düşünüldü. Goblot'a ve özellikle de Foucault'a göre, bu yaratma işlemi uyanıkken gerçekleşiyordu; dolayısıyla bu yazarlar uyanık yaşamdaki düşünceye, uykuda ortaya çıkan düşüncelerden rüyayı oluşturma yetisi atfediyordu.

Leroy ve Tobowolska şunları söylüyor:

"On a cru pouvoir placer le rêve au moment du réveil, et ils ont attribué à la pensée de la veille la fonction de construire le rêve avec les images présentes dans la pensée du sommeil."[135]

İkincil işlemin önemini vurgulayan bu bölüme H. Silberer'in değerli düşüncelerini aktardığı yeni bir makalesini de eklemek istiyorum. Daha önce de değindiğim gibi[136] Silberer, çok yorgun ve uykuluyken kendini zihinsel etkinliğe zorlayarak düşüncelerin görselliğe dönüşmesini bir anlamda iş üstünde yakalamıştı. Sonra üzerinde çalıştığı düşünce kaybolmuş, onun yerini, en soyut olan düşüncenin ikamesi olduğu anlaşılan bir görüntü almıştı (*bkz.* s. 372'deki örnekler). Bu denemeler sırasında, ortaya çıkan ve bir rüya öğesiyle özdeşleştirilebilen görüntünün hazırdaki düşünceden başka bir şeyi gösterdiği oluyordu. Gösterdiği şey yorgunluk, çalışmanın zorlukları, çalışma isteksizliğiydi yani çabalayan kişinin amacının nesnesi değil, özel durumu ve çabalarıydı. Silberer sık sık yaşadığı

134 Ancak rüyanın yorumu ve düzenlenmesi sadece rüyanın değil, bir gün öncesinin verileri de kullanılarak gerçekleştirilir.

135 Rüyaları uyandıktan sonra belirleyebileceğimiz, gündüz düşüncelerindeki imajlardan bir rüya yaratılabileceğimiz düşünülmüştür.

136 *Bkz.* s. 372.

bu durumu beklendiği gibi "nesnel olgu" değil "işlevsel olgu" olarak adlandırmıştır.

"Örnek: Öğleden sonra çok uykum var, kanepemde yatıyorum. Kendimi felsefi bir meseleyle ilgili düşünmeye zorluyorum. Kant'ın ve Schopenhauer'in "zaman" üzerine düşüncelerini karşılaştırmaya çalışıyorum. Çok uykum olduğu için iki filozofun düşünce silsilelerini karşılaştırma için gerekli olduğu şekilde yan yana koyamıyorum. Sayısız nafile denemeden sonra bir kez daha bütün gücümle Kant'ın çıkarsamalarını Schopenhauer'in temel sorusuna uygulamaya çalışıyorum. Bunu yaparken Schopenhauer'a konsantre olmaya çalışıyorum. Sonra Kant'a geri döndüğümde, onunla ilgili düşüncemin tekrar kaybolduğunu görüyorum. Çaresizce tekrar uğraşıyorum düşündüğümü hatırlamaya. Kafamın bir yerinde duran Kant dosyalarını bulmak için verdiğim nafile uğraş, birdenbire tıpkı bir rüya sahnesi gibi gözümün önüne şu görüntüyü getiriyor: *Ters bir sekreterden bir bilgi istiyorum. Sekreter bir yazı masasının üzerine yatmış, benim zorlamalarım umurunda değil. Başını hafifçe kaldırıyor, gönülsüz ve asabi bir bakış fırlatıyor bana.*" (*I. Yıllık*, s. 514)

Uyku ve uyanıklık hali arasında gidip gelmeye dair başka örnekler:

"2. Örnek-Durum: Sabah uyanırken. Belli bir uyku safhasında (uyanmak üzereyken) daha önce görülmüş bir rüyayı düşünürken, rüyayı bir anlamda devam ettirirken, uyanık bilincime yaklaştığımı hissediyorum ama uyanma anında kalmak istiyorum.

Sahne: *Bir bacağımla bir dereden atlamak üzereyken, aniden bacağımı geri çekiyorum ve bu tarafta kalmak istiyorum.*" (*III. Yıllık*, s. 625)

"6. Örnek-Durum: 4. örneğin aynı (Yeniden uykuya dalmadan biraz daha yatakta kalmak istiyor). Ben biraz daha uyumak istiyorum.

Sahne: *Biriyle vedalaşıyorum ve en kısa zamanda tekrar buluşmak üzere sözleşiyorum."*

Silberer "işlevsel olgu" yani "nesnel" olanın yerine "duruma uygun" olanın temsil edildiği anları uykuya dalma ve uykudan uyanma anlarında gözlemler. Rüya yorumunun ikincisiyle alakalı olduğunu hepimiz kolayca anlıyoruz. Silberer iyi örneklerle, birçok rüyanın görünür içeriğinin son parçalarının yani uyanmadan hemen önceki parçalarının, salt uyanma niyeti ve uyanma sürecinden ibaret olduğunu söyler. Uyanma niyetini şunlar temsil eder: Bir eşiği aşmak (eşik sembolü), başka bir odaya girmek üzere bir odadan çıkmak, seyahate çıkmak, eve dönmek, eşlik eden birinden ayrılmak, suya dalmak vb. Ancak itiraf etmeliyim ki kendi rüyalarımda ve analiz ettiğim kişilerde "eşik sembolüyle" ilişkilendirilebilecek rüya unsurlarına Silberer'in açıklamalarında beklenenden çok daha az rastladım.

"Eşik sembolünün" rüya içindeki kimi öğeleri –örn. uykunun derinliği değiştiğinde ya da rüyayı bitirme eğilimi ortaya çıktığında– açıklayabilmesi hiç de abes ve imkânsız değil. Ancak bu konuda sınanmış örnekler yok. Daha sık rastlanan bir durum aşırı belirlenme; yani malzemesini rüya düşüncelerinin oluşturduğu bir rüya bölümünün, *bunun ötesinde bir de* ruhsal etkinlikle ilgili nesnel bir durumu da ele alması.

Silberer'in çok ilginç bulduğum bu "işlevsel olgusu" mucidinin hatası olmasa da pek çok kez suiistimal edildi çünkü bu olgunun eski soyut-sembolik rüya yorumlama yöntemine dayandığı düşünüldü. "İşlevsel kategori"nin tercih edilmesi bazen öylesine abartıldı ki ne zaman rüya düşüncelerinde zihinsel bir etkinlik ya da duygusal süreçler söz konusu olsa, işlevsel olgudan söz edilmeye başlandı. Halbuki bu malzemenin günün kalıntısı olarak bir rüyanın içine girme şansı başka malzemelerden ne eksik, ne de fazladır.

Siberer'in olgularının uyanık düşüncelerin yardımıyla rüyanın oluşuma ikincil bir katkı sağladıklarını kabul etmeye hazırız. Ancak bu katkı "ikincil işlem" adıyla dile getirdiğimiz katkı kadar kalıcı ve önemli değil. Daha önce gündüz etkin olan dikkatimizin uyku sırasında da rüyaya yöneldiğini, onu kontrol ettiğini, eleştirdiğini ve rüyayı yarıda kesme hakkını elinde bulundurduğunu söylemiştik. Bu uyanık kalan zihinsel (Seelisch) merciinin sansür olduğunu ve rüyanın oluşumu sırasında güçlü bir engelleyici etkisi olduğunu düşünmüştük. Silberer'in bu duruma sağladığı katkı, o anda bir nevi öz-gözlemin de işbaşında olabileceği ve rüya içeriğine katkı sunabileceğini söylemesi. Özellikle felsefi düşünebilenlerde rastlanan bu öz-gözlem yeteneğinin iç ruhsal algılarla, gözlem çılgınlığıyla, vicdanla ve rüya sansürüyle muhtemel ilişkilerini başka bir yerde ele almak daha doğru olacaktır.[137]

Şimdi rüya çalışmasıyla ilgili ayrıntılı olarak ele aldığımız açıklamaları özetlemeye çalışacağım. Karşımıza çıkan ilk mesele şuydu: Ruh acaba (Seele) rüyanın oluşumunda sonsuz biçimde geliştirdiği bütün becerilerini mi, yoksa işlevleri sınırlı bir kısmını mı kullanıyor? Araştırmalarımız bu türden soruların bağlama hiç uygun olmadığını gösterdi. Ama yukarıdaki sorunun bizi sevk ettiği cevabı yine de verecek olursak, her iki soruya da evet dememiz gerekiyor. Rüyanın oluşumu sırasındaki ruhsal çalışma (Seelisch) ikiye ayrılır: Rüya düşüncelerinin oluşması ve bu düşüncelerin rüya içeriğine dönüştürülmesi. Rüya düşünceleri tamamıyla hatasızdır ve bütün psikolojik yeteneğimizin ortaya konulmasıyla oluşturulurlar. Bu düşünceler bilinçdışı düşünce sistemimize aittir ama aynı bilinçdışından belli bir dönüşümü takiben bilinçli düşünceler de gelişir. Bu düşünceler ne kadar değerli ve ne kadar bilinmezlerle dolu da olsalar, rüyayla çok

137 "Narsisizme Giriş", *Psikanaliz Yıllığı*, VI, 1914 (*Toplu Eserler*, VI. cilt).

özel bir ilişkileri yoktur ve rüyalara dair sorunlardan biri olarak ele alınmayı hak etmezler.[138] Ama öte yandan bilinçdışı düşünceleri rüya içeriğine dönüştüren her türlü uyanık düşünce, rüya yaşamına özgüdür ve bu yaşam için karakteristiktir. Asıl rüya çalışması ise, uyanık yaşam düşüncesinden, –rüya oluşumundaki psikolojik faaliyeti en çok aşağılayanların kastettiğinden– çok daha farklıdır. Rüya çalışması uyanık düşünceden daha dikkatsiz, daha hatalı, daha unutkan, daha kusurlu değildir. Rüya çalışması uyanık düşünceden nitelik olarak tamamen farlıdır ve bu yüzden uyanık düşünceyle karşılaştırılamaz. Rüya çalışması düşünmez, hesap yapmaz, yargılamaz; onun yaptıkları, biçimlendirmeyle sınırlıdır. Ancak ürettiği şeyin koşullarını dikkate aldığımızda rüya çalışmasını bütünüyle açıklamış oluruz. Bu ürün yani rüya, her şeyden önce sansürden kaçınmak zorundadır; rüya çalışması bunun için bütün psikolojik değerler yeni bir değer kazanana kadar *psikolojik yoğunluklarda yer değiştirme* uygular. Düşünceleri, mutlaka ya da çoğunlukla anıların görsel ve işitsel malzemesi olarak tanımlanmak gerekiyor. Bu zorunluluktan *tasvir edilebilirlik* koşulu doğar ki bunu da ancak yeni yer de-

138 Eskiden insanları görünür ve gizli rüya içeriği ayrımına alıştırmakta zorlanırdım. Sürekli, hatırladıklarından ibaret olan ve henüz yorumlamadığımız rüyadan yola çıkarak savlar ve itirazlar dile getirir, rüyanın yorumlanması gerektiğini göz ardı ederlerdi. Artık en azından analizciler rüyanın açık anlamının yerine yorumla ulaşılan anlamını koymaya alıştılar. Ama şimdi de iki başka şeyi karıştırmaya başladılar ve bunu yapmaya ısrarla devam ediyorlar: Rüyanın özünü gizli rüya içeriğinde ararken, gizli rüya içeriğiyle rüya çalışması arasındaki farkı göremiyorlar. Rüya aslen, uyku halinin özel koşullarında gelişen kendine has bir düşünme biçiminden başka bir şey değildir. Bu biçimi oluşturan rüya çalışmasıdır ve rüyanın özünü oluşturan, rüyanın özgünlüğünü açıklayan sadece ve sadece rüya çalışmasıdır. Bütün bunları, rüyaların gelecekle alakaları konusundaki tartışmalı yaklaşıma hakkını vermek için söylüyorum. Rüyaların ruhsal yaşamımızdaki sorunların çözümüyle uğraştığını söylemek, bilinçli uyanık yaşamın bu işle meşgul olduğunu söylemekten daha tuhaf değil. Rüya bize, bu işin ön bilinçte de sürdürülebileceğini söylüyor ki biz bunu zaten biliyoruz.

ğiştirmelerle gerçekleştirmek mümkün. Muhtemelen gece rüya düşüncelerinde var olandan daha fazla yoğunluk gerektiği için, yaygın bir *yoğunlaştırma* devreye giriyor ve bu da rüya düşüncesinin parçalarıyla gerçekleştiriliyor. Düşünsel malzemelerin arasında mantıksal bir bağ aranmaz; bu malzeme rüyaların biçimsel özelliklerinde gizli bir şekilde tasvir edilir. Rüya düşüncelerindeki duygular, düşüncelerin içeriğinden daha az değişime uğrar. Bu duygular genellikle bastırılır; bastırılmadıkları yerde, düşüncelerden koparılır ve benzer özelliklere sahip olanlar bir araya getirilir. Rüya çalışmasının sadece bir kısmı, yani yarı uyanık düşüncenin tutarsızca işlenmiş hali, başka yazarların rüya oluşumunun bütün işleyişi için geçerli kılmak istedikleri görüşü doğrular.

VII. RÜYA SÜREÇLERİNİN PSİKOLOJİSİ ÜZERİNE

Aktardığım başkalarına ait rüyaların içinde bir tanesi şimdi özellikle dikkate değer bir özelliğe bürünmüş durumda. Rüyayı bana bir hastam anlatmıştı, o da rüyalar üzerine bir derste duymuş. Rüyanın etkisinde kalan hastam kendi rüyasında bu rüyanın içeriğini görmekten geri durmamış; yani rüyanın öğelerini, aktararak belli bir noktada mutabakat sağlamak üzere kendi rüyasında tekrarlamış.

Bu özel rüyanın ardındaki hikâye şu: Bir baba gece gündüz hasta çocuğunun yanı başında durmaktadır. Çocuğu öldükten sonra biraz dinlenmek için yan odaya geçer. Yatak odasından mumların ortasında yatan çocuğun cesedini görebilmek için kapıyı açık bırakır. Cesedin yanında oturup dualar mırıldanması için yaşlı bir adam görevlendirilmiştir. Baba birkaç saat uyuduktan sonra rüyasında, *çocuğunun yatağının başında durup onu kolundan tuttuğunu ve suçlayan bir sesle kulağına şöyle fısıldadığını görür: Yandığımı görmüyor musun, baba?* Baba uyanır, cesedin olduğu odada parlak bir ışık fark eder, odaya koşar, yaşlı nöbetçinin uyukladığını görür. Yanan bir mum üzerine düşen kıymetli yavrusunun kefeni ve bir kolu yanmıştır.

Bu dokunaklı rüyanın açıklaması ortada. Hastamın söylediğine göre rüyayı anlatan kişi de doğru yorumlamış rüyayı. Parlak ışık açık kapıdan uyuyan adamın gözüne girmiş ve uyanık yaşamda tahmin edeceği şekilde, düşen bir mumun yangın çıkardığına karar vermiş. Baba belki de yaşlı adamın bu görevi yerine getiremeyeceğini düşünmüş ve bu endişeyle uyumaya gitmişti.

Bu yorumda bizim açımızdan değiştirilmesi gereken hiçbir şey yok. Tek eklemek istediğim, rüyanın içeriğinin aşırı belirlenmiş (birçok kaynağa gönderme yapan – überdeterminiert) olması, çocuğun konuşmasının gerçek hayatta söylenmiş sözlerin bir birleşimi olması ve baba için önemli olaylarla bağlantılı olması. Örneğin çocuğun "yanıyorum" diye yakınması ölümüne neden olan ateşli hastalığa ve "Görmüyor musun, baba?" cümlesi bizim bilmediğimiz başka bir duygusal âna gönderme olabilir.

Ama rüyanın psikolojik yaşama eklemlenebilen anlamlı bir süreç olduğunu bilen birileri olarak, hızla uyanmamız gereken böylesi koşullarda rüya görülmesi bizi şaşırtacaktır. Ama daha sonra bu rüyanın da bir arzu giderilmesi içerdiğini fark ediyoruz. Ölü çocuk rüyada canlıdır ve rüyanın ilk bölümündeki konuşmasının muhtemel kaynağı olan anıdaki gibi babayı ikaz eder, yatağının başına gelir ve kolundan çeker. Baba bu arzu giderilmesi uğruna uykusunu kısa bir süreliğine uzatır. Rüya, uyanık yaşamdaki düşünceye tercih edilir çünkü çocuğu bir kez daha canlı gösterebilmiştir. Şayet baba önce uyanıp, sonra onu cesedin olduğu odaya götüren nedeni fark etseydi, o zaman çocuğun yaşamını aynı süre kadar kısaltmış olacaktı.

Bu kısa rüyanın hangi özelliklerinin ilgimizi çektiği konusunda hiç kuşkumuz yok. Şimdiye kadar büyük oranda ilgimizi cezbeden, rüyaların gizli anlamının ne olduğu, hangi yoldan bu anlama ulaşılabileceği ve rüya çalışmasının bu anlamı gizlemek için ne gibi yollara başvurduğuydu. Bugüne kadar ilgimizin merkezinde rüya yorumu vardı. Şimdi ise, anlamı son derece açık olan, yorumlamaya hiç ihtiyacı olmayan bu rüyayla karşılaşıyoruz ve fark ediyoruz ki bu rüya da rüya ile uyanık yaşam arasındaki farklılığı belirleyen özelliklere sahip ve bu yüzden bizi yeni açıklamalara davet ediyor. Ve ancak yorum çalışmasıyla bağlantılı her şeyi geride bıraktıktan sonra, rüyanın psikolojisi üzerine bildiklerimizin ne kadar yetersiz ve eksik olduğunu fark ediyoruz.

Ama düşüncelerimizde yeni bir yola çıkmadan önce geri dönüp, şimdiye kadar önemli bir şeyin gözümüzden kaçıp kaçmadığını anlamamız lazım. Çünkü ardımızda bıraktığımız yol aslında, yolun rahat ve kolay kısmı. Hatırladığım kadarıyla şimdiye kadar yürüdüğümüz yollar hep ışığa çıktı, sonuçları aydınlatıcı ve anlaşılırdı. Ama rüyaların psikolojik sürecine derinlemesine girmek istediğimiz andan itibaren bütün yolların karanlığa çıkacağı muhakkak. Rüyaların psikolojik süreçlerini *aydınlatmamız, açıklamamız* zaten mümkün değil çünkü açıklamak, bilinen bir şeye atıfta bulunmak demek ve şu anda elimizde rüyaların psikolojik sorgulamasından elde edilmiş, bizim çalışmamızı destekleyecek bilgiler yok.

Öyleyse yapabileceğimiz tek şey bunun aksi, yani yeni savlar üretmek, psikolojik aygıtın yapısı ve bu yapının içindeki faal güçlerin işleyişi üzerine tahminlerde bulunmak olacak ve ama bunu yaparken savlarımızı ilk mantıksal bağlantının ilerisine götürmememiz gerekecek çünkü aksi halde savlarımızın değerleri belirsizleşip yok olabilir. Hiçbir yanlış çıkarımda bulunmasak da, bütün mantıklı alternatifleri göz önünde bulundursak da yaklaşımımızın eksikleri olması ve bizi tamamen yanlış yerlere götürmesi riski her zaman mevcut. Ruh mekanizmasının yapısı ve çalışma biçimi hakkında rüyaları ya da başka bir ruhsal işlevi tek başına ele alıp titizlikle inceleyerek bilgi sahibi olmamız ya da en azından bir şeyleri kanıtlamamız mümkün değil. Bunun için yapılması gereken, karşılaştırmalı araştırmalarda zorunlu olarak ortaya çıkan bir dizi psikolojik işleve bütünsel olarak bakmak. Bu durumda rüya süreçlerinin analizinden çıkarsadığımız psikolojik varsayımları, aynı soruna başka bir açıdan yaklaşan yeni araştırmaların sonuçları çıkana kadar şimdilik bir kenarda bekletmek gerekiyor.

A. RÜYALARIN UNUTULMASI

O halde önce, şimdiye kadar dikkate almadığımız itirazların yükseldiği, rüya yorumu konusundaki çabalarımızı temelinden sarsacak güce sahip bir konuya değinmemiz lazım. Bugüne değin yorumlamak istediğimiz rüyaları aslında hiç tanımadığımız, daha doğrusu, gerçek şekilleriyle tanımamızın garantisi olmadığı yönünde eleştiriler aldık (*bkz.* s. 65).

Belleğimizin sadakatsizliği, rüyayı muhafaza etmeye muktedir olmaması ve belki de bu yüzden rüyanın en önemli bölümlerini unutmuş olması nedenleriyle rüyadan hatırladıklarımız ve yoruma tabii tutacağımız kısımlar eksik kalıyor, bozuluyor. Rüyalarımızı anlatacağımız zaman çoğu kez, aslında hatırladığımızdan çok daha fazla şey gördüğümüzü bilir, bu gördüklerimizin sadece küçük bir bölümünü, onu da bulanık ve belirsiz olarak hatırladığımızdan şikâyet ederiz. İkincisi, bütün veriler, rüyadan hatırladıklarımızın sadece eksik değil, yanlış ve tahrif de edilmiş olduğuna işaret ediyor.

Rüyalarımızın belleğimizde yer aldığı gibi saçma sapan ve bulanık olup olmadığından nasıl emin değilsek, anlattığımız kadar tutarlı olup olmadığından da emin olamayız. Rüyayı anlatırken zaten var olmayan ya da unutulan kısımları keyfi seçilmiş malzemeyle doldurup doldurmadığımızı, süsleyerek, toparlayarak, düzenleyerek gerçek rüyanın nasıl olduğunu anlamayı imkânsızlaştırıp imkânsızlaştırmadığımızı da bilmiyoruz. Spitta,[1] rüyada düzen ve tutarlılık adına ne varsa, bunların rüyayı hatırlamaya çalışırken bizim içine yerleştirdiğimiz şeyler olduğunu söyler. Demek ki ne anlama geldiğini anlamaya çalıştığımız şeyin parmaklarımızın arasından kayıp gitmesi *tehlikesiyle karşı karşıya bulunuyoruz.*

---

1 Aynı görüşe Foucault'da ve Tannery'de de rastlıyoruz.

Şimdiye kadar yaptığımız rüya yorumlarında bu ikazları hep göz ardı ettik. Hatta bu ikazların aksine, rüyanın en küçük, en belirsiz, en müphem öğelerini, en belirgin ve güvenli öğelerinden yoruma daha az değer de bulmadık. İrma'nın enjeksiyonu rüyasında şöyle bir cümle vardı: *Derhal Doktor M'yi çağırdım.* Bu cümlenin önemli bir bağlantı olmadan rüyaya girmeyeceğini düşünmüştük. Böylece, yatağının başucunda, "derhal" benden yaşça büyük bir meslektaşımı çağırdığım hastamın hikâyesine ulaşmıştık. Elli bir (51) ve elli beş (55) sayıları arasındaki farkı *ihmal edilebilir* bulan güya saçma rüyada, 51 sayısı sık sık geçiyordu. Bu durumu sıradan ya da önemsiz diye bir kenara bırakmak yerine, gizli rüya içeriğinde bizi 51 sayısına götürecek ikinci bir düşünce hattına yönelmiştik ve buradan sürdüğümüz iz bizi 51 yaşın yaşamın sonu olduğuna dair endişelere ve korkulara götürmüştü; bu da rüyaya egemen olan uzun ömürle övünme düşüncesiyle tezat teşkil ediyordu. "Non vixit" rüyasında ise, başta gözümden kaçan şöyle bir bulanık ekleme vardı: "*P. onu anlamadığı için F. bana sordu*" vb. Yorum tökezlemeye başlayınca, bu cümleye geri dönmüş ve buradan, rüyada ara kavşak olarak ortaya çıkan bir çocukluk fantezisine giden yolu aşağıdaki dizeler sayesinde bulmuştum:

Beni çok az anladınız
Ben de sizi çok az anladım
Ancak pislikte karşılaşınca
Anladık birbirimizi

Yaptığımız her analizde, rüyadaki özellikle en değersiz öğelerin yorum açısından vazgeçilmez olduğunu, bu tür öğelere vakitlice eğilmediğimiz takdirde, çalışmamızda gecikmeler yaşanacağını gösteren sayısız örnek bulmak mümkün. Yorum sırasında rüyanın dilindeki her nüansa da aynı önemi atfettik. Tabii rüyayı doğru tercüme etme çabalarımızı engelleyen saçma ve yetersiz cümleleri de kabul ettik. Kısaca söylemek gerekirse, başka yazarların, mahcup olmamak adına aceleyle, doğaçlamayla elde ettikleri keyfi sonuçlara, biz, kutsal metin muamelesi yaptık. Bu çelişkiyi açıklamak gerekiyor.

Bu açıklama –yazarlara haksızlık etmeden– bizim haklı olduğumuzu söylüyor. Rüyaların oluşumu üzerinde yeni elde ettiğimiz bilgilerin ışığında baktığımızda, bu çelişki kendiliğinden ortadan kalkıyor. Rüyaları yeniden üretirken çarpıttığımız, doğru bir saptama. Bu saptamanın anlattığı, normal düşünce tarafından rüyaya uygulanan ikincil –ve çoğunlukla karmaşık– işlem dediğimiz şeydir. Öte yandan bu çarpıtma, rüya düşüncelerinin kurallar gereği rüya sansürü yüzünden tabi olduğu işlemden öte bir şey de değil. Yazarlar bu noktada rüya çarpıtmasının görünür kısmını fark etmişler. Bu durum bizim işimize yaramıyor çünkü biz zaten daha zor fark edilen ama çok daha kapsamlı bir çarpıtma işleminin gizli rüya düşüncelerini ele geçirdiğini biliyoruz. Bu yazarların yanıldığı nokta, rüyaların hatırlanırken ya da sözcüklere dökülürken yorumlanmasını imkânsız kılacak şekilde keyfi bir değişime uğradığını ve bunun da bizi rüyayı anlamaya çalışırken yanlış yollara sevk ettiğini düşünmeleri. Bu yazarlar insan psikolojisindeki belirlenmeyi (*Determinierung*) küçümsemişlerdir. Bu dünyada keyfi hiçbir şey yoktur. Bir öğe bir düşünce hattında belirlenmemişse, bu görevi hemen ikinci bir düşünce hattı üstlenir. Tamamen keyfi olarak aklıma bir sayı getirmeye çalışıyorum diyelim. Bu mümkün değil. Aklıma gelen sayının, şu anda benim için öncelikli olmaması muhtemel düşüncelerim tarafından belirlenmiş olduğu kesindir.[2] Rüyanın

2 *Krş. Gündelik Yaşamın Psikopatolojisi.* 1. baskı, 1901 ve 1904, 11. baskı 1929 (*Toplu Eserler*, IV. cilt).

uyanmak üzereyken geçirdiği değişimler de kesinlikle keyfi değil. Bu değişimler yerini aldıkları içerikle çağrışımsal bir ilişki içindedir ve bize –bir başka içeriğin yerini almış da olabilecek– bu içeriğe giden yolu gösterir.

Rüya analizi yaptığım hastalarımla giriştiğim denemeler bu iddiamı istisnasız kanıtlıyor. Hastalarımın anlattıkları bir şeyi anlamakta zorlandığımda, onlardan tekrarlamalarını rica ederim. Bu tekrar çok nadiren aynı sözcüklerle yapılır. Ancak değişik sözcükler kullanılan bu bölümler benim için –tıpkı Siegfried'in giysisindeki ölümcül noktaya işaret eden işleme gibi–, rüyadaki örtünün en zayıf noktalarıdır. Rüyayı anlatan kişiyi her zaman, rüyayı çözmek için çok özel bir çaba harcadığım yönünde uyarırım. O da hemen, direncin baskısı altında, rüyanın üzerindeki örtünün zayıf noktalarını kapatmak için, onları ele verecek bir ifadenin yerine daha zor anlaşılır bir ifade seçer. Böylece dikkatim hastanın tekrarda kullanmadığı sözcüklere yönelir. Rüya çözümünü engellemek için gösterilen çabadan, rüyanın örtüsünün nasıl titizlikle örüldüğünü anlarım.

Rüyanın aktarılmasıyla ilgili kuşkuları abartan yazarlar ise, bu ölçüde haklı değil. Çünkü bu kuşkunun ardında entelektüel bir dayanak yok. Belleğimiz de bize hiçbir zaman hiçbir güvence veremez ama yine de nesnel olarak kanıtlanmış durumların ötesinde de inanırız ona. Rüyaların ya da tek tek rüya verilerinin doğru aktarıldığı konusundaki kuşkular, yine rüya düşüncelerinin bilince ulaşmasını engellemeye uğraşan sansürün, direncin bir türevidir. Bu direncin gücü her zaman gerçekleştirdiği yer değiştirmeler ya da sembolleştirmeler sonucu tükenmez, izin verdiği bölümlerde de kuşku olarak devam eder. Bu kuşkuyu, rüyanın yoğun öğelerine değil de daha çok zayıf ve belirsiz öğelerine yöneldiği sürece daha az hissederiz. Ama artık rüya düşünceleri ve rüya arasında psikolojik değerlerin yeniden değerlendirildiğini biliyoruz. Bir çarpıtma ancak bir değer azalması söz konusu olduğunda ortaya çıkıyor ve bununla yetiniyor. Rüya içeriğindeki belirsiz bir öğeye bir de kuşku eklenince, yapılan ikazı da izleyerek yasaklı bir rüya düşüncesinin peşinde olduğumuzu anlıyoruz. Bu durum eski çağın ya da Rönesans'ın cumhuriyetlerindeki devrim sonrası ortama benzer. İktidarın eski soylu ve güçlü aileleri ülkeden kovulmuş, bütün yüksek mevkilere yeni gelenler yerleşmiştir. Yeni yönetim eski devletten sadece çok yoksul ve güçsüz olanlara ve devrilenlerin uzak akrabalarına müsamaha eder.

Ama onlar da bütün vatandaşlık haklarına sahip değildir ve güveni hak etmezler. Bu örnekteki güvensizliğin yerini bizim konumuzda kuşku alıyor. Bu nedenle rüya analizi sırasında, bütün güvenilirlik değerlendirmelerinin bir tarafa bırakılmasını ve rüyada karşımıza çıkmış olma olasılığı çok düşük öğelerin de tamamıyla gerçekmiş gibi ele alınmasını istiyorum. Bir rüya öğesinin izini sürerken bu tutumumuzdan vazgeçecek olursak, analiz teklemeye başlar. Bir öğenin önemsenmemesi, analiz edilen kişi üzerinde açığa vurmak istemediği konular hakkında aklına bir şey gelmemesi sonucunu doğurur. Aslında doğal bir durum değil bu; analiz edilen kişinin şöyle bir cümle kurması anlamsız ve saçma olmazdı: Rüyamda olup olmadığından emin değilim ama bu konuda aklıma şöyle bir şey geldi. Ama o asla kurmaz böyle bir cümle ve ama aslında tam da kuşkunun analizi sekteye uğratan bu etkisinin ruhsal direncin bir aracı ya da türevi olduğu ortaya çıkar böylece. *Psikanaliz haklı olarak kuşkucudur.* Psikanalizin kurallarından biri şudur: *Analizin ilerlemesini sekteye uğratan her şey, bir çeşit dirençtir.*[3]

---

3 *"Analizin ilerlemesini sekteye uğratan her şey, bir çeşit dirençtir"* cümlesindeki mutlak yargı yanlış anlaşılabilir. Bu cümle sadece teknik bir kural olarak ve analizciyi uyaran niteliğiyle anlamlıdır. Analiz sırasında analiz edilenin suçu

Rüyaların unutulması da psikolojik sansürün gücünü hesaba katmadığımız sürece gerekçelendirilememiştir. Bütün gece rüya görüp, bunların sadece az bir kısmının aklımızda kaldığı hissinin nedeni bir dizi örnekte, rüya çalışmasının gece boyunca iş başında olduğunun ve geriye sadece kısa bir rüyanın kaldığının göstergesi olabilir. Ama bu örneklerin dışında, rüyanın uyandıktan sonra giderek unutulduğu konusunda en küçük bir kuşkumuz yok. Hatta çoğu zaman hatırlamak için verdiğimiz bütün çabaya rağmen unutuyoruz rüyalarımızı. Ama bence, nasıl ki rüyanın unutulan bölümünün kapsamını abartıyorsak, unutulan bölümlerin neden olacağı bilgi eksikliğinin boyutlarını da abartıyoruz. Rüya içeriğini unutmanın bedelini, çoğu kez analizle telafi etmek mümkün oluyor.

Şimdiye kadar en azından bir dizi analizde bölük pörçük bir rüya parçasından yola çıkarak rüyanın tamamına olmasa bile –ki buna engel bir şey de yok aslında– rüya düşüncelerinin tamamına ulaşmak mümkün oldu. Bunun için analiz sırasında çok büyük bir dikkat ve kişinin kendini aşması gerekiyor. İşte hepsi bu ama yine de rüyaların unutulmasının ardında sinsice bir niyetin varlığını da hissetmekteyim.[4]

---

olmayan çeşitli olayların gelişebileceğini inkâr edemeyiz. Analiz edilen öldürmeden de babası ölebilir ya da bir savaş çıkar ve analiz sona erebilir. Ama söz konusu cümlenin, içerdiği bariz abartıya rağmen, yeni ve makul bir anlamı var. Analizi sekteye uğratan olay hastadan bağımsız ve gerçek de olsa, olayın sekteye uğratma gücü ona ne kadar önem atfedildiğine bağlıdır. Hastanın direnci, bu olayı ne ölçüde kullanmaya hazır olduğunu, ne kadar abarttığını gösterir.

4 Rüyada bir şeyden emin olamama ve bununla birlikte rüya içeriğinin tek bir öğeye indirgenmesine örnek olarak *Psikanalize Giriş Dersleri*'nde (1916) yer verdiğim ve kısa bir gecikmeyle de olsa analizini yapmayı başardığım bir rüyayı aktaracağım:

"*Şüphesiz bir hastamın gördüğü uzunca bir rüyada, birileri 'espri' üzerine yazdığım kitaptan bahsediyor. Sonra bir 'kanaldan' söz ediliyor, belki de içinde 'kanal' geçen başka bir kitap bu, ya da kanalla ilgili bir şey... bilmiyor tam olarak... belirsizlik var.*"

Rüyaların unutulmasının dirence hizmet ettiği ihtimali için güçlü bir kanıta, dikkatimizi ancak unutmanın bir basamak öncesine çevirerek ulaşabileceğiz.[5]

Yorum çalışmasının ortasında bir yerde, rüyanın anlatılmayan ve unutulduğu söylenen bir bölümünün ortaya çıkması nadir rastlanan bir durum değil. Unutkanlığın elinden koparıp aldığımız bu rüya parçası, her zaman en önemli bölümdür. Rüyanın çözümlemesine giden en kısa yol bu bölümden geçer ve çoğu kez, tam da bu yüzden dirençle karşılaşmıştır. Bu çalışmanın çeşitli bölümlerine serpiştirdiğim rüya örnekleri arasında, rüya içeriğinin bir parçasını daha sonra eklemek zorunda kal-

---

Bu noktada belirsiz olduğu için "kanal" öğesinin yoruma katılmayacağını düşünebilirsiniz. Bunun zor olduğunu düşünmekte haklısınız. Ama doğru olan, yorumun bu öğe belirsiz olduğu için zor olacağı değil, bu öğenin başka bir nedenle, yorumu da zorlaştıran bir nedenden ötürü belirsiz olması. Rüyayı gören kadının "kanal"la ilgili olarak bir şey gelmiyor aklına; benim de söyleyecek bir şeyim yok tabii. Bir süre sonra, daha doğrusu ertesi gün, kadın *belki de* konuyla ilgisi olan bir şeyi hatırladığını söylüyor. Aklına gelen şey de başkasından duyduğu bir espri. Dovaer'den Calais'e giden bir gemide ünlü bir yazar bir İngilizle sohbet ediyor ve belli bir bağlamda şu cümleyi alıntılıyor: *Du süblime au ridicule il n'y a qu'un pas.* (Mükemmellikle gülünçlük arasında tek bir adım vardır). Yazar şöyle yanıtlıyor: Evet tabii, "*Qui, le pas de Calais*". Bu cümleyle söylemek istediği, Fransa'yı mükemmel, İngiltere'yi ise gülünç bulduğu. "Pas de Calais" aynı zamanda bir kanal, Aermelkanal (Canal la Manche=İngiltere ve Fransa arasındaki Manş Denizi. - çev. n.). Peki bu düşüncelerin rüyayla bir ilgisi olduğunu mu söylemek istiyorum? Evet, kesinlikle. Bu düşünceler rüya öğesinin muammasını çözecek. Yoksa bu esprinin rüyadan önce "kanal" öğesiyle ilgili bilinçdışı bir düşünce olarak varlığından şüphe mi ediyorsunuz? Bilinçdışı düşünceye rüyadan sonra eklendiğini düşünmek mümkün mü? Hastanın aklına gelenler, bu ısrarcı hayranlığın ardına gizlenen şüphenin kanıtı. Ve direnç de her ikisinin, yani kanalla ilgili hikâyenin hastanın aklına geç gelmesinin ve söz konusu rüya öğesinin belirsiz olmasının da nedeni. Rüya öğesinin bilinçdışıyla ilişkisine bir bakalım: Bu öğenin kendi, bilinçdışının bir parçası sanki, bilinçdışını ima ediyor gibi ve yalıtıldığı için anlaşılmaz olmuş gibi.

5 Unutmanın amacı için *krş.* aylık *Psikiyatri ve Nevroloji* dergisinde yayınlanan "Unutmanın Psikolojik Mekanizması" başlıklı kısa yazım (1898). Bu yazı *Günlük Yaşamın Psikopatolojisi* adlı kitabımın ilk bölümü olarak kullanıldı, *Toplu Eserler*, IV. cilt.

dığım bir rüya vardı. Bu rüya, hoşlanmadığım iki yol arkadaşından intikam aldığım ve kaba ve açık saçık içeriği yüzünden neredeyse hiç yorumlamadan bir kenara koyduğum bir seyahat rüyasıydı. Atlanan kısım şöyleydi: *Schiller'in bir kitabı hakkında şunları söylüyorum: It's from (Yazarı...). Sonra İngilizce hatamı düzeltip, "Its by..." (Yazarı...) diyorum. Adam kız kardeşine şöyle diyor: "Doğru söyledi."*[6]

Rüyada söylediğimi düzeltmiş olmam, kimi yazarların çok ilgisini çekmesine rağmen, bizi meşgul edecek kadar önemli bir unsur gibi görünmüyor. Bunun yerine rüyadaki dil yanlışına örnek teşkil edecek bir anımı aktaracağım. 19 yaşında ilk kez Londra'ya gitmiştim ve bir bütün günü İrlanda denizi sahilinde geçirmiştim. Tabii etraf gel-gitin bıraktığı deniz hayvanlarıyla doluydu. Bir deniz yıldızına baktığım bir anda (Rüya, *hollthurn–holothurien –deniz salyangozu–* sözleriyle başlıyor), küçük tatlı bir kız yanıma yaklaştı ve şöyle bir soru yöneltti: *Is this a starfish? Is it alive?* (Denizyıldızı mı bu? Canlı mı?) Ben şöyle yanıt verdim: *Yes, he is alive*[7] (Evet, o canlı.). Sonra hata yaptığım için utanıp cümleyi düzelterek tekrarlıyorum. Rüya benim yaptığım hatanın yerine Almanların yine çok yaptığı başka bir hatayı koyuyor. "Bu kitap Schiller'e ait" cümlesini "*from*"la değil "*by*" kullanarak çevirmek lazım. Rüya çalışmasının niyetleri ve malzeme seçimi konusundaki keyfiliği üzerine bunca şey duyduktan sonra, "from" kelimesinin, ses benzerliği olan Almanca "fromm"

6 Rüyalarda yabancı bir dilde yapılan bu türden hataların düzeltilmesi nadir rastlanan bir durum değildir ama bu hatayı yapanlar genellikle yabancı insanlardır. Maury (s. 143) İngilizce öğrendiği dönemde rüyasında birine kendisini ziyaret ettiğini söylerken şöyle der: *I called for you yesterday* (Dün sana ihtiyacım vardı) Karşısındaki hayatı düzeltir: *I called on you yesterday* (Dün seni ziyaret ettim).

7 Freud "it" demesi gereken yerde "he" diyerek dilbilgisi hatası yapıyor; yani İngilizcede cansız varlıklar için kullanılan "it" zamiri yerine, eril cinsiyet için kullanılan "he" zamirini kullanıyor. –çev. n.

(= yobaz, dindar) kelimesinin yerine kullanılarak görkemli bir yoğunlaştırmayı mümkün kılması şaşırtmaz bizi. Peki o halde rüyadaki sahille ilgili masum hatıra ne anlama geliyor? Bu hatıra mümkün olduğunca masum bir örnekte, cinsiyet belirten sözcüğü (he) yanlış bir yerde kullandığımı anlatmaya çalışıyor ve tabii rüyanın çözümlemesi için gerekli anahtarlardan birini teşkil ediyor.

Ve "*Matter and Motion*"un adından türetilenleri duyanlar için eksik yerleri tamamlamak çok kolay alacaktır (*Molier'in "malade Imaginaire: La matiére est-elle laudable – a motion of the bowels"*).

Öte yandan rüyaların unutulmasına büyük ölçüde direnç faaliyetinin neden olduğunu görsel olarak kanıtlayabilirim. Bir hastam bir rüya gördüğünü ama rüyayı tamamen unuttuğunu, böylece rüyanın hiç görülmemiş sayılacağını söylüyor. Çalışmaya devam ediyoruz, bir dirençle karşılaşıyorum, hastaya durumu açıklıyorum, üsteleyerek, ikna etmeye çalışarak onu rahatsız eden düşüncelerle barışmasına yardım ediyorum. Hastam bunu başardığım anda bağırıyor: Gördüğüm rüyayı hatırladım. Gündüz analiz sırasında hastamı rahatsız eden şey, rüyayı unutmasına neden olan aynı direnç.

Hastaların analizin belli bir anında üç dört gün önce görüp sonra unuttukları bir rüyayı tekrar hatırlamaları da mümkün.[8]

Psikanaliz deneyimi, rüyaları unutmanın kimi yazarların iddia ettiği gibi uyku ve uyanık yaşamın birbirine yabancı olmasından ziyade, dirençten kaynaklandığını doğrulayan yeni bir kanıt daha sunuyor bize. Benim de, başka analizcilerin de ve bu tür bir tedavi gören hastaların da zaman zaman bir rüyadan hemen sonra uyandığı ve derhal rüyayı bütün düşünce etkinli-

---

8 E. Jones, bir rüyanın analizi sırasında aynı gece gördüğümüz, o âna kadar unuttuğumuz, hatta varlığının farkında dahi olmadığımız rüyaları hatırlamamız gibi sık rastlanan bir durumdan söz eder.

ğimizi kullanarak yorumlamaya başladığı olur. Ben bu tür durumlarda çoğu zaman rüyayı bütünüyle anlamadan rahat edemem. Ama buna rağmen uyandığımda, rüyayı gördüğümden ve yorumladığımdan emin olmama rağmen, hem rüyayı, hem de yorumunu bütünüyle unuttuğum oluyor. Rüyanın yorumun unutulmasına neden olması, yorumun rüyanın hatırlanmasına vesile olmamasından daha sık rastlanan bir durum. Ancak rüya çalışmasıyla uyanık yaşam arasında, yazarların rüyaları unutmanın gerekçesi olarak göstermek istediklerine benzer bir ruhsal uçurum yok. Rüyaların nasıl unutulduğuna dair benim açıklamalarımı eleştiren Morton Prince, unutmanın ruhsal yarılmalara özgü bir tür amnezi (*dissociated stats*) olduğunu, bu özel amnezi türü için söylediklerimin başka amnezi türleri için geçerli olmadığını, bu yüzden, bu açıklamanın buradaki bağlamda da değeri olmadığını söylüyor, okurlarına bu türden unutma vakalarında asla olguların dinamik bir açıklamasını yapmaya kalkışmadığını hatırlatıyor. Oysa bunu yapsaydı, hem yarılmaların, hem de bu yarılmaların ruhsal içeriğinin unutulmasının nedeninin bastırma (ya da bastırma sonucu ortaya çıkan direnç) olduğunu anlayacaktı.

Bu çalışmayı yaparken edindiğim deneyimler gösterdi ki rüyaları diğer ruhsal (seelisch) olaylardan daha sık unutmuyoruz ve rüyalar, hafızada kalmak açısından da onlardan geri kalmıyorlar. Notlarımın arasında çeşitli nedenlerle tam olarak yorumlamadığım ya da hiç yorumlamadığım kendi rüyalarım var. Bunlardan bazılarını bir iki yıl sonra yorumlamaya çalıştım. Amacım bu yorumlarla savlarımı açıklayabilmekti. Yorumların hepsi amacına ulaştı. Hatta iddia edebilirim ki uzun bir süre sonra yaptığım bu yorumlar, rüyalar henüz yeniyken yaptığım yorumlara oranla çok daha kolay oldu. Bunun nedeni bu süre zarfında iç dünyamda o zaman beni rahatsız eden kimi dirençleri bertaraf etmiş olmam olabilir. Sonradan yaptığım yorum çalışmalarında eski rüya düşüncelerini çoğu zaman daha zengin olan bugünkü rüya düşünceleriyle karşılaştırdım ve eskilerin aynı şekilde bugün de geçerli olduğunu gördüm. Hastalarıma yıllardır zaman zaman anlattıkları eski rüyalarını aynı yöntemle ve aynı başarıyla sanki bir gece önce görülmüş rüyalar gibi yorumlatabildiğimi hatırladığımda, bu şaşkınlığım da geçti. Korku rüyalarını tartışırken bu tür sonradan yorumlanmış iki rüya örneği vereceğim. Eski bir rüyayı yorumlatmayı ilk kez denediğimde, haklı olarak rüyanın nevrotik bir semptom gibi davranacağını düşünüyordum. Bir nevroz hastasını ya da bir histeri vakasını psikanalizle tedavi ederken, hastanın bana gelmesine neden olan yeni ve akut semptomların yanı sıra ilk ve çok geride kalmış semptomları da anlamak ve açıklamak zorundayım. Böyle bir durumda eski semptomları açıklamak her zaman yenileri açıklamaktan daha kolay olur. 1895 yılında yayınladığım "Histeri Araştırmaları"nda kırk yaşın üzerinde bir kadının on beş yaşında geçirdiği ilk histeri krizini açıklayabilmiştim.[9]

Şimdi okurların ilerİde söylediklerimi kendi rüyalarında sınamak için kullanabilecekleri, rüyaların yorumlarıyla ilgili kopuk kopuk da olsa birkaç bilgi vereceğim.

Hiç kimse rüyasını yorumlamanın çok kolay bir şey olacağını düşünmesin. Entoptik[10] olguları ya da dikkatimizi çekmeyen duyumları algılamak bile –bu tür algılara direnen ruhsal bir güç olmamasına rağmen– pratik gerektirir. "İstenmeyen görüntüler"e ulaşmak ise çok daha zordur. Bunu yapmak isteyenler bu çalış-

9 On yıllarca ilk canlılığıyla belleğimizde kalan ilk çocukluk rüyaları, rüya görenin gelişimini ve nevrozunu anlamamız açısından büyük önem taşır. Bu rüyaların analizi, doktoru, teorik anlamda da kafa karışıklığına yol açacak hatalardan ve belirsizliklerden korur.

10 Gerçekte görülenle alakası olmayan, gözün kendi içinden kaynaklanan görüntüler. –çev. n.

mada değinilen beklentileri karşılamak ve böyle bir çalışmaya başlarken burada belirlenen kurallara uyup her tür eleştiriden, önyargıdan, her tür duygusal ve entelektüel tarafgirlikten kaçınmak zorundadır. Claude Bernard'ın fizik laboratuvarında çalışan deneycilere verdiği öğüdü tutup, sabır ve sebatla çalışmalı, sonucun ne olacağını önemsememelidir. Ancak bu önerilere uyanlar, yapacakları işi eskisi kadar zor bulmayacaklardır. Bir rüyanın yorumu her zaman ilk denemede tamamlanamaz. Bir dizi düşünceyi takip etmemize rağmen, rüyanın hiçbir şey ifade etmediği ve gücümüzün tükendiğini hissettiğimiz anlar hiç nadir değildir. Böyle bir durumda yapılması gereken ara vermek ve bir başka gün kalınan yerden devam etmektir. Böyle yaptığımızda rüyanın başka bir bölümü dikkatimizi çeker ve rüya düşüncelerine giden yeni bir katmana erişebiliriz. Bu yöneteme "aşamalı" rüya yorumu diyebiliriz.

İşin en zor yanı, rüya yorumuna yeni başlayanları, anlamlı, bağlantılı ve rüya öğelerinin tamamı hakkında bilgi veren bütünlüklü bir rüya yorumu yaptıklarında işlerinin henüz bitmediğine ikna etmektir. Aynı rüyanın "çoklu bir yoruma" da açık olduğu gözden kaçmış olabilir. Gerçekten de düşünce dünyamızda kendini ifade etmeye çalışan bilinçdışı düşünce silsilelerini anlamak, rüya çalışmasının meziyetlerine inanmak, –masaldaki terzi çırağı gibi– farklı ifade biçimleriyle aynı anda bir taşla yedi kuş vurmak, gerçekten kolay değil. Okurlarım beni her zaman aklımı fuzuli işlere kullanmakla suçlayacaklardır ama kendileri de deneyim kazandıklarında beni daha iyi anlayacaklarından eminim.

Ama öte yandan ilk önce H. Silberer'in dile getirdiği, her rüyanın –ya da bir çok rüyanın veya bir grup rüyanın– iki kez yorumlanması gerektiğini ve bu iki yorumun birbiriyle bağlantılı olduğu savına katılmam mümkün değil. Bu iki yorumdan

Silberer'in *psikanalitik* olarak adlandırdığı, rüyaya belli bir çocukluk cinselliği anlamı katıyor. Diğeri ve daha önemli olanı ise, Silberer'in anagojik[11] yorum dediği, rüya çalışmasının malzeme olarak kullandığı daha ciddi, daha derin anlamlı düşünceleri tanımlar. Silberer iddia ettiği iki yorum biçimini de analiz ederek kanıtlamış değil. Ben buna itiraz ediyor, bunun doğru olmadığını söylüyorum. Çünkü çoğu rüya çoklu yorum gerektirmez ve anagojik bir yoruma da uygun değildir. Silberer'in kuramında da son yıllarda yapılan başka kuramsal çalışmalarda da, rüya oluşumunun temel koşullarını örtbas etme ve rüyanın dürtüsel kökenlerine atfedilen ilgiyi dağıtma yönünde bir eğilim söz konusu. Kimi örneklerde Silberer'in verilerinin doğruluğunu ben de gördüm. Daha sonra analiz bana rüya çalışmasının görevinin uyanık yaşama ait bir dizi çok soyut ve dolaysız olarak ifade edilmesi imkânsız düşünceyi rüyaya çevirdiğini gösterdi. Rüya çalışması, soyut düşüncelerle daha esnek, sıklıkla alegorik diyebileceğimiz bir ilişki kurabilen başka bir düşünsel malzemeyle bu görevini gerçekleştirmeye çalışır ve ifade zorlukları da daha azdır. Bu şekilde oluşan bir rüyanın soyut yorumunu rüyayı gören hemen yapabilir; gizlenen malzemenin doğru yorumunun ise artık bildiğimiz tekniklerle aranması gerekiyor.

Her rüyanın yorumu yapılabilir mi sorusunun yanıtı, hayırdır. Rüya yorumlarken rüyadaki çarpıtmanın müsebbibi olan ruhsal güçlerin karşımızda yer aldıklarını unutmamız gerekiyor. Entelektüel merakla, kendini aşma yetisiyle, psikolojik bilgiyle ve rüya yorumlama deneyimiyle iç dirençlere kimin efendi olduğunu göstermek, bir güçler dengesi sorunudur.

Bir miktar ilerleme kaydetmek, rüyanın bir anlamı olduğunu ve çoğu zaman bu anlamın ne olduğunu anlamak her zaman mümkün. Sık sık ilkini takiben ikinci bir rüya, tahmin edilen an-

11 Sembollerle "yüce düşünceler" arasında bir ilişki kuran. –çev. n.

lamı doğrulamamızı ve ilerletmemizi sağlar. Haftalarca, aylarca süren bir dizi rüya da sık sık aynı ortak bir konuya dayanır ve bu nedenle bunları da yoruma tabi tutmak gerekir. Yine sık sık birbirini takip eden rüyalarda birinin merkezine aldığı, diğer bir rüyada tali bir konu ya da tersi olabiliyor, böylece bu iki rüya yorum aşamasında birbirini tamamlayabiliyor. Aynı gece görülen bütün rüyaların yorumlanırken bir bütün olarak ele alınması gerektiğini daha önce örneklerle kanıtlamıştım.

Çok iyi yorumlanmış rüyalarda bile sık sık karanlık bir nokta kalır. Çünkü yorum sırasında rüya düşüncelerinin bir noktada adeta çözülmeye direnen bir düğüm oluşturduğunu ve rüyanın yorumuna da katkı sağlamadığını görürüz. Burası rüyanın göbeğidir, yani bilinmeyenin bulunduğu yerdir. Yorum sırasında karşımıza çıkan rüya düşüncelerinin genelde bir sona ulaşmadıkları gibi, düşünce dünyamızdaki bir şebeke ağı gibi her yöne doğru ilerlediklerini biliyoruz. Bu ağın en sıkı ve yoğun olduğu noktada tıpkı miselyumdan[12] fışkıran bir mantar gibi rüya arzularımız doğar.

Şimdi rüyaların unutulması gerçeğine geri dönelim. Çünkü bu olgudan ciddi bir çıkarım yapamadık henüz. Uyanık yaşamın mutlak niyeti, gece oluşan rüyayı ya hemen uyandıktan sonra tamamen ya da gün içinde parça parça unutmaksa ve unutmanın ana müsebbibinin gece rüyaya karşı faaliyetini yürüten ruhsal direnç olduğunu söylüyorsak şayet, o zaman sormamız gereken soru, bu dirence rağmen rüyanın oluşmasını sağlayanın ne olduğudur. Uyanık yaşamın rüyayı sanki hiç görülmemiş gibi bertaraf ettiği uç bir örneği alalım ele. Böyle bir rüyada ruhsal güçleri dikkate aldığımızda, direncin gece tıpkı gündüz gibi davranması halinde rüyanın hiç oluşmaması gerektiğini söyleyebiliriz. Açıklamamız şu: Direnç gece gücünün bir kısmını kaybeder. Bu gü-

12 Mantarları oluşturan karmaşık, yumuşak ve tüylü dokusal yapı. –çev. n.

cün tamamen ortadan kalkmadığını çünkü rüyanın oluşumunda rüyayı çarpıttığını biliyoruz.

Bu da bize direncin gece azaldığını ve bu azalma neticesinde rüyanın oluşma imkânı bulduğunu gösteriyor. Böylece direncin uyanıp tekrar bütün gücüne ulaştığında, zayıf anında izin vermek zorunda kaldığı şeyi tekrar bertaraf etmesini anlamak çok kolay. Betimleyici psikoloji bize, rüyanın oluşumunun ana koşulunun zihnin (Seele) uyku durumuna geçmesi olduğunu söyler. Bu cümleye artık şunu ekleyebiliriz: *Uyku durumu iç ruhsal sansürü azaltarak rüyanın oluşumunu mümkün kılar.*

Şimdi mutlaka bu çıkarımı rüyaların unutulmasının tek sebebi olarak görüp, burada uykunun ve uyanıklık halinin enerji koşulları hakkında yeni çıkarımlar yapmaya başlayacağız. Ama bu noktada önce biraz durmamız gerekiyor. Rüyanın psikolojisine biraz daha derinlemesine girdiğimizde göreceğiz ki rüya oluşumunu mümkün kılan koşullar farklı da olabilir. Rüya düşüncelerinin bilince çıkmasına direnen güçle, onu azaltmadan, belki sadece etrafından dolaşarak başa çıkmak da mümkün olabilir. Rüya oluşumunu mümkün kılan ortamı, uyku sırasında, hem direnç azaltılarak, hem de direncin etrafından dolaşarak sağlamak da mümkün. Burada bu konuya ilerde devam etmek üzere ara veriyorum.

Şimdi rüya yorumu yöntemimize yöneltilen bir dizi itiraza eğilmemiz gerekiyor. Bilindiği gibi, rüya yorumlarken, düşüncelerimize hükmeden bu hedefe yönelik bütün düşünceleri bir yana bırakıp dikkatimizi tek bir rüya öğesine yoğunlaştırıyoruz ve sonra bu öğeyle ilgili istemdışı aklımıza gelen düşünceleri not ediyoruz. Sonra bir başka rüya parçasına yöneliyor, onu da aynı işlemden geçirip, düşüncelerimizin bizi götürdüğü yere gidiyoruz, bu arada –başkalarının sözleriyle söyleyecek olursak– yüzlerce düşünceden binlercesine ulaşıyoruz ve sonunda bizim katkımız olmadan rüyayı oluşturan rüya düşüncelerine ulaşmayı umuyoruz. Bu süreçle ilgili şöyle bir eleştiri olacaktır: Bir rüya öğesinden yola çıkıp bir şeylere ulaşmak şaşırtıcı bir şey değil. Her öğe bir şeyler çağrıştırabilir. Tuhaf olan, bu hedefsiz ve kontrolsüz düşünce silsileleri sonunda mutlaka rüya düşüncelerine ulaşılacağına inanılması. Burada muhtemelen kendimizi kandırıyoruz. Bir öğeden çıkan çağrışımlar zincirini bu zincirin herhangi bir nedenle koptuğu yere kadar takip ediyoruz. Sonra, ikinci bir öğeyi ele aldığımızda, doğal olarak çağrışımların eski sınırsızlığına bir kısıtlama geliyor.

İlk düşünce silsilesi henüz aklımızda olduğu için ikinci rüya düşüncesinin analizi sırasında muhtemelen ilk silsilede aklımıza gelenlerle bir şekilde bağlantılı olan şeyler daha kolay gelecektir aklımıza. Sonra bu iki rüya düşüncesi arasında kesişme noktasını ifade eden bir düşünce bulduğumuzu düşünüyoruz. Düşünceleri özgürce bağlantılandırdığımız için ve sadece normal düşünce ediminde bir düşünceden diğer düşünceye geçişleri ihmal ettiğimiz için, bir dizi "ara düşünceden" ortaya karışık bir şey yapmak ve buna rüya düşüncesi demek hiç zor olmayacaktır. Rüya düşünceleri üstüne başkaca bilgimiz olmadığı için, bunu hiç güvenli ve inanılır olmasa da yaparız. Bunların hepsi keyfi ve tesadüfi bağlantılar. Bu gereksiz çabaya giren herkes, herhangi bir rüyayı düşüne düşüne canının istediği gibi yorumlayabilir.

Böyle itirazlarla karşılaştığımızda yapmamız gereken şunlar: Rüya yorumunun izlenimlerine atıfta bulunmak, bir rüya öğesinin izini sürerken ortaya çıkan tek tek düşüncelerin diğer rüya öğeleriyle şaşırtan bağlantıları, rüyaları, eski ruhsal bağlantılardan yola çıkarak gerçekleştirilen rüya yorumu kadar bütünlüklü ve eksiksiz açıklayan başka bir yöntemin olma olasılığının düşüklüğü. Savımızı kanıtlamak için, rüya yorumu sürecinin histerik semptomların çözülmesi süreciyle birebir örtüştüğünü de söyleyebiliriz. Histerik semptomlarda sürecin doğruluğunu kanıtlayan, semptomların –tıpkı yorumlanan bir metnin araya giren görsel malzemeyle desteklenmesi gibi– doğru yerde ortaya çıkışı ve doğru yerde yok oluşudur.

Öte yandan kontrolsüz ve hedefsiz ilerleyen bir düşünce ağının neden önceden belirlenmiş bir hedefe varması gerektiği sorununu görmezden gelmemiz gerekmiyor. Çünkü bu sorunu tamamen çözemesek de bertaraf etmeyi başarabiliriz.

Çünkü kesinlikle biliyoruz ki rüya yorumu, aklımıza kimi düşüncelerin geldiği ya da istenmeyen düşüncelerin ortaya çıktığı amaçsız, hedefsiz bir düşünme süreci değil. Şu bir gerçek ki ancak bilincinde olduğumuz hedeflerden vazgeçebiliriz ve bunlardan vazgeçtiğimiz anda belirsiz –ya da hatalı da olsa söylediğimiz gibi– bilinçdışı hedeflerimiz iktidara gelirler ve istenmeyen düşüncelerin akışını belirlerler.

Ruhsal dünyamızın etkilemediği, belli bir hedefi olmayan bir düşünce üretmek mümkün değildir. Başka ne tür psikolojik karışıklık koşullarında böyle bir düşüncenin üretilebileceğini ben bilmiyorum.[13] Psikiyatrlar psikolojik yapının devamlılığı

---

13 Ed. v. Hartmann'ın bu çok önemli psikolojik meselede benim gibi düşündüğünü geç öğrendim: "Eduard von Hartmann bilinçdışının sanatsal yaratımdaki rolünü tartışırken (*Bilinçdışının Felsefesi*, 1. cilt, B-V), dile getirdiği yasanın öneminin farkında olmadan, bilinçdışı düşüncelerin neden olduğu çağrışımları açık bir şekilde ifade etmiştir. Hartmann'ın kanıtlamaya çalıştığı, her türden duyusal düşüncenin, tesadüfi olmadığı ve belli bir hedefe yönelik olduğu sürece, bilinçdışının yardımına ihtiyacı olduğuydu. Bir başka nokta da şuydu: Sayısız alternatif düşünceden hedefe en uygun olanı bulabilmek için bilinçdışının ihtiyacı olan, belli bir düşünce bağlantısına bilinçli olarak eğilmektir. "İlginin hedefine uygun seçimi yapan bilinçdışıdır ve bu yasa *soyut düşüncelerdeki çağrışımlar* için olduğu gibi, *duyusal düşünme, sanatsal kombinasyonlar ve espri üretimi* için de geçerlidir. Bu nedenle düşünce çağrışımını bu çağrışıma neden olan ya da çağrışımın neden olduğu düşüncelerle sınırlandırmak sadece çağrışım psikoloji açısından bakıldığında dahi mümkün değildir. Böyle bir sınırlama ancak insan sadece bilinçli hedeflerin değil, bilinçdışı hedeflerin de her türlü bilinçdışı ruh halinin de egemenliğinden ve etkisinden azade olduğunda mümkün olabilir. Ancak böyle bir şey

fikrinden çok çabuk vazgeçtiler. Hedefi olmayan, kontrol edilemeyen düşünce akışlarına histerilerde ve paranoyalarda olduğu gibi rüya yorumlarında da yok denecek kadar az rastlandığını biliyorum. Bu tür düşüncelere iç ruhsal duygulanımlarda da hiç rastlanmaz.

Leutret'in ayrıntılı açıklamalarından biliyoruz ki karmaşık beyin bulanıklıkları dahi bir anlam içerir ve sadece kopukluklar yüzünden bize anlaşılmaz gelirler. Bu olguyu gözlemleme imkânım olduğu için ben de aynı fikirdeyim. Beyin bulanıklığı, işleyişini gizleme ihtiyacı hissetmeyen sansürün marifetidir. Sansür burada itici olmayan yeni bir içerik üretmek üzere işbirliği yapmak yerine, itiraz ettiği her şeyi umursamadan siler; geriye kalanlar ise, kopuk kopuk ve tutarsızdır.

Düşüncelerin serbest çağrışım zincirleri boyunca başıboş olarak dolaşmalarına yıkıcı organik beyin süreçlerinde rastlamak mümkün olabilir. Psikonevrozlarda bu durum sansürün bir düşünce zincirini etkilemesini takiben bu düşüncelerin gizli kalmış hedefler tarafından ön plana çıkarılması olarak açıklanabilir.[14] Düşüncelerin (ya da imgelerin) aralarında yüzeysel çağrışım olarak adlandırılan bağlantılar yani yarım kafiyeler, çift anlamlı sözcükler, anlamsal değil ama zamansal örtüşmeler yani şaka

zaten mümkün değil. Çünkü kişi düşüncelerini tamamen tesadüflere bıraksa ya da kendini fantezilerinin istemsiz rüyalarına bıraksa da belli bir noktada başka temel ilgi ve hedefler, önemli duygular ve ruh halleri tesadüflere ve hayallere galip gelir ve düşünsel çağrışımı etkiler." (*Bilinçdışının Felsefesi*, 11. baskı, I., s. 246). Yarı bilinçli rüyalarda her zaman o andaki (bilinçdışı) ana ilgi ve hedeflerle ilgili düşünceler yer alır (*age*). Duyguların ve ruh halinin serbest çağrışım üzerindeki etkilerini vurgulamak, psikanaliz yöntemini Hartmann'ın psikoloji tanımı itibariyle de doğruluyor." (N. E. Pohorilles; *Uluslararası Tıbbı Psikanaliz Dergisi*, I, 1913, s. 605 ve devamı) – Du Prel ısrarla hatırlamaya çalıştığımız bir rüyanın aniden aklımıza gelmesini, bilinçdışı olmakla beraber hedefe yönelik bir düşüncenin varlığıyla açıklar ve bu düşüncenin sonucunun bilincimize çıktığını söyler (*Mistisizm Felsefesi*, s. 107).

14 *Krş.* Bu iddia C. G. Jung'un demans analizlerinde mükemmelen doğrulanmıştır ("Demansın Psikolojisi Üzerine", 1907).

ve kelime oyunlarındaki bütün çağrışımlar, hedef düşüncelerden bağımsız çağrışımların kesin kanıtı olarak görülüyordu. Bu özellik bizi rüya içeriğinin öğelerinden ara düşüncelere, buradan da temel rüya düşüncelerine götüren düşünce zincirleri için de geçerli. Gerçekleştirdiğimiz sayısız rüya analizi sırasında bizi şaşırtan bu tür örneklere rastladık. Bu analizlerde tek bir gevşek bağlantı yoktu, tek bir şaka bile, iki düşünce arasındaki bağlantıyı kuramayacak kadar zayıf değildi. Bu "hoşgörülü" ortamın açıklaması hiç de zor olmadı bizim için: *Bir ruhsal öğenin ikinci bir öğeyle yüzeysel ve olumsuz bir bağlantısı olması, her zaman bu iki öğe arasında sansüre uğramış daha düzgün ve uygun ve daha derinlemesine bir ilişki olduğunu gösterir.*

Yüzeysel çağrışımların çoğunlukta olmasının nedeni, hedef düşüncelerin geçersiz olması değil sansürün yarattığı baskıdır. Yüzeysel çağrışımlar, sansür normal bağlantı yollarını kapadığında, derinlikli bağlantıların yerini alır. Bu durum dağlık bölgelerde örneğin bir sel baskını sırasında geniş yolların trafiğe kapanmasına benzer. Böyle bir durumda trafik, normal zamanlarda sadece avcıların kullandığı elverişsiz ve sarp patikalardan ilerler.

Bu noktada özde aynı olmalarına rağmen iki durumu birbirinden ayırabiliriz. Birincide sansür ayrı ayrı itiraz etmeyeceği iki düşüncenin arasındaki bağlantıya karşı çıkar. Böylece bu iki düşünce bilinçte art arda sahneye çıkar. Aralarındaki gerçek bağlantı gizlenmiş ama bunun yerine normalde aklımıza gelmeyecek yüzeysel bir bağlantı kurulmuştur. Bu yeni bağlantı, bastırılan asıl düşünce kompleksinin bir başka noktasına yerleşmiştir. İkinci durumda ise, her iki düşünce de içerikleri itibariyle sansüre tabi olur. Bu düşünceler gerçek halleriyle değil değişime uğrayarak,ya da başka bir düşünce tarafından temsil edilmek suretiyle ortaya çıkarlar. Temsili düşünceler yüzeysel bir çağrışım vasıtasıyla bağlantı kurarak, yerini aldıkları düşünceler arasındaki asıl bağlantıyı temsil ederler. *Sansürün baskısı her iki durumda da normal, ciddi bir çağrışımla yüzeysel ve saçma bir çağrışım arasında yer değiştirmeye neden olur.*

Bu yer değiştirmenin farkında olan bizler, rüya yorumu sırasında yüzeysel çağrışımlara da hiç tereddüt etmeden güveniriz.[15]

Nevrozların psikanalizle tedavisinde bu iki önerme, yani düşünce süreçlerinde bilinçli, amaçlı düşüncelerin yerini gizli amaçlı düşüncelerin aldığı ve yüzeysel çağrışımların aslında bastırılmış ama daha derinlikli çağrışımların yerini aldığı önermeleri en geniş şekilde kullanılır. Hatta psikanaliz bu iki önermeyi tekniğinin temel taşları olarak kabul eder. Bir hastama düşünüp taşınmayı bir kenara bırakıp ve aklına gelen her şeyi bana aktarmasını söylerken, tedavinin hedef düşüncelerini aklından çıkaramayacağını biliyorum ve söylediklerinin sözde en masum ve keyfi olanlarının bile hastalığıyla bağlantılı olduğunu düşünmeye hakkım olduğunu düşünüyorum. Hastanın farkında olmadığı bir başka hedef düşünce ise, bizzat ben oluyorum.

Bu iki olguyu anlamak ve ayrıntılarıyla kanıtlamak psikanaliz tekniğinin sağaltıcı bir yöntem olarak tanımının bir parçası. Bu noktada, rüya yorumunu bilerek bir kenara bırakacağımız bir ek konuyu ele almak durumundayız.[16]

15 Tabii bu düşünceler, yüzeysel çağrışımların rüya içeriğinde ortaya çıkması durumunda da geçelidir. Örnek olarak Maury' nin ele aldığı iki rüyaya bakalım (s. 85: pélerinage–pelletier–pelle; kilometre–kilogram–gilolo–lobelia-Lopez–lotto). Nevrotik hastalarımdan, hangi anıların temsil edilmeyi sevdiğini de biliyorum. Bu anılar daha çok ergen yaşın gerektirdiği merakla ansiklopedilere (hatta sözlüklere) bakılarak cinsel soruları anlama açlığıyla ilgili anılardır.

16 Başlangıçta anlamsız görülen bu cümleler, daha sonra Jung ve öğrencilerinin "Teşhise Yönelik Çağrışım Araştırmaları"yla deneysel olarak kanıtlanmış ve kullanılmıştır.

Doğru olan ve bütün itirazlara direnmeyi sürdürmesi gereken tek şey, yorum çalışmasında sözü geçen her ayrıntının rüya çalışmasında yeri olması gerekmediği. Uyanıkken yaptığımız yorum, rüya öğelerinden rüya düşüncelerine geri dönmek anlamına geliyor. Rüya çalışması bu yolu ters yönde gitmişti; bizim yorum sırasında aynı yolu aynı şekilde geri dönmemiz çok gerçekçi görünmüyor. Daha gerçekçi bir yaklaşım, gündüz vakti, ara düşüncelerle ve rüya düşünceleriyle orada burada karşılaşan yeni düşünce bağlantıları üzerinden ilerliyor olmamız. Gündüzün taze düşünce malzemesinin yorumların arasına nasıl girdiğini görürüz ve belki de gece bittikten sonra artan direnç, daha yeni, daha uzak dolambaçlı yollara girmeyi gerektirir. Bizi aranan rüya düşüncelerine ulaştırdıkları sürece, gündüz kurduğumuz bağlantıların biçiminin ve sayısının hiçbir psikolojik anlamı yoktur.

B. GERİLEME

Şimdi artık eleştirilere karşı kendimizi koruyabildiğimize ya da en azından savunma silahlarımızın nerede olduğunu gösterebildiğimize göre, uzun zamandır hazırlandığımız psikolojik incelemeye başlamayı daha fazla ötelemememiz gerekiyor. Rüya, çok önemli ruhsal bir edim; rüyanın oluşmasını sağlayan itici güç ise her zaman giderilmesi gereken bir arzudur. Rüyanın bir arzu olduğunu anlayamamamızın, bir dizi tuhaflık ve saçmalık içermesinin nedeni, oluşumu sırasında etkisi altına girdiği sansürdür. Rüyanın oluşumu sırasında, sansürden kurtulma zorunluluğunun yanı sıra, ruhsal malzemenin yoğunlaşma zorunluluğunun, duyusal imgelerin tasvir edilebilirliğinin dikkate alınması ve –her zaman olmasa da– rüyanın dış yapısının mantıklı ve anlaşılır olmasının dikkate alınması gibi faktörler belirleyici oluyor. Bu önermelerin her birinden, psikolojik önermelere ve tahminlere ulaşılan bir yol bulunuyor ve bizim hem arzu motifiyle bu dört koşul arasındaki, hem de koşulların kendi aralarındaki ilişkiyi incelememiz, rüyayı ruhsal yaşamla bağlantılandırmamız gerekiyor.

Bu bölümün başında henüz çözemediğimiz muammaları bize hatırlatması için bir rüyaya yer vermiştik. İstediğimiz gibi tamamlayamamış olsak da yanan çocuk rüyasının yorumlanması hiç zor olmamıştı. Neden uyanmayıp rüya görüldüğü sorusunu sormuştuk ve rüya görenin çocuğun ölmemiş olmasını arzuladığını fark etmiştik. Burada bir başka arzunun daha devrede olduğunu ilerideki açıklamalarımız ışığında tespit edebileceğiz. Ama şimdilik, uykudaki düşünce sürecinin rüyaya dönüşmesine neden olanın arzu giderilmesi olduğunu söyleyebiliriz.

Arzu giderilmesini bir yana bıraktığımızda, elimizde iki psikolojik olayı birbirinden ayıran tek bir özellik kalmış oluyor. Bu durumda rüya düşüncesi şöyle olurdu: Cesedin olduğu odadan bir ışık sızıyor. Belki de bir mum devrildi ve çocuk yanmaya başladı! Rüya bu düşünceyi birebir içeriyor, hem de o anda ve uyanık yaşamdaki duyularımızla bir olayı nasıl algılıyorsak o şekilde. Ama bu zaten rüya görmenin en genel, en açık ve en anlaşılır ruhsal özelliği. Rüyalarda bir düşünce, çoğunlukla da arzu edilen bir düşünce, somutlaşır, sahneye konur, daha doğrusu yaşanır.

Peki şimdi rüya çalışmasının bu karakteristik özelliğini nasıl açıklayacağız ya da daha mütevazı ifade edecek olursak, ruhsal süreçlerin bağlamına nasıl oturtacağız?

Daha yakından baktığımızda, rüyanın bu halini birbirinden tamamen bağımsız iki ayrı özelliğin belirlediğini söyleyebiliriz. Bu özelliklerden biri, o andaki durumun "belki"siz tasviri, diğeri ise, düşüncenin görsel imgelere ve konuşmaya dönüştürülmesi.

Rüya düşüncelerinin içerdiği beklentinin, şimdiki zamanda gerçekleşen bir şeye dönüştürülmesi süreci, bu rüyada çok da belirgin değil gibi. Bunun nedeni, bu rüyada arzu giderilmesinin özel, biraz da tali bir rolü olması. O halde rüyadaki arzunun uyanık yaşamdaki düşüncenin uykuya geçişi sırasında ortadan kalkmadığı bir rüya, örneğin "İrma'nın enjeksiyonu" rüyasını alalım ele. Bu rüyada ele alınan rüya düşüncesi, bir temenni: İrma'nın hastalığı keşke Otto'nun suçu olsaydı! Rüya bu temenniyi bastırıyor ve yaşanmış bir durum gibi gösteriyor: Evet, İrma'nın hastalığının suçlusu Otto'dur. O halde bu, çarpıtılmamış rüyanın rüya düşünceleri üzerinde gerçekleştirdiği ilk dönüşüm. Rüyanın bu ilk özelliği üzerinde fazla durmayacağız. Bu özellikle ilgili olarak, düşünce içeriğini aynı şekilde ele alan bilinçli fantezimize, yani gündüz düşlerine işaret etmekle yetiniyoruz. Daudet'in Mr. Joyeuse'si Paris'in sokaklarında aylak aylak gezerken, kızları babalarının bir işi olduğunu ve büroda oturduğunu düşünmektedir. Mr. Joyeuse bu arada hangi torpille nasıl iş bulabileceğini hayal etmektedir ve bunu, şimdiki zaman kipinde gerçekleştirir. İşte rüya da şimdiki zamanı tıpkı bu örnekteki gibi, yani gündüz düşleri gibi kullanır. Şimdiki zaman kipi, arzuların giderilmiş olarak temsil edildiği zaman kipidir.

Rüyaların onları gündüz düşlerinden ayıran ikinci özelliği, rüyanın düşünce içeriğinin aslında düşünülmediği, duyusal imgelere dönüştüğü ve bize gerçekten de yaşandığı duygusunu vermesidir. Ama buraya, düşüncelerin duyusal (duyu organlarıyla algıladığımız) imgelere dönüşmesinin her rüya için geçerli olmadığını da ekleyelim. Kimi rüyalar sadece düşüncelerden oluşur ve sırf bu yüzden onları rüya tanımlamasının dışında tutamayız. "Autodidasker – Profesör N.'yle ilgili gündüz düşü" rüyam böyle bir rüya. Bu rüyanın içeriği sanki gündüz olduğu gibi düşüncelerden ibaret yani neredeyse tek bir duyusal imge yok. Uzun rüyalarda da uyanık yaşamdan alışık olduğumuz bu türden sadece düşünülen ya da bilinen ve duyusal imgelere dönüşmemiş öğeler vardır. Öte yandan düşüncelerin duyusal imgelere dönüşmesi sadece rüyaya özgü bir şey değil; sağlıklıyken gördüğümüz halüsinasyonlarda, hayallerde ya da psikonevrozların semptomlarında da aynı durum mevcut. Kısacası burada incelediğimiz (düşünce ve duyusal imge arasındaki) ilişki kesinlikle anlattığımızla sınırlı bir ilişki olmamakla birlikte, rüya yaşamının en önemli ve en vazgeçilmez özelliğidir ve bu özelliği kavrayabilmemiz için daha ayrıntılı açıklamalar gerekir.

Burada rüya teorisiyle ilgili görüşlerini açıklamış olan yazarlardan birini başlangıç noktası olarak ele almaya değer buluyorum. Büyük usta Gustav Theodor Fechner *Psikofizik* adlı eserinin rüyaları ele aldığı bölümünde (II. Bölüm; s. 520) *rüyaların geçtiği mekânların uyanık yaşamdaki düşünce dünyasından farklı yerler olduğu* tahmininde bulunur. Fechner, bundan başka hiçbir varsayımın rüya yaşamına özgün özelliklerini kavramamıza olanak sağlayamayacağını söyler.

Burada sözü edilen, bir *ruhsal mekân* düşüncesi. Bu noktada, anatomik bir terkip olarak da tanıdığımız ruhsal aygıtı bir kenara bırakmamız ve ruhsal mekânı anatomik olarak açıklamaktan kaçınmamız gerekiyor. Biz, psikolojinin sınırları içinde kalıp, ruhsal etkinlikleri oluşturan aygıtı birleşik bir mikroskop, bir fotoğraf makinesi vb. gibi düşünmemizi söyleyen sesi takip ediyoruz. Bu durumda ruhsal mekân, böyle bir aygıtın içinde yer alan ve imgelerin (imaj ve görüntülerin) ön evrelerinden birinin oluştuğu bir mekân. Mikroskoplarda ve dürbünlerde bu bölümün elle tutamadığımız, sadece var olduğunu düşündüğümüz bir bölüm olduğunu biliyoruz. Bu ve benzeri benzetmelerin yetersizlikleri için özür dilemeyi düşünmüyorum. Bu benzetmelerin tek amacı, karmaşık ruhsal etkinlikleri bileşenlerine bölerek ve tek tek etkinlikleri aygıtın tek tek parçalarıyla ilişkilendirerek anlaşılır kılmak. Bildiğim kadarıyla bugüne değin ruhsal aygıtın bileşenlerini bu şekilde parçalara ayırarak anlamaya çalışma cesaretini gösteren henüz olmadı. Bence bu son derece masum ve zararsız bir girişim. Ben, inşaatın iskelesini bitmiş bina zannetmemizi engelleyecek bir soğukkanlılıkla yargılamaya devam edebildiğimiz sürece, tahminlerimizi serbestçe dile getirmemizde bir sakınca görmüyorum. Bilinmeyen bir olguya ilk kez yaklaşırken ihtiyacımız olan tek şey geçici bir yardım ve bu yüzden en basit ve ama en yakınımızda yer alan hipotezlere öncelik veriyoruz.

O halde ruhsal aygıtı birleşik bir aygıt olarak düşünüyor ve parçalarına *merciler* ya da daha net anlaşılması için *sistemler* diyoruz. Sonra bu sistemlerin birbirleriyle ilişkilerinin –tıpkı bir dürbünün mercek sisteminin art arda dizilmesi gibi– sabit mekânsal bir ilişki olduğunu düşünüyoruz. Aslında ruhsal sistemlerin gerçek anlamda bir mekânsal sıralama içinde oldukları savına ihtiyacımız yok. Belli ruhsal süreçlerde uyarımın belli bir zamansal dizinin içinden geçerek sabit bir dizin oluşturması yeterli olacaktır. Bunun sonucu başka süreçlerde bir değişim olabilir, bu olasılığın bizim için de mümkün olabileceğini düşünüyoruz.

Aygıtın parçalarını "ψ-sistemleri" olarak kısaltalım.

Dikkatimizi çeken ilk şey, ψ-sistemlerinden oluşan bu aygıtın bir yönü olması. Bütün ruhsal eylemlerimiz (içsel ya da dışsal) uyarımlarla başlar ve inervasyonla[17] biter. Yani aygıtın bir duyusal, bir de motorik ucu olduğunu söylüyoruz. Duyusal uçta algıları kabul eden bir sistem var, motorik uçta ise hareketliliğin kapaklarını açan bir başka sistem. Ruhsal etkinlik normal koşullarda algı ucundan başlayarak hareketlilik ucuna doğru ilerliyor. Bu aygıtın en basit şeması şöyle olabilir:

---

17 Sinir sistemi aracılığıyla canlandırma. –çev. n.

Bu şema ruhsal aygıtın –uzun zamandır bildiğimiz gibi– bir çeşit yansıtıcı olduğunu göstermekten ibaret. Yansıtma süreci, bütün ruhsal etkinliklere örnek teşkil eder.

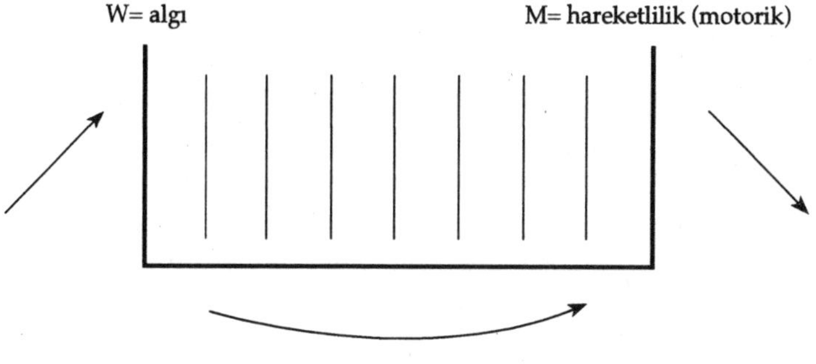

Şekil 1

Şimdi haklı olarak duyusal uçta ilk ayrıntılara gireceğiz. Ruhsal aygıtımıza ulaşan algılar burada "anımsama izi" diyebileceğimiz bir iz bırakır. Bu ize, bellek diyoruz. Ruhsal süreçleri sistemlere bağlamakta ciddiysek, anımsama izlerinin sadece sistemin öğelerindeki kalıcı değişiklikler olduğunu söylemek zorundayız. Sık sık aynı sistemin bir taraftan öğelerindeki değişiklikleri muhafaza edip, diğer taraftan her türlü yeni değişiklik vesilesine açık olmasının bir sorun teşkil ettiği söyleniyor. Deneyimizin temelini oluşturan ilkeler uyarınca bu iki eylemi farklı sistemlere dağıtacağız. Aygıtın en öndeki sisteminin algıları içine aldığını ama muhafaza etmediğini yani bir belleği olmadığını, bu sistemin ardında ikinci bir sistem olduğunu, bu ikinci sistemin ilk sistemin anlık uyarılarını kalıcı izlere dönüştürdüğünü varsayıyoruz. Bu durumda ruhsal aygıtın şeması şöyle olacaktır (Şekil 2):

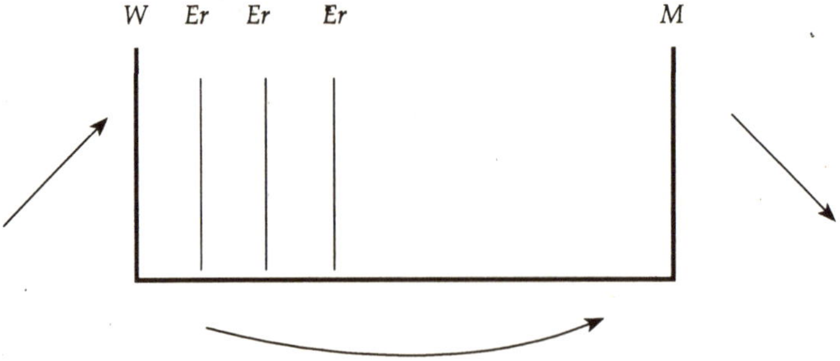

Şekil 2
W= algı Er= anımsama M= hareketlilik

Algı sistemi üzerine etki eden algıların içeriğinden başka bir şeyi daha sürekli muhafaza ettiğimizi biliyoruz. Algılarımızın belleğimizde birbirleriyle bağlantılı oldukları, özellikle de eşzamanlı olarak ortaya çıkanların birbirleriyle bağlantılı oldukları bilgisi de doğrulandı. Bu olguya *çağrışım* diyoruz. Ama öte yandan algı sisteminin belleği olmadığını söylemiştik; o halde bu sistem çağrışım için gerekli izleri de muhafaza edemez. Bu durumda, yeni bir algı üzerinde eski bağlantıların kalıntıları etkili olduğunda, algı öğelerinin işlevleri yoğun biçimde engellenir. O halde çağrışımın kaynağının, anımsama sistemleri olduğunu varsaymak zorundayız. Bu durumda çağrışım, direnç azaldığında ya da bağlantı yolları açıldığında, uyarım belli bir anımsama öğesinden ikinci bir anımsama öğesine üçüncü bir öğeden daha kolay ulaşır.

Duruma daha yakından baktığımızda bir değil, algı öğelerinin oluşturduğu uyarım neticesinde farklı izler bıraktığı birçok anımsama öğesi olduğunu kabul etmek zorunda kalırız. Birinci anımsama sistemi doğal olarak eşzamanlı çağrışımın izini taşıyacaktır. Aynı algı daha uzaktaki anımsama sistemlerinde farklı karşılaşmalar boyunca sıralanacak ve böylece benzerlik ilişkisi vb. sonraki sistemlerde düzenlenecektir. Böyle bir sistemin ruhsal önemini sözcüklere dökmeye çalışmak gereksiz. Bu tür bir sistemin özelliği, ham anı malzemesinin öğeleriyle içsel bir ilişki kurması olabilir; yani –çok daha derinlemesine inecek bir teoriye gönderme yapacak olursak– bu öğelerin iletim direncinin farklı dereceleri sistemi belirleyebilir.

Burada önemli noktalara ulaşmamızı sağlayacak genel bir yorum yapmakta fayda var. Değişiklikleri muhafaza edemeyen yani belleği olmayan algı sistemi, bilincimize çok çeşitli duyusal nitelikler katar. Öte yandan –bizi derinden etkilemiş olanlar da dahil olmak üzere– anılarımızın bilincinde değiliz. Bu anılarımızı bilinçli hale getirebiliriz getirmesine ama anıların bilinçsiz olduklarında da bizi etkiledikleri kesindir. "Karakterimiz" dediğimiz şey de izlenimlerimizin "anımsama izleri"ne dayanır. Ve üzerimizde en etkili olanlar ilk çocukluk yıllarımıza ait olanlar yani neredeyse hiç bilincinde olmadığımız anılardır. Ancak bu anılar bilince ulaştıklarında duyusal bir nitelikleri hiç yoktur ya da algılarımızla kıyasladığında yok denecek kadar azdır. Bu noktada, *ψ sistemlerinde belleğin ve bilincin özelliklerinin birbirini dışladığını* kanıtlayabilirsek, nöronlardaki uyarılmanın koşullarıyla ilgili önümüze yeni yollar açan bir bilgiye ulaşmış olacağız.[18]

Ruhsal aygıtın duyusal ucunun bileşenleri hakkında şimdiye değin varsaydıklarımızda rüyaları ve rüyalardan türetilebilecek psikolojik açıklamaları dikkate almadık. Ama bu aygıtı biraz daha iyi tanıyabilmemiz için rüyanın tanıklığına ihtiyacımız var. Rüya oluşumunu iki ruhsal merciinin varlığını kabul etmeden açıklayamayacağımızı, bu mercilerden birinin diğerinin eylem-

18 Daha ilerde bilincin tam da anı izleğinin olduğu yerde oluştuğunu söyledim (Son değindiğim yer için *bkz.* "Wunderblock Üzerine Notlar", 1925, *Toplu Eserler*, V. Cilt).

lerini eleştiriye tabi tuttuğunu ve bu eleştiri sonucunda da bilincin dışına itilme işleminin gerçekleştiğini gördük.

Yine gördük ki eleştiren merciin bilinçle, eleştirilen mercie oranla daha yoğun bir ilişkisi var ve eleştiren merci, bilinç ve eleştirilen mercii arasında bir paravan gibi duruyor. Yine uyanık yaşamımızı yöneten ve iradi ve bilinçli davranışlarımızın kararını verenin eleştiren merci olduğunu kanıtlayan ipuçları bulduk. Bu mercilerin yerine varsayımlarımız doğrultusunda sistemleri koyacak olursak, son söylediklerimiz ışığında eleştiren sistemi hareketlilik ucuna yerleştirmemiz gerekecek. Şimdi bu iki sistemi şemamıza aktaralım ve onlara verdiğimiz isimlerle bilinçle ilişkilerini ifade edelim.

Hareketlilik ucundaki sisteme –sistemin içindeki uyarım süreçlerinin beklemeden belli koşullar altında bilince ulaşabildiklerini ifade edebilmek amacıyla– *ön bilinç* diyoruz.

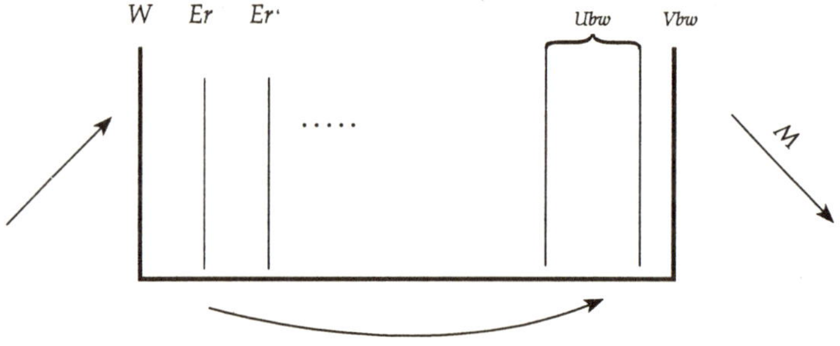

Şekil 3

W= algı; Er= uyarım; Ubw= bilinçdışı; Vbw= ön bilinç; M= hareketlilik

Bu koşullar belli bir yoğunluğa ulaşılması, "dikkat" olarak adlandırabileceğimiz bir işlevin belli bir biçimde dağılması vb.'dir.

Bu sistem aynı zamanda isteğe bağlı hareketliliğin anahtarını elinde bulunduran bir sistem. Bu sistemin ardındaki sisteme ise, *bilinçdışı* diyeceğiz. Çünkü bu sistemin ön bilinçten geçmeden bilince ulaşması mümkün değil ve sistem uyarım süreçleri buradan geçerken değişikliklere uğramak zorunda.[19]

Peki rüya oluşumunun tetiklenmesini bu sistemlerin hangisine yerleştireceğiz? Durumu basitleştirmek için *bilinçdışına* diyelim. İlerdeki açıklamalarda bunun tam da doğru olmadığını, rüya oluşumunun *ön bilince* ait rüya düşünceleriyle bağlantılı olması gerektiğini göreceğiz. Ama yine rüyadaki arzulara değineceğimiz bölümde, rüyanın itici gücünün *bilinçdışından* sağlandığını anlayacağız. Bu yüzden bilinçdışı sistemi rüya oluşumunun başlangıç noktası olalrak kabul etmek istiyoruz. Rüya uyarımı diğer bütün düşünce oluşumları gibi *ön bilinçte* var olmaya devam etmeye ve buradan bilince ulaşmaya çalışacak.

Deneyimlerimizden biliyoruz ki gündüz saatlerinde rüya düşüncelerinin ön bilinçten bilince ulaştığı yol direnç sansürü tarafından kapatılıyor. Bu düşünceler gece bilince ulaşıyor ama burada da hangi yoldan ve hangi değişikliklerin ardından ulaşabildiği sorusu çıkıyor karşımıza. Eğer rüya düşüncelerinin, gece bilinçdışı ve ön bilinç sınırında nöbet tutan direncin azalması neticesinde bilince ulaşmaları mümkün olsaydı, bizim düşüncelerimizde olan ve şu anda ilgilendiğimiz, halüsünasyon özelliği taşımayan rüyalar görürdük.

Ön bilinç ve bilinçdışı arasındaki sansürün azalması bize "Autodidasker" gibi rüya oluşumlarını açıklayabilir ama analizimizin tepesine oturttuğumuz *yanan çocuk* gibi rüyaları bu şekilde açıklayamayız.

19 Bu lineer ilerleyen sistem düşüncesini ilerletecek olursak, önbilinci takip eden sistemin bilinç sistemi olduğunu (yani W= bilinç) kabul etmemiz gerekiyor.

Halüsinasyon benzeri rüyaları açıklayabilmenin tek yolu şu: Bu tür rüyalarda uyarım *tersine bir yol* izler yani hareketlilik ucuna doğru değil, duyusal uca doğru ilerler. Biz bilinçdışından uyanık yaşama giden ruhsal sürece "ilerleyen" süreç adını verirsek, rüyaların da "gerileyen" bir özelliğe sahip olduğunu söyleyebiliriz.[20]

O halde bu *gerileme* rüya sürecinin en önemli ruhsal özelliklerinden biri. Ama unutmamalıyız ki, gerileme sadece rüyaya özgü bir şey değil. Bilinçli hatırlama edimi ya da normal düşünce sistemimizin kimi süreçleri de ruhsal aygıtta karmaşık bir düşünce eyleminden, bu eylemin anı izlerinin hammaddesine doğru bir geri adım anlamına gelebilir. Ancak bu geri adım uyanık yaşamda asla anı imgelerinin ötesine geçemez ve algılanan imgeleri halüsinasyon şeklinde canlandırmayı başaramaz. Rüyalarda bu durum neden farklı peki? Rüyada yoğunlaştırmadan söz ederken, bir düşüncedeki yoğunluğun diğer bir düşünceye bütünüyle aktarıldığını kabul etmek zorunda kalmıştık. Belki de algı sistemini ters yönde, yani düşüncelerden tam duyusal canlılığa doğru yürüten ruhsal süreçteki bu değişimdir.

Bu açıklamalarımızın önemi konusunda kendimizi kandırmadığımızı umuyorum. Henüz, açıklanamayan bir olguya isim vermekten başka bir şey yapmış değiliz. Rüyada bir düşüncenin başlangıçta doğduğu duyusal imgeye geri dönmesine *gerileme* diyoruz. Ama bu cümlenin de savunulması gerekiyor.

Bize yeni bir şey söylemeyen bir olguya neden bir isim verdik o halde? Bence "gerileme" adı, tanıdığımız bir gerçeği, bir

20 "Gerileme" ilk kez Albertus Magnus tarafından dile getirilmiştir. Magnus'un terimiyle "imaginatio", duyusal olarak algıladığımız imgelerden muhafaza ettiklerimizle rüyayı inşa eder. Süreç uyanık yaşamdakinin tersi yönde ilerler (*Diepken*, s. 14)- Hobbes (*Leviathan*, 1651) şöyle der: "Özetleyecek olursak, rüyalarımız uyanık yaşamdaki fantezilerimizin tersidir. Uyanıkken hareket bir uçtadır, rüya görürken öbür uçta" (H. Ellis'ten alıntı, s. 112).

yönü olan ruhsal aygıtla ilişkilendirebildiğimiz sürece yardımcı olacak bize. İşte ancak bu noktada bu şemanın bir anlamı olabilir. Çünkü rüya oluşumunun bir başka özelliğini daha fazla düşünmeye gerek kalmadan salt bu şema sayesinde anlayabileceğiz. Rüya sürecini, var olduğunu varsaydığımız ruhsal aygıtın içindeki bir *gerileme* olarak düşündüğümüzde ortaya şu ampirik gerçek çıkıyor: Rüya düşüncelerindeki bütün düşünce bağlantıları rüya çalışması sırasında yok olur ya da çok zor kendilerini ifade edebilirler. Bu düşünce bağlantıları bizim şemamızda ilk anımsama sistemleri değil, çok daha önlerdeki sistemlerdir ve algı imgelerine doğru gerilerken anlamlarını kaybederler. *Rüya düşüncelerinin dokusu, gerileme esnasında kendi hammaddesine dönüşür.*

Peki gündüzün mümkün olmayan bu gerilemeyi mümkün kılan değişim ne olabilir? Bazı tahminler yürütelim: Burada muhtemelen uyarımların akışına yol veren ya da vermeyen tek tek sistemlerin içerdiği enerjide bir değişiklik söz konusu. Ama öte yandan, her aygıtta uyarım yolu üzerindeki böyle bir etki çok farklı değişikliklere yol açacaktır. Bu noktada hemen uyku hali ve bu uyku halinin aygıtın duyusal ucunda neden olduğu yüklerdeki değişiklikler geliyor aklımıza. Gündüz vakti ψ-sisteminde algıdan hareketliliğe doğru düzenli bir akım var; bu akım gece sona erer ve uyarımın olası bir geri akımını engelleyemez. Bu durum kimi yazarların ortaya attıkları kuramlarda rüyayı açıkladığını söyledikleri gibi bir "dış dünyadan kopuş" olabilir (*Bkz.* s. 53). Öte yandan rüyadaki gerilemeyi açıklamaya çalışırken uyanık yaşamda hasta olduğumuzda ortaya çıkan gerilemeleri de dikkate almamız gerekiyor. Bu tür durumlarda az önce verdiğimiz bilgiler bizi yarı yolda bırakır. Çünkü uyanık yaşamda ilerleme yönünde aralıksız bir duyusal akım olmasına rağmen gerilemeler söz konusu olabiliyor.

Histerideki ve paranoyadaki halüsinasyonlar ve ruh sağlığı yerindeki insanların hayalleri için, gerilemeyle örtüştüklerini yani bunların da imgelere dönüşmüş düşünceler olduğunu, sadece böyle düşüncelerin bastırılmış ya da bilinçdışında kalmış anılarla yoğun bir ilişkileri olduğunu söyleyebilirim. Örneğin en genç histeri hastalarımdan biri olan on iki yaşındaki bir erkek çocuğu uykuya dalarken gördüğü *"kırmızı gözlü yeşil suratlar"*dan çok korkuyordu. Bu görüntülerin nedeni sonradan hatırlanan bastırılmış görüntülerdi. Bu görüntülerde dört yıl önce sık sık karşılaştığı bir çocuk ona çocukların kötü alışkanlıklarıyla ilgili resimler gösteriyordu. Bunların arasında mastürbasyon resimleri de vardı ve çocuk bu yüzden şimdi geriye dönük olarak kendini suçluyordu. Anne o dönemde çocuğun yüzünün renginin yeşilimsi ve gözlerinin kırmızı (yani kızarmış) olduğunu söylüyordu. İşte korkunç hayaletin nedeni buydu. Üstelik bu hayalet sadece, annesinin, böyle çocukların ileride aptal olacakları, okulda hiçbir şey öğrenmedikleri ve erken öldükleri yönündeki öngörüsünü destekliyordu. Küçük hastamız bu öngörünün bir kısmının gerçekleşmesini sağlamıştı: Okulda başarılı değildi ve konuşmamız sırasında aklına gelenlerden ötürü öngörünün ikinci kısmının gerçekleşmesinden korkuyordu. Ama tedavimiz kısa sürede başarıya ulaştı, çocuk uykuya dalmayı başarıyordu artık, korkuları geçti ve okul yılını da örnek bir karneyle bitirdi.

Buraya 40 yaşında bir histeri hastası kadının sağlıklı günlerindeki düşüncelerinin çözümlemesini ekleyeyim: Günlerden bir gün sabah gözünü açan kadın, tımarhanede olduğunu bildiği erkek kardeşini yatak odasında görür. Kadının küçük oğlu yatakta yanında yatmaktadır. Çocuk *dehşete kapılıp kasılmasın* diye *yatak örtüsünü çocuğun başına çeker* ve o anda hayal kaybolur. Bu hayal kadının çocukluğuna dair bir anının başka bir şekildir. Hayal kadının bilincindedir gerçi ama içinde yer alan bir dolu bilinçdışı malzemeyle yoğun ilişkisi vardır. Kadının bakıcısı, bir buçuk yaşındayken kaybettiği annesinin epilepsi ve histeri kaynaklı kasılmalar yaşadığını, bu kasılmaların nedeninin erkek kardeşinin (hastanın dayısının) bir gün başına bir örtü geçirerek hayalet kılığında karşısına çıkması olduğunu anlatmıştır. Hastanın gördüğü hayalle anı aynı öğeleri içeriyor: erkek kardeşin hayali, yatak örtüsü, dehşet duygusu ve etkileri. Bu öğeler yeni bir bağlamda yer alıyor sadece ve başka kişilere aktarılmış olarak çıkıyor ortaya. Hayalin açık amacı, bu hayalin temsil ettiği düşünce, kadının, fiziksel olarak dayısına çok benzeyen küçük oğlunun onun kaderini paylaşacağı endişesidir.

Yukarıda ele aldığım örnekler uyku durumundan tamamen bağımsız değil ve bu yüzden ihtiyacım olan anlamda kanıt olmaya uygun değiller.

Bu nedenle, düşüncelerin gerileyici dönüşümünün söz konusu olduğu durumlarda, bastırılan ya da bilinçdışı –ve çoğu kez çocukluk dönemine ait– anıların etkisini göz ardı etmemek için, bir halüsinasyon paranoyası analizine[21] ve henüz yayınlamadığım psikonevrozların psikolojisi çalışmama bakılmasını rica ediyorum. Bu tür anılar, bağlantılı oldukları ve sansüre maruz kalan düşünceleri, kendileriyle birlikte –sanki anının içinde bulunduğu ruhsal ifadeye doğru– geriletirler. Burada histeri araştırmalarının bir sonucuna değineceğim: Çocukluk sahneleri (ister anı olsun, isterse fantezi) bilince ulaştırabilmeleri mümkün olduğunda ya bir halüsinasyon olarak görülür ya da anlatıldıktan sonra bu özelliklerini kaybederler. Hatta anılarını görsel olarak canlandıramayan kişilerin bile, en eski çocukluk anılarının canlı gibi gözlerinin önünde canlandığı ve bu görüntüleri yıllarca muhafaza ettikleri biliniyor.

---

21 Savunma nevrozu psikozları hakkında bilgi için: *Nevroz Yıllığı*, 1896, no: 10 (*Toplu Eserler*, I. cilt).

Rüya düşüncelerinde çocuklukta yaşananların ya da bu yaşananlarla ilgili fantezilerin ne kadar büyük bir yer tuttuklarını, aynı anının tekrar tekrar rüya içeriğinde karşımıza çıktığını, rüya arzularının ne kadar sık bu çocukluk arzularından türediğini dikkate aldığımızda şu olasılığı inkar etmemiz zorlaşır: Düşüncelerin görsel imgelere dönüşmesi, yeniden canlanmaya çalışan, görsel olarak ifade edilmeye uğraşan anıların, kendini ifade etmeye çalışan, bilinçle bağlantısı olmayan düşünceler üzerindeki çekiminin bir sonucudur. Bu yaklaşım ışığında rüyaları şöyle tanımlamak mümkün: *Rüya, çocukluk anılarının, şimdiki zamana ya da yakın geçmişe aktarılırken değişikliğe uğramış ikamesidir.* Çocukluk sahnesi bu durumda canlandırılamamış olmayı kabul etmek ve rüyada geri dönmekle yetinmek zorunda kalır.

Çocukluk sahnelerinin (ya da onların hayalimizde tekrarının) rüya içeriğine bir anlamda örnek olduğunu söylemek, Scherner ve onu izleyenlerin içsel uyarı kaynakları hakkındaki hipotezlerinden birini ortadan kaldırıyor. Scherner rüyaların görsel öğelerinin çok canlı ya da çok sayıda olmaları durumunda görme organında içsel bir uyarım yani bir "görme uyarımı" olduğunu varsayar. Reddetmemiz gerekmeyen bu varsayımı, görme organının psikolojik algı sisteminin uyarımı olarak açıklamamız yeterli olacaktır; ama bunun, bir anı tarafından oluşturulan bir uyarım hali olduğunu, eskiden güncel olan bir görme uyarımının tazelenmesi olduğunu söylememiz de gerekiyor.

Çocukluk anılarının etkilerini gösterecek bizzat yaşadığım iyi bir örnek yok elimde. Kendi rüyalarım başkalarınınkilerin sahip olduğunu düşündüğümden çok daha az görsel malzeme içeriyor. Ama son yıllarda gördüğüm en güzel ve en canlı rüya, bana rüya içeriğinin halüsinasyon özelliklerinin nedeninin yakın geçmişe ait izlenimler olduğunu gösterdi. Sayfa 378'de ele aldığım rüyada suyun derin mavi rengi, gemilerin bacasından tüten dumanın kahverengisi ve binaların kahverengi-kırmızı tonları beni derinden etkilemişti. Eğer rüyalarımdan biri görme duyusu içeriyorsa, o rüya ancak bu rüya olabilir. Peki görme organımı bu uyarım durumuna sokan neydi? Bir dizi eski izlenimle birleşen yeni bir izlenim. Gördüğüm renkler rüyadan bir gün önce çocukların bana gösterip beğenmemi istedikleri binayı inşa ettikleri bir kutu oyuncak tuğlanın rengiydi. Büyük tuğlalar donuk kırmızı, küçük tuğlalar ise mavi ve kahverengiydi. Buna son İtalya gezisinden Isonzo ve lagün göllerinin mavisi ve kireç taşlarının kahverengisi de eklenmişti. Rüyanın bu güzel renkleri, anılarımda kalanların bir tekrarıydı sadece.

Rüyanın düşünce içeriğini duyusal imgelere dönüştürme özelliğini özetleyelim: Biz rüya çalışmasının bu özelliğini, psikolojinin bilinen yasalarına dayandırarak açıklamadığımız gibi, tanımadığımız ilişkilere atıfta bulunarak çıkarsadık ve "gerileyen" terimiyle tanımladık. Bu gerilemenin karşımıza çıkan her yerde direncin bir sonucu olduğunu, bu direncin de, düşüncelerin normal yollardan bilince çıkmasına ve yine büyük bir duyusal güce sahip anıların bu düşüncelere uyguladığı eşzamanlı çekim gücüne karşı durduğunu söyledik.[22] Rüyalarda duyu organlarından çıkan ileriye yönelik günlük akımların son bulmasının gerilemeyi kolaylaştırdığını söyleyebiliriz; başka tür gerilemelerde bu durumun gerileme motiflerinin güçlendirilmesiyle sağlanması gerekir. Yine unutmamamız gereken bir konu da, bu tür patolojik durumlarda ve rüyalarda enerji aktarım sürecinin normal ruhsal yaşamdaki gerilemelerdekinden farklı olduğu. Çünkü bu

22 Bastırmanın teorisini yazacak olsak, bir düşüncenin, onu bastıran iki öğenin etkileşimiyle bastırıldığını söylememiz gerekir. Düşünce bir taraftan (bilincin sansürü tarafından) itilir, diğer taraftan (bilinçdışından) çekilir; yani büyük bir piramidin tepesine ulaşmak gibi (*krş.* "Bastırma" adlı makalem, *Toplu Eserler*, V. cilt).

süreç patolojik durumlarda ve rüyalarda algı sistemlerinin tamamen halüsinasyonlarla kaplanmasını mümkün kılar.

Rüya çalışmasının analizi sırasında "tasvir edilebilirliği dikkate alma" dediğimiz şeyi, rüya düşüncelerinin alakalı olduğu görsel olarak hatırlanan sahnelerin *seçici çekimiyle* bağlantılandırmak mümkün.

Gerilemeyle ilgili söylememiz gereken bir başka şey de, bu olgunun nevrotik semptom oluşumu kuramı için en az rüya kuramındaki kadar önemli bir rol oynadığı. Bu durumda üç ayrı gerilemeden söz ediyoruz: a) Burada geliştirdiğimiz ψ-sistemleri şemasındaki *mekânsal* (*topik*) gerileme; b) Daha eski psikolojik oluşumlara başvurulması söz konusu olduğunda karşımıza çıkan *zamansal* gerileme ve c) Alışılagelmiş ifade ve temsil biçimlerinin yerini ilkel olanlar aldığında söz konusu olan *formel* (biçimsel) gerileme. Her üç tür gerileme de aslında aynı şeydir ve çoğu zaman birlikte ortaya çıkar çünkü zamansal olarak eski olan aynı zamanda ilkel olandır ve ruhsal mekânda algı ucuna daha yakındır.

Rüyada gerilemeyi, sık sık karşımıza çıkan ve psikonevroz konusunu derinlemesine incelediğimizde daha yoğun olarak karşımıza çıkacak olan bir meseleyi dile getirmeden tamamlamamız mümkün değil: Rüya, bir bütün olarak rüyayı görenin eski ilişkilerine geri dönüşüdür, çocukluğun, çocukluğa hükmetmiş olan dürtü uyarımlarının ve çocukluğun sahip olduğu ifade biçimlerinin yeniden canlanmasıdır. Bu bireysel çocukluğun ardında ise, evrimsel çocukluğu buluruz. Evrimsel çocukluk insan soyunun gelişimini içerir. Tek tek insanların çocukluğu ise evrimsel çocukluğun kısaltılmışı, hayat koşullarındaki tesadüflerin belirlediği bir tekrarıdır. Şimdi Friedrich Nietzsche'nin, rüyada "bir parça en eski insanlık tarihinin süregeldiğini, buna rüya dışında başka hiçbir şey aracılığıyla ulaşamayacağımızı" söyleyen cümlesinin ne kadar doğru olduğunu anlıyoruz ve rüyaların analiziyle insanoğlunun arkaik mirasına ulaşmayı ve insanda doğuştan var olan ruhsallığı kavramayı umuyoruz. Rüyalar ve nevrozlar eski çağlara ait tahmin ettiğimizden daha çok ruhsal olguyu muhafaza ediyor izlenimi bırakıyorlar. Bu durumda psikanaliz, insanlığın başlangıcına dair en eski ve en karanlık dönemleri yeniden üretmeye çalışan bilim disiplinleri arasında yüksek bir yere sahip olduğunu iddia edebilir.

Rüyanın bu ilk psikolojik değerlendirmesi bizi çok da tatmin etmemiş olabilir. Bu noktada, inşaatı karanlıkta yapmak zorunda olmamız bizi teselli edebilir. Eğer bu arada tamamen yanlış yollara sapmadıysak, başka bir yoldan da ilerleyerek aşağı yukarı aynı noktaya ulaşmamız, kendimizi belki daha rahat hissedeceğimiz bir yere varmamız gerekiyor.

C. ARZU GİDERİLMESİ ÜZERİNE

Daha önce ele aldığımız yanan çocuk rüyası arzu giderilmesi kuramının karşılaştığı zorlukları anlamak açısından iyi bir olanak sağlıyor. Rüyanın sadece bir arzunun giderilmesi olduğu mutlaka hepimizi biraz şaşırttı. Üstelik şaşırmamızın tek sebebi de korku rüyaları değil. Rüyaların ardında bir anlam ve ruhsal bir değer olduğunu anladıktan sonra, bu anlam ve değerin böylesine açık ve kesin olmasını bekleyemezdik. Aristoteles'in doğru ama eksik tanımı uyarınca, rüya, uyku halinde (uyuduğumuz sürece) sürdürülen bir düşünce eylemidir. Madem ki düşünce eylemi gündüz yargı, çıkarım, çürütme, beklenti, niyet vb. gibi çok çeşitli ruhsal fiiller üretebiliyor, o halde neden bu üretim gece arzuların üretilmesiyle sınırlı olsun? Örneğin endişe benzeri başka ruhsal eylemlerin kılık değiştirerek rüyaya özgü oluşumlara dönüştüğü yeteri kadar rüya yok mu? Yukarıda ele aldığımız son derece şeffaf olan baba rüyası böyle bir rüya değil mi? Baba uykuda gözüne giren ışıktan, bir mumun devrilmiş ve cesedi yakmış olabileceği çıkarımını yapıyor ve bu çıkarımı aynı şeffaflıkta ve şimdiki zamanda geçen bir rüyaya dönüştürüyor. Burada arzu giderilmesinin rolü ne? Ve burada uyanıkken başlayıp devam eden ya da duyusal izlenimlerin yarattığı düşüncelerin hâkimiyetini fark etmemek mümkün mü?

Bütün bunların hepsi doğru. O halde yapmamız gereken, rüyada arzu giderilmesinin önemini ve uykuda devam eden uyanıklık düşüncelerinin rolünü daha ayrıntılı olarak incelemek.

Aslında rüyaları iki ayrı grupta ele almamızın nedeni tam da bu arzu giderilmesi olgusudur. Şimdiye kadar arzu giderici oldukları çok bariz olan rüyaların yanı sıra, arzu giderdikleri anlaşılmayan, her şekilde gizlenmiş olan rüyalar da gördük. Arzu giderilmesinin gizli olduğu rüyalarda sansür devredeydi. Çarpıtılmamış arzu giderilmelerine daha çok çocuklarda rastladık; kısa ve açık arzu rüyalarına yetişkinlerde de rastlandığını *düşündük* –bu çekinceyi ısrarla vurguluyorum–.

Şimdi artık rüyada gerçekleşen arzunun nereden kaynaklandığını sorabiliriz. Peki ama bu "nereden" soru sözcüğünü hangi karşıtlığa ya da hangi çeşitliliğe dayandırıyoruz? Bence, bilincinde olduğumuz gündüz yaşamı ve gece ortaya çıkan, bilincinde olmadığımız ruhsal eylemlerin arasındaki karşıtlığa. O halde arzunun üç ayrı kaynağı olabileceğini düşünüyorum: 1) Arzu, gündüz doğmuş ve dışsal koşullar nedeniyle tatmin edilmemiş olabilir. Bu durumda varlığı bilinen ama tatmin edilmemiş bir arzu geceye havale edilmiş olur. 2) Arzu, gündüz oluşmuş ama reddedilmiş olabilir. Bu durumda elimizde giderilmemiş, bastırılmış bir arzu vardır. 3) Arzunun gündüz yaşamıyla bir ilgisi olmayabilir, gece bilinçdışında uyanan arzulardan biri olabilir. Şimdi ruhsal aygıtımızı önümüze koyacak olursak, birinci gruptaki arzuların ön bilinç sistemine ait olduğunu, ikinci gruptakilerin ön bilinçten bilinçdışına itildiğini ve şayet mümkünse orada muhafaza edildiklerini, üçüncü gruptaki arzu uyarımlarının ise bilinçdışından çıkma becerileri dahi olmadığını söyleyebiliriz. Acaba farklı kaynaklardan doğan bu üç arzu çeşidinin rüya açısından değeri aynı mı, hepsinin rüya oluşturma gücü aynı mı peki?

Bu sorunun yanıtını vermek üzere baktığımız rüyalar bize dördüncü bir arzu grubu eklememiz gerektiğini gösteriyor. Bu gruba, gece oluşan (susamak ya da cinsel gereksinim gibi) anlık arzu uyarımları giriyor. O halde rüyadaki arzunun kökeni, arzunun bir rüya oluşturma meziyetini belirlemiyor diyebiliriz. Gündüz göl gezisini yarım bırakan küçük kızın rüyasını ve buna benzer çocuk rüyalarını hatırlıyorum. Bu rüyalar gündüz yaşamına ait bastırılmamış ama gerçekleşmemiş arzular içeriyor. Gündüzün bastırılmış bir arzusunun rüyaya girdiği sayısız örnek var. Böyle bir basit örneği aktarayım: Alaycı bir hanımefendinin genç bir kadın arkadaşı nişanlanmıştır. Kadın gündüzün damadı tanıyıp tanımadığını ve nasıl bulduğunu soran bir tanıdığa, adam hakkında gerçek fikrini gizlemek için sonsuz övgüler yağdırır. Çünkü söylemek istediği gerçek düşüncesi şudur: *Sıradan bir insan.*[23] Kadın gece rüyasında, kendisine yöneltilen aynı soruya şu yanıtı verdiğini görür:

Yeni siparişlerde sayıyı bildirmek yeterlidir. Ve nihayet sayısız analizin sonuçlarından öğrendik ki çarpıtmaya uğramış bütün rüyalarda arzu bilinçdışından kaynaklanır ve gündüzün algılanamaz. Bu durumda rüya oluşumu için gerekli bütün arzuların aynı değere ve aynı güce sahip olduğunu düşünebiliriz.

Bu durumun doğru olmadığını halihazırda kanıtlamam mümkün değil ama ben rüya arzularının daha katı koşullara sa-

23 Almanca karşılığı olan "Dutzenmensch" sözcüğünün birebir anlamı: bir düzine insan. –çev. n.

hip olduğunu düşünmekten yanayım. Çocuk rüyaları örneğin, gündüz giderilememiş bir arzunun rüya uyaranı olabileceğini kesin olarak kanıtlıyor. Ama unutmamak lazım ki böyle bir durumda bu arzu bir çocuğun arzusudur, çocukluğa özgü güçte bir arzudur. Bir yetişkinin gündüzün giderilmeyen bir arzusunun rüya oluşturmaya yeterli olup olmadığından emin değilim. Düşünebilmeye başladığımızda giderek dürtülerimizi dizginleyebildiğimiz için, çocuklardaki gibi yararsız arzuların oluşmasından ve muhafaza edilmesinden vazgeçiyor olmamız bana daha doğru görünüyor. Kişiden kişiye farklılık gösterebilir bu; kimilerinde ruhsal süreçler diğerlerine göre daha uzun süre çocukluğa özgü tarzını muhafaza edebilir. Görsel imgelerin çocukluktan yetişkinliğe geçtikten sonra azalması için de aynı şeyi söyleyebiliriz. Ama genel olarak söyleyecek olursak, bence, yetişkinlerde gündüzden gelen giderilmemiş bir arzu bir rüyanın oluşması için yeterli değildir. Bilinçte var olan bir arzu uyarımının rüyanın oluşmasına bir katkı sunduğunu kabul ediyorum etmesine ama hepsi bundan ibaret. Ön bilinçteki arzu başka bir yerden güçlendirilmeye maruz kalmadığı sürece rüya oluşmaz.

Bu yer bilinçdışıdır. *Bilinçli arzunun ancak kendi gibi bilinçdışı bir arzuyu uyandırabildiği ve bu arzuyla kendini güçlendirmeyi başarabildiği sürece bir rüya uyaranı vazifesi göreceğini düşünüyorum.* Nevrozların psikanalizinden esinlenerek, bilinçdışı arzuların her zaman hareket halinde olduğunu, bilinçteki bir uyarımla karışabildiği sürece her zaman kendini ifade etmeye hazır olduğuna inanıyorum.[24]

24 Bilinçdışı arzular, bu yok edilemezlik özelliğini bilinçdışı olan her şeyle, yani bilinçdışı sisteme ait bütün ruhsal eylemlerle paylaşır. Bunlar bir kez hiç yok olmamak üzere açılmış ve bilinçdışı uyarım yeniden yüklediğinde, uyarımı boşalmaya götüren yollardır. Bir benzetme yapacak olursam: Bunların yok olması, tıpkı kan içtiklerinde yeni bir hayata uyanan Odyisseia'nın yeraltı dünyasındaki hayaletlerininki gibidir. Ön bilinç sistemine bağlı süreçler ise başka bir anlamda yok edilebilir. İşte nevroz psikoterapisi bu fark üzerine kurulmuştur.

Ama bu durumda da bilinçli arzu tek başına rüyayı gerçekleştirmiş gibi gözükür. Rüyanın yapısındaki küçücük bir ayrıntı, bilinçdışından gelen güçlü yardımcının izini sürmemize olanak verebilir. Bu sürekli hareket eden, bir anlamda ölümsüz bilinçdışı arzular, efsanedeki titanlara, ezelden beri bir zamanlar zafer kazanan tanrıların sırtlarına yüklediği dağ silsilelerini taşıyan ve uzuvlarındaki seğirtmelerle zaman zaman sarsılan titanlara benzerler. İşte bastırılmış bu arzuların kaynağı –nevrozlarla ilgili psikolojik araştırmalardan da bildiğimiz gibi– çocukluktur. O halde az önce arzularının kaynağının önemsiz olduğunu ifade eden sözlerimi geri alıyorum ve onun yerine şunu söylüyorum: *Rüyada karşımıza çıkan arzu mutlaka çocukluğa ait bir arzudur.* Yetişkinlerde bu arzu bilinçdışındadır; ön bilinç ve bilinçdışı arasında bir ayrışmanın ya da sansürün henüz olmadığı ya da yavaş yavaş gelişmekte olduğu çocuklarda ise bu, uyanık yaşama ait gerçekleşmemiş, bastırılmamış bir arzudur. Bu savın her zaman ve her yerde doğru olduğunu kanıtlamanın ama aynı zamanda çürütmenin de mümkün olmadığını biliyorum.

O halde bilinçli uyanık yaşamdan arta kalan arzu uyarımlarını bir kenara bırakıyorum. Bunların rüya içeriğinin kullandığı uyku sırasındaki anlık algı malzemesininkinden farklı bir işlevi yoktur (*krş.* s. 262 ve devamı). Gündüz yaşamından arta kalan ama arzu da olmayan başka ruhsal uyarımları mercek altına almak için aynı düşünce silsilesini takip edeceğim. Uyumaya karar verdiğimiz anda uyanık düşünce etkinliğimizin enerjisine geçici bir süre için son vermeyi başarabiliriz. Bunu iyi başaranlar iyi uyuyabilenlerdir. I. Napolyon bu türün en iyi örneklerinden biriymiş. Ama bizler iyi uyumayı her zaman başaramayız ya da tamamen başaramayız. Çözülmemiş sorunlar, acı veren endişeler, yaşadıklarımızın izlenimlerinin gücü uykuda da düşünce etkinliğinin devam etmesine ve ön bilinç dediğimiz sistemde ruhsal süreçlerin sürdürülmesine neden olur. Uyku sırasında devam eden düşünce uyarımlarını sınıflandıracak olursak karşımıza şu gruplar çıkar: 1) Gündüzün tesadüfi engellerle tamamlayamadıklarımız; 2) Düşünce gücümüzün tavsamasıyla sonuçlandırılamayanlar; 3) Gündüzün reddedilenler, bastırılanlar; 4) Gün içinde önbilincin çalışması sonucu bilinçdışında uyananlar ve nihayet 5) günün net olmayan ve bu yüzden de çözülemeyen izlenimleri.

Gündüz yaşamının bu kalıntıları tarafından uykuya taşınan ruhsal yoğunlukları, özellikle de çözülememiş olan yoğunlukları hafife almamamız gerekiyor. Bu uyarımların gece de kendilerini ifade etmeye çalıştıkları kesin. Ve yine uyku halinin, ön bilinçteki uyarım sürecinin normal halini ve sonunda bilince çıkmasını imkânsız kıldığını söyleyebiliriz. Uyku süreçlerimizin bilincinde olduğumuz sürece, gece de olsa, uyumuyoruz demektir. Uyku halinin ön bilinç sisteminde ne gibi değişikliklere yol açtığını bilmiyorum.[25] Ama şu kesin ki uykunun psikolojik özelliklerinin, temel olarak –uykuda felç olmuş hareketliliğe ulaşmayı da kontrol eden– bu sistemin içeriğindeki değişikliklerde aranması gerekiyor. Öte yandan rüya psikolojisiyle ilgili hiçbir bilgi yok ki bize uykunun bilinçdışı sistemde bir değişikliğe neden olduğunu göstersin. O halde ön bilinçte gece oluşan uyarımlar için tek yol, arzu uyarımlarının bilinçdışından çıkarak düzüldükleri yoldur. Ön bilinçteki bu uyarım bilinçdışından destek almak ve bilinçdışı uyarımların dolambaçlı yollarına sapmak zorundadır. Peki ön bilinçteki gündüz kalıntılarının rüyayla ilişkisi ne olabilir? Bu kalıntıların rüyaya girdiğinden, gece de bilince çıkabilmek için rüyayı kullandıklarından hiç kuşkum yok. Hatta bu kalıntılar

25 Uyku durumu ve halüsinasyonun koşulları ile ilgili daha ayrıntılı bilgiye "Rüya Teorisinin Metapsikolojisine Ek" adlı yazımda yer vermeye çalıştım (*Uluslararası Psikanaliz Dergisi IV*, 1916/18, *Toplu Eserler*, V. cilt).

zaman zaman rüya içeriğine egemen oluyorlar ve içeriği günlük işleyişini devam ettirmeye zorluyorlar. Gündüz kalıntılarının tıpkı arzular gibi bambaşka bir yapı da olmaları da mümkün. Ama rüyaya girmek için hangi koşullara sahip olmaları gerektiğini izlemek bizim için son derece öğretici ve arzu giderilmesi kuramı açısından da haklı olarak belirleyicidir.

Şimdi eski bir örnek rüyaya dönelim; mesela dostum Otto'nun Basedow (tiroit) hastalığının emarelerini gösterdiği rüya (s. 298).

O gün Otto'nun görüntüsü beni endişelendirmişti ve onunla ilgili her şey gibi bu endişe de beni oldukça etkilemişti. Bu olay uykuda da peşimi bırakmadı. Nesi olduğunu anlamaya çalışıyor olmalıydım. Gece endişem anlattığım rüyada ifadesini buldu. Rüyanın içeriği saçmaydı ve herhangi bir arzu giderilmesine de benzemiyordu. Gün içindeki endişelerimle orantısız bu ifadenin ne olabileceğini araştırmaya başladım ve analiz sonunda Otto'yu Baron L. adında biriyle, kendimi de Profesör R.'yle özdeşleştirdiğimi anlayarak bağlantıyı kurdum. Temsil için neden tam da bu gündüz düşüncesini seçtiğimin tek bir açıklaması vardı: Profesör R.'yle kendimi özdeşleştirmeye bilinçdışımda her zaman hazır olmalıydım çünkü bu özdeşleştirme sayesinde çocukluğumun en büyük arzusu yani en büyük, en iyi olma arzusu gerçekleşmiş oluyordu.

Dostumla ilgili çirkin, gündüzün kesinlikle reddedeceğim düşünceler temsil edilme imkânı bulmak için gizlice rüyama girmişti. Ama gündüzün endişeleri de rüya içeriğinde bir şekilde ifadesini bulmuştu. Aslında arzu değil, endişe içeren gündüz düşüncesi, çocukluktan kalma, o anda bilinçdışı ve bastırılmış bir arzuyla bir şekilde bağlantılanmış ve sonra bu arzuyu uygun biçimde bilinç için "oluşturmuş" olmalıydı. Endişe ne kadar baskınsa, üretilmesi gereken bağlantı da o kadar yoğun olmalıydı. Arzunun içeriğiyle endişenin içeriği arasında bir bağlantı olması gerekmiyordu ve bizim örneğimizde de yoktu zaten.

Belki şimdi aynı soruyu bir tür inceleme biçiminde ele almak ve rüya düşüncelerinde bir arzu giderilmesinin tam karşıtı olan yani nedeni belli bir endişe, acı veren bir düşünce ya da bir utanç vesilesi olan bir malzeme bulunduğunda rüyanın nasıl davrandığını ele almak anlamlı olacaktır. Çeşitli olasılıkları şöyle sıralamak mümkün: a) Rüya çalışması bütün kötü düşüncelerin yerine karşıtlarını koymayı başarır ve bu düşüncelerle ilgili tatsız duyguları bastırır. Bu durumda saf bir tatmin rüyası, elle tutulur bir "arzu giderilmesi" oluşur. Burada daha fazla açıklamaya gerek yok. b) Kötü düşünceler az çok değişmiş olarak ama hâlâ tanınır vaziyette görünür rüya içeriğine girer. Bu olasılık arzu kuramıyla ilgili kuşkular yarattığı için daha ayrıntılı bir açıklamaya ihtiyacımız var. Bu tür tatsız bir içeriği olan rüyalar için hissedilen ya kayıtsızlıktır, ya düşünsel içeriğin anlamlı olduğunu düşündürdüğü kötü duyguları beraberinde getirirler ya da korku geliştirip uyanmaya neden olurlar.

Analiz sonunda anlıyoruz ki bu tür tatsız rüyalar da arzu giderici rüyalardır. Rüya görenin egosunun giderilmesini sadece tatsızlık olarak algılayabildiği bilinçdışı ve bastırılmış bir arzu, tatsız gündüz kalıntılarının kendisine sunduğu imkânı kullanır, onlara yardım eder ve bu şekilde rüyaya girmelerini sağlar. Ancak "a" alternatifinde bilinçdışı arzu bilinçli arzuyla çakışırken, "b" alternatifinde bilinçdışı ve bilinçli arzu arasında –bastırılan şey ve ego arasında– ahenksizlik vardır ve masalda perinin karı kocaya üç dileğini sorduğu sahne gibi bir durum çıkar ortaya (*bkz*. s. 604). Bastırılmış arzunun giderilmesi öylesine büyük bir tatmin yaratabilir ki gündüz kalıntılarına bağlı tatsız duygular dengelenebilir. Bu durumda, bir taraftan bir arzunun giderilmesini, diğer taraftan da bir endişeyi içermesine rağmen rüyanın duygu rengi kayıtsızlık olur. Şu da mümkün: Uyuyan ego düşün oluşumunda daha büyük bir rol oynayabilir ve böylece bastırılmış arzunun tatminine daha şiddetli bir tepki gösterir ve sonunda korkuyla rüyanın sonlanmasına neden olur.

Tatsız rüyalar "ceza rüyaları" da olabilir. Bunu kabul etmek rüya kuramına bir anlamda yeni bir ekleme olduğunu kabul etmek anlamına geliyor. Bu tür rüyaların giderdiği, yine bilinçdışı bir arzudur; bu arzu, rüya görenin bastırılmış, yasak bir arzu uyarımı yüzünden cezalandırılmasıdır. Bu bağlamda bu tür rüyalarda, rüyanın oluşumunu sağlayan şey, bilinçdışındaki bir arzu olmalıdır. Ancak daha ayrıntılı psikolojik bir ayrıştırma bu tür rüyaların diğer arzu giderilmesi rüyalarından farklı olduklarını gösteriyor. "b" grubundakilerde rüyayı oluşturan bilinçdışı arzu bastırılmış bir arzuydu. Ceza rüyalarında da bilinçdışıdır bu arzu, ama bu arzuyu bastırılmış değil egoya ait olarak düşünmek zorundayız. Yani ceza rüyaları egonun, rüya oluşumuna daha yoğun katkıda bulunabileceğine işaret ediyor. O halde "bilinçli" "bilinçsiz" karşıtlığının yerine "ego" ve "bastırılmış" karşıtlığını koymamız, rüyanın oluşum mekanizmasını çok daha şeffaf ve anlaşılır kılacaktır. Ancak psikonevroz süreçlerini dikkate almadan bu mümkün olmadığı için elinizdeki kitapta da yer almamıştır.

Yalnız burada bütün ceza rüyalarının tatsız gündüz kalıntılarına bağlı olmadığını ifade edeceğim. Ceza rüyalarının en kolay oluştuğu ortam, gündüz kalıntılarına dair rüyaların tatmin edici oluşu ama bir taraftan da yasak bir tatmini ifade etmeleri gibi çelişkili bir durumdur. Tıpkı "a" alternatifinde olduğu gibi bu düşüncelerden görünür rüyaya ulaşan tek şey kendi karşıtıdır. O halde ceza rüyalarının en temel özelliği, bastırılmış (bilinçdışı sistemi) bölgeden bilinçdışı bir arzunun rüyayı oluşturan öğeye değil, bilinçdışı da olsa (yani ön bilinçte de olsa) buna tepki veren, egoya ait ceza arzusu olmasıdır.[26]

26 Psikanalizin sonraki bulgularından "süper ego"nun buraya eklenmesi gerekir.

Buraya kadar anlattıklarımızı, özellikle de rüya çalışmasının tatsız gündüz kalıntılarını nasıl bir işleme tabi tuttuğunu bana ait bir rüyada açıklamaya çalışacağım.

"Rüyanın başlangıcı bulanık. *Karıma ona özel bir haberim olduğunu söylüyorum. Dehşete kapılıyor ve dinlemek istemiyor. Ona sevineceği bir şey olduğunu söylüyorum ve anlatmaya başlıyorum. Oğlumuzun subay birliğinin bir miktar para (6.000 kron?) gönderdiğini söylüyorum... bir tür takdir... dağıtım... Bu arada karımla bir şey aramak için küçük bir odaya, bir tür kilere geçiyorum. O anda oğlum çıkıyor karşıma. Üniforma değil, dar bir spor kıyafet (kurt denizci?) giymiş, başında bir kep. Bir kutunun yanında duran bir sepetin üzerine çıkıyor, kutuya bir şey koymak ister gibi. Sesleniyorum, cevap yok. Yüzünde ya da alnında bir bandaj var sanki. Ağzıyla bir şey yapıyor, ağzına bir şey koyuyor. Saçlarına da ak düşmüş. Şöyle düşünüyorum: Bu kadar mı yorgun? Dişleri de takma mı? Bir daha seslenemeden uyanıyorum. Korkmuyorum ama kalbim çarpıyor. Başucu saatim saat gece iki buçuğu gösteriyor.*"

Bu rüyanın da tam bir analizini sunmam mümkün değil. Bu yüzden kimi önemli noktaları vurgulamakla yetineceğim. Rüyayı görmemin nedeni günün tatsız beklentileri: Cephede savaşanlardan yine bir haftadan uzun bir süredir haber alınamamış. Rüya içeriğinde yaralandığı ya da şehit düştüğü düşüncesinin dile getirildiği çok açık. Rüyanın başında tatsız düşüncelerin yerine karşıtlarını koyma çabası fark ediliyor.

Çok iyi bir haberim var, para gönderilmesiyle, takdirle, dağıtımla ilgili (Para muayenehanemdeki güzel bir olayla alakalı yani konuyu değiştirmek üzere rüyaya girmiş). Ama bu çaba fayda etmiyor. Anne korkunç bir şey olduğunu anlıyor ve dinlemek istemiyor. Gerçeğin üzerindeki örtü çok ince, bastırılmak istenen şey her yerden belli belirsiz dışarı sızıyor. Oğlan ölürse arkadaşları kalan birkaç parça eşyasını geri gönderecek. Benim bunları kardeşlerine ve başkalarını dağıtmam gerekecek. Subaylara takdir belgesi ancak "kahramanca öldükten sonra" verilir. Yani rüya başta reddetmeye çalıştığı şeyi ifade etmeye çalışıyor ve arzu giderici eğilim kendini çarpıtmalarda gösteriyor (Rüyada bulunulan mekânın değiştirilmesini Silberer'in dediği anlamda eşik sembolü olarak anlamak gerekecek). Tabii rüyaya itici gücünü verenin ne olduğunu anlamıyoruz. Oğlum (şehit) "düşen" değil, "çıkan" biri olarak çıkıyor karşımıza. Zaten cesur bir dağcıydı kendisi. Üniforma değil, spor kıyafetler var üzerinde yani şu anda endişe edilen bir kazanın yerini, bir kayak gezisi sırasında üst bacağını kırdığı kaza alıyor. Kıyafetinin kurt bir denizcininkine benzemesi komik torunumuzu hatırlatıyor; ak düşen saçlar ise, torunumuzun babasını yani savaşta harab olan damadımızı. Bütün bunların anlamı ne olabilir? Noktayı koyalım: Mekân, bir kiler; içinden bir şey almak istediği bir kutu (rüyada üzerine bir şey koymak istediği kutu); bütün bunlar iki üç yaşlarındayken başıma gelen bir kazayla alakalı olduğu çok açık göndermeler: Kilerde bir kutuda ya da masanın üzerinde bulunan iyi bir şeylere ulaşmak için tabureye çıkmıştım. Tabure devrilmiş ve kenarı alt çeneme vurmuştu. Dişlerimin dökülmesine ramak kalmıştı. Burada cesur savaşçıya düşmanca bir ikaz giriyor devreye: Hak ettin bunu. Analizi derinleştirdiğimde oğlumun savaşta ölmesiyle tatmin bulan gizli uyarıma ulaşabiliyorum. Bu, yaşlı bir adam olarak üstesinden geldiğimi düşündüğüm genç kalma arzusu. Böyle bir ölüm yaşandığı takdirde hissedeceğim acının yoğunluğunun, acıyı azaltmak üzere bastırılmış bir arzu giderilmesinin izini sürdüğü çok açık.

Artık bilinçdışı arzunun rüya için ne anlama geldiğini çok net olarak tanımlayabilirim. İtiraf etmeliyim ki bir dizi rüya türünde uyarı ağırlıklı olarak ya da tamamen gündüz yaşamının kalıntılarından kaynaklanıyor.

Demek istediğim, arkadaşımın sağlığı için günlerdir endişelenmeseydim, bir gün ordinaryüs profesör olma arzum o gece rahatımı bozmazdı ve mışıl mışıl uyurdum. Ama bu endişe de tek başına rüyayı oluşturamazdı. Rüyanın ihtiyacı olan *itici gücün* bir arzu tarafından sağlanması gerekiyordu. Bu tür bir arzuyu rüyanın itici gücü olarak kullanmak endişenin işiydi. Bir denklem mantığıyla söyleyecek olursak: Bir gündüz düşü rüyanın girişimcisi rolünü üstlenebilir. Ama genelde söylendiği gibi, bir fikri ve bir dürtüsü olan bu girişimcinin sermaye olmadan bir şey yapması mümkün değildir. Burada giderleri karşılayacak bir kapitaliste ihtiyaç var. Rüyaya dönecek olursak, gündüz düşünceleri ne olursa olsun, psikolojik giderleri karşılayan sermayedar *bilinçdışındaki bir arzudur.*

Bazen kapitalist aynı zamanda girişimcidir; hatta rüyalar için normal olanın bu olduğunu söyleyebiliriz. Gündüz etkinliği bilinçdışı bir arzuyu uyarır ve bunun sonucunda rüya oluşur. Burada örnek olarak verdiğimiz ekonomik ilişkinin bütün çeşitlemelerine paralel rüya süreçleri vardır: Girişimci de bir parça sermaye koyabilir ortaya. Birçok girişimci tek bir kapitaliste başvurabilir; birden çok kapitalist girişimci için gerekli sermayeyi birlikte sağlayabilir. Bunun ötesinde birden fazla rüya arzusunun üzerinde yükselen rüyalar olduğu gibi, aynı şekilde çeşitlendirebileceğimiz ama bizi fazla ilgilendirmeyen, rahatlıkla ihmal edebileceğimiz örnekler de var. Rüya arzularının tanımı için eksik kalan açıklamaları ileriki sayfalarda tamamlayabileceğiz.

Yukarıda kullanılan denklemin *üçüncü bilinmeyeni* (*tertium comparationis*) girişimciye kullanılmak üzere verilen belli bir miktar. Bu bilinmeyen öğe rüyanın yapısını daha ayrıntılı olarak anlamamızı sağlıyor. Çoğu rüyanın belli duyusal yoğunluklarla donanmış, sayfa 335'tekine benzer bir merkezi vardır. Genelde bu merkez arzu giderilmesinin dolaysız olarak ifade edildiği yerdir. Çünkü rüya çalışmasının yer değiştirmelerini geriye döndürdüğümüz takdirde, rüya düşüncelerindeki öğelerin ruhsal yoğunluğunun yerini, rüya içeriğindeki öğelerin duyusal yoğunluğunun aldığını görürüz. Arzu giderilmesinin yakınında bulunan öğeler çoğu zaman onunla alakalı olmadıkları gibi, arzunun karşıtı, rahatsız edici düşüncelerin türevleridir. Ama bu düşünce türevleri çoğu zaman ana öğeyle suni bir bağlantı içinde oldukları için öylesine yoğunlaşırlar ki, temsil edilmesi gereken bir düzeye ulaşırlar.

Yani arzu giderilmesinin temsil gücü belli bir alana yayılır ve buradaki –kendiliğinden temsil gücü olmayanlar da dahil– bütün öğeler temsil edilme gücüne sahip olur. Rüyayı taşıyan birden çok arzu giderilmesi söz konusu olduğunda, bunların alanlarını birbirinden ayırmak, çoğu kez rüyadaki boşlukları farklı arzuların arasındaki sınırlar olarak anlamak kolaylaşır.

Yukarıda gündüz kalıntılarının rüya için anlamını sınırlandırmış olsak da bu kalıntılara biraz daha eğilmeye değer. Her rüyanın yakın geçmişe ait bir gündüz izlenimiyle, çoğu zaman da en alakasızıyla bağlantılı olduğunu şaşırarak da olsa anladığımıza göre, gündüz kalıntılarının rüya oluşumunun önemli bir bileşeni olması gerekir. Rüyayı oluşturan karışıma bu bileşenin de katılmasının zorunlu olduğunu şimdiye değin açıklayamamıştık (s. 266). Bu zorunluluğu ancak bilinçdışı arzunun rolünü göz önünde bulundurup, bir taraftan da nevroz psikolojisine başvurarak açıklayabiliriz. Bu bilim dalı bize, bilinçdışı düşüncelerin oldukları halleriyle önbilince giremediklerini ancak ön bilinçteki masum bir başka düşünceyle birleşerek, yoğunluğunu ona aktararak ve onun ardına gizlenerek ön bilinçte bir etki yaratabileceğini söylüyor. Bu olgu, nevrotiklerin ruh dünyasında yaşanan birçok süreci anlamamızı sağlayan *aktarma* olgusudur. Aktarma işlevi, hak etmediği bir yoğunluğa ulaşan ön bilinçteki bir düşünceye hiç dokunmayabilir ya da aktarımı etkileyen düşüncelerin içeriğiyle bağlantılı bir değişime de zorlayabilir. Günlük yaşamla benzetmeler kurma eğilimimden ötürü beni affediniz ama bastırılan düşüncelerin, memleketimizde yasal olarak muayenehane açabilmek için uzman bir hekimin tabelasını paravan olarak kullanmak zorunda olan Amerikalı bir diş hekimine benzediğini söylemek zorunda hissediyorum kendimi. Amerikalıyla bu ticareti yapacak doktorlar nasıl fazla işi olmayanlar doktorlarsa, ruhsal dünyamızda da bastırılmış bir düşünceyi örtme görevi, zaten fazlasıyla faal olan ön bilinç ve bilinçdışı düşüncelere verilmeyecektir.

Bilinçdışı, önbilincin çok önemli olmayan ya da reddedildikleri için önemleri azalan düşünceleriyle ve izlenimleriyle bağlantı ağları örer.

Çağrışım teorisinden bildiğimiz ve deneyimlerle kanıtlanmış ünlü cümle şöyle der: Bir tarafla yoğun ve içten ilişkiler kuran düşünceler, yeni bağlantıları reddeder. Bir zamanlar bu cümle üzerine histerik felçler kuramını inşa etmeyi denemiştim.

Nevrozların analizi sırasında gördüğümüz bastırılmış düşüncelerin aktarılması ihtiyacının rüyalarda geçerli olduğunu kabul ettiğimizde, rüyayla ilgili iki bilinmezi bir taşla vurmuş oluruz: Her rüya analizinde, yakın geçmişe ait bir öğenin rüya örgüsünün içine girmesi ve yakın geçmişe ait bu öğenin çoğunlukla önemsiz olması. Başka bir noktada öğrendiklerimizi ekleyecek olursak: Bu yakın geçmişe ait ve önemsiz öğeler çok sık rüya düşüncelerinin en eski olanının temsilcisi olarak rüya içeriğine dahil olurlar, çünkü direnç sansürüne takılma riski en az olan öğeler bunlardır. Sansürsüz ortam bize önemsiz öğelerin tercih edildiğini kanıtlarken, yakın geçmişe ait öğelerin mutlaka yer alması aktarım zorunluluğunun varlığına işaret ediyor. Bastırılmış öğenin çağrışımsız malzeme ihtiyacını her iki tür izlenim de (yaygın bağlar kurma fırsatı olmadığı için önemsiz izlenimler, bu bağları oluşturmaya fırsat olmadığı için yakın geçmişe ait olanlar) karşılar.

Şimdi görüyoruz ki artık önemsiz izlenimleri de içerdiğini söyleyebileceğimiz günün kalıntıları rüya oluşumuna katkıda bulunacaklarsa, sadece *ön bilinçten* bastırılmış arzunun itici gücünü ödünç almakla kalmaz, *bilinçdışına* da vazgeçilmez bir şeyi, yani aktarım için gerekli bağlantı noktasını sağlarlar. Bu noktada ruhsal süreçlere daha ayrıntılı girmek istiyorsak, ön bilinç ve bilinçdışı arasındaki uyarımların davranışlarına ışık tutmamız gerekir ki bunu yapmak için rüyalar yeterli değildir ve psikonevrozların incelenmesi gerekir. Bu konuya tekrar geri döneceğim.

Günün kalıntıları hakkında bir nokta daha: Uykuyu asıl bozanın uykunun bekçisi olan rüya değil, günün kalıntıları olduğundan artık hiç şüphemiz yok.

Şimdiye kadar rüya arzusunun bilinçdışından çıkıp gelen yolunu izledik, –bizzat arzu, her türden ruhsal hareket ya da yakın geçmişe ait sıradan bir izlenim olabilecek– gündüzün kalıntılarıyla ilişkisini analiz ettik. Böylece gün içindeki düşünce etkinliğinin bütün çeşitliliğini, zenginliğini kullanarak rüya oluşturma iddiasına yer açmış oluruz.

Düşünce yürütmeye devam ederek, rüyanın, gündüz etkinliklerinin devamı olarak uyanık yaşamda çözemediğimiz bir sorunu mutlu sona ulaştırdığını gösteren uç örnekleri açıklayabilmemiz de artık hiç imkânsız görünmüyor. Bu noktada tek eksiğimiz, analiziyle –ön bilinç etkinliğinin çabalarını güçlendiren– çocukluktan kalma ya da bastırılmış arzu kaynaklarına ulaşabileceğimiz bir örnek. Ancak bilinçdışının uykuda neden bir arzunun giderilmesine itici güç olmaktan başka bir şey sunamadığı konusunun çözümünde henüz bir adım dahi ilerleme kaydedemedik. Bu sorunun yanıtı, arzuların psikolojik doğasını aydınlatmak zorunda. Bu cevabı ruhsal aygıt şemasının yardımıyla vermek gerekiyor.

Bu aygıtın halihazırdaki kusursuz oluşumuna uzun bir gelişme sürecinin ardından ulaştığı konusunda hiçbir tereddüdümüz yok. Şimdi aygıtı gelişmesinin önceki aşamalarından birine geri götürmeyi deneyelim. Gerekçeleri başka bir yerde aranacak bir kabul uyarınca, aygıt önce mümkün olduğunca uyarılara maruz kalmama çabasındaydı ve bu yüzden bir refleks aygıtı yapısına sahipti. Bu yapı aygıta dışardan ulaşan duyusal bir uyarımı hemen motorik yoldan boşaltma imkânı veriyordu. Ama hayatta kalma mücadelesi bu basit fonksiyonu bozdu, aygıt bu sayede gelişmeye başladı. Hayatta kalma mücadelesi önce bedensel gereksinimler olarak gösterdi kendini. Başlangıçta içsel bir ihtiyaçtan doğan uyarım, kendine "içsel değişim" ya da "duygu ifadesi" diyebileceğimiz bir duygulanım yolu aramaya başladı. Aç çocuklar da umarsızca bağırır ve kıpırdanırlar. Ancak var olan durum muhafaza edildi çünkü bir iç gereksinimden doğan uyarım anlık değil, düzenli etkisi olan bir güce denk düşer. Bir değişimden ancak, bir şekilde bir *tatmin yaşanıp* (çocuk dıştan gelecek bir yardıma muhtaçtır bunun için) içsel uyarım ortadan kaldırıldığında söz edebiliriz. Bu tatminin önemli bölümü belli bir algının ortaya çıkmasıdır (örneğimizde yiyecektir bu). Bu algıyı bize hatırlatan imge o andan itibaren ihtiyaç uyarımının bellekteki iziyle çağrışımsal bir bağlantı içinde bulunur. Aynı ihtiyaç bir kez daha ortaya çıktığında kurulan bu bağlantı sayesinde ruhsal bir hareket oluşur; bu hareket algıyı hatırlatan imgenin içini doldurur, bizzat algıyı tekrar anımsatır yani aslında ilk tatminle ilgili ortamı yeniden üretmek ister. İşte böyle bir duygulanıma arzu diyoruz. Algının yeniden ortaya çıkması, arzu giderilmesidir ve algının içinin tamamen ihtiyaç uyarımıyla dolması ise arzu giderilmesinin en kısa yoludur. Bu yolun gerçekten de bu şekilde gidildiği yani arzunun bir hayale dönüştüğü ilkel bir psikolojik aygıt olduğunu kabul etmemizi engelleyecek hiçbir şey yok.

Yani demek ki bu ilk ilkel psikolojik edim bir *algı özdeşliği* kurmak, yani ihtiyacın giderildiği o algının tekrarı anlamına geliyor.

Yaşamın acı bir deneyimi, bu ilkel düşünce eylemini belli bir amaca yönelik, ikincil bir düşünce eylemine dönüştürmüş olmalı. Aygıtın içindeki gerileyen kısa yolda algı özdeşleşmesinin oluşturulması, aynı algının başka bir yerde dışardan doldurulmasıyla aynı sonucu yaratmaz. Böylece tatmin ve giderme oluşmaz, ihtiyaç var olmaya devam eder. İçsel doldurmayı dışsal doldurmayla eşitlemek için, –tıpkı ruhsal enerjinin arzu edilen nesneye *sabitlenerek* tüketildiği halüsinasyonlu psikozlarda ve açlık halüsinasyonlarında olduğu gibi– süreklilik şarttır. Ruhsal gücün daha uygun kullanılması için, tam gerilemenin durdurulması ve böylece anı imgelerinin ötesine geçmesinin engellenmesi ve bu imgelerden yola çıkarak dışarıdan kaynaklı algısal bir özdeşlik kurulmasını sağlayacak başka yollar arayabilmesi gerekir.[27] Uyarımın bu şekilde engellenmesi ve bunu takiben saptırılması –keyfi hareketliliğe hükmeden yani hareketliliğin eskiden hatırlanan amaçlara yönelmesini sağlayan– ikinci bir sistemin görevidir. Anı imgelerinden dış dünyanın etkisiyle algı özdeşliğine ulaşılması sürecindeki karmaşık düşünce etkinliğinin, arzu giderimine giden dolambaçlı yol olduğunu deneyimlerimizden biliyoruz.[28] Düşünme eylemi her şeyden önce, hayal edilen arzunun yerini tutmaktan ibaret. Bu durumda anlaşılıyor ki arzu giderilmesinden başka hiçbir şey ruhsal aygıtımızı hare-

27 Başka şekilde ifade edecek olursak: Bir "gerçeklik denetimi" uygulamak doğru olacaktır.

28 Le Lorrain haklı olarak rüyada arzu gideriminden övgüyle söz eder: "Önemli bir yorgunluğa neden olmadan, peşinden gidilen zevkleri terbiye edip yok eden, zorlu bir mücadeleye girmek zorunda kalmayan…"

kete geçiremez. Kendi arzularını gerileme yoluyla gideren rüya, bizim için de ruhsal aygıtın artık amaca uygun olmadığı için terk edilmiş olan *birincil* çalışma biçimini muhafaza eder. Yetişkinler nasıl ok ve yay gibi ilkel silahları çocuk oyunlarına devrettiyse, henüz genç ve toyken gündüzün ruhsal yaşamda hüküm sürenler de gece yaşamına sürgün edilmiştir. *Rüya yaşantısı, bastırılmış, aşılmış çocuksu ruhsal yaşamın bir parçasıdır.*

Ruhsal aygıtın uyanıkken bastırılmış bu faaliyetleri psikozlarda tekrar ortaya çıkar ve ihtiyaçlarımızı giderme yeteneğinden yoksun olduklarını ortaya koyarlar.[29]

Bilinçdışı arzu uyarımları gün içinde de ortaya çıkmaya ve –aktarma işlemi ve psikozların gösterdiğine göre– ön bilinç sisteminden bilince girmeye ve hareketliliğe hükmetmeye çalışırlar. Artık rüyanın bizi hak ettiği şekilde varlığına ikna ettiği *ön bilinç* ve *bilinç* arasındaki sansürü ruhsal sağlığımızın bekçisi olarak kabul etmek ve değerlendirmek zorundayız. O halde sansürün gece faaliyetini azaltması, *ön bilinçteki* bastırılmış uyarımların ortaya çıkması, halüsinasyonvari gerilemenin tekrar mümkün olması, bekçimizin dikkatsizliği değilse nedir? Ben böyle olduğunu düşünmüyorum çünkü eleştirel bekçi dinlenmeye çekildiğinde –henüz derin bir uykuya dalmadığına dair kanıtlarımız var– hareketlilik kapısını da kapatıyor. Artık normalde ketlenmiş olan önbilincin arenasında isteyen uyarımlar cirit atabilir çünkü bunlar, dış dünyayı etkileyebilecek tek güç olan motorik aygıtı harekete geçirmeye muktedir olmadıkları için "zararsız". Uyku hali, korunması gereken kalenin güvenliğini garanti eder. Daha da az zararlı bir durum, gücün yer değiştirmesinin, gece eleştirel sansürün gücünün azalmasıyla değil de, –ön bilinç dolu ve hareketlilik kapısı açık olduğu sürece– sansürün patolojik bir

29 Bu düşünsemeleri başka bir yerde ilerleterek haz ve gerçeklik ilkesi olarak tanımladım (*Ruhsal Oluşumlarda Haz ve Gerçeklik İlkesi, Toplu Eserler,* V. cilt)

zaafla ya da bilinçdışı uyarımların patolojik bir güçlenmeyle üretilmesidir. O zaman bekçi bertaraf edilir, bilinçdışı uyarımlar önbilince girer ve buradan konuşmalara ve faaliyetlere hükmeder ya da halüsinasyonvari bir gerileme yaratır ve algıların psikolojik enerjimizin dağılımını etkilemesi sayesinde –kendilerine ait olmayan– aygıtı yönetir. Bu duruma psikoz adını veriyoruz.

Şimdi, ön bilinç ve bilinçdışını ekledikten sonra, yarım bıraktığımız psikolojik binanın inşasına devam edecek en elverişli noktaya ulaşmış bulunuyoruz.

Ama hâlâ arzuların rüyanın biricik psikolojik itici gücü olduğu konusunu bir süre daha incelememizi gerektirecek yeterli nedenimiz var. Her rüyanın bir arzu giderilmesi olduğu açıklamasını kabul etmemizin nedeni şuydu: Arzu giderilmesi ön bilinç sistemine ait bir faaliyettir. Bu sistemin arzu giderilmesi dışında bir hedefi yoktur ve arzu uyarımları dışında bir güce sahip değildir. Rüya yorumundan yola çıkarak spekülasyon yapma hakkımızı mahfuz tutacak olursak, rüyanın başka psikolojik oluşumları da içine alan bir bağlamda ele alınabileceğini göstermek zorundayız. *Önbilinç* diye –ya da açıklamalarımız bağlamında ona benzer– bir sistem varsa şayet, o zaman rüya bu sistemin tek kendini gösterme alanı olamaz. Evet, her rüya bir arzu giderilmesi olabilir ama arzu giderilmesinin rüyanın dışında doğal olmayan başka biçimleri de olmak zorunda. Gerçekten de bütün psikonevrotik semptomları içeren kuramı açıklayan tek bir cümle olsa olsa şu olabilir: *Psikonevrotik semptomlar da bilinçdışının arzu giderenleri olarak ele alınmak zorundadır.*[30] Bizim açıklamalarımız uyarınca rüya bir psikiyatrın ele alacağı bir dizi önemli olgunun sadece ilk sırasında yer alır ve bu dizinin psikolojik bölü-

30 Daha doğru ifade edecek olursak: Bir kısım semptomları bilinçdışının arzu giderenleri olarak, diğer bir kısmı da bunlara tepki oluşumu olarak ele almak gerekir.

münün çözümü psikiyatrın görevidir.[31] Arzuların giderilmesini sağlayan gruptaki kimi olguların, örneğin histerik semptomların önemli özelliklerinden birine rüyaların sahip olmadığını biliyorum. Bu çalışmamda sık sık dile getirdiğim incelemelerimden biliyorum ki histerik bir semptomun oluşması için zihinsel (Seele) yaşamımızın her iki akımının bir araya gelmesi gerekiyor. Semptom sadece gerçekleşmiş bir arzunun dışavurumundan ibaret değildir, buna bir de ön bilinçten söz konusu semptom sayesinde gerçekleşen bir arzu eklenmesi gerekir. Böylece semptom, sistemde yer alan her bir sorunla ilgili olmak üzere *en az* iki kez belirlenmiş olur. Rüyalarda olduğu gibi burada da, bir başka aşırı belirlenmeyi engelleyecek herhangi bir şey yoktur. Gördüğüm kadarıyla önbilince ait olmayan belirlenme, her zaman (örn. kendini cezalandırmak gibi) bilinçdışı bir arzuya tepki veren bir düşünce silsilesidir.

Şöyle bir genelleme yapabilirim: *Histerik bir semptom ancak farklı psikolojik sistemlerden kaynaklanan iki karşıt arzu giderilmesinin birleştiği noktada ortaya çıkar.* (*krş.* histerik semptomların oluşumu ile ilgili son açıklamalarımın yer aldığı "Histerik Fanteziler ve Biseksüellikle İlişkileri" adlı makalem. *Toplu Eserler*, V. Cilt, 1908). Bu konuda örnek vermek çok verimli olmayacaktır çünkü söz konusu komplikasyonlar ancak bütünüyle çözüldüğü zaman ikna edici olabilir. Bu nedenle iddiama sadık kalarak, kanıtlamak için değil ama aydınlatmak, açıklamak adına bir örnek vereceğim. Kadın bir hastamın histerik kusma nöbetlerinin nedeninin ergenlik çağına ait sürekli hamile olmak ve sayısız çocuk sahibi olmak gibi bilinçdışı bir fantezinin gerçekleşmesi olduğu ortaya çıkmıştı. Daha sonra bunun altında, mümkün olduğunca çok koca sahibi olmak olduğu da anlaşıldı. Bastırılamayan bu

31 Hughling şöyle der: Rüyanın özünü anlayınca, delilik hakkında her şeyi öğrenmiş olacağız.

arzuya karşı güçlü bir savunma uyarımı oluşmuştu. Ama hasta kusarak dolgun vücudunu ve güzelliğini de kaybedeceği ve hiçbir erkek onu beğenmeyeceği için, bu semptom cezalandırıcı düşünce silsilesi açısından da kabul edilebilir özelliklere sahipti ve gerçekleşebilirdi. Bu, Part kraliçesinin triumvir Crassus'a karşı uyguladığı arzu giderilmesiyle aynı şey. Crassus'un altın hırsıyla savaşa gittiğini düşünen kraliçe adamın cesedinin boğazından aşağı altın döktürür: "İşte al istediğin şeyi!" Şimdiye kadar rüyanın sadece bilinçdışı arzuları giderdiğini biliyorduk. Şimdi egemen ön bilinç sisteminin de belli çarpıtmaları takiben buna izin vermiş olabileceğini düşünüyoruz. Gerçekten de rüyadaki arzuya karşıt, rüyada bu arzunun aksi gibi ortaya çıkan bir düşünce silsilesini kanıtlamak mümkün değil. Analizlerimizde çok nadir olarak dostum R.'ye şefkat gösterdiğim amcamla ilgili rüyadakine (s. 241) benzer tepkilere rastlıyoruz. Ancak ön bilinçte eksikliğini hissettiğimiz malzemeyi başka bir yerde de bulabiliriz. Rüyanın bilinçdışından gelen bir arzuyu ancak çeşitli çarpıtmalardan sonra dile getirebilmesine karşılık, egemen sistem *uykuya dalma arzusuna* geri çekilir. Bu arzuyu ruhsal aygıttaki mümkün olan enerji yükü (*Besetzung-cathexis*) değişimleriyle gerçekleştirir ve uyku süresince de arzuda ısrar eder.[32]

Önbilincin uyuma arzusunda ısrar etmesi genelde rüyanın oluşumunu kolaylaştırıcı bir etki yapar. Ölünün yattığı odadan gelen ışığın cesedi yakmış olduğunu düşünen babayı hatırlayalım. Işığın etkisiyle uyanmak yerine rüyadaki çıkarsamayı yapan babanın rüyadaki çocuğun kısa bir süre daha ömrünü uzattığını göstermiştik. Bastırılmış arzular gözümüzden kaçmış olabilir çünkü rüyayı analiz edemedik. Ama rüyayı oluşturan ikinci itici gücün, babanın uyumaya devam etme arzusu olduğunu söyleyebiliriz.

---

32 Bu düşünce silsilesini, günümüzde hipnoz araştırmalarını yeniden canlandıran Liébault'un uyku teorisinden aldım (Du sommeil provoqué etc., Paris 1889).

Rüya sayesinde çocuğun ömrü gibi babanın uykusu da kısa bir süre uzatılıyor. Bu güdüye rüyaya izin vermek diyoruz, aksi takdirde uyanmamız gerekir. Bu gibi durumlarda bu rüyada olduğu gibi başka bütün rüyalarda da uyku arzusu bilinçdışı arzuya destek verir. Sayfa 150'de *rahatlama* rüyası oldukları çok açık rüyalara değinmiştik. Aslında bütün rüyaları böyle tanımlayabiliriz. Dışsal duyu uyarımını uykunun devam etmesini sağlayacak şekilde işleme tabi tuttuğumuz, dış dünyadan bir uyarı olarak yapacaklarını onu rüyanın içeriğine dahil ederek engellediğimiz rüyalar aslında uykuya devam etme arzusunun etkisinin en net ve açık şekilde görüldüğü rüyalardır. Ancak uykuyu bitirenin rüyanın içinden bir olgu olduğu durumlarda da aynı arzunun bir katkısı olması gerekir. Rüya çok abarttığında önbilincin bilince söylediği şu cümle rüya görmeye karşı duran zihinsel (Seele) etkinliğin genel tutumunu anlatır: "Umursama ve uyumaya devam et, sadece bir rüya bu." Buradan, uyduğumuz sürece uyduğumuzun farkında olduğumuz gibi, rüya gördüğümüzün de farkında olduğumuzu çıkarsamak durumundayım. Öte yandan bilincimizin bu ilk bilgiyi hiç umursamadığı, ikinciyi ise ancak sansürün sürpriz yaptığını hissettiği anlarda umursadığı düşüncesine veda etmek gerekiyor. Kimi insanlarsa, gece uyudukları ve rüya gördükleri bilgisine, dolayısıyla bilinç- li olarak rüya yaşamını yönlendirme yetisine sahiptir. Böyle bir rüya sahibi rüyanın gidişatından memnun olmayınca uyanmadan rüyayı keser ve –tıpkı oyunu mutlu bir sonla bitirmek isteyen modern bir tiyatro yazarının yaptığı gibi– yeniden başlatır ve başka şekilde devam ettirir.

Bu tür kişiler, örneğin rüyada cinsel olarak uyarıldıklarında şöyle düşünebilir: "Bu rüyanın devam etmesini istemiyorum, polüsyonla,[33] kendimi yormayacağım, bunun yerine gerçek seksi tercih ederim."

33 Gece rüyada boşalmak. –çev. n.

Marquis d'Hervey (*Vaschide*'den alıntı, s. 139) rüyaları üzerinde böyle bir gücü olduğunu, onları istediği gibi hızlandırabildiğini ya da yönlerini değiştirebildiğini iddia eder. Burada uyumaya devam etme arzusunun başka bir ön bilinç arzusuna yani kendi rüyalarını izleme ve keyif alma arzusuna yer açtığı düşünülebilir. Uyku, bu tür amaçlı arzularla olduğu gibi, uyanmaya koşullanmayla da (tetikte uyku) uyum gösterir. Yine biliyoruz ki rüyaya özel bir ilgi atfetmek, herkeste rüyanın hatırlanan kısımlarını önemli ölçüde artırmak anlamına gelir.

Rüyaların yönlendirilmesi ile ilgili diğer bazı gözlemleri Ferenczi'de buluruz: "Rüya zihin (seele) dünyasını meşgul eden düşünceleri bütün yönleriyle ele alır, arzu giderilmesinin sekteye uğraması tehlikesi baş gösterdiğinde, bir rüya imgesini devre dışı bırakır, (seele) zihinsel dünyanın iki merciini uzlaştıracak ve tatmin edecek bir arzu giderilmesi oluşana kadar başka bir çözüm yolu arar."

D. RÜYA TARAFINDAN UYANDIRILMA-RÜYANIN İŞLEVİ-KORKU RÜYALARI

Artık önbilincin gece uyuma arzusuna ayarlı olduğunu bildiğimize göre, bu bilgi ışığında rüya sürecinin izini sürmeye devam edebiliriz. Şimdiye kadarki bilgilerimizi özetlemekle işe başlayalım. Uyanık yaşamdaki enerji yükünü (*Energiebesetzung*) tamamen kaybetmemiş gündüz kalıntılarının varlığından söz etmiştik. Ya da uyanık yaşamda gün boyunca bilinçdışı arzulardan birinin uyandığını ya da bu ikisinin birlikte ortaya çıktığını eklemiştik. Bu bağlamda çeşitli alternatifleri ele almıştık. Bilinçdışı arzu, henüz gün içinde ya da uyku durumunun hasıl olmasıyla birlikte rüya kalıntılarına giden yola düzülür, onlara kendini aktarma işlemine başlar. Böylece yakın geçmişe ait malzemeyle aktarılan bir arzu oluşur ya da bastırılan yakın geçmişe ait arzu bilinçdışından gelen katkıyla güçlenerek yeniden canlanır. Şimdi arzu artık bir kısmıyla zaten ait olduğu ön bilinçteki düşünce süreçlerinin normal yolundan bilince çıkmaya çalışır. Ama hâlâ var olan sansüre toslar ve onun etki alanına girer.

Burada yakın geçmişe aktarılmayla yolu açılmış olan çarpıtmaya uğrar. Arzu bu noktaya kadar saplantılı bir düşünce, bir delilik düşüncesi vb. bir şeye yani aktarmayla yoğunlaşmış, içeriği sansürle değiştirilmiş bir düşünceye dönüşme yoluna girmiştir. Ancak önbilincin uyku hali daha fazla ilerlemesini engeller; bunun nedeni, sistemin uyarımlarını azaltarak kendini koruması olabilir. Böylece rüya süreci, uyku halinin özgün ortamı sayesinde gerileme yoluna girer ve anı gruplarının üzerinde kurduğu çekim gücünü takip eder. Bu anılar zaten kısmen görsel imgelerdir ve daha sonraki sistemlerin işaret diline tercümeleri söz konusu değildir. Arzu, gerileme yolunda tasvir edilebilirlik özelliği kazanır. Yoğunlaşma sorununu daha sonra ele alacağım. Arzu şimdi yolunun birçok kez sekteye uğratılan ikinci bölümünü ardında bırakmıştır. Yolun ilk bölümü bilinçsiz sahnelerden ve fantezilerden önbilince doğru ilerleyen bir yoldu. İkinci bölüm yol ise sansür sınırından algılara doğru ilerlemeye çalışır. Rüya süreci algının içeriğine dönüştüğünde, arzu, sansür ve uyku halinin ön bilinçte karşısına çıkardığı engeli de aşmış olur; dikkatleri üzerine çekmeyi ve bilinç tarafından farkına varılmayı başarır. Bizim açımızdan bir duyu organının ruhsal nitelikleri algılaması anlamına gelen bilinci, uyanık durumda uyaracak iki kaynak vardır: Öncelikle bütün aygıtın yani algı sisteminin çevresi, ikinci olarak da enerji dönüşümü sırasında aygıtın içinde oluşan tek ruhsal nitelik olan haz ve hazsızlık algıları. Ön bilinç de dahil olmak üzere bu dört sistemdeki bütün diğer süreçler haz ve hazsızlık algısı üretmedikleri sürece, ruhsal bir nitelikten yoksundurlar, bu nedenle bilincin bir nesnesi olamazlar. O halde *haz ve hazsızlık salınımlarının enerji yükü süreçlerinin seyrini düzenlediklerini kabul etmek zorundayız.* Ama bu durumda da daha hassas işlemleri mümkün kılmak için düşünce sürecini hoşnutsuzluk emarelerinden bağımsız düzenleme zorunluluğu hasıl oluyor. Bu amaçla ön bilinç sisteminin bilincin dikkatini çekecek özelliklere sahip olması gerekiyor ve sistem, büyük bir olasılıkla ön bilinçteki süreçlerinin, –dil işaretlerinin niteliksiz olmayanını sistemleriyle ilişkisi sayesinde varlığını sürdürüyor. Şimdiye kadar sadece algıların duyu organı olan bilinç, bu sistemin nitelikleri sayesinde, düşünce süreçlerimizin bir kısmının da duyu organı haline geliyor.

Demek ki artık iki duyusal yüzeyimiz var: Biri yüzünü algıya, diğeri önbilincin düşünce süreçlerine dönmüş olan yüzey.

Bilincin önbilince dönük duyu yüzeyinin, uyku sırasında algılara dönük yüzeyine oranla daha duyarsız olduğunu kabul etmek zorundayım. Gece gerçekleşen düşünce süreçlerine ilgisiz kalmak amaca daha uygun: Ön bilinç uyumak istediği için düşünme edimi gerçekleşmemeli. Ama rüya bir kez bir algıya dönüştüğünde, kazandığı yeni niteliklerle bilinci uyarmaya başlar. Duyu uyarımı burada yapması gerekeni yapar: Ön bilinçte var olan enerji yükünün bir kısmını –dikkat çekmek anlamında– uyarana aktarır. Bu durumda rüyanın bizi her zaman *uyandırdığını,* önbilincin uyuyan gücünün bir kısmını harekete geçirdiğini kabul etmek durumundayız. Rüya bu güç sayesinde ikincil işlem dediğimiz anlamda bir tutarlılık ve anlaşılırlık kazanır. Yani duyu uyarımı rüyayı herhangi bir algı gibi değerlendirir, algılardan beklediğini –malzemesi yeterli olduğu sürece– rüyadan da bekler. Rüya sürecinin bu üçüncü parçasının işaret ettiğini söyleyebilirsek şayet, bu yön, ileriye doğrudur.

Yanlış anlamalara yol açmamak adına rüya sürecinin zamansal nitelikleri hakkında da birkaç cümle etmekte fayda var. Goblot, muhtemelen Maury'nin giyotin rüyasının etkisinde dile getirdiği son derece ilginç açıklamasında, rüyaların sadece uyku ve uyanma arasındaki geçiş döneminde görüldüğünü ifade eder. Uykudan uyanmak zaman gerektirir Goblot'a göre ve bu zaman zarfında da rüyalar görülür. Rüyanın son görüntüsü o kadar güçlüdür ki rüyayı gören uyanmak zorunda kalır. Oysa gerçek, bu görüntünün uyanmaya yakın olduğumuz için bu kadar güçlü olduğudur. "*Un rêve c'est un réveil qui commence.*"[34]

Goblot'un, tezini doğrulamak adına birçok gerçeği göz ardı etmek zorunda kaldığını ilk söyleyen Dugas'tır. Uyanmadığımız, örneğin rüya görürken rüyada olduğumuzu fark ettiğimiz rüyalar da vardır. Rüya çalışması hakkında bildiklerimizi göz önünde bulundurduğumuzda, rüyaların sadece uyanma sürecinde oluştuklarını söylememiz mümkün değil. Bize bunun aksi, yani rüya çalışmasının ilk bölümünün henüz ön bilinç hüküm sürerken yani gündüz vakti başladığı daha olası görünüyor. Rüya çalışmasının ikinci kısmı yani sansür altında değişme, bilinçdışı sahnelerin çekimi, algıya doğru ilerleme eylemleri ise bütün gece sürüyor gibi. Bu nedenle ne gördüğümüzü bilemesek de "bütün gece rüya gördüm" derken doğruyu söylüyor olabiliriz. Ancak rüya süreçlerinin bilince ulaşana kadar bizim tasvir ettiğimiz zamansal sıralamayı takip ettiğini yani önce aktarılan rüya arzusunun var olduğunu, sonra sansürün çarpıtmayı gerçekleştirdiğini, bunun ardından da gerilemenin yön değiştirdiğini vb. zannetmiyorum. Gerçekte bu eylemler eşzamanlı olarak deneniyor; uyarımın kâh bu, kâh şu yoldan ilerlediğini ve sonunda amaca uygun bir yığılma gerçekleştiğinde bir grubun kalıcı olduğunu düşünüyorum. Kendi deneyimlerime dayanarak

34 "Rüya, uyanma sürecinin başlangıcıdır."

düş çalışmasının sonuca ulaşmasının çoğu zaman bir gün ve bir geceden uzun sürdüğü ve bu arada rüyanın inşasındaki olağanüstü yaratıcılığın bütün görkemini kaybettiğini düşünüyorum. Hatta bence, rüyanın algısal bir olgu olarak anlaşılır hale gelmesi, rüyanın bilincin dikkatini çekmesinden önce gerçekleşiyor. Ama bu andan itibaren süreç hızlanıyor çünkü rüya da algılanan herhangi başka bir şey gibi muamele görüyor. Tıpkı saatlerce hazırlığı yapılan ve bir anda ateşlenen havai fişek gösterisi gibi.

Rüya süreci böylece, ya rüya çalışması sayesinde bilinci kendine çekecek ve –uykunun süresi ve derinliğinden bağımsız olarak– önbilinci uyandıracak yoğunluğa ulaşıyor, ya da yoğunluğu yeterli olmadığı için uyanmadan kısa süre önce harekete geçen dikkat devreye girene kadar hazır vaziyette bekliyor. Çoğu rüya nispeten düşük yoğunlukla çalışıyor olmalı çünkü bu rüyalar uyanma anını beklerler. Yine buradan anlıyoruz ki derin uykumuzdan aniden uyandırıldığımızda, genelde rüyada gördüğümüz bir şeyi algılarız. Tıpkı kendiliğimizden uyandığımızda olduğu gibi ilk dikkatimizi çeken, rüya çalışmasının yarattığı, ikincisi ise, dış dünyadan gelen algısal içeriktir.

Kuramsal anlamda en dikkate değer rüyalar, rüya göreni uykudan uyandıranlardır. Burada da her şeyin bir amacı ve nedeni olacağından yola çıkarak, uykuyu yani önbilincin arzusunu sona erdirme gücünün neden rüyaya yani bilinçdışı arzuya verildiğini sorabiliriz. Sorunun yanıtının, bilgi sahibi olmadığımız enerji ilişkilerinde yattığı kesin. Bu bilgilere sahip olsaydık, belki de rüyanın gerçekleşmesine ve bir anlamda tecrit edilmiş dikkatin bir kısmını tüketmesine izin vermenin, bilinçdışını gece olduğu gibi gündüz de belli sınırlar dahilinde tutmakla kıyaslandığında, bir enerji tasarrufu sağlayacağını görecektik. Deneyimlerimizden biliyoruz ki rüyalar, gece uykumuz birkaç kez bölünse de uykuyla uyum içindedir. Bir an için uyanır, sonra tekrar uyuruz.

Sanki uykuda sinek kovalamak için, bir anlığına, geçici olarak uyanırız. Tekrar uyuduğumuzda bu kesintiyi bertaraf ederiz. Küçük bebekli anneler vb. örneklerden, dikkatler bir süreliğine başka bir şeye yönelse de uyuma arzusunun gerçekleşebildiğini biliyoruz. Ancak bu noktada bilinçdışı süreçleri iyi tanıyan bir itiraza kulak vermemiz gerekiyor. Şimdiye değin biz dahi bilinçdışı arzuların her zaman hareketli, canlı olduklarını ifade ettik. Ama buna rağmen gündüzleri algılanmak için yeteri kadar güçlü olmadıklarını söyledik. Peki ama, uyku durumu hasıl olup da bilinçdışı arzunun rüya oluşturacak bir güç göstermesinin, bu rüyanın önbilinci uyandırmasının ve rüyanın farkına varılmasının ardından bu güç neden tükeniyor? Rüyanın, tıpkı rahatsız eden sineğin sürekli kovalanmasına rağmen tekrar tekrar geri dönmesi gibi, sürekli yenilenmesi gerekmez mi?

Bilinçsiz arzuların her zaman hareketli ve canlı oldukları bir gerçek. Bu arzular, belli bir uyarıma maruz kaldıkları sürece, sürekli geçilmeye müsait yollar gibidir. Hatta bilinçdışı süreçlerin olağanüstü bir özelliği de, hiçbir zaman yok edilemedikleridir. Bilinçdışında hiçbir şey sonlandırılamaz, hiçbir şey geçmişe ait değildir, hiçbir şey unutulmaz. Bu konudaki en ayrıntılı bilgiyi nevrozlardan ve özellikle de histerilerden ediniyoruz. Kriz anında boşalmaya yol açan bilinçdışı düşünce yolu, tekrar yeteri kadar uyarım biriktiğinde yeniden geçilmeye müsait hale gelir. Otuz yıl önce gerçekleşmiş bir gücenme vakası, bilinçdışı duygu kaynaklarına ulaşabilmişse eğer, otuz yıl boyunca hep yeni bir vaka gibi taze kalır. Böyle bir anı, dokunulduğu anda yeniden canlanır ve kriz anında motorik boşalım sağlayan bir uyarımla kendini gösterir. Psikoterapinin işte tam da böyle bir noktada müdahale etmesi gerekir. Terapinin görevi bilinçdışı süreçleri bertaraf etmek ve unutturmaktır. Bize son derece doğal gelen ve öncelikle zamanın anı parçaları üzerindeki etkisiyle açıkladığımız anıların silikleşmesi ve yakın geçmişe ait olmayan izlenimlere ait duyguların zayıflamış olması, gerçekte son derece zahmetli bir çalışmayla ortaya çıkarılan ikincil değişimlerdir. Bu zahmetli işi yapan ön bilinçtir ve *psikoterapinin görevi, bilinçdışını önbilincin egemenliğine sokmaktan başka bir şey değildir.*

Demek ki bilinçdışı bir uyarım süreci için gidilecek iki yol var: Uyarım ya başıboş bir halde ilerler, kendi yolunu bulur ve bir seferliğine harekete dönüşür. *Ya da önbilincin etkisine girer ve akıp gitmek yerine, onun tarafından tutulur. Rüya sürecinde geçerli olan işte bu ikinci şıktır.* Algı haline gelen rüyayı ön bilinçden çıkarak karşılayan yük,bilinçli uyarım tarafından yönetildiği için, rüyanın bilinçsiz uyarımını bağlar ve rahatsız eden bir unsur olma gücünü bertaraf eder. Rüya gören kişi bir anlığına uyanırsa şayet, uykuyu bölmeye çalışan sineği kovar gerçekten. Şimdi artık anlaşmış bulunuyoruz ki bilinçdışını uyku süresince denetim altında tutmaktansa, bilinçdışı arzuya izin vermek, rüyayı oluşturabilmesi için gerileme yoluna girmesini sağalmak ve sonra küçük bir ön bilinç çabasıyla rüyayı bağlamak ve kurtulmak çok daha ekonomik ve amaca uygun olacaktır. Gerçekten de başlangıçta amaçsız bir süreç olan rüyanın, ruhsal hayattaki güçler dengesinde kendine bir işlev edinmiş olduğunu tahmin ediyoruz. Rüya, bilinçdışının serbest kalan uyarımını tekrar önbilincin hâkimiyetine sokma görevini üstlenir: Bilinçdışının uyarımını boşaltır, onun için supap vazifesi görür ve küçük bir uyanık etkinlik karşılığında önbilincin uyumasını garantiler. Böylece tıpkı diğer benzer psikolojik oluşumlardaki gibi bir uzlaşma sağlar: Bu uzlaşma her iki isteme de hizmet eder ve –birbirleriyle uyumlu oldukları takdirde– her iki arzuyu da giderir. Robert'in s. 103'te ele aldığımız "boşaltım teorisi"ne tekrar dönecek olursak, rüyanın işlevi konusunda kendisine hak vermemiz gerektiğini ancak rüya sürecinin koşulları ve önemi konusunda fikirlerimizin farklı olduğunu görürüz.[35]

İki arzunun birbiriyle uyumlu olma koşulunda, rüyanın işlevinin başarısızlıkla sonuçlanabileceği durumların ipucu gizlidir. Rüya sürecine önce bilinçdışındaki arzunun giderilmesi olarak izin verilir. Giderilmeye çalışılan bu arzu, önbilinci uykudan uyandıracak kadar sarsarsa, rüya uzlaşmayı ihlal etmiş olur ve görevinin ikinci bölümünü yerine getiremez. Bu durumda rüya kesintiye uğrar ve rüya gören uyanır. Ancak aslen uykunun bekçisi olan rüyanın burada uykuyu bozan rolünde olması onun suçu değildir ve bu durum, rüyanın bir amacı olduğundan kuşku duymamızı gerektirmez.

Organizmada bir işlevi olan bir yapının, koşullar değiştiğinde bu amaca hizmet etmeyip, rahatsız edici bir özellik kazanmasının tek örneği bu değildir. Bu gibi durumlarda rahatsız eden öğe

---

35 Rüyaya özgü olduğunu söyleyebileceğimiz tek işlev bu mu? Ben başka bir işlev bilmiyorum. A. Maeder rüyanın "ikinci" bir işlevi olduğunu iddia eder. Maeder'in haklı dayanağı şu gözlem: Kimi rüyalarda sorunlara çözüm bulma çabası vardır. Bu çözümler sonra gerçekten de uygulanır. Yani rüyalar uyanık yaşamın ön çalışması gibidirler. Maeder bu bağlamda rüya görmekle, çocukların ve hayvanların oyun oynaması arasında paralellik kurmuş yani doğuştan sahip olunan içgüdüleri bir ön çalışma ve ilerdeki davranışlar için bir ön hazırlık olarak yorumlamış ve rüyanın oyun işlevi (*fonction ludique*) üzerine bir teori geliştirmiştir. Maeder'den kısa süre önce Alf. Adler de rüyanın "öngörme, önceden düşünme" işlevini dile getirmişti (1905'te yayınladığım bir analizde rüyanın amacı olarak adlandırabileceğim bölüm, bu amaç gerçekleşene kadar her gece tekrarlıyordu).

Rüyanın "ikinci" bir işlevi olduğunu rüya yorumu çerçevesinde kabul edemeyeceğimizi açıklamak çok basit. Öngörmek, amaç belirlemek, çözüm girişimleri tasarlamak ve bunları uyanık yaşamda gerçekleştirmek, bütün bunlar ve başka bir sürü şey zihnin bilinçdışı ve ön bilinçteki eylemlerinin ürünleridir ve "günün kalıntıları" olarak uyku sırasında devam edip bilinçdışı bir arzuyla birlikte (bkz. s. 588) rüya oluşumu için bir araya gelebilirler. Yani rüyanın öngörme, önceden düşünme işlevi aslında ön bilinçli uyanık düşünce işlevidir ve bu düşüncenin sonuçlarına rüyaları ya da başka olguları analiz ederek ulaşırız. Rüyaları uzun zaman görünür içeriğinden ibaret zannetmiştik; şimdi yapmamız gerekense, rüyanın, gizli rüya içeriğiyle karıştırılmasını engellemek.

yeni bir amaç edinerek bu değişikliğe işaret eder ve organizmanın düzenleyici mekanizmasını tekrar göreve çağırır. Tabii bunları söylerken korku rüyalarını göz önünde bulunduruyorum ve arzu giderme teorisinin karşıtlarının baştanığı olan bu rüyalardan rastladığım her yerde kaçtığım düşünülmesin diye, burada, kısaca da bu tür rüyalara değineceğim.

Arzu giderilmesi olan ruhsal bir sürecin aynı zamanda korku duygusu da yaratabiliyor olması bizim için zaten artık bir çelişki değil. Bu durumu şöyle açıklıyoruz: Arzu, sistemlerden birine yani bilinçdışına ait olan ve diğer sistem, yani ön bilinç, bu arzuyu geri çeviriyor ve bastırıyor.[36] Bilinçdışı önbilince ruhsal olarak bütünüyle sağlıklı olduğumuzda da tamamen boyun eğmez. Bu bastırmanın düzeyi ruhsal sağlımızın normallik ölçüsüdür. Nevrotik semptomlar bu iki sistemin birbirleriyle çatıştığını gösteriyor; bu semptomlar bu çatışmanın uzlaşma sonuçlarıdır,

36 "Amatörlerin göz ardı ettiği çok önemli ikinci bir konu ise şu: Bir arzunun giderilmesinin haz sağlaması beklenir. Tabii "kime?" diye de sormak gerekiyor. Tabii ki arzu sahibine. Ama rüyayı görenle arzusu arasında bambaşka bir ilişki var. Rüya gören arzusunu bastırıyor, sansürlüyor, kısacası onu sevmiyor. O halde arzunun giderilmesi ona haz veriyor olamaz, ancak bunun karşıtı mümkün bunun. Deneyimlerimizden biliyoruz ki bu karşıt durum –ki bunu da açıklayabilmemiz lazım– korku şeklinde çıkıyor ortaya. Yani rüyayı gören, rüyadaki arzularıyla ilişkisinde adeta çift kişilikli gibi davranıyor ve bu kişilikler güçlü ortak özelliklerle birbirleriyle ilişkili. Bu noktada size, daha ayrıntılı açıklamalara girmeden, bu ilişkiyi görebileceğiniz ünlü bir masaldan söz etmek istiyorum: İyi kalpli bir peri, yaşlı bir çifte ilk üç arzularını yerine getirme sözü verir. Çok mutlu olan çift arzuları titizlikle seçmeye karar verirler. Ama kadın yandaki kulübeden yükselen nefis kızarmış sosis kokusunun etkisiyle baştan çıkıp, bir çift sosis diler. Sosisler anında orada bitiverir. Bu ilk arzunun giderilmesidir. Bunun üzerine öfkelenen adam, o sosislerin kadının burnuna asılmasını diler. Bu da gerçekleşir, sosisler kadının burnuna yapışır ki, bu da ikinci arzunun giderilmesidir. Ama adamın arzusu kadının hiç hoşuna gitmez. Hikâyenin nasıl devam ettiğini biliyorsunuz. Ama çiftimiz bir bütün (kadın-erkek) oldukları için, üçüncü arzu, sosislerin kadının burnundan uzaklaştırılması olmak zorundadır. Bu masalı çok başka bağlamda da anlatabiliriz. Burada ise, aynı fikirde olmadıkları sürece, birinin arzusunun giderilmesinin, diğerinde hazsızlık yaratabileceğini anlatıyor bize." (*Psikanalize Giriş Dersleri*, XIV, *Toplu Eserler*, VII. cilt)

çatışmaya geçici olarak son verirler. Semptomlar bir taraftan *bilinçdışına* uyarımlarını boşaltma imkânı verirler, bilinçdışı için bir çıkış kapısı oluştururlar ama diğer taraftan da *önbilincin bilinçdışını* kısmen kontrol etmesini sağlarlar. Bu noktada histerik bir fobinin ya da yer korkusunun anlamını ele almak bizi aydınlatacaktır. Bir nevrotiğin sokakta karşıdan karşıya geçemediğini düşünelim. Bu durumu haklı olarak "semptom" olarak nitelendiririz. Bu kişiyi beceremeyeceğini düşündüğü eylemi yapmaya zorlarız ve semptomun ortadan kalkacağını varsayarız. Bunu bir korku nöbeti takip eder ve sokaktaki her korku nöbeti gibi bu da yer korkusunun oluşmasını tetikler. Böylece semptomun korku nöbetini engellemek için ortaya çıktığını, fobinin korkunun önünde bir barikat gibi durduğunu görürüz.

Açıklamalarımıza bu süreçlerde duyguların rolünü dikkate almadan devam etmemiz mümkün değil ama bunu da burada eksiksiz yapmamız imkânsız. O halde şöyle bir hipotez dile getirelim: Bilinçdışının baskılanmasının gerekçesi şudur: *Bilinçdışında,* kendi haline bırakıldığında bir haz duygusu yaratacak düşünce süreçleri, *baskıya* uğradığında hazsızlığa, hoşnutsuzluğa dönüşür.

Bastırmanın amacı ve başarısı, bu hoşnutsuzluk duygusunu engellemektir. Bastırma, bilinçdışındaki düşüncelere kadar yayılır çünkü hoşnutsuzluğun bilinçdışındaki düşüncelerden kaynaklanıyor olması mümkün. Bu durumun altında duyguların oluşumuyla ilgili özgün bir kabul yatıyor: Duyguların oluşum süreci motorik ve salgısal bir işlev olarak görülür ve bunu sağlayan, bilinçdışı düşüncelerdeki sinirsel uyarım anahtarıdır. Önbilincin etkisi altına giren bu düşünceler, tabiri caizse, boğulur, duygu oluşturacak dürtüler ketlenir. O halde önbilincin istilası sona erdiğinde, bilinçdışı uyarımların ancak ve ancak –daha önce gerçekleşmiş bastırma sonucu– hoşnutsuzluk, korku gibi duyguları ortaya çıkarması tehlikesi baş gösterir.

Bu tehlike rüya sürecinin oluşmasına izin verildiği takdirde gerçekleşir. Bu durumun gerçekleşmesini sağlayacak koşullar, bastırmaların gerçekleşmesi ve bastırılmış arzu uyarımlarının yeteri kadar güçlenebilmesidir. Yani koşullar, rüya oluşumunun ruhsal çerçevesinin tamamen dışında koşullardır. Eğer bilinçdışının uykuda özgürleşmesi korkunun oluşumuyla bağlantılı olmasaydı, bu noktada korku rüyalarını tartışmaktan vazgeçebilir, bu rüyalarla bağlantılı bütün karanlık noktaları bir kenara bırakırdım.

Daha önce birkaç kez söylediğim gibi, korku rüyaları kuramının yeri, nevroz psikolojisidir. Bu konuyla, rüya süreciyle kesiştiği noktalar dışında ilgilenmemiz gerekmiyor. Yapabileceğim tek şey var. Nevrotik korkunun cinsel kaynaklı olduğunu iddia ettiğim için, rüya düşüncelerindeki cinsel malzemeyi kanıtlayabilmek adına korku rüyalarını analize tabi tutabilirim.

Burada, haklı nedenlerle, nevroz hastalarımın bana sunduğu sayısız örneği bir kenara bırakıp, genç insanların korku rüyalarını tercih edeceğim.

Şahsen uzun yıllardır korku rüyaları görmüyorum. Yedi ya da sekiz yaşındayken gördüğüm bir rüyayı otuz yıl önce yorumlamıştım. *Bu, son derece canlı bir rüyaydı ve sevgili annem kendine özgü sakin ve uykulu yüz ifadesiyle, kuş gagalı iki (ya da üç) kişi tarafından odaya taşınıyor ve yatağa yatırılıyordu.*

Rüyadan ağlayarak uyanmış, annemle babamın uykusunu bölmüştüm. Aşırı uzun, tuhaf kıyafetli, gagalı yaratıklar Eski Ahit'in *Philippson* basımından alınmıştı. Galiba bir mısır mezarına ait atmaca kafalı tanrı rölyefleriydi. Bunun dışında analizde evimizin önündeki yeşillikte bizimle oynayan edepsiz bir kapıcı çocuğu hatırlamıştım. Adı galiba bir *Philipp*'ti. Galiba ilk kez bu çocuktan "cinsel ilişki" tabirinin Latincesi olan "coitus"u duymuştum. Bu da "atmaca kafalı"[37] tabirinin seçilmiş olmasını çok net açık-

37 Almancada "kuş" anlamına gelen "Vogel" sözcüğünün fiilleştirilmiş hali olan "vögeln" günlük dilde cinsel ilişkiye girmek anlamında kullanılır. –çev. n.

lıyordu. "Deneyimli öğretmenim"in yüz ifadesinden sözcüğün anlamını tahmin etmiş olmalıyım. Annemin rüyadaki yüz ifadesi, ölmeden birkaç gün önce komada hırlarken gördüğüm dedemin yüz ifadesiydi. Rüyadaki ikincil işlemin yorumu şu olmalı bu durumda: *Annem ölüyor, mezar rölyefi de uygun buna.* Korku içinde uyandım ve annemle babamı uyandırana kadar direndim. Annemin yüzünü gördüğümde birdenbire sakinleştiğimi hatırlıyorum. Sakinleşmek için "annem ölmemiş" diyebilmeye ihtiyacım vardı sanki. Ama bu ikincil yorum zaten gelişen korkunun etkisi altında gerçekleşmişti. Yani annem öldüğü için korkmamış, zaten korktuğum için rüyayı ön bilinçte böyle yorumlamıştım. Ama korku, rüyanın görsel içeriğinde çok net ortaya çıkan, bastırmaya maruz kalmış karanlık bir cinsel arzudan kaynaklanıyordu.

Bir yıldır hasta olan 27 yaşındaki bir adam 11-13 yaşları arasında sık sık korku içinde *elinde balta olan bir adamın peşinde olduğunu, kaçmak istediğini ama felçli gibi yerinden kıpırdayamadığını* görüyordu. Bu rüya, cinsel içeriğinden kuşku duymadığımız bir korku rüyasına çok güzel bir örnek. Rüya gören analiz sırasında rüyayı gördükten daha sonraki bir dönemde amcasının anlattığı bir olayı anlatıyor. Amcası bir gece sokakta şüpheli bir şahsın saldırısına uğramış. Rüya gören buradan yola çıkarak söz konusu rüyayı gördüğü sırada benzer bir hikâye dinlemiş olabileceğini söylüyor. Baltayla bağlantılı olarak da bir kez odun keserken baltayla elini yaraladığını hatırlıyor.

Bu hikâyenin ardından kendinden küçük erkek kardeşiyle ilişkisini, ona kötü davrandığını, itip yere düşürdüğünü ve bir kez çizmesiyle kafasını ezdiğini, çocuğun kafasının kanadığını ve annesinin "Bir gün öldürecek, diye korkuyorum" dediğini hatırlıyor. *Şiddet* konusuna odaklanmışken aklına aniden 9 yaşına ait bir anı geliyor. Annesi ve babasının geç vakit eve döndükleri bir gece çocuk yatağında uyuyormuş taklidi yapıyor ve inlemeler ve tuhaf başka gürültüler duymaya başlıyor. Yatakta ne pozisyonda olduklarını da tahmin edebiliyor. Rüya görenin buradan türettiği düşüncelerden anlıyoruz ki anne ve babasının arasındaki ilişkiyle, kendisinin kardeşiyle olan ilişkisi arasında bir benzerlik kurmuş. Anne ve babası arasındaki geçenleri şu sözcüklerle özetliyor: *Şiddet ve kavga, dövüş.* Bu benzerliğin kanıtı olarak, *annesinin yatağında sık sık kan görmüş olmasını* ileri sürüyor.

Çocukların yetişkinler arasındaki cinsel ilişkiyi tuhaf ve korkutucu bulmalarının her gün rastlanan türden bir olay olduğunu ifade etmek isterim. Bence bu korkunun açıklaması, çocuğun kavrayamadığı cinsel bir uyarımın söz konusu olması, uyarımın anne babayla ilgili olduğu için reddedildiği ve böylece korkuya dönüşmesi. Daha küçükken yaşadığımız karşı cinsten ebeveyne yönelik cinsel uyarımın bastırılmadığını ve özgürce kendini ifade ettiğini önceden (s. 284) söylemiştik.

Aynı açıklamayı hiç tereddütsüz, çocuklarda geceleri sık sık rastlanan halüsinasyonlu korku rüyaları (*pavor nocturnus*) için de yapabileceğimizi düşünüyorum. Bu rüyalarda da sadece ve sadece anlaşılmamış, reddedilmiş cinsel uyarımlar söz konusu olabilir. Kayıt edildiği takdirde muhtemeldir ki, bu tür rüyalar sadece belli dönemlerde görülür. Çünkü cinsel libidonun artması tesadüfi uyarımlarla birlikte, çocuğun birbirini takip eden doğal gelişim safhalarının göstergesi de olabilir.

Bu açıklamayı ilerletmek için gerekli gözlem malzemesine sahip değilim.[38] Çocuk doktorları, bir dizi olguyu açıklayabilmek için, hem somatik, hem de psikolojik yönden değerlendirme yapmak gerektiğinin henüz ayırdında değiller. Bu tür olguları, tıbbın yarattığı mitlerin gözümüze taktığı at gözlükleri yüzünden neredeyse atladığımızı, Debacker'in "Pavor

38 Bu tür malzeme daha sonra psikanaliz kaynaklarında bol miktarda ele alınmıştır.

Nocturnus"unda (1881; s. 66) rastladığım gülünç bir örnekle açıklayacağım.

Sağlık sorunları olan 13 yaşında bir erkek çocuk korkmaya ve dalgınlaşmaya başlamıştı. Uykuları huzursuzdu ve neredeyse haftada bir kez ağır korku krizleriyle kesintiye uğruyordu. Hasta bu rüyalarını her zaman çok net olarak hatırlıyordu. *Şeytanın* ona bağırarak, "İşte elimizdesin artık" dediğini, sonra etrafın zift ve kükürt koktuğunu ve ateşin derisini yaktığını anlatıyordu. Çocuk dehşet içinde uyandıktan sonra bir süre bağıramıyor, sonra şu sözleri duyuluyordu: "Hayır, ben değil! Bir şey yapmadın ben!" ya da, "Lütfen, hayır! Bir daha yapmayacağım!" Bazen de şöyle diyordu: "Albert yapmadı." Bir süre sonra "ateşin vücudunu saracağını" söyleyerek, üstünü çıkarmayı reddetmeye başladı. Sağlığını tehdit eden bu şeytanlı rüyaları görürken, dinlenmek üzere taşraya gönderildi, orada kaldığı bir buçuk yıl zarfında iyileşti ve 15 yaşındayken şu itirafta bulundu: "*Je n'osais pas l'avouer, mais j'éprouvals continuellement des picotements et des surexcitations aux p a r t i e s , à la fin, cela m'énervait tant que plusieurs fois, j'ai pensé me jeter par la fenêtre du dortoir.*"[39]

Şu tahminlerde bulunmak zor değil gerçekten: 1) Oğlan gençlik yıllarında mastürbasyon yapar ama bunu reddeder çünkü bu kötü alışkanlık yüzünden cezalandırılmıştır (İtirafı: *Je ne le ferai plus,*[40] inkârı: *Albert n'a jamais fait ca*);[41] 2) Ergenliğin dürtüsüyle şeytana uyup mastürbasyon yapar ve cinsel organındaki karıncalanma yine başlar; 3) Libidoyu bastıran ve korkuya dönüştüren bir bastırma mücadelesine girişir; korku, daha önceki ceza tehditlerinin yerini alır.

---

39 "İtiraf etmeye cesaret edemiyordum ama yer yer sürekli bir karıncalanma ve aşırı heyecan hissediyordum. Tekrarlayan bu durum sonunda beni öfkelendirmeye başladı ve kendimi yatakhanenin camından atmayı düşündüm."

40 "Ben yapmadım!"

41 "Albert yapmadı."

Şimdi yazarımızın çıkarımlarına kulak verelim (s. 69):

1) Sağlık sorunları olan bir erkek çocuk ergenlikte zayıf düşebilir ve ağır bir *beyin anemisi*[42] oluşabilir.
2) Beyin anemisi kişilik değişikliklerine, şeytan manisi içeren halüsinasyonlara ve gece ve gündüz çok güçlü korkulara yol açar.
3) Çocuğun şeytan manisinin ve kendini suçlamasının kaynağında aldığı dini eğitimin etkileri vardır.
4) Çocuk uzun süre taşrada kalmış, bu süre zarfında bedenini çalıştırmış ve ergenlikten de çıktığı için gücü yerine gelmiştir.
5) Çocuğun beyin sorununun ortaya çıkmasında kalıtımın ve babasının eskiden frengi hastası olmasının etkisi olabilir.

Ve son söz: "*Nous avons fait entrer cette observation dans le cadre des délires apyrétiques d'inanition, car c'est d l'ischémie cérébrale que nous rattachons cet état particulier.*"[43]

E. BİRİNCİL VE İKİNCİL SÜREÇ-BASTIRMA

Rüya süreçlerinin psikolojisine ayrıntılı olarak girmeye çalışırken, betimleme yeteneğimi neredeyse aşan bir görev üstlendim. Böylesine karmaşık bir süreçte eşzamanlı olan şeyleri peşi peşine anlatmak, bir de bunu yaparken varsayımlardan yola çıkmamaya çalışmak gerçekten güçtü. Bunun cezasını şimdi rüya psikolojisinin anlatımında görüşlerimin tarihi sıralamasını izleyemeyerek çekiyorum. Rüyaya yaklaşımımın ana hatları nevroz psikolojisi üzerine daha önce yaptığım çalışmalarda çizilmişti. Şimdi –burada istemememe rağmen– ters yönde ilerleyerek yani

42 İtalik bana ait.

43 "Bu gözlemi ateşsiz zafiyet olarak tanımladık çünkü bunu beyin kansızlığına bağladık."

rüyadan yola çıkarak nevroz psikolojisine ulaşmak zorundayım. Okurun nelere karşı çıkacağını çok iyi biliyorum, bunları nasıl bertaraf edeceğimi de bilemiyorum.

Bu durumdan hiç memnum değilim. Bu yüzden bir süre daha çabalarımın hakkını verecek başka bir konuda kalmak istiyorum. Birinci bölümün girişinde söz ettiğim gibi, bu çalışmaya başlarken, karşımda yazarların çelişkili düşüncelerinin hüküm sürdüğü bir alan bulmuştum. Rüya sorunlarını ele alırken bu çelişkilerin çoğuna yer verdik. Ben şahsen bu görüşlerin ikisine –rüyanın anlamsız ve bir de somatik bir süreç olduğunu söyleyenlere– kararlılıkla karşı çıktım. Bunların dışında birbiriyle çelişen bütün görüşlere karmaşık rüya sürecinin bir yerinde hakkını verdim ve doğru bir yanları da olduğunu kanıtladım. Gizli rüya düşünceleri olduğunu anlayarak, rüyanın uyanık yaşama ait uyarımları ve ilgileri devam ettirdiği gösterdim.

Bu düşünceler sadece önemli bulduğumuz ve bizi yakından ilgilendiren konuları içeriyor. Rüyalar asla küçük, önemsiz şeylerle uğraşmaz. Ama bunun aksini de rüyaların günün önemsiz kalıntılarını topladığını ve uyanık yaşamdan kısmen de olsa uzaklaşmadan, gün içinde geçen önemli bir olayın rüyaya girmesine izin vermediklerini de gördük. Rüya sürecinin, uyanık düşünce faaliyetinin çağrışım mekanizması sayesinde henüz bulanıklaştırmadığı yeni ve önemsiz düşünsel malzemeye giriş izni verdiğini ve aynı süreçte sansür yüzünden önemli ama aynı zamanda rahatsız edici ruhsal yoğunlukların yerine önemsiz olanların geçtiğini gördük. Rüyada hipermnezi ve rüyanın çocukluğa ait malzemeyi içermesi teorimizin temel taşlarını oluşturdu. Teorimizde çocukluktan gelen arzuların, rüya oluşumunun kaçınılmaz motoru olduğunu söyledik. Dış duyusal uyarımların uykudaki –deneylerle ispat edilmiş– rolünden şüphe etmeyi hiç düşünmedik tabii ama bu malzemenin rüya arzusuyla olan ilişkisinin, günün etkinliklerinden arta kalan düşünce kalıntılarıyla rüya arzusunun ilişkisinin aynısı olduğunu gösterdik. Rüyanın nesnel bir duyusal uyarımı bir illüzyon gibi yorumladığına itiraz edecek bir şey bulamadık; ama bu yorumla ilgili –diğer yazarların tespit etmediği– bir amilin adını koyduk: Algılanan nesne, uykuyu bölmez, arzu giderilmesi için kullanılır. Duyu organlarının uykudaki –Trumbull Ladd'in kanıtladığını düşündüğüm– sübjektif uyarımlarının özel bir rüya kaynağı olmadığını söyledik ama bu uyarımları, rüyanın arkasında etkin olan anıların gerileyerek yeniden canlandırılmasıyla açıkladık. Rüyaların temel taşı olduğu pek sık iddia edilen iç organlara bağlı duyumlara yaklaşımımızda, mütevazı da olsa bir rol verdik. Düşme, uçma, engellenme gibi bu duyumlar, bizim için, rüya çalışmasının rüya düşüncelerini ifade ederken sık sık başvurduğu, elimizin altında bulunan bir malzeme vazifesi gördü.

Rüya sürecinin hızlı ve anlık bir süreç olduğu görüşünü, bilinç tarafından önceden oluşturulmuş rüya içeriğinin algılanması süreci için iddia edildiği sürece, kabul ettik. Rüya sürecinin daha önceki bölümlerinin daha yavaş ve inişli çıkışlı ilerlediğini söyledik. Rüya içeriğinin nasıl bu kadar zengin olabildiği ve nasıl bu kadar hızla içinde yer alacak malzeme sıkıştırılarak oluşturulabildiği gibi muammalara yanıtımız, psikolojik yaşamın hazır oluşumlarının var olduğu ve bunların devreye girdiğiydi.

Rüyaların anılar tarafından çarpıtıldığını ve deforme edildiğini kabul ettik ama bunun bir engel olmadığını söyledik. Çünkü bu çarpıtma, rüya oluşumunu baştan itibaren etkileyen çarpıtma faaliyetinin son –görünür– bölümüydü. Zihinsel (Seele) dünyanın gece uyuyup uyumadığı, gündüzki yetkinliklerine gece sahip olup olmadığı konusundaki sert ve uzlaşmaz tartışmada iki tarafa da hak vermekle beraber, hiçbirini tamamen haklı bulmadık. Rüya düşüncelerinde, ruhsal (seelisch) aygıtın bütün olanaklarını kullanan, son derece karmaşık bir zihinsel faaliyetin kanıtlarını bulduk. Ama yine de rüya düşüncelerinin gündüz oluştuğunu inkâr edemedik, zihinsel (Seele) yaşamın da uyuduğunu kabul etmek zorunda kaldık. Böylece 'kısmi uyuma' teorisi bile geçerlilik kazanmış oldu. Ama uyku halinin temel özelliğini, zihnin (Seele) çalışmaması olarak değil, gündüz etkin olan psikolojik sistemin uyuma isteği olarak tanımladık. Dış dünyadan kopma, bizim yaklaşımımız için de önemliydi. Bu kopuş, tek etmen olmamakla birlikte, rüyada gerilemeyi mümkün kılıyordu. Düşünce akışlarının keyfi olarak yönlendirildiği fikrinden vazgeçmek kaçınılmazdı. Ama bu yüzden psikolojik yaşamın amaçsız olduğunu söylemedik; istenen hedeflerden vazgeçtiğimizde istenmeyen hedeflerin iktidara geldiğini gördük. Rüyadaki gevşek çağrışımsal bağlantıları sadece kabul etmekle kalmayıp, varlıklarına o âna kadar var olandan daha büyük önem atfettik. Ama sonra gördük ki bu çağrışımlar zorunlu olarak daha geçerli ve daha anlamlı başka bağlantıların yerini tutuyor. Evet, rüyalar için 'saçma' sıfatını kullandık ama çeşitli örneklerde saçma görünen rüyanın, aslında ne kadar akıllı olduğunu anladık. Rüyanın işlevleri konusunda diğer yazarlarla aramızda en ufak bir çelişki yok. Rüyanın bir emniyet supabı gibi ruhu rahatlatması ve –Robert'in sözleriyle ifade edecek olursak– her türlü zararlı şeyin rüyadaki düşüncelerle zararsız hale getirilmesi, sadece bizim çifte arzu giderilmesi teorimizi doğrulamakla kalmadı, bu saptamayı Robert'ten daha anlamlı bulduk. Zihnin (Seele) yeteneklerinin başıboş ve serbest kaldığı görüşünün yerini, bizim teorimizde, rüyanın, ön bilinç etkinlikleri sayesinde oluşması aldı. "Rüyada ruhsal yaşamın embriyo dönemine geri dönmesi" ve Havelock Ellis'in sözleriyle, *"an archaic world of vast emotions and imperfect thoughts"*[44] gündüz bastırdığımız ilkel

44 "Uçsuz bucaksız duygulardan ve eksik düşüncelerden oluşan arkaik bir dünya."

etkinlik biçimlerinin rüya oluşumuna katılmalarını sağlayan düşüncelerimizin başarılı öncülleriydi.

Sully'nin "Rüya birbiri ardına gelişen eski kişiliklerimizi, olgulara eski yaklaşımlarımızı, bizi uzun süreler etkisi altına alan eski dürtülerimizi ve tepki biçimlerimizi geri getirir" sözleriyle dile getirdiği iddialarını bütünüyle kabul ettik. "Bastırılanlar" tıpkı Delage gibi bizim için de rüyanın motoru oldu.

Scherner'in rüya fantezilerine biçtiği rolü ve yorumlarını da bütünüyle kabul ettik ama bunları meselenin başka bir noktasında konumlandırmak zorunda kaldık: Rüya, fantezileri oluşturmaz, fantezilerin bilinçdışı etkinliği rüya düşüncelerinin oluşmasında büyük bir rol oynar. Rüya düşüncelerinin kaynağını bize gösteren Scherner'dir. Ama onun rüya çalışması olarak adlandırdığı neredeyse her şey, gündüzün canlanan bilinçdışı etkinliklerdir ki, bu etkinlikler en az rüyanın itici gücü oldukları kadar, nevrotik semptomların da itici gücünü teşkil eder. Rüya çalışmasını bu etkinlikten çok farklı ve çok daha kapalı ve gizli bir olgu olarak ayrıştırmak zorunda kaldık. Ve son olarak, rüyanın ruhsal yaşamla ilişkisinden asla vazgeçmediğimiz gibi, bu ilişkiyi yeni bir platformda daha da güçlü olarak inşa ettik.

Böylece, rüya teorimizin daha bütünlüklü yapısı ve getirdiği yenilikler sayesinde, başka yazarların çeşitli ve çelişkili sonuçlarını teorimizin yapısına ekleyebildik, bazılarını değiştirdik, çok azını tamamen reddettik. Ama bizim teorimiz de henüz bütünüyle tamamlanmış değil. Psikolojinin karanlık dehlizlerine daldığımızda karşımıza çıkan çok sayıda belirsizliği bir kenara bırakacak olsak da, önümüze çıkmış görünen yepyeni bir çelişki keyfimizi kaçırıyor: Şimdiye kadar, rüya düşüncelerinin, tamamen olağan bir zihinsel faaliyet olarak ortaya çıktığını söyledik; ama öte yandan rüya düşünceleri arasında yer alan bir dizi olağan olmayan düşünce sürecine ve –bunlardan yola çıkarak– rüya içeriğine rastladık ve bunları rüya yorumu sırasında tekrarladık. "Rüya çalışması" diye adlandırdığımız şey, tanıdığımızı söylediğimiz süreçlerden o kadar uzak ve farklı ki, diğer yazarların rüyada ruhsal etkinliğin çok az olduğunu iddia eden ağır eleştirilerinde tamamen haklı olduklarını söylemek mümkün.

Bu noktada yardımımıza koşacak ve bizi aydınlatacak tek şey, daha derinlere inmek belki de. Bunun için rüya oluşumunu anlatan konstelasyonlardan birini yeniden ele alacağım:

Rüyaların, mantıklı şekilde birbiriyle bağlantılı bir dizi gündüz düşüncesinin yerini aldığını biliyoruz. Bu nedenle, bu düşüncelerin normal zihinsel dünyamızdan çıkıp geldiğinden şüphe duymuyoruz.

Düşünme sürecimizin sofistike bir düzenin karmaşık etkinlikleri olarak adlandırılmasını sağlayan ve bizim de çok önemsediğimiz özelliklerine, rüya düşüncelerinde de rastlıyoruz. Ama rüyadaki bu düşünme sürecinin uyku sırasında gerçekleştiğini kabul etmemizi gerektirecek bir şey yok, ki bu zaten "psikolojik uyku haliyle" ilgili daha önceki tespitlerimizi altüst edecek bir yaklaşım olurdu. Bu düşüncelerin gündüz yaşamından kaynaklanıyor olmaları, başlangıçtan itibaren bilincimiz tarafından fark edilmeden ilerlemiş ve uykuya dalınmadan önce hazır hale gelmiş olmaları son derece mümkün. Bu açıklamalardan anlamamız gereken tek şey, *sofistike ve karmaşık düşünme etkinliklerinin bilincin katkısı olmadan da gerçekleşebileceğinin* kanıtlanmış olması ki bunun böyle olduğunu zaten histeri hastalarının ve saplantı nevrozu olanların psikanalizinden biliyoruz. Kuşkusuz bu rüya düşünceleri bilinçli düşünceler de olabilirdi; gündüz bilince ulaşmamış olmalarının başka nedenleri olmalı. Bilince çıkma, belli bir psikolojik işlevin yani dikkatin bir düşünceye yönelmesiyle mümkün olur. Bu dikkatin yoğunluğu aynı düşünce zincirinin başka hedefleri tarafından belirlenir. Düşünce süreçlerinin bilince ulaşmamasının bir başka yolu daha var: Bilinçli düşünce sürecimizden, bir düşünceye dikkatimizi yöneltirken özel bir yol izleriz. Bu yoldan eleştiriye direnemeyen bir düşünceye ulaştığımızda dururuz, dikkatimizi kaybederiz. Bu noktada, başlayan ve terk edilen düşünce süreci –tekrar dikkati üzerine çekecek bir yoğunluğa ulaşmadığı sürece, dikkat çekmeden de– yoluna devam eder. Bir düşünce zincirinin –başlangıçta yanlış ya da geçerli amaç için önemsiz bir yargı tarafından– bilinçli olarak reddedilmesi, o düşünce zincirinin bilinç tarafından fark edilmeden uykuya dalana kadar devam etmesine neden olabilir.

Özetleyecek olursak: Böyle bir düşünce zincirini *önbilince* ait bir zincir olarak tanımlıyoruz, onu tamamen doğru kabul ediyoruz ve ihmal edilmiş, yarıda kesilmiş ya da bastırılmış olabileceğini söylüyoruz. Düşünme sürecini gözümüzde nasıl canlandırdığımızı şöyle açıklayayım: Amaçlı bir düşüncenin yaydığı bir uyarım (Biz buna *enerji yükü, yatırım – Besetzungsenergie – cathexis* diyoruz) amacın seçtiği çağrışımlar boyunca sürüklenir. "İhmal edilen" bir düşünce zincirinde bu tür bir enerji yükü yoktur; "bastırılan" ya da "reddedilen" düşünce zincirlerinde de enerji yükü geri çekilir ve her iki durumda da düşünce zinciri kendi uyarımlarına terk edilir. Amaçlı düşünce zinciri belli koşullar altında bilincin dikkatini çekmeyi başarır ve bilinç sayesinde "aşırı bir yüklenme"ye maruz kalır. Bilincin doğası ve icraatlarını daha sonra ele almamız gerekecek.

Ön bilinçte uyarılan böyle bir düşünce zinciri kendiliğinden sönebileceği gibi, devam da edebilir. İlk olasılığın şöyle gerçekleştiğini düşünüyoruz: Düşünce zincirinin enerjisi kendinden çıkan çağrışım yollarına doğru yayılır; bütün zincir uyarılır ama sonra boşaltılması gereken uyarım hareketsiz bir enerji yüküne dönüştüğünde tükenir, sona erer. Bu olasılığın gerçekleşmesinin rüyanın oluşumu açısından bir kıymeti yoktur. Ama önbilincimizde, bilinçdışından ve canlı arzulardan kaynaklanan başka amaçlar da pusuda beklemektedir. Bunlar başıboş kalan düşünce zincirini ele geçirebilir, onu bilinçdışı arzuyla birleştirebilir, bilinçdışı arzuya kendi enerjilerini aktarabilirler. O andan itibaren, ihmal edilen ve bastırılan düşünce zinciri –bilince girişe hak kazanmasa da– varlığını sürdürecek şekilde güçlenir. Bu olguya o âna kadar *ön bilinçteki* düşünce zincirinin *bilinçdışına* çekilmesi diyoruz.

Rüya oluşumunu açıklayan bir başka konstelasyon şu olabilir: Ön bilinçteki düşünce zinciri zaten baştan itibaren bilinçdışı arzuyla bağlantılıdır. Bu nedenle egemen amaç tarafından reddedilir. Bir başka olasılık ise şu: Bilinçdışı arzu başka bir (örneğin bedensel) nedenle hareketlenir ve ön bilinç tarafından ruhsal yüklemeye maruz kalmamış kalıntıları arar. Her üç durumun da sonucu aynıdır: Ön bilinçte bir düşünce zinciri oluşur; bu zincir önbilincin yükünden mahrumdur ve bilinçdışı arzunun yükünü alır.

Bu noktadan itibaren düşünce zinciri, normal psikolojik bir süreç olarak adlandıramayacağımız, bize yabancı bir tür psikopatolojik oluşuma varan bir dizi dönüşüme maruz kalır. Şimdi bu dönüşümleri vurgulayacak ve düzenleyeceğim:

1) Tek tek düşüncelerin yoğunluklarının tamamı akışkanlaşır ve bir düşünceden diğerine geçer; böylece tek tek yüksek yoğunluklu düşünceler oluşur. Bu süreç birçok kez tekrarlandığında, bütün bir düşünce zincirinin yoğunluğu tek bir düşünce öğesinde toplanabilir. Bu sürece rüya çalışmasında *sıkıştırma* ya da *yoğunlaşma* dendiğini görmüştük. Rüyanın bize tuhaf görünmesinin ana müsebbibi bu işlemdir çünkü bilincin algıladığı ruhsal (Seele) yaşamda tanıdığımız buna benzer bir şey yok. Normal düşünce zincirlerinde de kesişme noktaları ve son ürün olarak ruhsal anlamı olan düşünceler yer alır; ama bunlar hiçbir zaman iç algı açısından ayan beyan değildir, bu yüzden de bu zincirlerdeki düşünceler kesinlikle yoğunlaşmazlar. Yoğunlaşma süre-

cinde bütün psikolojik bağlantılar düşünce içeriğinin *yoğunluğu*na dönüşür. Bu, bir metin yazarken mecazi anlamda kullandığım bir kelimeyi sıkıştırılmış ya da kalın puntolarla yazmaya benzer. Konuşma metninde böyle bir kelimeyi yavaş yavaş ya da vurgulayarak okurum. Yazılı metinle ilgili örnek bizi rüya çalışmasında ele aldığımız bir örneğe götürüyor (İrma'nın enjeksiyonu rüyasındaki *trimetilamin*). Sanat tarihçiler en eski tarihi objelerin benzer bir prensibe sahip olduğunu söylüyor: Örneğin temsil edilen kişinin hiyerarşideki konumu, o kişinin heykelinin ebatlarıyla orantılı oluyor. Kralın heykeli, tebasından ya da yendiği düşmanından 2-3 kat daha büyük yapılıyor. Roma döneminden bir tablo aynı sonuca ulaşmak için daha incelikli yöntemler kullanır: Böyle bir tabloda imparator dimdik ortada durur, titizlikle resmedilmiş olur, düşmanları mutlaka ayaklarına kapanmıştır. Ama bu tablolarda imparator dev gibi, düşmanlar ise cüce boyutlarında değildir. Bu arada, astın üstün karşısında eğilmesi, bu eski resmetme ilkesinin izlerini taşır.

Rüyanın ne yönde yoğunlaşacağını belirleyen, bir taraftan rüya düşüncesindeki önbilince ait doğru bağlantılar, diğer taraftan da görsel anıların bilinçdışında uyguladığı çekimdir. Yoğunlaşma işleminin başarısı, algı sistemine ulaşmak için gerekli yoğunluğa ulaşılması demektir.

2) Yine yoğunlukların serbestçe aktarılması sayesinde *yoğunlaştırma*ya hizmet adına *ara düşünceler,* uzlaşmalar oluşturulur (*krş.* kitaptaki sayısız örnek). Bu, "doğru" düşünsel öğenin tespiti ve seçimi anlamına gelen norma düşünme sürecinde asla rastlanmayan bir durum. Oysa ön bilinçteki düşünceler sözsel bir ifade aracı aradıklarında, "bileşik" ve uzlaşma oluşumlarını çok sık kullanırlar ve "dil sürçmesi" örnekleri olarak sunulurlar.

3) Birbirlerine yoğunluklarını aktaran düşüncelerin arasındaki *ilişki çok gevşektir.* Bu düşünceler, bizim düşünce sistemimizin

ciddiye almadığı ve ancak mizahi anlamda kullanabileceği çağrışımlarla birbirlerine bağlıdır. Rüyada özellikle eşses ve sözel anlamdaki çağrışımlar, diğer bütün çağrışımlarla aynı değere sahiptir.

4) Birbirine zıt düşünceler, birbirlerini ortadan kaldırmaya çalışmazlar, sanki aralarında bir *çelişki* yokmuş gibi birlikte yoğunlaştırma öğeleri oluştururlar ve düşünce sistemimizde asla affetmeyeceğimiz ama davranışlarımızda izin vereceğimiz uzlaşmalara girerler.

Bunlar, başlangıçta rasyonel olan rüya düşüncelerinin rüya çalışması sırasında tabi olduğu en dikkate değer tuhaf süreçlerden bazıları. Bu süreçlerde en önemli noktanın enerji yükünün (Besetzende energie) hareketlenmesi ve *aktarılmaya uygun* hale gelmesi olduğunu anlıyoruz. İçerik ve psikolojik öğelerin anlamı burada tali bir önemi haiz. Düşünceleri imgelere dönüştürmek söz konusu olduğunda, yoğunlaşma ve uzlaşma oluşumlarının sadece gerilemeye yardımcı olmaya yaradıkları düşünülebilir. Ama imgelere gerilemeyen ("Autodidasker" –Profesör N. İle konuşma gibi) rüyaların analizinde –ve özellikle de sentezinde– diğer rüyalardakiyle aynı yer değiştirme ve yoğunlaştırma süreçlerine rastlanır.

Bu durumda rüya oluşumunda büsbütün farklı iki psikolojik sürecin var olduğu görüşüne kulaklarımızı tıkayamayız. Bu süreçlerden biri, tamamen normal düşüncelerimize uygun, onlara eşdeğer düşünceler üretirken, diğer süreç, rüyayı aynı düşüncelere son derece yabancı ve tuhaf işlemlere tabi tutar. İkinci işlemi VI. bölümde rüya çalışması adı altında diğerinden ayırmıştık. Şimdi, bu ikinci psikolojik sürecin nereden kaynaklandığına dair neler söyleyebiliriz?

Nevrozların, özellikle de histerilerin psikolojisini bilmeden bu soruya yanıt vermemiz mümkün değil. Bu hastalıklardan biliyoruz ki histerik semptomlar, rasyonel olmayan söz konusu süreçlerin –ve adını anmadığımız başkalarının– etkisinde oluşuyor. Histeride de bir dizi bilinçli düşüncemize eşdeğer, tamamen rasyonel düşünceye rastlarız. Bu düşüncelerin bu halleriyle farkında değilizdir, varlıklarını ancak zihnimizde canlandırarak kavrayabiliriz.

Bu düşünceleri bir yerde bir şekilde algıladığımızda oluşan semptomu analiz ederek, bu normal düşüncelerin normal olmayan bir işleme tabi tutulduklarını ve *yoğunlaşma, uzlaşma, yüzeysel çağrışımlar, çelişkilerin üstünün örtülmesi ve belki de gerileme yoluyla semptoma* nakledildiğini anlarız. Rüya çalışmasının, psikonevrotik semptomlara dönüşen psikolojik işlemle birebir örtüşmesi, bize, histeriden çıkardığımız sonuçları rüya için de iddia etme hakkını verecektir.

Histeri kuramını ele alalım: *Normal bir düşünce zincirinin normal olmayan bir psikolojik işleme tabi tutulmasına, bu düşüncenin çocukluktan gelen ve bastırılmış bilinçdışı bir arzunun taşıyıcısı olduğunda rastlıyoruz.* Bu teoriye bağlı olarak biz de rüya teorisini şu kabul üzerine kurduk: Etkin rüya arzusu her zaman bilinçdışı kaynaklıdır. Bu teoriyi ne doğrulayabildiğimizi, ne de çürütebildiğimizi kabul ettik. Ama şimdiye kadar sıkça dile getirdiğimiz "bastırma" kavramının ne olduğunu söyleyebilmek için, psikolojik yapıyı inşa etmeye devam etmemiz gerekiyor.

Şimdiye kadar uyarımlardan kaçınmaya ve mümkün mertebe hareketsiz kalmaya çabalayan ilkel bir ruhsal aygıtın kurgusunu derinlemesine inceledik. Bu aygıt bu yüzden bir refleks aygıtı gibi inşa edilmişti. Bedendeki içsel değişimlere giden yol olan hareketlilik, boşalma yolu olarak aygıtın emrindeydi. Daha sonra bir tatmin yaşamanın psikolojik sonuçlarını açıkladık. Bu noktada ikinci bir tahminde bulunup, –bizi ilgilendirmeyen belli koşullar çerçevesinde– uyarımların birikmesinin hazsızlık olarak algılandığını ve bu uyarımları azaltıp haz duymayı sağlayarak tatmin duygusunu yeniden canlandırmak üzere aygıtı yeniden harekete geçirdiğimizi söyleyebiliriz. İşte aygıtın içinde hazsızlık noktasından başlayıp hazza ulaşmayı hedefleyen bu akıma arzu diyoruz. Arzunun dışında başka hiçbir şeyin aygıtı harekete geçiremeyeceğini, haz ve hazsızlık algılarını düzenleyenin aygıtın içindeki uyarım süreci olduğunu daha önce söylemiştik.

İlk arzu muhtemelen bir tatmin anısının halüsinasyonvari enerji yüküydü. Ama bu halüsinasyonun, –tükenme noktasına kadar dayanamadığı taktirde–, gereksinimin sona ermesini yani tatmin edilecek hazzın ortaya çıkmasını sağlayamadığını görüyoruz.

Bu durumda ikinci bir etkinlik –bizim terminolojimizde ikinci bir sistemin etkinliği– gerekiyor. Bu etkinliğin, anı yükünün algıya ulaşmasını ve oradan psikolojik güçleri bağlamasını engellemesi, bunun yerine ihtiyaçtan çıkan uyarımı dolambaçlı bir yola sokması ve bu yolun sonunda keyfi hareketliliğin dış dünyayı, tatmin nesnesi gerçekten algılanana kadar değiştirmesi gerekir. Psikolojik aygıt şemasını bu noktaya kadar incelemiş, iki sistemin bütünüyle gelişmiş bir aygıtta bilinçdışının ve önbilincin tohumlarını attığını söylemiştik.

Bu hareketlilik aracılığıyla dış dünyayı amaca uygun olarak değiştirebilmek için, anı sisteminde bir dizi deneyimin toplanması ve bu anı malzemesinde amaca yönelik farklı düşüncelerin oluşturduğu bolca bağlantının saptanması gerekir. Şimdi varsayımlarımıza devam edebiliriz: İkinci sistemin, sürekli ilerlediği yolu yoklama, enerji yükü gönderme ve bu yükü tekrar geri çekme gibi etkinlikler için, bir taraftan bütün anı malzemesini kullanmaya hakkı olmalıdır ama diğer taraftan da, büyük miktarda enerji yükünü tek tek düşünce yollarına göndermesi, bu düşüncelerin amaçsızca sağa sola akması ve dış dünyayı değiştirmek için gerekli kapasiteyi azaltması enerji israfı anlamına gelir. O halde amaca uygunluk ilkesi doğrultusunda ikinci sistemin enerji yükünün büyük bir kısmını harekete geçirmediğini, yer değiştirme için sadece küçük bir kısım enerji yükü kullandığını varsayıyorum. Bu süreçlerin mekanizması hakkında en ufak bir bilgim yok. Bu düşünsemeleri ciddiyetle ele almak isteyenlerin benzer fiziksel süreçleri arayıp bulması ve nöronların uyarımı sürecini açıklayacak bir yol açması gerekiyor. Benim için kesin olan tek şey, birinci ψ-sisteminin *uyarım miktarlarının özgürce boşalımı* için çalıştığı, ikinci sistemin ise, birinci sistemden çıkan enerji yükünün boşalımını engellemeye, bu yükü –muhtemelen düzeyini yükselterek– durağan bir yüke çevirmeye neden olduğu. Yani, ikinci sistemin hâkimiyetindeki uyarım sürecinin, birinci sistemin hâkimiyetindekinden çok farklı bir mekanizmaya sahip olduğunu düşünüyorum. İkinci sistem deneysel düşünce etkinliğine ulaştığında, bu engel ve tıkanma da sona erer ve uyarımlar tekrar hareketlenir.

İkinci sistemin boşalımı engellemesi sürecini hazsızlık ilkesiyle bağlantılandırdığımızda, ilginç bir düşünce silsilesi çıkıyor ortaya. Birincil tatminin karşıtını yani *dış kaynaklı bir korkuyu* ele alalım: İlkel aygıt, acıya, ağrıya mahal veren algısal bir uyarıma maruz kalmış olsun. Bunu takiben sayısız düzensiz motorik tepki devreye girecek ve sonunda bunlardan biri aygıtı algıdan ve aynı anda acıdan, ağrıdan kurtaracak, aynı şeyi algı yeniden ortaya çıktığında yok olana kadar tekrarlayacaktır (kaçma hareketinde olduğu gibi). Bu arada ağrı ve ağrı kaynağını halüsinasyonlarla ya da başka bir şekilde enerji yüklemek gibi bir eğilim yoktur. İlkel aygıt daha çok bu uyarılan acılı, ağrılı anı imgesini tekrar dışarı atmak eğiliminde olacaktır çünkü aksi taktirde aygıtın uyarımı hazsızlık algısı üretecektir (daha doğrusu üretmeye başlayacaktır). Anıların, algı gibi, bilinci uyaracak ve böylece yeni yüklemeleri kendine çekecek gücü olmaması, algıdan kaçışın bir tekrarından ibaret olan anının engellemesini kolaylaştırır. Ruhsal sürecin, acı ve rahatsızlık veren anıyı bu şekilde düzenli olarak ve zahmetsizce engellemesi bizim için *ruhsal bastırmanın* ilk örneğidir. Rahatsızlık veren olgudan kaçınmanın, yani deve kuşunun yaptığının, bir yetişkinin normal ruhsal yaşamında ne kadar etkili olduğu hepimizin malumu.

Demek ki hazsızlık ilkesi uyarınca, birinci ψ-sisteminin rahatsızlık veren bir şeyi düşünce bağlamına oturtması mümkün değil. Bu sistemin yapabildiği tek şey, arzulamak. Her şey bu şekilde kalmaya devam etseydi, deneyimlerle sağlanan bütün anılara ihtiyacı olan ikinci sistemin düşünme eylemi engellenmiş olurdu. Burada iki seçenek çıkıyor karşımıza: Ya ikinci sistemin etkinlikleri hazsızlık ilkesinden bağımsızlaşarak, anıdaki tatsızlıklarla hiç ilgilenmeden yoluna devam eder ya da hazsızlık veren anıya hazsızlığın doğmasını engelleyecek şekilde enerji yüklemesi yapacak. Birinci seçeneği hemen reddedebiliriz, çünkü hazsızlık ilkesi bir taraftan da ikinci sistemde uyarım akışının düzenleyicisidir. Bu durumda elimizde ikinci seçenek kalıyor; yani sistem, bir anıya, bu anıdan bir boşalma olmasını engelleyecek şekilde enerji yüklüyor, yani motorik inervasyon benzeri bir boşalmayla hazsızlık durumunun oluşmasını da engelliyor.

Demek ki ikinci sistemin enerji yüklenmesinin aynı zamanda uyarım boşalımının engellenmesi anlamına geldiğine dair hipoteze iki noktadan yola çıkarak ulaşıyoruz: Hazsızlık ilkesinin dikkate alınması ve en az miktarda inervasyon kullanma ilkesi. Ama bastırma ilkesinin anahtarı olan şu açıklamanın altını çizelim: *İkinci sistem bir düşünceye ancak, bu düşünceden çıkıp gelişen hazsızlığı engelleyebildiği ölçüde enerji yükleyebilir.* Bu engelden kaçabilen bir şeye ikinci sistem de ulaşamaz ve hazsızlık ilkesi uyarınca hemen terk edilir. Bu arada hazsızlığın engelinin tam teşekkül etmiş olması da gerekmez. Engelin başlamasına izin verilir, çünkü bu engel ikinci sisteme anının doğası ve gerektiğinde düşüncenin aradığı amaca tam uygun olmadığı bilgilerini verir.

Birinci sistemin izin verdiği ruhsal sürece *birincil süreç,* ikinci sistemin engeliyle oluşan sürece ise *ikincil süreç* diyorum. İkinci sistemin birincil süreci neden düzeltmek zorunda olduğunu başka bir yerde açıklayabilirim. Birincil süreç uyarımın boşaltılması için ve böylece toplanan uyarımla bir *algı özdeşleşimi* oluşturmak için çabalar. İkincil süreç, bu amacı terk etmiş, onun yerine diğerini, yani *düşünme özdeşleşimini* hedefine koymuştur. O halde düşünce etkinliği, hedef düşünce seçilen tatmin anısından, aynı (motorik etkinlikle yeniden ulaşılmak istenen) anının özdeş bir şekilde yüklenmesine giden dolaylı yoldan ibarettir. Düşünme eyleminin ilgi alanı, düşüncelerin yoğunluğundan etkilenmeden bu düşünceler arasındaki bağlantı yollarına eğilmek olmalıdır. Ama öte yandan, düşüncelerin yoğunlaşmasının, bir orta yol bulan ve uzlaşma sağlayan düşüncelerin özdeşleşme hedefini engelleyebileceğini biliyoruz. Bu eylemler bir düşüncenin yerine diğerini koyarak, asıl düşünceden çıkıp ilerleyen yollara ulaşmamızı engellerler. O halde ikinci düşünmede bu tür engelleyici süreçlerden titizlikle kaçınılır. Yine hazsızlığın, normalde beslediği düşünce sürecine, düşünce özdeşleşmesine giden yolda zorluk çıkardığı çok açık. Demek ki düşünme, giderek hazsızlık ilkesinin mutlak kontrolünden kurtulma eğilimine girmeli ve düşünme etkinliğiyle duygu oluşturmayı ancak bir sinyal vazifesi görecek asgari bir düzeye indirmelidir.

Bu hassas dengeyi sağlamak için bilincin yine tekrar aşırı yüklemeye gitmesi gerekiyor. Ama böyle bir durumun normal ruhsal yaşamda dahi çok nadir tamamen başarılabildiğini ve düşünce yapımızın, hazsızlık ilkesinin işe karışmasıyla, her zaman bir tahrifata açık olduğunu biliyoruz. Ancak ruhsal aygıtımızın işleyişindeki, ikincil sürecin sonucu olan düşüncelerin birincil süreci tahrif ettiği (ve rüyaları ve histerik semptomları sayesinde açıklayabildiğimiz) boşluk bu değil. Boşluğun ve yetersizliğin oluştuğu yer, gelişim sürecimizdeki iki anın bir arada karşımıza çıktığı yerdir: Bunlardan biri, ruhsal aygıtımıza aittir ve iki sistemin ilişkisine ciddi bir etkisi vardır. Diğeri ise, değişik yoğunluklarda devreye girer ve organ kökenli dürtüsel güçleri ruhsal yaşama katar. Her iki an da çocukluğa aittir ve ilk çocuklukta ruhsal ve somatik organizmamızın yaşadığı değişimlerin tortusudur.

Ruhsal aygıttaki bir süreci *birincil süreç* olarak adlandırırken amacım, sadece bir hiyerarşiye ya da yeterliliğe değil, bir taraftan da zamansal bir sıralamaya işaret etmekti. Sadece birincil sürece sahip ruhsal bir aygıt bildiğimiz kadarıyla zaten yok; olsa olsa teorik bir kurgu olabilir bu. Ama şu bir gerçek: Birincil süreçler ruhsal aygıtta baştan itibaren vardır, oysa ikincil süreçler yaşam boyunca yavaş yavaş oluşur, birincil süreçleri engeller, üzerlerini örter ve mutlak iktidarlarına yetişkinlik döneminde ulaşırlar. İkincil süreçlerin böylesine geç ortaya çıkması insanoğlunun en temel özelliğidir. Bu temel özelliğimizin içeriği, bilinçdışı arzu uyarımlarının varlığı, önbilincin bu arzuları algılayamaması ve engelleyememesi, önbilincin rolünün bilinçdışı kaynaklı arzu uyarımlarını uygun yollara yönlendirmesidir. Bilinçdışı arzular ileriki yıllardaki ruhsal çabalar üzerinde bir çeşit zorlama, baskı uygularlar. Arzular bu baskıya riayet etmek zorundadır. Ya da baskıyı yolundan saptırıp, daha yüce hedeflere yönlendirebilirler. Anıların büyük bir bölümü de, bu gecikme yüzünden, ön bilinç için ulaşılmaz olur.

İlk çocukluktan kaynaklanan, ortadan kaldırılamadığı gibi, engellenmesi de mümkün olmayan bu arzu uyarımları arasında, giderilmeleri ikincil sürecin hedefleriyle çelişecek olan uyarımlar da mevcuttur. Bu arzuların doyurulması bir haz değil, hazsızlık duygusu yaratır ve bu *duygu dönüşümü* bizim *"bastırma"* dediğimiz şeyin temelini oluşturur. Bu dönüşümün hangi yoldan, hangi dürtülerin aracılığıyla oluştuğu bastırma sorununun belirleyicileridir; ama biz bunlara sadece değinip geçeceğiz. Burada şu tespiti yapmamız yeterli olacaktır: Bu türden bir duygu dönüşümü çocuğun gelişimi sırasında ortaya çıkar (çocuklukta tanımadığımız iğrenme duygusunun ortay çıkışını düşünelim) ve ikincil sistemin eylemleriyle bağlantılıdır. Bilinçsiz arzunun duygu boşalımını tetiklemek için kullandığı anılar önbilincin asla ulaşamadığı anılardı; bu yüzden duygu boşalımını engellemek mümkün değildir. Bu duygu gelişimi yüzündendir ki, bu düşüncelere –arzu giderilmesi gücüyle aktarıldıkları– ön bilinçteki düşünceler vasıtasıyla ulaşamayız. Burada olan daha ziyade, hazsızlık ilkesinin devreye girmesi ve önbilincin bu aktarım düşüncelerine sırtını dönmesidir. Böylece bu düşünceler kendi hallerine terk edilir, "bastırılır" ve böylece önbilincin hiçbir zaman farkında olmadığı ilk çocukluğa ait bir anı hazinesinin varlığı, bastırmanın önkoşulu haline gelir.

En iyi koşullarda hazsızlık duygusunun gelişimi son bulur, ön bilinçteki enerji yükünün içeriği boşalır ve bu sonuç hazsızlık ilkesinin müdahalesinin bir amaca yönelik ve anlamlı olduğunu gösterir. Ancak, bastırılan bilinçdışı arzu aktarım düşüncelerinden organ kaynaklı bir takviye elde edip bu sayede elde ettiği uyarımla –önbilincin enerji yükü tarafından terk edilmiş olsalar bile– ortaya çıkmayı denediklerinde durum farklı olur. Böyle bir durumda, önbilincin bastırılan düşüncelerin aksini güçlendirdiği karşı enerji yüküyle bir savunma mücadelesi başlar. Bu mücadeleyi, bilinçdışı arzunun taşıyıcısı olan aktarım düşüncelerinin –semptomların oluşması vasıtasıyla bir şekilde bir uzlaşma sağlayarak– ortaya çıkması takip eder. Ancak bilinçdışı arzu uyarımlarının bastırılmış duygulara enerji yüklediği, ön bilinçteki enerji yükününse terk edildiği bu noktadan itibaren birincil sürecin etkisi altına girerler. Bu durumda tek hedefleri, organ kaynaklı bir boşalımdır; ya da yolu açık olduğu taktirde, arzu edilen algı özdeşliğinin halüsinasyon benzeri bir şekilde canlandırılmasıdır. Betimlediğimiz bu tür hatalı süreçlerin sadece bastırılmış duygularda yaşandığını daha önce ampirik olarak kanıtlamıştık. Şimdi artık meselemizle ilgili bir adımın ötesini de anlayabiliyoruz. Bu hatalı süreçler ruhsal aygıttaki *birincil* süreçlerdir ve düşüncelerin önbilincin enerji yükünden kurtulduğu, kendi kaderine terk edildiği ve bilinçdışının boşalmaya uğraşan, ketlenmemiş enerjisiyle dolabildiği durumlarda karşımıza çıkarlar. Bu görüşü destekleyen birkaç gözlem daha: Hatalı olarak adlandırdığımız bu süreçler aslında, normal düşünme hatalarının taklit edilmesi gibi bir şey değil, ketlenmelerden kurtulmuş ruhsal aygıtın normal çalışma biçimidir. Burada ön bilinçteki uyarımın bir harekete dönüşmesinin benzer bir süreç olduğunu ve ön bilinçteki düşüncelerin sözcüklere dökülürken, dikkatsizlikten kaynaklandığını düşündüğümüz yer değiştirmelerdekine ve sözcük kombinasyonlarına benzer bir bağlantı kurulduğunu söyleyebiliriz.

Ve son olarak, birincil süreçlerin ketlenmesi halinde hareketliliğin arttığının kanıtı, düşünmenin bu tür süreçlerinin bilince çıkmasına izin verdiğimizde ortaya çıkan *komik* etki, yani *gülerek boşaltılan fazla enerji*dir.

Psikonevroz teorisi, cinsel arzu uyarımlarının tek kaynağının ilk çocukluk olduğunu, bu arzuların çocukluğun gelişim dönemleri boyunca bastırıldıklarını (duygu dönüşümüne maruz kaldığını), sonraki gelişim aşamalarında yeniden (ilk biseksüllikten yeni bir cinsellik oluşması ya da cinsel yaşamın olumsuz etkileri sonucu) ortaya çıkmaya muktedir olduklarını ve böylece psikonevrotik semptomların oluşması için bütün dürtüsel gücü sağladıklarını mutlak bir kesinlikle ifade eder. Bastırma teorimizdeki eksiklikleri ancak bu cinsel güçleri de dikkate alarak tamamlayabiliriz. Cinsellik ve erken çocukluğun rüya teorisinde de dikkate alınması gerekip gerekmediği konusunu burada sorgulamayacağım. Bu konuyu burada eksik bırakıyorum, çünkü zaten rüyadaki arzunun her zaman bilinçdışından kaynaklandığını varsayarak kanıtlanabilir olguların bir adım dışına çıkmış bulunuyorum.[45]

Rüya oluşumu ve histerik semptomlar arasında ruhsal güçlerin etkinlikleri açısından hangi farklar olduğunu da daha fazla araştırmak istemiyorum. Çünkü burada karşılaştırmam gereken öğelerden biri hakkında yeteri kadar bilgi sahibi değilim. Ama benim için önemli bir başka nokta var ve iki ruhsal sistem, bu sistemlerin çalışma biçimi ve bastırma ile ilgili bütün açıklamalarımı sadece ve sadece bu önemli nokta adına yaptığımı şimdiden itiraf edebilirim. Burada önemli olan, söz konusu ruhsal ilişkileri bir

45 Bu konuyla ilgili burada ve başka yerlerde bilerek bıraktığım boşluklar var. Çünkü bunu yapmam hem rüya konusuna çok yabancı materyale başvurmamı gerektirecek, hem de büyük bir külfet anlamına gelecekti. Örneğin "bastırmak" (unterdrücken) ve "yerinden etmek", (verdrängen) kelimelerini farklı anlamlarda kullanıp kullanmadığıma değinmedim. Ama bilinçdışıyla ilişkiyi ikinci sözcüğün birinciye oranla daha iyi vurguladığını anlamış olmamız lazım. Yine rüya düşüncelerinin bilince doğru ilerleyen yolu takip etmeyip geriye giden yola girdiklerinde neden sansüre takıldıkları konusu da dahil olmak üzere başka bazı sorunları da ele almadım. Benim için önemli olan, rüya çalışmasının bileşenlerinin incelenmesinin ortaya çıkaracağı sorunlar konusunda genel bir bilgi vermek ve bu inceleme sırasında yolumuza çıkan konulara kısaca değinmekti. Bu konuları nereye kadar takip etmek gerektiğine karar vermek her zaman kolay olmadı. – Cinsel düşünceler dünyasının rüyalar için anlamını en ince ayrıntısına kadar ele almamamın ve cinsel içerikleri çok açık rüyaları yorumlamaktan imtina etmemin, belki de okurlarınkiyle örtüşmeyen özel bir nedeni var. Mütalaalarıma ve nöropatolojide savunduğum görüşlerime en uzak şey, cinsel yaşamı utanılacak bir şey olarak görmektir; ne bir doktor, ne de bilim insanı olarak böyle bir problemim var. Daldisli Artemidorus'un *Rüyada Sembolizm* adlı kitabının çevirmeninin cinsel rüyaların anlatıldığı bölümü atlamasına neden olan ahlâki öfkeyi gülünç buluyorum. Benim ölçütüm, cinsel rüyaları açıklarken sapıklık ve biseksüellik gibi henüz açıklanmamış meselelere girip içinde kaybolmamaktı. Bu nedenle bu konuları başka bir yerde ele almaya karar verdim.

ölçüde doğru mu, yoksa –bu türden zor konularda hep olduğu gibi– çarpık ve eksik mi ele aldığım değil. Ruhsal sansür nasıl yorumlanmış olursa olsun, rüya içeriğinin yorumu ister doğru ister yanlış olsun, bu türden süreçlerin rüyanın oluşumunda etkin oldukları ve bu süreçlerin histerik semptom oluşumu süreçlerine benzediği kesin bir bilgidir. Ama öte yandan rüya (hastalıklı) bir olgu değil. Rüyanın oluşması için ruhsal dengenin bozulması, çalışmasında zaaflar oluşması gerekmiyor. Hastalarımın rüyalarından ve kendiminkilerden yola çıkarak, sağlıklı insanların rüyaları için sonuçlara ulaşamayacağım eleştirisini artık göz ardı edebileceğimi düşünüyorum. Demek ki olgulardan yola çıkarak dürtüsel güçlere ulaştığımızda, nevrozu açıklayan ruhsal mekanizmanın ruhsal yaşamı ele geçiren hastalıklı bir rahatsızlığın neticesinde ortaya çıkmadığını, aksine, ruhsal aygıtın normal yapısının içinde var olduğunu görüyoruz. Her iki psikolojik sistem, bu sistemler arasındaki sansür, bir eylemin diğer eylem tarafından ketlenmesi, üstünün örtülmesi, her iki sistemin bilinçle ilişkisi – ya da bunların yerine gerçek ilişkilerin doğru yorumu; bütün bunlar ruhsal aygıtımızın normal yapısını oluşturur ve rüya, bu yapıyı anlamamızı sağlayacak yollardan birini gösterir bize. Doğruluğu kesin olan asgari bir bilgi miktarıyla yetinecek olursak, söyleyeceğimiz şudur: Rüyalar bize, *bastırılmış olanın normal insanda da var olduğunu ve ruhsal etkinliğine devam ettiğini* gösterir. Rüyanın bizzat kendisi bastırılmış olanın dışavurumudur; teoriye göre her durumda, somut deneyimler uyarınca ise en azından çoğunlukla, rüya yaşamının en önemli özelliklerini ortaya koyan, bastırılan öğedir. Uyanık yaşamda *çelişkilerinin karşılıklı birbirini yok etmesi* yüzünden ifade edilemeyip içsel algımıza ulaşamayan bastırılmış ruhsal öğeler, gece yaşamında ve uzlaşma yapılarının egemenliğinde bilince çıkmanın yollarını ve araçlarını bulur.

Flectere si nequeo Superos, Acheronta movebo[46]

Ama rüya yorumu ruhsal yaşamdaki bilinçdışına giden *kral yoludur.*

Rüyaları yorumlarken, var olan bu en harikulade ve en gizemli aracın oluşumu hakkında bir nebze daha fazla bilgi edindik. Evet, sadece bir nebze daha fazla gerçi ama bu adımla diğer –patolojik dediğimiz– oluşumlardan yola çıkarak rüyanın analizine başlamış oluyoruz. Çünkü hastalığın –en azından haklı olarak işlevsel denen hastalığın– önkoşulu bu aygıtın parçalanması, içinde yeni yarıkların oluşması değildir. Hastalıkları, *dinamik* olarak yani normal işleyiş sırasında çeşitli etkileri gizli kalan güçler dengesindeki bileşenleri güçlendirerek ya da zayıflatarak açıklamak gerekir. İki merciden oluşan aygıtın normal koşullarda da tek bir aygıtın başaramayacağı bir hassasiyetle nasıl işlediğini başka bir yerde anlatmak gerekecek.[47]

F. BİLİNÇDIŞI VE BİLİNÇ-GERÇEKLİK

Daha dikkatli baktığımızda, önceki bölümlerdeki psikolojik açıklamalarda ve kabullerde, aygıtın motorik ucuna yakın bir yerlerdeki iki sistemden değil, *uyarımlarla ilgili iki süreçten ya da seyir biçiminden* yola çıkıldığını görüyoruz. Bizim açımızdan bu çok da önemli değil çünkü bize yardımcı olan afaki düşünceleri –yerine bizi gerçeğe yaklaştıracak başkalarını koyabildiğimiz sürece– terk etmeye her zaman hazır olmamız gerekiyor. O halde şimdi, ikili

---

46 Virgilio'nun bir dizesi: "Gökyüzü tanrılarını ikna edemesem de yeraltı tanrılarını harekete geçireceğim." –çev. n.

47 Psikopatolojinin psikolojiye dayanarak açıklamaya çalıştığı tek olgu rüya değil. *Aylık Psikiyatri ve Nevroloji Dergisi*'nde henüz tamamlanmamış olan kısa makaleler dizisinde ("Unutmanın Psikolojik Mekanizması", 1898; "Örtülü Anılar Üzerine", 1899) bu görüşümü destekleyecek gündelik psikolojik olguları yorumlamaya çalışıyorum. Unutmak, dil sürçmesi, sakarlık vb. üzerine bu ve başka makaleler *Gündelik Yaşamın Psikopatolojisi* adlı kitapta toplu olarak yayınlandı (1994, 11. baskı, 1929. *Toplu Eserler,* X. cilt).

sistemi en yakın ve en kaba anlamıyla ruhsal aygıttaki iki mekân olarak ele alan, "bastırmak" ve "içine girmek" gibi kavramlarda ifade bulan ve yanlış anlamalara yol açacak şekilde oluşan düşüncelerimizi düzeltmeyi deneyelim. "Bilinçdışı bir düşüncenin bilince girmek için önbilince tercüme edilmeye çaba göstermesi gerekir", derken kastettiğimiz, başka bir yerde ikinci ve yeni bir düşüncenin, yani bir tür transkripsiyonun, kopyanın oluştuğu ve bu kopyanın orijinalinin yanı sıra var olduğu değildi. Yine "bilincin içine girmek" derken, gözümüzde kesinlikle bir yer değişimi canlandırmamalıyız. Ön bilinçteki bir düşünce bastırılır ve bilinçdışına gider dediğimizde, gözümüzde bir toprak parçası için yürütülen mücadeleye ait görüntüler canlanabilir ve bu bizi fiziksel bir mekândaki bir düşünceler serisinin dağıldığını, onun yerine başka bir mekânda yeni düşünceler konduğunu düşünmeye itebilir. Şimdi bu benzetmelerin yerine gerçek olguya daha yakın olan şeyler koyalım ve belli bir dizi düşünceye enerji yüklendiğini ve geri çekildiğini ve böylece ruhsal oluşumun belli bir merciinin egemenliğine girdiğini ve tekrar geri çekildiğini söyleyelim. Yine topografik bir düşünce biçiminin yerine dinamik bir düşünce biçimi koyalım. Bize hareketli olarak görünen şey, ruhsal oluşumun kendi değil, bu oluşumun inervasyonudur.[48]

Ama öte yandan iki sistemli şemayı yine de göz önünde bulundurmanın amacımıza uygun ve doğru olduğunu düşünüyorum. Düşüncelerin, tahayyüllerin, ruhsal teşekküllerin genelde sinir sisteminin organlarında değil de bir anlamda *onların arasında* yani bu düşüncelerle ve ruhsal teşekküllerle ilgili dirençlerin ve bağlantıların oluştuğu yerde bulunabileceklerini hatırladığımızda, bu şemanın her tür kötüye kullanımından kaçınmış oluruz.

48 Ön bilinçteki düşüncenin temel karakterinin sözcük imgelerinin kalıntıları olduğu anlaşıldıktan sonra bu görüşlerim değişmiş ve gelişime uğramıştır (*Bilinçdışı* 1915, *Toplu Eserler*, V. cilt).

İç algımızın konusu olabilecek her şey *sanaldır,* tıpkı ışık huzmelerinin dürbünden geçerken yarattıkları imgeler gibi. Ama kendilerinin fiziksel bir varlığı olmayan ve hiçbir zaman fiziksel olarak algılayamayacağımız sistemleri, imgeyi dizayn eden dürbünün merceklere benzediğini düşünmekte haklıyız. Bu benzetmeyi devam ettirecek olursak, iki sistem arasındaki sansür yeni bir nesneye geçişteki ışık kırılmasına tekabül eder.

Şimdiye kadar sadece kendi çabalarımızla psikoloji yaptık. Artık günümüzde psikoloji bilimine egemen olan uzmanların görüşlerine yer verme ve bu görüşlerin kendi tezlerimizle ilişkisini sorgulama zamanı geldi. Lipps'in[49] güçlü ifadesiyle söyleyecek olursak, bilinçdışı sorunu psikolojik bir sorun olmaktan ziyade psikoloji biliminin sorunudur. Psikoloji bu sorunun üstesinden kelimenin anlamını açıklayarak gelmeye çalıştığı sürece, yani "psikolojik" olanı "bilinçli", "bilinçdışı psikolojik süreçleri" ise bariz bir saçmalık olarak anladığı sürece, bir doktorun anormal ruhsal bir durumla ilgili gözlemlerden yola çıkarak psikolojik bir değerlendirme yapması mümkün olmaz. Bir doktor ve bir filozof ancak bilinçdışı ruhsal süreçlerin "somut bir gerçeğin makul ve haklı ifadesi" olduğunu kabul ettiklerinde bir araya gelebilir. Doktorun "Bilinç psikolojinin vazgeçilmez bir niteliğidir" önermesi karşısında tek yapacağı, omuz silkmek olacak ya da filozofun düşüncelerine saygı gösteriyorsa, onunla aynı olguyu araştırmadıklarını, aynı bilim dalı üzerine çalışmadıklarını söyleyecektir. Çünkü doktor sadece bir nevrotiğin ruhsal yaşamını anlayacak şekilde gözlemlediğinde ya da tek bir rüyayı dahi analiz ettiğinde sarsılmaz biçimde ikna olacaktır ki ruhsal süreç demekten kaçınamayacağı en karmaşık ve en kusursuz

49 "Psikolojide Bilinçdışı Kavramı"- 1897'de Münih'te yapılan Üçüncü Uluslararası Psikoloji Kongresi'ndeki sunumu.

düşünce süreçleri kişinin bilincini uyarmadan da var olabilir.[50] Doğaldır ki doktor, bu bilinçdışı süreçlerden, bu süreçler bilinç üzerinde dile getirilebilen ya da gözlemlenebilen bir etki yaratmadığı sürece, haberdar olmayacaktır. Ancak bilinçteki bu sözde etki, bilinçdışı süreçten çok farklı özelliklere sahip olabilir. Böylece içsel algımız birinin öbürünü temsil ettiğini anlamayabilir. Doktor bilinçteki etkiden bilinçdışı ruhsal sürece ulaşabileceği son bir hamle yapma hakkını mahfuz tutmalıdır. Bunu yaptığı taktirde görecektir ki bilinçteki etki bilinçdışı sürecin çok zayıf ruhsal özelliklerini taşır, aslen bilinçdışı bilince ulaşmamıştır ve bilince hissettirmeden varlığını sürdürmektedir.

Bilincin özelliklerini çok da önemsememek, ruhsal olana doğru şekilde yaklaşabilmenin önkoşuludur. Lipps, bilinçdışının ruhsal yaşamın temeli olduğunun kabul edilmesi gerektiğini söyler. Bilinçdışı, bilincin küçük alanını da içeren büyük bir alandır. Bilinçteki her şeyin bilinçdışında bir başlangıç aşaması vardır. Oysa bilinçdışı bu aşamada kalabilir ve ama buna rağmen ruhsal anlamda çok değerli olabilir. *Bilinçdışı ruhsal gerçekliğin bizzat kendisidir. Bilinçdışının iç doğası bize dış dünyanın gerçeklikleri kadar yabancıdır. Dış dünyayı duyu organlarımızla nasıl bütünüyle algılayamıyorsak, bilinçdışını da bilincin verileriyle tam olarak algılayamayız.*

Bilinçdışını hak ettiği noktaya koyarak bilinçli yaşamla rüya yaşamı arasındaki karşıtlığı ortadan kaldırdığımızda, daha önceki yazarların üzerlerinde derinlemesine çalıştığı rüyayla ilgili kimi konular da önemini yitiriyor. Artık rüyanın kimi özelliklerine şa-

---

50 Burada, bilinçli ve bilinçdışı etkinlik arasındaki ilişkiyle ilgili aynı sonuca varan bir yazara değinmekten onur duyuyorum:

Du Prel şöyle diyor, "Anlaşılan ruhun ne olduğu sorusunu yanıtlayabilmek için önce bilinç ve ruhun aynı şey olup olmadığını araştırmak gerekiyor. Rüya bu ön soruya olumsuz yanıt veriyor ve 'ruh' kavramının 'bilinç' kavramından –tıpkı bir yıldızın çekim gücünün parlaklığından daha güçlü olması gibi– daha ileride olduğunu, onu aştığını gösteriyor."

şırmamız da gerekmiyor; bunları artık gündüz de faal olan bilinçdışı düşüncelere atfediyoruz. Rüya, Scherner'in dediği gibi, bedeni sembollerle ifade ettiğinde biliyoruz ki bunlar belki de cinsel uyarımlara pes eden kimi bilinçdışı fantezilerin işidir ve bunlar sadece rüyalarda değil histerik fobilerde ve diğer semptomlarda da karşımıza çıkar. Yine rüya gündüz de çalışmaya devam edip, işini bitirdiğinde ve önemli yeni düşünceleri su yüzüne çıkardığında, bizim yapmamız gereken tek şey, rüyanın üzerindeki kıyafetini sıyırıp, bütün bu kıyafetin aslında rüya çalışmasının ve ruhumuzun derinliklerindeki karanlık güçlerin yardımı olduğunu bilmektir (*krş.* Tartini'nin sonat rüyasındaki şeytan).

Buradaki zekâ, uyanık yaşamdaki zihinsel faaliyetlerin aynısını yapar. Zihinsel ve sanatsal üretimde bilincin rolünü galiba fazlasıyla abartıyoruz. Goethe ve Helmholtz gibi son derece üretken insanlar, ürettikleri en yaratıcı ve en yeni şeylerin akıllarına aniden geldiğini ve tamamlanmış olarak algılarına düştüğünü söylerler. İnsanın bütün zihinsel gücünü zorladığı diğer bütün durumlarda bilincin eylemlerinin yardımcı olmasında zaten tuhaf bir şey yok. Ama öte yandan bilincin, devreye girdiği her durumda diğer her şeyin üstünü örtmek gibi bir ayrıcalığı kötüye kullandığını da biliyoruz.

Rüyaların tarihsel önemini ayrı bir konu başlığı olarak ele almaya değmez. Bir Kızılderili reisinin rüyada cesaret gerektiren bir işle görevlendirildiğini, başarılı olduğunu ve başarısının tarihe mal olduğunu düşünelim. Bu durum, ancak rüya diğer bilinen ruhsal güçlerin karşısına yeni ve yabancı bir güç olarak konulduğu sürece yeni bir mesele oluşturacak, şayet rüya, gündüz direnç gösterilen ve gece derindeki uyarım kaynaklarından güç elde eden uyarımların bir çeşit ifadesi olarak ele alınırsa, bu, bizim için yeni bir konu teşkil etmeyecektir.[51]

---

51 *Krş.* Sayfa 124'de anlatılan Büyük İskender'in Tyrus'u (Σά-Τύρος) fethi rüyası.

Ama eski insan topluluklarında rüyaya gösterilen saygı, bilinçdışında yer alıp rüya arzusunu oluşturan, insan ruhundaki dizginlenemez ve yok edilemez güçlere yani şeytansı güçler karşısındaki doğru psikolojik öngörülere dayanan bir saygı ve biattır.

Bizim bilinçdışımız kavramını kullanıyor olmam nedensiz değil. Çünkü filozofların bilinçdışından anladığıyla, ya da Lipps'in bilinçdışı dediğinde kastettiğiyle benim sözünü ettiğim bilinçdışı örtüşmüyor. Bu kişiler için bilinçdışı, bilincin karşıtı. Bilinçli süreçlerin dışında bilinçdışı ruhsal süreçlerin olduğu tezi, yoğun tartışmalara neden olan ve ısrarla savunulan bir tez. Lipps daha da ileri giderek, ruhsal olan her şeyin bilinçdışı olduğunu, bunlardan bazılarının da bilinçte yer aldığını söylemiştir. Rüyadaki olguları ve histerik semptom oluşumunu ele alırken amacımız Lipps'in bu tezini kanıtlamak değildi. Bunu en küçük tereddüde düşmeden kanıtlamak için normal gündüz yaşamını gözlemlemek de yeterli zaten çünkü. Psikopatolojik oluşumların ve bu oluşumların ilk halkası olan rüyaların analizinden bizim elde ettiğimiz yeni bilgi, bilinçdışının –yani ruhsal olanın– iki farklı sistemin işleyişi olarak var olduğu ve bu haliyle normal ruhsal yaşamda da yeri olduğudur. Yani psikologların henüz ayırdında olmadığı *iki tane bilinçdışı* var. Psikoloji bilimi açısından ikisi de bilinçdışı; ama bizim açımızdan, *bilinçdışı* dediğimiz sistem *bilince ulaşma yetisine sahip değil. Ön bilinç* dediğimiz ikinci sisteme bu adı vermemizin nedeni ise, bu sistemin uyarımlarının belli kurallar çerçevesinde de olsa ancak yeni bir sansürü aştıktan sonra ve ama bilinçdışı sistemi kaale almadan bilince ulaşmasıdır. Uyarımların bilince ulaşması sürecinin (sansürün değişikliğe uğramasından anladığımız üzere) değişmez sıralamayı takip etmek zorunda olması, mekânsal bir benzerlik kurmamızı sağlamıştı. İki sistemin birbiriyle ve bilinçle ilişkisini şöyle tarif etmiştik: Ön bilinç, bilinçdışı ve bilinç arasında duran bir şemsiye gibidir ve sadece bilince girmeyi engellemekle kalmaz, keyfi hareketliliğe geçişi ve (bir kısmını "dikkat" olarak bildiğimiz) hareketli bir enerji yükünün yayılmasını düzenler.[52]

Psikonevrozlarla ilgili en yeni yayınlarla popülerleşen *alt bilinç* ve *üst bilinç* kavramlarından da uzak durmalıyız, çünkü özellikle de bu kavramlar ruhsal olanla bilinci eşdeğer gibi gösteriyor.

Peki bizim şemamızda bir zamanlar her şeye muktedir olan ve her şeyin üstünü örten bilince hangi rol verildi acaba? Bu rol, *ruhsal nitelikleri algılamaya çalışan bir duyu organınınkinden* ibaret. Şemamızın temel düşünceleri uyarınca, *b.ç.* olarak kısalttığımız bilinçli algıyı özel bir sistemin etkinlikleri olarak açıklayabiliriz. Bu sistemi mekanik özellikleri itibariyle algı sistemi olarak konumlandırabilir yani uyarılabilir olduğunu, değişimlerin izini süremediğini yani belleği olmadığını söyleyebiliriz. Algı sisteminin duyu organlarıyla dış dünyaya yönelen ruhsal aygıt, bilincin duyu organları için dış dünya anlamına gelir. Bilincin nedenselliği bu ilişkiden kaynaklanır. Aygıtın yapısına egemen olduğunu düşündüğümüz mercii hiyerarşisi burada da karşımıza çıkıyor. Uyarımlar bilincin duyu organlarına iki ayrı yerden ulaşır. Bunlardan ilki, algı sistemidir. Bu sistemin niteliklerin belirlediği uyarımları, bilince ulaşana kadar yeni bir işleme tabi tutulur. İkincisi ise, aygıtın içinden gelen uyarımlardır; aygıtın buradaki nicel süreçlerini, belli bir değişikliğe ulaşıldıktan sonra haz ve hazsızlık sıralaması şeklinde algılarız.

Kesin ve çok karmaşık düşünce yapılarını bilincin müdahalesi olmadan da anlayabilen filozoflar, bilince bir işlev bulmakta zorlanırlar. Onlar için bilinç, sona ermiş ruhsal sürecin gereksiz,

52 *Krş.* bana ait "Psikanalizde Bilinçdışı Kavramı Üzerine Notlar" (İngilizcesinin yayınlandığı yer: *Proceeding of the Society for Psychial Research*, 26. sayı): Bu yazıda çok katmanlı "bilinçdışı" sözcüğünün betimleyici, dinamik ve sistematik anlamları ayrıştırılmıştır.

önemsiz bir yansımasıdır. Ama bilinç sistemimizin algı sistemiyle benzerlikleri bizi bu sıkıntılı tanımdan kurtarıyor. Duyu organlarımızla bir şeyi algıladığımızda, bu duyusal uyarımın yayılmasına neden olan bir dikkat yükünün devreye girdiğini biliyoruz. Algı sisteminin niteliksel uyarımı ruhsal aygıttaki hareketli nicelik için boşalma sağlayan bir regülatör vazifesi görür. Aynı işlevi bilinç sisteminin örtücü duyu organı için de söyleyebiliriz. Bilinç sistemi yeni nitelikler algılar ve böylece hareketli enerji yükü niceliklerini yönlendirmeye ve amaca uygun şekilde dağıtmaya yeni bir katkıda bulunur. Bilinç sistemi haz ve hazsızlık algılarıyla ruhsal aygıttaki –normal durumlarda bilinçsiz ve niceliklerin yer değiştirmesiyle çalışan– yüklerin akışını etkiler. Hazsızlık ilkesi yükün yer değiştirmesini önce muhtemelen otomatik olarak düzenlemektedir. Ama bilincinde bu nitelikleri ikinci bir kez ve daha incelikle düzenlemesi, hatta bu düzenlemelerin ilkinin karşıtı olabilmesi de mümkün. Bilinç bu düzenlemeyi yaparken aygıtı ilk haline sokar, hazsızlık ilkesiyle ortaya çıkanları yükleyebilen ve işleme tabi tutabilen işlevsel bir mükemmelliğe ulaştırır. Nevroz psikolojisinden biliyoruz ki duyu organlarının niteliksel uyarımlarında bu tür düzenlemelere aygıtın işlevselliği açısından büyük önem atfedilir. İlk hazsızlık ilkesinin özdevinim egemenliği ve buna bağlı olarak verimlilik yetisinin kısıtlanması, kendileri de özdevinime sahip duyusal regülasyonların engeline uğrar. Başlangıçta bir amacı olan bastırmanın daha sonra ketlenme ve ruhsal denetim gibi zararlı bir yitime neden olduğunu ve böylece anıları algılardan daha kolay etkilediğini görürüz. Çünkü anılar ruhsal duyu organlarının uyarımından fazladan bir enerji yükü alamaz. Ötelemek istediğimiz bir düşünce kimi zaman bastırıldığı için bilince çıkamaz, kimi zamansa başka nedenlerle bilinç tarafından algılanması engellenir. Bunlar bastırmaları ortadan kaldırmak için terapinin kullandığı kimi yollar.

Bilinçli halimizdeki duyu organlarımızın hareketli nicelik üzerindeki düzenleyici etkisiyle ortaya çıkan aşırı yüklenmenin değerini teleolojik bağlamda en iyi anlamanın yolu, yeni bir nitelikler dizisinin, dolayısıyla yeni bir düzenlemenin yaratılmasıdır, ki bu da insanın hayvan karşısındaki üstünlüğünün bir göstergesidir. Çünkü düşünce süreçleri aslen niteliksizdir; buna düşünce süreçlerini takip eden, düşünceyi bozmaları muhtemel olduğu için sınırlanması gereken haz ve hazsızlık uyarımları da dahildir. İnsanda düşünce süreçlerine bir nitelik kazandırmak için, bu süreçler, nitelik kalıntılarının bilincin dikkatini çekebildiği ve bilinçten yola çıkarak düşünme eylemine hareketli bir yükleme tahsis edebildiği sözcüklerden oluşan anılarla ilişkilendirilir.

Bilinçle ilgili çok çeşitli sorunların bütününü incelemenin tek yolu histerik düşünce süreçlerini analiz etmektir. Böylece *bilinçdışı* ve *ön bilinç* arasındaki sansüre benzer bir sansürün ön bilinç ve bilinç yüklemesi arasında da var olduğu izlenimini ediniriz. Bu sansür de belli bir niceliksel sınırdan itibaren devreye girer ve böylece daha az yoğun düşünce oluşumları sansüre takılmaz. Bilincin engellendiği ve bilince girişin sınırlı olduğu bu tür durumlara psikonevrotik olgularda rastlarız. Bu olguların tamamı sansür ve bilinç arasında karşılıklı içsel bir ilişkiye işaret ediyor. Bu bağlamda iki olayla psikolojik açıklamaları noktalamak istiyorum.

Geçen yıl bir konsültasyon vesilesiyle zeki ve rahat bir kişilik sergileyen bir kız çocuğuyla tanışmıştım. Kızın kıyafeti tuhaftı. Teki aşağı inmiş çorabı ve bluzunun açık iki düğmesi dışında, en küçük ayrıntısına kadar bir kadın nasıl giyinirse öyle giyinmişti. Bir bacağının ağrıdığını söylemiş ve biz istemeden baldırını açmıştı. Ama asıl şikâyeti şuydu: Sanki bedeninin *içine bir şey sokulmuştu, sanki bu şey ileri geri hareket ediyor ve onu sarsıyordu.* Bu yüzden bedeni bazen *kaskatı kesiliyordu.* Yanımdaki meslektaşım bana baktı, şikâyetleri yanlış anlamamıştı. Kızın annesinin hiçbir şey anlamamış olması beni de meslektaşımı da şaşırttı. Çünkü çocuk mutlaka tasvir ettiği durumu sık sık yaşıyordu. Kız mutlaka dediklerinin ne anlama geldiğinin farkında değildi, yoksa bu sözcükleri ağzına bile almazdı. Yani sansürü devre dışı bırakmayı başarmış, böylece normalde ön bilinçte takılı kalacak bir fantezi şikâyet kılığında bilince girmeyi başarmıştı.

Bir başka örnek: Kasılma seyirimi (tic convulsif), histerik kusma, baş ağrısı vb. şikayetleri olan on dört yaşında bir erkek çocuğa psikanaliz uygularken, çocuktan gözlerini kapattığında göreceği görüntüleri ve aklına gelenleri bana anlatmasını istedim. Çocuk bana görüntülerle yanıt verdi. Bana gelmeden önceki son izlenim aklında görsel olarak canlandı. Amcasıyla dama oynamıştı ve dama tahtası gözüne göründü. Farklı iyi ve kötü pozisyonları ve yapılmaması gereken (yasak) hamleleri açıkladıktan sonra, dama tahtasının üzerinde bir hançer gördü (babasına ait olan hançeri hayalinde dama tahtasının üzerine koymuştu). Daha sonra tahtanın üzerine bir orak, sonra da bir tırpan koydu. Bunu evinden uzaklarda tırpanla ot biçen bir çiftçinin görüntüsü takip etti. Birkaç gün sonra bu görüntülerinin anlamını kavradım. Tatsız ailevi ilişkiler çocuğu heyecanlandırmıştı. Annesiyle mutlu olmayan katı ve öfkeli, çocuk eğitiminden sadece tehditler savurmayı anlayan bir baba; babanın yumuşak ve şefkatli anneden boşanması, yeniden evlenmesi ve yeni anne olarak eve getirilen genç kadın. On dört yaşındaki çocuğun hastalığı bu olayı takip eden günlerde başlamıştı. Görüntüleri anlamlı şekilde birleştirebilmemizi sağlayan babaya duyulan öfkeydi, görüntülerin malzemesi ise, mitolojik bir anı kalıntısı. Orak, Zeus'un babasını iğdiş ettiği orak. Tırpan ve çiftçi ise, kendi çocuklarını yiyen ve acımasız yaşlı Kronos'u ve ondan bir evlattan beklenmeyecek şekilde intikam alan Zeus'u temsil ediyor. Babanın evlenmesi, çocuğun cinsel organıyla *oynadığı* (dama *oyunu*) için duymak zorunda kaldığı suçlamaları ve tehditleri iade etmesini sağlamış; yasak hamleler; babayı öldürebileceği hançer. Bütün bunlar, dolambaçlı yollardan *güya anlamsız* görüntülerle bilince sızan, uzun zaman önce bastırılmış anılar, bu anıların bilinçdışındaki türevleri.

Benim için rüya üzerine yapılan bilimsel çalışmaların değeri işte bu şekilde psikolojik bilgiye katkısında ve psikonevrozların anlaşılması için bir ön çalışma olmasında yatıyor. Bugün ulaştığımız bilgi düzeyiyle bile tedavi edilebilir psikonevrozları terapiyle başarılı bir şekilde tedavi edebildiğimize göre, ruhsal aygıtın yapısı ve eylemlerinin tamamını ayrıntılarıyla tanımamızın ne anlama gelebileceğini varın siz tahmin edin.

Şu soruları duyar gibiyim: Peki ya bu çalışmanın ruhun anlaşılması ve gizli kalmış kişilik özelliklerinin tek tek keşfedilmesi açısından pratikteki değeri nedir? Rüyaların ele verdiği bilinçdışı uyarımlar ruhsal yaşamdaki gerçek güçler değil mi? Bastırılmış arzuların, rüyaların olduğu gibi, günün birinde başka bir şeylerin oluşmasına da yol açabileceği, etik anlamda anlamsız bir mesele mi?

Bu soruları yanıtlama hakkını kendimde görmüyorum. Rüya sorunlarının bu yanını derinlemesine incelemedim. Tek söyleyeceğim, rüyasında kendisini öldürdüğünü gören kulunu idam ettiren Roma imparatorunun haksız olduğu. İmparator önce rüyanın ne anlama geldiğini anlamaya çalışmalıydı. Çok büyük bir olasılıkla rüyanın anlamı görünüşte anlattığından farklı bir şey. Başka bir rüyanın hakiki anlamı majestelerine karşı işlenen bir suç olsa dahi, yapılması gereken, "Erdemli bir insan, kötülerin gerçek yaşamda yaptıklarını, rüyasında görmekle yetinir", diyen Platon'a kulak vermektir. Demek istediğim, rüyaları azad etmek gerektiği. Bilinçdışı arzuların *gerçek* olup olmadığını bilmiyorum. Ama evet, geçici ve ara düşüncelerin gerçek olmadığını söylememiz gerekiyor. Bilinçdışı arzuları en son ve en hakiki ifade biçimlerine ulaştırdığımızda görürüz ki, bu arzular *maddi* gerçeklikle karıştırılmaması gereken *ruhsal* bir gerçekliğe sahiptir. Bu durumda insanların rüyaların ahlâksızlığının sorumluluğunu almaya direnmelerinin hiçbir anlamı kalmaz. Ruhsal aygıtın işleyişine hakkını verdiğimizde ve bilinç ve bilinçdışı arasındaki ilişkiyi doğru anladığımızda, rüyalardaki ve hayal dünyamızdaki ahlâksızlıklar çoğunlukla kendiliğinden yok olur.

"Rüyanın bize şimdiki zamanla (gerçekle) ilgili anlattıklarını bilincimizde de arayıp bulmaya çalışırız. Bunu yaparken analizin büyüteci altında gördüğümüz canavarın aslında tek hücreli bir canlı olduğunu gördüğümüzde şaşırmamalıyız." (H. Sachs.)

Normal yaşamda insanın kişilik özelliklerini değerlendirmek için, çoğunlukla yaptıkları ve ifade ettiği görüşleri yeterlidir. Özellikle yaptıklarını birinci sıraya koymak gerekir çünkü bilince çıkan birçok dürtü, bilince ulaşmadan ruhsal yaşamın gerçek güçleri tarafından eyleme dönüşmeden bertaraf edilir. Aslen bu dürtülerin yoluna ruhsal engeller çıkmaz çünkü bilinçdışı bu dürtülerin başka bir şekilde engellendiğinden emindir. Her halükârda, erdemlerimizin gururla yükseldiği altüst edilmiş bu toprakları tanımakta fayda var. İnsan karakterinin çeşitli yönlere doğru ilerleyen dinamik varoluşu çok nadir olarak, miadı dolmuş ahlâk öğretimizin yaptığı gibi tek bir basit seçenekle yetinir.

Peki rüyanın geleceği bilmek açısından değeri? Böyle bir şey elbette söz konusu değil. Bunun yerine "geçmişi anlamayı" koyabiliriz. Çünkü rüyaların kökeni her anlamda geçmişte yatıyor. Gerçi rüyaların bize geleceği gösterdiğini söyleyen eski inanç da tamamen gerçek dışı değil. Rüyalar bir arzunun gerçekleştiğini gösterirken, bizi geleceğe götürür götürmesine, ama rüya görenin geleceği olarak algıladığı, aslında geçmişin birebir aynısıdır.

KAYNAKÇA

A. Bu kitaptan önce yayınlanmış kaynaklar (1900):

Achmetis, F. Serim, *Oneirocriticae*, yay. haz. Nik. Rigaltius, Paris, 1603.

Alberti, Michael, *Diss de insomniorum influxi in sanitatem et morbos*, Ress. Titius Halae M., 1744.

Alix, "Les Reves," *Rev. Scientif., 3e serie*, cilt VI (32e de la coll.), 3e annee, 2e sem., Nov., 1883, s. 554-561.

Etude du reve, *Mem. de l'acad. de sc., etc., de Toulouse*, 9e serie, cilt I, s. 283-326, Toulouse, 1889.

Almoli, Salomo, *Pithron Chalomoth*, Solkiew, 1848.

Aristoteles, *Über Träume und Traumdeutungen*, çev. Bender (On Dreams).

- Von der Weissagung im Träume (*On Prophecying by Dreams*).

Artemidoros of Daldis, *Symbolik der Träume*, çev. Friedr. S. Krauss, Viyana, 1881.

- "Erotische Träume und ihre Symbolik," *Anthropophyteia*, cilt IX, s. 316-328.

Artigues, Essai sur la valeur semeiologique du reve, *These de Paris*, 1884.

Bacci Domenico, Sui sogni e sul sonnombulismo, *pensieri fisiologico-metafisici*, Venedik, 1857.

Ball, La Morphinomanie, *les reves prolonges*, Paris, 1885.

Benezee, Emil, Das Traummotiv in der mittelhochdeutschen Dichtung bis 1250 und in allen deutschen Volksliedern,

Halle, 1897. (*Beneze, Sagengesch, und lit.-hist., Unters.* I, Das Traummotiv).

Benini, V., "La Memoria e la durata dei sogni," Rivista italiana di filosofia, Mart, Nisan 1898.

- "Nel moneto dei sogni," *Il Pensiero nuovo*, Nisan, 1898.

Binz, C., *Über den Traum*, Bonn, 1878.

Birkmailer, Hieron, *Licht im Finsternuss der nächtlichen Gesichte und Träume*, Nürnberg, 1715.

Bisland, E., "Dreams and their Mysteries," *N. Ann. Rev.*, 1896, 152, s. 716-726.

Borner, J. Das Alpdrucken, *Seine Bergründung und Verhütung*, Würzburg, 1855.

Bradley, J. H., "On the Failure of Movement in Dream," *Mind*, Temmuz 1894.

Brander, R., *Der Schlaf und das Traumleben*, Leipzig, 1884.

Bouche-Leclercq, *Historie de la divination dans l'antiquite*, cilt I, Paris, 1879.

Bremer, L., "Traum und Krankheiten," New York Myayına hazırlayan: Monthly, 1893, V, s. 281-286.

Buchsenschutz, B., *Traum und Traumdeutung im Altertum*, Berlin, 1868.

Burdach, *Die Physiologie als Erfahrungswissenschaft*, cilt III, 1830.

Bussola, Serafino, *De somniis*. (Doktora) Ticini Reg., 1834.

Caetani-Lovatelli, "I Sogni e l'ipnotismo nel mondo antico," *Nuova Antol.*, I, Aralık, 1889.

Calkins, Mary Whiton, "Statistics of Dreams," *Amer. J. of Psychology*, V, 1893.

Cane, Francis E., "The Physiology of Dreams," *The Lancet*, Aralık, 1889.

Cardanus, Hieron, *Synesiorum somniorum, omni generis insomnit, explicantes libri* IV, Basileae, 1562 (2. baskı: Opera Omnia Cardani, cilt V, s. 593-727, Lugduni, 1603).

Cariero, Alessandro, *De somniis deque divinatione per somnia*, Patavii, 1575.

Carpenter, "Dreaming." in *Cyclos of Anat and Phys.*, IV, s. 687.

Chabaneıx, Le Subconscient chez les artistes, *les savants et les ecrivains*, Paris, 1897.

Chaslin, PH., Du Role du reve dans l'evolution du delire, *These de Paris*, 1887.

Claviere, "La Rapidite de la pensee dans le reve," *Revue philosophique*, XLIII, 1897.

Coutts, G. A., "Night-terrors," *Americ. J. of M*, yay. haz. Sc., 1896.

D. L., "A propos de l'appreciation du temps dans le reve," *Rev. philos.*, cilt 40, 1895, s. 69-72.

Dagonet, "Du Reve et du delire alcoolique," *Ann. M*, yay. haz. -psychol., 1889, 7 seri, cilt X, s. 193.

Dandolo, G., *La coscienza nel sonno*, Padua, 1889.

Davidson, Wolf, *Versuch Über den Schlaf*, 2. baskı, Berlin, 1799.

Debacker, Terreurs nocturnes des enfants, *These de Paris*, 1881.

Aralikhambre, "Cauchemar," *Dict. encycl. de sc. M.*

Delage, Yves, "Une Theorie du reve," *Revue scientifique*, 11 Temmuz 1891.

Delboeuf, J., *Le Sommeil et les reves*, Paris, 1885.

Dietrich, Joh. Dav., An ea, quae hominibus in somno et somnio accidunt iisdem possint imputari? ress. Gava Vitembergae, 1726.

Dochmasa, A. M., *Dreams and their Significance as Forebodings of Disease*, Kazan, 1890.

Dreher, E., "Sinneswahrnehmung und Traumbild," *Reichs-m*, yay. haz. Anzeiger, Leipzig, 1890, XV.

Ducoste, M., *Les Songes d'attaques epileptiques*, 1889.

Dugas, "Le Souvenir du reve," *Revue philosophique*, XLIV, 1897.
"Le Sommeil et la cerebration inconsciente durant le sommeil," *Revue philosophique*, XLIII, 1897.
Du Prel, Carl, "Oneirokritikon; der Traum vom Standpunkte des transcend. Idealismus," *Deutsche Vierteljahrschrift*, cilt II, Stuttgart, 1869.
- *Psychologie der Lyrik*, Leipzig. 1880.
- *Die Philosophic der Mystik*, Leipzig, 1887.
- "Kunstliche Träume," *Sphinx*, Temmuz 1889.
Egger, V., "Le Sommeil et la certitude, le sommeil et la memoire," *La Critique philos.*, Mayıs 1888, I, s. 341-350.
- "La Duree apparente des reves," *Revue philosophique*, Temmuz, 1895.
- "Le Souvenir dans le reve," *Revue philosophique*, XLVI, 1898.
Ellis, Havelock, "On Dreaming of the Dead," *The Psychological Revue*, II, no: 5, Eylül 1895.
- "The Stuff that Dreams are Made of," *Appleton's Popular Science Monthly*, Nisan, 1899.
- "A Note on Hypnagogic Paramnesia," *Mind*, Nisan, 1897.
Erdmann, J. E., *Psychologische Briefe*, 6. baskı, Leipzig, 1848.
- Ernste Spiele (XII: *Das Träumen*), 3. baskı, Berlin, 1875.
Erk, Vinz V., *Über den Unterschied von Traum und Wachen*, Prag, 1874.
Escande De Messieres, *Les reves chez les hysteriques*, Th. M, yay. haz., Bordeaux, 1895.
Faure, "Etude sur les reves morbides, Reves persistants," Arch. gener., de M, yay.haz., 1876, vol. I, s. 558.
Fechner, G. TH., *Elemente der Psychophysik*, 2. baskı , 1889.
Fenizıa, "L'azione suggestiva delle cause esterne nei sogni," *Arch. per l'Anthros.* , XXVI.
Fere, CH., "A Contribution to the Pathology of Dreams and of Hysterical Paralysis," Brain, Ocak, 1887.

- "Les Reves d'acces chez les epileptiques," La M., yay. haz. mod., 8 Aralık 1897.

Fichte, J. H., *Psychologie, Die Lehre vom bewussten Geiste des Menschen,* cilt I, Leipzig, 1864.

Fischer, JOH., Ad artis veterum onirocriticae historiam symbola, Doktora. Jenae, 1899.

Florentin, V., "Das Traumleben, Plauderei," *Die alte und die neue Welt,* 1899, 33. J., s. 725.

Fornaschon, H., "Geschichte eines Traumas als Beitrag der transcendentalen Psychologie," *Psychische Studien,* 1897, s. 274-281.

Freiligrath, Traumbuch (Büchner'in kaleme aldığı biyografi).

Frensberg, *Schlaf und Traum.* Samml. gemein-verst. wiss. Votr. Virchow Holtzendorf, Ser. XX, H. 466, Berlin, 1885.

Frenchs, Joh. H., *Der Mensch: Traum, Herz, Verstand,* 2. baskı, Norden, 1878.

Galenus, Von der Weissagung im Träume.

Giessler. C. M., *Beitrag zur Phanomenologie des Traumlebens,* Halle, 1888.

- Aus den Tiefen des Traumlebens, Halle, 1890.

- Die physiologischen Beziehungen der Traumvorgänge, Halle, 1896.

Girgensohn, L., *Der Traum, psychol.-physiol. Versuch.,* S. A. 1845.

Gleichen-Russwurm, A. v., "Traum in der Dichtung," *Nat.-Ztg.,* 1899, no: 553-559.

Gley, E., "Appreciation du temps pendant le sommeil," *L'Intermediare des Biologistes,* 20 Mart, 1898, no: 10, s. 228.

Goblot, "Sur le Souvenir des reves," *Revue philosophique,* XLII, 1896.

Gomperz, TH., *Traumdeutung und ZaÜberei,* konferans metni., Viyana, 1866.

Gordon, D. A., "Pschology of the Unconscious," N. Y. M, yay. haz. *Times,* 1896, XXIV, 33, 37.

Gould, Dreams- Sleep-Consciousness, Open Court, 1899.

Grabener, Gottl. Chr., Ex antiquitate iudaica de menudim bachalom sive excommunicatis per insomnia exerc. ress. Klebius, Vitembergae, 1710.

Graffunder, *Traum und Traumdeutung,* 1894.

Greenwood, *Imaginations in Dreams and Their Study,* Londra, 1899.

Griesinger, *Pathologie und Therapie der psychischen Krankheiten,* 3. baskı, 1871.

Grot Nicolaus, *Die Träume, ein Gegenstand wissenschaftl.* Analyse (russ.). Kiev, 1878.

Guardia, J. M., "La Personnalite dans les reves," *Rev. philos.,* Paris 1892, XXXIV, s. 225-258.

Gutfeldt, J., "Ein Traum," *Psych. Studien,* 1899, s. 491-494. İ.

Haffner, S., *Schlafen and Träumen,* 1884. Frankfürter zeitgemäße Broschüren, cilt V, no: 10.

Hallam, FL., and Sarah Weed, "A Study of the Dream Consciousness," *Àmer. J. of Psychology,* VII, no: 3, Nisan 1896.

Hampe, Th., "Über Hans Sachsens Traumgedichte," *Zeitschrift für den deutschen Unterricht,* 10 yıl, 1896, s. 616 ve devamı.

Heerwagen, "Statist. Untersuch, Über Träume u. Schlaf.," *Philos. Stud.,* V, 1888, s. 88.

Hennings, Justus Chr., *Von Träumen und Nachtwandlern,* Weimar, 1802.

Henzen, ·Wilh., *Über die Träume in der altnord.* Sagaliteratur, Doktora. Leipzig, 1890.

D'Hervey, *Les Reves et les moyens de les diriger,* Paris, 1867 (anonim.)

Hildebrandt, F. W., *Der Traum und seine Verwertung fürs Leben,* Leipzig, 1875.

Hiller, G., "Traum. Ein Kapitel zu den zwölf Nächten," Leipz. Tagbl. und Anz., 1899, no: 657, I. bölüm.

Hippokrates, *Buch Über die Träume: Sämtliche Werke,* çev. Dr. Robert Fuchs, Munich, 1895-1900, cilt I, s. 361-369.

Hitschmann, F., "Über das Traumleben der Blinden," *Zeitschr. f. Psychol.*, VII, 5-6, 1894.

Ideler, "Die Entstehung des Wahnsinns aus den Träumen," Charite Annalen, 1862, cilt III.

Jastrow, "The Dreams of the Blind," New Princetown Rev., New York, Ocak, 1888.

Jean Paul, Blicke in die Traumwelt. Werke, yay. haz. Hempel, cilt 44, s. 128-152.

- Über Wahl- und HalbTräume, *age*, s. 142 f.

- Wahrheit aus seinem Leben, cilt 2, s. 106-126.

Jensen, Julius, *Traum und Denken*, Berlin, 1871. (Samml. gemeinverst. wiss. Vortr. Virchow-Holtzendorf, VI. seri, no: 134).

Jessen, *Versuch einer wissenschaftlichen Begründung der Psychologie,* Berlin, 1856.

Jodl, *Lehrbuch der Psychologie*, Stuttgart, 1896 (3. baskı, 1908).

Kant, J., Anthropologie in pragmatischer Hinsicht; yay. haz. Kirchmann, Leipzig, 1880.

Kingsford, A. B., *Dreams and Dream-stories*; yay. haz. Maitland, 2. baskı, Londra, 1888.

Kloepfell, F., "Träumerei und Traum. Allerlei aus unserem Traumleben," *Universum,*. 1899, 15. yıl, s. 2469-2484, 2607-2622.

Kramar, Oldrich, *O spanku a snu, Prager Akad.* Gymn., 1882.

Krasnicki, E. V., "Karls IV. Wahrtraum," *Psych. Stud.*, 1897, s. 697.

Krauss, A., "Der Sinn im Wahnsinn," *Allgemeine Zeitschrift für Psychologie,* XV and XVI. 1858-1859.

Kucera, Ed.:, *Aus dem Traumleben*, Mahr-Weisskirchen Gymn. 1895.

Ladd, "Contribution to the Psychology of Visual Dreams," *Mind*, Nisan 1892.

Laistner, Ludw., *Das Ratsel der Sphinx*, 2 Vols., Berlin, 1889. -

Landau, M., "Aus dem Traumleben," *Munchner Neueste Nachrichten*, 9 Ocak 1892.

Laségue, "Le Delire alcoolique n'est pas un delire, mais un reve," Arch, gen de m, yay. haz. 1881. (Reprinted in *Etudes méd*: cilt II, s. 203-227, Paris, 7e serie, cilt VI, s. 513-536, 1884.) -

Laupts, "Le Fonctionnement cerebral pendant le reve et pendant le sommeil hypnotique," *Annales méd: -psychol.*, 1895.

Leıdesdorf, M., *Das Traumleben*, Viyana, 1880.

Le Lorrain, "La Duree du temps dans les reves," *Rev. philos.*, cilt 38, 1894, s. 275-279.

- "Le Reve," *Revue philosophique*, Temmuz, 1895

Lelut, "Memoire sur le sommeil, les songes et le somnambulisme," *Ann. méd -psych.*, 1852, cilt IV.

Lemoine, *Du Sommeil au point de vue physiologique et psychologique*, Paris, 1855.

Lerch, Math., FR., "Das Traumleben und seine Bedeutung," *Gymn. Progr. Komotau*, 1883-1884.

Liberalli, Francesco, *Dei Sogni*, Doktora. Padova, 1834.

Liebeault, A., *Le sommeil provoque et les etats analogues*, Paris, 1889.

- "A travers les etats passifs, le sommeil et les reves," *Rev. de l'ypoth.*, etc. Paris, 1893, 4, VIII, 41, 65, 106.

Lipps, TH., *Grundtatsachen des Seelenlebens*, Bonn, 1883.

Luksch, L., *Wunderbare Traumerfüllung als Inhalt des wirklichen Lebens*, Leipzig, 1894.

Macario, "Du Sommeil, des reves et du somnambulisme dans l'etat de sante et dans l'etat de maladie," Ann, M, yay. haz. -psychol., 1858, cilt IV, V.

- "Des reves consideres sous le rapport physiologique et pathologique," *age*, 1846, cilt VIII.

- "Des reves morbides," *Gaz. méd. de Paris*, no: 8, 1889.

Macfarlane, A. W., "Dreaming," *The Edinb. Med. J.*, 1890, cilt 36.

Maine De Biran, Nouvelles considerations sur le sommeil, *les songes et le sonnambulisme*, (ed. Cousin), 1792.

- Sleep; *Its Physiology, Pathology and Psychology*, Londra, 1897.

Manaceine, Marie De, *Le sommeil, tiers de notre vie*, Paris, 1896.

- Sleep: Its Physiology, *Pathology and Psychology*, Londra, 1897.

Maudsley, *The Pathology of Mind*, 1879.

Maury, A., "Analogies des phenomenes du reve et de l'alienation mentale," *Annales med. psych.*, 1853, V, VI.

- "De certains faits observes dans les reves," *Ann. med.-psychol.*, 1857, cilt III.

- Le sommeil et les reves, Paris, 1878.

Meisel (Pseud), *Natürlich-göttliche und teuflische Träume*, Sieghartstein, 1783.

Melinaud, "Dream and Reality," *Pos. Sc. Mo.*, cilt LIV, s. 96-103.

Melzentin, C., "Über wissenschaftliche Traumdeutung," *Die Gegenwart*, no: 50, 1899.

Mentz, Rich., *Die Träume in den altfranzösischen Karls- und Artus-Epen.*, Marburg, 1888.

Monroe, W. S., "A Study of Taste-Dreams," *Am. J. of Psychol.*, Ocak, 1899.

Moreau De La Sarthe, "Reve," *Dict. des. sc. med.* cilt 48. Paris, 1820.

Moreau, J., "De l'Identite de l'etat de reve et de folie," *Annales med.-psych.*, 1855, s. 261.

Morselli, A., "Dei sogni nei Genii," *La Cultura*, 1899.

Motet, "Cauchemar," *Dict. de med. et de chir. pratiques.*

Murry, J. C., "Do we ever Dream of Tasting?" *Proc. of the Americ. Psychol.*, 1894, 20.

Nagele, Anton, "Der Traum in der epischen Dichtung," *Programm der Realschule*, Marburg, 1889.

Nelson, J., "A Study of Dreams," *Amer. J. of Psychology*, I, 1888.

Newbold, W. R., "Sub-conscious Reasoning," *Proc. Soc. Ps. Res.* 1896, XII, 11-20.

- "Über Traumleistungen," *Psychol. Rev.*, Mart, 1896, s. 132.

Passavanti, JAC., Libro dei sogni. *Bibl. diamante Roma*, 1891. -

Paulhan, L'activite mentale et les elements de l'esprit, Paris, 1889.

- "A Propos de l'activite de l'esprit dans le reve," *Rev. philos.*, cilt 38, 1894, s. 546-548.

Pfaff, E. R., Dans Traumleben und seine Deutung nach den Prinzipien der Araber, Perser, Griechen, Indier und Ägypter, Leipzig, 1868.

Pichon, Contribution a l'etude des delires oniriques ou delires de reve, *These de Bordeaux*, 1896.

Pick, A., "Über pathologische Träumerei und ihre Beziehungen zur Hysterie," *Jahrbuch für Psychiatric*, 1896.

Pilcz, "Über eine gewisse Gesetzmäßigkeit in den Träumen," *Monattsschrift für Psychologie und Neurologie*, Mart, 1899.

Prevost, "Quelques observations psychologiques sur le sommeil." Bibl. univ. des sc., *belles-lettres et arts*, 1834, cilt I, Litterature, s. 225-248.

Purkinje, "Wachen, Schlaf, Traum und verwandte Zustände" in *Wagners Handwörterbuch der Physiologie*, 1846.

Radestock, S., *Schlaf and Traum*, Leipzig, 1878.

Ramm, Konrad, *Diss, pertractans somnia*, Viyana, 1889.

Regis, "Les Reves," *La Gironde* (Varietes), Bordeaux, Mayıs 31, 1890.

- "Des Hallucinations oniriques des degeneres mystiques," *C. R. du Congres des med. alienistes, etc., 5th sess.*, 1894, Paris, 1895, s. 260.

- "Reves et l'hypnotisme," Le Monde, Ağustos 25, 1890.

Richard, Jeroma, *La theorie des songes*, Paris, 1766.

Richarson, B. W., "The Psychology of Dreams," *The Ascles.*, Londra, 1892, IX, 129, 160.

Robert, W., *Der Traum als Naturnotwendigkeit erklart*, Hamburg, 1886.

Richier, Oneirologie ou dissertation sur les songes consideres dans l'etat de maladie, *These de Paris*, 1816.

Robinson, L., "What Dreams are made of," *N. Americ. Rev.* New York, 1893, CI, VII, 687-697.

Rousset Contribution a l'etude du cauchemar, *These de Paris*, 1876.

Roux, J., "Les Reves et les delires oniriques," *Province med.*, 1898, s. 212.

Ryff, Walther Herm, *Traumbuchlein*, Strassburg, 1554.

Sante De Sanctis, *Emozione e sogni*, 1896.

- "I Sogni nei delinquenti," *Arch. di psichiatr. e antros.* criminale, Turin, 1896, XVII, 488-498.

- I Sogni e il sonno nell'isterismo e nella epilessia, Roma, 1896.

- Les Maladies mentales at les reves, 1897, (Extract from Annales de la Societe de meAralıkine de Gand.)

- "Sui Rapporti d'ictentita, di somiglianza, di analogia e di equivilenza fra sogno e pazzia," *Rivista quindicinale di Psicologia, Psichiatria, Neuro-patologia*, 15. Nov., 1897.

- "I sogni dei neuropatici e dei pazzi," *Arch. di psichiatr. e. antros. crim.*, 1898, 4 Vols.

- "Psychoses et reves," *Rapport au Congres de neurol. et d'hypnologie de Bruxelles*, 1898. Comptes rendus. H, s. 137.
- I Sogni, Torino, 1899 (Alm. çev. O. Schmidt, Halle, 1901).
Santel, Anton, "Poskus raz kladbe nekterih pomentjivih prikazni spanja in sanj.," Progr. Gym. Gorz, 1874.
Sarlo, F. De, "I Sogni," Saggio psicologico, Naples, 1887.
Sch., Fr., "Etwas Über Träume," Psych. Studien, 1897, s. 686-694.
Scherner, R. A., *Das Leben des Traumes*, Berlin, 1861.
Schleich, K. L., "Traum und Schlaf," *Die Zukunft*, 1899, cilt 29, s. 14-27, 54-65.
Schleiermacher, FR., *Psychologie*, yay. haz. L. George, Berlin, 1862.
Scholz, Fr., *Schlaf und Traum*, Leipzig, 1887.
Schopenhauer, A., "Versuch über das Geistersehen und was damit zusammenhängt,": *Parerga und Paralipomena*, Berlin, 1857.
Schübert, Gotthilf Hinrich, *Die Symbolik des Traumes*, Bamberg, 1844.
Schwartzkopff, S., *Das Leben im Traum*, Eine Studie, Leipzig, 1887.
- "Science of Dreams," *The Lyceum*. Dublin, Ekim, 1890, s. 28.
Siebeck, A., Das Traumleben der Seele, 1877, *Sammlung Virchow-Holtzendorf*, no: 279.
Simon, M., *Le monde des reves*, Paris, 1888, Bibliotheque scientifique contemporaine.
Spitta, W., *Die Schlaf-und Traumzustände der menschlichen Seele*, 2. baskı, Freiburg i. B., 1892.
Stevenson, R. L., "A Chapter on Dreams," in Across the Plains, 1892.
Stricker, *Studien Über das Bewusstsein*, Viyana, 1879.

- Studien Über die Assoziation der Vorstellungen, Viyana, 1883.
Strumpell, L. *Die Natur and Entstehung der Träume,* Leipzig, 1877.
Stryk, M. v., "Der Traum und die Wirklichkeit," (C. Melinaud) *Baltische Monatsschrift,* Riga, 1899, s. 189-210.
Stumpf, E. J. G., *Der Traum und seine Deutung,* Leipzig, 1899. -
Sully, J., "Etude sur les reves," *Rev. scientif.,* 1882, s. 385.
- Les illusions des sens et de l'esprit. Bibl. scientif. internat., cilt 62. Paris.
- *Human Mind,* Londra, 1892.
- "Dreams as a Revolution," *Fortnightly Rev.* Mart, 1893.
- "Laws of Dream-Fancy," *Cornhill Mag.,* cilt L, s. 540.
- "Dreams," in *Encyclos. Brit.,* 9. baskı.
Summers, T. O., "The Physiology of Dreaming," *Saint Louis Clin.,* 1895, VIII, 401-406.
Surbled, *Le Reve,* 2. baskı, 1898.
- "Origine des reves," *Rev. de quest. scient.,* 1895.
Synesius, Oneiromantik (Alm. çev. Krauss), Viyana, 1888. -
Tannery, M. S., "Sur l'Activite de l'esprit dans le reve," *Rev. philos.,* XXXVIII, s. 630-634, 1894.
- "Sur les Reves des mathematiciens," *Rev. philos.,* 1898, I, s. 639.
- "Sur la Paramnesie dans les reves," *Rev. philos.,* 1898.
- "Sur la Memoire dans le reve," *Rev. Philos.,* XLV, 1898.
Thiery, A., "Aristote et Psychologie physiologique du reve," *Rev. nev. scol.,* 1896, III, 260-271.
Thomayiser, S., "Sur la Signification de quelques reves," *Rev. neurol.,* no: 4, 1897.
- "Beitr. zur Pathologie der Träume," *Poliklinik der tschechischen Universitat,* Prag, 1897.
Tissie, PH., "Les Reves; reves pathogenes et therapeutiques; reves photographies," *Journ. de med,* de Bordeaux, 1896, XXVI.
- Les reves, physiologie et pathologie, 1898. Bibliotheque de philosophie contemporaine.

Titchener, "Taste Dreams," *Amer. J. of Psychology*, VI, 1893.

Tonnini, "Suggestione e sogni," *Arch. di psichiatr. antros. crim.*, III, 1887.

Tonsor, J. Heinrich, *Diss. de vigilia, somno et somniis*, pros. Lucas, Marpurgi, 1627.

- "Traum," Allgemeinen Enzyklopädie der Wissenschaft und Künste, von Ersch und Grüber.

Traumbuch. Apomasaris...auss griechischer Sprach ins Latein bracht durch Lewenklaw jetzt und...verteutschet. Wittemberg.

Tuke Hack, "Dreaming," *Dict. of Psycholog.* Med:, 1892.

Ullrich, M. W., *Der Schlaf und das Traumleben*, Geisteskraft und Geistesschwäche, 3. baskı Berlin, 1897.

Unger, F., *Die Magie des Traumes als Unsterblichkeitsbeweis*. Nebst Vorw.: Okkultismus und Sozialismus C. du Prel, 2. baskı, Münster, 1898.

Utility of Dreams. edit. J. Coms. Neurol. Granville, 1893, III, 17-34.

Vaschide, "Recherches experim. sur les reves," *Comptes rendus de l'acad. des sciences*, 17 Temmuz 1899.

Vespa, B., "I sogni nei neuro-psicopatici," *Bull. Soc. Lancisiana*, Roma, 1897.

Vignoli, "Von den Träumen, *Illusionen und Halluzinationen. Internationale wissenschaftliche Bibliothek*, cilt 47.

Vischer, F. TH., "Studien Über den Traum," *Beilage z. Allg. Ztg.*, 1876, no: 105-107.

Vold, J. Mourly, "Einige Experimente über Gesichtsbilder im Träume," Dritter internationaler Kongress für Psychologie in München, 1897; *Zeitschr. für Psychologie und Physiologie der Sinnesorgane*, XIII, 66-74.

- Experiences sur les reves et en particulier sur ceux d'origine musculaire et optique, Christiana, 1896; reprinted in Revue philosophique, XLII. 1896.

Vykoukal, F. V., Über Träume und Traumdeutungen (Çekçe), Prag, 1898.

Wedel, R., "Untersuchungen ausländischer Gelehrter über gew. Traumphänomene," *Beiträge zur Grenzwissenschaft*, 1899, s. 24-77.

Weed, Hallam, and Phinney, "A Study of the Dream-Consciousness," *Americ. J. of Psychol.*, cilt VII, 1895, s. 405-411.

Wehr, Hans, "Das Unbewusste im menschlichen Denken," *Programm der Oberrealschule zu Klagenfürt*, 1887.

Weil, Alex, *La philosophie du reve*, Paris.

Wendt, K., *Kriemhilds Traum*, Doktora. Rostock, 1858.

Weygandt, W., *Entstehung der Träume*, Leipzig, 1893.

Wilks, S., "On the Nature of Dreams," Med. Mag. Londra, 1893-1894, II, 597-606.

Williams, H. S. "The Dream State and its Psychic Correlatives," *Americ. J. of Insanity*, 1891-1892, cilt 17, 445-457.

Woodworth, "Note on the Rapidity of Dreams," *Psychol. Review*, IV, 1897, no: 5.

Wundt, *Grundzüge der physiologischen Psychologie*, 2 Vols., 2. baskı, 1880.

- X, "Ce qu'on peut rever en cinq secondes," *Rev. sc., 3e serie*, I, XII, 30 Ekim 1886.

Zucarrelli, "Pollutions nocturnes et epilepsie," *Bull. de la Soc. le med, ment. de Belgique*, Mart 1895.

B. 1900'den (bu kitabın birinci baskısından) itibaren yayınlanan kaynaklar.

Abraram, Karl, *Traum und Mythos*, Eine Studie zur Volkerpsychologie. Schriften zur angew. Seelenkunde, no: 4, Viyana ve Leipzig, 1900.

- "Über hysterische Traumzustände," Jahrbuch f. psychoanalyt. und psychopathol. *Forschungen*. cilt II, 1910.

- "Sollen wir die Pat. ihre Träume aufschreiben lassen?" Intern. *Zeitschr. für ärztl. Ps.-A.*, I, 1913, s. 194.

-"Zur narzisstischen Bewertung der Exkretionsvorgänge im Traum und Neuroses" Internat. *Zeitschr. f. Ps.-A.*, VI, 64.

Adler, A., "Zwei Träume einer Prostituierten," *Zeitschrift f. Sexualwissenschaft*, 1908, no: 2.

- "Ein erlogener Traum." *Zentralbl. f. Psychoanalyse*, 1910, no: 3.

- "Traum und Traumdeutung," *Age.*, III, 1912-1913, s. 174.

Amram, Nathan, *Sepher pithron chalomoth*, Jerusalem, 1901.

Banchieri, F., "I Sogni dei bambini di cinque anni," *Rev. di psicol.*, 8, 325-330.

Bleuler, E., "Die Psychoanalyse Freuds," *Jahrb. f. psychoanalyt. u. psychopatholog*. Forschungen, cilt II, 1910.

- "Träume mit auf der Hand liegender Deutung," *Münih. Med. Woch.* 60. yıl. no: 47, II, Kasım 1913.

Bloch, Ernst, "Beitrag zu den Träumen nacb Coitus interruptus," *Zentralbl. für Ps.-A.*, II, 1911-1912, s. 276.

Brewster, E. T., "Dreams and Forgetting, New discoveries in dream psychology," *McClure's Magazine*, Ekim 1912.

Brill, A. A., "Dreams and their Relation to the Neuroses," *New York Medical Journ.*, 23 Nisan 1910.

- Psychoanalysis, Its theory and practical application, Philadelphia ve New York, 1912.

- "Hysterical Dreamy States," *New York Medical Journ.*, 25 Mayıs 1912.

- "Artificial Dreams and Lying," *Journ. of Abn. Psych.*, cilt IX, s. 321.

- "Fairy-tales as a Determinant of Dreams and Neurotic Symptoms," *New York Medical Journ.*, 21 Mart 1914.

Brown, W., "Freud's Theory of Dreams," *The Lancet*, 19 ve 26 Nisan 1913.

Bruce, A. H., "The Marvels of Dream-Analysis," *McClure's Magazine*, Kasım 1912.

Burckhard, Max, "Ein modernes Traumbuch," *Die Zeit*, 1900, no: 275, 276.

Busemann, A., "Traumleben der Schulkinder," *Ztschr. f. pad. Psychol.*, 10, J. 1909, 294-301.

- "Psychol. d. kindl. Traumerlebnisse," *Zeitschr. f. pad. Psychol.*, 1910, XI, s. 320.

Claparede, E., "Esquisse d'une theorie biologíque du sommeil," *Arch. de Psychol.*, cilt IV, Nos. 15-16 Şubat-Mart 1905.

- "Reve utile," *Arch. de Psychol.*, 9, 1910, 148.

Coriat, I., "Zwei sexual-symbolische Beispiele von Zahnarzt-Träumen," *Zentralbl. f. Ps.-A.*, III, 1912-1913, s. 440.

- "Träume vom Kahlwerden," Int. *Zeitschr. f. Ps.-A.*, II, s. 460.

- The Meaning of Dreams, Mind and Health series. Londra, Heinemann.

Delacroix, "Sur la structure logique du reve," *Rev. metaphys.*, Kasım 1904.

- "Note sur la coherence des reves," *Ras. et C. R. du 2. Congres intern. de Philos.*, 556-560.

Delage, "La Nature des images hypnagogiques et le role des lueurs entoptiques dans le reve," *Bull. de l'Instit. general psychol.*, 1903, s. 235-247.

Doglia, S., and Bianchieri, F., "I sogni dei bambini di tre anni, L'inizio dell' attivita onirica," *Contributi psicol.*, I, 9.

Eder, M. D., "Freud's Theory of Dreams," *Transactions of the Pscho-Medic. Soc.*, Londra, cilt III, 3. bölüm, 1912.

- "AugenTräume," Internat. *Ztschr. f. ärztl. Ps.-A.*, I, 1913, s. 157.

Eeden, Frederik Van, "A Study of Dreams," *Proceedings of the Society for Psych. Research*, Part LXVII, vol., XXVI.

Ellis, Havelock, "The Logic of Dreams," *Contems. Rev.*, 98, 1910, s. 353-359.

- "The Symbolism of Dreams," *The Popular Science Monthly*, Temmuz 1910.

- "Symbolismen in den Träumen," *Zeitschr. f. Psychotherapie*, III, 1911, s. 29-46.

The World of Dreams, Londra, 1911.

- "The Relation of Erotic Dreams to Vesical Dreams," *Journ. of Abn. Psychol.*, VIII, 3, Ağustos-Eylül 1913.

Federn, Paul, "Ein Fall von pavor nocturnus mit subjektiven Lichterscheinungen," Internat. *Zeitschr. f. ärztl. Ps.-A.*, I, 1913, H. 6.

- "Über zwei typische Traumsensationen," *Jahrb, f. Ps.-A.*, VI, s. 89.

- "Zur Frage des HemmungsTraumes," Internat. *Zeitschr. f. Ps.-A.*, VI, s. 73.

Ferenczi, S., "Die psychologische Analyse der Träume," Psychiatrisch-Neurologische Wochenschrift, XII. Nos. 11-13, Haziran, 1910 (İng. çev. "The Psychological Analysis of Dreams," *The American Journal of Psychology*, Nisan 1910).

- "Symbolische Darstellung des Lust- und Realitatsprinzips: Odipus-Mythos," *Imago*, I, 1912, s. 276.

- "Über lenkbare Träume," *Zentralbl. f. Ps.-A.*, II, 1911-1912, s. 31.

- "Vergessen eines Symptoms und seine Aufklärung im Träume," Internat. *Zeitschr. f. Ps.-A.*, II, s. 384.

- "Affektvertauschung im Traum," Internat. *Zeitschr. f. Ps.-A.*, IV, s. 112.

- "Träume von Ahnungslosen," Internat. *Zeitschr. f. Ps.-A.*, IV, s. 208.

- "Pollution ohne orgastischen Traum und Orgasmus im Traum ohne Pollution," Internat. *Zeitschr. f. Ps.-A.*, IV, s. 187.

Flournoy, "Quelques Reves au sujet de la signification symbolique de l'eau et du feu," Internat. *Zeitschr. f. Ps.-A.*, VI, s. 328.

Förster, M., "Das lat.-altengl. Traumbuch," *Arch. f. d. Stud. d. n. Spr. u. Lit.*, cilt 120, s. 43 ve devamı; cilt 125, s. 39-70; cilt 127, s. 1 ve devamı.

- "Mittelenglische Traumbücher," *Herrings Archiv*, 1911.

Foucault, Marcel, Le Reve, Etudes et observations, *Bibl. de Philosophie contemporaine*. Paris, 1906.

Friedjung, J. K., "Traum eines sechsjährigen Mädchens," Internat. *Ztschr. f. ärztl. Ps.-A.*, I, 913, s. 71.

Frink, H. W., "Dreams and their Analysis in Reference to Psychotherapy," *Med. Record*, 27 Mayıs 1911.

- "On Freud's Theory of Dreams," *Americ. Med., Burlington*. New York, VI, s. 652-661.

- "Dream and Neurosis," *Interstate Med. Journ.*, 1915.

Gincburg, Mira, "Mitteilung von Kindheitsträumen mit spezieller Bedeutung," Int. *Ztschr. f. ärztl. Ps.-A.*, I, 913, s. 79.

Gottschalk, "Le Reve D'apres les idees du prof. Freud," *Archives de Neurol.*, 1912, no: 4.

Gregory, J. C., "Dreams as a By-product of Waking Activity," *Westm. Rev.*, Londra, 1911, cilt 175, s. 561-567.

Harnik, J., "Gelungene Auslegung eines Traumes," *Zentralbl. f. Ps.-A.*, II, 1911-1912, s. 417.

Hitschmann, Ed.: Freuds Neurosenlehre, Nach ihrem gegenwärtigen Stande zusammenfassend dargestellt, Viyana ve Leipzig, 1911, 2. baskı, 1913 (5. bölüm "Der Traum") (İng. çev. C. R. Payne, New York, 1912).

- "Ein Fall von Symbolik für Ungläubige," *Zentralbl. f. Ps.-A.*, I, 1910-1911, s. 235.
- "Beitrage zur Sexualsymbolik des Traumes," *Age*, s. 561.
- "Weitere Mitt. von Kindheitsträumen mit spez. Bedeutung," Intern. *Ztschr. für ärztl. Ps.-A.*, I, 1913, s. 476.
- "Goethe als Vatersymbol in Träumen," *Age*, no: 6.
- "Über Träume Gottfried Kellers," Internat. *Zeitschr. f. Ps.-A.*, II, s. 41.
- "Weitere Mitteilung von Kindheitsträumen mit spezieller Bedeutung," Internat. *Zeitschr. f. Ps.-A.*, II, s. 31.
- "Über eine im Traum angekündigte Reminiszenz an ein sexuelles Jugenderlebnis," Internat. *Zeitschr. f. Ps.-A.*, V, s. 205.

Hug-Hellmuth, H. v., "Analyse eines Traumes eines 5 1/2 jährigen Knaben," *Zentralbl. f. Ps.-A.*, II, 1911-1912, s. 122-127.
- "Kinderträume," Internat. *Zeitschr. f. ärztl. Ps.-A.*, I, 1913, s. 470.
- Aus dem Seelenleben des Kindes. Schr. z. angew. Seelenk, yay. haz. Freud, H. 15. Viyana and Leipzig, 1913.
- "Ein Traum, der sich selber deutet," Internat. *Zeitschr. f. Ps.-A.*, III, s. 33.

Jones, Ernest, "On the Nightmare," *American Journ. of Insanity*, Ocak 1910.
- "The Oedipus-Complex as an Explanation of Hamlet's Mystery: A Study in Motive," *American Journ. of Psychology*, Ocak 1910, s. 72-113.
- "Freud's Theory of Dreams," *American Journ. of Psychology*, Nisan 1910.
- "Remarks on Dr. M. Prince's Article: 'The Mechanism and Interpr. of Dreams'," *Journ. of Abn. Psychol.*, 1910-1911, s. 328-336.
- "Some Instances of the Influence of Dreams on Waking Life," *Journ. of Abn. Psychol.*, Nisan-Mayıs 1911.

- "The Relationship between Dreams and Psychoneurotic Symptoms," *American Journ. of Insanity*, cilt 68, no: I, Temmuz, 1911.

- "A Forgotten Dream," *Journ. of Abn. Psychol.*, Nisan-Mayıs, 1912.

- Papers on Psycho-Analysis, Londra, 1912.

- Der Alptraum in seiner Beziehung zu gewissen Formen des mittelalterl. Aberglaubens. Schriften zur angew. Seelenk, yay. haz. Freud, H. 14, Leipzig and Viyana, 1912.

Jung, C. G., "L'analyse des reves," L'annee Psychologique, Cilt XV. Assoziation, Traum and hysterisches Symptom. Diagnostische Assoziationsstudien. Beiträge zur experimentellen Psychopathologie, yay. haz. C. G. Jung, cilt II, Leipzig, 1910 (no: VIII, s. 31-66).

- "Ein Beitrag zur Psychologie des Gerüchtes," *Zentralbl. für Psychoanalyse.*, I, 1910, no: 3.

Jung, C. G., "Ein Beitrag zur Kenntnis des Zahlentraumes," *age.* 1910-1911, s. 567-572.

- "Morton Prince's: 'The Mechanism and Interpretation of Dreams,' Eine kritische Besprechung," *Jahrb. f. Ps.-A. u. psychopathol.* Forsch., III, 1911.

Iwaya, S., "Traumdeutung in Japan," *Ostasien*, 1902, s. 302.

Karpinska, L., "Ein Beitrag zur Analyse sinnloser Worte im Traume," Internat. *Zeitschr, f. Ps.-A.*, III, s. 164.

Kazodowsky, A., "Zusammenhang von Träumen und Wahnvorstellungen," *Neurolog. Cbl.*, 1901, s. 440-447, 508-514.

Kostyleff, "Freud et le probleme des reves," Rev. philos., cilt 72, Temmuz-Aralık, 1911, s. 491-522.

Kraepelin, E., "Über Sprachstorungen im Traume," *Psychol. Arbeiten*, 5, Leipzig, 1907.

Lauer, CH., "Das Wesen des Traumes in der Beurteilung der talmudischen und rabbinischen Literatur." Intern. *Ztschr. f. ärztl. Ps.-A.*, I, 1913, no: 5.

Lehmann, Aberglaube und Zauberei von den ältesten Zeiten bis in die Gegenwart. Deutsch von Petersen. (genişletilmiş 2. baskı.) Stuttgart, 1908.

Leroy, B., "A propos de quelques reves symboliques," *Journ. de psychol. Norm. et pathol*, 5, 1908, s. 358-365.

Leroy And Tobowolska, J., "Mecanisme intellectuel du reve," *Rev. philos.*, 1901, I, cilt 51, s. 570-593.

Lowinge, R, Der Traum in der judischen Literatur, Leipzig, 1908. *Mitteilungen zur jud. Volkskunde,* 10. Jahrg., no: 1 and 2.

Maeder, Alphonse, "Essai d'interpretation de quelques reves," Archives de Psychol., cilt VI, no: 24, Nisan 1907.

- "Die Symbolik in den Legenden, Marten, Gebrauchen und Träumen," *Psychiatrisch-Neurolog. Wochenschr.*, X. yıl, 1908.

- "Zur Entstehung der Symbolik im Traum, in der Dementia praecox, etc." *Zentralblatt f. Ps.-A.*, I, 1910-1911, s. 383-389.

- "Über die Funktion des Traumes," *Jahrb. f. psychoanalyt*. Forsch., IV, 1912.

- "Über das Traumproblem", *Age*, V, 1913, s. 647.

- "Zur Frage der teleologischen Traumfunktion," *Age*, s. 453.

Marcinowski, J., "Gezeichnete Träume," *Zentralbl. f. Ps.-A.*, II, 1911-1912, s. 490-518.

- "Drei Romane in Zahlen," *Age*, s. 619-638.

Mitchell, A., *About Dreaming,* Laughing and Blushing, Londra, 1905.

Miura, K., "Japanische Traumdeuterei," Mitt. d. deutsch, Ges. f. Natur- u, *Volkerk Ostasiens*, X, s. 291-306.

Nacke, S., "Über sexuelle Träume," *H. Gross' Archiv.*, 1903, s. 307.

- "Der Traum als feinstes Reagans f. d. Akt d. sexuellen Empfindens," *Monatsschrift f. Krim.-Psychol.*, 1905.

- "Kontrastträume und spez. sexuelle Kontrastträume," *H. Gross' Archiv.*, cilt 24, 1907, s. 1-19.
- "Beitrage zu den sexuellen Träumen," *H. Gross' Archiv.*, 29, s. 363 ve devamı.
- "Die diagnostische und prognostische Brauchbarkeit der sex. Träume," *Ärztl. Sachv.-Ztg.*, 1911, no: 2.

Negelein, J. V., Der Traumschlüssel des Yaggaddeva, Giessen, 1912 (Relig. Gesch. Vers., XI, 4).

Pachantoni, D., "Der Traum als Ursprung von Wahnideen bei Alkoholdeliranten," *Zentralbl. f. Nervenheilk.*, 32. yıl, 1909, s. 796.

Pear, T. H., "The Analysis of Some Personal Dreams, with Special Reference to Freud's Interpretation; Meeting at the British Assoc. for the advancement of science, Birmingham, 16-17 Eylül 1913," *British Journ. of. Psychol.*, VI, 3-4 Şubat 1914.

Potzl, Otto, "Experimentell erregte Traumbilder in ihren Beziehungen zum indirekten Sehen," *Zeitschr. f. d. ges. Neurol. u. Psych.*, cilt 37, 1917.

Pfister, Oskar, "Wahnvorstellung und Schulerselbstmord. Auf Grund einer Traumanalyse beleuchtet," Schweiz. *Blätter für Schulgesundheitspflege*, 1909, no: I.
- "Kryptolalie, Krytographie und unbewusstes Vexierbild bei Normalen," *Jahrb. f. Ps.-A. Forschg.*, V, I, 1913.

Prince, Morton, "The Mechanism and Interpretation of Dreams," *Journ. of Abn. Psychol.*, Ekim-Kasım, 1910.
- "The Mechanism and Interpretation of Dreams; a reply to Dr. Jones," *Journ. of Abn. Psychol.*, 1910-1911, s. 337-353.

Putnam, J. J., "Aus der Analyse zweier Treppen-Träume," *Zentralbl. f. Ps.-A.*, II, 1911-1912, s. 264.
- "Ein charakteristischer Kindertraum," *Age*, s. 328.
- "Dream-interpretation and the theory of Psycho-analysis," *Journ, of Abn. Psychol.*, IX, no: I, s. 36.

Raalte, F. Van, "Kinderdroomen," *Het Kind*, 1912. Ocak.
Rank, Otto, *Der Mythus von der Geburt des Helden*. Schr. z. angew. Seelenkunde, no: 5, Viyana ve Leipzig, 1909.
- "Beispiel eines verkappten Odipus-Traumes," *Zentralblatt für Psychoanalyse*, I, 1910.
- "Zum Thema der Zahnreizträume," *Age.*
- "Das Verlieren als Symptomhandlung, zugleich ein Beitrag zum Verständnis der Beziehungen des Traumlebens zu den Fehlleistungen des Alltagslebens," *Age.*
- "Ein Traum, der sich selbst deutet," Jahrbuch für psychoanalyt. und psychopathol. *Forschungen*, cilt II, 1910.
- "Ein Beitrag zum Narzissmus," *Age*, cilt III, 1911.
- "Fehlleistung und Traum," *Zentralbl. f. Ps.-A.*, II, 1911-1912, s. 266.
- "Aktuelle Sexualregungen als Traumanlässe," *Age*, s. 596-602.
- "Die Symbolschichtung im Wecktraum und ihre Wiederkehr im mythischen Denken," *Jahrb. f. Ps.-A.*, IV, 1912.
- Das Inzestmotiv in Dichtung und Sage, *Grundzüge einer Psychologie des dichterischen Schaffens*, Viyana ve Leipzig, 1912.
- "Die Nacktheit in Sage und Dichtung. Eine Ps.-A. Studie," *Imago*, II, 1912.
- "Eine noch nicht beschriebene Form des Odipus-Traumes," Intern. *Zeitschr. f. ärztl. Ps.-A.*, I, 1913, s. 151.
- "Fehlhandlung und Traum," Internat. *Zeitschr. f. Ps.-A.*, III, s. 158.
- "Die Geburtsrettungsphantasie in Traum und Dichtung," Internat. *Zeitschr. f. Ps.-A.*, II, s. 43.
- "Ein gedichteter Traum," Internat. *Zeitschr. f. Ps.-A.*, III, s. 231.
Rank, O. ve Sachs, H., "Die Bedeutung der Psychoanalyse für die Geisteswissenschaften." *Grenzfr. d. Nerven- u. Seelenlebens*, yay. haz. Lowenfeld, no: 93, Wiesbaden, 1913.

Reik, TH., "Zwei Träume Flauberts," *Zentralbl. f. Ps.-A.*, III, 1912-1913, s. 223.
- "Kriemhilds Traum," *Age*, II, s. 416.
- "Beruf und Traumsymbolik," *Age*, s. 531.
- "Der Nacktheitstraum eines Forschungsreisenden," Internat. *Zeitschr. f. Ps.-A.*, II, s. 463.
- "Gotthilf Schubert 'Symbolik des Träumes'," Internat. *Zeitschr. f. Ps.-A.*, III, s. 295.
- "Volkerpsychologische Parallelen zum Traumsymbol des Mantels," Internat. *Zeitschr. f. Ps.-A.*, VI, s. 310.
- "Zum Thema: Traum und Traumwandeln," Internat, *Zeitschr. f. Ps.- A.*, VI, s. 311.

Robitsek, Alfred, "Die Analyse von Egmonts Traum," Jahrb für psychoanalyt. und psychopathol. *Forschungen*, cilt II, 1910.
- "Die Stiege, Leiter, als sexuelles Symbol in der Antike," *Zentralbl. f. Ps.-A.*, I, 1910-1911, s. 586
- "Zur Frage der Symbolik in den Träumen Gesunder," *Age*, II, s. 340.

Roheim, G., "Die Urszene im Traume," Internat. *Zeitschr. f. Ps.-A.*, VI, s. 337.

Sachs, Hanns, "Zur Darstellungstechnik des Traumes," *Zentralbl. f. Ps.-A.*, I, 1910-1911.
- "Ein Fall intensiver Traumentstellung," *Age*, s. 588.
- "Traumdeutung und Menschenkenntnis," *Jahrb. f. Ps.-A.*, III, 1911, s. 568.
- "Ein Traum Bismarcks," Intern. *Ztschr. f. ärztl. Ps.-A.*, I, 1913, H. I.
- "Traumdarstellungen analer Weckreize," *Age*, s. 489.
- "Das Zimmer als Traumdarstellung des Weibes," Internat. *Zeitschr. f. Ps.-A.*, II, s. 35.

"Ein absurder Traum," Internat. *Zeitschr. f. Ps.-A.*, III,.s. 35.

Sadger, J., "Über das Unbewusste und die Träume bei Hebbel," *Imago*, Haziran, 1913.

Schrotter, Karl, "Experimentelle Träume," *Zentralbl. f. Ps.-A.*, II, 1912, s. 638.

Schwarz, F., "Traum u. Traumdeutung nach 'Abdalgani an Nabulusi'," *Zeitschr. d. deutsch. morgenl. Ges.*, cilt 67, 1913, no: 3, s. 473-493.

Secker, F., "Chines. Ansichten über den Traum," *Neue metaph. Rdschr.*, cilt 17, 1909-1910, s. 101.

Silberer, Herbert, "Bericht Über eine Methode, gewisse symbolische Halluzinations-erscheinungen hervorzurufen und zu beobachten," *Jahrb.* cilt I, 1909.

- "Phantasie und Mythos," *Age*, cilt II, 1910.

- "Symbolik des Erwachens und Schwellensymbolik überh." *Age*, III, 1911.

- "Über die Symbolbildung," *Age*.

- "Zur Symbolbildung," *Age*, IV, 1912.

- "Spermatozoenträume," *Age*.

- "Zur Frage der Spermatozoenträume," *Age*.

Spielrein, S., "Traum vom 'Pater Freudenreich," Intern. *Zeitschr. f. ärztl. Ps.-A.*, I, 1913, s. 484.

Spitteler, Karl, "Meine frühesten Erlebnisse. I, Hilflos und sprachlos. Die Träume des Kindes," Südd. Monatsh., Ekim, 1913.

Starcke, August, "Ein Traum, der das Gegenteil einer Wunscherfullung zu verwirklichen schien, zugleich ein Beispiel eines Traumes, der von einem anderen Traum gedeutet wird," *Zentralbl. f. Ps.-A.*, II, 1911-1912, s. 86.

- "Traumbeispiele," Internat. *Zeitschr. f. Ps.-A.*, II, s. 381.

Starcke, Johann, "Neue Träumexperimente in Zusammenhang mit älteren und neueren Traumtheorien," *Jahrb. f. Ps.-A.*, V, 1913, s. 233.